城市轨道交通职业技能培训统编教材

城市轨道交通线路工

中国城市轨道交通协会　编

西南交通大学出版社
·成都·

图书在版编目（CIP）数据

城市轨道交通线路工／中国城市轨道交通协会编
.—成都：西南交通大学出版社，2018.6
ISBN 978-7-5643-6218-8

Ⅰ. ①城… Ⅱ. ①中… Ⅲ. ①城市铁路－铁路线路
Ⅳ. ①U239.5

中国版本图书馆 CIP 数据核字（2018）第 119904 号

城市轨道交通线路工 | 中国城市轨道交通协会　编 | 责任编辑　姜锡伟 | 封面设计　何东琳设计工作室

印张：23.5　　字数：569 千
成品尺寸：185 mm × 260 mm
版次：2018 年 6 月第 1 版
印次：2018 年 6 月第 1 次
印刷：四川森林印务有限责任公司
书号：ISBN 978-7-5643-6218-8

出版发行：西南交通大学出版社
网址：http://www.xnjdcbs.com
地址：四川省成都市二环路北一段 111 号
西南交通大学创新大厦 21 楼
邮政编码：610031
发行部电话：028-87600564　028-87600533
定价：59.80 元

课件咨询电话：028-87600533
图书如有印装质量问题　本社负责退换

城市轨道交通职业技能培训统编教材

编委会

《城市轨道交通线路工》

编写人员

主　编　常素良（北京市地铁运营有限公司）

副主编　闫玉东（北京市地铁运营有限公司）

蒋顺健（重庆市轨道交通（集团）有限公司）

季峥涛（苏州高新有轨电车有限公司）

主　审　张宝广（上海申通地铁集团有限公司）

参　编　袁　昊（北京市地铁运营有限公司）

邹　策（北京市地铁运营有限公司）

阎卫超（北京市地铁运营有限公司）

周华顺（重庆市轨道交通（集团）有限公司）

杨银生（苏州高新有轨电车有限公司）

序

sequence

城市轨道交通职业技能培训统编教材终于同广大读者见面了。这套教材是城市轨道交通行业第一部技能人才培养的统编教材，填补了城市轨道交通行业的空白，满足了人才培训的急需，对于正处在大规模快速发展时期的城市轨道交通而言具有重要意义。

（一）

进入 21 世纪以来，得益于经济高速发展、城镇化快速推进、国家政策的规范和完善、实施装备国产化带来的建设成本下降和建设周期的缩短，我国城市轨道交通开始进入快速发展时期：21 世纪以来的头 15 年，每五年年均新建投运里程接连攀上 80 km、200 km、400 km；“十三五”期间的 2016 年迈过了 500 km，2017 年更是迈上 800 km 大台阶。到 2017 年年底，我国内地共有 34 个城市开通城市轨道交通，运营线路里程 5 033 km，客运量达到 180 亿人次，在建线路 6 200 多千米，62 个城市规划线路 7 300 多千米。运营、建设和规划城市轨道交通的城市之多、规模之大、线路之长，世界少有。

在城市轨道交通快速发展的同时，人才资源的问题始终困扰着该行业。其中既有人才供给不足的问题，又有人才能力欠缺的挑战。仅“十三五”期间，我国就预计五年需新增城市轨道交通从业人员 24 万人，而现有教育能力仅能满足一半左右。人才能力方面，我们面临的现实是：一方面，乘客提出人性化、个性化、多样化等更高的服务需求；另一方面，城市轨道交通发展提出网络化、智能化等更高的技术需求。这对从业者提出了全新的要求。因此，大力加强人才培养和储备，提供更多更优的管理人员、技术人员和生产人员，已经成为行业上下共同关注的重要课题。

值此城市轨道交通大发展之际、城市轨道交通人才紧缺之时，统编教材的出版可以说生逢其时，将拥有广阔的应用空间。

（二）

2015 年，国务院印发了《关于加快发展现代职业教育的决定》，将职业教育的重要性提升到了战略的高度。城市轨道交通技能型、操作型人才占整个人才队伍的 85%左右，是行业发展的基础性人才，是职业教育的主要对象。国家对职业教育的重视，为城市轨道交通人才培养提供了难得的机遇和环境。2017 年，国家发展和改革委员会、教育部、人力资源和社会保障部联合印发了《关于加强城市轨道交通人才建设的指导意见》，提出了加强城市轨道交通人才建设的总体思路和具体措施，是城市轨道交通人才队伍建设的纲领性、指导性文件，有力促进了行业人才培养工作的开展。中国城市轨道交通协会作为城市轨道交通行业唯一的国家一级协会，持续开展了行业人才培养的专题研究、规划制定、标准研制、师资培训等工作，夯实了工作基础，弥补了行业空白。这套教材就是协会人才培养工作的重要内容之一。北京、上海、广州、重庆、深圳等地的城市轨道交通业主单位，依据自身需求，建设了培训资源，摸索了工作体系，并培养了一批专业人才。北京交通大学、西南交通大学、广州城市轨道交通培训学院等教育机构纷纷设立城市轨道交通相关专业，以积极适应城市轨道交通快速发展的需要。

良好的政策环境和行业各方的高度重视，有效推动了城市轨道交通人才培养工作，也为统编教材的诞生奠定了坚实的基础。

（三）

这套统编教材由中国城市轨道交通协会组织，北京市地铁运营有限公司、上海申通地铁集团有限公司、广州地铁集团有限公司、重庆市轨道交通（集团）有限公司、深圳市地铁集团有限公司、苏州高新有轨电车有限公司等企业共同研究编制而成，最后由西南交通大学牵头统稿并出版，前后历时三年。这套教材立足实践，着眼行业，以各城市轨道交通企业优秀的专业岗位培训教材为蓝本，并广泛吸收高等院校、职业学校和培训机构的建议和意见，集各家之所长。

这套教材源于城市轨道交通一线实践，各项知识点、技能点的深度、难度、广度较好地匹配了企业的实际需求，具有较强的针对性。这套教材根据最新的国家技术标准和协会有关工种岗位标准编写内容，具有权威性、科学性、规范性。这套教材注重跟踪城市轨道交通最新发展趋势，内容包括了城市轨道交通新知识、新技术、新设备、新材料等方面的创新成果。这套教材针对技能型人才培养的特点，注重实践技能培养，做到了理论知识与技能训练一体化，能够有效满足初次上岗培训等的需要。

统编教材凝聚了编写组同志们的心血，是参编单位在协会统筹下，充分交流、分享、协同、共进的结果；是参编单位在协会大旗下，求同存异，在更高水平上实现规范统一的成果；是各家城市轨道交通企业人才培养优秀实践经验的凝练和总结。

最后，希望这套教材能够物尽其用，充分发挥好基础性、支撑性作用，促进城市轨道交通技能人才培养质量的提高，服务城市轨道交通持续健康发展。

包叙定

2018 年 5 月

前　言

PREFACE

当前，全国城市轨道交通迅猛发展，从事运营维护人员的能力水平，直接关系到城市轨道交通的运营安全。因此，急需普及和提高城市轨道交通系统职工的专业素质，这也是城市轨道交通行业长远发展的根本大计。素质提高靠培训，教材是培训的基础。为了适应我国城市轨道交通行业的现状和发展趋势，针对城市轨道交通线路工的特点和从事工作内容，贯彻以实用为目的方针，强化理论知识的实际应用，中国城市轨道交通协会统一组织编写了城市轨道交通线路工岗位培训教材。

本书以线路专业的结构内容进行编排，以培养职工系统思维，通过实际病害案例调动职工的学习兴趣，通过具体的作业程序及质量标准树立职工的质量与标准意识。本书内容丰富、体系完备，涉及城市轨道交通的基本概念和线路专业的基本知识，包含基础知识、轨道、曲线、道岔、无缝线路、养路机械、有轨电车线路、跨座式单轨线路等内容；由浅入深，对重点、难点进行了细致的讲解和举例分析，有利于读者自学，容易入门；实践性强、案例经典，与基础知识紧密结合，真正做到学以致用；课后习题丰富，每章末尾有课后问题，并配有答案，可帮助读者查漏补缺，巩固所学知识。

本书第一章介绍了桥隧建筑物、路基、车辆、供电、通信信号、车站和车辆段、线路和信号标志、限界、施工防护、行车调度、工程制图、测量、计算机、安全用电等基础知识；第二章介绍了钢轨、联结零件、轨枕、道床、加强设备等轨道相关知识；第三章介绍了曲线要素、曲线超高、曲线加宽、曲线正矢、曲线缩短轨等曲线相关知识；第四章介绍了道岔的分类、常用道岔、单开道岔、道岔病害等道岔相关知识；第五章介绍了无缝线路分类、无缝线路基本原理、胀轨跑道、断轨、养护维修等无缝线路相关知识；第六章介绍了液压传动、液压养路机械、捣固机械等养路机械相关知识；第七章介绍了有轨电车线路基础、有轨电车线路作业相关知识；第八章介绍了跨座式单轨线路基础、检查以及应急处理等相关知识。

本书既注重城市轨道交通线路专业的基础理论和技能，又尽量跟上线路专业技术的发展，内容翔实，通俗易懂。本书既可作为城市轨道交通线路工岗位培训教材，也可作为职工自学的课本，还可供有关工程技术人员参考使用。

本书由常素良主编。全书共分八个章节，其中常素良编写第一章和第二章，闫玉东编写第三章，袁昊编写第四章，阎卫超编写第五章，邹策编写第六章，季峥涛、杨根生编写第七章，蒋顺健、周华顺、陈晓继编写第八章。在本书编写过程中，编者参阅了大量专业书籍，书中列出了参考文献，在此向所有作者表示衷心感谢。

由于时间仓促以及作者水平有限，书中不足之处在所难免，欢迎读者提出批评和建议。

编　者

2018 年 5 月

目 录

CONTENTS

第一章　城市轨道交通基础知识

【学习目标】

1. 了解计算机、直流电、交流电、接触网、行车调度等基本知识；
2. 了解机械制图原理，能看懂相关图纸；
3. 掌握测量、桥隧、路基及轨道基本知识；
4. 掌握安全用电、安全作业和防护等基本知识。

【知识要求与技能要求】

1. 制图基本知识；
2. 测量基本知识；
3. 直、交流电基本知识；
4. 计算机基本操作知识；
5. 轨道基本知识；
6. 桥隧、路基基本知识；
7. 安全作业、防护基本知识；
8. 接触网（轨）、轨道电路基本知识；
9. 行车调度基本知识；
10. 能安设、刷新线路标志。

第一节　城市轨道交通概述

一、城市轨道交通分类

城市轨道交通包括地铁系统、轻轨系统、单轨系统、有轨电车系统、磁浮系统、自动导向轨道系统、市域快速轨道系统。此外，随着交通系统的发展，其他一些新交通系统也应运而生。

城市轨道交通是城市公共交通的骨干，具有节能、省地、运量大、全天候、无污染（或少污染）又安全等特点，属绿色环保交通体系，特别适应于大中城市。

中国城市轨道交通发展迅猛，已经建成或正在兴建的城市轨道交通几乎包括了上述各种类型，已有 30 多座城市建成了或正在新建城市轨道交通系统或拟就了建设规划。

1. 地铁系统

地铁是一种大运量的轨道运输系统，采用钢轮钢轨体系，标准轨距为 1 435 mm，主要在大城市地下空间修筑的隧道中运行，当条件允许时，也可以穿出地面，在地上或是高架桥上运行。地铁按照选用车型的不同，可分为常规地铁和小断面地铁；根据线路客运规模的不同，又可分为高运量地铁和大运量地铁。地铁最高行车速度不应小于 80 km/h。

2. 轻轨系统

轻轨系统是一种中运量快速轨道交通运输系统。英、美称之为 LRT，俄罗斯称为 OPT，其意为“轻轨运输”或“轻轨系统”。德国把它称为“城市铁道”，日本称为“轻轨电车”。它可以运行在地下，也可以建成高架轨道形式，还可在地面上运行。它是由现代有轨电车发展起来的，既可在技术上自成体系，也可采用地铁技术制式，与地铁难以辨别。但从宏观上说，轻轨交通最主要的特征是其运量规模比地铁小，其单向高峰小时断面流量为 10 000 ~ 30 000 人。因此，有人把凡是高峰小时断面流量在这个范围的其他形式轨道交通如单轨交通、新交通系统、直线电机驱动的城轨车辆交通等都称之为轻轨交通。

3. 单轨系统

单轨系统是一种车辆与特制轨道梁组合成一体运行的中运量轨道交通系统，轨道梁不仅是车辆的承重结构，同时也是车辆运行的导向轨道。单轨系统的类型主要有两种：一种是车辆跨骑在单片梁上运行的方式，称之为跨座式单轨系统；另一种是车辆悬挂在单根梁上运行的方式，称之为悬挂式单轨系统。

4. 有轨电车系统

世界上第一条有轨电车线路正式开通是在美国弗吉尼亚州里士满，时间是 1888 年 5 月。中国第一条有轨电车线路于 1909 年 3 月 5 日在上海南京路上建成。旧式有轨电车速度低、运量小、舒适性差、技术落后，许多国家都对其进行了改造或拆除。中国的北京、天津、上海、大连、长春、哈尔滨、鞍山、香港等城市和地区，都曾经有过有轨电车，目前只有大连、鞍山、长春、香港还保留着有轨电车，大连、长春还对有轨电车进行了改造。

5. 磁浮系统

磁浮系统是一种运用“同性相斥、异性相吸”的电磁原理、依靠电磁力使车厢悬浮并行走的轨道运输方式。磁浮交通有常导和超导两种类型。常导式磁浮线路能使车辆浮起 10 ~ 15 mm 的高度，运行速度较低，用感应线性电机来驱动。超导式磁浮线路能使车辆浮起 100mm 以上，速度较高，用同步线性电机来驱动，技术难度较大。日本使用超导体产生的磁力使列车悬浮，列车时速可达 500 多千米。德国使用常导相吸原理达到磁浮，时速也提高到 400 多千米。中国的上海浦东建成的磁浮交通，最高时速可达 430 千米。

6. 市域快速轨道系统

市域快速轨道交通系统是一种大运量的轨道运输系统，客运量为 20 万 ~ 45 万人次/日（一般不采用高峰小时客流量的概念)。市域快速轨道交通系统适用于城市区域内重大经济区之间中长距离的客运系统。市域快速轨道列车主要在地面或高架桥上运行，必要时也可采用隧道。当采用钢轮钢轨体系时，标准轨距亦为 1 435 mm，由于线路较长，站间距相应较大，必要时可不设中间车站，因而可选用最高运行速度在 120 km/h 以上的快速专用车辆，也可选用中低速磁悬浮列车进行技术经济比较。

二、城市修建轨道交通的必要性及设计原则

地铁在现代化城市中，是解决城市交通问题较为合理的方案，尤其是 20 世纪 60 年代以后发展更为迅速。

随着国民经济的发展，城市人口大量增加，城市规模不断扩大，这样就使城市中空气污染、噪声污染、交通拥挤等影响城市居民生活的因素逐渐突出，于是居民区就向城市郊区扩展。在上、下班时间和节假日，城市交通更显得拥挤混乱。原有城市道路面积和城市面积比例(道路率)是受城市发展制约的，一般不易改变，若想通过拆迁改造城市交通状态是极其困难的，甚至是不可能实现的。所以，如何改进城市交通就成为一个比较突出的问题。

世界上，人口较为集中的大城市(人口在 100 万以上的)，单方向每小时稳定的等候客流密度超过 3 万人，以地下铁道作为城市交通主体，已成为发展的趋势。

大城市的交通设施，必须满足以下条件：能够保持大量的、不断的输送能力，安全、快速、正点，运价低廉并且舒适。地下铁道比起地面公共汽车、出租汽车和电车来说，在这方面具有得天独厚的优势。地下铁道有专用的轨道，不和地面交通交叉，能高速运行。它建于地下，在修建技术上是可行的，其唯一的缺点是建设费用高，建设周期长。

作为现代化城市高速轨道交通设施的地下铁道，已在世界上许多城市修建，其中以伦敦通车时间最早，于 1863 年 1 月 10 日开始运营。第二次世界大战以前通车的城市有：巴黎、纽约、东京、柏林、维也纳、莫斯科等。第二次世界大战以后，汽车普及、车辆拥挤、道路通过能力降低，迫使更多的城市修建了地下铁道。另外，随着战后经济的恢复和发展，欧洲人口在 100 万以上规模的城市，大体都有了地下铁道。

我国随着城市规划和建设的不断发展，旧城区有了很大变化，卫星城和新工业城市大量出现；面临这些情况，我国也同样存在着如何解决城市交通拥堵的问题。

地铁线路的设计应该考虑线路网形式、线路主要走向、车站位置、线路埋深等综合因素，配合城市规划方案和现有地面及地下建筑物位置，尽量减少拆迁、减少施工过程中对既有交通的影响。

在线路经过高大建筑物、名胜古迹等地点时，应作横断面定线，以尽量减少对这些建筑物基础的影响。

线路应尽量平行于城市规划红线，沿主干街道行走，以便于城市管道的布设。线路纵断面的位置，受城市地形和防护要求的制约；在一定的土层覆盖厚度要求条件下，即可拟定站台标高；用此标高作为站间标高的控制点。站间线路纵断面，可根据规定的最大、最小坡度，最小坡段长及站间地形等条件选择确定。

第二节　地铁线路及桥隧建筑物

一、地铁线路

地铁线路是地铁轨道、路基和桥隧建筑物等的总称。

地铁线路按其在运营中的作用，应分为正线、辅助线和车场线。辅助线包括折返线、渡线、联络线、停车线、出入线、安全线等。

正线是指载客列车运营的贯通线路。

辅助线是指为保证正线运营而设置的不载客列车运行的线路。

联络线是指连接两条独立运行正线之间的线路。

试车线是指对车辆进行动态性能试验的线路，其线路标准通常应与正线一致。

地铁的线路敷设方式，应根据城市总体规划和地理环境条件因地制宜地选择，一般在城市中心地区宜采用地下线，其他地区条件许可时宜采用高架线或地面线。

地铁的线路平面位置和高程应根据城市现状与规划的道路、地面建筑物、管线和其他构筑物、文物古迹保护要求、环境与景观、地形与地貌、工程地质与水文地质条件、采用的结构类型与施工方法以及运营要求等因素，经技术经济综合比较后确定。

桥隧建筑物是桥梁、隧道、涵洞、明渠、天桥、地道、跨线桥、调节河流建筑物等的总称。

二、桥梁的组成与分类

1. 桥梁的组成

桥梁由上部结构、下部结构、防护设备及调节河流建筑物组成（图 1.1）。

上部结构：包括桥面、桥跨结构（梁拱）、支座。

下部结构：包括桥墩、桥台及基础。

防护设备及调节河流建筑物：包括桥涵限高防护架、护锥、护岸、护基、护底、导流堤、丁坝、梨形堤等。

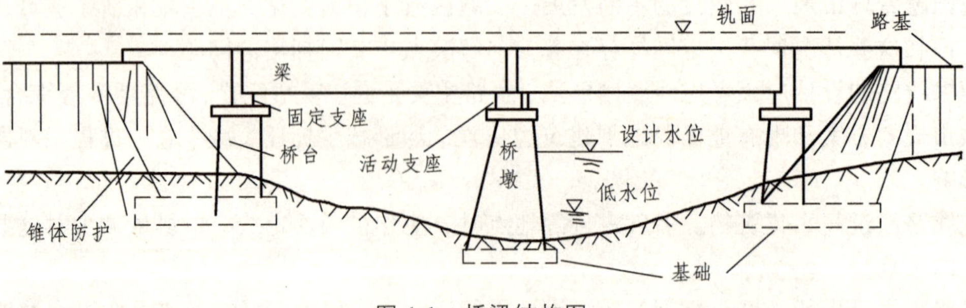

图 1.1　桥梁结构图

2. 桥梁的分类

（1）按桥梁长度分类。

特大桥：桥长 500 m 以上。

大桥：桥长 100 m 以上至 500 m。

中桥：桥长 20 m 以上至 100 m。

小桥：桥长 20 m 及以下。

（2）按桥梁拱材质分类。

钢桥：以钢材作为桥跨结构主要建筑材料的桥。

钢筋混凝土桥：桥跨结构以包含受力钢筋的混凝土为主制造的桥。

预应力混凝土桥：桥跨结构以用预应力钢材预先施加应力的混凝土为主制造的桥。

石桥：桥跨结构用石料建造的桥。

木桥：以木材作为桥跨结构主要建筑材料的桥。

（3）按桥面位置分类。

上承式桥：桥面位于桥跨结构上部的桥[图 1.2（a）]。

中承式桥：桥面位于桥跨结构中部的桥[图 1.2（b）]。

下承式桥：桥面位于桥跨结构下部的桥。

下承式桥又分为穿式桥和半穿式桥。桥面上方有横向联结系者称为穿式桥[图 1.3（a）]，桥面上方无横向联结系者称为半穿式桥[图 1.3（b）]。

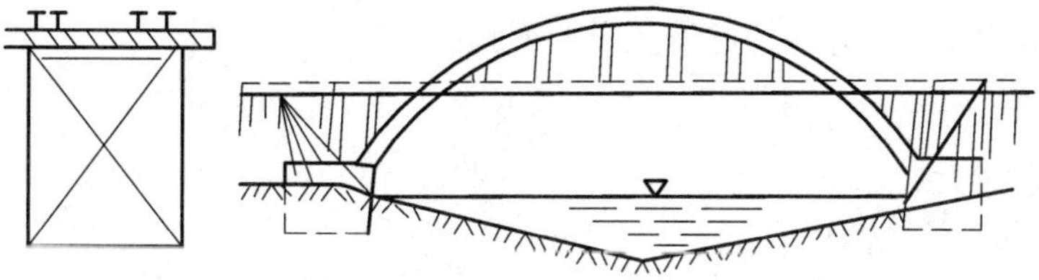

（a）上承式　　（b）中承式

图 1.2　上承式、中承式桥梁

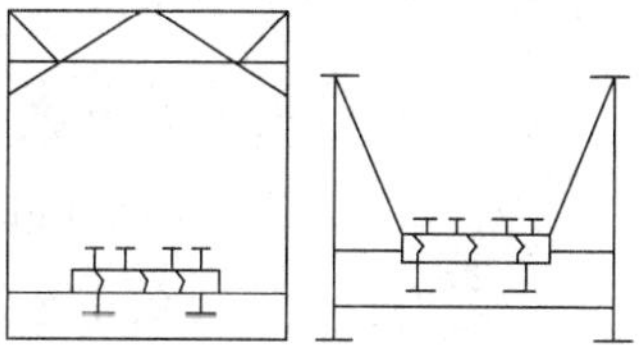

（a）穿式　　（b）半穿式

图 1.3　下承式桥梁

（4）按桥跨结构承受荷载的特征分类。

梁桥：用梁作为桥跨结构的桥。有简支梁桥、连续梁桥、悬臂梁桥三种。

拱桥：用拱圈或拱肋作为桥跨结构的桥。拱桥又可按结构形式分为：无铰拱、双铰拱、三铰拱；按有无外推力分为：推力拱、无推力拱。

刚构桥：桥跨结构与桥墩或桥台刚性连接的桥。

框架桥：桥梁为整体箱形框架的桥。

悬索桥：用桥塔支撑锚于两岸（端）的缆索，借助挂于缆索上的吊杆悬吊桥面和梁形成桥跨结构的桥。

斜拉桥：以斜拉索连接索塔和主梁作为桥跨结构的桥。

综合体系桥：桥跨同时有几个体系特征结构，相互联系结合而成，如钢桁拱桥等。

（5）按梁的截面形式分类。

板形梁：适用于低高度梁，当桥梁高度受到限制时，采用此种形式。

钢板梁：由钢板或型钢组成工字形截面主梁，并由纵、横联结系连接的梁。

混凝土板梁：宽腹板、跨度较小的普通钢筋混凝土梁。

T 形梁：T 形梁是既有线混凝土桥梁最常见的截面形式。

混凝土 T 梁：横截面为 T 形的混凝土梁。

箱形梁：随着列车的提速，桥梁的刚度要求越来越高，箱形梁在线路上使用越来越多。

钢箱梁：由纵、横向加劲肋加强的钢板所组成的单室或多室箱形截面梁，如图 1.4。

混凝土箱梁：横截面呈一个或几个封闭箱形的混凝土梁。

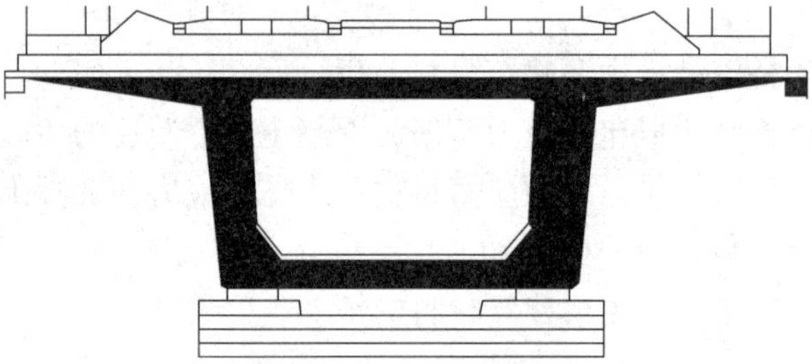

图 1.4 箱形梁

三、隧道的组成与分类

1. 隧道的组成

隧道的组成包括主体建筑物和附属设备两部分。主体建筑物由洞身和洞门组成；附属设备包括避车洞和防排水设施，长大隧道还有专门的通风及照明设备。

2. 隧道按长度的分类

特长隧道：全长 10 000 m 以上。

长隧道：全长 3 000 m 以上至 10 000 m。

中隧道：全长 500 m 以上至 3 000 m。

短隧道：全长 500 m 及以下。

隧道长度系指进出口洞门端墙墙面之间的距离，即以端墙面与内轨顶面的交线同线路中线的交点计算。计算时，双线隧道以下行线为准，位于车站上的隧道以正线为准。

四、涵渠的组成与分类

涵洞、明渠、渡槽、倒虹吸管统称为涵渠。

涵洞由洞身、基础、进出口建筑物（即端墙、翼墙等）以及附属设备组成（图 1.5）。

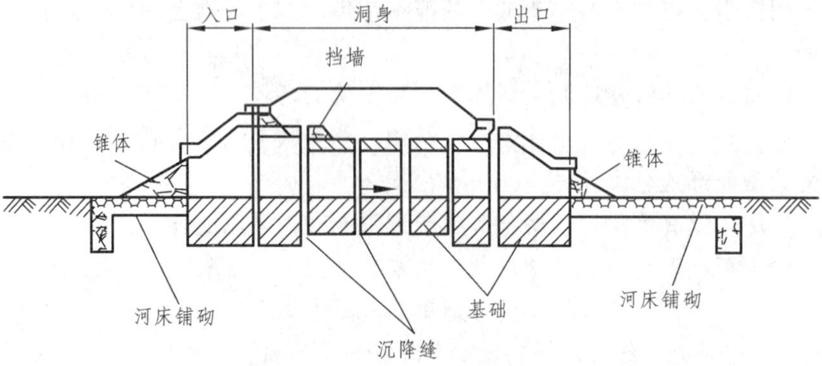

图 1.5 涵洞的组成部分

1. 涵洞的分类

按结构形式分：拱涵、圆涵、框构涵、盖板涵等。

按水力特性分：有压涵、无压涵。

按孔数分：单孔、双孔、多孔等。

排洪涵洞的最小孔径不应小于 1.25 m，且全长不超过 25 m。当全长超过 25 m 时，为便于养护，孔径应相应加大。无淤积的灌溉涵孔径应不小于 0.75 m。当孔径为 0.75 m，且 $h<1.0$ m 时，长度不宜超过 10 m；$h\geqslant 1.0$ m 时，长度不宜超过 15 m。城市或车站范围内涵洞的孔径，需酌情加大。

2. 涵洞有关尺寸的规定

（1）涵洞的净跨径。

涵洞的净跨径：拱涵为起拱线间的水平距离，框构涵为涵内水平距离，圆涵为内径（卵形或扁圆形的为水平方向最大距离），盖板涵为墩台间净距。

（2）涵洞的全长。

涵洞的全长即涵洞的轴长，包括端墙在内。

框构涵和盖板涵的全长为边墙间横向宽度，以长边计。

第三节　路　基

一、路基构造

沿线路中心线的截面，称为路基的纵断面；垂直于线路中心线的截面，称为路基的横断面，或简称路基断面。

1. 路基横断面的形式

路基断面按路基的填挖不同，分为路堤、路堑、半路堤、半路堑、半路堤半路堑和不填不挖路基六种：

（1）路堤。线路高于天然地面，以填筑方式构成的路基，称为路堤，如图 1.6（a）所示。

（2）路堑。线路低于天然地面，以挖方方式构成的路基，称为路堑，如图 1.6（b）所示。

（3）半路堤。天然地面倾斜，路堤一侧与天然地面相齐，另一侧部分填方，称为半路堤，如图 1.6（c）所示。

（4）半路堑。天然地面倾斜，路堑一侧挖方，另一测与天然地面平齐，称为半路堑，如图 1.6（d）所示。

（5）半路堤半路堑。天然地面倾斜，路基一侧由挖方构成，另一侧由填方构成，称为半路堤半路堑，如图 1.6（e）所示。

（6）不填不挖路基。路基高度与天然地面相近，轨道直接铺设在经过处理的天然地面上，称为不填不挖路基，如图 1.6（f）所示。

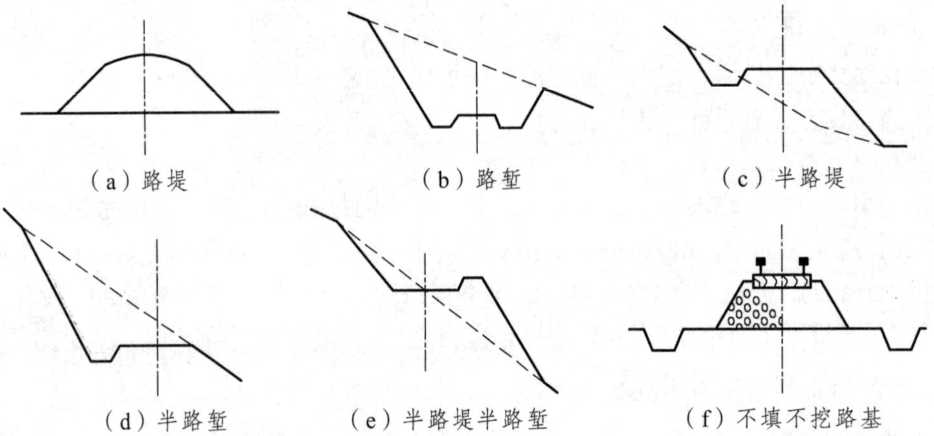

图 1.6　路基横断面形式

2. 路基横断面的组成

路基由路基顶面、路基边坡和基床组成，如图 1.7 所示。

（1）路基顶面。路基顶部的表面称为路基顶面。它由被道床覆盖的部分及其两侧的路肩组成。路肩是为埋设线路及信号标志、通行维修作业机具及人员、进行线路维修作业以及保证路基基体的稳固而设的。

（2）路基边坡。路基横断面两侧的边线称为路基边坡。边坡与路基顶面的交点称为路肩边缘。边坡与地面相交处称为边坡的坡脚。

（3）基床。支承路基的基础称为基床。

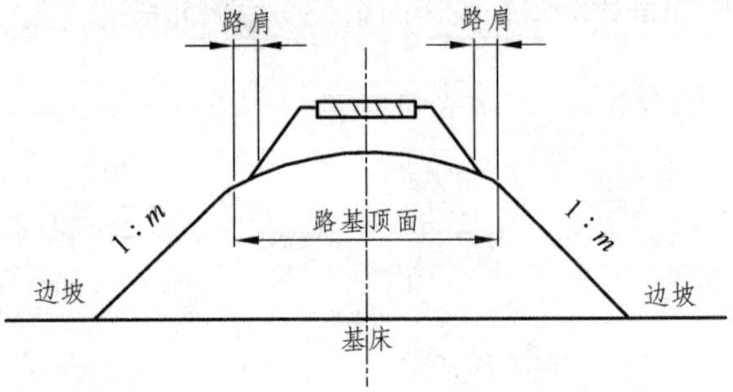

图 1.7　路基横断面

3. 路堤横断面

图 1.8 表示一般地区的土质路堤横断面。

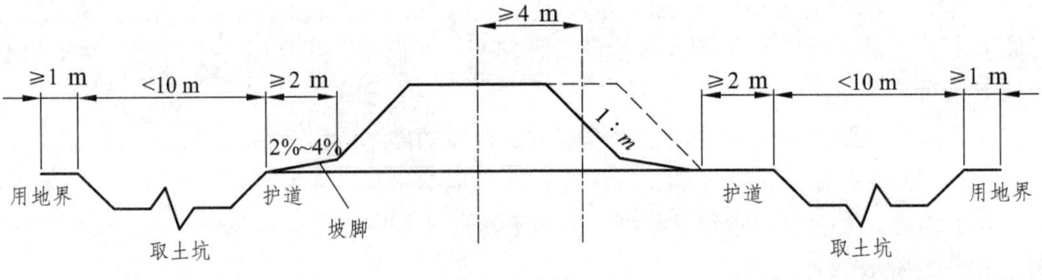

图 1.8　土质路堤横断面（单位：m）

图中坡脚以外有宽度不小于 2 m 的护道，以保护路基本体。在地质及排水良好的地段或采取一定措施足以保证路堤稳定时，可将护道宽度减至 1 m。在地面无明显横向坡度或横向坡度小于 1∶10 的平坦地段，取土坑宜设于两侧；当地面横向坡度大于 1∶10 时，取土坑应设于迎水一侧，以汇集和排引地表水；取土坑应贯通不积水，并应有 2‰～8‰的泄水纵坡。

4. 路堑横断面

图 1.9 为一般地区路堑横断面。

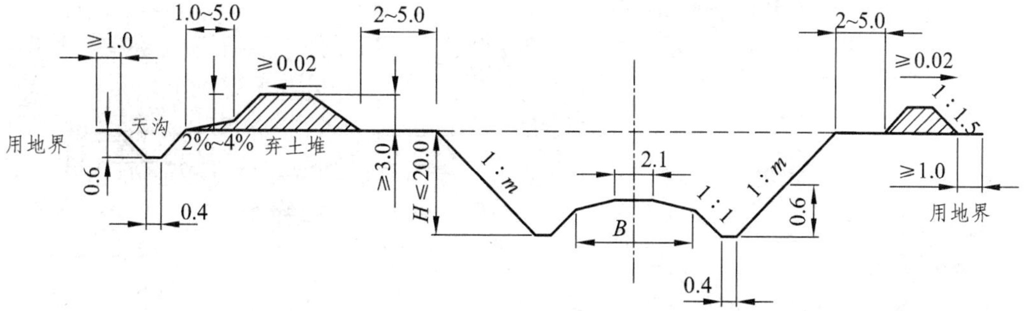

图 1.9　一般地区路堑横断面（单位：m）

图中路基面两侧的排水沟称为侧沟，用以排引路基面和边坡上的雨水。一般黏性土和细砂土的路堑侧沟，底宽不应小于 0.4 m，深不小于 0.6 m；干旱少雨地区沟深可减至 0.4 m。侧沟的纵向坡度不应小于 2‰，困难地段可减至 1‰。弃土堆在迎水一侧应连续堆积；在另一侧应间隔堆积，每隔 50 ~ 100 m 留出 1m 以上间隔，使其内侧的水顺利排出。

二、路基排水

1. 路基地面排水设备

路基地面排水设备包括：排水沟、侧沟、天沟、跌水、急流槽及缓流井等。

（1）排水沟，如图 1.10 所示。

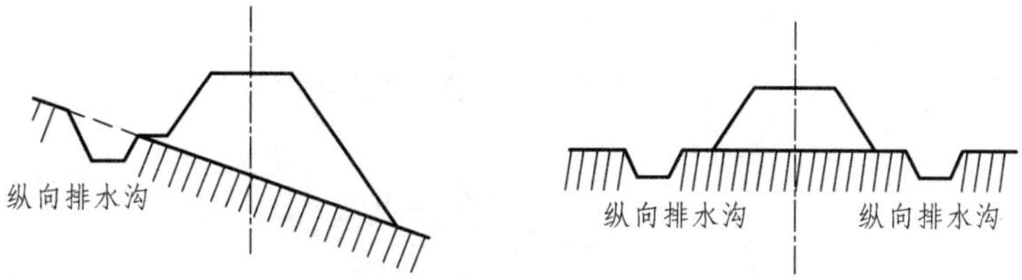

图 1.10　排水沟

排水沟用以排除路堤范围内的地面水。当地面较平坦时，排水沟设于路堤两侧；当地面较陡时，排水沟应设于迎水一侧。当有取土坑时，可以取土坑代替排水沟。

（2）侧沟。如图 1.11 所示，侧沟是路堑地段用以排除路基面和路堑边坡坡面地面水的构筑物，设于路基面两侧或一侧（半路堑）。

（3）天沟。天沟用于排除山坡迎水方向流向路堑的地面水，如图 1.12 所示。

（4）跌水、急流槽和缓流井。

当水沟沟底纵坡坡度很大时，可修筑跌水、急流槽和缓流井等排水设施，如图 1.13 所示。

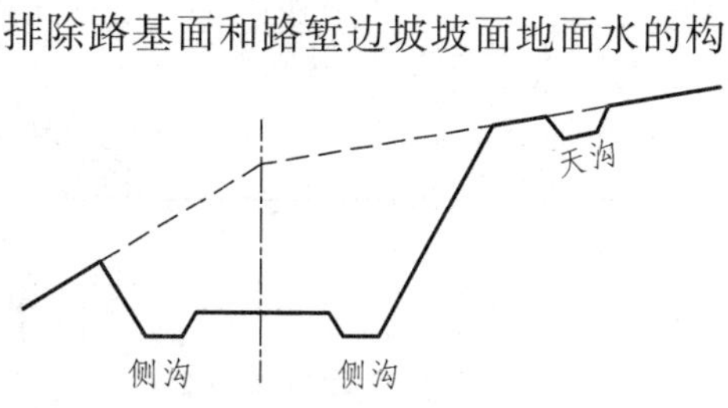

图 1.11　侧沟

跌水，如图 1.13（a）所示，有单级和多级两种，单级高差在 0.2 ~ 2.0 m，利用台阶跌水消能。一般应作铺砌防护。

缓流井，如图 1.13（b）所示，将前后两段沟底坡度较缓的水沟用缓流井连接起来，代替跌水和急流槽。缓流井落水高差可达 15 m。

急流槽，如图 1.13（c）所示，其沟底坡度可达 1∶2。用片石、混凝土建造，其作用与跌水相同。

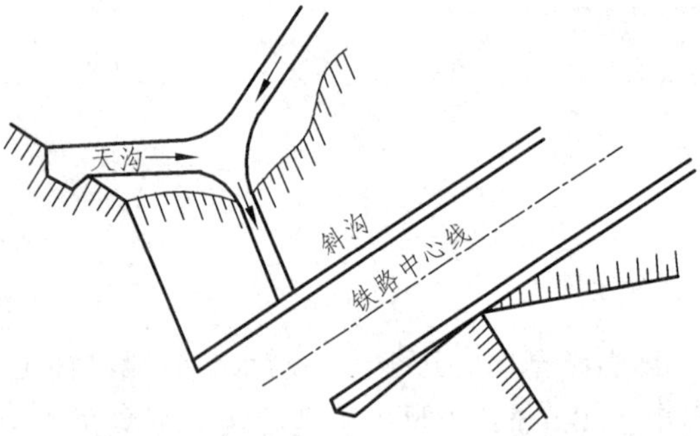

图 1.12　天沟

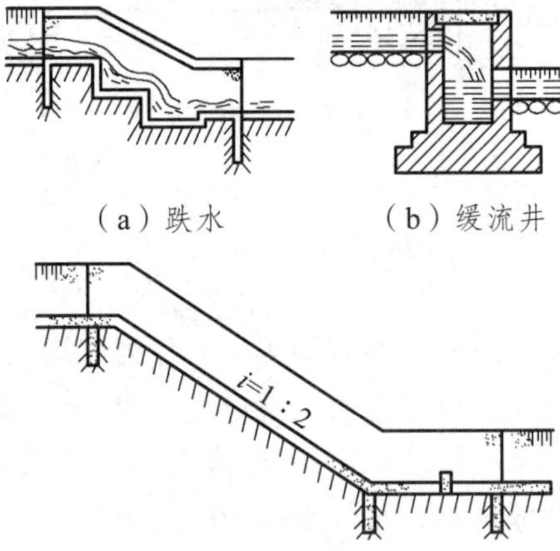

（a）跌水　（b）缓流井

（c）急流槽

图 1.13　跌水、缓流井和急流槽

2. 路基地下排水设备

为拦截地下水、降低地下水位，或汇集、排泄地下水，须设置地下排水设备。常用的地下排水设备有：深水沟、深水槽、渗沟、排水坑道及排水平孔等。

（1）深水沟和深水槽。

深水沟是兼排地面水及地下水的排水设备。沟底一般应挖至不透水层，如图 1.14（a）所示。

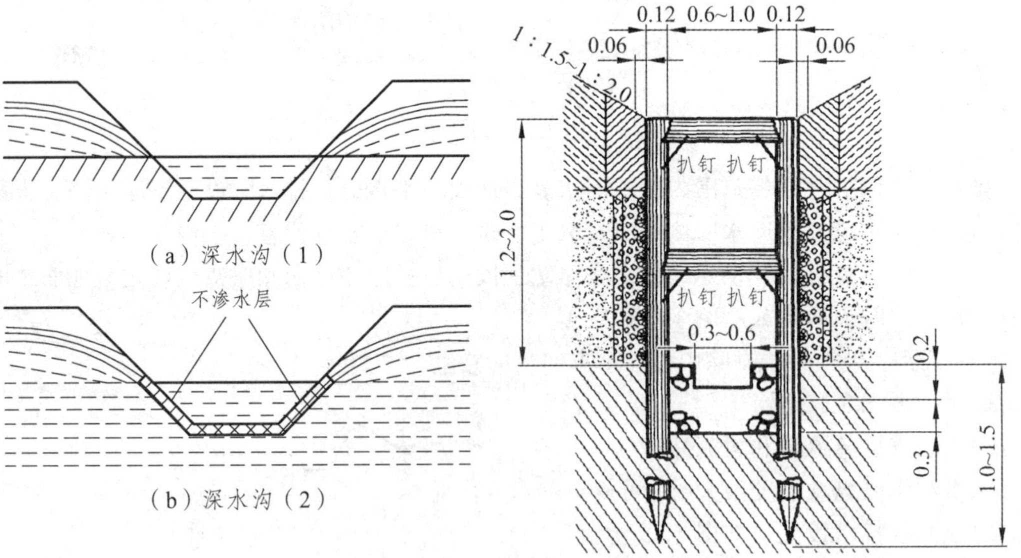

（a）深水沟（1）

（b）深水沟（2）

（c）深水槽（单位：m）

图 1.14　深水沟和深水槽

若不透水层太深，沟底置于透水层内，如图 1.14（b）所示，则沟底及水沟边坡应用不透水材料作护层，以免沟中的水渗入土中。

深水槽也是一种兼排地面水和地下水的排水设备，如图 1.14（c）。

深水槽侧壁有渗水孔，侧壁外最好填一层反滤层（粗砂、细砂石或炉渣）。渗水孔在槽壁的上部。槽内水面以下的槽壁是不透水的，以免水渗入土中。

（2）平式渗沟。

有管渗沟：渗沟中的排水孔道是一个带有渗孔的渗管。有管渗沟适用于流量大、流程长的情况。

无管渗沟：利用碎石孔隙作为排水通道。无管渗沟一般适用于地下水流量较小、流程比较短的情况。沟底须有 10% ~ 5%的纵坡。

渗水隧洞：可以处理滑坡及其他路基病害的地下水。当地下水埋藏较深，例如在 20 m 以上时，深渗沟的开挖工程量太大、施工困难，故常以坑道形式排水，即渗水隧洞。渗水隧洞可与立式渗井配合使用。单独使用时，只能排除隧洞集引的含水土层中的水，而不能贯穿整个含水地层。这是其弊端。

排水平孔：为了排除在路基土体或滑坡体中的地下水，可以使用仰斜度为 10° ~ 15°的排水孔予以排除。依据水文地质条件，平孔可平行排列布置，或扇形排列布置，可布置一层或多层。但平孔的位置必须埋于地下低水位以下，尽量扩大渗水疏干范围。平孔施工简便，收效又显著，已为国外广泛采用。在整治滑坡中，采用平孔排除地下水亦取得了良好效果。

边坡支撑渗沟：在路堑或路堤的边坡表层土中常有不规则的地下水在流动，特别是成束状流动，引起边坡表层土坍塌，这时往往采用边坡支撑渗沟的办法整治。它既可排除边坡表层地下水，又有支撑边坡的作用，故称为支撑渗沟。

三、路基坡面防护

常用的坡面防护措施如下：

1. 植物防护

（1）种草。在坡面播种草种，适用于坡度缓于 1：1.25 土质的边坡或严重风化的基岩风化层边坡。若土质不宜种草，可铺一层种土（原土 5 ~ 10 cm）。种草成活后，可抵御流速为 0.4 ~ 0.6 m/s 的冲刷作用。

（2）铺草皮。铺草皮是广泛采用的方法。其作用和适用范围与种草相同，但抵抗冲刷的能力更强一些，可抵御 1.8 m/s 的冲刷作用。其铺设方法主要有方格网草皮和满铺草皮两种。

（3）植树。植树以灌木为好，应选择根系发达易成活的树种栽种。植树与种草亦可配合进行。

2. 抹面、喷浆、勾缝、灌浆

对于不宜采用植物防护的边坡，如炭质页岩和浅变质的泥岩等易风化的岩质边坡，可采用抹面、喷浆、勾缝、灌浆等方法防护。一方面能防止坡面水流的洗蚀，另一方面可防止风化剥落。

抹面，适用于易风化的黏土岩类边坡，坡度不限，一般采用石灰、炉渣、黏土、砂、纸筋等材料。

3. 砌石护坡

对缓于 1∶1 的各种土质、土夹石及岩质边坡，坡面由于受地表水流冲蚀而产生的冲沟、泥流、小型表层溜坍等，均可采用砌石护坡进行防护。砌石护坡有以下几种：

（1）单层干砌片石。

单层干砌片石适用于边坡缓于 1∶1.25 的土质或土夹石边坡，且经常有少量地下水渗出的情况。其厚度一般为 0.3 m。当为粉土质土、松散的砂和砂黏土等易被冲蚀的土时，干砌片石下面应设厚度不小于 0.1 m 的碎石或砂砾垫层；其基础应砌至侧沟底。

（2）浆砌片石护坡。

浆砌片石护坡适用于缓于 1∶1 的土质或岩质边坡，且当地石料来源丰富。浆砌片石的厚度一般为 0.3 ~ 0.4 m，边坡高度超过 20 m 时，应设不小于 1 m 的平台。护坡面积较大时，可加肋以增强其稳定性。浆砌片石应设有泄水孔，预留伸缩缝。为便于维修，在适当位置应设 0.6 m 宽的台阶踏步。

（3）浆砌片石骨架护坡。

浆砌片石骨架护坡是在浆砌片石骨架内铺草皮或用三合土、四合土捶面，比浆砌片石护坡节省圬工。对于易被冲刷脱落的铺草皮和捶面护坡，可用浆砌片石骨架加强。其形式有方格形和拱形两种。

（4）浆砌片石护墙。

浆砌片石护墙适用于缓于 1∶1 的各种土质边坡及易风化剥落而破碎的岩石边坡的防护与加固。不陡于 1∶0.3 的路堑边坡也可用它防护，但护墙不承受土压力，这是它与挡土墙的根本区别。

护墙的形式随防护高度、边坡坡度及岩层破碎情况而变化。土质及破碎的岩石边坡可以采用实体护墙；边坡缓于 1∶0.75 时，可采用孔窗式护墙。孔墙内，如坡面较干燥则采用捶面；如坡面内地下水发育，窗内则采用干砌片石。边坡岩层较完整且坡度较陡时采用肋式护墙；边坡下部较完整，而边坡上部需要防护时采用拱式护墙。

护墙厚度有等截面和变截面两种，根据墙身稳定性和基底承载力而定。等截面的墙高一般不超过 10 m，墙厚一般为 0.4 ~ 0.5 m。变截面的墙高一般不超过 20 m，否则应采用双线式三级护墙；顶宽通常取 0.4 m，底宽随墙身坡度而变化。当墙高超过 8 m 时，为增加护墙的稳定性，应设置一道耳墙，超过 13 m 时应设置两道耳墙。耳墙底宽 0.5 m 或 1 m。护墙基础应置于冰冻线以下，墙下的地基承载力一般不宜小于 0.3 MPa，否则应采取加固措施。墙底应做成 1∶5 或 1∶10 的倾斜反坡以增加墙体的稳定性。

四、路基冲刷防护

对于穿越水库或跨过河滩及滨河、暗河的路基，为了防止水流和波流的冲刷与浸润造成岸坡变形，土壤强度减弱，以致破坏的现象，必须对路基岸坡加以防护。

对于路基冲刷的防护措施，可根据水的流速、河道地形、地质和水文条件，采用铺草皮、种防水林、干砌片石或浆砌片石、抛石、石笼或浸水挡土墙等办法防护。

路基冲刷防护可分为直接防护和间接防护两类。

1. 直接防护

（1）铺草皮。草皮以根系发达、盘根错节为好。

（2）抛石防护。

（3）片石护坡，包括干砌片石护坡和浆砌片石护坡两类。

（4）混凝土板护坡。混凝土板厚度不小于 6 cm，边长不小于 1 m，内设钢筋，板下设置砂砾垫层。其适用条件与浆砌片石相同，允许冲刷流速为 4 ~ 8 m/s。在缺乏石料地区可考虑采用，但造价较高，并应防止坡面下沉。

（5）石笼护坡。其特点是强度和柔性较好，不需要大量的石料。在水流中含有大量泥砂而河床地层较好的情况下，石笼中的空隙被淤满而形成整体。其缺点是石笼的金属网易锈蚀损坏使石笼解体。石笼护坡常用于缺乏大量石料地区，水流中有滚石者，不宜采用，一般在枯水季节施工较方便。

2. 间接防护

除了上述的防止路基岸坡冲刷的直接防护措施以外，也可以利用改移河流轴线的方法以达到防护冲刷的目的，如改河或修建导流建筑物等间接防护措施。

一般用改河的方式导治水流防止冲刷，工程量都比较大，故只用于间接防护。

第四节 车辆设备

一、地铁车辆的分类

1. 按牵引动力配置

地铁按牵引动力配置可分为动车（Motor，用 M 表示）和拖车（Trailer，用 T 表示）。动车本身带有动力装置，即装有牵引电动机，具有牵引和载客的双重功能。动车又可分为带有受电弓的动车和不带受电弓的动车。拖车本身没有动力牵引装置，需要通过动车的牵引拖带来实现运行，仅有载客功能，可设置司机室（用 Tc 表示），也可带受电弓。地铁车辆在运营时一般采用动拖结合、固定编组，从而形成电动列车组。

2. 按车辆规格

按照选用车型的不同，地铁可分为常规地铁和小断面地铁。地铁车辆的基本车型为 A 型车、B 型车和 LB 型车（直线电机）三种，A 型车基本宽度为 3 000 mm；B 型车和 LB 型车车辆的宽度为 2 800 mm。A 型车为高运量地铁车辆的基本车型，轴重较重，载客人数较多，车体尺寸较大，单向运能为每小时 4.5 万 ~ 7 万人次；B 型车为大运量地铁车辆，相对 A 型车各项指标值均较小，单向运能为每小时 2.5 万 ~ 5 万人次。

二、车辆编组

按照运营需求，将各独立的车辆连接起来形成一个运行体，就称为车辆编组。车辆编组应考虑线路坡度、运营密度、站间距离、舒适度、安全可靠性、工程投资、客流大小等因素。

城市轨道交通车辆编组通常由 3 ~ 8 节车辆组成，可以是全动列车编组，也可以是动拖结合编组，依线路、客流、车型情况而定。列车编组示意图如图 1.15 所示。不同城市列车编组方式有所不同。

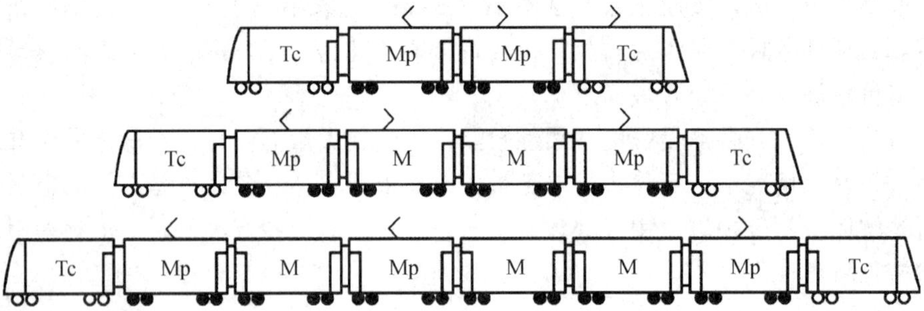

图 1.15　列车编组示意图

第五节　供电接触网

城市轨道交通供电系统接触网是沿轨道架设的特殊供电线路，其作用是将变电所的电能传送给车辆。目前，城市轨道交通主要采用的供电制式有两种：DC750 V 供电制式和 DC1500 V 供电制式。

城市轨道交通的接触网有三大类型：第三轨接触网、架空柔性接触网和刚性悬挂接触网。

一、第三轨接触网

第三轨接触网用于城市轨道交通中的地铁、全封闭的城市铁路和轻轨等线路，因其牵引供电线路中的导电轨沿线路在走行轨旁设置而被形象地称为“第三轨”。第三轨由接触导电轨、端部弯头、防爬器、膨胀接头、防护罩和隔离开关等组成，并用绝缘子或绝缘支架支撑。与之相配合，车辆采用集电靴受流。接触轨距走行轨中心距离以及距轨面高度的具体数据要根据机车集电靴设置参数而定。接触轨通常设在列车前进方向的左侧。早期城市轨道交通导电轨采用低碳钢材质，绝缘子采用瓷质绝缘子，防护罩采用木质；近期修建的城市轨道交通导电轨均采用钢铝复合材质，绝缘子、绝缘支架和防护罩均采用玻璃钢材质。端部弯头设置在接触轨断口的端部，便于车辆受流器平滑顺利地过渡。为了避免因温度变化及受流器作用引起接触轨窜动，在每一段接触轨中部均设置有防爬器。

一般地，车辆集电靴与导电轨的接触受流方式分为上接触式、侧接触式和下接触式，对应的第三轨也就称为“上接触式第三轨”“下接触式第三轨”和“侧接触式第三轨”。法国、美国、英国一直采用易于安装的上接触设计。我国北京地铁 1 号线、北京地铁 2 号线工程、北京地铁复八线工程等接触轨也属于上接触方式。而德国、俄罗斯、奥地利和欧洲其他国家主要采用下接触方式。我国的武汉地铁一期、广州地铁 4 号线也属于下接触方式，深圳市轨道交通二期龙岗线钢铝复合轨安装方式也属于下接触方式。侧接触方式由于安装精度要求高，用得较少，只在四轨系统中有应用。

二、柔性架空接触网

柔性架空接触网在电气化铁道中得到了广泛的应用，适用于城市轨道交通的架空式接触网的悬挂类型大致可分为两大类：半补偿弹性简单悬挂方式、全补偿简单链形悬挂方式。

目前，在城市轨道交通供电系统架空柔性接触网里都采用 Ris 的银铜接触线，截面面积 120 mm^2。此种含 0.1%银合金的接触线具有两个突出的优点：一是耐温好，大幅度提高了接触网系统的抗退火、抗短路能力，克服了铜接触线软化现象；二是抗拉强度好，Ris120 额定张应力也高于同类铜接触线，在接触线截面面积磨损 20%后，其额定张应力仍然维持在正常的架设张应力范围之内，使用寿命长，大大提高了运营的可靠性。

三、刚性悬挂接触网

刚性悬挂接触网结构比较简单，由悬挂装置、绝缘子、汇流排等组成。刚性悬挂方式相当于安置在隧道顶部的接触轨。因此，刚性悬挂方式同时具有接触轨和接触网所具有的优点，在 20 世纪 70 年代后期被许多国外的城市所采用。

刚性悬挂接触网经过十几个国家 40 多条地铁的运营，在设计上不断改进，目前已经臻于完善。刚性悬挂试验段在广州地铁 1 号线、广州地铁 2 号线已经正式使用，受流质量较好。刚性悬挂的国产化率可达到 96%，工程造价低于柔性悬挂接触网，在隧道内使用仍能保证较宽的受电弓所需要的空气绝缘间隙，长隧道区间不需要预留接触网下锚空间，汇流排载流截面大、温升小，没有事故断线之虞，不需要辅助馈线，结构稳定可靠，零件种类少，维护简单易行。所以，尽管刚性悬挂在我国使用的时间不长，运营经验不多，在制造、施工、设计等方面还有值得改进之处，但其总体优势得到了业界的肯定，正在许多新建城市轨道交通项目中得到推广，南京地铁 1 号线也在隧道中采用了刚性悬挂方式。

四、三类接触网的优缺点

第三轨系统结构简单，使用寿命长，在安装、维护上的费用和工作量要低于架空接触网（相同电压下），受天气的影响也小得多（除了上接触式外），并且能够较好地适应小尺寸隧道。

接触轨系统的结构简单、刚性固定、维护工作量小、故障率低，最常见故障为支持绝缘子污秽、裂纹或损坏，无须配备专用的接触轨系统抢修机械。由于接触轨系统的零部件种类少，作业面也低，因此，抢修作业程序也较为简单。

但由于第三轨系统距地面很近，无法做到全方位的人员接近防护是其一个主要的缺点，电力操作规程所规定的断电标志（打开断路器有明显的断路点、挂地线）在第三轨系统实行存在困难，给日常维护或紧急情况下的旅客疏散造成了不便。另外，第三轨系统在运行轨道岔处必须留出间隙，在某些环境下会出现列车中断运行的情况，需要使用跳线电缆临时搭接或其他列车救援。再者，由于直流电场的吸附作用和距地面很近的原因，第三轨系统中的绝缘器件容易被污染，加之自然风和雨水无法对绝缘器件产生自洁作用，其绝缘器件需要经常清扫，否则极易发生绝缘闪络事故，影响行车。

另外，由于接触轨的不连续性，受流器在滑入接触轨时会受到冲击，当列车速度过高时，冲击力较大，严重时会损坏受流器，因此，采用接触轨受流方式时列车的最高运行速度较低。根据英国的研究，采用第三轨的列车运行极限速度为 160 km/h。

刚性架空接触网与接触轨一样具有结构简单、事故影响范围小、运营维护工作量小等优点，但由于其作业面较高，运营维护仍须配备专用的维护检修车辆。

柔性架空接触网适合列车高速运行。但是，柔性架空接触网结构复杂，零部件多，且有断线之忧；接触线磨耗快，换线周期短；在隧道内，张力补偿下锚要求高，在地面或高架桥上会对城市景观造成一定影响。柔性简单链形架空接触网的接触导线和承力索均带张力，接触网发生短路故障时存在断线隐患。其支持部件除承受各类线索的垂直荷载外，还要承受线索张力引起的各类水平荷载及断线冲击荷载，部件发生故障的概率相对较大，一旦发生断线事故，影响较大；同时，检修作业为高空作业，需要的人员多，抢修和恢复比较困难，需要专用检修设备。

第六节　通信信号知识

一、轨道交通通信系统

1. 轨道交通通信系统概述

为了保证城市轨道交通系统能可靠、安全、高效运营，并有效地传输地铁运营、维护、管理相关的语音、数据、图像等各种信息，必须建立可靠的、易扩充的、独立的通信网。

轨道交通通信网系统是直接为轨道交通运营、管理服务的，是保证列车及乘客安全、快速、高效运行的一种不可缺少的智能自动化综合业务数字通信网。

2. 系统构成

城市轨道交通通信系统由传输系统、公务电话系统、专用电话系统、无线系统（列车调度、公安、消防）、广播系统、电视监控系统、时钟系统、电源及接地系统组成。

二、轨道交通信号系统

1. 系统作用

轨道交通信号是列车运行的凭证，信号设施用于指挥和控制列车运行。尽管轨道交通信号投资额在整个工程中所占的比例低（通常在 3%以下），但对于提高列车通过能力、提高运能、保证行车安全有着至关重要的作用。信号系统可确保列车运行的安全，防止追尾和冲突，提高运行效率，实现列车运行的自动化。

2. 系统特点

与轨道交通其他设施、系统一样，信号系统也沿用铁路的概念、设施和手段。

城市轨道交通线路短、站间距小、运营密度大、运营线路条件差（隧道、弯道多），不能完全套用铁路信号的概念、设施和手段。

信号系统要根据城市轨道交通的这些特点加以改进、更新和发展。

3. 系统的组成

轨道交通信号系统是“信号（显示）、闭塞、联锁”的总称。轨道交通信号系统是由各类信号显示、轨道电路、道岔转辙装置等主题设备及其他有关附属设施构成的一个完整的体系。

轨道交通运营中安全问题是至关重要的问题，列车在轨道交通线路上运行时，确定列车在线路的确切位置是保证安全的关键。最简单的确定位置的方法是划分一定长度的“区段”，在某一时间段内，在此区间内只容许一列车占有（运行、停放），这就是“闭塞”的概念。

“闭塞”即为保证行车安全，将列车正在运行、停放的线路区段予以“封闭”，不允许其他列车进入此区段，以防止对向列车、后续列车的正面冲突或追尾事故的发生。

4. 轨道电路

钢轨是导体，左右两根钢轨可以组成闭合电路，用来检查列车占用钢轨线路的状态，这就是轨道电路。轨道电路的出现，代表铁路自动信号的诞生。如图 1.16 所示为列车进入前后轨道电路示意图。图 1.16（a）为没有列车进入的轨道电路，图 1.16（b）为列车进入后的轨道电路。

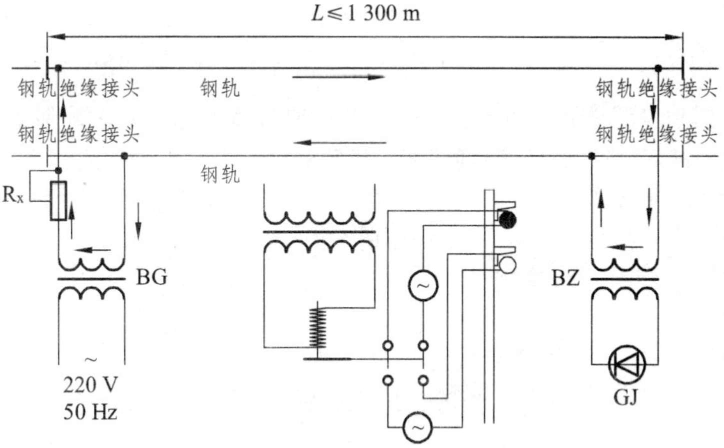

（a）没有列车进入

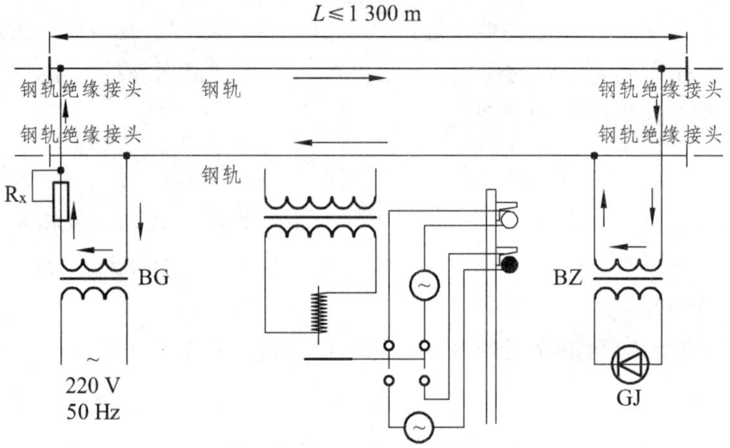

（b）列车进入后

图 1.16　轨道电路

5. 联锁的概念

联锁的概念是在线路中引进了道岔，线路平面由“一维”变为“两维”后产生的。为了确定车辆在线路平面中的位置，必须首先确定列车走的线路，即确定“进路”；若要列车进入确定的线路，则必须扳动相关的道岔；扳动道岔后，不能让其他人员再扳动这组道岔，即必须“锁定”道岔。若要司机知道走的线路，则必须给出相应明确的信号。

联锁是指为保证行车安全，而使轨道交通线路中的所有信号机、轨道电路及道岔等相对独立的信号设备构成的一种相互制约、互为控制的连带环扣关系，即“联锁”关系。

第七节　线路及信号标志

一、线路标志

线路标志是用来表明铁路建筑物及设备的状态或位置的标志，主要包括公里标、百米标、曲线要素标、水准基标、坡度标、竖曲线标、桥隧涵标、道岔牌号、线路中心桩等各种标志。这些标志在无砟道床情况下固定于列车前进方向右侧边墙上，在有砟道床情况下设在列车前进方向的右侧路肩上（侧式站台在车站范围内可设在左侧，道岔牌号、线路中心桩等除外）。

1. 里程标

里程标包括公里标、百米标。

公里标是表示正线每千米距离该线路起点的长度，将这种长度从起点算起，以千米为单位。

百米标是表示正线每百米距离该线路起点的长度，将这种长度从起点算起，以百米为单位，用数字标在白色方形板上，如图 1.17（a）所示。

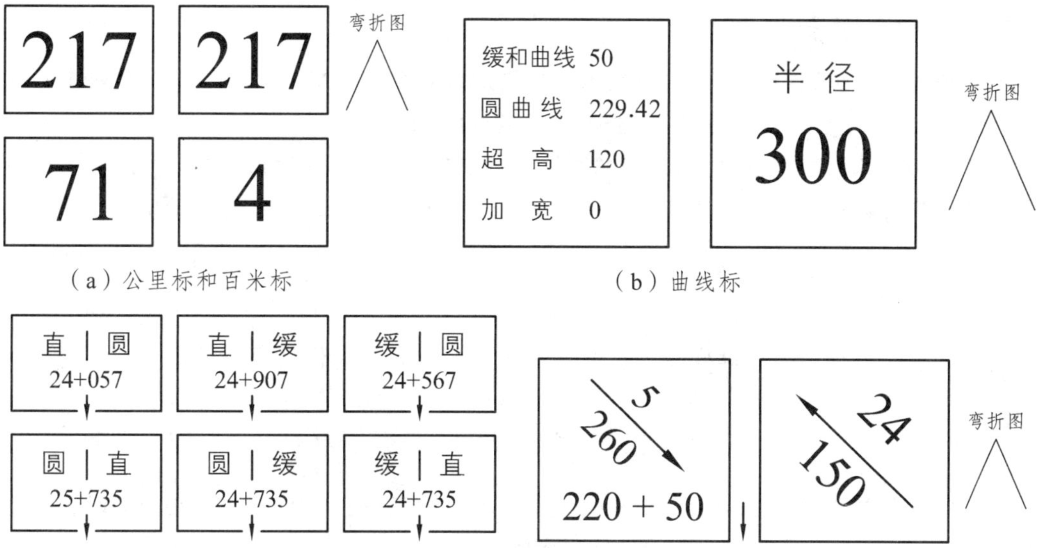

（a）公里标和百米标　（b）曲线标　（c）曲线要素标　（d）坡度标

图 1.17　线路标志

2. 曲线要素标

曲线要素标包括圆曲线及缓和曲线始终点标。

（1）曲线标。

无砟道床的曲线标设在曲线中点处的右侧边墙上，有砟道床的曲线标则设在曲线中点处的右侧路肩上，标明曲线中心里程、半径大小、曲线及缓和曲线长度、超高和加宽值等，如图 1.17（b）所示。

（2）圆曲线及缓和曲线始、终点标。

无砟道床的圆曲线及缓和曲线始、终点标设在直缓、缓圆、圆缓、缓直各点处的右侧边墙上，有砟道床则设在右侧路肩上，标明所向方向为直线、圆曲线或缓和曲线，如图 1.17（c）所示。

3. 坡度标

无砟道床坡度标设在线路坡度变坡点处的右侧边墙上，有砟道床则设在线路坡度变坡点处的右侧路肩上，并标明其所向方向的上、下坡坡度值及其长度，如图 1.17（d）所示。

4. 竖曲线标

竖曲线标包括竖曲线起点标和竖曲线终点标，无砟道床线路设在竖曲线起、终点处的右侧边墙上，有砟道床线路设在起、终点处的右侧路肩上，用以表明竖曲线的起点和终点里程，如图 1.18（a）和图 1.18（b）所示。

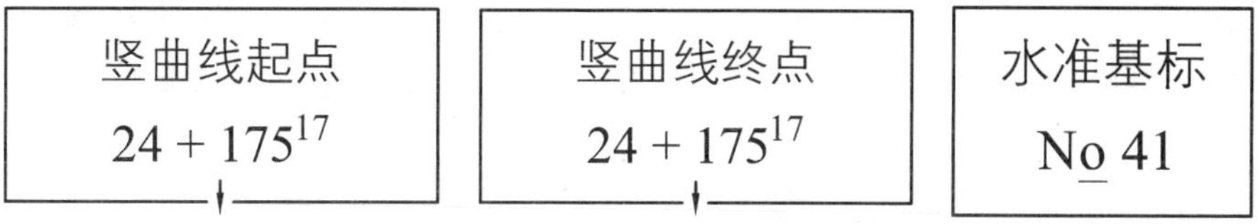

（a）　（b）　（c）

图 1.18　竖曲线及水准基标

5. 水准基标标志

水准基标是线路交付运营后，为测量其标高所设置的永久标志。它应设在线路中心或两侧附近，便于寻找、便于引用并不易遗失、损坏或碰撞的地方。水准基标如图 1.18（c）所示。

其他线路标志，如桥隧涵标、道岔牌号、线路中心桩等各种标志，可按照设计要求或与车辆、信号等有关单位和部门协商，确定位置后进行安装。

二、信号标志

信号标志是对机车、车辆操作人员起指示作用的标志。它包括警冲标、限制速度标、停车位置标等。

1. 警冲标

警冲标设在两汇合线路间距离为 4 000 mm 的中间。线路间距不足 4 000 mm 时，设在两线路中间线的最大间距起点处，如图 1.19 所示。

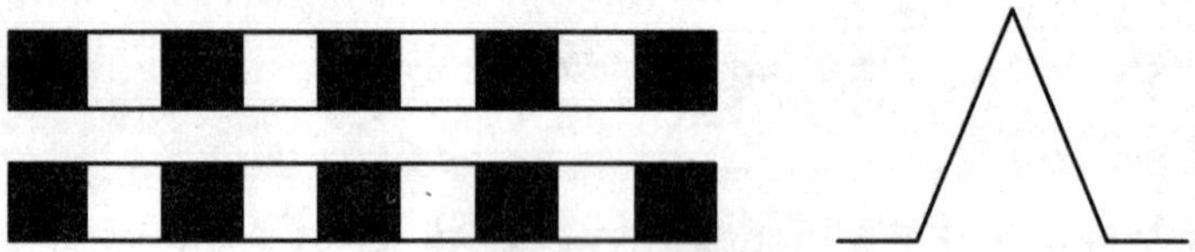

图 1.19　警冲标

在线路曲线部分所设的警冲标和道岔附近的警冲标与线路中心线间的距离，应按限界的加宽增加。

2. 限制速度标

限制速度标通常与解除限制速度标联用。

限制速度标是用数字将所限速度值标在白色方形板上，在无砟道床线路上固定于限速线路地段始端的右侧边墙上，在有砟道床线路上则按照车辆部门要求设置于限速线路地段始端的右侧路基上，如图 1.20（a）所示。

解除限制速度标材料和布置与限制速度标相同。

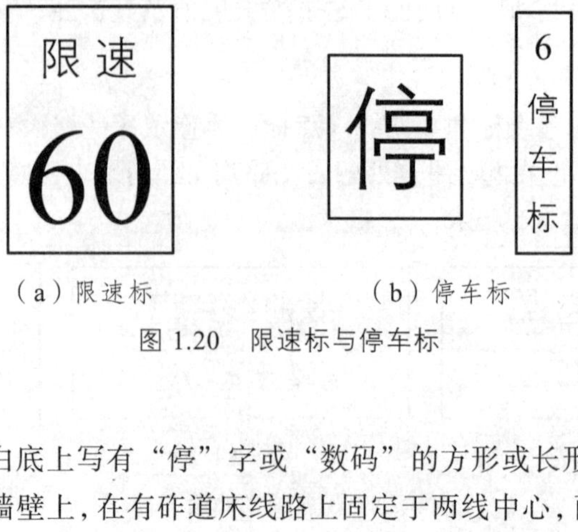

（a）限速标　　　　（b）停车标

图 1.20　限速标与停车标

3. 停车位置标

列车停车位置标为白底上写有“停”字或“数码”的方形或长形板，在无砟道床线路上固定于车站线路一侧的墙壁上，在有砟道床线路上固定于两线中心，面向来车方向，如图 1.20

（b）所示。

除以上所述的线路标志和信号标志外，在道口和桥梁等其他地段，为保证行车安全还应设置其他标志，如道口警标、线路标桩、司机鸣笛标等。

第八节　车站及车辆段

一、车站建筑

地铁车站是乘客购票、候车及乘车的场所，一般设在地铁沿线所经区域至少两条地面道路相交的路口处，附近一般为大的居民区或设有大型文娱、体育设施。

车站按建筑结构的不同可分为 5 种：一是矩形双跨车站，见图 1.21（a）；二是矩形三跨车站，见图 1.21（b）；三是矩形四跨车站，见图 1.21（c）；四是拱形三跨车站，亦称三拱二柱双层岛式车站，见图 1.21（d）；五是为满足个别情况设计的特殊结构车站。

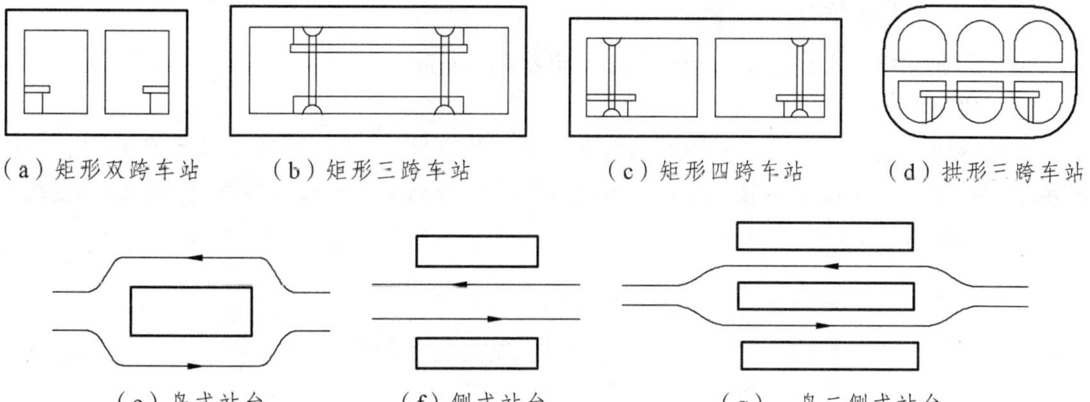

（a）矩形双跨车站　（b）矩形三跨车站　（c）矩形四跨车站　（d）拱形三跨车站

（e）岛式站台　（f）侧式站台　（g）一岛二侧式站台

图 1.21　车站站台类型

车站按站台形式不同，又可分为岛式站台车站、侧式站台车站及一岛二侧式车站等形式。站台在中间，线路在两边的车站，为岛式站台车站，如图 1.21（e）所示；站台在两边，线路在中间的车站，为侧式站台车站，如图 1.21（f）所示；在线路中间和两侧均设有站台的车站，为一岛二侧式车站，如图 1.21（g）所示。

车站按运营性质不同，又分为中间站、换乘站、始发站、终点站等不同类型。

车站的站台有效长度，一般不小于远期列车的编组长度。

车站内部装修，采用了圆、方、六角、八角等多样的柱形；墙面、地面及柱面的装修采用了美观、坚固、耐久、防潮、不燃和易于冲洗的天然大理石、水磨石、瓷砖、马赛克和缸砖等饰面材料。

车站内的照明、光源主要为日光色的荧光灯。灯具有带反光玻璃的明露灯管式，有外加乳白色有机玻璃罩的嵌入灯等多种。其灯光和谐如同白昼。

二、车辆段及停车场

车辆段是车辆停放、检查、整备、运用和修理的管理中心所在地。若运行线路较长，为了有利于运营和分担车辆的检查清洗工作量，可在线路的另一端设停车场，负责部分车辆的停放、运用、检查和整备工作。当技术经济合理也可以两条或两条以上线路共设一个车辆段。城市轨道交通除车辆保养基地以外，尚有综合维修中心、材料总库和职工技术培训中心等基地，有条件时，应尽量将它们与车辆段规划在一起。

车辆段的业务范围有：列车的运用和在段内编组、调车、停放、日常检查、一般故障处理和清扫洗刷；地铁车辆的技术检查、月修、定修和临修；运用线路列检所的列车检查，一般故障处理和清扫；运营线路折返站乘务司机换班室的业务工作；段内设备和机具的维修及调车机车的日常维修工作。

停车场的业务范围：列车的运用、编组、调车、停放、日常检查、一般故障处理与清理洗刷、车辆技术检查和月修等。

三、股道及道岔编号

1. 股道、道岔编号

为了作业和维修管理方便，站内线路和道岔都进行统一编号。

（1）股道编号。

车站内股道编号，从正线起用罗马数字（Ⅰ、Ⅱ、Ⅲ…）顺序编号，上行为双号，下行为单号，折返线（库线）靠近上行正线者为双号，下行编号为单号。折返线（库线）设在正线之间者为单号。如图 1.22 所示。

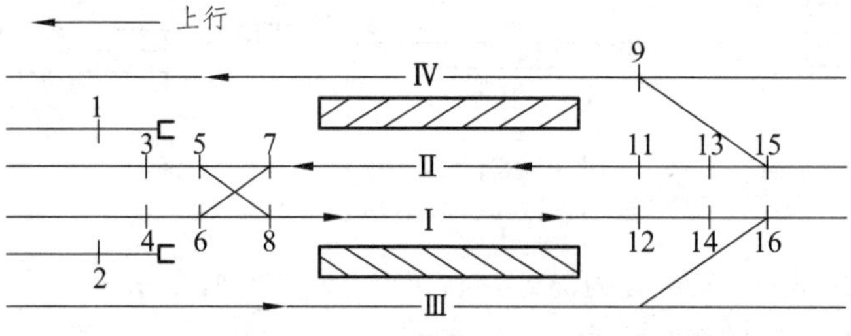

图 1.22　车站股道及道岔编号

车辆段（停车场）与正线间的联络线原则上连接下行正线编号为单号，连接上行正线为双号。

（2）道岔编号。

上行为双道岔号，下行为单号。一个车站不准有相同的编号；每个车场的道岔单独编号。

2. 股道有效长

（1）股道全长。

股道全长是指股道的实际长度，即从股道一端的道岔基本轨接头沿线路中心线的长度（尽头线为至车挡的长度）。

（2）股道有效长。

股道有效长是指在股道全长范围内可以停留机车车辆而不影响邻线停车的一段长度。股道有效长的起止范围根据警冲标、道岔的尖轨尖端、出站信号机、轨道绝缘节和车挡的位置分别确定。

四、线间距

区间及站内两相邻线路中心线的距离为线间距。线间距是根据有关限界、相邻线路间设置的与行车有关的技术设备和办理不同性质作业而确定的。线间距大小应当符合有关规定。

第九节　限　界

一、限界分类

限界是为了保证行车安全，而对机车、车辆、线路、邻近建筑物及设备所规定的不许超越的轮廓尺寸线。

地铁限界是根据车辆轮廓线和车辆有关技术参数，结合轨道和接触网或接触轨的相关条件，并计及设备和安装误差，按规定的计算方法确定的。

地铁限界分车辆限界、设备限界、建筑限界。受电弓限界或受流器限界是车辆限界的组成部分，接触轨限界属于设备限界的辅助限界。

一切建筑物、机械设备，在任何情况下均不得侵入地铁的设备限界，车辆任何部位均不得超出车辆限界。在设计建筑结构和布置设备时，距钢轨顶面的尺寸应附加钢轨顶面标高可能的变动量，如路基下沉、道床加厚、更换重轨等。

二、车辆限界

车辆限界是车辆在正常运行状态下形成的最大动态包络线。直线地段车辆限界分为隧道内车辆限界和高架或地面线车辆限界，高架或地面线车辆限界应在隧道内车辆限界基础上，另加当地最大风荷载引起的横向和竖向偏移量。车辆限界是车辆在运行中横断面的极限位置，车辆任何部分都不得超出这个限界之外。

在确定车辆限界的各个控制点时，除考虑车辆外轮廓横断面的尺寸外，还须考虑到制造上的公差、车轮和钢轨之间及支承中的机械间隙、车体横向摆动和弹簧上的振动倾斜等因素。

三、设备限界

为了确保行车安全，不与车辆直接相互作用的建筑物及设备不得侵入一定的轮廓尺寸线，我们把这种轮廓尺寸线称为设备限界，用以限制设备安装。

设备限界位于车辆限界之外，它的主要尺寸由车辆限界、信号、闭路监控系统的外形尺寸、接触轨限界、线路可能的偏移、轨面倾斜及线路测量误差、轨道状态不良引起车辆的偏移和倾斜等因素，并计及适当的安全量计算确定。地下铁道的任何设备（站台除外）均不得侵入这个限界之内。

直线地段设备限界是在直线地段车辆限界外扩大一定安全间隙后形成的：车体肩部横向向外扩大 100 mm，边梁下端横向向外扩大 30 mm，接触轨横向向外扩大 185 mm，车体竖向加高 60 mm，受电弓竖向加高 50 mm，车下悬挂物下降 50 mm。转向架部件最低点设备限界离轨顶面净距：A 型车为 25 mm，B 型车为 15 mm。

曲线地段设备限界应在直线地段设备限界基础上，按平面曲线不同半径、过超高或欠超高引起的横向和竖向偏移量，以及车辆、轨道参数等因素计算确定。

四、建筑限界

建筑限界是在设备限界基础上，考虑了设备和管线安装尺寸后的最小有效断面。在宽度方向上设备和设备限界之间应留出 20 ~ 50 mm 的安全间隙。当建筑限界侧面和顶面没有设备或管线时，建筑限界和设备限界之间的间隙不宜小于 200 mm；困难条件下不得小于 100 mm。

所有构筑物的任何突出部分都不得超出这个限界，它取决于隧道内设置的各种设备（如信号设备、闭路监控系统设备、供电设备及照明设备等）。在区间直线地段各种类型的隧道建筑限界与设备限界之间的间距，应能满足各种设备安装的要求。

道岔区的建筑限界在直线地段上，应根据不同种类的道岔和车辆有关尺寸计算出加宽量和安装设备所需的加高量，分别进行加宽和加高。

第十节　施工防护及行车调度

一、施工防护

封锁区间、站场线路进行影响行车的施工以及抢修工作，均应按规定设置防护。线路等设备状态未恢复到正常行车条件，禁止撤除防护。未撤除防护，禁止开通区间（包括站场线路）。妨碍行车的施工，均应设防护员防护，当有列车开来时，用手信号灯向列车显示停车信号；在车辆段或站内线路上施工时，使用移动停车信号牌进行防护。

1. 手信号灯防护

（1）在区间施工时，如确知一方无列车开来，其一方防护可省略。亦可将两端道岔扳向不能通往施工地点的位置后，将道岔用钩锁器加锁或钉固，加锁的钥匙由施工负责人保管，两端防护均可省略；如一端用道岔隔开，另一端仍应按规定设防护员防护。

（2）在出站方向站外施工，其防护一端距出站信号机不足 200 m 时，可将出站信号机关闭，在与出站信号机相对位置的站台端部设防护员防护。

（3）在区间道岔上施工，防护距离及防护办法，按以上（1）、（2）两项办理。

2. 移动停车信号牌防护

（1）将施工线路两端道岔扳向不能通往施工地点的位置后，将道岔用钩锁器加锁或钉固，加锁的钥匙由施工负责人保管，可不设移动停车信号牌。如不能加锁或钉固时，则应在施工地点两端各 50 m 处的线路中心，设置移动停车信号牌防护。

（2）如施工地点距离道岔不足 50 m 时，将道岔置于不能通往施工地点的位置后，加锁或钉固，加锁的钥匙由施工负责人保管，可不设移动停车信号牌防护。如不能加锁或钉固，则在道岔基本轨接头处施工线路上，设置移动停车信号牌防护。

（3）在道岔上施工，设置移动停车信号牌防护。

二、行车调度

城市轨道交通行车调度工作由调度控制中心实施，实行高度集中统一指挥，以使各个环节紧密配合、协调工作，保证列车安全、正点地运行。行车调度工作是城市轨道交通系统的核心，它的好坏直接影响乘客运输任务的完成情况。

1. 调度机构及其组成

城市轨道交通系统是一个复杂的、技术密集型的城市公共交通系统，在调度机构的生产组织体系中通常设有行车调度、电力调度、环控调度等调度工种。

2. 行车调度工作的基本任务

行车调度工作的基本任务有：组织指挥各部门、各工种严格按照列车运行图工作；监视列车到达、出发及途中运行情况，确保列车运行正常秩序；当列车运行秩序不正常时，能够及时采取措施，尽快恢复正常运行秩序；及时、准确地处理行车异常情况，防止行车事故的发生；随时掌握客流情况，及时调整列车运行方案；检查监督各行车部门执行运行图情况，发布调度命令；当区间或车站发生行车事故时向主管部门汇报，并采取措施防止事故扩大，积极参与组织救援工作。

3. 行车调度工作的主要设备及功能

随着科学技术的发展，城市轨道交通系统运行控制设备正逐步向自动化、远程化、计算机化的方向发展，行车调度工作也已从人工电话调度指挥方式向电子调度集中和计算机调度集中控制设备发展。

（1）人工调度指挥系统。

人工调度指挥系统设备分为调度所设备、车站设备和车上设备三部分。调度所设备包括调度电话总机、传输线；车站设备包括调度电话分机、传输线；车上设备主要是无线调度电话。

由调度员通过电话与车站值班员直接对话，由车站行车值班员安排列车进路。通过值班员报点，了解列车到达、出发信息，下达列车运行调整调度命令，通过车站行车值班员调度电话分机呼叫列车司机室的无线调度电话，传达调度命令。在该阶段，调度员人工绘制运行图。

（2）电子调度集中系统。

电子调度集中系统设备也分为调度所设备、车站设备和车上设备三部分。调度所设备包括调度集中总机、运行显示屏、运行图绘制仪、传输线等；车站设备包括调度集中分机、传输线等；车上设备主要是无线调度电话。

电子调度集中设备实现了运行调度指挥的遥信与遥控两大远程控制功能（尚缺遥测这一基础功能）。在此阶段，行车调度员可以直接排列列车进路，直接指挥列车的运行调整，并通过显示屏监督列车运行情况。在必要的时候，则可将列车运行进路排列工作下放到车站，由车站行车值班员操作。在调度集中情况下，列车进入区间的行车凭证为出站信号机的绿灯显示。如出站信号机故障，凭行车调度员的命令发车，追踪运行列车间的安全间隔由自动闭塞设备实现。

3. 计算机控制的自动调度设备（ATC）

目前，ATC系统已被越来越多的城市轨道交通系统采用。

4. 行车调度命令

在组织指挥列车运行过程中，行车调度员应按规定在进行某些行车作业时发布调度命令，表示进行有关行车作业的严肃性和强制性。行车调度员在发布调度命令前，应详细了解现场情况，并认真听取有关人员的意见；调度命令发布后，有关行车人员必须认真执行。

（1）行车调度命令的分类。

行车调度命令分为口头命令、书面命令、口头通知。

在无线录音设备正常状态时，行车调度员发布的行车调度命令均以口头命令下达。口头命令内容为命令号、受令处所、受命人、命令内容、发令日期、发令时间、发令人及复诵人。

在录音设备故障停用时，遇列车救援、反向运行及ATP故障实施人工驾驶均需发布书面调度命令。命令内容同上。

在日常运行调整指挥时，行车调度员以口头通知下达，口头通知无须给号，只下达通知内容、受通知人。

（2）书面调度命令的填记标准。

调度命令应填记命令号、受令处所、受令人、命令内容，另外还包括发令日期、发令时间、发令人及复诵人。运行指挥过程中如遇限速、区间下人、救援、区间封锁等情况时，根据命令标准格式内容分类填写。

第十一节　工程制图及线路平纵断面图

一、工程制图基本常识

1. 制图工具

制图工具有图板、丁字尺、三角板、比例尺、圆规和绘图笔等，此外，还有曲线板、擦图片、直线笔、绘图钢笔和分规等。

2. 图纸幅面和格式（表 1.1、图 1.23）

表 1.1　基本幅面尺寸及图纸边框尺寸　　单位：mm

幅面代号	A0	A1	A2	A3	A4
$B \times L$	841×1189	594×841	420×594	297×420	210×297
a	25				
c	10			5	
e	20		10		

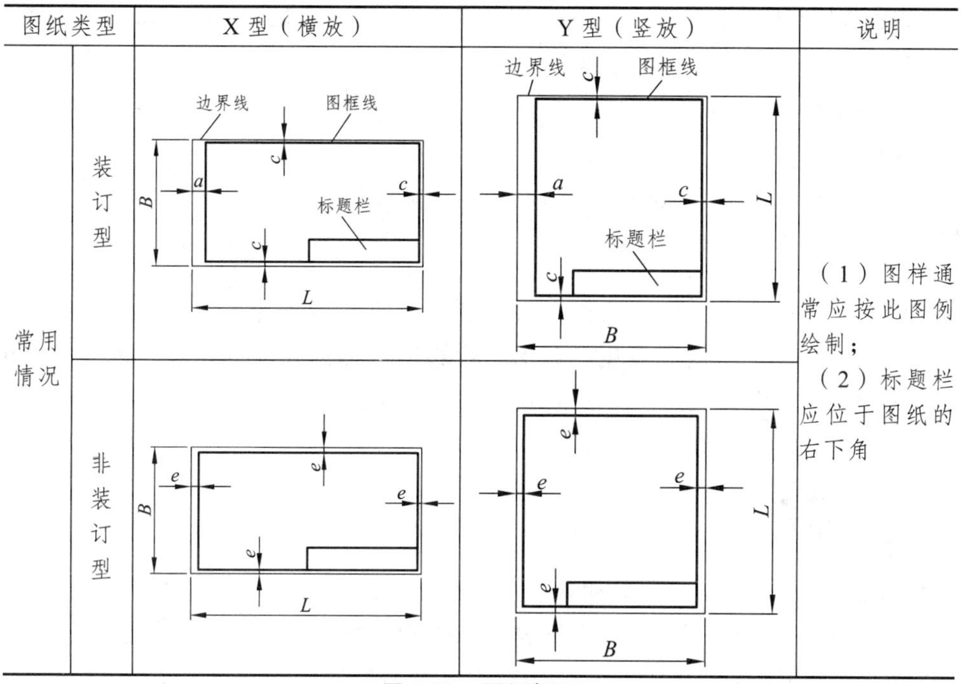

图 1.23　图纸幅面

3. 标题栏及明细栏的格式及尺寸（图 1.24）

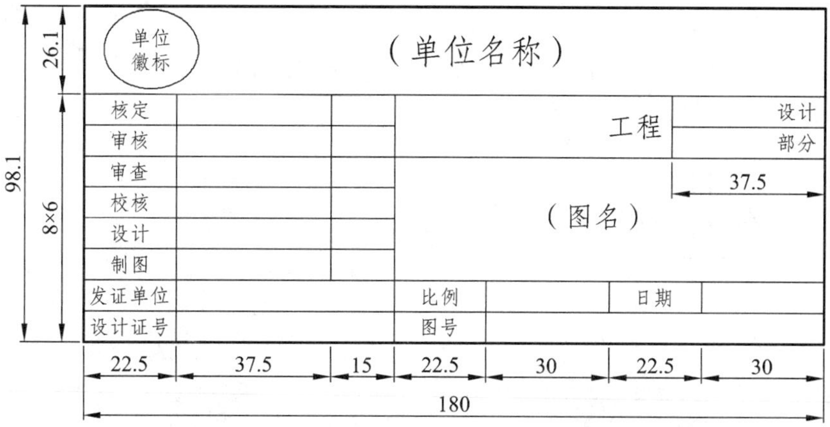

图 1.24　标题栏及明细栏（单位：mm）

4. 比例

比例是指图形与实物相对应的线性尺寸之比。比例的大小是指比值的大小，比如 1∶50 大于 1∶100.

比例尺的用法一般有直接量距和比例变换两种方法。当比例尺上刻有所需要的比例时，可按尺面上的刻度直接量取，不用作任何计算。当比例尺上没有所需的比例时，可以通过比例变换的方法，将一个适当的比例尺改造成一个新的比例尺，再直接量距。

5. 字体

工程图中的文字，必须遵循下列规定：字体工整、笔画清楚、间隔均匀、排列整齐。

字体的号数用字体的高度（*h*）表示；字体高度的公称尺寸系列为：1.8，2.5，3.5，5，7，10，14，20（mm）。

汉字应写成长仿宋体，字母和数字应写成 ISOCP 字体。

6. 图线

图形是由图线组成的，制图标准规定了图线的种类和画法。

7. 尺寸标注

在投影图中，需要标出形体的长宽高三个方向的大小及有关部分的位置尺寸。在正面投影中可标注形体的长度和高度，在水平投影中可标注长度和宽度，在侧面投影中可标注其高度和宽度，但同一尺寸不必重复，且尺寸最好注在反映实形和位置关系明显的投影图上。

二、三视图的画法

作投影图时，应使正面投影较明显地反映形体的外形特征，故将形体具有特征的一面平行于 *V* 面，并照顾其他投影图的虚线尽量少。图中箭头所示为正面投影的方向，此时反映形体特征的前、后面平行于 *V* 面，正面投影反映实形，形体的其他表面垂直于 *V* 面，其正面投影均积在前、后面投影的轮廓线上，同理，可分析 *H* 面、*W* 面的投影。

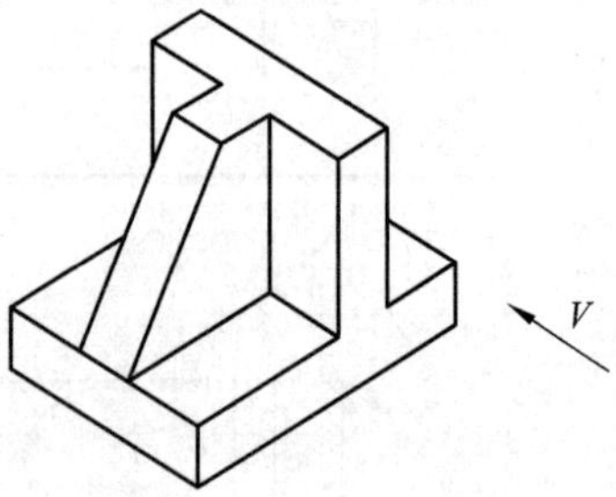

图 1.25　形体直观图

一般先从反映实形的投影作起，再依据三面投影规律画出其他投影。其方法和步骤如图 1.25 及图 1.26 所示。

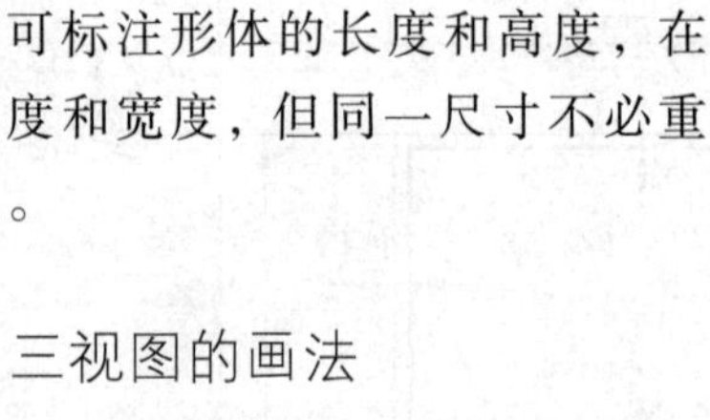

（a）画投影轴，按尺寸作正面投影（反映前面实形）

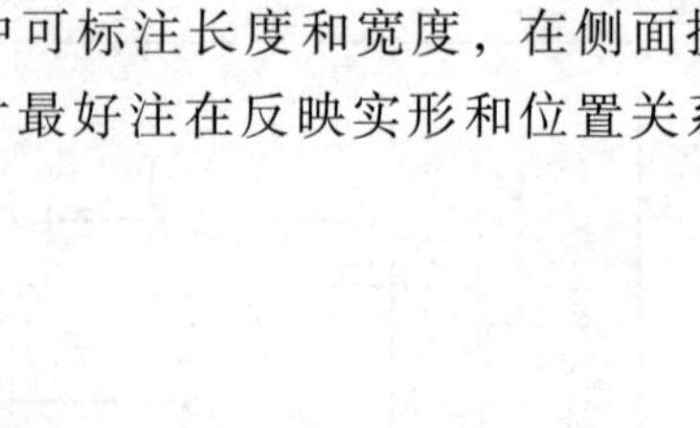

（b）画水平投影（量取宽度尺寸）

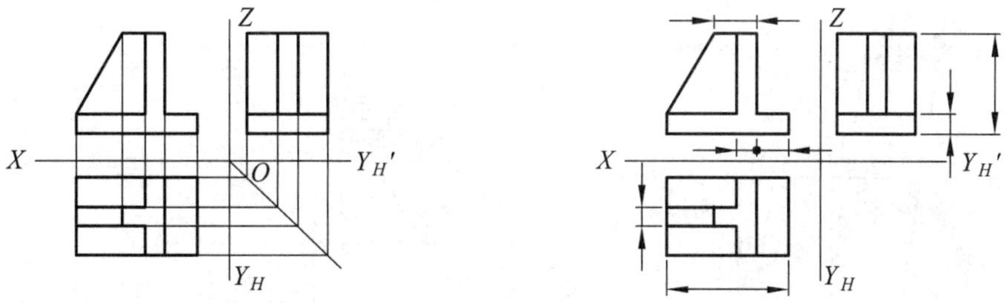

（c）根据正面投影、水平投影，作侧面投影

（d）去掉作图线，整理加深，标注尺寸

图 1.26　三视图画法

三、线路平面图和纵断面图

线路平面图和纵断面图都是勘测设计及指导施工和运营的重要文件。

1. 线路平面图

线路平面图（图 1.27）上标有下列资料和数据：

线路里程和百米标，在整千米处应注明线路里程，其符号用 K 表示。在公里标之间的整百米标处注上百米标数。书写时，应面向线路起点，数字写在线路右侧。在设计过程中，如产生断链，应在图上注明断链关系及断链长度。

曲线要素及其起、终点里程，曲线交点符号应注明曲线编号。各要素均平行线路写于曲线内侧。曲线起点（ZH）和终点（HZ）的里程数垂直于线路写于曲线内侧。

线路上各主要建筑物：沿线的车站、桥涵、隧道等建筑物用一定的图例符号表示，并标明所在位置的里程、类型和大小。如有改移道路等，应给出其中线。

2. 线路纵断面图

线路纵断面图（图 1.28）上标有下列资料和数据：

连续里程：一般的线路起点从站后折返线尽头，在整千米或整百米处应注明里程。

线路平面：表示线路平面的示意图。凸起或凹下部分表示曲线，凸起或凹下的转折处依次为直缓、缓圆、圆缓、缓直点，并在直缓和缓直点处注上距前百米标的距离，凸起表示右偏角的曲线，凹下表示左偏角的曲线。曲线要素注于曲线内侧。

百米标：在整百米处注上百米数。在百米标之间地形变化点等处应加标，并注上距前一百米标的距离。

地面标高：在各百米标和加标处应注上地面标高值。在地形图上读取标高时，精度为 $0.1\Delta H$，ΔH 为地形图上的等高距；外业中水平测量取得的标高，精度为 0.01 m。

设计坡度：向上或向下的斜线分别表示上坡道或下坡道，水平线表示平坡道。线上所注数字表示坡度值，用千分数表示；线下所注数字表示坡段长度值，单位为米。

设计标高：图上应注明变坡点和加标的轨顶标高，单位为米，精确度为 0.001 m。

图 1.27 线路平面图

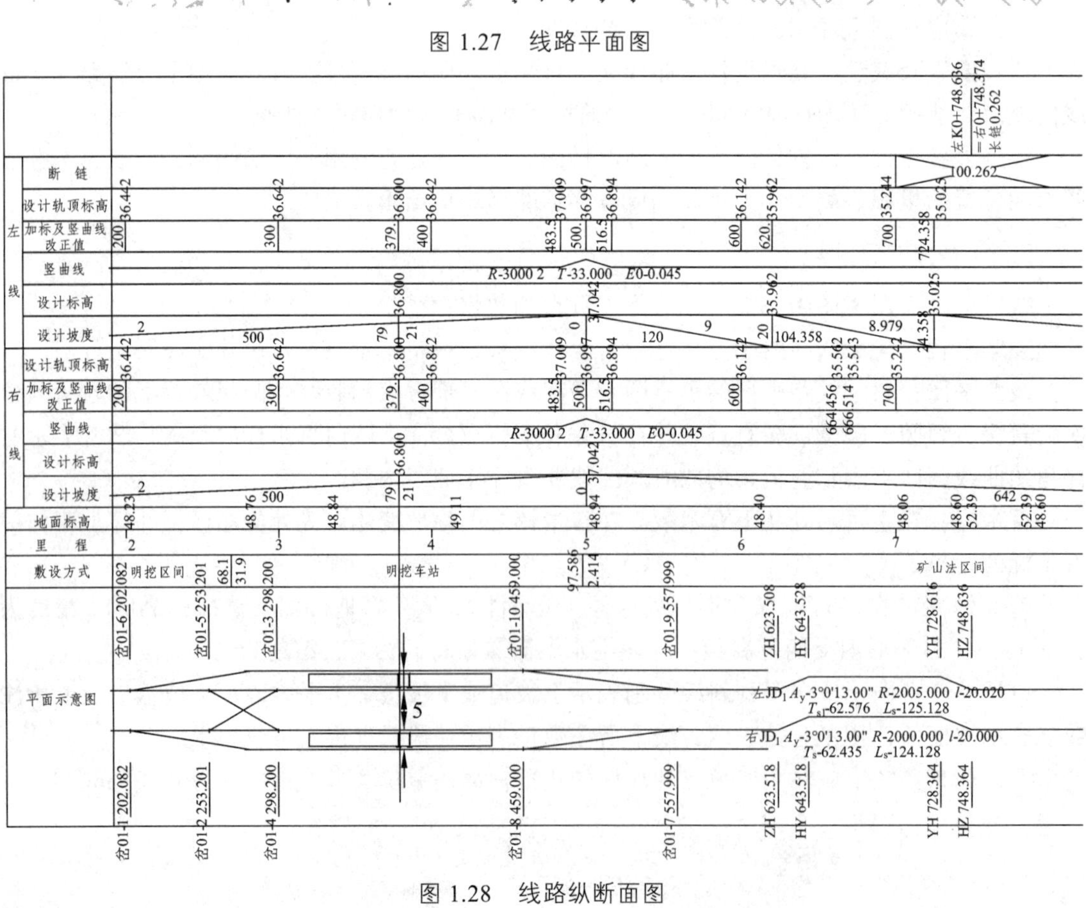

图 1.28 线路纵断面图

第十二节　测量基本知识

一、水准测量

图 1.29（a）中，A 为已知高程的点，如果要求出 B 点的高程，可先求出 A、B 两点间的高差 h_{AB}，则 B 点的高程为：

$$H_B = H_A + h_{AB}$$

为求高差 h_{AB}，在 A、B 两点上竖立带有刻度的标尺（水准尺），在 A、B 两点之间安置可提供水平视线的仪器（水准仪）。当视线水平时，在 A、B 两点的标尺上分别读得读数 a 和 b，则高差为：

$$h_{AB} = a - b$$

读数 a 因为在测量前进方向的后方，故称为后视读数，而读数 b 在前方，故称为前视读数。有时 A、B 两点可能同时位于仪器的一方，因此更确切地讲，凡在已知高程点上的读数称后视读数，在待求高程点上的读数称前视读数。

高差 h_{AB} 的值可能为正也可能为负，正值表示待求点 B 高于已知点 A，负值表示 B 低于 A。此外，高差的正负又与测量前进方向有关，例如在图 1.29（b）中，测量由 A 向 B 进行，h_{AB} 为正，反之由 B 向 A 进行，则 h_{AB} 为负。所以说明高差时必须标明正负号，同时要说明测量前进的方向。

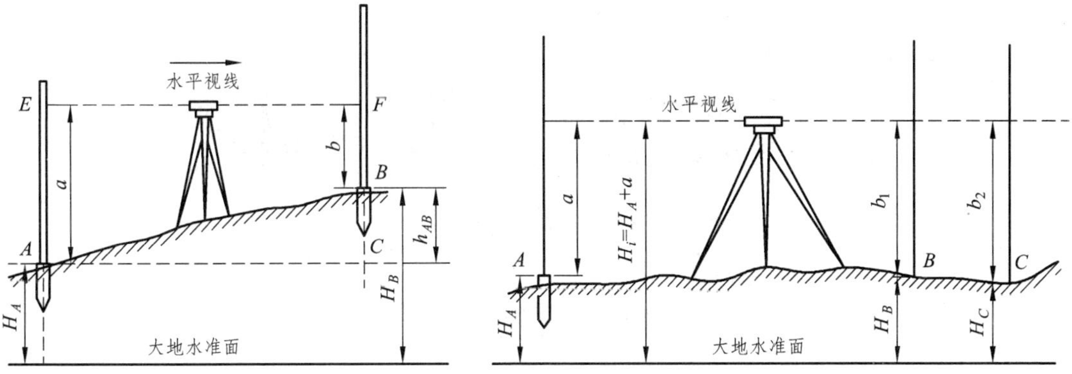

（a）　　（b）

图 1.29　水准测量

当两点相距太远或高差太大时，可分段连续进行。从图 1.30 可得：

即两点的高差等于连续各段高差的代数和，也等于后视读数之和减去前视读数之和。通常是先用 $\sum h$ 计算出高差，再用 $\left(\sum a-\sum b\right)$ 来验算计算结果。

图 1.30 中置仪器的点Ⅰ、Ⅱ……称为测站。立标尺的点 1、2 称为转点，它们先作为待求高程的点，然后再作为已知高程的点，起传递高程的作用。

由以上可见，水准测量的基本原理是利用水平视线来比较两点的高低，求出两点的高差。

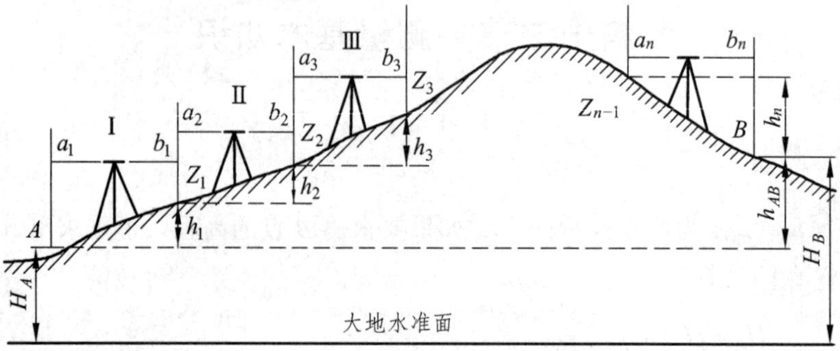

图 1.30　分段水准测量

$$h_1 = a_1 - b_1，h_2 - a_2 - b_2，\cdots\cdots，h_n = a_n - b_n，则\ h_{AB} = \sum h = \sum a - \sum b$$

当水准测量的目的不仅仅是获得两点的高差，而是要求得一系列点的高程时，例如测量一条线路的地面起伏情况时，可按图 1.31 进行。此时，水准仪在每一测站上，除了要读出后视和前视读数外，同时要对这面内需要测量高程的点立尺读取读数，如图中在 P_1、P_2 等点读取 C_1、C_2 等读数，则各点高程可以计算如下：

仪器在测站Ⅰ：$H_{Ⅰ} = H_A+a_1$，$H_{P1} = H_{Ⅰ} - C_1$，$H_{P2} = H_{Ⅰ} - C_2$，$H_{Z1} = H_{Ⅰ} - b_1$

仪器在测站Ⅱ：$H_{Ⅱ} = H_{Z1}+a_2$，$H_{P3} = H_{Ⅱ} - C_3$，$H_{P4} = H_{Ⅱ} - C_4$，$H_{Z2} = H_{Ⅱ} - b_2$

式中：$H_{Ⅰ}$、$H_{Ⅱ}$为仪器视线的高程，简称仪器高。图中 Z_1、Z_2……为传递高程的转点，在转点上前、后视读数都有。图中 P_1、P_2 等点称中间点，它只有一个前视读数，也称为中视读数。计算的校核仍用公式：

$$h_{AB} = H_B - H_A = \sum a - \sum b$$

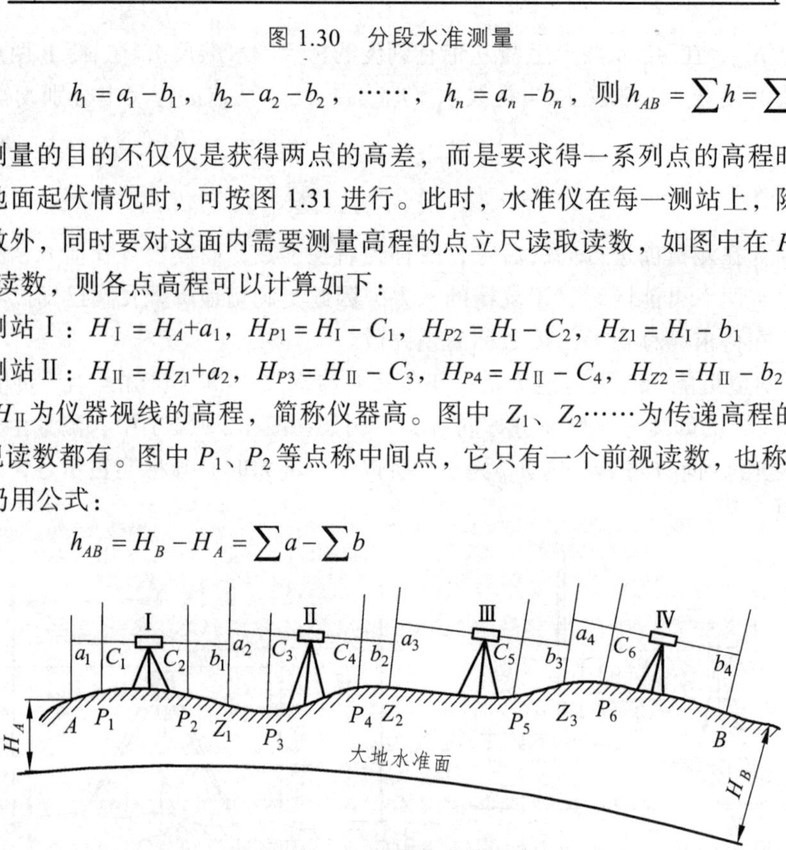

图 1.31　地面起伏水准测量

二、距离丈量与直线定线

1. 直线定线

在地面上标定出直线丈量的方向线的工作称为直线定线。两点间的距离超过一整尺长，或地势起伏较大时，要在直线方向上设立若干个中间点，将全长分成几个等于或小于尺长的分段，以便丈量。

（1）目估定线。

如图 1.32，先在 A、B 两点上各竖立一根标杆，观测者甲立于 A 点后适当位置，用单眼观测 A、B 两点标杆同一侧，提供一条视线。观测者乙侧身持另一标杆立于 1 点附近，听从甲的指挥移动标杆位置。当甲指挥乙又观测到乙所持标杆竖立在视线上时，则 1 点即在 *AB* 直线上。同法可在直线 *AB* 上定出其他各点。

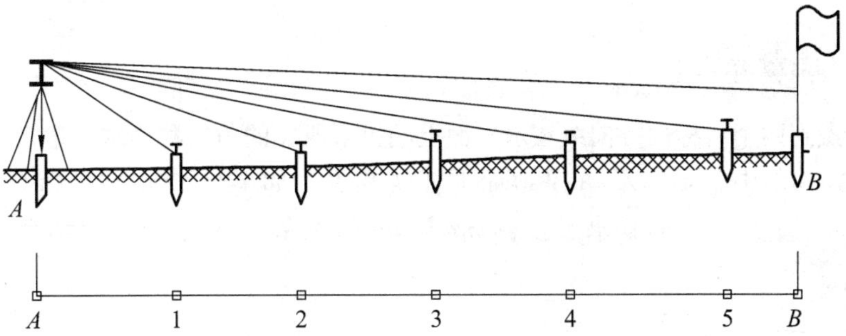

图 1.32　直线定线

（2）经纬仪定线。

可将经纬仪安置于 *A* 点，用望远镜瞄准 *B* 点，固定照准部制动螺旋，沿 *AB* 方向用钢尺进行概量，按稍短于一尺段长的位置，由经纬仪指挥打下木桩。桩顶高出地面约 10～20 cm，并在桩顶钉一小钉，使小钉在 *AB* 直线上；或在木桩顶上划十字线，使十字线其中的一条在 *AB* 直线上，小钉或十字线交点即为丈量时的标志。

2. 距离丈量

量距时，先在 *A*、*B* 两点上竖立测杆（或测钎），标定直线方向，然后，后尺手持钢尺的零端位于 *A* 点，前尺手持尺的末端并携带一组测钎，沿 *AB* 方向前进，至一尺段长处停下。用目估定线方法，由后尺手以手势指挥前尺手将钢尺拉在 *AB* 直线方向上；后尺手以尺的零点对准 *A* 点，两人同时将钢尺拉紧、拉平、拉稳后，前尺手喊“预备”，后尺手将钢尺零点准确对准 *A* 点，并回答“好”，这时前尺手随即将测钎对准钢尺末端刻划竖直插入地面（在坚硬地面处，可用铅笔在地面划线作标记），得 1 点。这样便完成了第一尺段 *A*—1 的丈量工作。

接着两人同时携尺前进，后尺手走到 1 点时，即喊“停”。同法丈量第二尺段，然后后尺手拔起 1 点上的测钎。如此继续丈量下去，直至最后量出不足一整尺的余长 q。丈量中量完每一尺段，后尺手应将插在地面上的测钎拔出收好，用来计算已丈量过的整尺段数 n。

A、*B* 两点间的水平距离为：

$$D_{往}=n\times l+q_{往}$$

式中　n——整尺段数（即在 *A*、*B* 两点之间所拔测钎数）；

l——钢尺长度（m）；

q——不足一整尺段的余长（m）。

上述由 *A* 向 *B* 的丈量工作称为往测，其结果为 $D_{往}$。为了防止丈量错误和提高精度，一般还应由 *B* 点向 *A* 点进行返测，返测时应重新进行定线。其结果为 $D_{返}$。

$$D_{返}=n\times l+q_{返}$$

计算相对误差 K 和 *AB* 的水平距离 $D_{平均}$。

$$D_{平均}=(D_{往}+D_{返})/2；$$

$$K=\left|D_{往}-D_{返}\right|/D_{平均}$$

三、角度测量原理

地面上一点到两个目标的方向线在水平面上的投影所夹的角度称为水平角，一般用 β 表示。

在图 1.33（a）中，A、O、B 是地面上任意三点，如果将 O 点到目标 A、B 的方向线垂直投影到水平面 P 上，得其水平投影 oa 与 ob 的夹角 β 即为 O 点至两个目标方向间的水平角。

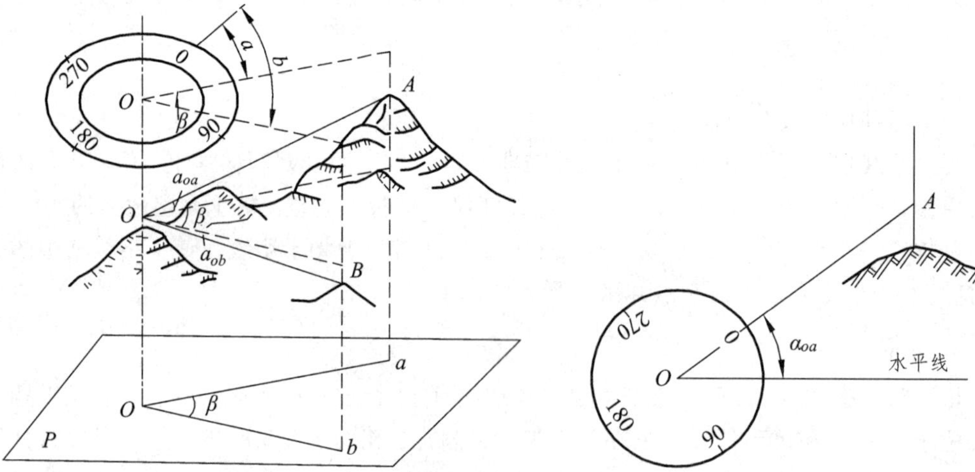

图 1.33　角度测量原理

为了测量水平角 β 的大小，可设想在通过角顶点 O 的铅垂线上的 O'处，设置一个刻有角度分划的水平圆盘，圆盘的中心在 O 点的铅垂线上，OA 与 OB 方向线的投影在水平度盘上的读数为 a 与 b，则 OA、OB 两方向间的水平角值为：$\beta=b-a$。这就是水平角的测量原理。

在同一竖直面内，观测方向线与水平视线之间的夹角称为竖直角，一般用 α 表示。观测方向线在水平视线以上时，竖直角 α 为仰角，符号为正；观测方向线在水平视线以下时，竖直角 α 为俯角，符号为负。

竖直角与水平角一样，其角值也是两个方向读数之差，只不过是其中有一个方向是固定的水平方向。

为了测量竖直角的大小，同样可以设想在角顶 O 点处竖直地设置一个具有角度刻划的圆盘，如图 1.33（b）所示，当观测到不同高度的各点时，通过在水平（或竖直）方向上固定的一条指标线，测量出观测方向线的竖直角。

根据以上原理可知，测角仪器应该具有水平刻度盘和竖直刻度盘，还要有一个照准目标的望远镜，它不仅能在水平方向左右旋转，而且能在竖直方向上下旋转，构成一个竖直面，以便照准不同方向、不同高度的目标；为了把仪器安置在正确位置，还需要有对中装置和水准器。按上述要求制成的测角仪器称为经纬仪。

四、既有线横断面的测绘

1. 横断面方向的测定

在直线地段，横断面方向是与线路中线垂直的方向；在曲线地段，横断面方向是与线路施测点的切线相垂直的方向。横断面的方向可用放线架或经纬仪测定。

2. 既有横断面的测量工作方法

（1）选择横断面的测量位置，如百米标、由填方变为挖方的零点处、纵向地形的变坡点、路堤和路堑的最低处、隧道洞口等处。

（2）安置水准仪并进行整平，水准测量时，需先后视轨顶测出仪器高程。

（3）使用水准尺读出既有线中点、轨顶标高、道床的砟肩、道床的坡脚、路肩、侧沟或排水沟的沟底、路堤和路堑边坡变化点等点的读数。

（4）使用钢尺测出每两点之间的距离。

（5）绘制横断面图。

第十三节　计算机基础知识

一、计算机的硬件组成

我们以台式机为例介绍计算机的组成：计算机硬件通常由主机、显示器、键盘、鼠标和其他外部设备（如打印机、音箱、扫描仪等）五个功能部件组成。

主机是计算机的核心部件，是计算机的主体部分。主机安装在主机箱内，在主机箱内有主板、CPU、内存、硬盘、光驱、软驱、电源和显卡、声卡、网卡等。

主板又称为系统板或母板，是计算机内最大的一块集成电路板，是主机的骨架，大多数设备都得通过它连在一起。它是整个计算机的组织核心。

中央处理器（CPU）是主机的心脏，统一指挥调度计算机的所有工作。CPU 的运行速度直接决定着整台计算机的运行速度。世界上生产 CPU 的公司主要有 Intel 和 AMD 两家公司。人们常说的双核处理器（Dual Core Processor）是指在一个处理器上集成两个运算核心，而不是主机内有两个 CPU。

内存，是计算机的记忆装置，是计算机工作过程中贮存处理数据信息的地方。与主板、CPU 一起并称为计算机的三驾马车。

硬盘，是存储程序和数据的设备，是平时安装各种软件和存贮文件的地方，相当于主机的肚子。硬盘容量越大，存贮的东西就越多。

显卡，是连接显示器和个人电脑主板的重要元件，承担输出显示图形的任务，对于从事专业图形设计的人和游戏玩家来说显卡非常重要。显卡图形芯片供应商主要包括 AMD（ATI）和 Nvidia（英伟达）两家。

光驱，是用来读写光碟内容的机器。目前，光驱可分为 CD-ROM、DVD 光驱（DVD-ROM）、刻录机和蓝光机等。

显示器是计算机所必需的输出设备，用来显示计算机的输出信息。显示器分为纯平（CRT）显示器和液晶显示器，也分为普通屏和宽屏。

键盘是计算机中不可缺少的输入设备，目前普遍使用的有 101 键、104 键和 108 键等几种形式，101 键的键盘没有 Windows 菜单快捷键。几种键盘的主要差别是功能键的多少，不影响使用。

常用的键盘接口类型有三种：一个是 PS/2（也就是通常说的圆口）；一个是 USB 接口；一个是无线。

鼠标是一种指点式设备，分为机械鼠标和光电鼠标，常见的鼠标接口有 PS/2、USB、无线三种类型。

二、计算机软件

1. 操作系统

操作系统是一种管理电脑硬件与软件资源的程序。目前常见的操作系统有 DOS、UNIX、LINUX、Windows、Netware、MacOS 等。

Windows 操作系统包括 95、98、ME、2000、2003、XP、Vista、Win7、Win8、Win10 等。

2. 应用系统

用户直接使用的软件通常为应用软件，而应用软件通常是通过操作系统来指挥计算机的硬件完成其功能的。也即，操作系统是计算机系统中用于指挥和管理其自身的软件。操作系统是平台，是运行应用软件的基础，没有操作系统的平台，应用软件是没有办法运行的。实质上，使用计算机时，我们并不直接使用计算机的硬件，与我们打交道的是应用软件。我们使用应用软件，由应用软件在“幕后”与操作系统打交道，再由操作系统指挥计算机完成相应的工作。

应用软件通常是由计算机专业人员为满足人们完成特定任务的要求开发的，这些软件通常以特定的操作系统作为其运行基础（称应用平台）。我们最常用的应用软件有文字处理、电子表格、数据库应用系统、图形图像处理软件等。

第十四节　安全用电常识

一、直流电与交流电

直流电又称恒流电，恒定电流是直流电的一种，是大小和方向都不变的直流电，它是由爱迪生发现的。

恒定电流是指大小（电压高低）和方向（正负极）都不随时间（相对范围内）而变化的电流，比如干电池产生的电流。脉动直流电是指方向（正负极）不变，但大小随时间变化的电流，比如：我们把 50 Hz 的交流电经过二极管整流后得到的就是典型脉动直流电，半波整流得到的是 50 Hz 的脉动直流电，如果是全波或桥式整流得到的就是 100 Hz 的脉动直流电，它们只有经过滤波（用电感或电容）以后才变成平滑直流电，当然其中仍存在脉动成分（称纹波系数），大小视滤波电路的滤波效果而定。

交流电是用交流发电机发出的，在发电过程中，多对磁极是按一定的角度均匀分布在一个圆周上，使得发电过程中，各个线圈切割磁力线，由于具有多对磁极，每对磁极产生的磁力线被切割产生的电压、电流都是按弦规律变化的，所以能够不断地产生稳定的电流。国内交流电的频率一般是 50 Hz，即每秒变化 50 次。有些国家交流电的频率是 60 Hz，即每秒变化 60 次。当然也有其他频率，如电子线路中有方波的、三角形的等，但这些波形的交流电不是导体切割磁力线产生的，而是电容充放电、开关晶体管工作时产生的。

二、基本概念

1. 电位和电压

在静电场或电路中，单位正电荷在电场力的作用下，从无穷远（即零电位）移到某点电场力所做的功，称为该点的电位。

如果电路两点间电位不同，这两个电位的差值就叫作电路两点的电压。电压的单位是伏特，简称伏，用符号 V 表示，电压的量符号为 U。

2. 电流

电荷有规则的定向运动，称为电流。正电荷运动的方向为电流方向。电流的大小用单位时间内通过导体截面的电荷量的多少来度量，如果在 1s 内，穿过导体截面的电荷量为 1C，则称导体中通过的电流为 1 安培，简称为安，以符号 A 表示。电流的量符号为 I。

3. 电阻

电阻是电荷在物体中运动所受到的阻力，是物质本身具有的导电特性。自然界的物质按其导电特性分为：容易导电的导体，如各类金属；不容易导电的绝缘体，如木材、橡胶、塑料；介于两者之间的半导体，如硅、锗。

电阻的单位为欧姆，简称欧，符号为 Ω。电阻的量符号为 R。

一般情况下，金属导体的电阻值随温度升高而增大。

4. 电功

电流所做的功跟电流成正比，跟电压成正比，跟用电时间成正比，即 $W = IUt$。电功的单位为焦耳，简称焦，符号为 J。一度电等于 1 000 W · h。

5. 功率

负载在电路中消耗电能，一个负载在单位时间内所消耗的电能，叫作功率。功率的单位是瓦特，简称瓦，符号为 W。功率的量符号为 P。功率可表示为：

$$P = W/t = I^2R = U^2/R$$

6. 对电压、电流、电阻的理解

电压、电流与我们熟悉的水压、水流是一种概念。我们知道在水的落差高的时候压力大，在水管口径一样时能够通过的水量也就大，我们理解电压、电流的关系也如同水压与水流的关系。在理解水压的时候，我们知道水压高时我们装水的容器和管道都要有一定的强度才能不被水的压力挤破，这个耐压强度的概念在电路中就是绝缘强度的概念。水在管道里流动时，其管道的粗细不同，其阻力也就不一样。在电路中导线粗细不同能够通过的电流也就不一样，这种阻碍电流通过的阻力就叫电阻。在水路中我们知道管道口径粗，其水的阻力就小，而且能够通过的水量也就大；相反如果管道细，阻力就大，能够通过的水量也就小。电线也一样，如导线粗，电阻就小，能够通过的电流就大，相反如果导线细，能够通过的电流就小。

三、常见的触电方式

按照人体触及带电体的方式和电流流过人体的途径，电击可分为低压触电和高压触电。其中低压触电可分为单线触电和双线触电，高压触电可分为高压电弧触电和跨步电压触电，见图 1.34。

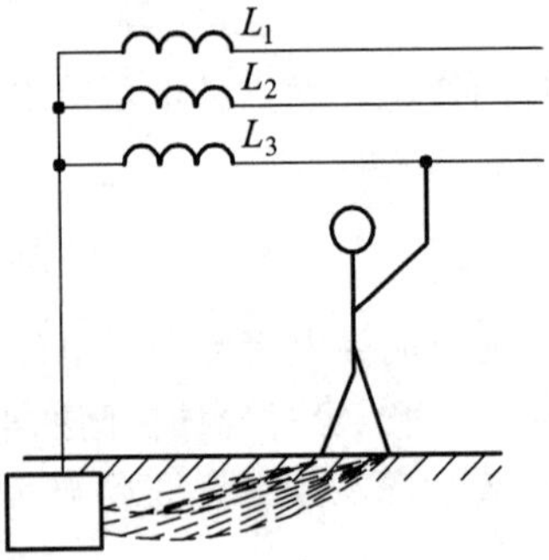

（a）单线触电

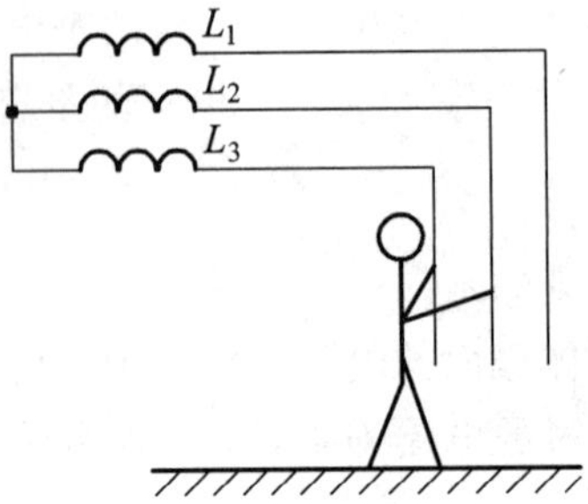

（b）双线触电

（c）高压电弧触电

（d）跨步电压触电

图 1.34　人体触电

1. 单线触电

当人体直接碰触带电设备其中的一线时，电流通过人体流入大地，这种触电现象称为单线触电，如图 1.34（a）所示。对于高压带电体，人体虽未直接接触，但由于超过了安全距离，高电压对人体放电，造成单相接地而引起的触电，也属于单线触电。低压电网通常采用变压器低压侧中性点直接接地和中性点不直接接地（通过保护间隙接地）的接线方式。

2. 双线触电

人体同时接触带电设备或线路中的两相导体，或在高压系统中，人体同时接近不同相的两相带电导体，而发生电弧放电，电流从一相导体通过人体流入另一相导体，构成一个闭合电路，这种触电方式称为双线触电，如图 1.34（b）所示。发生双线触电时，作用于人体上的电压等于线电压，这种触电是最危险的。

3. 高压电弧触电

高压电弧触电是指人靠近高压线（高压带电体），造成弧光放电而触电，如图 1.34（c）所示。电压越高，对人身的危险性越大。干电池的电压只有 1.5 V，对人不会造成伤害；家庭照明电路的电压是 220 V，就已经很危险了；高压输电线路的电压高达几万伏甚至几十万伏，即使不直接接触，也能使人致命。由于电压过高，即使不接触高压输电线路，人在接近过程中会看到一瞬的闪光（就是弧光），并被高压击倒触电受伤或死亡，也就是弧光放电。

4. 跨步电压触电

当电气设备发生接地故障，接地电流通过接地体向大地流散，在地面上形成电位分布时，若人在接地短路点周围行走，其两脚之间的电位差，就是跨步电压，如图 1.34（d）所示。由跨步电压引起的人体触电，称为跨步电压触电。跨步电压的大小受接地电流大小、鞋和地面特征、两脚之间的跨距、两脚的方位以及离接地点的远近等很多因素的影响。人的跨距一般按 0.8 m 考虑。由于跨步电压受很多因素的影响以及由于地面电位分布的复杂性，几个人在同一地带（如同一棵大树下或同一故障接地点附近）遭到跨步电压电击时，完全可能出现截然不同的后果。

四、常用的安全用电措施

1. 安全电压

安全电压是指人体接触到的对人体各部分组织（皮肤、心脏、神经等）没有任何损坏时的电压。人体触电时，电压的高低关系着对人体的伤害程度。通常很难确定一个对人体完全适合的最高安全电压，因为人体电阻因人而异，而且同一个人的电阻也是变化的。有人认为人体安全电压不应超过 40 V。在比较干燥没有尘埃的环境中工作，并考虑必要的裕度，许多国家采用 36 V 为安全电压。但在潮湿、有导电尘埃、高湿和金属容器内工作时，则以 12 V 为安全电压；在无高压触电危险地区的安全电压为 24 V；有高压触电危险地区以 36 V 为安全电压。

2. 保护工具

保护用具是保证工作人员安全操作的工具。设备带电部分应有防护罩，或置于不易触电的高处，或采用联锁装置。此外，使用手电钻等移动电器时，应使用橡胶手套、橡胶垫等保护工具，不能赤脚或穿潮湿的鞋子站在潮湿的地面上使用电器。

3. 保护接地和保护接零

采用保护接地措施，即将用电设备的金属外壳和大地相连接。采用保护接零措施，即将用电设备的金属外壳和三相四线制中的中线（零线）相连接。为了更安全可靠地起保护作用，采用三相五线制输电系统，即将工作零线和保护线分开，使保护线上无电流通过。

4. 注意事项

（1）判断电线或用电设备是否带电，必须用验电器。

（2）在检修电气设备或更换熔体时，应切断电源。

（3）根据需要选择熔断器的熔丝粗细，严禁用铜丝代替熔丝。

（4）安装照明线路时，开关盒明装插座离地面一般不低于 1.3 m，暗装插座离地面 0.3 m。

（5）在电力线路附近，不要安装电视机的天线，不要放风筝和打鸟。

（6）发现电线或电气设备起火，应迅速切断电源，在带电状态下，绝不能用水或泡沫灭火。

第十五节　补充整修线路标志作业

一、作业程序

1. 搬运准备

（1）调查线路上损坏、缺少的线路标志，打上更换、补设标记。

（2）确定标志搬运方案。搬运运标志一般采用车载装运或两人合作肩抬。

（3）装运或卸下标志时，应注意轻装轻放，防止损坏。

（4）搬运到位时应考虑将进入端旋转在埋设坑边，但不要影响挖土作业。

2. 挖坑埋设

（1）更换旧标志时，先用铁镐刨松硬土，用铁锹将旧标志四周的土挖去，堆集在坑边。当深度挖至能见到旧标志牌的底部时，可用手将旧标志摇松，最后用绳套牢，抬出或用手直接拔出，最后再将基坑开挖到埋设要求的深度。

（2）将新标志放入挖好的坑内，用尺丈量距离、高度。若符合要求，即可回填坑土。一人扶正标志，另一人填土。回填坑土时，应注意标志牌的垂直度和朝向。填土应逐层进行，随填随夯，直至达到规定要求的高度。然后整平面土，除净周边杂草。

（3）开挖新坑埋设标志时，应在标志埋设位置处挖好土坑。土坑挖掘深度应根据标志的高度要求确定。然后扶正标志方向，向标志四周填土，边填边夯实。填至规定高度后，再将标志四周填土整平，清除杂物，清扫干净。

3. 油漆刷新

（1）新埋设的标志应先用钢丝刷将表面的灰土擦拭干净，对标志牌上的坑洼用较稠的石灰粉涂刷嵌满，对较大的表面孔洞或标志牌边角缺损，可用水泥修补。

（2）调好油漆，在标志面上薄薄地均匀涂刷一遍，稍干后再涂刷一遍，不能一次涂刷过厚，以免油漆起皮。

（3）待底漆完全干燥后，即可用特制模板印制标志牌上的文字、数字和图形。

（4）对旧有油漆不鲜明，字迹不清楚的标志，重新刷油、书写，新标志，按要求刷上油漆后进行书写。

4. 转移

现场负责人检查确认无误后，转移。

二、质量标准

（1）线路标志设置位置应符合有关规定。线路标志的埋设，单线按里程方向设在线路左侧。双线区段另设线路标志时，应在列车运行方向的右侧。

（2）各种标志（警冲标除外）内侧应距线路中心 3.1 m 以上。

（3）警冲标应设在会合线路两线间距为 4m 的起点处中间。有曲线时，应按限界加宽方法加宽；两线间不足 4 m 时，应设在两线路中心线最大间距的起点处中间。

（4）各种主要线路标志应按里程准确埋设，前后不能出现误差。埋设高度符合相关要求。

（5）标志埋设要垂直、无歪斜、无松动，标志面应正向列车运行方向显示，不得有侧转。

（6）警冲标的埋设高度以两线较高线路的轨枕面为标准，其高度为 300 ~ 350 mm，从上到下的油漆要求红白相间，每节高为 100 mm。

（7）标志在埋设时，注意不要反向或损坏。各种埋设高度低于 1m 的线路标志，埋设高度误差要求不超过±30 mm；埋设高度高于 1 m 的线路标志，埋设高度误差要求不超过±50 mm，且推摇时无松动。

（8）各种标志埋设完毕后，应认真丈量复核。若有不合标准、松动歪斜及埋设高度、位置、距离不合要求的，或有侵入限界可能的，应一律按标准重新埋设牢固。

（9）线路标志的式样应符合标准图的规定，标志鲜明，字迹端正规范，标志面的底漆、面漆要光滑无毛孔。标志上的字体、字体位置、字体大小应符合要求，禁止采用徒手书写。

三、注意事项

（1）多人搬运、安放、埋设标志时，应有专人负责统一指挥，动作一致，要注意防止手脚被碰伤，挖坑时两人应注意配合，确保人身安全。

（2）在线路路肩或道床坡脚处埋设标志，当来车时应停止作业避车，并注意车上散落货物及篷索，以免伤人。

（3）埋设警冲标时，在两线间作业，应派专人负责瞭望防护，来车时要及时撤出两线间到路肩上避车，并注意防止作业工具和堆放的材料侵入限界。

复习思考题

1. 为什么要在城市中修建地铁？

2. 简述车站形式及分类。

3. 路基是由哪几部分组成的？其作用是什么？

4. 什么是路基的横断面？由哪几部分组成？它有哪几种形式？

5. 简述路基病害及其防治办法。

6. 简述地面水对路基的危害及其防治办法。

7. 简述地下水对路基的危害及其防治办法。

8. 路基的坡面防护采取什么措施？

9. 地铁限界是如何确定的？它包括哪些内容？并详细阐述。

10. 说出各种标志的设置位置和作用。

11. 绘图说明水准测量原理，并解释后视点、后视读数、前视点、前视读数的意义？

12. 说明测量水平角的原理。

13. 测水平角时，为什么要进行对中整平？垂球对中和光学对中器对中如何进行？各有什么特点？

第二章 轨 道

【学习目标】

1. 掌握线路起拨改相关方法和技术标准；
2. 掌握钢轨、联结零件、轨枕、道床等相关知识；
3. 掌握加强设备等附属设施相关知识；
4. 掌握轨道部分相关作业方法、步骤及注意事项。

【知识要求与技能要求】

1. 线路起拨改相关方法及技术标准，能进行线路起拨改作业；

2. 钢轨、钢轨接头及线路平纵断面图相关知识，能进行更换接头螺栓夹板及涂油作业，能整治钢轨接头病害，能进行配轨作业，能进行简易测量作业和读图；

3. 轨道扣件、轨枕、道床相关知识、要求及技术条件，能进行更换扣件及扣件涂油，能整修轨枕，能清筛和整理道床，能整修路肩、清理侧沟，能更换扣件和轨枕，能修理轨枕；

4. 线路加强设备相关知识、要求和标准，能整修道口、轨道加强设备；

5. 线路设备检查要求，钢轨及联结零件失效标准，胀轨跑道相关知识，能检查线路设备和分析，能判断线路设备故障并进行防护处理。

第一节 轨道结构及几何尺寸

一、轨道结构

地铁轨道由钢轨、轨枕、道床、联结零件、道岔及轨道加强设备等组成。

正线及辅助线钢轨一般采用 60 kg/m 钢轨，也可采用 50 kg/m 钢轨。车场线一般采用 50 kg/m 钢轨。北京地铁早期的车场线采用了 43 kg/m 钢轨。

轨道结构高度根据不同结构形式，宜采用下列数值：矩形隧道内混凝土无砟道床为 560 mm；单线马蹄形隧道内混凝土无砟道床为不小于 650 mm；单线圆形隧道内混凝体道床为不小于 740 mm；高架桥上无砟道床为 500 ~ 520 mm；正线及配线有砟道床为 700 ~ 950 mm；车场线有砟道床为 580 ~ 650 mm；车场库内线为 500 ~ 600；浮置板轨道为 750 ~ 900 mm。轨下部位混凝土道床厚度，直线地段不宜小于 130 mm，曲线地段不宜小于 110 mm。

轨道引导车辆运行方向，直接承受和传递由车轮传来的压力。车轮的压力首先作用在钢轨较小的承压面上，然后再逐渐向下扩大其承压面，经垫板、轨枕、道床传至路基面上。压力越往下传，分布面积越大，轨道所受压应力越小。由于轨道这种传力特点，人们才有可能用不同力学性质的材料建筑它。虽然轨道是由不同材料组成的，但它们应成为一个整体结构，共同承受车辆动载作用的垂直力、水平力、纵向力和气候的变化，所以要求轨道各组成部分具有足够的强度和稳定性，各部尺寸及材质应相互配合，以保证列车高速、平稳、安全和不间断地运行。

二、轨道几何尺寸

1. 轨距

轨距为两股钢轨头部内侧与轨道中线相垂直的距离。因为轨道上的钢轨并不是竖直铺设，有一定的轨底坡，所以轨距应在钢轨顶面下某一规定距离处量取。轨距应在钢轨头部内侧面下 16 mm 处量取。选择这一位置量取轨距，钢轨头部的变形、磨损都对轨距的影响不大，便于轨道维修工作的实施。

世界各国铁路由于历史原因，采取各种不同的轨距标准，分为标准轨距、宽轨距和窄轨距三种。标准轨距尺寸为 1 435 mm，是乔治·斯蒂芬于 1825 年以原有的邮件马车轮距为标准制定的。目前，美国、加拿大、墨西哥、欧洲的大部分，以及亚洲、非洲的部分国家均采用标准轨距。轨距宽于 1 435 mm 者称为宽轨距，常用的有 1 524 mm、1 600 mm 和 1 670 mm，主要用于苏联、印度及澳大利亚。轨距窄于 1 435 mm 者称为窄轨距，有 1 067 mm、1 000 mm 和 762 mm。除少数国家采用 1 067 mm 和 1 000 mm 作干线轨距标准外，窄轨距主要用于工矿企业铁路。

我国铁路和城市轨道交通绝大多数为标准轨距，仅在云南省境内的滇越铁路（昆明至老街段）和少数地方铁路及厂矿企业铁路保留 1 000 mm 的窄轨距，台湾地区铁路采用 1 067 mm 轨距。

轨距用道尺或其他工具（如轨道检查车、轨距水平小车）进行测量。其容许误差根据验收标准的不同而不同。轨距的变化须和缓平顺，在短距离内如有显著的轨距变化即使不超过允许误差，也会使机车车辆发生剧烈的摇摆。

2. 水平、三角坑

水平指的是线路左右两股钢轨顶面的相对高差。它必须满足规定的均匀和平顺要求。轨道上两股钢轨的顶面，在直线地段应保持同一水平，在曲线地段应满足外轨均匀和平顺超高的要求。这是为了使两股钢轨负担均匀，并保证车辆平稳行驶。

水平用道尺或其他工具进行测量。不同的行车速度对水平误差的要求不同。水平的变化不能太大，在 1m 距离内，变化不得超过 1 mm，否则，即使两股钢轨的水平误差不超过容许范围，也将会引起机车车辆的强烈振动。

实践中，有两种性质不同的钢轨水平误差，对行车的危害程度也不相同。第一种称水平差，就是在一段相当长的距离内，一股钢轨的轨顶水平，始终较另一股为高。另一种称三角坑，就是在一段不太长的距离内，先是左股钢轨高，后是右股钢轨高，而且两个最大水平误差点之间的距离，不足 18 m。

在一般情况下，超过允许标准的水平差，只是引起车辆的摇晃和两股钢轨的不均匀受力及磨耗。但如果在延长不足 18 m 的距离内出现水平差超过 4 mm 的三角坑，就会出现车轮不能全部正常压紧钢轨的情况，在最不利的情况下甚至可以爬上钢轨，引起脱轨事故。因此，一旦发现必须立即予以消除。

3. 高低

轨道沿线路方向的竖向平顺性称前后高低。新铺或经过大修后的线路，即使轨面平顺，但经过一段时间列车运行后，由于路基状态、道床捣固坚实程度、扣件松紧、轨枕状态和钢轨磨耗的不同，就会产生不均匀下沉，造成轨面高低不平，在有些地方（往往在轨枕接头附近）下沉较多，出现坑洼；有些地方，从表面上看轨面是平顺的，但实际上轨底与铁垫板或轨枕之间存在间隙（间隙超过 2 mm 时称为吊板），或轨枕与石砟之间存在空隙（空隙超过 2 mm 时称为空板或暗坑），当列车通过时，这些地段的轨道下沉较大，也会产生不平顺，这种不平顺称为动态不平顺。

轨道前后高低不平顺，危害甚大。列车通过这些地方时，冲击动力增加，使道床变形加速，从而又进一步扩大不平顺，使机车车辆对轨道的破坏力增大。所以，对轨道来说，这是一个恶性循环过程。

不平顺的破坏作用与其长度成反比，而与其深度成正比。一般来说，长度在 4 m 以下的不平顺，都会使机车车辆对轨道产生较大的破坏力，从而加速道床变形。因此，一旦发现这种不平顺，应及时消灭。

轨道的前后高低可用轨检车或轻型轨道不平顺检测小车测量。测量方法大多采用弦测法或惯性基准法。

4. 轨向

轨向是指轨道中心线在水平面上的平顺性，即轨道的中线位置，应和它的设计位置一致。但在机车车辆运行过程中，直线地段的轨道往往不再是一条理想的直线，而是一条由许多波浪形“曲线”组合而成的线段。每段曲线的长度一般为 10 ~ 20 m，肉眼不易看出。曲线轨道的受力状况比直线轨道更为复杂，变形也比较快。曲线轨道由于行车速度与实设超高不相适应，也由于车轮转向时，作用于钢轨上的附加横向力以及车轮进入或驶离缓和曲线时，对钢轨的横向和竖向冲击作用，使轨道变形进一步发展。反过来，曲线轨道的变形，将导致列车在曲线上的摇摆，增加作用于轨道上的横向力，使曲线轨道变形加剧。曲线轨道变形的结果，将使它不再是一条理想的圆曲线或曲率渐变的缓和曲线，而是一条由很多不同曲率半径圆弧组成的复曲线，形成严重的方向不平顺。

若直线不直，曲线方向错乱，也必然会引起列车的蛇行振动。在行驶快速列车的线路上，轨道方向对行车的平稳性具有特别重要的意义。相对轨距来说，轨道方向往往是控制性的。只要方向偏差保持在容许范围之内，轨距变化对车辆振动的影响就不会很大。

在无缝线路地段，若轨道方向不良，到了高温季节，在一定条件下，会引起胀轨跑道，严重威胁行车安全。

为了确保行车的平稳和安全，有必要定期检查轨道方向，并及时整正，使之恢复到原来的设计位置上来。轨道方向一般采用弦测法测量。

5. 轨底坡

车轮踏面和钢轨顶面主要接触部分是 1∶20 的斜坡，为了使钢轨轴心受力，钢轨不应竖直铺设，而要适当地向内倾斜。如果钢轨保持竖直，车轮的压力将离开钢轨的中心线而偏向道心一侧，且略向外斜，其结果将使钢轨头部磨耗不均，腰部弯曲，在轨头与轨腰连接处发生纵裂，甚至折损。

钢轨底面对轨枕顶面的倾斜度称为钢轨的轨底坡（也叫内倾度）。设置轨底坡的目的，是使车轮压力更集中于钢轨的中轴线，减少荷载的偏心距，降低轨腰应力。与此同时，设置轨底坡还可减少钢轨头部由于接触应力而产生的塑性变形，因为在轨头中部，塑性变形的积累，要较两侧部分缓慢得多。

轨底坡一般与车轮踏面主要部分的斜度相同。在任何情况下，轨底坡不应大于 1∶12，或小于 1∶60。轨底坡是否正确，可从钢轨顶面上的光带位置判定。如果光带偏向内侧，说明轨底坡不足；如果偏向外侧，则说明轨底坡过大。在我国城市轨道交通中，一般选用 1∶40 的轨底坡。

第二节　钢　轨

一、钢轨的功用及性能

钢轨是轨道的主要组成部件。钢轨的功用是支承和引导车辆车轮的运行，直接承受车轮的压力并经垫板传给轨下基础，并为车轮的滚动提供连续平顺的阻力最小的踏面。地铁自动化闭塞运行线上，钢轨还兼作轨道电路。

钢轨好像一个弹性支点上的连续梁被支承在轨枕上。在动荷载作用下，钢轨产生弹性挠曲，为了抵抗弹性挠曲变形，要求钢轨具有足够的刚度；为保证钢轨在动荷载作用下不致折断和损坏，要求钢轨具有一定的韧性；由于车轮和轨顶面接触面积很小，为了使钢轨不致被巨大压力压陷或磨耗太快，又要求钢轨具有足够的硬度。钢轨在动荷载作用下，在气候变化影响下，产生各种变形，如压缩、伸长、弯曲、扭转、压溃、磨耗等，因此应使钢轨材质、断面形状、质量、强度和耐磨性等方面都能满足上述要求。

二、钢轨的断面和类型

作用于直线钢轨上的力主要是垂直力，钢轨受外力后主要表现为挠曲，所以将钢轨断面设计成抵抗挠曲最佳的工字形断面，如图 2.1 所示。

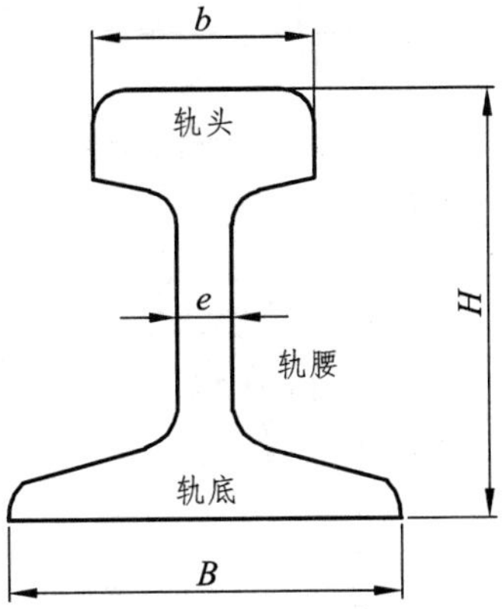

图 2.1 钢轨断面

为了使钢轨更好地承受来自各方面的外力，保证必要的强度，钢轨应有足够的高度（H），其头部轮廓线应适合车轮滚动，并应有足够的面积。其底部为便于与轨枕扣紧，应有足够的宽度（B），腰部（e）和底部不宜太薄。钢轨两端应能保证与夹板牢固联结。

从钢轨抵抗横向力的稳定条件考虑，钢轨底宽（B）和高度（H）的比值不宜太大，一般为 0.81～0.87。

钢轨的类型是按每米长的质量来划分的。我国定型生产的标准钢轨有 75 kg/m、60 kg/m[图 2.2（a）]、50 kg/m[图 2.2（b）]、43 kg/m[图 2.2（c）]、38 kg/m 五种，其主要尺寸，如表 2.1。目前，城市轨道交通所用钢轨有 60 kg/m、50 kg/m 和 43 kg/m。

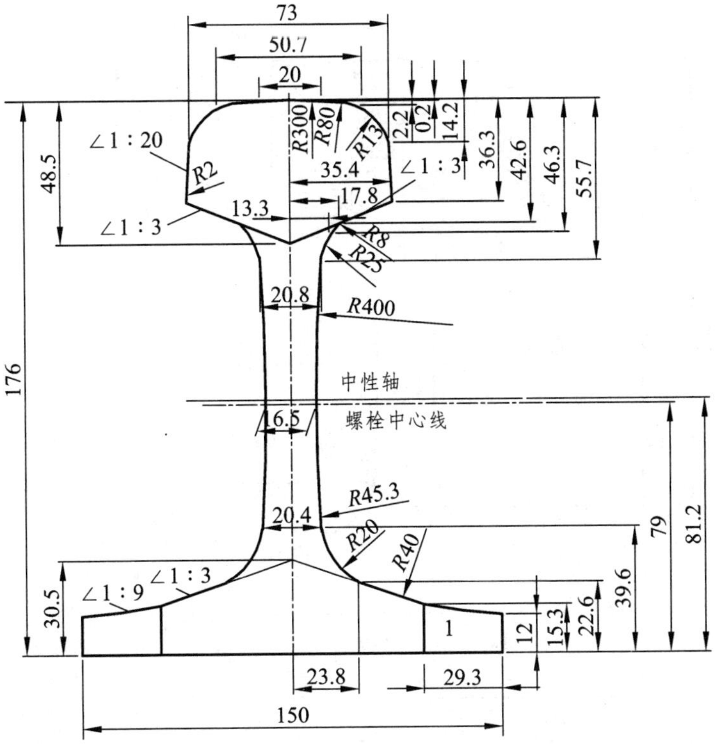

（a）60 kg/m

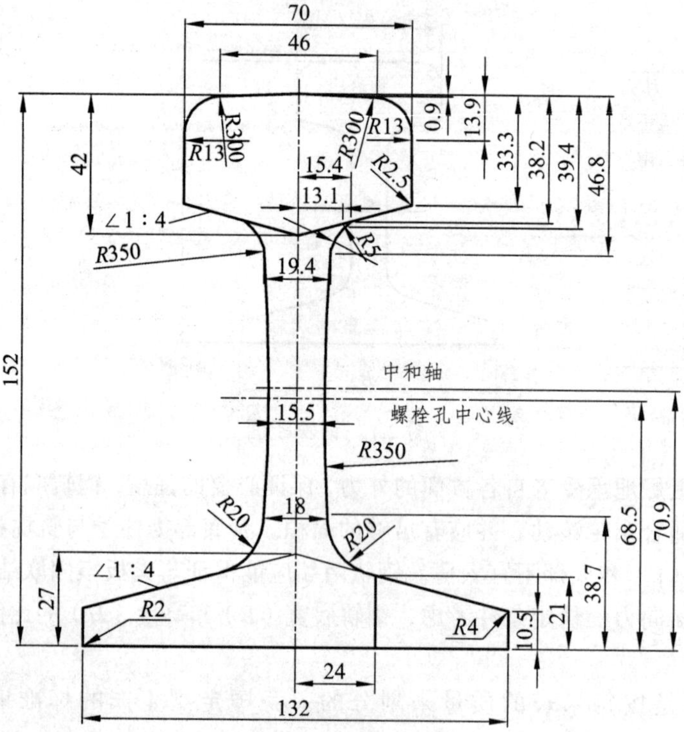

（b）50 kg/m

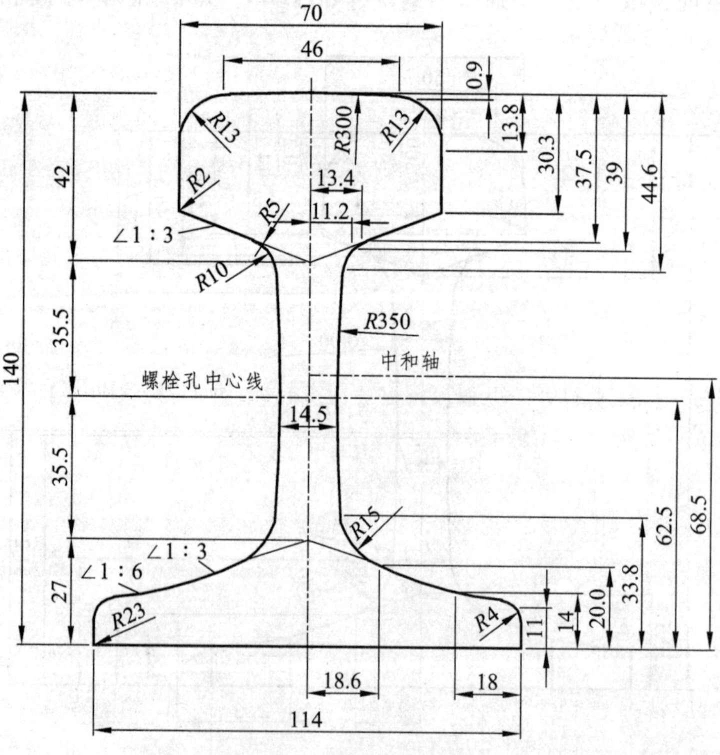

（c）43 kg/m

图 2.2　钢轨断面尺寸

表 2.1 钢轨断面主要尺寸及质量表

钢轨类型（kg/m）	钢轨高度（mm）	轨底宽度（mm）	轨头宽度（mm）	轨腰宽度（mm）	自轨端至第一孔中心的距离（mm）	第一孔至第二孔中心距离（mm）	第二孔至第三孔中心距离（mm）	钢轨每米质量（kg）	钢轨长度（m）
60	176	150	73	16.5	76	140	140	60.64	25
50	152	132	70	15.5	66	150	140	51.514	12.5
									25.0
43	140	114	70	14.5	56	110	160	44.653	12.5
									25.0

三、钢轨材质

钢轨的强度、耐磨性及抵抗冲击的性能，在很大程度上取决于钢轨的材质。钢轨的化学成分，除含有铁外，还含有碳、锰、硅、硫、磷等。钢的含碳量高，可增加其强度、硬度和耐磨性。但含碳量过高，也会使钢轨的塑性和冲击韧性降低，钢轨变脆，所以一般钢轨钢的含碳量不能超过 0.82%。过去我国大量生产的普通碳素钢轨含碳量为 0.55% ~ 0.80%，如 P74、P71 等（P 表示平炉钢，74、71 分别表示平均含碳量为 0.74%和 0.71%）。提高锰的含量，并适当增加硅的含量，都能增加钢轨的强度、硬度和韧性。碳素钢轨的含锰量为 0.6% ~ 1.0%，超过 1.1%时，称为中锰钢轨。我国鞍钢 1965 年以来生产的这种钢轨，如 AP1（A 表示鞍钢，P1 表示 1 号平炉炼钢），其含锰量为 1.1% ~ 1.4%。普通碳素钢轨含硅量在 0.15% ~ 0.30%。我国武钢生产的高硅含铜钢轨 WP2（武钢-平炉-2）硅含量在 0.70% ~ 1.10%。钢中硫、磷为有害成分，应尽量减少，不容许超过规定的限度。

多年铁路铺设证明中锰钢轨和高硅含铜钢轨等合金钢轨，耐磨性能好，使用寿命一般比普通钢轨延长 1 ~ 4 倍，根据试验，在半径为 400 m 的曲线上，AP1 比普通碳素钢轨耐磨性高 2 倍，WP2 高 4 倍。高硅含铜钢轨不但耐磨，而且耐腐蚀，适用于在隧道内铺设。

为提高轨端部分的抗磨性能，防止压陷，我国目前生产的钢轨（除无缝线路及道岔上的钢轨外），均在轨端 20 ~ 70 mm 长度内淬火，淬火深度为 8 ~ 12 mm。我国生产的全长淬火钢轨，用于小半径曲线上，使用寿命可成倍延长。

为了统一编号，国家自 1982 年起，将 P71、P74，改为 U71、U74（U 为轨拼音中第二个字母），WP1、WP2 改为 U71Cu、U71MnSiCu（其中 Cu、Mn、Si 分别表示铜、锰、硅），AP1 改为 U71Mn。

目前国内大量使用的钢轨主要有四个钢种，即抗拉强度为 780 MPa 级的 U74、880 MPa 级的 U71Mn、980 MPa 级的 U75V 和 U76NbRE。国内地铁一般选用 U71Mn 和 U75V 两种钢轨。

四、钢轨长度及轨缝

我国标准钢轨长度定为 12.5 m 及 25 m 两种。另外用于曲线上的标准缩短轨有比 12.5 m 标准长度缩短 40 mm、80 mm、120 mm 三种和比 25 m 标准长度缩短 40 mm、80 mm、160 mm 三种。

为适应钢轨热胀冷缩的需要，在钢轨接头处要预留轨缝。预留轨缝应满足如下条件：

当轨温达到当地最高轨温时，轨缝应大于或等于零，使轨端不受挤压力，以防温度压力太大而胀轨跑道；当轨温达到当地最低轨温时，轨缝应小于或等于构造轨缝，使接头螺栓不受剪力，以防止接头螺栓拉弯或拉断。构造轨缝是指受钢轨、接头夹板及螺栓尺寸限制，在构造上能实现的轨端最大缝隙值。

普通线路预留轨缝计算公式为：

$$a_0 = \alpha L(t_z - t_0) + \frac{1}{2}a_g \tag{2.1}$$

式中 a_0——换轨或调整轨缝时的预留轨缝（mm）；

α——钢轨钢线膨胀系数$\alpha = 0.0118$ mm/(m · °C)；

L——钢轨长度（m）；

t_z——当地中间轨温（°C）；

$$t_z = \frac{1}{2}(T_{max} + T_{min})$$

其中 T_{max}、T_{min}——当地历史最高、最低轨温（°C），最高轨温为当地最高气温加 20 °C，最低轨温与当地最低气温相同；

t_0——换轨或调整轨缝时的轨温；

a_g——构造轨缝，38 kg/m、43 kg/m、50 kg/m、60 kg/m、75 kg/m 钢轨均采用 a_g = 18 mm。

对于年轨温差小于 85 °C 的地区，为了减小冬天的轨缝，预留轨缝可以按式（2.1）计算得到的结果再减小 1 ~ 2 mm。

由于构造轨缝 a_g 以及接头和基础阻力的限制，不是所有地区都能铺设 25 m 长的钢轨。根据轨温-轨缝变化规律，在确定的 a_g 和 C 值情况下，以 T_{max} 时轨缝 $a_{min} = 0$，T_{min} 时轨缝 $a_{max} = a_g$ 为条件，可以得到允许铺轨的年轨温差为[ΔT]的地区：

$$[\Delta T] = \frac{a_g - 2C}{\alpha L} \tag{2.2}$$

式中 [ΔT]——允许铺轨年轨温差（°C）；

C——接头阻力和道床阻力限制钢轨伸缩量（表 2.2）。

由式（2.2）计算可知，对于 12.5 m 钢轨，铺设地区不受年轨温差的限制；对于 25 m 钢轨，[ΔT] = 101.7 °C，近似地只能在年轨温差 100 °C 以下地区铺设。对于年轨温差大于 100 °C 的地区应个别设计。

表 2.2 接头螺栓扭矩表

项目	单位	25 m 钢轨						12.5 m 钢轨	
		最高、最低轨温差>85 °C			最高、最低轨温差≤85 °C				
钢轨	kg/m	60 及以上	50	43	60 及以上	50	43	50	43
螺栓等级	—	10.9	10.9	8.8	10.9	8.8	8.8	8.8	8.8
扭矩	N·m	700	600	600	500	400	400	400	400
C 值	mm	6			4			2	

在允许铺轨的最大年温差[ΔT]范围内，并不是在所有的轨温下都能铺设，在年轨温差ΔT

大的地区，当在接近 T_{max}（或 T_{min}）的轨温下铺轨后，轨温达到 T_{min}（或 T_{max}）时，轨缝就不能满足 $a_{max} \leqslant a_g$（或 $a_{min} \geqslant 0$）的要求，因此必须限制其铺轨温度。为此，可用式（2.1）中 a_0 作为预留轨缝，并在铺轨后为检查轨缝计算方便，将铺轨轨温上、下限定为：

对于 25 m 长的普通线路，$a_g = 18$ mm，可以求得 $a_g/2\alpha L = 30.5$ °C，应当在（$t_z - 30$ °C）~（t_z+30°C）范围内铺轨或调整轨缝。

钢轨接头的轨缝，增大了行车阻力和轮轨的磨耗，为克服这一缺点，城市轨道交通正线上采用了无缝线路，减少了接头数目，只在车场线上保持 12.5 m 或 25 m 标准轨普通线路。

五、钢轨失效原因及延长使用期限措施

钢轨在使用中失效的原因可能是钢轨的伤损、磨耗和腐蚀造成的。

钢轨伤损的原因主要是钢轨材质及制造工艺的缺陷，如黑核、白核，即斑痕。当斑痕的面积达到轨头总面积的 30%时，钢轨就会在车轮作用下断裂。或由于钢轨制造时已产生了残余应力和残余变形。由于线路养护不良和车辆走行部分维修不良，导致在运营中钢轨受到额外的冲击动力而损伤。另外，钢轨断面的设计不够合理，如某些部位较薄弱也是一个原因。

钢轨因腐蚀而达到不能使用的，只是在隧道内潮湿地段或运量极少的线路，才有此种情况。因此钢轨失效的主要原因是钢轨的磨耗，尤其是轮轨间的滑动摩擦，使钢轨磨耗量显著增加。所以制动地段、小半径曲线地段钢轨磨耗更严重。

钢轨的磨耗，取决于很多因素，主要是：通过线路的运量；线路平纵面，曲线地段外轨超高情况；钢轨的材质和制造工艺；列车的重量和运行速度；钢轨和车轮的断面形状；轨道构造和车辆的结构状态；钢轨和车轮的磨耗程度。

钢轨使用期限主要是由钢轨的磨耗程度决定的。

钢轨磨耗主要表现在轨头横断面积的减少。当磨耗到一定程度时，就要考虑钢轨是否还有足够的截面来抵抗挠曲，轨头是否受力过大而劈裂。随着运量的增大、速度的提高，更应考虑到由于外力的反复作用，使疲劳过程加速发展而引起钢轨伤损。当正线上的钢轨强度降低不能满足运量、速度和轴重要求时，宜将钢轨换下，经过整修后，改铺到支线、站线及车场线上，继续使用以充分发挥其潜力。

钢轨磨耗后，断面减小，承载能力减弱，高速行车时，钢轨有可能断裂，造成严重事故。为保证行车安全，钢轨磨耗必须限值，对达到限值的钢轨应予以更换，表 2.3 和表 2.4 为国铁《铁路线路修理规则》对钢轨磨耗限值的规定。

表 2.3 钢轨头部磨耗轻伤标准（mm）

钢轨（kg/m）	总磨耗		垂直磨耗		侧面磨耗	
	正线	其他线	正线	其他线	正线	其他线
60	16	18	9	10	14	16
50	14	16	8	9	12	14
43	12	14	7	8	10	12

注：① 总磨耗＝垂直磨耗+1/2 侧面磨耗。

② 垂直磨耗在钢轨顶面宽 1/3 处（距标准工作边）测量。

③ 侧面磨耗在钢轨踏面（按标准端面）下 16 mm 处测量。

表 2.4 钢轨头部磨耗重伤标准（mm）

钢轨（kg/m）	垂直磨耗	侧面磨耗
	正线及其他线	正线及其他线
60	11	19
50	10	17
43	9	15

延长钢轨使用期限，可以从以下措施考虑：改进钢轨材质，采用合金钢轨以提高抗磨性和强度；改善钢轨断面，采用重型钢轨；对小半径曲线上钢轨进行涂油，以减少磨耗；加强和改进线路结构，改善钢轨工作条件。线路和车辆的良好维修，对延长钢轨使用期限有显著效果；对更换下来的钢轨，及时进行焊补和修理，改铺到次要线路上使用。

六、异型钢轨

异型钢轨是连接两种不同轨型的过渡钢轨，通常分为 12.5 m 和 6.25 m 两种类型。异型钢轨是在工厂直接加工制成，整体是一根钢轨，两端是两种轨型的断面，通过普通鱼尾板与钢轨相连。

两种轨型还可以通过异型接头或异型夹板连接，但安全性比异型钢轨稍差。

七、钢轨的探伤检查

为及时了解地铁线路钢轨潜在的安全问题，避免行车事故的发生，应对钢轨进行探伤作业。超声无损探测技术由于其对缺陷的定位定量准确、检测灵敏度高等特点，在当前地铁线路探伤工作中得到了广泛的应用。

地铁钢轨探伤主要使用小型钢轨探伤仪（钢轨探伤小车）进行探伤。这种钢轨探伤小车一般有 5 ~ 8 个通道，能携带 5 ~ 8 种不同类型的探头工作，具有较完善的报警功能，能够在钢轨上和陆地上推行，可以利用行车间隔上道作业，是主要的钢轨探伤设备。随着轨道交通的高速发展，地铁行车密度不断增加，小车作业时间越来越短，大型钢轨探伤车应用得到了逐步发展。现在部分城市地铁已形成了小车、大车互相配合、互相补充的检测模式，以对地铁线路实施周期性检测。

第三节 联结零件

轨道联结分中间联结和接头联结两种。中间联结是指钢轨与轨枕之间的联结（通称扣件）；接头联结是指钢轨与钢轨之间的联结，是通过螺栓将夹板在钢轨腰部夹紧，从而连接两根轨条端部，使之协同工作。因此，联结零件分为中间联结零件和接头联结零件。

一、中间联结零件

中间联结应具有足够的强度、耐久性和一定的弹性，使其能长期地保证钢轨与轨枕的可靠连接，阻止钢轨作相对轨枕的纵、横向移动，持久地保持其稳固位置，并在动力作用下充分发挥其缓冲及减震性能，以减缓线路残余变形积累的速度。此外，其构造应简单，尽量标准化，易于装配、拆卸及维修。

中间联结零件（扣件）包括道钉、扣板或弹条、T 形螺栓、垫板及弹性垫层等。扣件按照与轨枕和钢轨的联结方式，分为分开式扣件、不分开式扣件和混合式扣件。分开式扣件是指垫板分别与轨枕和钢轨单独扣紧的扣件；不分开式扣件是指钢轨直接与轨枕扣紧的扣件；混合式扣件是指除将钢轨和垫板与轨枕一起扣紧外，另将垫板单独与轨枕扣紧。

1. 木枕扣件

（1）混合式扣件与改造型扣件。

国内地铁工程早期正线均为地下线，只有车辆段线路为地面线。在早期地铁工程的车辆段线路和地下线道岔区均为木枕有砟道床线路，采用了混合式扣件，混合式扣件如图 2.3（a）所示，零件包括道钉和五孔双肩铁垫板。铁垫板上设 1∶40 的轨底坡。它除用三个道钉（钢轨内侧两个，外侧一个）将钢轨、垫板和木枕一起扣紧外，还另用两个（钢轨内、外侧各一个）道钉将垫板与木枕单独扣紧。这种扣紧方式可减轻垫板的振动，且零件少，结构简单，安装方便，其缺点是钢轨受荷载后向上挠曲时，易将道钉拔起，降低扣着力。

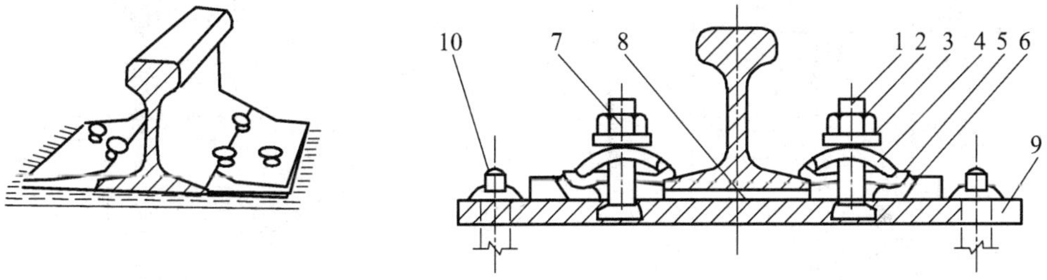

（a）混合式扣件　　（b）分开式扣件

1—T 形螺栓；2—螺母；3—平垫圈；4—A 型弹条；
5—中间轨距挡板；6—挡板座；7—螺母罩；
8—橡胶垫板；9—铁垫板；10—螺纹道钉

图 2.3　混合式扣件及分开式弹性扣件

道钉扣件的扣压力不足，也易松动，不是理想的木枕扣件，因此，相关单位从 20 世纪 90 年代初开始对混合式扣件进行了改造，将道钉混合式扣件改为分开式弹性扣件，如图 2.3（b）所示，用于 50 kg/m 钢轨。该扣件主要由ω形弹条、T 形螺栓、轨距挡板、挡板座、弹性橡胶垫板、铁垫板及螺纹道钉等组。其中ω弹条、轨距挡板、挡板座等均为国铁通用件。扣件通过弹条、T 形螺栓将钢轨与铁垫板联结，通过螺纹道钉将铁垫板与枕木联结，从而实现了钢轨与铁垫板、铁垫板与木枕的分开式联结。这样，在维修改道时不用撬动枕木，防止了因反复改道，而使钉孔扩大，枕木失效。采用ω弹条，增大了扣件对钢轨的扣压力，防止了轨道爬行。该扣件在调整轨距时，可调换不同号码的轨距挡板和挡板座，轨距调整量，50 kg/m 钢轨为 – 8 mm、+16 mm；高度调整量为+10 mm。

（2）DTⅣ1 型弹性分开式扣件。

DTⅣ1 型弹性分开式扣件适用于 50 kg/m 钢轨、木枕有砟道床线路。图 2.4（a）为 DTⅣ1

型扣件，它由ω形弹条、T 型螺栓、轨距垫、橡胶垫板、铁垫板及螺纹道钉等组成。扣压件ω弹条采用国铁通用件，由直径为 13 mm 的 60Si2Mn 或 55Si2Mn 热轧弹簧圆钢制成，弹性好、扣压力较大。当螺母扭矩为 100 N · m 时，钢轨两侧弹条对钢轨的初始扣压力为 15 kN，当扭矩为 150 N · m 时，初始扣压力为 27.5 kN。轨距垫用以调整轨距，它共有 6、8、10、12 四个号码，可调轨距量+4 mm、－8 mm，同时它又能起到隔振和绝缘作用。铁垫板设有 1∶40 轨底坡。DTⅣ1 型扣件与 DTⅣ型扣件（用于 50 kg/m 钢轨，混凝土短轨枕无砟道床线路上）扣压钢轨形式一致，只是将铁垫板与木枕的连接方式改为螺纹道钉。

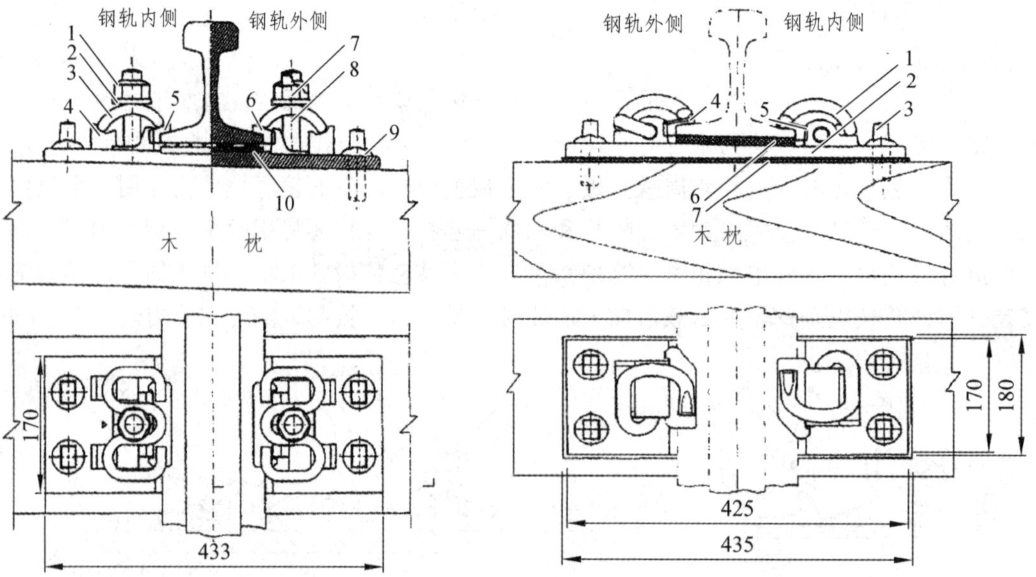

（a）DTⅣ1 型扣件

1—螺母罩；2—平垫圈；3—A 型弹条；4—铁垫板；
5—10 号轨距垫；6—8 号轨距垫；7—螺母；
8—T 形螺栓；9—螺纹道钉；10—橡胶垫板

（b）DTⅥ1 型扣件

1—DⅠ弹条；2—铁垫板；3—螺纹道钉；
4—8 号轨距垫；5—10 号轨距垫；
6—橡胶垫板；7—塑料垫板

图 2.4　DTⅣ1 型和 DTⅥ1 型扣件

（3）DTⅥ1 型弹性扣件 DTⅥ1 型扣件适用于 60 kg/m 钢轨、木枕有砟道床正线线路。DTⅥ1 型扣件如图 2.4（b）所示。它类似英国潘得罗尔（Pandrol）扣件。DTⅥ1 扣件由 DⅠ弹条（亦称 e 形弹条）、轨距垫、橡胶垫板、铁垫板及螺纹道钉等组成。扣压件 DI 弹条由直径为 18 mm 的 60Si2Mn 热轧弹簧圆钢制成，单个弹条扣压力为 8.25 kN，弹程为 10.5 mm，扣压力较强，弹性好。铁垫板上设 1∶40 的轨底坡。轨距垫用来调整轨距，分 6、8、10、12 四个号码，通过搭配使用，来调整轨距，调整量为+4 mm，－8 mm，同时轨距垫还起到隔振及绝缘作用。DTⅥ1 型扣件与 DTⅥ型扣件（用于 60 kg/m 钢轨，混凝土短轨枕无砟道床线路上）类似，它们的弹条、轨距垫及轨下橡胶垫板均相同，扣压钢轨形式也一致，只是 DTⅥ型扣件将铁垫板与木枕的连接方式改为螺纹道钉。

2. 混凝土轨枕扣件

混凝土轨枕由于重量大、刚度大的特点，对扣件性能有较高的要求。混凝土轨枕扣件应具备足够的扣压力，适当的弹性，具有一定的轨距和水平调整量，还要具有绝缘性能。

DTⅥ3 型扣件是地铁混凝土轨枕扣件的一种，适用于 60 kg/m 钢轨、混凝土轨枕有砟道床正线线路。DTⅥ3 型扣件为无螺栓无挡肩弹性不分开式扣件，如图 2.5（a）所示。其结构形式类似于英国的潘得罗尔（PANDROL）无螺栓弹条扣件。DTⅥ3 型扣件由弹条、预埋铁座、绝缘轨距垫和橡胶垫板组成。扣压件 DI 弹条由直径为 18 mm 的 60Si2Mn 热轧弹簧圆钢制成，单个弹条扣压力为 8.25 kN，弹程为 10.5 mm。扣件（组装扣件节点）抗横向水平力能力为 35 kN（承受荷载循环 3×10^6 次）；扣件节点垂直静刚度为 40 ~ 60 kN/mm。绝缘轨距垫有 6、8、10、12 号四种，可利用不同规格的绝缘轨距垫调整轨距，可调量为+4 mm，– 8 mm，不能调高。弹条一端扣压钢轨，另一端直接穿入铁座内，铁座的下半部分预埋在轨枕中，实现扣件对钢轨和轨枕的直接联结。预埋于混凝土中的铁座，承受横向力，阻止钢轨横向移动。

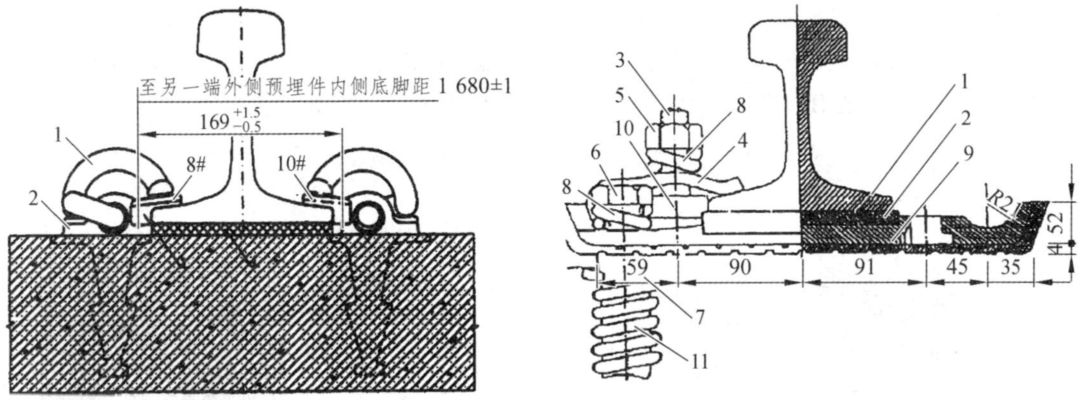

1—DⅠ弹条；2—预埋铁座；3—轨距垫；4—橡胶垫板

（a）DTⅥ3 型扣件

1—铁垫板；2—橡胶垫板；3—T 形螺栓；4—弹性扣板；5—螺母；6—螺旋道钉；7—玻璃钢套管；8—弹簧垫圈；9—塑料垫板；10—轨距块；11—螺旋钢筋

（b）DTⅠ型扣件

图 2.5 DTⅥ3 型和 DTⅠ型扣件

3. 无砟道床混凝土短轨枕扣件

由于混凝土短轨枕和道床用混凝土浇筑成一个整体，刚性大，因此在短轨式无砟道床线路上宜采用弹性分开式扣件，扣件应具有足够的强度和扣压力，垂向和横向均应具有良好的弹性，以适应刚性道床，并有适量的轨距、水平调整量，有良好的绝缘性能，以满足轨道电气绝缘要求和减少迷流。

无砟道床钢轨扣件类型，适用于 50 kg/m 钢轨的有 DTⅠ型、DTⅡ改型和 DTⅣ型，适用于 60 kg/m 钢轨的有 DTⅥ型和 DTⅥ2 型等。高架桥用的无砟道床，60 kg/m 钢轨扣件有 DTⅦ2 型及高架车站的 DⅠ型轨道减振器。下面就分别介绍这些扣件。

（1）DTⅠ型扣件。

DTⅠ型扣件适用于 50 kg/m 钢轨、短轨枕式无砟道床线路。DTⅠ型扣件是弹性分开式扣件，其结构形式如图 2.5（b）所示。扣压件采用弹性扣板，每块扣板扣压力为 80kN。钢轨与铁垫板的联结，通过拧紧放入铁板中的 T 形螺栓将弹性扣板扣压在钢轨上来实现；铁垫板与轨枕块的联结，采取在轨枕内预埋玻璃钢套管，将螺旋道钉压住铁垫板，旋入玻璃钢套管中来实现。钢轨下设 10 mm 厚的橡胶垫板，铁垫板下设 8 mm 厚的塑料垫板，起减振、绝缘作用。用轨距块转边来调整轨距。当采用六边形Ⅰ号轨距块（边长为 48 mm、46 mm、44 mm）和Ⅱ号轨距块（边长为 50 mm、52 mm、54 mm）调轨距时，最大调整量为+8 mm、－12 mm；当采用四边形Ⅰ号轨距块（边长为 50 mm、52 mm）和Ⅱ号轨距块（边长为 46 mm、48 mm）调轨距时，最大调整量为+4 mm、－8 mm。钢轨高度调整量为－5 mm、+10 mm。

（2）DTⅣ型扣件。

DTⅣ型扣件适用于 50 kg/m 钢轨、短轨枕式无砟道床。DTⅣ型扣件为弹性分开式扣件，如图 2.6（a）所示。扣压件采用国铁通用件ω弹条，材料为 60Si2Mn 或 55Si2Mn，弹性好，扣压力大。当螺母扭矩为 100 N · m 时，钢轨两侧弹条对钢轨的初始扣压力为 15 kN，当扭矩为 150 N · m 时，初始扣压力为 27.5 kN。铁垫板与钢轨用 T 形螺栓和弹性扣板连接，与轨枕用螺旋道钉连接。钢轨下设 10 mm 橡胶垫板，铁垫板下设两层橡胶垫板，厚度分别为 7 mm 和 8 mm，扣件静刚度较小，为 210 kN/cm 左右，弹性较好。轨距用轨距垫来调整，调整量为+8 mm、－12 mm。轨距垫既可调整轨距，又能起到绝缘隔振作用。分为Ⅰ号（4-6）、Ⅱ号（8-10）两个号码，还有接头轨距垫。扣件高度调整量为：+30 mm、－12 mm。

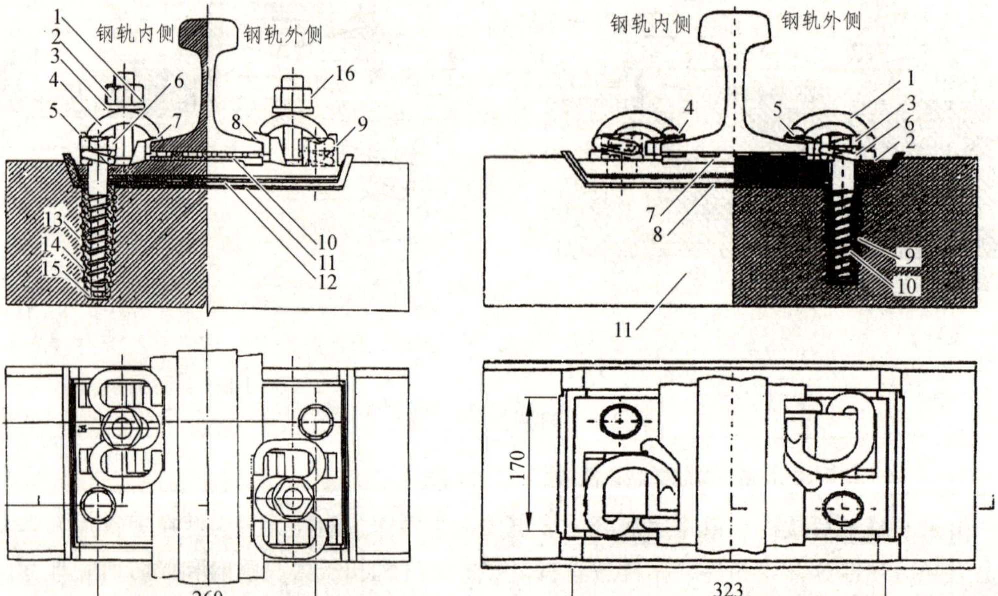

1—T 形螺栓；2—螺母；3—平垫圈；4—A 型弹条；5—铁垫板；6—螺旋道钉；7—Ⅰ号轨距垫；8—Ⅱ号轨距垫；9—弹簧垫圈；10—橡胶垫板；11—橡胶垫板Ⅰ；12—橡胶垫板Ⅱ；13—玻璃钢套管；14—螺旋钢箍；15—橡胶塞；16—螺母罩

（a）DTⅣ型扣件

1—DⅠ弹条；2—铁垫板；3—螺旋道钉；4—8 号轨距垫；5—10 号轨距垫；6—弹簧垫圈；7—橡胶垫板Ⅰ；8—橡胶垫板Ⅱ；9—玻璃钢套管；10—螺旋钢箍；11—短轨枕

（b）DTⅥ型扣件

图 2.6　DTⅣ型及 DTⅥ型扣件

（3）DTⅥ型扣件。

DTⅥ型扣件适用于 60 kg/m 钢轨、短轨枕式无砟道床。DTⅥ型扣件为弹性分开式扣件，类似英国潘得罗尔扣件，取消弹条上螺栓，如图 2.6（b）所示。扣压件是为地铁新研制的 DⅠ弹条（也称 e 形弹条），材料为 ϕ8、60Si2Mn 弹簧钢，扣压力较强，弹性好，单个弹条扣压力为 8.25 kN，弹程为 10.5 mm。一组扣件的防爬阻力为 11.5 kN，扣件抗横向疲劳荷载为 35 kN，荷载循环为 300 万次。扣件节点垂向静刚度为 21 ~ 25 kN/mm，横向静刚度为 25 ~ 30 kN/ mm。轨距垫用以调整轨距，又能起到隔振和绝缘作用，轨距垫共有 4 个号码，利用钢轨两侧不同规格的轨距垫及采用铁垫板倒边使用来调整轨距，轨距调整量为+8 mm、－12 mm。橡胶垫板在轨下设一层，厚 10 mm，在铁垫板下设一层，厚 16 mm，均为圆柱形结构。水平调整量一般为+10 mm。

预埋在混凝土短轨枕中的预埋件玻璃钢套管抗拔力大于 80kN。用螺旋道钉将铁垫板与短轨枕（预埋玻璃钢套管）连接，DⅠ弹条直接插入铁垫板铁座内扣压钢轨。

（4）DTⅥ2 型扣件。

DTⅥ2 型扣件适用于 60 kg/m 钢轨、短轨枕式无砟道床。DTⅥ2 型扣件为无挡肩弹性分开式扣件，如图 2.7（a）所示。其结构形式类似于有挡肩弹性分开式 DTⅥ型扣件。它以有挡肩 DTⅥ型扣件为基础，取消挡肩，通过提高螺旋道钉的强度，提高扣件抗横向力的能力。由于取消了扣件上及配套使用的钢筋混凝土短轨枕上的挡肩，更方便了钢轨高度调整和扣件零部件及轨枕的制造。

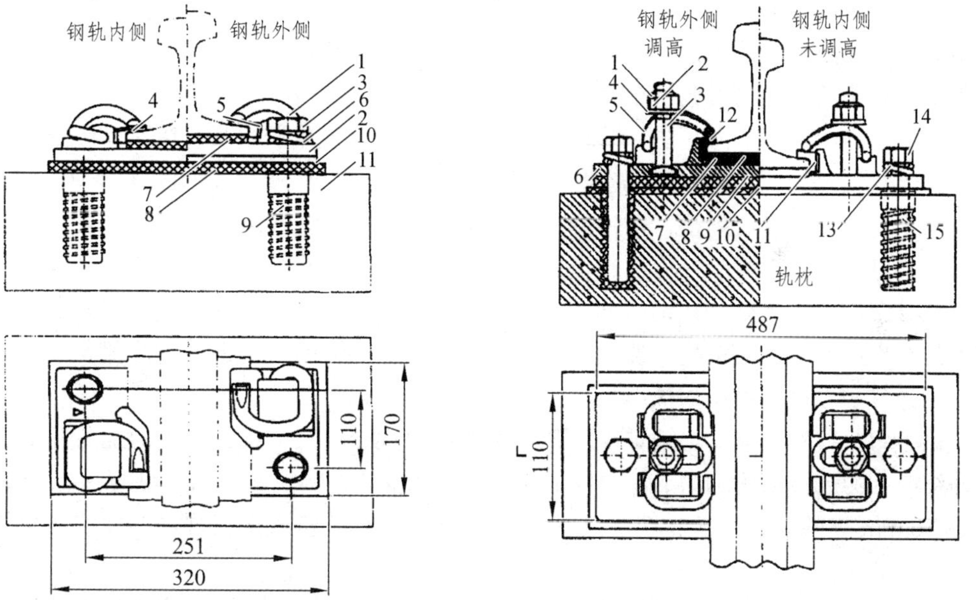

1—DⅠ弹条；2—铁垫板；3—螺旋道钉；4—8 号轨距垫；5—10 号轨距垫；6—弹簧垫圈；7—橡胶垫板Ⅰ；8—橡胶垫板Ⅱ；9—尼龙套管；10—调高垫板；11—短轨枕

（a）DTⅥ2 型扣件

1—螺母罩；2—螺母；3—T 形螺栓；4—平垫圈；5—弹条；6—铁垫板；7—调高垫板Ⅰ；8—复合胶板或橡胶垫板；9—调高垫板Ⅱ；10—橡胶垫板；11—8 号轨距垫；12—10 号轨距垫；13—弹簧垫圈；14—螺旋道钉；15—尼龙套管

（b）DTⅦ型扣件

图 2.7　DTⅥ2 型和 DTⅦ型扣件

其扣压件为 DⅠ弹条（$\phi 18$），单个弹条扣压力为 8.25 kN，弹程为 10.5 mm。一组扣件的防爬阻力不小于 11.5 kN，扣件抗横向疲劳荷载为 35 kN，荷载循环为 300 万次。扣件节点垂向静刚度为 20 ~ 40 kN/mm。轨距垫用以调整轨距，又能起到隔振和绝缘作用，轨距垫共有 4 个号码，利用钢轨两侧不同规格的轨距垫及采用铁垫板倒边使用来调整轨距，轨距调整量为

+8 mm、－12 mm。橡胶垫板：在轨下设一层，厚 12 mm，为沟槽形结构；在铁垫板下设一层，厚 16 mm，为圆柱形结构。水平调整量一般为 0 ~ 15 mm。

预埋在混凝土短轨枕中的预埋件尼龙套管抗拔力大于 60 kN。用螺旋道钉将铁垫板与短轨枕（预埋尼龙套管）连接，螺旋道钉拧紧力矩为 250 ~ 300 N · m，DⅠ弹条直接插入铁垫板铁座内扣压钢轨。

（5）DTⅦ2 型扣件。

DTⅦ2 型扣件适用于 60 kg/m 钢轨、高架或桥上短轨枕式无砟道床。与地下线相比，高架线轨道受力的特点是增加梁轨之间的相互作用力。因此桥上扣件对钢轨纵向阻力必须降低。设计扣件时，通过调整轨下垫板的摩擦系数及在满足扣件对钢轨扣压力的条件下，适当减小弹条扣压力等方法，降低扣件纵向阻力，尽量减少梁轨作用力。另外，桥梁预应力混凝土的收缩徐变及桥梁墩台的不均匀下沉，会引起钢轨的水平发生变化，因此需加大扣件的调高量。

DTⅦ2 型扣件是无挡肩弹性分开式扣件，如图 2.7（b）所示。扣压件采用桥上无砟轨道用小阻力弹条（DⅢ弹条），ϕ13 mm，为ω形，单个弹条扣压力为 4 kN，弹程为 11 mm。扣件节点垂直静刚度为 50 ~ 70 kN/mm。扣件允许抗最大横向疲劳荷载为 35 kN，荷载循环为 300 万次。轨距垫用以调整轨距，又能起到隔振和绝缘作用，轨距垫共有 4 个号码，利用钢轨两侧不同规格的轨距垫及采用铁垫板倒边使用来调整轨距，轨距调整量为+8 mm、－16 mm（其中利用不同规格的轨距垫可调轨距+8 ~ 4 mm，利用铁垫板倒边可调轨距 0 ~ －12 mm）。

弹性垫层为两层：在轨下设一层厚 12 mm 的复合胶板或橡胶垫板，在铁垫板下设一层厚 8 mm 橡塑垫板。为满足高架桥无缝线路的要求，在一联（或一跨）桥上，轨下（铁垫板上）分别采用复合胶板与橡胶垫板，以达到按设计要求调整线路纵向阻力的目的。复合胶板铺设在每联（或每跨）桥的两端各为 $0.3l$ 范围内（l 为每联或每跨梁的长度），橡胶垫板铺设在梁的中部 $0.4l$ 范围内。另外，在钢轨伸缩调节器基本轨端 100 m 范围内，也采用复合胶板。复合胶板是在橡胶垫板表面粘贴（硫化）一层厚度为 1.2 mm 的不锈钢板，使橡胶垫板的表面形成一层光滑、摩擦系数小的减摩层。复合胶板除提供弹性以外，还要降低垫板与钢轨底之间的摩擦阻力，使钢轨能适当地伸缩，释放由桥梁温度变化及荷载作用下的挠曲使梁、轨产生的伸缩附加力和挠曲附加力，保证桥上轨道结构的安全。钢轨水平调整量为+40 mm，采用轨下垫 10 mm 厚的调高垫板和铁垫板下垫 30 mm 厚的调高垫板来实现。扣件的绝缘部件电阻均大于 10^8 Ω。

预埋在混凝土短轨枕中的预埋件尼龙套管抗拔力大于 60 kN。用螺旋道钉将铁垫板与短轨枕（预埋尼龙套管）连接，螺旋道钉拧紧力矩为 250 ~ 300 N · m，DⅠ弹条直接插入铁垫板铁座内扣压钢轨。

4. 减振扣件

（1）Ⅰ型轨道减振器扣件。

Ⅰ型轨道减振器扣件适用于 60 kg/m 钢轨、减振要求较高地段短轨枕式无砟道床。Ⅰ型轨道减振器扣件是无挡肩弹性分开式扣件，如图 2.8 所示。它由ω形弹条、T 形螺栓、轨道减振器、轨距垫、橡胶垫板及螺纹道钉等组成。扣压件采用国铁通用件ω弹条（B 型），当螺母扭矩为 100 N · m 时，钢轨两侧弹条对钢轨的初始扣压力为 15 kN，当扭矩为 150 N · m 时，初始扣压力为 27.5 kN。扣件节点垂直静刚度为 10 ~ 15 kN mm，横向静刚度为 20 ~ 25 kN/mm。扣件抗横向疲劳荷载 40 kN，荷载循环 300 万次。轨距垫用以调整轨距，又能起到隔振和绝缘作用，轨距垫共有 4 个号码，利用钢轨两侧不同规格的轨距垫及采用铁垫板倒边使用来调整轨距，轨距调整量为+8 mm、－12 mm。橡胶垫板：在轨下设一层，厚 12 mm，在轨道减振器下设一层，厚 8 mm，均为沟槽形结构。水平调整量一般为+10 mm。

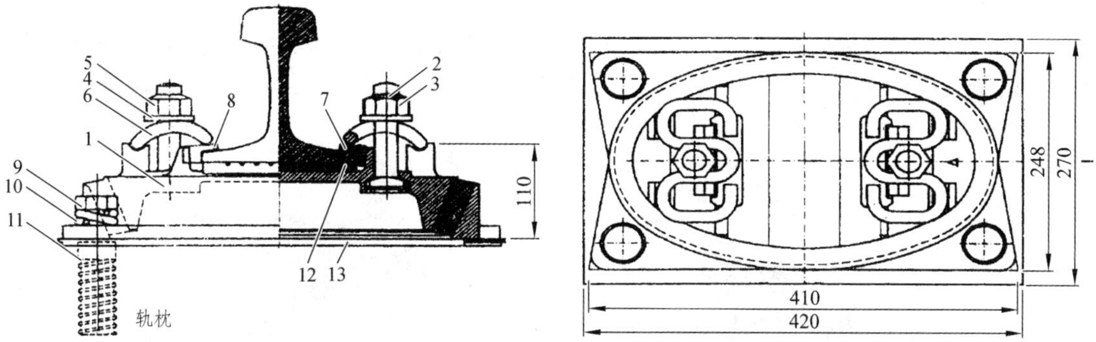

1—轨道减振器；2—T 形螺栓；3—螺母；4—平垫圈；5—螺母罩；6—B 型弹条；7—8 号轨距垫；8—10 号轨距垫；9—螺旋道钉；10—弹簧垫圈；11—玻璃钢套管；12—橡胶垫板 Ⅰ；13—橡胶垫板 Ⅱ

图 2.8 Ⅰ型轨道减振器扣件

轨道减振器的承轨板、底座与橡胶圈硫化为一整体，橡胶圈受剪，橡胶圈抗拉力大于 150 kN。预埋在混凝土短轨枕中的预埋件玻璃钢套管抗拔力大于 60 kN。用螺旋道钉将轨道减振器与短轨枕（预埋玻璃钢套管）连接，用 T 形螺栓和 ω 形弹条将钢轨与轨道减振器连接，安装 ω 弹条时，螺母扭矩宜控制在 100 ~ 120 N · m。

（2）Ⅲ型轨道减振扣件。

该扣件为弹性分开式扣件，适用于 60 kg/m 钢轨、地下线较高减振地段枕式无砟道床。轨板、底座与橡胶圈硫化为一整体，橡胶圈在运营中承受剪应力，吸收轮轨振动产生的能力，减缓轮轨振动。扣压件为 DⅠ弹条（ϕ18），分中间和接头两种；轨距垫分中间和接头轨距垫，各有 6、8、10、12 共 4 个号码，6、12 号为调整轨距备用。

扣件主要技术性能如下：

单个中间弹条扣压力为 8.25 kN，弹程为 10.5 mm；单个接头弹条扣压力为 8.5 kN，弹程为 9.5 mm；扣件节点的垂直静刚度为 10 ~ 15 kN/mm；预埋尼龙套管抗拔力大于 60 kN；扣件绝缘部件的电阻均大于 10^8 Ω；轨距调整量为+8 mm、－12 mm，水平调整量一般为 20 mm。

（3）Ⅳ型轨道减振扣件。

该扣件为弹性分开式扣件，适用于 60 kg/m 钢轨、高架线较高减振地段枕式无砟道床。承轨板、底座与橡胶圈硫化为一整体，橡胶圈在运营中承受剪应力，吸收轮轨振动产生的能力，减缓轮轨振动；扣件为 ω 小阻力弹条；钢轨接头和非接头采用一种弹条。

扣件主要技术性能：

当弹条中部前端下颏与轨底上表面接触（螺母扭矩一般为 90 ~ 110 N · m）时，单个弹条扣压力为 4 kN，弹程为 10.5 mm；扣件节点的一阶垂直静刚度为 10 ~ 14 kN/mm，动静刚度比不大于 1.3；预埋尼龙套管抗拔力大于 60 kN；扣件绝缘部分的电阻均大于 10^8 Ω；轨距调整量为+16 mm、－16 mm，水平调整量一般为 40 mm。

（4）先锋扣件。

该扣件通过侧挡板夹持钢轨，使钢轨处于悬空状态，以减缓轮轨产生的振动和冲击力。该扣件的主要部件由底板、侧挡板、活动挡肩、锁紧楔块、橡胶楔块、锁紧弹条等组成，如图 2.9（a）。

（5）Lord 扣件。

Load 扣件属压缩性减振扣件，该扣件采用弹性材料把顶板（用来固定钢轨）和底板（用来联结基础）黏结起来，由较厚的弹性材料提供弹性，减振效果（传递损失）在 8 dB 左右，如图 2.9（b）。

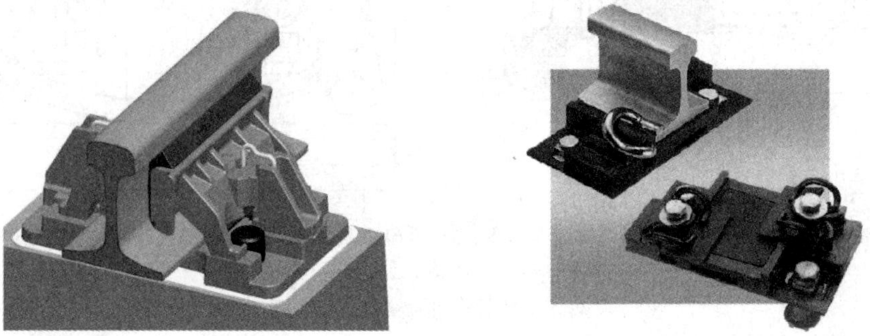

（a）先锋扣件　　（b）Lord 扣件

图 2.9　先锋扣件及 Lord 扣件

二、接头及接头联结

1. 接头联结形式

接头是线路的薄弱点，它增加了行车阻力和轮、轨的磨耗，因此应加强接头的养护维修和选用有利的接头形式。

接头联结形式，按其相对于轨枕的位置，可分为悬空式和承垫式两种，又可按两股钢轨接头相互位置分为对接式和错接式两种。在地铁线路上，采用相对悬空式作为标准形式，即两股钢轨的接头左右对齐，同时接头位于两接头轨枕之间，如图 2.10（a）。实践证明，这种接头联结方式无论在铺轨及受力方面，都是比较有利的。仅在车场小半径曲线配轨困难处采用错接悬空式。相错式接头要求接头相错不少于 3 m。

钢轨接头联结零件包括夹板（鱼尾板）、螺栓、螺母和弹簧垫圈等。

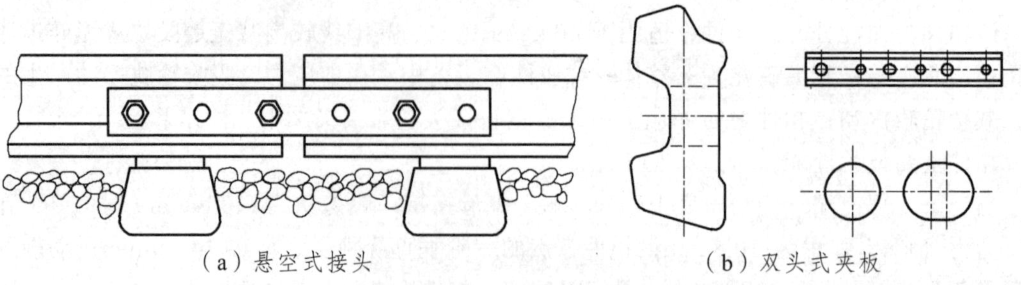

（a）悬空式接头　　（b）双头式夹板

图 2.10　钢轨接头及夹板

夹板的作用是联结并夹紧钢轨。目前，我国标准钢轨用夹板均为双头式，其结构示意如图 2.10（b）。

夹板的上下两面均有斜坡，使之能楔入轨腰空间，但不贴住轨腰。这样，当夹板稍有磨耗，以致联结松弛时，仍可重新旋紧螺栓，保持接头联结的牢固。每块夹板上有螺栓孔 6 个，圆形孔与长圆形孔相间。

夹板用螺栓（图 2.11）将钢轨夹紧。螺栓需要有一定的直径，螺栓的直径愈大，紧固力愈强。但加大螺栓直径势必加大钢轨及夹板上的螺栓孔，这将削弱轨端与夹板的强度。因此，螺栓宜用高碳钢制造，并加以热处理，则既可以加强螺栓的紧固力，又可防止螺纹的磨蚀以及螺栓头和螺帽与夹板之间接触面的磨耗。

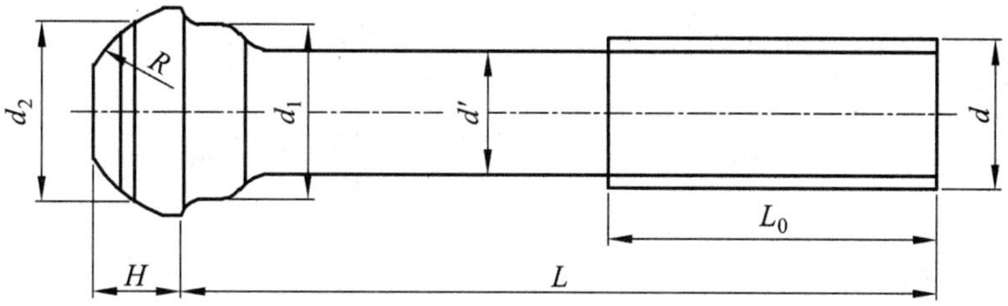

图 2.11 接头螺栓外形

钢轨接头阻止钢轨端部自由伸缩的阻力称为接头阻力。接头阻力是由钢轨与夹板之间的摩擦力而产生的。摩擦力愈大，接头阻力愈大。摩擦力取决于夹板的螺栓孔数，螺栓的直径、强度及其拧紧程度。一副 6 孔夹板，当使用普通螺栓时，其接头阻力为 240 ~ 270 kN，当使用高强度螺栓时，为 400 ~ 600 kN。要达到这个要求，接头螺栓必须经常保持紧固状态。10.9 级螺栓拧紧力矩为 900 N · m，8.8 级螺栓拧紧力矩为 700 N · m。接头螺栓机械性能、尺寸及材料见表 2.5。

表 2.5 接头螺栓性能、材料及尺寸（mm）

螺栓性能等级	抗拉强度（MPa）	屈服强度（MPa）	杆长 L	杆径 d'	纹径 d	适用范围	标记	材料
10.9	1040	940	160	22.051	24	75 kg/m 轨	螺帽为平锥头	20MnSi
			135	22.051	24	60 kg/m 轨		
			145	22.051	24	50 kg/m 轨		
8.8	830	660	145	22.051	24	50 kg/m 短轨	半圆球螺帽上加两凸棱	A5
			135	20.376	22	43、38 kg/m 轨		

为防止螺帽因列车的振动作用而松动，一般在螺帽下加设弹簧垫圈。为使钢轨能因温度升降而伸缩，钢轨两端的螺栓孔均做成直径大于螺栓直径的圆形。

钢轨上每一个接头，用六枚螺栓上紧，螺帽的位置在钢轨的内侧和外侧相互间错，以保证列车万一出轨，不致将全部螺栓切坏，仍能维持钢轨的连续性。

除上述普通接头外，还有各种特殊形式与构造的特种接头，主要有异形接头、传电接头、绝缘接头和尖轨接头。异形接头用于联结两断面不同的钢轨；传电接头用于自动闭塞区段及电力牵引地段，供传导轨道电流或作为牵引电流回路之用，轨间传导联结装置用两条导线组成；绝缘接头用于自动闭塞区段闭塞分区两端的钢轨接头上，夹板与钢轨、螺栓之间，螺栓孔四周以及轨端之间用绝缘板将电流隔离，或采用胶接绝缘接头；尖轨接头又称温度调节器，用于联结轨端伸缩量很大的轨道，如自动放散应力式无缝线路，及温度跨度大于 100 m 的桥上轨道的钢轨接头。尖轨接头由基本轨与尖轨相贴组成。

2. 钢轨接头病害

钢轨接头是线路的薄弱环节。由于轨线在接头处中断，造成线路的不平顺，列车通过时给行车造成了很大的阻力，同时，对线路产生了额外的冲击力，这种冲击力最大可达几百千牛，从而引起线路一系列的接头病害，如在冲击动力作用下，轨端顶面受到极大的接触应力，一般为 10 ~ 15 MPa，从而产生塑性变形。淬火的接头由于淬火与未淬火部分的硬度不同，形成鞍形磨耗[图 2.12（a）]，磨耗深度一般为 2.5 ~ 6 mm，长度一般为 200 ~ 300 mm；未淬火的钢轨接头则出现压塌，或两根钢轨高低错牙，钢轨和夹板发生永久变形，造成硬弯，甚至低接头[图 2.12（b）]等。

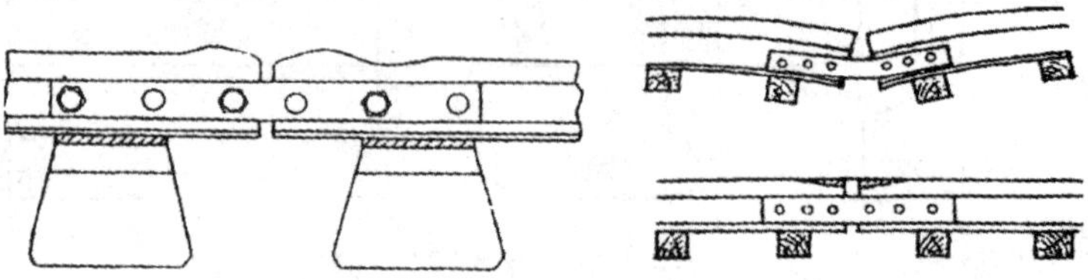

（a）鞍形磨耗　　（b）低接头

图 2.12　鞍形磨耗和低接头

另外，冲击动力引起轨枕下道床的松动和沉降，并导致低接头和空吊板，导致钢轨、夹板、轨枕的破损，道床坍塌，路基翻浆冒泥等等。这些病害使得列车通过时冲击和振动力增加，冲击和振动力增加的结果又扩大了接头病害。两者互为因果，造成恶性循环。据国铁统计，在普通线路的养护费中，用于维修接头的费用约占 40%，钢轨在夹板部位的损坏，比其他部位损坏多 25 倍左右。接头还增加 25%左右的行车阻力。因此，除采用无缝线路，大大减少接头外，对一般线路的接头病害，要采取预防和及时整治措施，切实加强接头。

接头病害是很复杂的，引起的原因是多方面的，预防措施应以综合整治为原则，及时减小接头不平顺和消灭永久变形。例如：锁定线路，防止爬行，不使轨缝拉大；经常上紧螺栓，保持接头紧固；加强接头捣固，保持道床丰满，并加以夯实；及时清筛接头范围有脏污道床，防止结成硬壳及翻浆冒泥；做好路基排水，防止路基发生永久变形。

预防措施归纳起来是：一匀（轨缝均匀），二紧（接头紧固），三捣固（加强捣固），四筛（及时清筛），五排（路基排水）。总之，保养好接头是提高线路质量的一项关键工作。

3. 轨缝调整

加强接头维修养护，及时调整过大或过小的轨缝，是防止接头病害的一项行之有效的措施，是为了保证冬天不超过构造轨缝，防止拉弯接头螺栓及增大车轮冲击，在夏天轨缝不挤严，防止温度压力太大而胀轨跑道。

调整轨缝工作，首先要调查实际轨缝（$E_{实}$）和左右两股钢轨接缝的直角错差（$T_{实}$）。直角错差有正负之分，这里规定，以左股钢轨为准，沿着测量方向，当右股往始端错动时，直角错差为正，反之为负，见表 2.6。

量轨缝时，要量轨头侧面轨缝，并及时记录轨温。

表 2.6 轨缝检查记录及计算

项目	图示									
窜动方向	← ← ← → → → → →									
串动量	0	1	8	3	−4	−1	−2	−1	−2	0
轨缝差	0	1	7	−5	−7	3	−1	1	−1	2
计划轨缝	7	7	7	7	7	7	7	7	7	7
实量轨缝 左股钢轨 实量直角错差 左股钢轨 实量轨缝	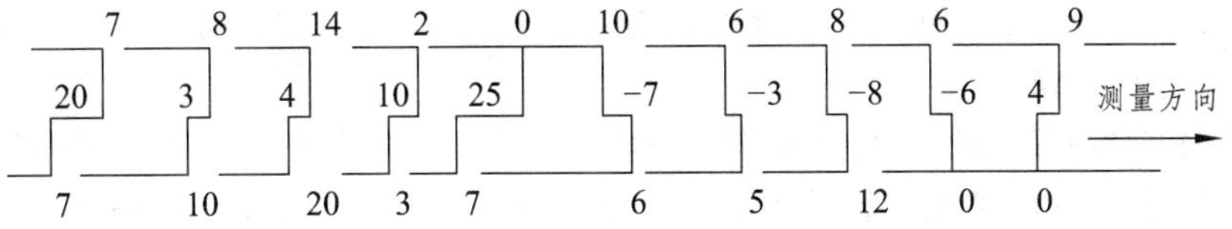									
计划轨缝	7	7	7	7	7	7	7	7	7	7
轨缝差	0	3	13	−4	0	−1	−2	5	−7	−7
串动量	0	3	16	12	12	11	9	14	7	0
窜动方向	← ← ← ← ← ← ← ←									

调整轨缝的计算工作，可按表 2.7 进行。

表 2.7 调整轨缝计算

测点编号	左股钢轨				右股钢轨				实测直角错差 $T_{实}$	第一次调整		第二次调整	
	实测轨缝 $E_{实}$	计划轨缝 $E_{计}$	轨缝差 ΔE	串动量 $K_{左}$	实测轨缝 $E_{实}$	计划轨缝 $E_{计}$	轨缝差 ΔE	窜动量 $K_{右}$		两股钢轨窜动量差 ΔK	调整后直角差错 $T_{计}$	两股钢轨窜动量差 ΔK	调整后直角差错 $T_{计}$
1	2	3	4	5	6	7	8	9	10	11	12	13	14
1	7	7	0	0	7	7	0	0	20	0	20	0	20
2	8	7	+1	1	10	7 (8)	+3 (2)	3 (2)	3	2	5	1	4
3	14	7	7	8	20	7 (8)	13 (12)	16 (14)	4	8	12	6	10
4	2	7	−5	3	3	7 (8)	−4 (−5)	12 (9)	10	9	19	6	16
5	0	7	−7	−4	7	7	0	12 (9)	25	16	41	13	38
6	10	7	3	−1	6	7 (6)	−1 (0)	11 (9)	−7	12	5	10	3
7	6	7	−1	−2	5	7 (6)	−2 (−1)	9 (8)	−3	11	8	10	7
8	8	7	1	−1	12	7 (6)	5 (6)	14	−8	15	7	15	7
9	6	7	−1	−2	0	7	−7	7	−6	9	3	9	3
10	9	7	2	0	0	7	−7	0	4	0	4	0	4

第 1 栏：轨缝测点编号。

第 2、6 栏：左右两股钢轨实测轨缝值 $E_{实}$。

第 3、7 栏：计划轨缝 $E_{计}$，按公式 $a_0 = \alpha L(t_z - t_0) + a_g/2$（mm）计算确定。

第 4、8 栏：左右股钢轨实测轨缝与计划轨缝差，$\Delta E = E_{实} - E_{计}$。

第 5、9 栏：钢轨串动量 K，某测点串动量等于前一测点串动量加该点轨缝差，$K_i = K_{i-1} + \Delta E_i$。当窜动量为正时，表示钢轨要往始端方向窜动，反之，往终点方向窜动。

第 10 栏：实量两股轨缝直角错差。

第 11 栏：左右股钢轨串动量之差，$\Delta K = K_{右} - K_{左}$，当串动量差为正时，表示右股向始端多窜动ΔK的距离，反之，向终端多窜动ΔK距离。

第 12 栏：两股钢轨窜动后的直角错差 $T_{计}$，它等于实测直角错差加两股钢轨窜动量差，即 $T_{计} = T_{实} + \Delta K$。

两股钢轨窜动后的直角错差应符合以下要求：在直线上，错差不应超过 40 mm；曲线上，不应超过 40 mm 加缩短轨缩短量的一半。如果超过这个规定，可根据超过量的大小，采取重新设置计划轨缝、倒换左右股钢轨或锯轨等方法。一般情况下，当超过量小于 10 mm 时，可用修改计划轨缝来满足要求，如图 2.14 中，第一次调整轨缝时，第 5 测点错差量为 41 mm，超过量为 1 mm，则可在右股第 5 测点之前，均匀地适当加大计划轨缝，为了使总的钢轨移动量不变，再在第 5 测点之下，对称地减少计划轨缝，即“上加下减”；反之，也可在左股测点上调整计划轨缝，这时需要“上减下加”。

三、其他形式的接头

1. 冻结接头

利用钢轨轨腔上下颚两个张口斜面，将夹板上下面也加工成同样斜度的斜面，然后使用 10.9 级高强度专用大六角螺栓，利用 1.3 ~ 1.4 kN · m 紧固扭矩，产生较大的接头阻力，实现钢轨接头的有效冻结。

冻结接头夹板采用 B7 钢制作，在工厂专用模具内将钢轨胶结绝缘材料和夹板胶结在一起，到现场组装使用，减少了养护维修成本和养护维修工作量。

经测试，最大接头阻力为 1 300 kN，远远超过一般钢轨接头阻力 600 kN，冻结效果良好。

2. 胶接绝缘接头

无缝线路的绝缘轨道电路和无缝道岔的绝缘接头必须采用胶接绝缘接头。这类接头分为胶接绝缘钢轨和胶接绝缘夹板。胶接绝缘钢轨和胶接绝缘夹板均采用特制夹板和绝缘胶板由工厂按各自的工艺制成。胶接绝缘钢轨与长轨条和无缝道岔钢轨的联结采用焊接。

3. 减振接头夹板

减振接头夹板是一种能有效减少钢轨接头病害和降低钢轨接头处轮轨冲击振动噪声的新型工务产品。

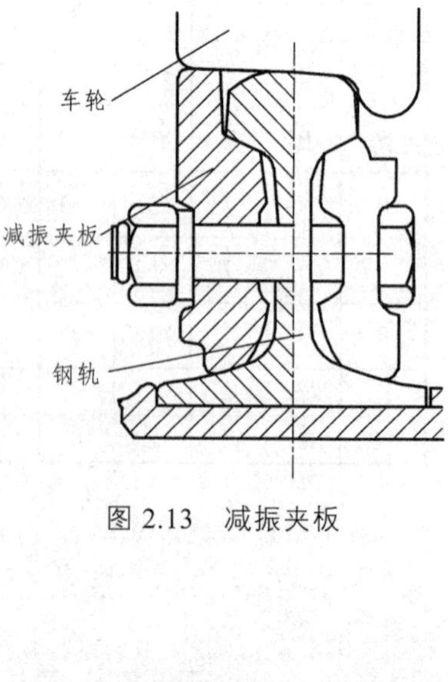

图 2.13　减振夹板

减振接头夹板安装在钢轨接头的外侧，其中部一定长度范围内以抛物线的线形略加高至钢轨顶部以上，在钢轨轨缝的外侧形成了一座“桥”，见图 2.13。在车轮通过轨缝时，轮踏面与外侧接头夹板的顶面接触，使钢轨的轨线由中断变为连续，夹板起到“桥梁”的作用，车轮平滑过渡到前方钢轨。另外，减振接头夹板的断面大，抗弯刚度也大，使得车轮通过钢轨轨缝时，减小了钢轨接头处的折角，从而改善了轨面的平顺度，降低了轮轨之间的冲击作用力，噪声也变小了。

第四节 轨 枕

轨枕的作用是承受钢轨传来的竖向垂直力及横向和纵向水平力，并将其分布于道床上，同时保持钢轨的方向、位置和轨距。因此，轨枕应具有相当的坚固性、弹性和耐久性。

一、钢筋混凝土支承块

地铁隧道内无砟道床承轨台采用钢筋混凝土支承块。它和道床浇注成整体来支承钢轨，强度大、稳定性好，轨距、水平及方向易于保持。支承块断面如图 2.14。

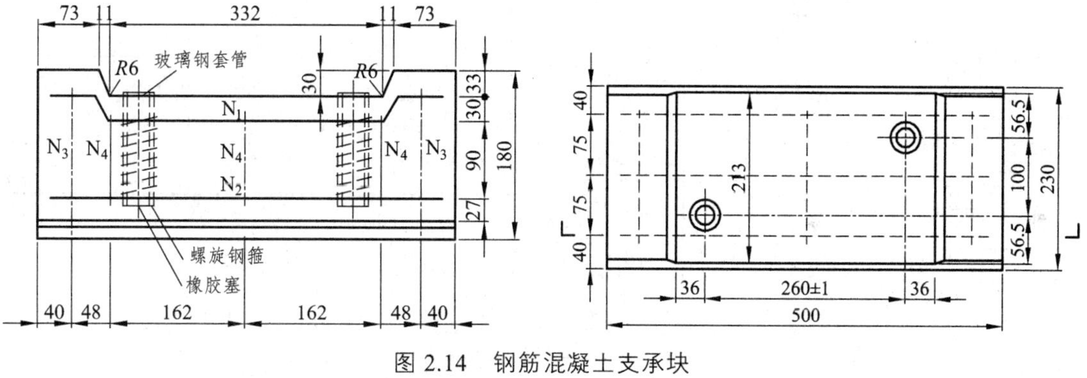

图 2.14 钢筋混凝土支承块

钢筋混凝土支承块一般采用 C50 混凝土，内布钢筋，在工厂用钢模预制。其横断面为梯形，以加强与道床混凝土的联结。支承块的钢筋应伸入挡肩，加大抗推能力，底部伸出钢筋弯钩与道床混凝土联结，增强抗拔能力。支承块的承轨槽根据扣件类型设计。承轨槽不得有蜂窝麻面，不平度不得大于 0.5 mm。支承块底面做成人字坡状，以利道床混凝土捣固和排除支承块底部空气。支承块内预埋玻璃钢套管，套管顶面应高出承轨槽顶面 3.5 ~ 5 mm，以防冲洗道床时，水进入套管，腐蚀螺栓。

钢筋混凝土支承块强度高，使用寿命长，坚固稳定，但弹性差，受列车冲击力大，对扣件及弹性垫层有特殊要求，需采用具有较高弹性扣压力的扣件和高弹性的垫层，以提供轨道所需要的弹性，缓冲列车动力冲击作用，保证轨道电路绝缘要求。

二、木枕

1. 木枕的特点及规格

木枕通称枕木。一般在车辆段、停车场多采用木枕。

木枕有很多优点，主要是：弹性好；易于加工制造；运输、铺设、养护及修理方便；与钢轨的联结比较简便；木枕与碎石道砟间有较大摩擦系数，能保证轨道稳定；绝缘性能好；成本低。

木枕的缺点是：木材用量大；使用寿命短；由于木枕材质不同，铺入线路时间不同，形成各根木枕强度、弹性和耐久性不一致，在列车作用下，容易出现不平顺，增大列车对线路的动力作用；木枕易腐朽、磨损，必须经过防腐处理后，才能延长其使用期限。

木枕通常由红松、落叶松、马尾松、云杉及冷杉等制成。制作枕木的木料必须坚韧、富有弹性、纹理顺直，无过多过大的节疤或裂纹，无蛀孔及腐烂节。

普通木枕断面形式如图 2.15（a）所示。

原则上Ⅰ类适用于主要正线；Ⅱ类适用于车场线。各种木枕尺寸如图 2.15（b）所示。

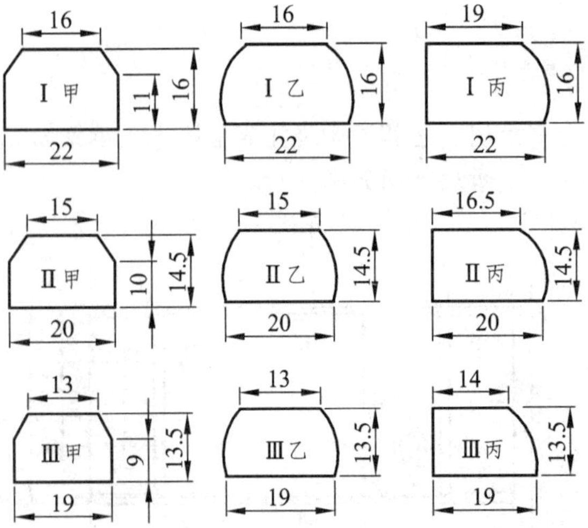

（a）

类别	类型	长度（m）	厚度（cm）	宽度（cm）
普通枕木	Ⅰ	2.50	16	22
	Ⅱ	2.50	14.5	20
道岔枕木		2.60～4.80	16	24

注：道岔枕木长度按 0.2 m 进级。

（b）

图 2.15　木枕规格及分类

2. 木枕失效原因及延长使用期限措施

木枕失效原因主要是腐朽、机械磨损和裂缝，三种原因互相影响。腐朽使机械磨损和裂缝加剧，反之，机械磨损、裂缝又加速了木枕腐朽。为延长木枕使用寿命，对此应作综合考虑。

木枕的防腐处理是延长其使用寿命的主要措施。防腐处理主要是防止枕木内腐朽菌类的生长。一般是在枕木防腐厂里将菌类的养料从木枕中除去，即除去木料中的有机汁液，压入足够的防腐剂制成通常防腐枕木。

其次在维修中可采用如下综合措施：

（1）减轻机械磨损。扩大垫板面积，减少枕木表面的单位压力；在木枕上预钻道钉孔，孔径应比道钉杆略小，钻孔四周作防腐处理。螺纹道钉应拧入木枕，以防割切木质纤维；垫板与木枕之间应有单独的联结零件，尽量减少垫板的振动。

（2）防止木枕开裂。严格控制素枕防腐处理前的含水量，对防止木枕开裂有很大的作用。如果已经形成开裂，小裂缝可先灌入防腐膏，夹紧后钉以 C 钉、S 钉（图 2.16）或用铁丝捆扎，将缝紧合。也可用 2 mm 厚的铁板，用冲床冲出许多长孔和钉孔，制成组钉板，钉入枕木，防止木枕开裂。

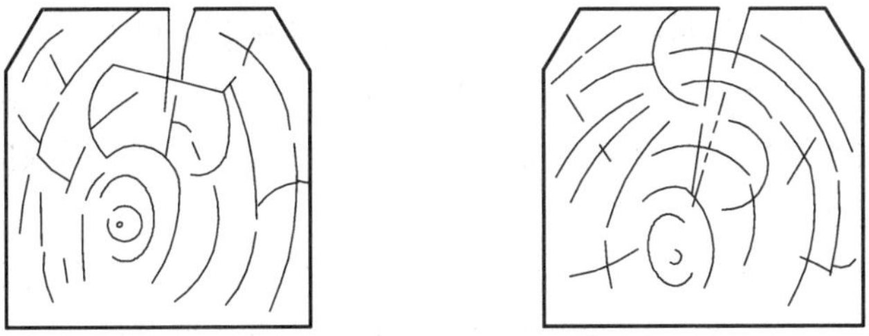

图 2.16 枕木加固

（3）捣实轨底，合理更换失效枕木。由于木枕弹性好、刚度小，能产生一定程度的弯曲，在荷重作用下道床反力发生一定程度集中，因此在轨底两侧各 400 mm 范围内捣固应加强。为使线路轨下基础的弹性、质量一致，优先更换失效枕木群或接头及其他薄弱地段的失效枕木。换下来的失效枕木可制胶合木枕或防爬木撑等。

此外，铺设木枕时应注意将尺寸、强度及耐久性能相同的木枕铺在一处；接头处尽量选用尺寸标准，材质优良者；木枕树心面朝下铺设，有圆角则使大面朝下；劈裂者做好捆扎愈合处理。

三、钢筋混凝土轨枕

钢筋混凝土轨枕具有节约木材、提高轨道强度和稳定性、使用寿命长及维修工作量少等优点。DT1 型预应力混凝土轨枕见图 2.17（a）。该轨枕为无挡肩外形，预应力混凝土结构，一般长为 2.5 m（A 型）。为固定接触轨，设计了长为 2.55 m 的 B 型轨枕，该轨枕采用 C60 混凝土，工厂预制。轨枕内预埋 DTⅥ3 型扣件的 4 个预埋铁座。根据接触轨的安装要求，A 型与 B 型轨枕数量的比例为 5∶1（每隔 5 根 A 型，铺设一根 B 型）。

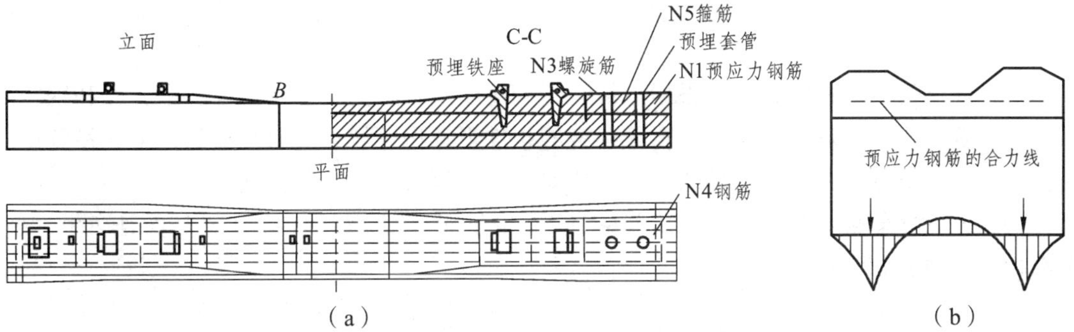

图 2.17 DT1 型预应力混凝土轨枕和轨枕预应力分布图

钢筋混凝土轨枕受力情况如图 2.17（b）所示。在两端轨下部分受力最大，上面受压，下面受拉；轨枕中部受力较小，上面受拉，下面受压。配合受力情况，为了节约材料，把轨枕做成两端厚，中部薄的不同尺寸的断面形式。DT1 型预应力混凝土轨枕的宽度和高度，基本同国铁Ⅱ型预应力混凝土轨枕，即轨下截面高度为 200 mm，枕中截面的高度为 165 mm；枕底宽度 280 ~ 250 mm。DT1 型预应力混凝土轨枕的结构承载能力与国铁Ⅱ型预应力混凝土轨枕的相当，采用 C60 混凝土，8ϕ7 螺旋肋预应力钢丝，先张法混凝土结构，总预应力损失按 20%计，预应力钢丝的总张拉力为 325 kN。这种轨枕的配筋布置，决定了轨枕铺设和维修时，轨枕中部 0.6 m 范围内的道砟不需掏空，为浮砟状态，不捣实。

轨枕的横截面采用目前最新技术：双坡截面，经过外形优化设计，以预应力轨枕可顺利脱模为前提，设计断面的上下坡度分别为 1.1∶1 和 8.25∶1。轨枕在外形的控制尺寸相同的情况下，轨枕有效截面加大，能合理布置结构预应力钢筋，轨枕的纵横向阻力加大，有利于提高无缝线路的稳定性。

DT1 型预应力混凝土轨枕，分两种长度，A 型枕长 2.5 m，只安装走行轨，A 型枕的左右完全对称，无预埋尼龙套管，B 型枕的长度在 A 型枕的基础上单侧加长了 50 mm，预埋了两个 ϕ24 的尼龙套管，以连接接触轨的悬臂托架，承受及平衡接触轨荷载。在预埋套管周围布置了普通热处理钢筋以增加该处局部混凝土强度，加大套管的锚固强度。A、B 两种长度轨枕采用相同截面的外形处理方法，方便了轨枕的工厂化制造，使大型机械化铺轨成为可能。

轨枕与其配套的 DTⅥ3 型无挡肩、无螺栓弹性不分开扣件连接，采用在轨枕中预埋扣件铁座方式，而不是传统的在轨枕中用硫磺锚固的有螺栓弹性扣件方式。轨枕顶面支承钢轨部分采用无挡肩承轨台形式，做成 1∶40 的斜面，以适应轨底坡的要求。无挡肩轨枕避免了有挡肩轨枕的挡肩伤损等问题，并简化了轨枕的制造。

综上所述，DT1 型预应力混凝土轨枕特点如下：采用无挡肩外形，外形简洁、扣件安装方便；采用立面双坡外形设计，结构受力合理，道床纵、横向阻力大，轨道稳定性提高；固定接触轨的 B 型枕只是单边加长 50 mm，不加宽道床及路基，降低了建设投资，实现了与接触轨的可靠联结；可实现轨排铺轨机械化；大大地提高了轨道的稳定性和延长了维修周期；轨枕中部不需要掏空道砟，而采用浮砟状态，减少了日常的道床几何状态维修量；不使用传统的硫磺锚固技术，可消除热硫磺锚固产生的轨枕螺栓孔残余应力，并避免了环境污染；同时，减少了硫磺锚固螺栓这一道工序。

四、轨枕配置

每千米配置的轨枕根数，应根据运量、运行速度及线路的设备条件等决定，并和钢轨及道床等综合考虑，合理配套，以求在最经济的条件下，保证轨道具有足够的强度和稳定性。轨枕密一些，道床、路基面、钢轨以及轨枕本身受力都可以小一些。同时，使轨距、方向易于保持，这对行车速度高的地段尤其重要。但是也不能过密，过密则不经济，而且净距过小，影响捣固。轨枕铺设标准见表 2.8。

表 2.8　轨枕铺设数量（对/km 或根/km）

道床形式	正线、试车线、出入线		其他配线	车场线（不含试车线）
	直线及 R>400 m，坡度 i<20‰	R≤400 m 或坡度 i≥20‰		
无砟道床	1 600～1 680	1 680	1 600	1 440
混凝土枕有砟道床	1 600～1 680	1 680～1 760	1 600～1 680	1 440
无缝线路混凝土枕有砟道床	1 680～1 760	1 760～1 840	—	—
木枕有砟道床	1 680～1 760	1 760～1 840	1 680	1 440

在普通轨道上，由于钢轨接头是线路的薄弱环节，故接头处轨枕间距 C 应比钢轨中间部分轨枕间距 a 小，并且两者之间应有一个过渡的轨枕间距 h，一般应 $a>b>c$，如图 2.18。

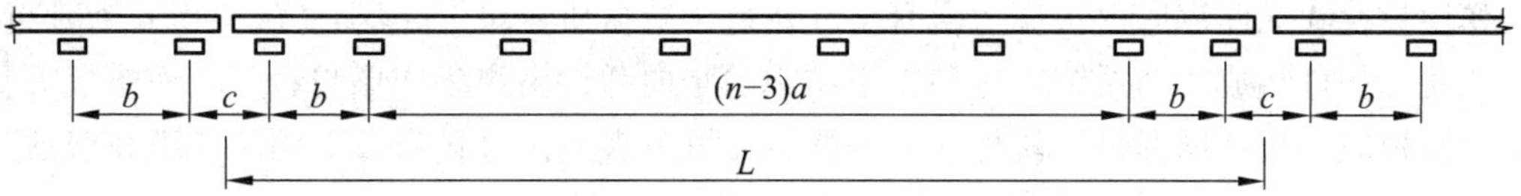

图 2.18 轨枕间距图

轨枕间距按下式计算：

$$a=\frac{L-C-2b}{n-3}$$

式中 L—每节钢轨长度（包括一个轨缝）；

b 为 a 与 C 之间的过渡间距，一般可取为（$a+C$）/2；

C ——接头轨枕间距，其值根据螺栓孔位置、轨枕配置根数及夹板类型而定；

n ——每节钢轨铺设轨枕根数。

将 $b=(a+C)/2$ 带入上式得：

$$a=\frac{L-2C}{n-2}$$

将算出的 a 值取整，再根据 a 及 C 求出 b 值。

$$b=\frac{L-C-(n-3)a}{2}$$

对于无缝线路，轨枕间距应按设计轨条长度计算布置。但在均匀布置时，必须保持铝热焊缝距枕边缘 30 mm 以上。

五、轨枕套靴

1. 弹性短轨枕套靴

弹性短枕式无砟道床由套靴、短轨枕（减振质量块）、减振垫板组成，并与钢轨、扣件构成一个减振系统，应在工厂组装。

该设备必须与弹性分开式扣件共用，过渡段扣节点静刚度 15 ~ 25 kN/mm，减振地段扣节点静刚度为 60 ~ 80 kN/mm；短轨枕采用 C50 钢筋混凝土，由工厂预制，道床按结构断面设计施工。

在每段弹性短枕式无砟道床前后各设 17.5 m 弹性过渡段，弹性过渡段的弹性变化由短轨枕下减振垫板的刚度变化来实现，在过渡段采用 7 种共计 56 块减振垫板。

2. 弹性长轨枕套靴

弹性长轨枕为无挡肩形式，承轨面设 1∶40 的轨底坡，预埋走行轨尼龙套管。轨枕横剖面为梯形，上宽下窄，底面宽度 290 mm。轨枕中部高度为 165 mm，端部高度为 177 mm。弹性长轨不与三轨合架，故不设加长枕，长度统一为 2 400 mm。枕底设为平面，以方便套入橡胶套靴内。弹性长轨枕采用 C60 预应力钢筋混凝土在工厂预制，与弹条Ⅱ-2 型分开式扣件配合使用，用于弹性长枕式无砟道床。

弹性长枕式无砟道床由预应力混凝土长轨枕（减振质量块）、减振垫板、橡胶套靴组成，并与钢轨、扣件组成一个系统。这种轨道结构的竖向弹性由弹条变形与轨下、铁垫板下及短枕下三层橡胶垫板共同提供。轨枕、减振垫、套靴三者应用打包带及专用胶带绑扎密贴，防止施工过程中产生松动脱落。

预应力混凝土长轨枕采用 C60 混凝土在工厂高精度预制，道床混凝土采用 C30 混凝土现浇，道床每隔 12.5 m 设置道床伸缩缝一处，以 20 mm 厚沥青板形成，沥青麻筋封顶。

第五节　轨道加强设备

一、线路爬行

列车运行时，车轮作用于钢轨上的纵向水平力，会引起钢轨纵向位移，有时还带动轨枕一起移动，造成轨道爬行。引起爬行的纵向水平力叫爬行力。

形成爬行的原因很多，也比较复杂，一般有：钢轨在动荷载下的挠曲；列车运行的纵向力；钢轨温度变化；车轮在接头处撞击钢轨以及列车的制动等。一般认为钢轨挠曲是轨道爬行最基本的因素，其他原因只影响爬行量的大小。如图 2.19（a）所示，以甲、乙表示钢轨某一断面的上下两点，当列车驶近，钢轨断面发生转动，乙点向前，甲点向后；当车轮滚过钢轨恢复挺直时，乙点向后收缩，但前面已被车轮压住，无法收缩，于是钢轨被拉向前移动，造成与列车运行方向一致的爬行。但在地铁电动车辆加力运行爬坡时，由于牵引力的关系，车轮给钢轨一方向与运行方向相反的力，所以在加力牵引的上坡地段，往往出现与行车方向相反的爬行现象。

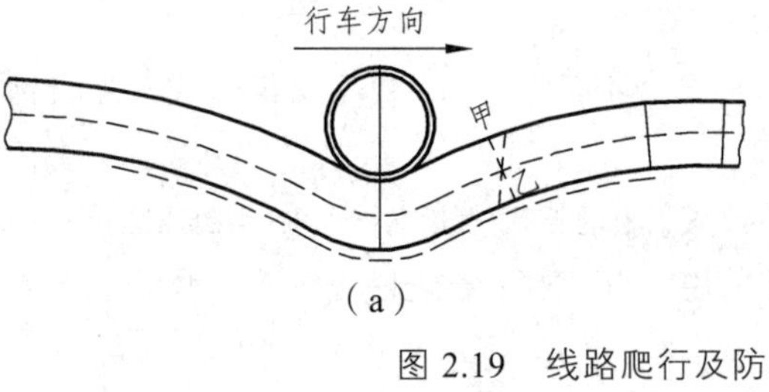

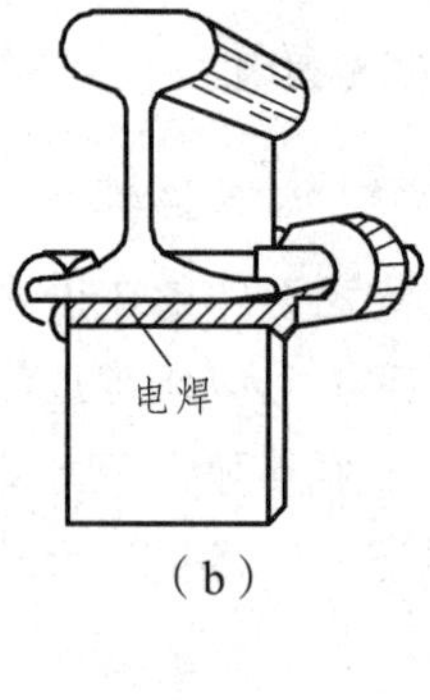

图 2.19　线路爬行及防爬器

列车的速度越高，轴重越大，钢轨越轻，扣件的扣压力越小，爬行量越大。在双线地段由于单方向行车，爬行方向与列车运行方向相同，而在下坡道爬行量就更大。在单线地段，会发生双方向的爬行，在双方向运量不等的情况下，则向运量大的方向爬行。在列车需要制动的长大坡道上，轨道沿下坡方向爬行。

爬行是轨道被破坏的重要原因之一。它能引起轨枕位置歪斜、间隔不正和轨缝不均。钢轨爬行时，往往带动一部分轨枕和接头轨枕一起移动。在这种情况下，将因夹板带动道钉而把枕木拉裂，或使轨枕离开捣固坚实的道床面而位移，造成线路沉陷，产生低接头。道岔上发生爬行，会影响尖轨的正确位置或使转辙器失去灵活性。

为防止轨道爬行，必须提高轨道抵抗纵向移动的阻力，加强接头夹板的夹紧力和中间扣件的扣压力及道床的阻力等。在维修工作中，拧紧螺栓，打紧浮起道钉，加强对道床的捣固，对防止轨道爬行是非常必要的。设置防爬器是阻止爬行的有效措施。在轨道容易发生爬行地段，单靠接头和扣件的阻力是不够的，还必须加装防爬设备，以便把爬行力传递到轨枕上，加大线路纵向阻力，防止线路爬行。

二、轨道加强设备

轨道加强设备主要有防爬器、防爬支撑和轨距杆三种。

1. 防爬器

防爬器有穿销式防爬器及弹簧防爬器两种。我国目前主要采用穿销式防爬器，如图 2.19（b）所示。这种防爬器每个可以承受 30 kN 的爬行力，由带挡板的轨卡及穿销组成。轨卡的一边紧密地卡住轨底，另一边与轨底之间的间隙用楔形穿销楔紧，使之牢固地卡在轨底上。

2. 防爬支撑

为充分发挥防爬的防爬器能力，每对防爬器连同三对或四对防爬支撑组成一个防爬组，这样将三根或四根轨枕连成一个整体，共同抵抗轨道的爬行力。防爬支撑可用木制，亦可用石料、钢筋混凝土制造。

为了充分发挥防爬器的作用，在 3 ~ 5 根轨枕之间安装防爬支撑，形成一个整体，组成一组防爬设备。木枕地段根据线路条件和运量大小，安装能足以锁定线路、道岔的防爬设备。对制动地段，主要道岔、绝缘接头、桥梁前后各 75 m 要增加防爬设备，以保持线路稳定。铺设木枕的有砟道床线路，使用穿销防爬器的一般安装办法如下：

（1）12.5 m 钢轨，配置 23 根木枕的轨道，单线线路两方向运量大致相同时，如图 2.20（a）所示。复线及两方向运量显著不同的单线线路如图 2.20（b）所示。

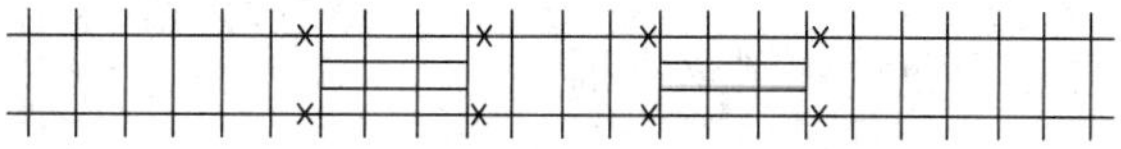

（a）

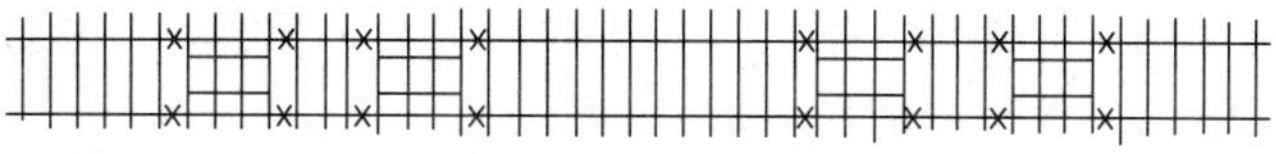

（b）

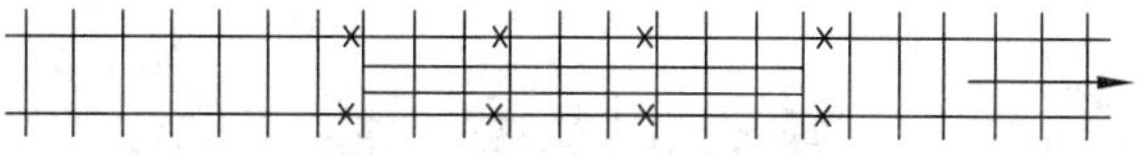

（c）

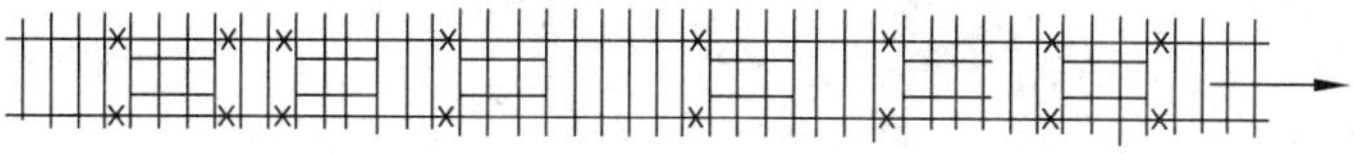

（d）

图 2.20 防爬设备配置

（2）25 m 钢轨，配置 46 根木枕的线路，单线线路两方向运量大致相同时，如图 2.20（c）所示。复线及两方向运量显著不同的单线线路如图 2.20（d）所示。

以上（1）和（2）均为非制动地段防爬器安装办法。在制动地段，线路易向制动方向爬行，因此，在制动方向需增加防爬器安装数量，对于 12.5m 钢轨制动方向需增加 1 对，对于 25 m 钢轨制动方向需增加 2 对。

（3）9 号单开道岔防爬器安装办法如图 2.21 所示。（a）为单线 9 号道岔，（b）为双线 9 号道岔。

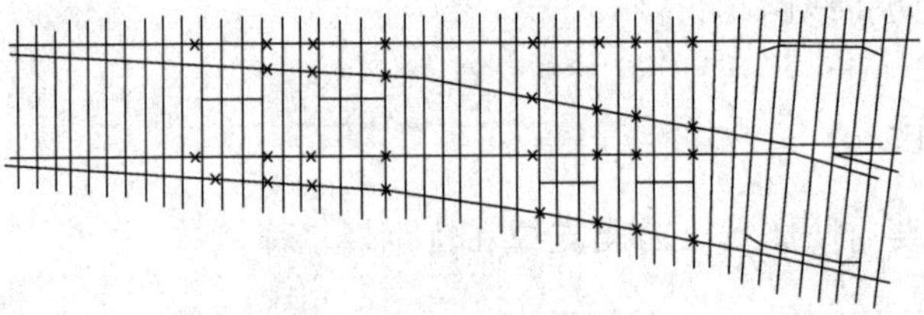

（a）

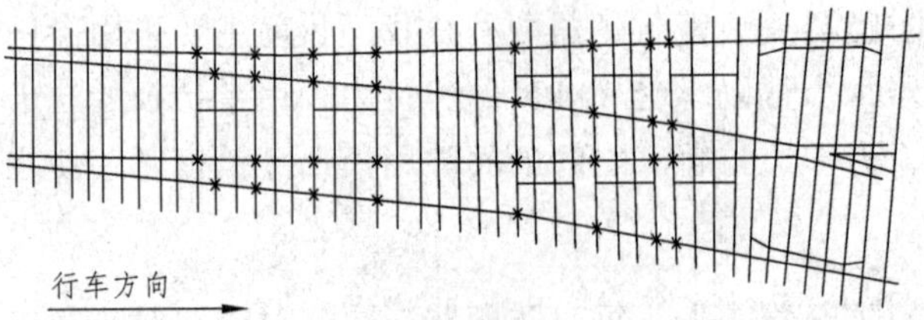

（b）

图 2.21　9 号单开道岔防爬设备

地铁隧道内无砟道床上采用了具有较高扣压力和防爬力的弹性扣件，能够制止钢轨爬行，因此不需要安装防爬器。

钢筋混凝土轨枕地段，使用弹条扣件时，由于扣件扣压力大，可不安装防爬设备。使用其他扣件时，对线路坡度大于 6‰的地段、制动地段、主要道岔、绝缘接头、桥梁前后各 75 m 线路，可按具体情况适当安装防爬设备。

防爬支撑的断面一般不小于 120 cm^2，安装在轨底之下或与轨底边净距不小于 350 mm 的道心内。

穿销式防爬器与轨枕之间应设木制承力板。

3. 轨距杆

曲线地段受到列车横向力作用，钢轨会发生横向式向外倾斜，导致轨距扩大。为保证曲线轨道稳定，可以安装一定数量的轨距杆和轨撑。

第六节　道　床

一、有砟道床

1. 道床的功用与材料

道床是轨道的重要组成部分，是轨枕的基础。它的主要功用是：均匀传布轨枕荷载于较大的路基面上；阻止轨排在列车作用下发生纵、横向位移，保持轨道的稳定性；排除线路上的地面水，使路基面和轨枕保持干燥；使线路具有弹性，缓和列车对线路的冲击作用；便于调整线路的平、纵断面。

因此，选用的道砟应具备下列性能：质地坚韧，不易被压碎和捣碎；排水良好，吸水度小；不易风化，不易被风吹动和被水冲走。

我国广泛采用的道砟材料是碎石，它由坚韧的岩石（花岗岩、玄武岩、石灰岩、砂岩等）击碎而成。根据颗粒大小，分为下述三种规格：

（1）标准碎石，粒径为 20 ~ 70 mm，用于新建、大修及维修。

（2）中粒碎石，粒径 15 ~ 40 mm，用于维修。

（3）细粒碎石，粒径 5 ~ 20 mm，仅用于维修中垫砟起道。

碎石粒径大小应均匀。粒径过大，不利于保持弹性和进行捣固作业。应避免采用同一粒径，以获得较好的弹性模量和抗剪强度。碎石应是粗糙的多面体，其形状尽可能近于立方体，不许含有薄片，因为薄片碎石易被捣碎或压碎。

通常情况下地面线和车辆段、停车场内采用有砟道床。

2. 道床断面

道床断面包括三个主要特征：道床厚度、顶面宽度及道床边坡坡度，如图 2.22（a）所示。

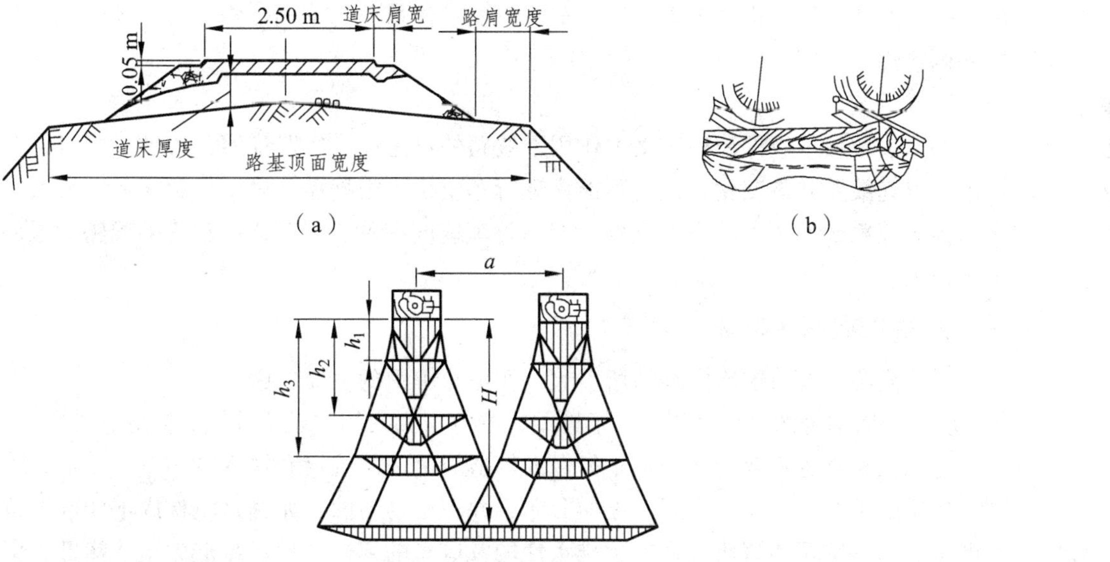

图 2.22　道床断面及轨枕、道床压力分布

（1）道床厚度。

道床厚度是指直线钢轨或曲线内轨中轴下轨枕底道砟处于压实状态的厚度。要正确设计道床厚度，应先研究道床中压力的传布情况。从轨枕传到道床上的压力不是均匀分布的，沿轨枕方向，两钢轨下的压力最大，轨枕中部及其两端的压力则较小；沿线路方向，轨枕中线下的压力为最大，在轨枕边缘下的压力几乎等于零。图 2.22（b）表示轨枕底下压力分布情况。

由道床压力分布图 2.22（c）可看出，越向下，道床传至路基面的压力越均匀，单位面积所受的压力也越小。因此保持道床一定的厚度，使路基承受较小而均匀的压力是必要的，从而保证路基面不产生永久变形和保持轨道稳定。有砟道床厚度标准见表 2.9。

表 2.9　有砟道床最小厚度（mm）

<table>
<tr><td rowspan="2">下部结构类型</td><td colspan="2">道床厚度</td><td>道床厚度</td></tr>
<tr><td colspan="2">正线、配线</td><td>车场线</td></tr>
<tr><td rowspan="2">非渗水土路基</td><td rowspan="2">双层</td><td>道砟 250</td><td rowspan="3">单层 200</td></tr>
<tr><td>底砟 200</td></tr>
<tr><td>岩石、渗水土路基、混凝土结构</td><td colspan="2">单层道砟 300</td></tr>
</table>

如果不是砂石路基而是一般土筑路基，则在铺碎石道砟（面砟）前，应在其下面铺设一层厚 20 cm 的粗砂或中砂垫层（底砟），使面砟传来的荷载均匀分布到路基上，并防止面砟被路基泥土沾污，避免不良土质路基发生翻浆冒泥现象。

（2）道床顶面宽度。

道床顶面宽度取决于轨枕长度。其在轨枕两端的伸出部分称为道床肩宽。道床应有适当的肩宽，使肩部石砟经常处于稳定状态，阻止石砟在列车振动下，从轨枕下挤出，以保持道床紧密状态和足够的横向阻力。道床肩宽根据具体情况的不同，定为 20 ~ 40 cm。曲线上应在外侧按规定加宽。

（3）道床边坡。

道床边坡坡度应保证列车动力作用下线路的稳定性。实践证明，边坡过陡时，道砟容易坍落，引起线路状态变化，甚至不能保证行车安全。根据振动试验，道床的边坡大小取决于它的内摩擦系数和振动的强烈程度，即与行车速度有关。行车速度较高的线路，采用较缓的道床边坡。

3. 道床病害防治

道床病害主要由道床的脏污所引起，而道床脏污的主要原因是：

（1）道床本身的机械磨损。由于捣固时的打击和列车的动力作用，使道砟被粉碎成粉末。

（2）由于外界松散物质和尘土等侵入，造成道床的脏污和堵塞。

道床脏污程度，在道床断面上的分布，并不是均匀的，尤其是轨枕底下 10 cm 范围内最为严重。这种脏污的道床，丧失了排水性能及应有的弹性，使承载能力迅速降低，引起翻浆冒泥、道床板结和线路不平顺等病害。所以，应定期地清筛、补充和夯实道床，使道床经常保持饱满、均匀、清洁，以保证道床良好的弹性及排水性能。

4. 地面线有砟道床

有砟道床包括：混凝土轨枕有砟道床、木枕有砟道床、单体桥有砟道床及无砟道床与有砟道床过渡段道床。正线一般采用一级铁路碎石道砟。土质路基上的道床一般采用双层有砟道床，道床总厚度 450 mm，其中面砟厚 250 mm，底砟厚 200 mm。单体桥一般采用单层有砟道床，道砟厚 250 mm。过渡段道床的道砟厚度渐变。道床肩宽 400 mm，对 $R \leqslant 800$ m 的曲线地段加宽至 500 mm，并在砟肩堆高 150 mm。道床边坡坡度为 1∶1.75。轨道建筑高度（内轨顶至路肩坡脚）为 995 mm。混凝土枕在道床中的埋深为 150 mm，木枕在道床中的埋深为 130 mm。曲线地段在外轨设置超高。土质路基地面线有砟道床见图 2.23。

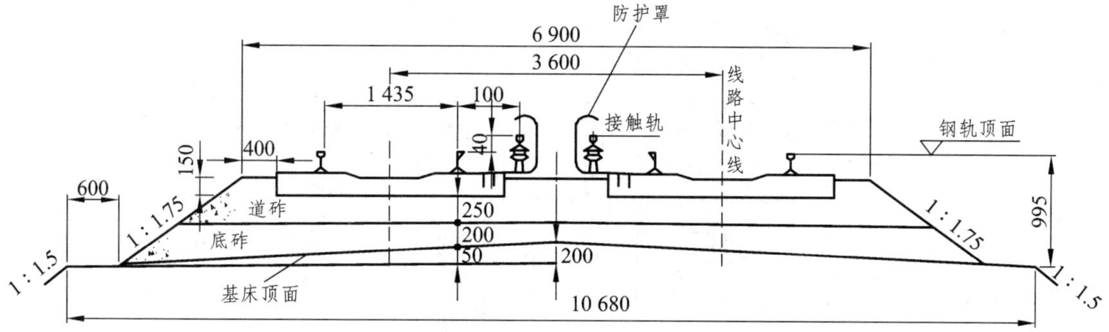

图 2.23 有砟道床断面

二、无砟道床

1. 无砟道床轨道的特点

无砟道床是取消道砟层，用混凝土直接灌注成的一种整体刚性轨下基础。无砟道床具有以下特点：

（1）它是用混凝土浇筑成型的，线路位置完全固定，因而线路稳定、平顺，有利于铺设无缝线路及高速行车。

（2）无砟道床取代了道砟层，大大减少了线路养护维修工作量，改善了劳动条件，尤其在隧道内更为突出。

（3）坚固耐久，外观整洁美观，使用年限长。但道床一旦破坏，整修工作较困难。

（4）在地下铁道内修建无砟道床可增加地铁隧道的净空高度，节省土石方开挖量。

（5）无砟道床属刚性基础，因此要求扣件具有较好的弹性。

2. 无砟道床的结构形式

无砟道床结构形式主要有钢筋混凝土支承块式和整体灌注式。钢筋混凝土支承块式由于施工精度易于保证，且能节约木材，故现广泛使用，为目前地铁隧道无砟道床的主要结构形式。

钢筋混凝土支承块式无砟道床主要由混凝土道床、钢筋混凝土支承块、排水沟、人行道及其他附属设备等组成。道床混凝土强度等级为 C30，在现场就地浇筑，道床内未布设钢筋。厚度一般不小于 300 mm，轨枕下道床厚度不小于 160 mm。轨道建筑高度（两轨顶连线与线路中心线的交点至隧道底的最小厚度）一般为 550 mm 左右。道床表面向水沟横向坡度不小于 3%。道床面低于短轨枕承轨面 30 ~ 40 mm。预制短轨枕为 C50 级钢筋混凝土，每千米一般铺设 1 760 对。道床曲线超高，采取外轨抬高超高的半数和内轨降低超高的半数的方法，以减小隧道开挖高度。无砟道床设中心排水沟，沟底纵向坡度与线路坡度一致，且不小于 3‰。道岔处的排水沟移到线路外侧。采用侧沟式，设在边墙侧，在道岔区两端采用预埋铸铁管与区间中心水沟连通。站内线路排水沟应加混凝土盖板。无砟道床及排水沟示意如图 2.24。地铁一线、环线采用了这种形式的无砟道床。为防止混凝土道床出现裂缝应设置伸缩缝，一线、环线无砟道床伸缩缝设置在隧道结构沉降缝处，每 20 ~ 30 m 设一个。

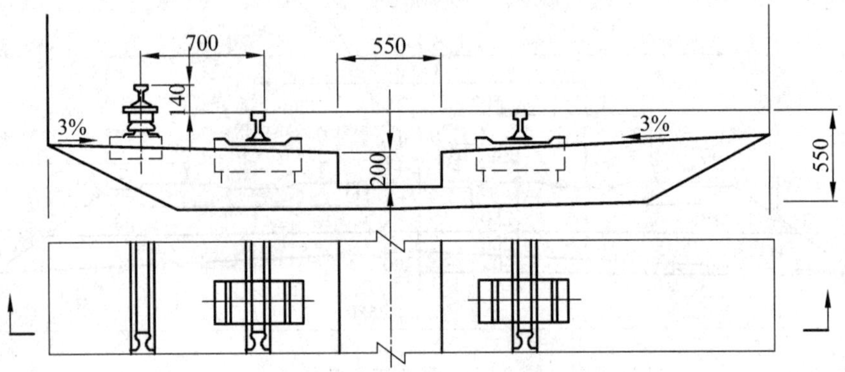

图 2.24　无砟道床及排水沟

无砟道床与有砟道床弹性不同，衔接处需设置使道床弹性逐渐变化的过渡段，用以缓冲列车的冲击作用，延长无砟道床和扣件的使用寿命，保证列车平稳、安全运行。过渡段形式可采用梯形短木枕拼接式无砟道床过渡段或采用道砟厚度渐变过渡，即在线路道砟下，通过铺设厚度逐渐变化的混凝土垫层，而使道砟厚度逐渐变化来过渡，见图 2.25。

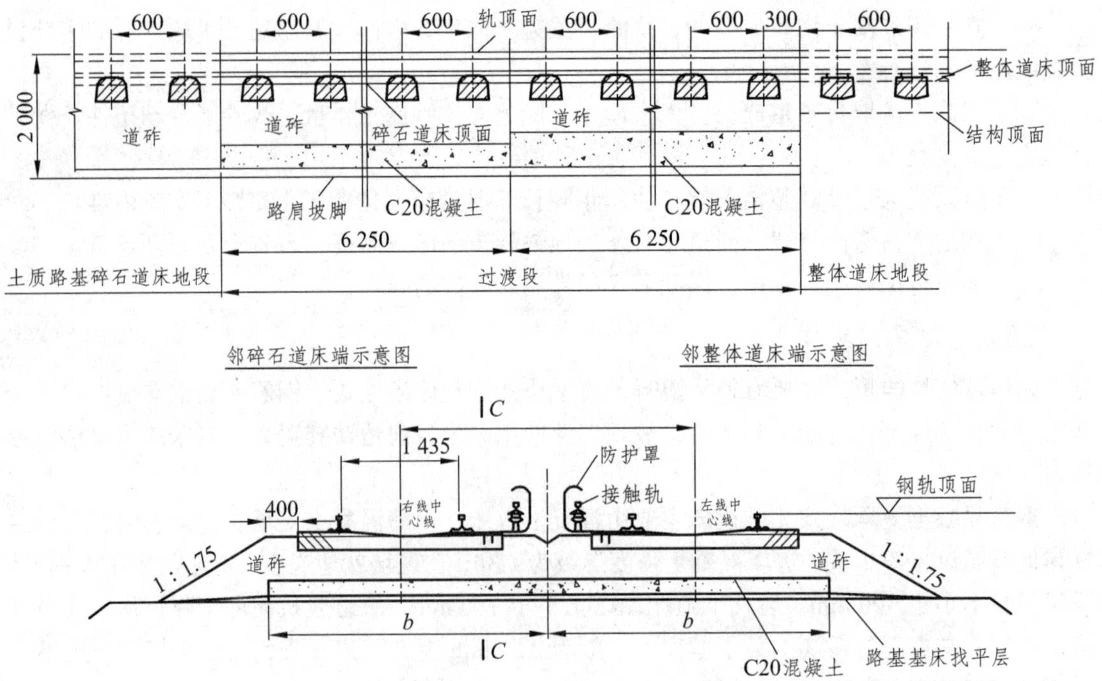

图 2.25　无砟道床与有砟道床过渡段

3. 无砟道床轨道施工和维修特点

无砟道床的施工质量直接影响到它的使用年限，应特别重视。由于无砟道床施工具有工序多、工作面狭小、施工干扰大等特点，因此应合理安排施工组织和施工工序，以加快施工进度，保证工程质量，减少劳动力及机具材料的消耗。

钢筋混凝土支承块式无砟道床的施工方法是用钢轨支承架将钢轨架起固定在设计位置上，然后将支承块按照设计间距用扣件悬挂在钢轨上，依据控制基标，经过细致、反复的调整，使线路中线、轨距、水平处于正确的位置后，再灌注道床混凝土。为使基底与道床混凝土牢固结合，确保混凝土道床施工质量，在灌筑混凝土前，应做好基底清理和排水工作，封底混凝土面应凿毛处理，并用高压水或高压风冲洗干净，且不留积水。当灌注的道床混凝土凝固后，支承块即嵌入道床混凝土内形成整体，钢轨位置只能依靠扣件作少量调整，所以无砟道床的施工精度要求高。

无砟道床轨道的养护维修工作有如下特点：由于无砟道床没有清筛道砟、捣固及更换木枕作业，因此轨道的维修养护工作量大为减少；无砟道床轨道是依靠扣件将钢轨与道床连接成为一个整体的，因此要注意对扣件的经常养护维修工作；无砟道床轨道受到破坏后，修复困难，所以应重视巡守检查和养护维修工作，发现病害及时处理，以免影响行车安全。

无砟道床轨道维修工作的主要内容有：调整线路轨距、水平、高低和方向；更换与修理伤损的钢轨和联结零件；经常检查扣件是否处于良好的工作状态，拧紧扣件，更换失效垫板和扣件，经常进行扣件的清理涂油工作；调整轨缝；清扫道床，定期清理排水沟；修补支承块挡肩，加固松动支承块等。

要经常检查道床有无裂缝、下沉等病害，并标出记号进行观测，找出其原因，及时进行处理。

4. 高架线短轨枕式无砟道床

高架线短轨枕式无砟道床适用于高架桥及加固路基地段无砟道床线路。高架桥无砟道床为分块布置，道床块与块之间设沟槽以便于梁面排水。道床是按每跨梁来分块布置的，分块的原则是一般为 6 m 一段，也就是一般道床块长度为 5.9 m（Z6 型，即直线处，一段的长度为 6 m，6 m 中含块与块的间隔 100 mm，6 m = 0.05 m+5.9 m+0.05 m）。道床块一般宽 80 cm、高 25 cm，在梁的中部为适应各种梁的不同长度而设置了短道床块（Zn，$n<6$ m）。为避开梁缝，梁端部的道床块长度为 5.85 m（ZD6 型，即直线梁端部，一段的长度为 6 m，6 m 中含梁缝处两道床块间隔的一半 100 mm 和非梁缝处道床块间隔的一半 50 mm，6 m = 0.1 m+5.85 m+0.05 m）。在梁缝处两道床块（ZD6 型）的间隔为 200 mm，其余处道床块的间隔均为 100 mm。

高架线短轨枕式无砟道床见图 2.26。道床采用强度等级为 C40 的钢筋混凝土，道床内设两层钢筋网，纵向钢筋兼作杂散电流的排流筋。轨道建筑高度（内轨顶面至梁面的最小厚度）为 500 mm。曲线超高设置，采用抬高外轨至超高值，内轨标高不变。短轨枕采用 C50 钢筋混凝土，在工厂预制。短轨枕为无挡肩式，长 560 mm，横断面下部为楔形，下部伸出钢筋钩以加强与道床混凝土的联结。

为加强道床混凝土与梁面的联结，梁面上预埋竖向钢筋钩，道床混凝土施工时，先将竖向钢筋钩扶正，并将位于道床块缝隙间的竖向钢筋钩去掉。接触轨的底座下道床与无砟道床一体浇注。

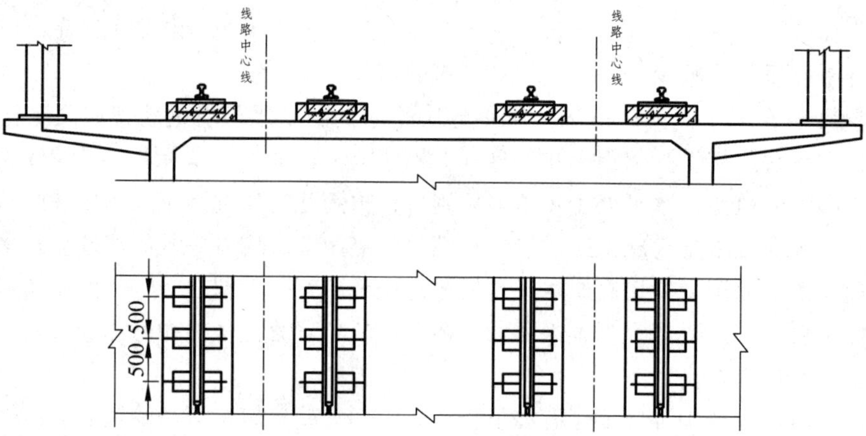

图 2.26　高架线短轨枕式无砟道床

5. 梯形轨枕道床

梯形轨枕道床是在梯形轨枕下部支点放置减振垫板，在梯形轨枕侧面支点放置缓冲垫板，使梯形轨枕浮置于 L 形混凝土支座（道床）上。列车运行中产生的振动通过梯形轨枕衰减后再传递给支座道床和隧道主体结构。排水沟设在道床中部，在与梯形轨枕道床两端相接的普通道床上设有水沟过渡段。

地铁路网采用梯形轨枕道床技术，梯形轨枕为预制件，供货方供货时应将配套的减振垫板、缓冲垫板固定在梯形轨枕上，施工单位在铺轨基底时将隔离的泡沫板粘贴于轨枕上。梯形轨枕采用 C60 混凝土预制，梯形轨枕的标准长为 6.15 m，在小曲线及大坡度地段板长为 5.6 m，枕间设有 100 mm 调整缝，配套使用的扣件为弹条Ⅱ-1 型分开式扣件。道床混凝土采用 C30 混凝土现浇，道床每隔 12.5 m 设置道床伸缩缝一处，以 20 mm 厚沥青板形成，沥青麻筋封顶。

梯形轨枕在国内北京、上海、广州等各大城市的地铁路网中，已大量应用于运营线路。

6. 浮置板道床

（1）钢弹簧浮置板道床。

钢弹簧浮置板道床适用于特殊减振地段。国内最早在北京地铁 13 号线西直门车站及东直门隧道下穿居民塔楼地段有所应用。

钢弹簧浮置板道床是将轨道固定在道床板上，再在道床板与基础结构之间放置主要由柔性钢弹簧组成的隔振器，使道床板与基础结构隔离，即道床板浮置于结构之中。弹簧隔振器通过压缩变形来缓冲和减轻列车经过时产生的竖向、横向动能，及轮轨撞击产生的振动。道床板可以提供足够的惯性质量来抵消车辆产生的动荷载，只有静载和少量残余动荷载会通过钢弹簧传到基础结构上。其原理是在道床的质量惯性与弹簧的共同作用下达到隔振目的。

钢弹簧浮置板道床由支撑在基础结构上的弹簧阻尼隔振器（钢弹簧、阻尼剂、外筒）和钢筋混凝土道床板组成，各道床板间以铰连接，如图 2.27 所示。钢弹簧浮置板道床的固有频率很低，为 5 ~ 7 Hz，可有效地减振和消除固体声。钢弹簧浮置板道床的隔振效果为 20 ~ 25 dB。该结构的减振元件具有三维弹性，水平方向的位移小，稳定性高，无须附加限位装置，结构简单。钢弹簧的疲劳寿命长，可达 50 年，且弹簧易于检查和更换，即使更换也不影响地铁运行。利用该结构可方便、快速地调整由于基础结构沉降造成的高度变化。

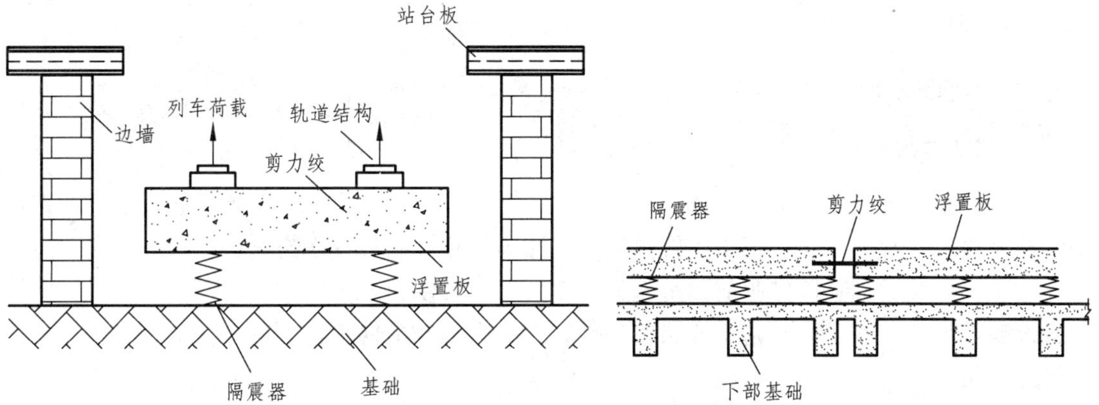

图 2.27 钢弹簧浮置板道床横纵断面

按隔振器在浮置板道床中的布置方式，隔振器分为内置式和侧置式两种形式。侧置式的造价约是内置式的 2/3。内置式是把隔振器完全嵌入浮置板道床里，不需要占额外的空间来放置隔振器，隔振器顶部设有可以打开的盖板，不必顶升浮置板或钢轨就可以从上方将隔振器的弹簧阻尼内筒逐个放入或取出检修,这些特点对在空间狭窄的隧道里作业是极其重要的。选用哪一种形式需根据建筑、结构及场地情况而定。浮置板道床与刚性无砟道床相接处设过渡段，为使钢轨变形连续及支撑刚度渐变在浮置板道床的端部，进行了加密隔振器等技术处理，以增大浮置板道床的支撑刚度，使刚度逐渐过渡。

（2）橡胶浮置板道床。

橡胶减振垫浮置板道床由道床基底、橡胶减振垫、浮置道床板块组成，见图 2.28。道床块的分段长度为 6.25 m，每一道床块两端设限位挡台，限位挡台通过预埋钢筋与道床基底连为一个整体。暗挖断面道床高度为 790 mm，道床为无枕式，设置 30 ~ 40 mm 现浇承轨台。其扣件与普通道床相同，采用 60 kg/m 钢轨 Ⅰ 型扣件。

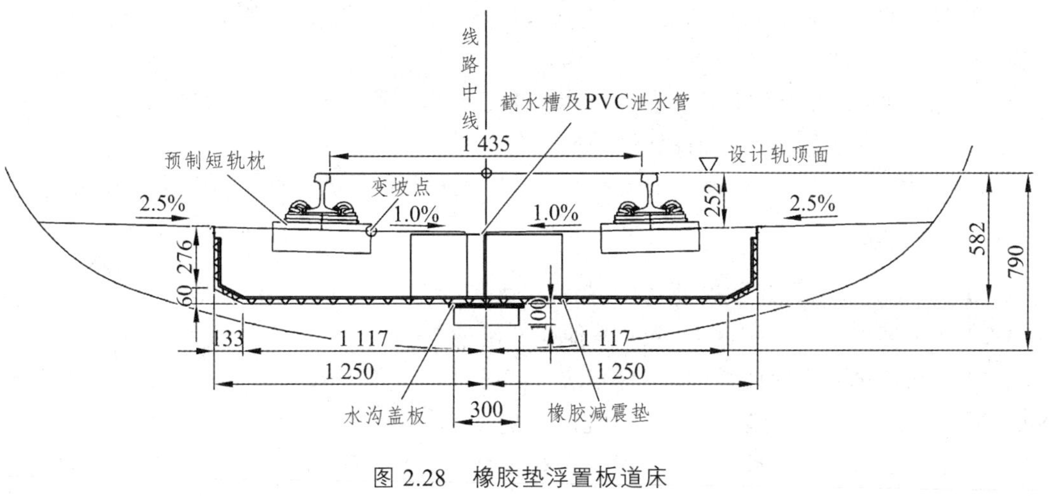

图 2.28 橡胶垫浮置板道床

第七节　轨道作业

一、线路起道

1. 作业程序

（1）作业准备。根据工作量调查情况，准备道尺、L 形轨道卡尺、液压起道机、内燃冲击镐或手镐、齿耙、弦线、石笔、轨温计、油漆等料具，并检查状态是否良好。

（2）核对量具。起道作业前，由起道负责人对当日使用的各种量具进行检查核对，保持量具准确。由起道器手检查起道器状态是否完好；内燃冲击镐手检查内燃冲击镐是否良好，油箱油料是否充足。

（3）测量轨温。到达作业地点后首先测量轨温，确认是否符合作业轨温条件，做到超温不作业。严格执行作业前、作业中、作业后测量轨温制度。

（4）划撬。调查和确定标准股，单线直线以顺着线路里程增加方向左股为标准股，双线直线以迎车方向左股为基准股；曲线以下股为标准股，每隔 20 m 或 25 m 为一点（实施集中修地段每隔 3 ~ 5 m 为一点），将计划起道量标记在钢轨上。

（5）撤除垫板。先撤除每处调高垫板超过 2 块、总厚度超过 10 mm 的垫板。如重点起道作业，对捣垫结合处所，则按计划撤除或预留垫板，调整胶垫和拧紧扣件（木枕压打道钉）。

（6）指挥起道。全面起道时，由起道负责人按各点标记的起道量，先将标准股上各点起够，各点之间用目测起平。将标准股起出一段后，返回起好对面股水平。根据作业时间，掌握起道长度，应在列车通过前做完顺坡。

（7）打撬塞。打塞者在钢轨起到要求高度后，立即在起道机两侧轨枕下将枕底石砟串好打实，禁打顶门塞，保证撤出起道机后，轨道回落在预计范围内，并应对打塞处不方正的轨枕同时方正。

（8）起标准股。起道器手要按照起道负责人的手势，扒好起道器窝，放置起道器于适当位置，直线和曲线下股放在钢轨里口，曲线上股放在外口，混凝土枕地段和无缝线路应放在接缝、铝热焊缝以外不少于一个轨枕孔内。

（9）起对面股。由起道负责人掌握，当标准股起出一段线路，一般起完 2 ~ 4 撬后，立即返回找对面股水平，线路开通前做好顺坡。

（10）回检。收工前，作业负责人对作业地段进行全面检查验收，并做好回检记录。

2. 质量标准

（1）轨道前后高低目视平顺，用 10m 弦量最大矢度正线不超过 4 mm，其他线不超过 5 mm。

（2）水平偏差正线不超过 4 mm，其他线不超过 5 mm。

（3）三角坑偏差不含曲线超高顺坡造成的扭曲量，三角坑检查基长为 6.25 m，但在延长 18 m 的距离内，正线不超过 4 mm，其他线不超过 5 mm。

（4）除经测量调整纵断面外，应保持既有坡度、坡度变更点位置和竖曲线半径不得改变。

（5）起道与非起道的连接地段，其顺坡率不应大于 2.0‰。

（6）由线路起道引起的有关项目，应符合各单项技术作业标准。

3. 注意事项

（1）人工捣固时，前后距离应不小于 3 根轨枕，作业人员前脚不得伸出轨枕边缘。多组捣固机械同时捣固时，前后距离应不小于 3 m，走行应保持同步。

（2）在有轨道电路区段，起道器不得放在绝缘接头处，不得在绝缘接头轨面上滑行。

（3）标准轨地段，气温较高时，事先要检查轨缝，必要时均匀轨缝，控制起道高度。如道床石砟不足或连续瞎缝时，则禁止起道，防止胀轨跑道的发生。

二、直线拨道作业

1. 作业程序

（1）作业准备。

① 根据工作量调查情况，准备轨距尺、液压起拨道机 3 台（撬棍 7 根以上）、捣镐、弦线、钢板尺、L 形轨距尺、T 形扳手或道锤、石笔、轨温计（夏季修用）等料具，并检查状态是否良好。

② 起拨道机操作手检查起拨道机状态，严禁机械带病上道。

③ 到达作业地点后首先测量轨温，确认是否符合作业轨温条件，并严格执行作业前、作业中、作业后测量轨温制度，做到超温不作业。

④ 计划利用测量数据拨道时，要在距离标准股钢轨非作用边外侧 1.0 ~ 1.3 m 处钉临时测桩，测桩稳固，且顶面应低于钢轨轨面 150 mm；同时在钢轨外侧轨腰上标记拨道量及方向。

（2）划撬。

① 直线地段单线以顺里程方向左股为标准股，双线以列车运行方向左股或轨向相对较好的一股为标准股。

② 利用测量数据拨道时，以临时测桩为相对参照标尺，使用 L 形轨距尺，依据标记在标准股钢轨外侧轨腰的拨道数据及方向进行拨道作业。

③ 利用目测方法拨道时，领撬人点指钢轨顶面，由拨道负责人目视线路状况，确认拨动方向、拨道量和拨道点。

（3）扒松道床。拨道量大或道床特别密实时，应在拨道前将轨枕动程方向的枕头石砟挖槽；拨道量不大时，用镐尖将轨枕头大石砟刨松即可；拆除影响拨道的其他设施，同时打压道钉或拧紧扣件。

（4）粗拨道。

① 拨道量大于 20 mm 时应先粗拨。拨道负责人跨立在标准股上看道指挥，远处大方向看轨面光带，近处小方向看钢轨里口，向不动点目测穿直。拨道负责人用手势指挥拨道。使用撬棍时，两股人力大致相等；使用液压拨道器时，扒窝深至 120 ~ 125 mm，前股不少于两台、相距 2 ~ 3 空，后股一台。每撬相隔 5 ~ 7 枕空。拨道时在标准股上点撬。

② 线路中心位移一次不得超过 30 mm；一侧拨道量年度累计不得大于 120 mm，并不得侵入限界。注意线间距。

③ 桥梁上一侧拨道量年度累计不得大于 60 mm，且应满足线路中心与桥梁中心容许偏差：钢梁不大于 50 mm，圬工梁不得大于 70 mm。

（5）细拨道。细拨道时与粗拨道程序相同，并根据需要预留钢轨回弹量。

（6）整平夯实。拨道后根据需要进行重点捣固，将扒出的石砟和镐窝整平，将拨道后离缝的一侧枕头石砟埋深夯实好，以保证质量。

（7）拨道作业后回检。回检时，对不符合标准的及时进行整修，对有关作业按技术标准要求进行验收。

2. 质量标准

（1）直线拨正后线路方向目视直顺，无甩弯。

（2）轨向顺直，用 10 m 弦测量最大矢度，轨向、高低、水平容许偏差符合有关规定。

（3）空吊率正线不超过 8%，其他线不大于 12%。

（4）由线路拨道引起的有关作业项目，应符合各单项技术作业标准。

3. 注意事项

（1）作业地段存在连续瞎缝或气温超过 30 °C 时严禁进行拨道作业。

（2）使用撬棍拨道时，撬棍应插牢，听从指挥，统一行动，严禁骑压或肩扛撬棍拨道。

（3）无缝线路地段拨道作业，起拨道器不准放置在铝热焊缝处。

（4）在有轨道电路区段，器具不得放在绝缘接头处，不得在绝缘接头轨面上滑行，防止联电。

（5）标准轨地段，气温较高时，事先要检查轨缝，必要时均匀轨缝，控制拨道量。道床道砟不足或出现连续瞎缝时，禁止拨道，防止胀轨跑道的发生。

三、不破底清筛道床作业

1. 作业程序

（1）作业准备。根据工作量调查情况，准备捣镐、钢锹、铁耙、筛子、道尺、卷尺、轨温计等料具，并检查状态是否良好。

（2）清筛枕盒内石砟。每组顺序清筛第一枕盒内的石砟，将清砟倒在路肩上，第二轨枕盒内石砟清筛后，回填在第一轨枕盒内，如此循序倒筛。筛余物随时弃至路肩外。

（3）筛道床边坡。将钢轨外侧轨枕孔和枕头的石砟一起清筛。开始时将道床扒个豁口清筛，将清砟倒在后边路肩上，污土弃到路肩外，继续向前清筛。将清砟均匀倒入后边的豁口内堵好枕头，依此进行倒筛。

（4）填补缺口。每个地段分工临近结束时，对最后轨枕孔及道床边坡的缺口，用本组第一轨枕孔路肩上堆放的清砟回填。

（5）整理道床。清筛后，整理枕盒及边坡道床，整直坡脚，夯拍密实。清除筛出余土，并整平路肩。

（6）回检验收。随清筛进度进行回检找细，并按作业技术要求进行自验和互验，不合格应及时返工。

2. 质量标准

（1）不破底清筛枕盒内及边坡道床深度，单线线路中心线部分清筛至枕底向下 100 mm，两枕端清筛至枕底下 150 mm，并做好排水顺坡。

（2）清筛后的道床顶面宽度及边坡坡度，应符合有关规定。

（3）所用筛子孔径应不大于 15 mm，清筛后用同孔径筛子复筛检查，筛出物体积不超过 5%。

（4）筛后道床达到洁净、饱满、均匀、密实，坡面、坡脚整齐，无杂草，路肩平整，排水良好。

3. 注意事项

（1）作业地段存在连续瞎缝或气温超过 30 °C 时严禁进行清筛道床作业。

（2）清筛轨枕头石砟时，筛深度超过枕底时，注意不要破坏枕底道床，并及时回填轨枕头石砟。

（3）作业中料具和堆放石砟，不得侵入机车车辆限界，线路中心堆放的石砟不得超过轨面 25 mm。

四、清筛道床边坡作业

1. 作业程序

（1）作业准备。根据工作量调查情况，准备捣镐、钢锹、铁耙、筛子、道尺、卷尺、轨温计等料具，并检查状态是否良好。

（2）开口。用镐、耙开口，开口宽 700 ~ 800 mm，为倒筛做准备。将开口处筛出的清砟，堆在路肩上。

（3）倒筛道床。使用铁耙先将坡面清砟扒入开口孔内，然后对不洁石砟进行清筛，均匀地倒在后边空位上，依此循序倒筛，筛出余物弃至路肩外。

（4）填补缺口。每个地段分工临近结束时，用本组开口时堆在路肩上的清砟回填，填补最后缺口。

（5）整理道床。均匀与整平清筛后道床坡面，夯拍坚实。将筛出余土清除，并整平路肩。

（6）回检验收。随清筛进度进行回检找细，并按作业技术要求进行自验和互验，不合格应及时返工。

2. 质量标准

（1）清筛范围自轨枕头垂直清筛至枕底下 100 ~ 150 mm，然后顺边坡不洁层扒筛至路肩面。

（2）清筛后的道床顶面宽度及边坡坡度，应符合有关规定。

（3）所用筛子孔径应不大于 15 mm，清筛后用同孔径筛子复筛检查，筛出物体积不超过 5%。

（4）清筛后道床无土垄，达到饱满、均匀、坚实，坡面、坡脚整齐，无杂草，路肩平整，排水良好。

3. 注意事项

（1）作业地段存在连续瞎缝或气温超过 30 °C 时严禁进行清筛道床边坡作业。

（2）清筛轨枕头石砟时，筛深度超过枕底时，注意不要破坏枕底道床，并及时回填轨枕头石砟。

（3）作业中料具和堆放石砟，不得侵入机车车辆限界，线路中心堆放的石砟不得超过轨面 25 mm。

五、整理道床作业

1. 作业程序

（1）作业准备。根据工作量调查情况，准备钢锹、铁耙、大叉、筛子等工具，并检查状态是否良好。

（2）均匀石砟。用石砟叉、抬筐或用单轨小车运送，将石砟均匀分布在缺少石砟的地段，调整道床的余缺，使前后断面均匀。

（3）回填石砟。

① 用大拉叉收回道床边石砟填充道心，或用收砟机配合人工收回石砟。

② 将扒出的石砟回填，均匀平整。

③ 收回石砟后，用石砟耙在道床面上整形。

（4）平整道床。将散落在路肩上的石砟收集在道床肩上，根据石砟多少调整道床宽度，将道床肩整理好。然后按标准坡度整理道床边坡，达到坡脚整齐一致。

（5）夯实拍平。使用手工夯拍器、石砟耙或夯拍机，夯实拍平。

（6）整理回检。将钢轨底、零配件和轨枕上的砂土清扫干净。全面检查、找细。

2. 质量标准

（1）整理后的道床顶面宽度及边坡坡度应符合有关规定。

（2）整理后的道床应达到饱满、均匀、坚实，坡面、坡脚整齐，无杂草。

（3）无缝线路道床砟肩，可根据需要堆高 150 mm。

（4）道床顶面低于轨枕顶面 20 ~ 30 mm，Ⅰ型混凝土枕枕底中部道床掏空 200 ~ 400 mm，Ⅱ型和Ⅲ型混凝土枕规定枕下中部道床不掏空，但要求保持疏松，正线道床边坡 1∶1.75，其他线道床边坡 1∶1.5。

3. 注意事项

（1）均匀石砟不得高出钢轨面，掉落在钢轨面上的石砟应及时清理。

（2）使用机械时注意检查绝缘部分，防止漏电伤人；有轨道电路地段还要注意防止联电。

六、单根更换木枕作业

1. 作业程序

（1）作业准备。根据工作量调查情况，准备捣镐、钢锹、铁耙、道尺、枕木夹钳、撬棍、道钉锤、活口扳手、轨温计等料具，并检查状态是否良好。

（2）预钻道钉孔和捆头。预先钻好一端的道钉孔，根据需要捆扎木枕头。

（3）散布木枕。根据事先调查符号（使用白铅油，秋检调查时对失效枕划“一”，复查确认后加划为“T”，根据年度计划确定更换时再加划为“工”）散布木枕，直线地段将木枕散布在作业方便的一侧，曲线地段散布在曲线下股一侧。

（4）拆除防爬设备和轨距杆。拆除影响更换木枕作业的防爬设备和轨距杆。

（5）扒道床。

① 扒砟应确认线路爬行方向。挖开与爬行方向相反侧的轨枕空内石砟；在坡道上挖开上坡道侧的轨枕空石砟；在双线区段挖开与列车运行方向相反侧的轨枕空石砟。

② 砟肩扒槽时选择条件有利侧，挖开轨枕空一端砟肩石砟。单线曲线地段要在下股扒槽。

③ 扒砟深度一般应扒到枕底下 30 mm 左右，并考虑削平深度等，以不妨碍抽出、穿入木枕为宜。

④ 扒出的石砟要堆放整齐，不得超过轨面。在扒砟时，如有砟道床严重不洁，应同时进行清筛。

（6）起下道钉。先起下铁垫板与木枕的联结道钉，再起下钢轨内口道钉，最后起下钢轨外口道钉，将起下的道钉、铁垫板放在相邻的木枕上，弯曲道钉用直钉器调直。

（7）撤除铁垫板。撤除铁垫板，若铁垫板压陷枕面，则将木枕连同铁垫板一同拨入枕盒内，后撤除铁垫板。

（8）抽出旧木枕。

① 将旧木枕横向拨入扒开的轨枕盒内，用木枕夹钳顺着道床槽将旧木枕抽出，顺放在路肩上。

② 整平枕底垫床，其深度应较新木枕厚度深 15 ~ 20 mm，最多不得超过 30 mm，宽度为 280 mm 左右，并使其成为偏坡，以不妨碍捣固为原则。

（9）整平道床。整平原枕底道床，以能拨入新枕木和安设铁垫板为宜。

（10）穿入新枕木。确定轨枕穿入方向，用木枕夹钳顺着石砟槽将新木枕穿入，按标记位置横向拨至轨枕位置上。

（11）安设铁垫板。顺轨底安设铁垫板，使铁垫板外肩靠贴轨底边，左右距轨枕边的距离应相等。

（12）钻孔压钉。

① 由一人撬起木枕，另一人打道钉。先压打预钻孔一端的道钉，然后量轨距，钻好另一端道钉孔，压打道钉。

② 打道钉时，整直弯曲道钉和更换不良道钉。如附近轨距不良时，应同时改正。

（13）捣固。回填部分石砟，扒好另一侧镐窝，轨下要适当加强，做到紧密、坚实，并串实道心。

（14）安装防爬设备和轨距杆。按有关作业标准和要求安装拆卸的防爬设备、轨距杆。

（15）回检找细。全面检查、整修不良处所，对捣固不实地段进行第二遍捣固，将扒出的石砟回填，恢复道床断面，并整平道床坡面，清扫枕木面。

（16）整理料具。回收旧枕木，分类堆码，妥善保管。

2. 质量标准

（1）换入的木枕，应在轨道一侧取齐，取齐的一端距轨底应为 450 mm，其误差不得大于 10 mm。单线直线地段在里程方向左侧取齐，曲线地段在上股一侧取齐。双线地段在两外侧取齐，站内在站台一侧取齐。如有过长或过短的木枕，则应两侧等长。

（2）换入的新木枕，必须钻道钉孔。道钉孔直径为 12 ~ 12.5 mm，深度为 100 ~ 130 mm。

（3）有关的轨道几何尺寸及道钉、捣固、道床、防爬设备等应符合各单项技术作业标准。

3. 注意事项

（1）散布与更换木枕时，防止碰坏标志和信号设备，在有轨道电路地段作业时防止联电。

（2）新、旧木枕的装运、更换和存放，要防止侵入建筑接近限界。

（3）严禁扩大施工准备范围，达到放行列车条件后方可开通线路。

（4）机具应按规定安装漏电保护装置。作业前对发电机、电钻、导线和接线盒要认真检查，有漏电部分要整修好，并遵守有关操作规程。

七、单根更换混凝土枕作业

1. 作业程序

（1）散布轨枕。根据事先调查符号（使用白铅油，秋检调查时对失效枕划“—”，复查确认后加划为“T”，根据年度计划确定更换时再加划为“工”）散布轨枕，直线地段将木枕散布在作业方便的一侧，曲线地段散布在曲线下股一侧。

（2）作业准备。根据工作量调查情况，准备捣镐或内燃捣镐、钢锹、铁耙、道尺、T 形套筒、活口扳手、轨温计等料具，并检查状态是否良好。

（3）拆除影响作业的设备。拆除影响更换混凝土枕作业的防爬器及轨距杆，并由其他单位配合拆除影响作业设备。

（4）扒道床。扒开与爬行方向相反侧的轨枕空石砟，扒空深度以能抽出、穿入轨枕为宜。对含土量较多的石砟，要结合进行清筛。

（5）卸下扣件。卸掉螺帽、垫圈、扣件（垫片或挡板座）和胶垫等配件，并集中存放在适当地点。

（6）抽出旧轨枕。将旧轨枕横向拨入扒开的轨枕盒内，然后用绳索套住螺栓或专用工具将旧枕抽出，顺放在路肩上。（抽出旧枕和拨入新枕，以四人一组为宜。）

（7）整平道床。

① 整平原枕底道床，其深度稍大于轨枕和胶垫的厚度，并留好中部凹槽，以能拨入新轨枕及不妨碍捣固为宜。

② 如枕底原有道床严重不洁时，应在抽出旧枕后，扒出石砟清筛。在回填时把枕底扒平，使其深度合适，以免影响新枕穿入。

（8）穿入新枕。将新轨枕对准扒开清理好的枕盒，用绳索或专用工具穿入，按标记位置拨正轨枕。

（9）安装扣件。放好轨下防磨胶垫，安装垫片（或挡板座）、扣件及垫圈，测量轨距，拧紧螺帽，使扣件扭矩及扣压力符合有关规定。

（10）填砟捣固。回填适量的石砟，串实捣固。

（11）安设拆除设备。按有关作业标准和要求安装防爬器及轨距杆，并配合其他单位安装影响换枕作业拆卸的设备。

（12）回检找细。全面检查、整修不良处所，将扒出的石砟回填，恢复道床断面，并整平道床坡面，清扫枕面。

（13）整理料具。按旧轨料管理办法有关规定回收旧轨枕，分类堆码、妥善保管。

2. 质量标准

（1）新枕位置要正确，必须与轨道中心线垂直，间距偏差及歪斜在正线上不超过 50 mm，在其他线上不超过 60 mm。

（2）轨枕中部道床应符合有关规定。

（3）轨道几何尺寸及扣件、捣固、道床、防爬设备等应符合各单项技术作业标准。

3. 注意事项

（1）散布与更换轨枕时，防止碰坏标志和信号设备，在有轨道电路地段作业时防止联电。

（2）新、旧轨枕的装运、更换和存放，要防止侵入建筑接近限界。

（3）严禁扩大施工准备范围。

（4）机具应按规定安装漏电保护装置。作业前对发电机、电钻、导线和接线盒要认真检查，有漏电部分要整修好，并遵守有关操作规程。

八、混凝土枕改道及组装扣件作业

1. 作业程序

（1）准备工具。根据工作量调查情况，准备道尺、扳手或内燃扳手、改道器、长效油脂、轨距挡板、L 铁垫片、尼龙座、胶垫、刷子、石笔、轨温计等料具，并检查状态是否良好。

（2）核对量具。改道作业前，由现场负责人对当日使用的各种量具进行检查核对，保持量具准确。检查油料是否充足。

（3）测量轨温。到达作业地点后首先测量轨温，确认是否符合作业轨温条件，做到超温不作业。严格执行作业前、作业中、作业后测量轨温制度。

（4）确定标准股与划撬。

① 直线以方向较好的一股为标准股，改正对面股；曲线以外股为标准股，改正里股。改正小方向时，先改正标准股。

② 标准股确定以后，量轨距，在需改道地段划撬标记始终点。若钢轨一侧轨距挡板不落槽，搭在轨底面上，另一侧轨距挡板与轨底离缝，应先松开螺栓串动轨枕；凡需要调整的扣件应划撬标记。

（5）调整基准股扣板或轨距挡板。

① 首先按划撬标记卸掉螺帽，拿下扣板或轨距挡板，根据基准股的方向、扣板或轨距挡板离缝情况，采用更换加厚铁座、加垫三角垫片或调整更换扣板、轨距挡板、尼龙挡板座等方法进行试调。

② 在试调达到轨向直顺、扣件密靠程度时，如遇有胶垫板破损、歪斜及小胶垫或尼龙挡板座破损、窜出时，应在调整或更换后再上扣件。

③ 上螺帽并拧紧，扭矩达到有关规定标准。在半径小于 650 m 的曲线地段，为防止扣件

沿混凝土枕挡肩上滑，应注意里外口扭矩均衡。

④ 调整基准股扣件时，随时穿好轨向，防止挤动钢轨。

（6）整正对面股、调整轨距。

① 量轨距，根据轨距大小调整对面股的扣板或轨距挡板、尼龙挡板座。调整轨距可先采用翻转扣板或尼龙挡板座的方法。亦可以采用加垫三角垫片、更换加厚铁座的方法，或更换相应的扣板、轨距挡板、尼龙挡板座，同时注意轨距变化率须符合标准。

② 其他作业项目与基准股相同。

（7）回检找细。作业负责人组织作业人员全面检查轨道几何尺寸及零配件状态，并及时整修不良处所，确认放行列车条件。

2. 质量标准

（1）轨向顺直，用 10 mm 弦量容许误差正线不超过 4 mm；其他线不超过 5 mm。

（2）轨距容许偏差正线和其他线不超过+6、－2 mm。

（3）轨距顺坡率不大于 2‰（不含规定的递减率）。

（4）扣板（弹片）扣件扭矩应达相关标准要求。弹条扣件的弹条中部前端下颚应靠贴轨距挡板（离缝不大于 1 mm）或扭矩应达到相关标准要求。

（5）各种型号的扣件不得混用，接头、中间扣件应用正确。

（6）大小胶垫位置正确。

3. 注意事项

（1）在有轨道电路区段，改道器或起拨道器不得放在绝缘接头处，不得在绝缘接头轨面上滑行，以防联电。

（2）无缝线路地段改道，起拨道器不得安放在铝热焊缝处。

九、混凝土枕螺旋道钉锚固作业

1. 作业程序

（1）作业准备。根据工作量调查情况，准备长柄方口扳手或扭力扳手、空心烫孔器或喷灯、螺旋道钉、锚固剂、小铁勺、扁铲、锚固架等料具，检查状态是否良好。

（2）卸下扣件。使用扳手将螺帽、扣件卸下，放置在适当地方。

（3）卸螺旋道钉。用长柄方口扳手或扭力扳手将螺旋道钉卸下。当螺栓杆折断时，可用烧热的空心烫孔器将周围锚固物烧化，用小铁勺掏出溶化物，边烫边挖渣，再将断杆拔出。

（4）清孔并封底。清理孔内锚固物，扩大下面孔径，恢复原来的喇叭型。用粗砂将孔底封死并捣实，孔深净剩不得少于 160 mm。

（5）按规定调制锚固剂。

（6）灌浆。用灌浆勺将调制好的锚固剂浇注入螺旋道钉孔内，浆液距承轨槽面 10 mm 左右，不宜太满。

（7）安锚固架与插螺栓杆。将锚固架对准螺旋道钉孔位置摆正，将螺旋道钉顺着锚固架左右旋转慢慢垂直插入，待浆液初凝后，撤出锚固架。

（8）铲平修理。用扁铲铲除外溢的锚固剂或硫磺水泥砂浆，使螺旋道钉周围平整清洁。

（9）安装扣件与回检。按标准安装齐全扣件，拧紧螺帽，并回检找细整修。

2. 质量标准

（1）螺旋道钉锚固位置要正确。螺旋道钉的方、圆台应高出承轨台面，使用扣板扣件时高出 5 ~ 8 mm，使用弹条扣件时高出 0 ~ 2 mm。

（2）螺旋道钉圆台下 5 mm 至螺纹处，应涂防锈剂。螺旋道钉锈蚀的应除锈后再用。

（3）螺旋道钉锚固材料硬化后，每个螺旋道钉的抗拔力不低于 60 kN。

（4）锚固剂调制。将锚固剂倒入搅拌锅内，称取锚固剂质量 13% ~ 14%的水，与锚固剂一起拌和 2 ~ 3min。

3. 注意事项

严禁扩大施工准备范围，达到放行列车条件后方可开通线路。

十、方正轨枕作业

1. 作业程序

（1）准备料具。根据工作量调查情况，准备扭力扳手（撬棍、道钉锤）、捣镐、方枕器等工具。

（2）划撬。在调查需要方正的轨枕上划出标记，作出记录，安排方正计划。

（3）扒开道床。扒开轨枕拨动方向一侧的石砟至枕底，用镐尖刨松枕底边缘。

（4）松动道钉或扣件。冒起或松动阻碍轨枕移动的道钉、扣件，拆下防爬支撑，松动妨碍作业的防爬器和轨距杆。

（5）方正轨枕。用方枕器将轨枕方正到正确位置。

（6）打紧道钉，拧紧扣件。方枕后，打紧冒起的道钉，拧紧扣件螺帽；对起掉道钉和卸下扣件地段，要检查轨距，打入道钉和上紧扣件。

（7）安装防爬设备。打紧防爬器，安装防爬支撑，上好轨距杆，必要时应整修或更换新支撑。

（8）回填道床。将扒动的石砟回填到轨枕盒内，达到整理道床作业的技术要求。

（9）回检。收工前，作业负责人对作业地段进行全面检查验收，并做好回检记录。

2. 质量标准

（1）轨枕间距按技术标准或计算确定。

（2）轨枕应按标记位置方正，与线路中线垂直，轨枕间距误差和偏斜不超过 20 mm，铝热焊缝距轨枕边不少于 40 mm。

（3）方正轨枕涉及的轨道几何尺寸和防爬设备等，要符合有关各项验收标准。

3. 注意事项

（1）严禁扩大施工准备范围，达到放行列车条件后方可开通线路。

（2）方枕器要安设牢固。使用撬棍方动轨枕时要站稳、插牢，防止伤人。

（3）方正轨枕后的 2 ~ 5 d 应再进行一遍捣固。

（4）无缝线路地段方正轨枕作业时，严格执行作业轨温条件。

十一、整正轨缝作业

1. 作业程序

（1）作业准备。根据工作量调查情况，备齐轨缝调整器、撬棍、道钉锤、扳手、方尺、轨缝木片、轨缝尺或钢尺、接头螺栓及道钉等料具和防护用品，并检查状态是否良好。

（2）整修好轨端肥边。

（3）计划换下的钢轨，混凝土枕螺栓和接头螺栓要拧松涂油后再拧紧，对锈死的螺栓要提前处理。

（4）丈量钢轨。如需调配钢轨时，用钢尺逐根丈量钢轨长度，记录公差数。

（5）调查轨缝。用楔形轨缝尺，由轨头侧面横向插入，测量轨缝尺寸，做好记录。

（6）做调配钢轨计划。如需调配钢轨时，做出调配钢轨计划，准备钢轨。如需锯短时，事先锯好并钻好孔。

（7）编制调整轨缝计划。根据轨温、轨缝及接头错差的调查情况，计算出每根钢轨串动量和窜动方向。根据作业量既可整段进行，也可分段作业。

（8）调配钢轨。如需同时调配钢轨时，则在调整轨缝时单根更换。

（9）设定钢轨窜动标记。在每根钢轨接头附近选择一根轨枕（钢轨窜动时此轨枕不得移动），在这根轨枕面上划一条线，并以此线为准，在与钢轨窜动方向相反一侧的轨底上量出该轨窜动量，也划一条线。钢轨窜动时，两条线对齐即可。

（10）拧松或卸下螺栓。

① 打松影响钢轨窜动的防爬器销子，松开或卸下影响作业的轨道加强设备。

② 不拆开接头时，拧松每个接头螺栓，以弹簧垫圈不起作用为宜。

③ 拆开接头时，每隔 2 ~ 3 节钢轨拧松接头夹板一端螺栓，卸下另一端的全部螺栓，放在轨枕头上。

④ 拧松混凝土轨枕扣件螺栓或起松木枕道钉（与需串动钢轨相邻的钢轨要留有 2 ~ 3 对不松的扣件或道钉）。

（11）串动钢轨。

① 按计划的串动量串动钢轨。

② 串轨时，一个人在接头处夹上与计划轨缝相同的铁楔子（或轨缝木片），同时看划的标记线，钢轨串动时，标记线重合即停止窜动，拿掉楔子（或轨缝木片），再串动另一根。

③ 两人操纵液压轨缝调整器，动作要一致，油缸动程不得超过容许限度，按作业负责人的指挥串动钢轨。

④ 使用液压轨缝调整器时，25 m 钢轨每次串动一根，12.5 m 钢轨每次串动不超过两根。

（12）整正胶垫上紧螺栓。整正串出、歪斜的大、小胶垫、调高垫片和尼龙挡板座等零配件，上好并拧紧接头及轨枕螺栓，扭矩要达到规定要求，木枕地段要补齐、打靠道钉。

（13）安装防爬器，上紧松开的轨道加强设备。

（14）开通前检查。作业负责人对轨道几何尺寸及零配件进行全面检查，确认放行列车条件。

（15）回检。开通后，作业负责人对轨道几何尺寸及零配件进行全面检查，复打道钉，复拧接头及轨枕螺栓。

2. 质量标准

（1）轨缝均匀。每千米钢轨轨缝总误差：25 m 钢轨地段不得超过 80 mm；12.5 m 钢轨地段不得超过 160 mm。绝缘接头轨缝不得小于 6 mm。

（2）接头相错。在正线及到发线的直线上误差不超过 40 mm，曲线上的误差不超过规定缩短量的一半加 40 mm；在其他站线及专用线的直线上误差不超过 60 mm，曲线上的误差不超过规定缩短量的一半加 60 mm。相错式接头：其相错量不得小于 3 m。

（3）轨缝均匀，无瞎缝，无大轨缝。

（4）由调整轨缝引起的轨道几何尺寸及联结零件、扣件等作业，应符合有关单项技术作业标准。上紧接头螺栓扭矩符合规定要求，复紧扣件扭矩及扣压力符合相关要求。

3. 注意事项

在有轨道电路区段，轨缝调整器、撬棍不得在绝缘接头轨面上滑行，以防联电。

十二、整治钢轨接头错牙作业

1. 作业程序

（1）作业准备

① 根据工作量调查情况，准备扳手、撬棍、道钉锤、钢刷、调整垫片（不同型号）、机油等料具，并检查状态是否良好。

② 整修接头错牙。拆开接头前应判明错牙原因，并要认真检查错牙接头前、后轨缝，如轨缝不良应事先调整，以防拆开夹板后因钢轨伸缩而影响上夹板。

③ 细致检查夹板。如弯曲或伤损应准备夹板，以备拆开接头后更换。检查螺栓，如弯曲应准备螺栓，以备拆开接头后更换。

（2）起卸配件。混凝土轨枕卸下接头扣件，木枕起出接头两侧道钉，道钉孔插入木塞。拆卸螺栓按照更换夹板作业标准进行。

（3）除锈涂油。打开夹板，清扫内部污物。用钢丝刷及小扁铲除去夹板、钢轨孔周围及螺栓上的积锈、油污，然后认真检查钢轨及夹板上有无裂纹。对接头螺栓、立螺栓涂油。

（4）加调整垫片、上夹板及螺栓。

① 在向外错的轨端第一孔螺栓外侧夹板及钢轨间垫上调整垫片，厚度根据错牙大小决定（图 2.29）。

② 用螺丝把尖端将夹板孔与钢轨孔对齐串好，然后穿入螺栓拧紧。

③ 拧紧螺栓时要先拧紧 1、2 号螺栓，使轨距线平齐后，再拧 3、4、5、6 号螺栓。

（5）复拧与打钉。螺栓全部上完以后，应再拧紧一次，使扭矩达到规定要求。按要求打好道钉或拧紧扣件。

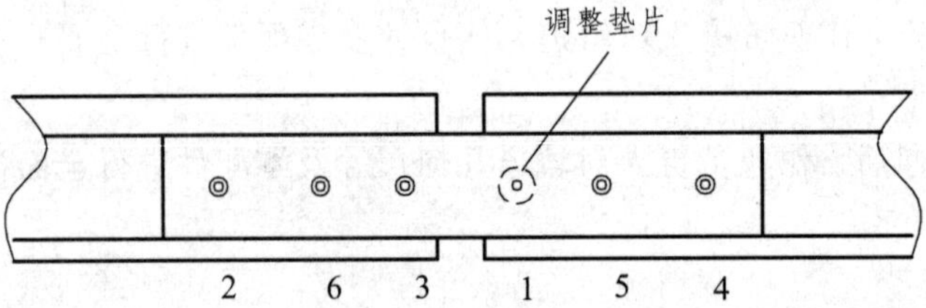

图 2.29　安装接头夹板顺序

（6）回检。作业负责人对轨道几何尺寸及零配件进行全面检查，对不达标准的应进行整修。

2. 质量标准

（1）钢轨接头轨面及内侧错牙正线不大于 1 mm，其他线不大于 2 mm。

（2）轨道几何尺寸及联结零件，应符合验收标准。

3. 注意事项

（1）不得坐在钢轨上卸、紧螺栓，不得用手指穿进夹板孔和钢轨孔来引串螺栓。

（2）高温季节，要检查作业地点前后有无瞎缝，如有瞎缝应事先调整，防止胀轨跑道。

十三、接头螺栓更换及涂油作业

1. 作业程序

（1）作业准备。

① 根据工作量调查情况，准备活口扳手、扭力扳手、内燃扳手（电动扳手）、接头螺栓、长效防腐润滑脂、钢丝刷、油刷等料具，并检查状态是否良好。

② 使用内燃接头扳手（电动扳手）卸螺栓作业前，整备机器处于完好状态，内燃机启动怠速运转 3 ~ 5 min 预热。

（2）卸螺栓。

① 卸螺栓时两脚站在预卸螺栓帽的一侧，脚跟相距 300 ~ 400 mm，并成 90°角，两脚趾顶在夹板的边缘，上体前屈。当螺丝把嵌住螺帽后，重心移到旋回方向的前脚，卸螺栓时左手在前，两手用力旋转螺丝把。

使用活口扳手时前脚踏在轨枕上，后脚踏在另一根轨枕上，距轨底约 50 mm。右手持螺丝把，左手支撑在轨面上，并以手指按住螺丝头部。

② 使用内燃接头扳手（电动扳手）标定扭矩，松卸的扭矩要大于紧固的扭矩，用扭矩扳手校定达到规定的范围内。作业中，确认转动方向正确，启动发动机，达到额定转速后，即可进行作业。在松开接头螺栓时，应先使套筒扳头全部套入螺帽后方可进行松开作业，以免磨损螺帽。

（3）除锈。用小扁铲及钢丝刷或破布除去螺栓上的积锈油垢等污物。

（4）检查。检查螺栓有无伤损，垫圈是否失效。

（5）涂油。螺丝扣部分应全面涂油，螺栓杆也应少量涂油。

（6）上螺栓。穿上螺栓，套上垫圈，上紧螺母，垫圈口朝下。

（7）复拧。对更换或涂油的接头螺栓全面复拧，并达到规定扭矩要求。

（8）回检。收工前，作业负责人对作业地段进行全面检查验收，并做好回检记录。

2. 质量标准

（1）接头螺栓应与钢轨配套使用，不准代用。

（2）螺栓规格符合设计标准，无松动失效。

① 普通线路接头螺栓扭矩应达到规定值，并应保持均匀。扭矩不足时，不得低于规定值 100 N · m 以上。

② 可动心轨道岔的普通钢轨接头应使用 10.9 级螺栓，扭矩应保持在 700 ~ 900 N · m。固定型辙叉接头冻结应采用高强螺栓，扭矩应保持在 1 100 ~ 1 400 N · m。

③ 高强绝缘接头螺栓扭矩要达到 900 N · m（43 kg/m 钢轨为 700 N · m）。

④ 缓冲区钢轨接头必须使用不低于 10.9 级的螺栓，螺栓扭矩应保持在 700 ~ 1 100 N · m。

（3）保持螺栓油润状态良好、无锈蚀。

（4）松卸螺母自如，无松动失效。

3. 注意事项

（1）道岔部位接头螺栓更换或涂油作业执行道岔作业要求。

（2）在无缝线路缓冲区更换接头螺栓或涂油时，应在实际锁定轨温±20 °C 以内逐根进行。在实际锁定轨温±20 °C 以上时禁止进行更换接头螺栓或涂油作业。

（3）在绝缘接头作业时，应有通号或供电人员进行配合。

十四、更换夹板作业

1. 作业程序

（1）作业准备。

根据工作量调查情况，准备单口扳手、活口扳手、撬棍、道钉锤、轨缝调整器、夹板、急救器、扭力扳手、螺栓、润滑脂、钢丝刷等料具，并检查状态是否良好。

（2）检查轨缝。更换夹板作业时，应先调查轨缝，根据需要适当调整，将前后钢轨锁定。

（3）起道钉或松卸扣件。木枕起下接头道钉，混凝土枕接头需卸下轨枕螺栓扣件，卸下夹板螺栓。

（4）拆卸夹板。将夹板撤下后放在适当位置，并将内部积土扫净。

（5）除锈检查。用小扁铲及钢丝刷除去夹板、钢轨和螺栓孔周围铁锈、油垢。除锈后要仔细检查钢轨和夹板上有无伤损、裂纹。

（6）涂油。对螺栓及夹板和钢轨接触面上均匀涂上油层。

（7）安装夹板。上夹板时应注意是否需要内外口调换使用。弹簧垫圈口应朝下。

（8）上螺栓。用螺丝把尖端将夹板孔和钢轨孔对正再穿入螺栓，直线 6 孔夹板先拧紧 1、6、3、4 位螺栓，再拧紧 2、5 位螺栓；曲线 6 孔夹板先拧紧 1、6、5、2 位螺栓，再拧紧 3、

4 位螺栓。

（9）打钉或安装扣件。打钉时执行打道钉作业要求。安装扣件时按顺序安装扣件、弹条、垫片及螺母，并扭紧螺母达到扭矩要求。

（10）复拧。螺栓全部拧紧一遍，以达到扭矩要求。

（11）回收旧料。将换下的夹板及螺栓及时回收。

（12）回检。开通前，作业负责人对作业地段进行全面检查验收，并做好回检记录。

2. 质量标准

（1）同一接头的夹板必须类型相同。接头减振夹板要确认好内外侧。

（2）道岔钢轨接头轨面和内侧错牙不大于 1 mm；正线钢轨接头轨面和内侧错牙不大于 1 mm，其他线不大于 2 mm。

（3）接头螺栓扭矩达到规定值。

3. 注意事项

（1）在无缝线路地段更换夹板时，应在实际锁定轨温±10 °C 以内进行。

（2）根据气温情况注意防止轨缝拉开及线路胀轨跑道。

（3）在绝缘接头作业，必须在通号或供电部门配合下进行作业。

十五、道口整修作业

1. 作业程序

（1）对城市附近繁忙道口，应在道口拆除前 7 d，向交通部门和其他有关单位发出通知，在现场粘贴布告，说明道口施工地点，停止使用时间。

（2）根据工作量调查情况，准备道尺、液压起道机、内燃冲击镐或手镐、齿耙、弦线、石笔、轨温计、油漆等料具，并检查状态是否良好。

（3）拔出道口铺面钉或拆下橡胶铺面挡板，取出铺面板，放置在合理的地方。

（4）拆除护轨，放置在合理的地方。

（5）清筛道床，沟通排水设备。

（6）更换失效轨枕和垫板。全面整修道口内轨枕联结零配件，更换失效轨枕，方正轨枕，扣件涂油。

（7）线路全面起道捣固，调整几何尺寸，复紧扣件。

（8）在铺面下轨枕两端顺线路方向挖出盲沟，其深度距枕底不少于 200 mm，向两端顺坡，沟中用小块石填满整平。

（9）回填石砟，整平夯实，对有碍铺面的木枕削平，混凝土枕面整平。

（10）根据道口铺设位置和宽度先安放护轨，再按设计标准安设道口铺面，铺面要平整、牢固，缝隙挤紧，铺面外侧与公路连接平整。

（11）清除护轨垃圾，清扫道口铺面。

（12）整理道口平台，可根据具体情况，采用废混凝土枕、废混凝土道口板铺设平台，使平台达到标准。

（13）按铺面宽度移设护桩、标志。

（14）施工负责人对道口进行检查，整修不良处所，确认达到标准，恢复道口使用。

2. 质量标准

（1）铺面平稳牢固，无破损，无下沉并与钢轨顶面持平。相邻道口板高度相差不超5 mm，铺面高度不应超过钢轨顶面，钢轨头部外侧 50 mm 范围内，道口铺面应低于轨面5 mm。

（2）道口两端平台纵坡坡度应小于或等于 0.5%，道口处相邻两线不宜有轨面高差，困难条件下高差不应大于 100 mm，线间距大于 5m 的道口，相邻两线轨面高差形成的坡度不应大于 2%。

（3）道口平台长度：通行铰接汽车的不短于 20 m，城市道路通行普通汽车、公路及厂外道路不短于 16 m，乡村道路不短于 10 m。

（4）道口内不准存在钢轨接头，无法避开时，要将钢轨接头焊接、冻结或胶接。

（5）道口护轨两端做成喇叭口，距护轨端 300 mm 处弯向线路中心，其终端距钢轨作用边应为 150 ~ 180 mm，端头封闭钉牢；护轨轮缘槽深度为 45 ~ 60 mm；轮缘槽宽度，直线上应为 70 ~ 100 mm，曲线内股应为 90 ~ 100 mm，并保证牢固稳定。

（6）道口范围内，轨枕状态良好，捣固坚实，道钉、扣件齐全，无失效，无锈蚀；线路几何尺寸无偏差。铺面范围轨面应高于两端线路 5 mm 左右。

（7）按规定埋设和刷新各种道口标桩。

（8）道口标志与线路标志符合有关规定。

（9）护桩、栏木、各种信号标志无损坏、无缺少，油漆鲜明，埋设正确。

（10）道口外观整洁，排水良好。

（11）其他各项技术要求必须符合道口设计规定。

3. 注意事项

（1）在施工期间，距道口适当位置的道口中心，设置禁止通行牌，夜间为红色信号灯。如为有人看守道口，关闭栏门或放下栏杆，夜间显示红色信号灯。

（2）抬运笨重物体，要先检查绳索、杠棒，动作协调，注意不伤手脚。

（3）在有轨道电路的区段作业，防止短路或断路。

十六、混凝土枕地段线路调高垫板作业

1. 作业程序

（1）作业准备。

根据工作量调查情况，准备道尺、顺垫板、起拨道器、大头镐、小扁铲、单口扳手、大胶垫、垫板等。

（2）划撬。

① 选择标准股和划撬。在起道作业前，进行重点起道时，不论直线或曲线，起道者应先俯身观测坑洼，要在较高处丈量水平，然后以水平高的一股为标准股。起道地段要查明坑洼

位置，准确划好每撬的始终点或确定起道量。同时，要将钢轨拱起、低接头、死坑、空吊板等查明并划上符号，以便指导捣固作业。

② 测量标准股垫高量，用目视找出坑洼起止点，然后用弦线测量或目视估测每根轨枕的轨面低洼值，并估计轨枕空吊板量值。

实际垫高量 = 低洼量+轨枕空吊板量+弦线下垂量

（3）散布垫板。

根据划撬长度、垫板厚度分发垫板，厚度不足时可用不同厚度垫板组合使用。

（4）基本作业——一般由 5 ~ 6 人按流水作业方法进行。

① 松扣件。

使用内燃扳手或 T 形扳手松开扣件螺栓，对于道岔钢轨与轨枕间垫板，还应拧出竖螺栓。

② 抬轨。

起道机手扒好起道机窝，放入起道机，并根据垫板厚度抬起钢轨。抬轨时注意放平起道机，高度以放入垫板为宜。

③ 先垫标准股，后垫对面股。

④ 确定对面股的垫高量，一般采用两种方法：一种方法是标准股垫好后，用道尺测量对面股的水平误差，加上空吊板量，即为对面股的垫高量；另一种方法是先测量标准股的垫高量，然后测量水平，根据标准股的垫高量与对面股的水平差，确定对面股的垫高量，即

对面股垫高量 = 标准股低洼量+对面股空吊板量±对面股水平差

（标准股高水平加时为“+”，标准股低水平减时为“－”）

⑤ 垫板。用小铲铲松胶垫，将垫板垫在胶垫上，如发现胶垫损坏时应予更换。

⑥ 移正胶垫，按计算垫高量垫入木垫板。

⑦ 松起道机，落下钢轨。

⑧ 测量轨距，整理扣件，拧紧轨枕螺栓。当轨距小时，应先紧里口螺栓，反之则先紧外口螺栓。为了不影响轨距顺坡，最好由中间轨枕开始向两侧拧紧轨枕螺栓。

（5）作业负责人对作业地段进行全面检查验收，并做好回检记录。

（6）现场负责人组织回收材料，清点工具，转移作业位置。

2. 质量标准

（1）垫板位置正确，无偏斜、无串动。

（2）扣件应安装密贴。扣板（弹片）扣件扭力矩应达到规定要求。弹条扣件的弹条中部前端下颚应靠贴轨距挡板或扭矩达到规定要求。

3. 注意事项

（1）维修作业严禁使用齿条式起拨道器。人工捣固时，前后距离应不小于 3 根轨枕，作业人员前脚不得伸出轨枕边缘。多组捣固机械同时捣固时，前后距离应不小于 3 m，走行应保持同步。

（2）在有轨道电路区段，起道器不得放在绝缘接头处，不得在绝缘接头轨面上滑行。

（3）上下道床时，应踩稳踏牢，防止摔倒。

第八节 轨道整修案例

【案例 1】 中间联结零件病害整治

案例经过：

2011 年 4 月初，某地铁高架桥无缝线路上发生钢轨扣件伤损和脱落现象，长度范围达 30m。经检查发现：发生病害的线路为新投入运行的高架桥无缝线路，施工方在水泥浇注无砟道床时，结构顶面做高了，为降低此段线路水平面，未使用原设计的轨下橡胶垫板。在降低轨下垫层时，使用无弹性的工程塑料片，造成无法降低和阻隔钢轨振动力；病害线路段钢轨中间联结零件为 WJ-2 型小阻力扣件，铁垫板中部两侧设有高 6 mm、厚 8 mm、长 20 mm 的垫层挡肩，轨底直接接触铁垫板垫层挡肩，车辆运行时轮轨的高频振动力直接作用在铁垫板上。

通过现场检查分析，及时组织制订了整治计划，采取调整钢轨下橡胶垫层与调整铁垫板下的调高垫层相结合的方法，消除病害。

案例解析：

调整此地段钢轨下垫层和两边各 10 m 范围内的轨下铁垫板垫层，顺好线路大平。一方面，恢复使用原轨下设计的钢轨轨下橡胶垫层，保持钢轨前后轨下垫层弹性的一致性，避免钢轨振动直接作用在铁垫板上。另一方面，在设计上 WJ-2 型小阻力扣件铁垫板允许有 15～30 mm 以内调高量，因此调整铁垫板下的垫层具有合理性。

轨下橡胶垫层是中间联结重要构成部件，垫层的弹性功能可以有效降低、阻隔、吸收钢轨部分的振动频率。缺少或降低弹性垫层，在动荷载高频振荡力的作用下，使联结部件受力过度，造成金属组织疲劳，以至部件损坏。

轨下橡胶垫板是小阻力扣件设计的关键所在，在高架桥无缝线路上起着重要作用。橡胶垫板除提供弹性外，应该保持线路钢轨前后弹性的一致性，它可以缓释梁轨之间的相互作用力，在线路连续缺少轨下橡胶垫板的情况下，会导致钢轨的中间联结零件破坏加快，梁轨之间的相互作用力也会使此段线路振荡加剧。

中间联结零件（扣件）是钢轨与轨枕之间的重要联结。运行速度的提高，行车密度的加大，对轨道平顺性、稳定性有着极高的要求，因此对钢轨的扣件技术要求和保养质量要求更高。扣件维修保养中，应当注意加强中间联结零件的整体性功能和每一单元组件的作用。更重要的是，扣件丧失功能不能出现连续化。应保持扣件具有持久的、足够的扭力矩，顶严、压紧、密贴和保持正确的位置。对于失效脱落的扣件，要及时更换和补充，避免形成恶性循环，导致连续甚至成段失效。

目前城市轨道的发展速度很快，各种新型的轨道构件不断投入使用，钢轨中间联结种类很多，充分了解中间联结零件的设计功能和使用功能是很重要的，掌握中间联结零件与轨下基础的作用关系，针对性地做好检查和保养。保持钢轨中间联结零件的良好状态和完善，是保证良好线路框架几何状态和线路稳定的基础。

中间联结零件是轨道线路上数量最多的构件，它为保证车辆安全运行提供了良好的线路几何框架。长期、反复的车辆运行是破坏线路设备的基本因素，中间联结零件是最先和最容易受到破坏的轨道构件。因此，注重日常检查和经常保养是非常重要的。

【案例 2】路基沉降

案例经过：

2011 年 6 月 15 日，某地铁车辆段出入段线 K1+613～K1+628 无砟道床和有砟道床交接处，发生道床路基沉降，路肩坍塌，线路变形（线路出现长 15m 范围，深 15 mm 的水平坑）病害，影响车辆运行安全。

经现场查看发现：该地段处于整碎交界线路段，地处 5‰的下坡道，连日降雨，雨量较大，桥端两个排水口设计不合理，排水不畅，致使雨水冲刷有砟道床和路基；此线路为新线，施工方在整碎交界处碎石道床未做护坡，道床下路基土体裸露；出入段线上行右侧砟肩连续出现四个长 400 mm、宽 150 mm 的陷坑，最深处达到 300 mm。道床上普遍有 15～200 mm 的漫坑；整碎交界处碎石道床上行，线路大平出现长 15 m、深 15 mm 的水平坑。下行出现长 13 m、深 12 mm 的水平坑。

结合现场情况，将准备好的防汛应急石砟回填到出入段线整碎交界处，现场卸石砟约 20 m^3，起道填砟，捣实道床，堆砟丰满道肩；调整线路的几何状态，起道顺好线路的大平，调整线路的方向，检查轨距，紧固扣件螺栓，使之符合规定的标准，经测量线路几何尺寸，符合规范要求，可满足车辆运营要求；抢修施工结束后，经轨道车的两次往返轧道后，复检线路质量合格；对整碎交界处有砟道床一侧的护坡进行垒砌，整治无砟道床桥端的排水通道；继续执行专人雨前、中、后的三检制，并指派专人对此地段重点监护，定期检查线路的几何状况，做好书面记录。

案例解析：

导致此次路基沉降病害的主要原因是：出入段线整碎交界处是在 5‰的下坡道上，由于无砟道床桥端的排水口排水不畅，加上雨量较大，雨水直接从高架桥上冲到有砟道床上，石砟的排、渗水功能很好，但道床下的路基土质差，碾夯不实，道床两侧未做护坡，导致在雨水的冲刷下，水土流失，造成路基沉降。

保持整碎交界处良好的排水功能，是保障线路轨下基础稳定的基本因素。整碎交界处是线路的薄弱地段，由于轨下基础道床结构和材质的不同，在列车行驶时的动力作用下，道床的刚度明显不同，相对来讲有砟道床更加薄弱一些，受到列车运行时所造成的破坏力更大，容易造成道床下沉、变形。

此案例是高架桥下坡道途中的整碎交界线路段，在今后的维修工作中，注重加强和保持良好的排水功能是非常重要的，防止雨水从高架桥面上直接流灌到有砟道床上，冲刷道床路基，致使路基沉降。雨季时加强监测。

整碎交界处碎石线路段可采取宽型轨枕，逐级调整轨枕间距，来实现轨下基础的刚性过渡，捣实道床，提高碎石线路段的轨下基础的刚度，使整碎交界处的轨下基础的刚度更接近一些，减少有砟道床因受列车运行破坏力作用下的变形。

整碎交界处碎石线路段是病害频发的地段，在列车动荷载的作用下和雨季来临时，容易造成碎石线路的路基沉降，造成线路几何状态的变化，有下坡道的地方还会引起线路钢轨爬行、胀轨跑道等病害，对车辆运行的平稳和安全影响很大。因此，应列入重点检查地段，加强对碎石线路段的起、拨、改作业，及时消除因病害的积累而造成永久性的变形，保持轨道线路稳固、道床丰满。

【案例 3】线路爬行轨缝不均匀病害案例

案例经过：

2011 年 3 月～2011 年 4 月，某地铁线正线区间有砟道床地段，发生轨缝不均匀，线路爬行现象。经检查，现场线路几何尺寸良好、方向高低正常，但轨缝不均匀，其中最大轨缝达 21 mm，个别轨缝已出现瞎缝现象。此时正是三四月份，轨温只有 10 °C 左右，如果不采取措施进行整治，夏季高轨温必将带来严重的线路病害，危及运营安全。依据现场情况采取了以下措施：准备材料和机具，对接头采取加强措施；在合适的季节和轨温时，安排轨缝调整作业，综合治理该处病害。

案例解析：

在该区间，铺设了 822 m 有砟道床线路。该区段在地质结构上为“地震断裂带”，所以设计采用有砟道床、普通线路、增加双股防脱护轨的保障措施。存在问题：个别地段钢轨已存在瞎缝，一处连续两个瞎缝、一处大轨缝；护轨存在大量瞎缝；在 822 m 范围内道床石砟普遍不足。

线路爬行、产生不均匀轨缝，主要有以下几方面原因：钢轨在动荷载作用下发生挠曲；列车运行产生的纵向力；钢轨温度的变化；车轮在接头处撞击钢轨；列车制动摩擦钢轨等。当线路上防爬设备不足，扣件的扣压力及道床纵向阻力不够时，就会加剧线路的爬行。一般情况下，线路上因列车运行产生的钢轨挠曲是线路爬行的主要原因，其他因素则促成和加剧了线路的爬行，从而使普通线路区段轨缝发生不均匀变化。

对于该病害处所，今后应加强轨枕与道床间的防爬阻力，保持扣件应有的扣压力，增加接头阻力，并及时整治接头病害。有病害的接头会加剧列车对钢轨的冲击力，加大钢轨爬行。因此，对于马鞍型磨耗接头、低接头、破损的钢轨头部都要立即进行整修。对于连续大轨缝、瞎缝或成段轨缝不均匀地段要进行调整。

轨道爬行的一般规律是：在双线地段，爬行方向与列车运行方向基本相同，列车运行方向在下坡道时爬行量较大；列车经常制动地段，线路易向制动方向爬行。

线路爬行的危害：线路爬行对轨道的危害大，钢轨爬行后使接头挤成连续瞎缝，促使胀轨跑道情况发生；而另一端则拉大轨缝，造成钢轨、鱼尾板、螺栓伤损或拉弯、拉断螺栓，拉弯中间扣件，拉裂或拉斜轨枕，造成轨道不平顺，增加养护维修工作量；在道岔上的钢轨产生爬行时，将影响尖轨的正确位置，或转辙器扳动的灵活性；轨道爬行往往使轨枕离开捣固坚实的道床，造成线路局部沉降或升高，轨枕空吊板增多，产生和加大轨面坑洼。

由此可见，爬行不仅影响线路质量，降低轨道各组成部件的使用寿命，而且严重危及行车安全。

复习思考题

1. 轨道由哪几部分组成？其各组成部分的作用是什么？

2. 钢轨失效的原因是什么？如何延长钢轨的使用期限？

3. 木枕失效的原因是什么？如何延长木枕的使用期限？

4. 轨枕配置有何要求和规定？轨枕间距有何要求？

5. 什么是中间联结？什么是接头联结？中间联结扣紧方式有哪几种？分别对各扣紧方式加以说明。

6. 接头联结零件都包括什么？其作用和要求是什么？

7. 接头有哪些病害？如何进行预防？

8. 有砟道床病害的主要原因是什么？如何预防道床病害？

9. 无砟道床有何特点？说出钢筋混凝土支承块式无砟道床的组成及其要求。

10. 无砟道床与有砟道床衔接处为什么要设置过渡段？

11. 无砟道床的施工方法及维修特点是什么？

12. 钢弹簧浮置板道床是由哪几部分组成的？其减振原理是什么？

13. 什么叫轨道爬行？引起轨道爬行的原因有哪些？

14. 轨道爬行的危害是什么？应采取哪些措施防止轨道爬行？

15. 轨道减振扣件有哪几种类型？

第三章　曲　线

【学习目标】

1. 了解曲线的定义；
2. 了解曲线设置超高的原因；
3. 了解小半径曲线设置缓和曲线的目的。

【知识要求与技能要求】

1. 曲线基本要素；
2. 曲线正矢的简单计算；
3. 曲线正矢的测量方法；
4. 曲线缩短轨相关知识。

地铁线路在一个方向转向另一个方向时，中间必须用曲线来连接，这种曲线统称平面曲线。

地铁线路在纵断面上由一个坡度转向另一个坡度，或由平坡与坡道连接时，当其代数差大于某一定值时，中间也必须用曲线连接，这种曲线统称竖曲线。

第一节　曲线要素与技术条件

一、曲线基本要素

如图 3.1 所示，曲线的基本要素是：ZY ——单圆曲线始点（直圆点）；YZ ——单圆曲线终点（圆直点）；ZH ——缓和曲线始点（直缓点）；HZ ——缓和曲线终点（缓直点）；HY ——缓和曲线接圆曲线之交点（缓圆点）；YH ——圆曲线接缓和曲线之交点（圆缓点）；QZ ——整个曲线的中央点（曲中点）。曲线转向角 α（转向角和线路中心角相等）；曲线半径 R（即圆曲线半径）；曲线切线长 T；曲线外矢距 E；曲线全长 L；缓和曲线长 l_0。

图中虚线为无缓和曲线的情况，实线为有缓和曲线的情况。

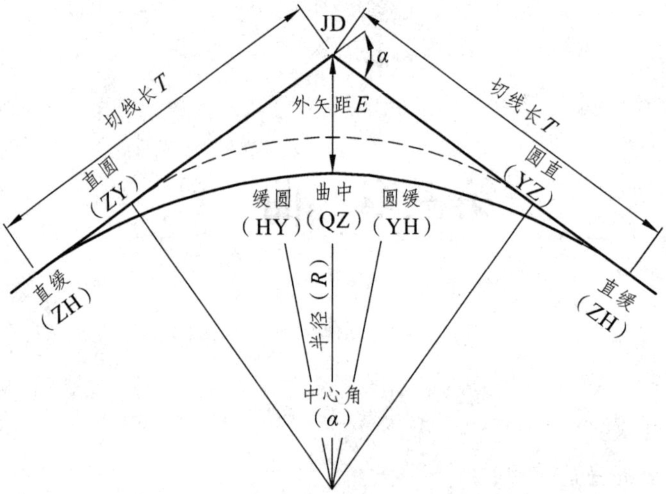

ZY—单圆曲线始点(直圆点);YZ—单圆曲线终点(圆直点);
ZH—缓和曲线始点(直缓点);HZ—缓和曲线终点(缓直点);
HY—缓和曲线接圆曲线之交点(缓圆点);
YH—圆曲线接缓和曲线之交点(圆缓点);
QZ—整个曲线的中央点(曲中)

图 3.1 曲线要素

二、曲线的分类

1. 单曲线和复心曲线

曲线按其半径的数目分有单曲线和复心曲线。单曲线是常用的曲线，只有一个半径(图 3.2)。复心曲线有两个或两个以上不同半径，是转向角方向相同的圆曲线直接连接或用缓和曲线连接成的曲线(图 3.3)。应尽量采用单曲线，仅在困难条件下才采用复心曲线。

(a)没有缓和曲线时的单曲线　(b)有缓和曲线时的单曲线

图 3.2 单曲线

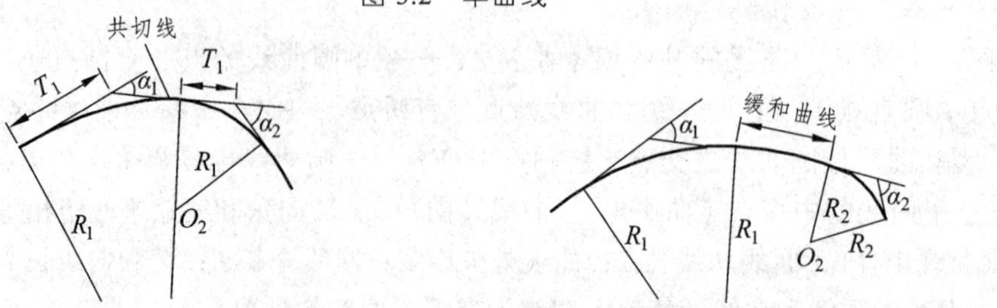

(a)两相邻圆曲线直接连接　(b)两相邻圆曲线中间用缓和曲线连接

图 3.3 复心曲线

2. 同向曲线和反向曲线

按相邻两曲线的转向角方向分，曲线有同向曲线和反向曲线。同向曲线的两相邻曲线转向角方向相同（图 3.4），反向曲线的两相邻曲线转向角方向相反。通常说的“S 形曲线”，是指反向曲线（图 3.5）。

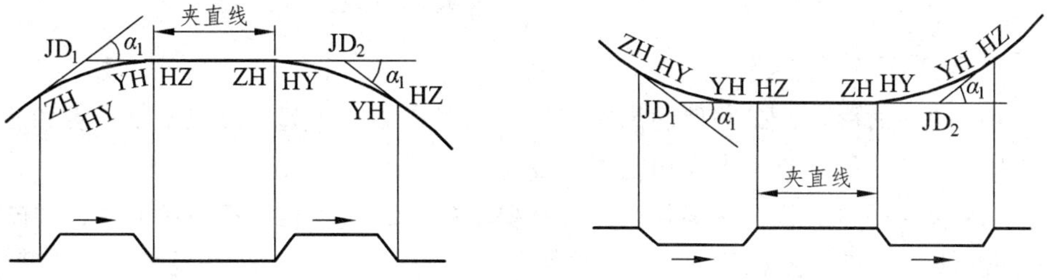

图 3.4　同向曲线

为保证列车运行平稳，防止车辆由于突然转向而造成振动，在相邻曲线间，需设置一段直线，这段直线称为夹直线（图 3.4、图 3.5）。

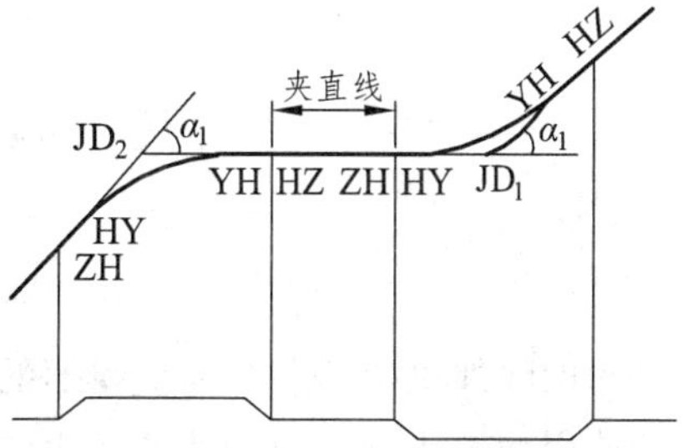

图 3.5　反向曲线

三、曲线半径

地铁线路根据不同的地形条件，选择一定的交角（转向角）和曲线半径。转向角越小，列车通过条件越好。因此，若地形条件允许，应尽量采用大半径、小转角曲线。但半径太大了，又难以保持正确的位置。

根据车辆类型、地形条件、运行速度、环境要求等综合因素比选确定线路平面圆曲线半径。最小曲线半径应符合表 3-1 的规定。

表 3-1　圆曲线最小曲线半径

线　路	A 型车		B 型车	
	一般地段	困难地段	一般地段	困难地段
正　线	350	300	300	250
出入线、联络线	250	150	200	150
车场线	150	—	150	—

四、缓和曲线

1. 缓和曲线的性质

列车由直线进入圆曲线，随即产生一个向外的离心力。离心力的突然产生，会使旅客感到不舒适，使车轮和轨道遭到破坏。当离心力超过某一限度时，列车就有脱轨和倾覆的危险。为避免离心力的突然发生或突然消失，必须铺设一段半径逐渐变化的曲线把直线和圆曲线连接起来，使离心力逐渐地增加或减少。这段曲线称为缓和曲线。

缓和曲线的半径是以与直线相连点的无穷大，逐渐变化到与圆曲线连接点的半径 R。设置缓和曲线后，车辆自直线进入圆曲线或自圆曲线进入直线时有一个过渡地段，离心力不是突然发生或消失，而是逐渐变化，使圆曲线外轨超高、轨距加宽在缓和曲线上逐渐增加或减少，使列车行经曲线时平稳安全，旅客舒适，并大大减少线路和车轮的损伤。

2. 常用缓和曲线及长度要求

缓和曲线的立面形状，必须使超高顺坡后，列车在曲线的起、终点及整个缓和曲线上产生的冲击力不是突然产生或消失，而是逐渐变化。

但是，既满足平面形状，又满足立面形状要求的缓和曲线是一条高次方抛物线的空间曲线。在目前的轨道构造及养护条件下，很难保持曲线的正确位置。故在现有行车速度条件下，着重考虑平面形状的要求，而放宽对立面形状的要求，即在缓和曲线内超高顺坡采用直线形（图 3.6）。

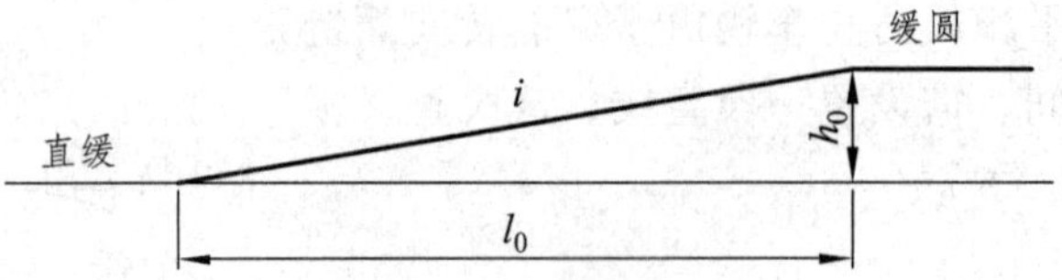

图 3.6　缓和曲线内超高顺坡

曲线外轨超高顺坡为直线形的缓和曲线是目前常用的缓和曲线，其线型有三次抛物线型和放射螺旋线型。地下铁道采用的是三次抛物线型缓和曲线，其方程式为：

$$Y = X^3/(6C)$$

式中　$C = Rl_0$。

缓和曲线长度必须保证行车安全和行车平稳，其长度确定条件是：

（1）缓和曲线上外轨超高递减坡度不致使车轮出轨。

（2）车辆外轮的升高（或降低）速度不致使乘客感到不舒适。

（3）未被平衡的离心加速度的增大率不致影响乘客的舒适。

（4）车轮由直线进入曲线时，由于撞击钢轨所产生的动能损失不应超过一定值。

（5）测设及养护维修便利。

其中以满足列车外轮升高速度不致使乘客感到不舒适为主要条件，只要这个条件能满足，其他条件基本上也能满足。

车轮在外轨上的升高速度：

$$f = h/t$$

式中　h——圆曲线超高度（mm）；

t——列车通过缓和曲线所需的时间（s）；

f——列车车轮在外轨上的升高速度（mm/s）。

若用缓和曲线全长 l_0 及最高行车速度 v_{max} 表示 t，则：$f = h/(l_0/v_{max}) = hv_{max}/l_0$

为保证乘客舒适，缓和曲线长 l_0 应为：$l_0 \geqslant hv_{max}/f$

当 l_0 用 m，h 用 mm，v_{max} 用 km/h，f 用 mm/s 为单位时，$l_0 \geqslant hv_{max}/(3.6f)$（m）

f 数一般情况下采用 28 ~ 32 mm/s，特别困难地段用 $f = 40$ mm/s。

当 $f = 28$ mm/s 时，代入上式：缓和曲线长 $l_0 \geqslant 10hv_{max}$（mm）;

当 $f = 32$ mm/s 时，缓和曲线长 $l_0 \geqslant 9hv_{max}$（mm）;

当 $f = 40$ mm/s 时，缓和曲线长 $l_0 \geqslant 7hv_{max}$（mm）。

计算求得的缓和曲线长度应取 10 m 的整数，且不应短于 20 m。

第二节　曲线外轨超高

一、设置曲线外股超高的原因

在地铁线路曲线地段，因列车沿曲线运行所产生的离心力，使外股钢轨承受较大压力，旅客感觉不舒服，离心力过大还会影响行车安全。为抵消离心力的作用，需设置超高，使车体内倾产生一个向心力，来平衡这个离心力，如图 3.7 所示。《地铁设计规范》（GB 50157—2013）规定，隧道内及 U 形结构的无砟道床地段曲线超高，宜采用外股抬高超高值的 1/2、内股降低超高值的 1/2 设置；高架线、地面线的轨道曲线超高，宜采取外轨抬高超高值设置。

为简化起见，可将车体视为一个平面。

图中：G——车体重量；

Q——轨道反力；

F_n——所需的向心力；

S_1——两轨头中线距离；

h——所需的外轨超高度。

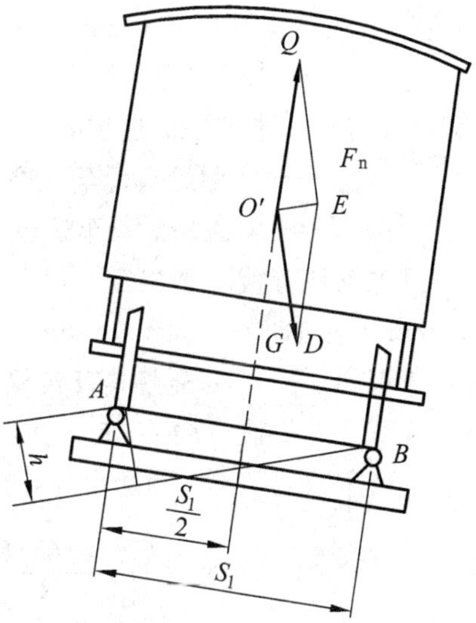

图 3.7　曲线外轨超高示意图

二、曲线外轨超高的计算

地铁线路曲线地段，应根据曲线半径和实测行车速度，合理设置超高。按下列公式计算超高：

$$H = 11.8\frac{v^2}{R}$$

式中　H——超高（mm）;

v——经实测计算得出的平均速度（km/h）;

R——曲线半径（m）。

计算曲线外轨超高值采用 5 mm 的整倍数。

新线上设置超高时，无法用测速的方法计算平均速度，一般采用最高速度的 80%作为平均速度进行计算。

三、曲线外轨超高检算

1. 未被平衡的欠超高和过超高

所有列车以各种不同的速度通过曲线时，所设置的超高不可能适应每一列车，使所产生的离心力完全得到平衡，因而对每一列车而言，普遍存在欠超高和过超高的现象。欠超高和过超高统称为未被平衡超高。

对未被平衡欠超高和未被平衡过超高分别用下列公式检算：

$$H_q = 11.8\frac{v_{max}^2}{R} - H$$

$$H_g = H - 11.8\frac{v_{min}^2}{R}$$

式中 H——实设超高（mm）；

H_q——未被平衡欠超高（mm）；

H_g——未被平衡过超高（mm）；

v_{max}——实测最高行车速度（km/h）；

v_{min}——实测最低行车速度（km/h）。

《地铁设计规范》规定，设置最大的超高应为 120 mm，未被平衡超高允许值不宜大于 61 mm，困难时不应大于 75 mm。车站站台允许长度范围内曲线超高不应大于 15 mm。

【例 3.1】 已知地铁某段线路曲线半径为 800 m，测得通过该段线路列车的速度分别为 67 km/h、58 km/h、63 km/h、62 km/h、70 km/h，求算超高。

【解】 （1）求平均速度 $v_平$。

$$v_平 = \frac{67+58+63+62+70}{5} = 64\ \text{km/h}$$

（2）计算超高。

$$h = \frac{11.8v^2_平}{R} = \frac{11.8\times 64^2}{800} = 60.4\ \text{mm，取}h = 60\ \text{mm}$$

（3）外轨超高的检算。

该曲线最高通过速度为 70 km/h，所需的外轨超高量为

$$h_高 = 11.8\times\frac{70^2}{800} = 72.3\ \text{mm}$$

则未被平衡超高度为（欠超高）

$$\Delta h_{过} = h - h_{低} = 60 - 49.6 = 10.4\ \text{mm} < 61\ \text{mm}$$（未被平衡超高度允许值）

该曲线最低通过速度为 58 km/h，所需的外轨超高量为：

$$h_{低}=11.8\times\frac{58^2}{800}=49.6\ \text{mm}$$

则未被平衡超高度为（过超高）

$$\Delta h_{过} = h - h_{低} = 60 - 49.6 = 10.4\ \text{mm} < 61\ \text{mm}$$

因此，该曲线可按 60 mm 设置外轨超高，此时未被平衡的超高值没有超过允许值。

2. 通过曲线的允许速度

超高设置后，可用下列公式计算通过曲线的最大允许速度：

$$V_{max} = \sqrt{\frac{(h+\Delta h_c)R}{11.8}}$$

式中　v_{max}——通过曲线的最大允许速度；

h——曲线实设超高；

Δh_c——允许最大未被平衡欠超高；

R——曲线半径。

四、曲线超高顺坡

曲线上的超高通常是采用抬高外轨来实现的。超高的顺坡不能太急，否则会影响列车行驶的平稳和安全，使乘客感觉不舒适。

《地铁设计规范》规定，曲线超高顺坡率不宜大于 2‰，困难地段不应大于 2.5‰。曲线超高值应在缓和曲线内递减。无缓和曲线或其长度不足时，应在直线段递减。

外轨超高应在整个缓和曲线内顺完，顺坡率应小于 1‰（图 3.8）。

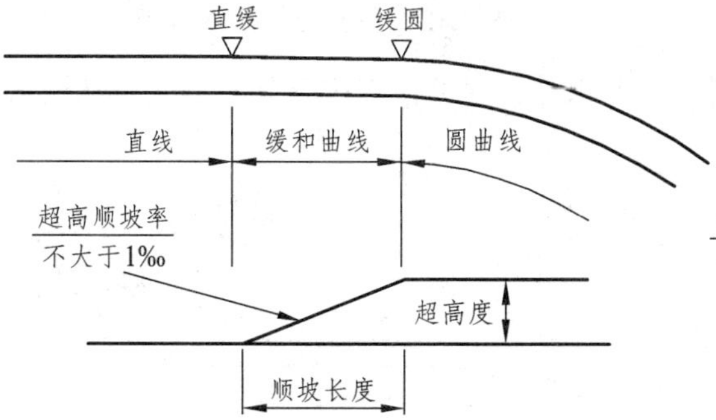

图 3.8　有缓和曲线的超高顺坡

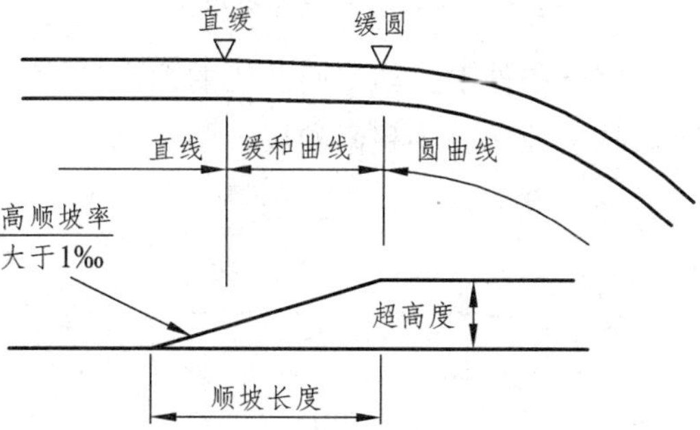

图 3.9　缓和曲线不足的超高顺坡

如缓和曲线长度不足，按 1‰顺坡未顺完，顺坡可延至直线上（图 3.9）。

如因受地形限制，不能设置缓和曲线时，则在直线上顺坡，顺坡坡度不大于 2‰（图 3.10）。

在困难地段，可适当加大顺坡坡度，但不得大于 2.5‰。

复心曲线的两曲线超高不等时，应在正矢递减范围内由较大超高向较小超高均匀顺坡（图3.11）。

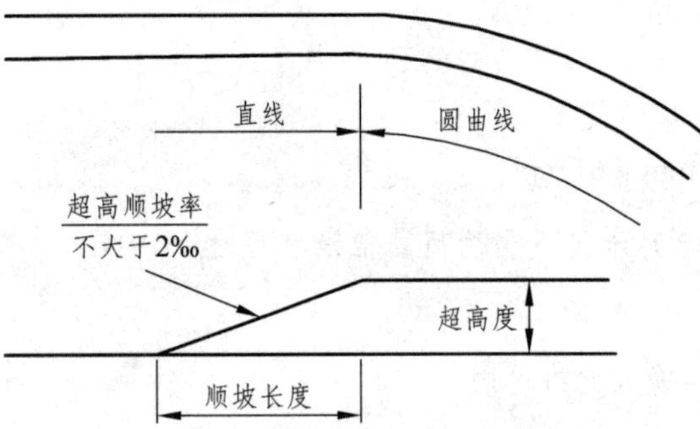

图 3.10　无缓和曲线的超高顺坡

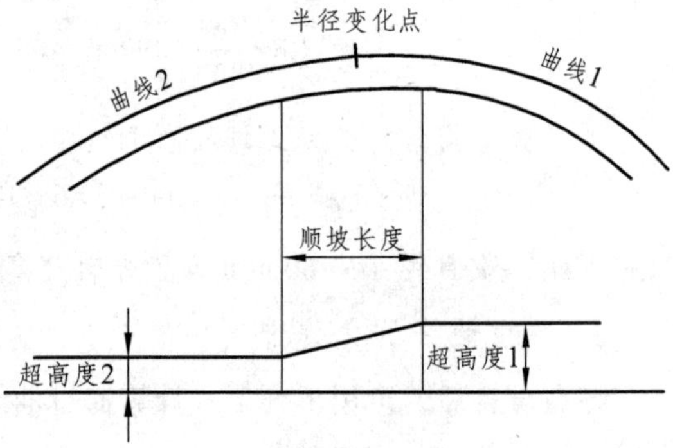

图 3.11　复心曲线超高顺坡

两同向曲线超高顺坡终点间的直线长度应不短于 20 m（不短于一节地铁电动客车长度，图 3.12）。

个别情况下，如果距离不足 20 m，而两曲线的超高度顺坡剩余量相等，则直线部分可以保留这一剩余量的超高度（图 3.13）。

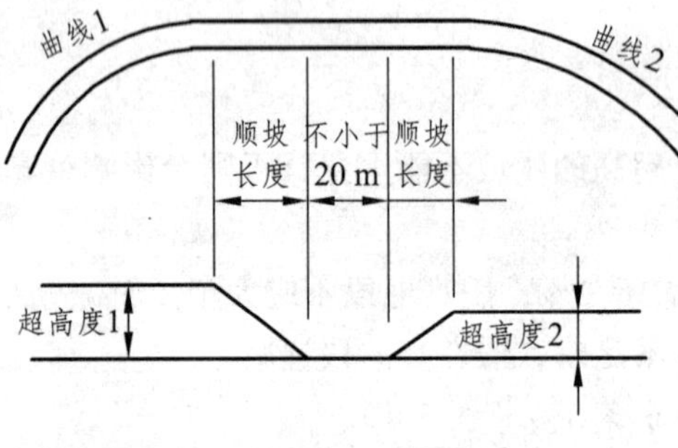

图 3.12　同向曲线超高顺坡

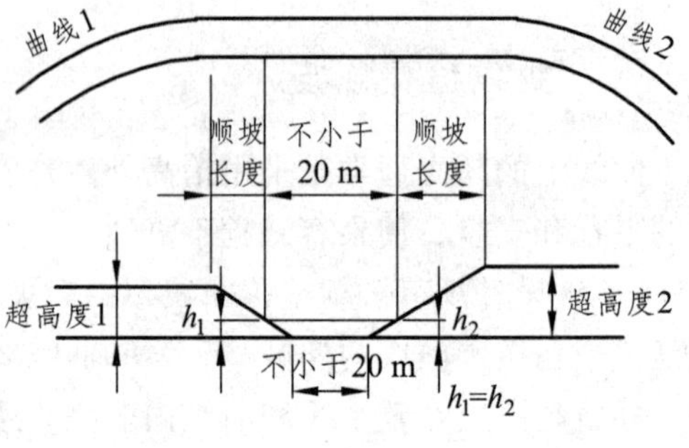

图 3.13　同向曲线超高顺坡

困难条件下，如果两曲线的超高度顺坡剩余量不相等，则可在直线部分把剩余量从较大超高均匀地向较小超高顺坡（图 3.14）。

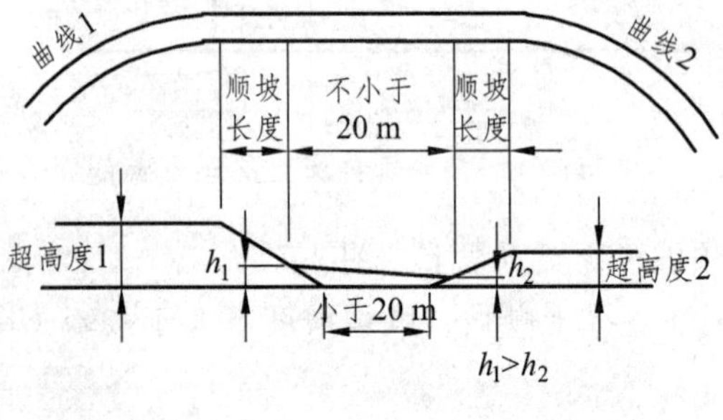

图 3.14　同向曲线超高顺坡

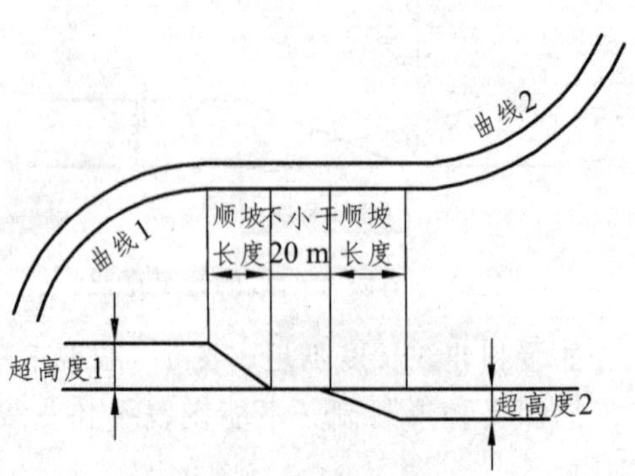

图 3.15　反向曲线超高顺坡

两反向曲线超高顺坡终点间直线长度应不短于 20 m（图 3.15）。必要时超高顺坡可采用 $\frac{1}{7v_{最高}}$ 的顺坡率进行顺坡。

地铁洞内轨道超高采用外轨抬高一半，内轨降低一半的办法，这样可以减少矩形隧道的净空高度。

第三节　曲线轨道轨距加宽

一、曲线轨距加宽的计算与标准

在小半径曲线地段，为使地铁车辆能顺利通过，并减少钢轨的侧面磨耗，轨距需要加宽。曲线轨距加宽的大小与曲线半径、车辆轮对宽度和固定轴距有关。

车辆同一转向架上的两根车轴间的距离是固定的，两个轮对只能保持平行位置。当车辆进入曲线后，转向架前一轮对的外轮轮缘和后一轮对的内轮轮缘紧贴钢轨，后一轮对的外轮轮缘与外股钢轨内侧之间便产生一个矢距（f），如图 3.16。这样，曲线轨距应为

$$S_{曲} = q_{最大} + f$$

式中　$S_{曲}$——曲线轨距（mm）；

$q_{最大}$——最大轮对宽（mm）；

f——矢距（mm）。

矢距 f 可通过图 3.17 中直角三角形 BDC 与 ADB 相似的几何关系计算出来：$\frac{BD}{CD} = \frac{AD}{BD}$

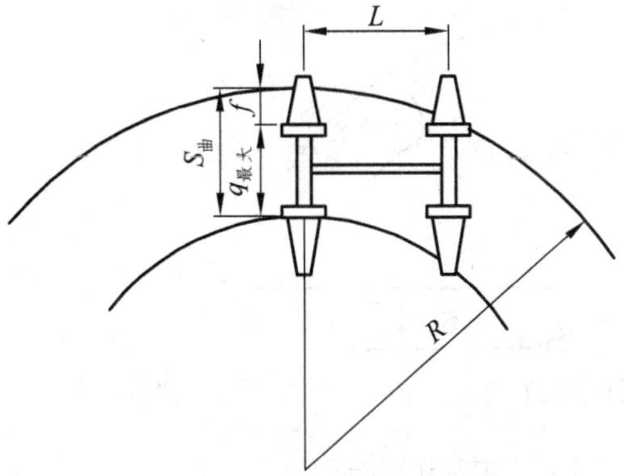

图 3.16　曲线轨距加宽

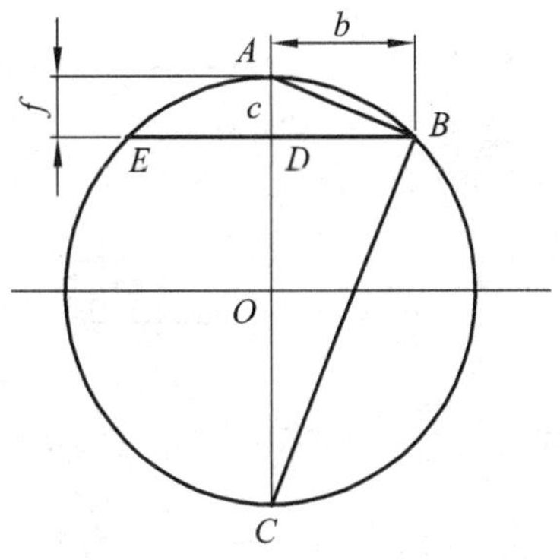

图 3.17　矢距

设弦长 BE 为 c，半弦长 BD 为 b，半径为 R，则：$\frac{b}{2R-f} = \frac{f}{b}$

由于 f 与 $2R$ 相比甚小，故 f 可忽略不计，上式可近似写为：$f = \frac{b^2}{2R} = \frac{c^2}{8R}$

因此曲线轨距：　$S_{曲} = q_{最大} = \dfrac{b^2}{2R}$

为保证所有车轮都能顺利通过曲线，计算曲线轨距时，轮对宽 q 一般采用最大值，半弦 b 相当于固定轴距，地铁客车固定轴距为 2.1 m，则：

$$S_{曲} = q_{最大} = \frac{2\ 205}{R}$$

式中：R 单位为米；$S_{曲}$、$q_{最大}$单位为毫米。

允许地面铁路机车、车辆进入的线路，曲线轨距按表 3.2 加宽，地铁小半径曲线加宽参照表 3.3 加宽。

表 3.2　曲线轨距加宽标准

曲线半径（m）	轨距加宽（mm）
$R \geq 350$	0
$350 > R \geq 300$	5
$R < 300$	15

表 3.3　曲线轨距加标准

曲线半径 R（m）	加宽值（mm）	
	A 型车	B 型车
$250 > R \geq 200$	5	—
$200 > R \geq 150$	10	5
$150 > R \geq 100$	15	10

二、曲线轨距加宽的递减

曲线轨距加宽是通过把曲线内轨向内侧移动来实现的，曲线外轨位置则保持不变。《地铁设计规范》规定，曲线轨距加宽值应在缓和曲线范围内递减，无缓和曲线或其长度不足时，应在直线段递减，递减率不宜大于 2‰。

曲线轨距加宽度应在缓和曲线全长范围内递减（图 3.18）。

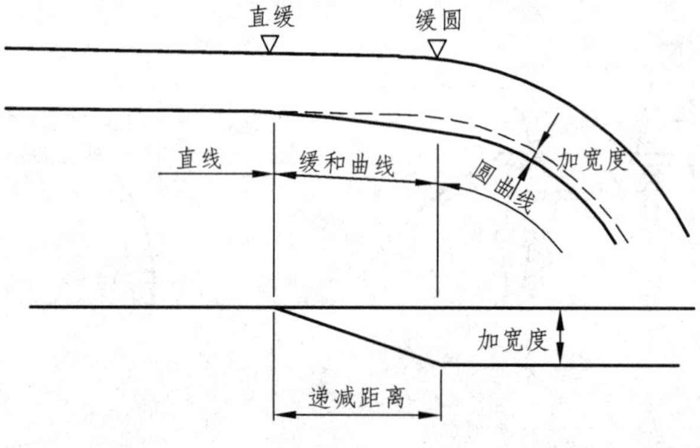

图 3.18　有缓和曲线的轨距加宽递减

没有缓和曲线时，应在直线上递减，递减率不得大于 2‰（图 3.19）。

复心曲线的两曲线轨距加宽不相等时，应在正矢递减范围内，由较大轨距加宽向较小轨距加宽递减（图 3.20）。

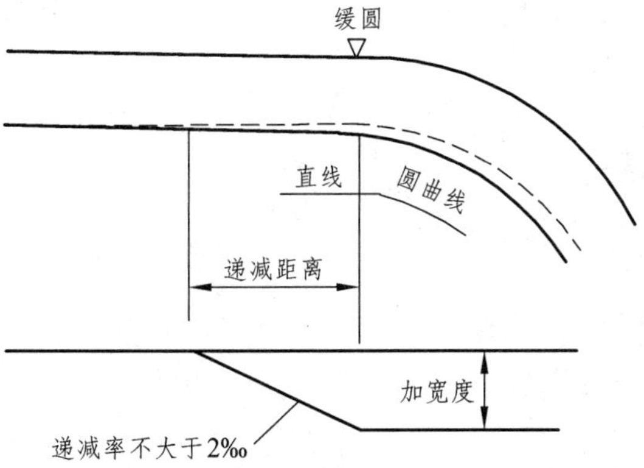

图 3.19 无缓和曲线的轨距加宽递减

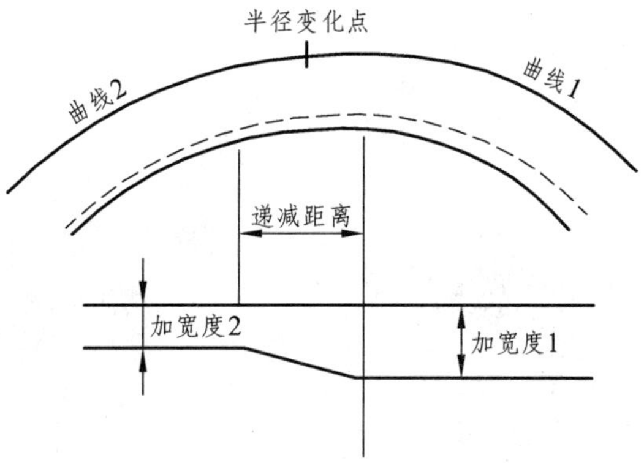

图 3.20 复心曲线轨距加宽递减

两相邻曲线轨距加宽按 2‰递减，其递减终点间的直线长度应不短于 10 m。不足 10 m 时，如直线部分的两轨距加宽相等，则直线部分保留相等的加宽，如不相等，则直线部分从较大轨距加宽向较小轨距加宽均匀递减（图 3.21）。

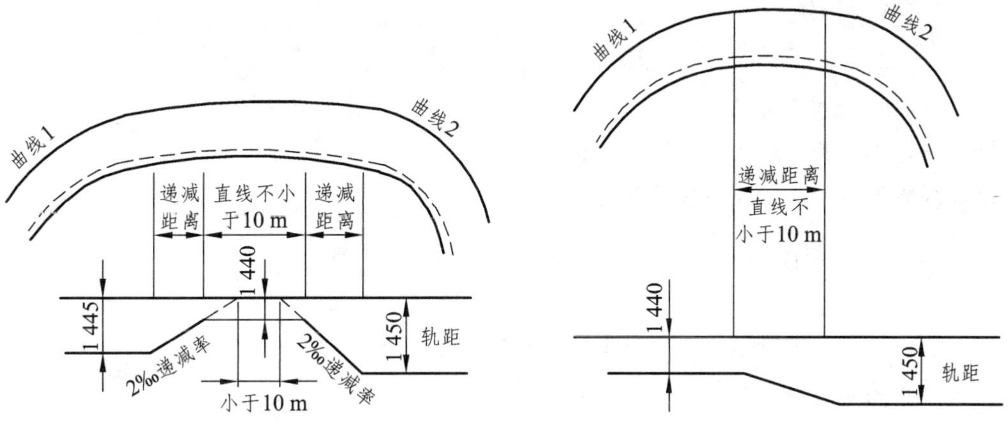

图 3.21 相邻曲线间的轨距加宽递减

曲线轨道的最大轨距，为确保行车安全，在最不利的情况下，另一车辆的踏面的 1/10 坡面与 1/20 坡面的变坡点仍在轨头侧面小圆弧之上而不脱轨，此时的轨距即为最大轨距。曲线轨道实设最大轨距为 1 450 mm。

第四节 曲线正矢计算和整正

一、曲线正矢计算

在曲线上两点连一条直线，叫作弦，弦上任意一点到曲线上的距离叫作矢距，在中央点的矢距叫作正矢，如图 3.22 所示。

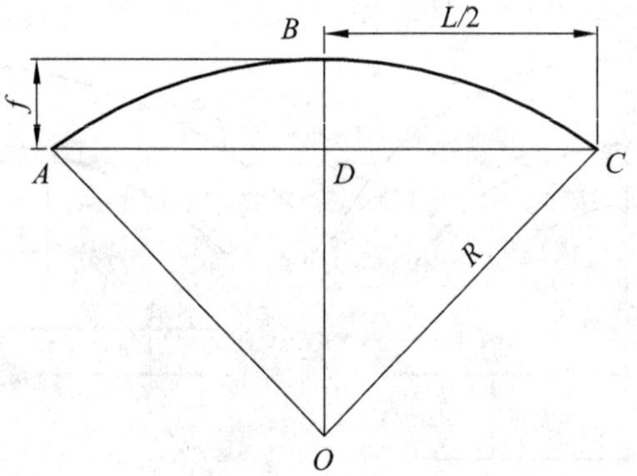

图 3.22　曲线正矢

曲线正矢计算公式：$f = L^2/(8R)$

当 $L = 20$ m 时，$f = 50\,000/R$（mm）；当 $L = 10$ m 时，$f = 12\,500/R$（mm）

式中　f——圆曲线正矢（mm）；

R——圆曲线半径（m）；

L——采取的弦长（m）。

1. 曲线上各测点计划正矢

（1）圆曲线计划正矢的计算。

圆曲线计划正矢：$f = L^2/(8R)$（mm）

圆曲线正矢也可以根据现场实量正矢计算确定：

$$\text{圆曲线计划正矢} = \frac{\text{实测的现场正矢总和}}{\text{圆曲线测点数} + \text{一端和曲线测点数}}$$

缓和曲线始终点的计划正矢为圆曲线计划正矢的一半。

（2）缓和曲线各测点正矢。

缓和曲线正矢从直线往圆曲线方向逐渐由小变大。由直缓点向缓圆点方向变化的大小，叫缓和曲线的正矢递增率。

缓和曲线的正矢递增率 = 圆曲线计划正矢/（一端缓和曲线测点数 − 1）

缓和曲线始点计划正矢 = 缓和曲线正矢递增率/6

缓和曲线终点计划正矢 = 圆曲线正矢 − 缓和曲线始点计划正矢

缓和曲线中间各测点计划正矢：

$$f_i = N_i \times f_N$$

式中　f_i——缓和曲线中间各测点的计划正矢（$i = 1, 2, 3, \cdots, N-1$）；

N_i——测点距缓和曲线始点的段数；

f_N——缓和曲线的正矢递增率。

2. 曲线正矢的测量方法

（1）测量现场正矢时，弦线必须拉紧，弦线的两端位置和量尺位置要正确。量时应在轨距线处量，有肥边应在肥边处量，肥边大于 2 mm 应打磨。

（2）测量时，钢板尺在下，弦线在上，尺不要顶弦也不要离开。读数时，视线、弦线、量尺三者应保持垂直；要读弦线靠钢轨一侧的数。

曲线正矢作业验收容许偏差见表 3.4。

表 3.4　曲线正矢作业验收容许偏差

曲线半径（m）	正线	其他线	正线	其他线	正线	其他线
$R \leqslant 250$	7	8	14	16	21	24
$250 < R \leqslant 350$	6	7	12	14	18	21
$350 < R \leqslant 450$	5	6	10	12	15	18
$450 < R \leqslant 650$	4	5	8	10	12	15
$R > 650$	3	4	6	8	9	12

应用 10 m 弦，在钢轨踏面下 16 mm 处测量正矢，其偏差不得超过相关规定的限度（表 3.5）。

表 3.5　曲线正矢容许偏差

曲线半径（m）	缓和曲线的正矢与计算正矢差（mm）	圆曲线正矢连续差（mm）	圆曲线正矢最大、最小差值（mm）
$250 < R \leqslant 350$	3	5	7
$350 < R \leqslant 450$	2	4	5
$450 < R \leqslant 650$	2	3	4
$R > 650$	1	2	3

二、曲线整正

1. 基本原理

（1）两条假定。

① 假定曲线两端切线方向不变，即曲线始终点拨量为零。

② 曲线上某一点拨道时，其相邻测点在长度上并不随之移动。

（2）四条基本原理。

① 曲线上各点正矢和为一常数。

② 曲线上任一点拨动，对相邻点正矢的影响量为拨动点拨动量的二分之一，其方向相反。

③ 现场正矢的总和等于计划正矢总和。

④ 曲线上各点正矢差代数和为零，即曲线终点的拨道量等于零。

2. 绳正法拨正曲线的基本要求

（1）曲线两端直线轨向不良，应先拨正；两曲线间直线段较短时，可与两曲线同时拨正。

（2）在外股钢轨上用钢尺丈量，每 10 m（或 5 m）设置 1 个测点（曲线头尾是否在测点上不限）。

（3）在风力较小条件下，拉绳测量每个测点的正矢，测量 3 次，取其平均值。

（4）按绳正法计算拨道量，计算时不宜为减少拨道量而大量调整计划正矢。

（5）设置拨道桩，按桩拨道。

第五节　曲线缩短轨布置

地铁线路两股钢轨接头，一般采用相对式。这样可以减少车轮对钢轨的冲击次数，行车也较为平稳。为此，曲线地段外股钢轨应采用标准长度的钢轨，内股应采用厂制缩短轨调整钢轨接头位置，以保证两股钢轨接头相对。

一、曲线内轨缩短量的计算

设有缓和曲线的曲线，内股钢轨的总缩短量由 3 部分组成，即两端的缓和曲线和圆曲线缩短量之和。

1. 圆曲线部分内股钢轨缩短量

任意一段圆曲线，如果长度为 l，则内股钢轨缩短量Δl 为：

$$\Delta l = 1500l/R\text{（mm）}$$

整个圆曲线的总缩短量Δl_y 为：

$$\Delta l_y = 1500l_y/R\text{（mm）}$$

式中　R——圆曲线半径（m）；

l_y——圆曲线长度（m）。

2. 缓和曲线内股缩短量

若缓和曲线某一点至直缓点的长度为 l，则该点至直缓点间的内股缩短量Δl 为：

$$\Delta l = 1\,500l^2/(2Rl_0)\text{（mm）}$$

当 $l = l_0$，则整个缓和曲线的缩短量Δl_h 为：

$$\Delta l_h = \frac{1\,500l^2}{2Rl_0} = \frac{1\,500l_0}{2R}$$

式中　l——缓和曲线终点至计算点的长度（m）；

l_0——缓和曲线全长（m）。

3. 整个曲线内股总缩短量：

$$缩总 = 缩圆 + 缩缓_1 + 缩缓_2$$

二、计算缩短轨根数

缩短轨根数：$N = \dfrac{缩总}{K}$

式中　N——该曲线所需缩短轨根数；

K——根缩短轨的缩短量。

曲线缩短轨可根据表 3.6 选择使用。

表 3.6 曲线缩短轨（mm）

曲线半径（m）	标准轨长（m）	
	12.5	25
4 000～1 000	40	40、80
800～500	40	80、160
450～300	80	160
250～200	120	

三、曲线缩短轨的配置

在运营线上配置曲线缩短轨的方法有计算法和丈量法两种。

1. 计算法

选择曲线缩短轨后，由曲线始点开始，计算每个接头相对应的内轨总缩短量，总缩短量超过实际布置缩短轨的总缩短量的一半时，即应在该处布置一根缩短轨。

2. 丈量法

丈量前将曲线及其两端直线部分的轨缝调整均匀，曲线整修圆顺，然后进行丈量。其步骤如下：

（1）从曲线头附近的钢轨接头开始，用钢尺在外股钢轨量一根标准长度加一个轨缝值，内股钢轨也量同样的长度，再用方尺把外股丈量的终点，方到内股，则内股丈量终点一定超前。

（2）若内股超前量小于缩短轨缩短量的一半，按上述方法继续丈量；若内股超前量大于缩短轨缩短量一半，应在该处内轨上划出布置缩短轨的标记，并把丈量起点退回一个缩短量的距离，继续丈量。

（3）按上述方法丈量到曲线终点，定出曲线内股应布置缩短轨的位置。

【例 3.2】 已知缓和曲线长 80 m，圆曲线长 28.27 m，曲线半径 400 m，第一根钢轨进入曲线的长度为 7.06 m，用 12.50 m 的标准轨及缩短量为 80 mm 的缩短轨铺设。曲线见图 3.23。

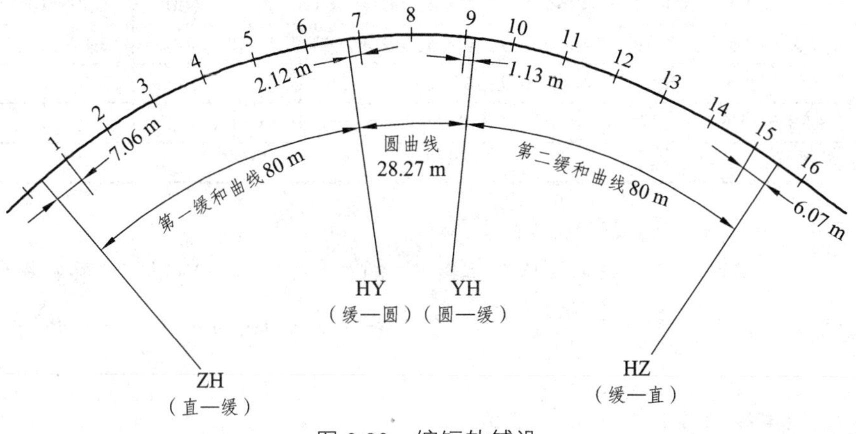

图 3.23 缩短轨铺设

【解】 1. 计算曲线内轨缩短量及缩短轨根数

根据公式，曲线内股轨线总缩短量及需要的缩短轨数量为：

曲线总缩短量：1 500×（28.27+80）÷400＝406（mm）

缩短轨根数＝406÷80＝5.1 根（采用 5 根）

2. 计算由曲线起点至接头的距离（表 3.7 第二栏）

第一根钢轨进入曲线的长为 7.06 m，然后按照每节轨长 12.51 m（包括轨缝 10 mm），逐根累积，计算各个接头在曲线上的位置。

缓和曲线内接头，应从缓和曲线起点算起，圆曲线内接头应从圆曲线起点算起，如第 7 号接头，进入圆曲线为 2.12 m。

表 3.7　曲线缩短轨布置计算表

接头号数	缓和曲线或圆曲线始点至各接头距离（m）	计算缩短量（mm）	钢轨类别	实际缩短量之和（mm）	接头错开量（mm）	备注
一	二	三	四	五	六	七
1	7.06	$\frac{1\,500}{2\times400\times80}\times7.06^2=$ $0.0234\times7.06^2=1$	O	0	－1	进入缓和曲线 7.06m
2	7.06+12.51＝19.57	$0.0234\times19.57^2=9$	O	0	－9	
3	19.57+12.51＝32.08	$0.0234\times32.08^2=24$	O	0	－24	
4	32.08+12.51＝57.10	$0.0234\times44.59^2=47$	×	80	+33	
5	44.59+12.51＝57.10	$0.0234\times57.10^2=76$	O	80	+4	
6	57.10+12.51＝69.61	$0.0234\times69.61^2=113$	O	80	－33	
7	80－69.61＝10.39 12.51－10.39＝2.12	$0.0234\times80^2=150$ $150+\frac{1\,500\times2.12}{400}=158$	×	160	+2	进入圆曲线 2.12 m
8	2.12+12.51＝14.63	$150+3.750\times14.63=205$	×	240	+35	
9	14.63+12.51＝27.14	$150+3.750\times27.14=252$	O	240	－12	
10	28.27－27.14＝1.13 80－(12.51－1.13)＝68.62	总缩短量＝406 $406-0.0234\times68.62^2=296$	×	320	+24	进入缓和曲线 11.38 m
11	68.62－12.51＝56.11	$406-0.0234\times56.11^2=332$	O	320	－12	
12	56.11－12.51＝43.60	$406-0.0234\times43.60^2=361$	×	400	+39	
13	43.60－12.51＝31.09	$406-0.0234\times31.09^2=383$	O	400	+17	
14	31.09－12.51＝18.58	$406-0.0234\times18.58^2=398$	O	400	+7	
15	18.58－12.51＝6.07	$406-0.0234\times6.07^2=405$	O	400	－5	
注：钢轨类别中“O”代表标准轨，“×”代表缩短轨						

3. 计算各个接头处的总缩短量（表 3.7 第三栏）

（1）第一缓和曲线上的各接头处的缩短量——1～6 号接头的缩短量，根据各接头到缓和曲线起点的距离，按公式 $\Delta l_h=\frac{1\,500l^2}{2Rl_0}$ 计算；第 7 号接头有 10.39 m 在缓和曲线上，有 2.12 m 进入圆曲线，其总缩短量应为一端缓和曲线总缩短量加 2.12 m 长的圆曲线缩短量。

（2）圆曲线范围内各接头处的总缩短量应包括第一个缓和曲线的总缩短量加圆曲线范围

内各接头的缩短量。

（3）第二缓和曲线上各接头处总缩短量等于曲线总缩短量减去各接头距第二缓和曲线起点（缓直点）长度范围内的缩短量。

（4）布置缩短轨（表 3.7 第四栏）。

当计算的缩短量大于标准缩短轨缩短量一半时，插入一根缩短轨。

（5）实际缩短量（表 3.7 第五栏）是布置缩短轨后的缩短量累计值。

（6）接头错开量（表 3.7 第六栏）是检查布置缩短轨后，接头相错位置，它等于实际缩短量减计算缩短量。

四、曲线上成段更换钢轨时空头与搭头的计算

曲线上成段更换钢轨时，为在有限的时间内完成换轨，不影响线路按时开通，可先将钢轨连接成钢轨组。当半径 $R \geqslant 800$ m 时，钢轨组长度可为 100 m；如半径 $R \leqslant 400$ m 时，钢轨组长度可为 50 m。如新钢轨的高度大于旧钢轨时，钢轨组宜放在旧轨外侧；反之则可放在旧轨内侧。根据限界要求，放在旧轨内侧时，新旧钢轨轨头之间的净距不得小于 300 mm；放在旧轨外侧时，新旧钢轨轨头之间的净距不得小于 150 mm。为便于施工时装、拆扣件方便，一般采用 400 mm。

为避免施工时大量串动钢轨，必须在布置轨组时，在两新轨组之间留出一定的空头或搭头，如图 3.24 所示。

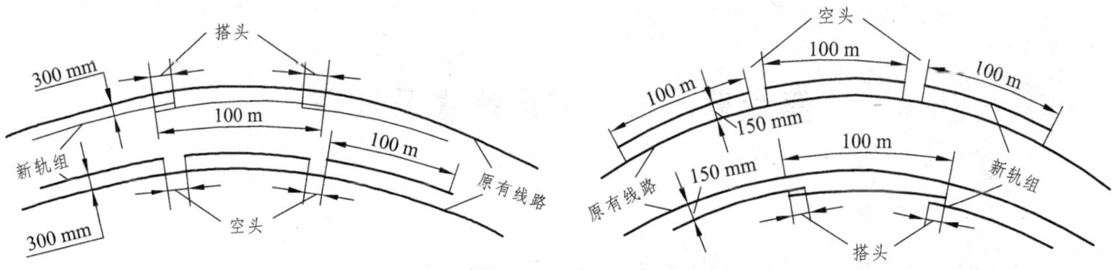

图 3.24　空头和搭头示意图

放在旧轨外侧的外股钢轨组之间或放在旧轨内侧的内股钢轨组之间拉开的一段距离，称为空头。放在旧轨外侧的内股钢轨组之间或放在旧轨内侧的外股钢轨组之间重叠的一段距离，称为搭头。

应该注意的是，连接钢轨组时，相对的钢轨组中的钢轨长度公差要搭配好；轨缝应按轨温计算；新旧钢轨间的净距一定要留对，这是影响空头与搭头的关键。

计算钢轨组之间的空头与搭头，方法与计算缩短轨缩短量实质上是一致的。圆曲线的缩短量 $E_{圆} = S_1\alpha$，根据半径不同，弧长不同的原理，计算空头与搭头，也就是计算曲线上新旧轨组的弧线长度的差，则圆曲线上的弧线差为：

$$\varDelta = d\alpha = d \times \frac{L}{R}$$

式中　$\varDelta$——新旧钢轨组的弧线长度差；

d——新旧钢轨中心线之间的距离，d = 新旧钢轨轨头之间的净距+新轨轨头宽/2+旧轨轨头宽/2；

L——钢轨组长度；

R——曲线半径。

计算缓和曲线上的弧线差时，其长度按上式的半数考虑。

计算钢轨组之间的空头和搭头时，还应考虑轨组之间的预留轨缝，如用δ表示预留轨缝，则空头与搭头的值分别为：

$$\Delta_{空}=d\times\frac{L}{R}+\delta=\text{弧线差}+\text{一个轨缝}$$

$$\Delta_{搭}=d\times\frac{L}{R}-\delta=\text{弧线差}-\text{一个轨缝}$$

【例 3.3】 在曲线半径 $R=800$ m 的圆曲线轨道外侧散布和连接钢轨，新钢轨为 50 kg/m，旧钢轨为 43 kg/m，钢轨标准长度为 12.5 m，轨头宽都是 70 mm，新旧钢轨轨头之间的净距取 400 mm，取轨缝为 10 mm，钢轨组长度为 $8\times12.5=100$ m（钢轨组中的轨缝值对计算结果影响甚微，故略去不计），求空头和搭头。

【解】 新旧轨中心线之间距离 $d=400+70=470$ mm

$$\Delta_{空}=d\times\frac{L}{R}+\delta=470\times\frac{100}{800}+10=69\text{ mm}$$

$$\Delta_{搭}=d\times\frac{L}{R}-\delta=470\times\frac{100}{800}-10=49\text{ mm}$$

第六节　曲线常见病害及处理

一、曲线“鹅头”

曲线“鹅头”，即曲线头尾方向不良，向上股凸出。

1. 原因分析

（1）养护不当。例如用目视代替拉绳拨道，目视时一般都习惯往上挑，从而破坏了直缓（缓直）点的正确位置；即使用拉绳法拨道，如方法不正确（由曲线中点向两头拨）也有可能破坏曲线直缓（缓直）点的正确位置。

（2）列车由直线进入曲线或由曲线驶向直线时，惯性力对曲线头尾会产生冲击。

2. 解决思路与方案

（1）用绳正拨道法进行计算，并进行全面拨道。

（2）在测量正矢时，可以向直线方向多量几个点，并量到正矢是零为止。但在计算拨道量之前要先压除鹅头，并不能把直缓（缓直）点以外直线上的正矢当成曲线正矢进行计算。

（3）在小半径曲线头尾，增加足够的道床厚度和宽度，并加强道床夯实，使轨道方向稳定。

3. 注意事项

（1）为预防鹅头的发生，应设置合适的缓和曲线长度及超高和轨距加宽的递减，尽量使超高递减、轨距加宽递减以及正矢递减“三合一”。

（2）为避免拨道作业时产生的一些误差赶到一头，可分别从曲线两端拨起，逐渐拨到曲线中央汇合。

二、曲线方向不良

1. 原因分析

（1）拨道方法不当，凭经验拨道，用眼睛看着估拨，经常采用简易拨道法，造成误差积累或曲线头尾出现方向不良。

（2）养护方法不当，拨道不结合水平、高低的整治，不预留回弹量；钢轨有硬弯，接头错牙，轨底坡不一致；拨道前不均匀轨缝；拨后没有及时回填道床，捣固不均匀等。

（3）材料失效、腐朽，枕木腐朽，混凝土枕破损，防爬设备、轨距拉杆缺少、失效等引起曲线方向发生变化。

（4）由于维修不当和不及时，造成路基存水、翻浆冒泥、下沉等现象，尤其在桥隧两头半填半挖处，还易造成溜坍等病害，带动线路位移。

2. 解决思路与方案

（1）调查病害原因。

（2）全面细致拨正曲线。

（3）道床填足夯实，加强捣固。

（4）锁定线路，增加防爬设备。

（5）矫直更换硬弯轨。

（6）及时清筛曲线下股道床，疏通排水。

3. 注意事项

（1）保证正确的轨距、水平。按规定设置超高和轨距加宽，彻底锁定线路、防止爬行。矫直钢轨硬弯。更换磨耗超限的道钉、垫板和扣件，调整不合适的轨底坡，全面清筛不洁道床，消灭翻浆冒泥，加强捣固，消灭坑洼和吊板。

（2）保持正矢不超限。认真做好曲线整正计算及拨道工作，拨、改、捣有机结合，对整个曲线要全面考虑，统一调整。拨道时要适当预留回弹量，下压时多留，上挑时少留，拨量大的多留，拨量小的少留。在拨量较大、行车繁忙地段，可采用分次拨道法。每次只拨一部分，经过几次拨动后到达拨道量要求。使用拨道器时，注意扒好拨道器窝，避免抬道，拨后正矢应满足规定要求。

（3）保持曲线头、尾的圆顺。在调查测量现场正矢前，先拨好曲线两端的直线方向，消灭反弯及“鹅头”，使曲线头、尾恢复到正常位置，最好用仪器确定曲线头、尾，然后再实量正矢。在拨道作业中，可从曲线两端向中间赶。在小半径曲线头、尾保持一定的道床厚度和宽度，并夯实道床，使轨道方向稳定。另外，合理设置缓和曲线长度、超高、超高顺坡、轨距加宽及递减。

（4）清理污物，保持路基干燥。及时清理路基两侧有碍路基排水的废弃物，清理排水设备，保证排水通畅，消灭路基存水、翻浆、下沉等病害，做好桥隧两头路基的防护加固，防止边坡溜坍，使线路保持坚实、稳固。

三、曲线钢轨接头“支嘴”

曲线钢轨接头“支嘴”，即曲线上的钢轨接头离开应有的圆弧位置，向曲线外侧支出。

1. 原因分析

钢轨弹性和硬弯，道床厚度不足、不坚实、轨枕失效、螺栓松动、夹板弯曲或强度不足、轨缝不良等都会造成曲线钢轨接头支嘴。

2. 解决思路与方案

（1）分析“支嘴”产生的原因。

（2）加强钢轨接头处的轨道结构，补充和夯实道床。

（3）根据曲线横移的规律和“支嘴”的大小，局部加宽和堆高曲线外股砟肩。

（4）调换“支嘴”接头处的里外口夹板，矫直钢轨硬弯，调整轨缝，紧固螺栓。

3. 注意事项

局部加宽和堆高曲线外股砟肩作业时，可采用分层夯实道床的做法，以增加道床的阻力。

四、钢轨磨耗

钢轨磨耗是指钢轨侧面工作边或上表面产生侧面磨耗、垂直磨耗、波形磨耗、马鞍磨耗等的现象。

1. 原因分析

曲线上造成钢轨磨耗的原因很多，其中主要是机车、车辆轴重加大和运量增加。另外，内燃、电力机车的使用也会加大对曲线的横向水平力，致使曲线磨耗加重。此外，线路状态不良也会加剧钢轨磨耗。

（1）曲线超高设置不当，轨底坡不正确，引起钢轨偏载和轮轨不正常接触，加剧钢轨的磨耗。

（2）曲线方向不圆顺，使列车产生摇晃；缓和曲线超高度递减距离不够，顺坡率过大，引起列车进入或驶出曲线时产生剧烈震动、摇晃和冲击，造成钢轨磨耗。

（3）曲线状态也会对钢轨磨耗产生影响，如轨距超限，道砟不足，线路上有三角坑、暗坑、空吊板，钢轨有硬弯，防爬设备、轨枕、联结零件短缺、失效等，都会使钢轨磨耗加剧。

（4）钢轨缺乏涂油措施，以及单线线路上下行列车速度悬殊等原因，也是加剧钢轨磨耗的原因之一。

2. 解决思路与方案

（1）正确设置曲线外轨超高度，准确测量行车速度。按照规定计算平均速度，对曲线超高进行检算。

（2）整正轨底坡。目测检查钢轨顶面光带是否在中心线上。偏里或偏外，都说明轨底坡不正常，应及时加以修正。在混凝土枕地段，可采用铺设坡形胶垫的方法来改变轨底坡，加大车轮与钢轨的接触面，使钢轨顶面光带处于轨顶中心线位置。

（3）曲线定期涂油。将润滑涂油在外轨头部内侧可大大减少外轨磨耗。

（4）加强养护，经常保持曲线状态良好，保持方向圆顺、轨面平顺、轨距不超限，是减轻列车摇晃和车轮冲击力的重要措施。因此，要定期拨道，及时养护，预防病害的发生。在曲线钢轨侧磨接近轻伤标准一半时，要及时与直线钢轨进行倒换。

（5）建立观测点，定期测量钢轨磨耗和检查曲线养护情况，分析钢轨磨耗原因。

3. 注意事项

（1）关于曲线定期涂油，实践证明，连续、过量地在曲线钢轨上涂油，会加剧钢轨剥离掉块，因此，要科学、合理地确定涂油量及涂油周期。

（2）钢轨波形磨耗形成原因比较复杂，根据有关标准，如出现波谷超高 0.5mm 的钢轨波磨，可利用钢轨打磨车进行打磨，以防止波磨的进一步发展。

五、夹直线三角坑

1. 原因分析

两相邻反向曲线，相邻的缓和曲线超高顺坡长度过长，延长到夹直线上，如夹直线过短，就有可能使车辆的两个转向架同时处于两个顺坡地段上，从而引起晃车。

2. 解决思路与方案

在允许范围内合理缩短超高顺坡的长度，尽量使超高顺坡终点之间的夹直线大于等于 20 m。

3. 注意事项

在设置曲线超高顺坡时，不要一味追求最小的超高顺坡率，还要照顾到顺坡终点距相邻曲线的距离要符合规定要求，否则就有可能在夹直线上出现晃车病害。

第七节　曲线养护及加强

一、曲线养护

曲线是线路的薄弱环节，病害较多，主要是曲线方向不良和钢轨的不正常磨耗。为了提高线路质量，延长曲线地段线路设备的使用期限，必须进行曲线综合养护，以预防为主，预防与整治相结合。

1. 曲线方向不良的整治

曲线方向不良，说明曲线不是由一个半径组成的圆弧，例如，一个曲线（表 3.8）最大正矢为 104 mm，最小正矢为 92 mm，其最大最小差为 12 mm，它虽在误差允许范围内，但连续正矢差却超过允许值，致使一段曲线由最大半径 543 m 突变为最小半径 481 m，两半径相差 62 m。半径变化大，列车通过时未被平衡的离心力就大，破坏线路的方向，引起撞道和轨距水平超限等病害，促使钢轨不均匀磨耗加重。

表 3.8 某曲线正矢

项目	测点									
	1	2	3	4	5	6	7	8	9	10
现场实际正矢	100	92	104	104	96	96	100	92	104	104
现场正矢与标准正矢差	0	−8	+4	+4	−4	−4	0	−8	+4	+4
连续正矢差	8　12　0　8　0　4　8　12　0									
最大最小正矢差	最大　104　最小　92　差　12									
现场实际正矢相当半径	500	543	481	481	521	521	500	543	481	481
现场半径与计划半径差	0	+43	−19	−19	+21	+21	0	+43	−19	−19
最大最小半径差	最大　543　最小　481　差　62									

预防和整治措施主要有：

（1）保持正矢不超限——用绳正法认真做好曲线整正的计算及拨道工作，保持正确的曲线标桩位置，定期拨道，加强日常养护，夯实道床，增加道床阻力，必要时可加宽外股钢轨肩部道床。

（2）保持正确的轨距和水平——正矢不良给保持轨距、水平增加困难，但轨距、水平超限也会影响到正矢的变化。因此，必须按规定设置和保持超高和轨距加宽，彻底锁定线路。防止爬行，矫直硬弯钢轨，整修和更换不良道钉、扣件，上紧轨距杆，保持有砟道床清洁，加强捣固，及时消灭坑洼，消灭钢轨接头“支嘴”，在改道作业时要兼顾正矢不超限，做到“改道不离绳”。

（3）保持曲线头尾的圆顺——如果曲线两端的直线方向不是曲线的切线方向，或者曲线标桩不正确，把直线拨成曲线或把曲线拨成直线，或者经常盲目局部调整正矢，把正矢赶到一起，或者为了拨道省劲，长期上挑，都容易产生曲线“鹅头”，出现曲线头尾的不圆顺。因此。在曲线整正时，测量现场正矢前，必须拨好两端直线方向，消灭“鹅头”，然后用绳正法确定各曲线标桩的正确位置，正确设置计划正矢和计算拨道量，在实施拨道作业时，可从曲线两端往中间赶。

2. 曲线钢轨不正常磨耗的整治

曲线钢轨不正常磨耗的原因很多，除曲线设备条件差外，从曲线综合养护维修的角度看，有：超高设置不当、方向不良、轨距超限、轨底坡不适合、缓和曲线超高递减距离不够、缺乏涂油措施等。为此，必须认真拨正曲线方向；根据偏磨情况，及时调整超高：及时修理轨底坡；经常进行钢轨涂油。

二、曲线加强

列车通过曲线时，产生较大的横向力，使钢轨在轨枕上移动，轨距扩大，钢轨磨耗，影响曲线圆顺。应针对具体情况采取措施，予以加强。

通常采用的曲线加强方法有：

（1）铺设重型轨道，加强线路的强度和横向刚度。

（2）铺设防磨护轨或采用耐磨合金钢轨，以减小外轨头部侧面磨耗。

（3）增加轨枕根数，以提高钢轨在轨枕上移动或钢轨带动轨枕移动的阻力。

（4）为保持曲线的圆顺和轨距，在较小半径的曲线上应安装轨距杆或轨撑。

虽然可采取一些措施来加强曲线，但要提高曲线的线路质量，主要还应对曲线加强综合维修，充分发挥设备能力，保证行车安全，延长轨道材料的使用寿命。

第八节　曲线作业

一、拨道作业

1. 作业程序

（1）作业准备。

① 料具准备。根据工作量调查情况，准备道尺、L 形轨道卡尺、拨道机、捣固镐、撬棍、扒砟耙、轨温计、钢板尺、弦绳等料具，并检查状态是否良好。

② 调查准备。将两端直线方向先行拨正，压除曲线头尾的反弯或“鹅头”。目视曲线方向明显不良时，应进行粗拨道，由曲线头尾往圆曲线挑压，达到目视基本圆顺。

明确测点位置，以直缓、缓直或直圆、圆直点为起点，沿外股钢轨用钢尺丈量或校核，每 5 m/10 m 为一个测点。直缓点前直线上的邻点定为测点 0 号，起点定为测点 1 号，以后顺序编号。曲线头尾位置不清时，可以任意点为起点设置测点。根据工作量调查情况，确定病害处所，曲线以上股为标准股。用 10 m/20 m 弦绳测量正矢，根据实测正矢计算拨道量。

③ 量取现场正矢。在无风天或风力较小时，用小钢板尺在钢轨踏面下 16 mm 处、有肥边时为肥边处量取各测点现场正矢，每个曲线一般要测量 3 次，取平均值。

④ 拨道计算。用已测得的现场正矢，进行拨道计算，算出各测点的拨道量。两曲线间直线段较短时，可与两曲线同时计算拨正。

⑤ 拨道前准备。先在曲线外侧打临时拨道桩。确定拨道量和长度，拨道量大于 20 mm 时，应先粗拨，捣固后再细拨。根据需要，将枕端道床扒开或刨松，拆除影响拨道的防爬设备，压打道钉和拧紧扣件。

（2）拨道。确定放置拨道器位置，扒松拨动方向一侧轨枕头道砟。拧紧扣件，松开防爬设备。有缝线路根据现场轨缝实际情况，结合拨道做好调整轨缝作业。使用撬棍时，两股钢轨人力大致相等，使用拨道器时，至少用 3 台起拨道器进行拨道作业（绝缘接头及铝热焊缝处不得放置），不少于前股两台、后股一台，呈三角形排列，一次拨道长度为 5～6 根轨枕。指挥人按计算拨道量，用钢尺测量，确定逐点拨道量，并确定回弹量。指挥人两腿跨在标准股上，用手势指挥拨道，距拨道人员距离依据现场条件确定。拨道完毕用 10 m/20 m 弦绳测量矢度，对超限处所进行重拨。

（3）整平夯实。整理道床，回填道砟并夯拍，拧紧防爬设备；用接触轨尺测量接触轨轨距水平，调整超限处所。由于拨道引起的其他作业，应整修到标准。

（4）回检验收。当班负责人和安全员组织对现场进行全面检查。检查作业质量，并做好记录；检查限界、断开临时用电电源；收回轨温表、工具、旧料、废弃物、易燃物、垃圾等，统一清理干净装袋收回。

2. 质量标准

（1）用 10 m/20 m 弦测量正矢，其误差不得超过轨道几何尺寸容许偏差管理值的规定。

（2）为保证拨后曲线圆顺，在进行拨道计算时，计划的拨后正矢，一般不得超过拨后正矢误差限度的 1/3。

（3）在复曲线大小半径连接处，现场正矢与计算正矢的容许差，按大半径曲线的规定办理。缓和曲线与直线连接处不得有反弯或“鹅头”。

（4）由于拨道引起的有关项目变化，必须及时整修，达到各单项技术作业标准的要求。

3. 注意事项

（1）作业地段存在连续瞎缝或气温超过 30 °C 时严禁进行拨道作业。

（2）使用撬棍拨道时，撬棍应插牢，听从指挥，统一行动，严禁骑压或肩扛撬棍拨道。

（3）无缝线路地段拨道作业，起拨道器不准放置在铝热焊缝处。

（4）在有轨道电路区段，器具不得放在绝缘接头处，不得在绝缘接头轨面上滑行，防止联电。

（5）标准轨地段，气温较高时，事先要检查轨缝，必要时均匀轨缝，控制拨道量。当道床道砟不足或连续瞎缝时，禁止拨道，防止发生胀轨跑道。

第九节　曲线案例

【案例 1】曲线钢轨侧面磨耗病害案例

案例经过：

2010 年 7 月 24 日，某地铁线下行 B119+70，曲线上股钢轨侧面磨耗，钢轨最大侧磨达 10.61 mm，接近轻伤标准，同时伴有轨头下颚条形掉块，如继续发展，将形成重伤轨，危及行车安全。现场设备为无砟道床、50 kg/m 钢轨，曲线半径 250 m。经现场调查发现，该曲线上股钢轨侧磨较大，轨头下颚有条形掉块。通过现场的检查和分析，采取了如下整治措施：在最大侧磨点两端 5 m 范围内，使用手砂轮机进行打磨，将条状掉块打磨掉；从最大侧磨点起向两侧各 5~6 m 范围内，对曲线正矢和轨距进行调整。将上股钢轨正矢向曲线外侧调整 4 mm。调整后曲线正矢符合要求，且最大轨距为 1 444 mm，轨距递减也在标准值之内；对该地段整条曲线进行全面检查和整修，保证了曲线的圆顺度，侧磨发展减缓。

案例解析：

经分析，该地段曲线半径 250 m，长期运营后必然会产生钢轨侧磨；曲线圆顺度不够，加剧钢轨侧磨；侧磨较大时，会在钢轨头部产生剥离、掉块、肥边等病害。

钢轨侧磨与车辆类型、轴重、通过频次等因素有关。不同车辆、不同轴重、不同频次，对钢轨侧磨造成的影响也各不相同；侧磨与曲线半径大小有关，曲线半径越小，侧磨发展越快；侧磨与超高设置有关，超高设置是否合适，会影响侧磨的变化；钢轨涂油也会减缓侧磨的发展；侧磨与钢轨材质有关。

为预防钢轨侧磨，应加强日常维修，保证良好的轨道几何状态和曲线的圆顺度，轨面平顺。对正矢超限的处所及时整治，曲线头尾不得有“反弯”和“鹅头”，使曲线经常处于良好状态；这是减轻列车摇晃和车轮对钢轨冲击的重要措施；定期检查，及时养护，预防钢轨各种病害发生；提高作业质量，在作业质量控制上，强调作业流程标准化和单项作业标准化；定期检查曲线磨耗，对磨耗突然加剧的曲线进行原因分析，做好整治措施；曲线应定期进行涂油。有涂油器曲线，应经常保持涂油器的正常使用；利用轨检车全面综合地评定曲线质量，同时内部组织技术人员添乘检查，加大检查力度，可以有针对性地整治曲线病害，以保持曲线处于优良状态；曲线定期涂油。实践证明：连续、过量地在曲线钢轨上涂油，会加剧钢轨剥离掉块。因此，涂油器的使用（包括出油量、涂油周期等）要合理、规范；使用绳正法测量正矢，无论钢轨轨头作用边有无磨耗，都要在轨面下 16 mm 处钢轨工作边量取。

【案例 2】曲线钢轨波浪磨耗

案例经过：

2008 年 3 月，某地铁线下行 K21 处，曲线钢轨波浪磨耗（以下简称波磨）严重，经测量，波谷深度 1.0 mm。列车经过该曲线时噪声大，扣件（弹条）频繁折断。经添乘检查，地铁列车经过该处时，噪声异常。通过安排钢轨打磨车上线作业，对该处曲线进行了打磨；在波磨严重地段加装轨距拉杆，以防止因扣件失效引起几何尺寸超限。经再次添乘列车检查，该地段噪声及振动减弱。

案例解析：

此处上下行线路各有两条反向曲线，半径分别为 600 m 和 700 m（图 3.25），高架桥无砟道床，Ⅳ型减振器扣件，线路坡度 6.999‰，U71Mn 钢轨，未安装钢轨涂油器。经现场检查，此地段线路几何尺寸符合养护维修标准，钢轨未发现明显侧磨，钢轨头部表面有明显波浪磨耗，经测量波磨谷深最大达 1.0 mm，波长 90 mm，此处线路扣件频繁折断，有时每班更换扣件为 20 多个。

基于以上现场情况，初步认为，由于钢轨产生的波浪磨耗导致轮轨间振动加剧，噪声超标，扣件频繁折断，危及行车安全。波磨增加了列车阻力，通过波磨地段时，列车会因此增加能耗。当前消除钢轨波磨病害的有效手段是利用钢轨打磨车打磨钢轨，从而消除波磨。

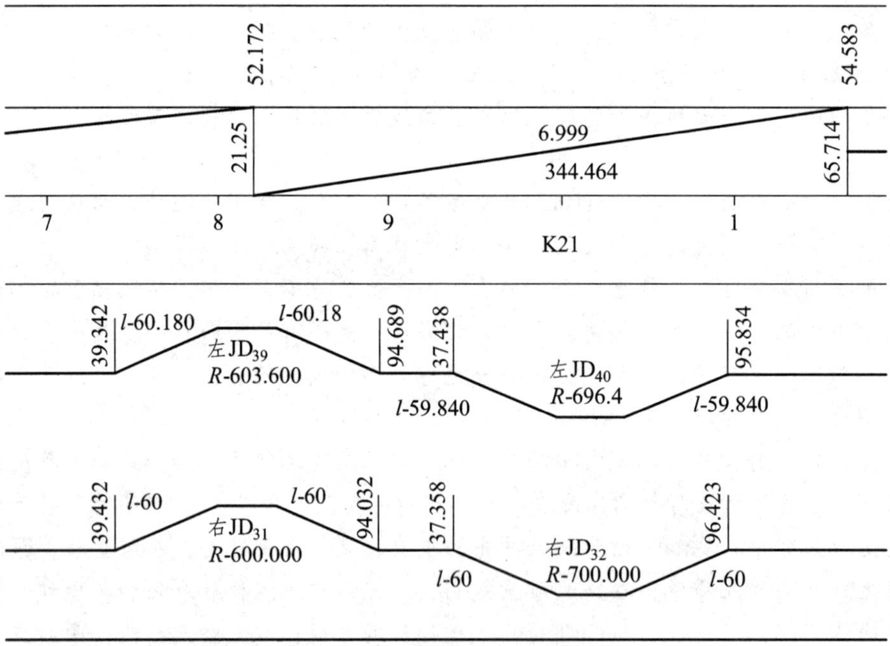

图 3.25　波磨地段线路条件

造成钢轨波磨的直接原因是车轮与钢轨接触时，不是完全滚动通过，而是有部分的滑动或跳动。

车轮通过曲线钢轨时，由于车轮在曲线上下股通过的路程不可能绝对一样，此时轮轴就会受到扭矩作用，当扭矩累积到一定值，轮轨踏面的黏着力小于扭矩在轮踏面上产生的扭转时，扭矩就会突然释放，于是车轮踏面与钢轨踏面之间的黏着状态就会转变为滑动状态，即轮轨之间的“黏着-滑移”效应，从而引起波磨。由于线路几何尺寸超限，或轨枕空吊，形成线路表面不平顺，会引起钢轨的跳动，从而引起钢轨波磨。由于线路结构设计原因，线路自身振动频率与列车振动频率重合，列车经过时引起列车与线路的共振，车轮滚动加跳动行驶，引起非正常波磨。

影响钢轨波磨形成和发展的因素很多。轨道弹性和阻尼对波磨的影响，良好的轨道弹性有助于减小不平顺引起的轮轨的附加动力作用，从而延缓钢轨波磨的形成和发展。板结的道床还能激发轮对的黏滑振动，是波磨形成和发展的直接原因。本案例线路所处地段为无砟道床，无砟道床的高刚度对波磨的形成起到了一定作用。

机车车辆及其走行部构造特性对波磨的影响，在客货混跑的线路上，因货车与客车的作用部分抵消，波磨较少出现；而单跑货车或单跑客车的线路，则容易出现波磨。本案例为地铁线路，绝大部分时间都是单一载客运行，列车形式单一，所以钢轨较容易出现波磨。曲线半径对波磨的影响。曲线半径越小，轮轨之间出现滑动的概率越大，轮对的黏滑振动越容易被激发，波磨的发展就越快。

轮轨之间的黏着系数对波磨的影响：轮轨之间的黏着系数低，则容易出现轮对的黏滑振动，波磨就容易形成。因此气候潮湿的季节和气候潮湿的地区的钢轨就容易出现波磨。

轨道不平顺和外轨超高：轨道的动静态不平顺使随机的轮对黏滑振动归一化，并将高磨耗区和低磨耗区固定下来，促成波磨的形成和发展。外轨超高过大，则加剧轮轨之间的黏滑振动，欠超高可减小轮轨之间的黏滑振动。

对于钢轨波磨的处理方法，除去利用钢轨打磨车打磨钢轨之外，我们在治理实践中还用了另外一种方法，也很见成效。即在轨旁安装轮轨摩擦系数调整装置，定时向轨顶面喷涂轮轨摩擦调整液，从而将轮轨摩擦系数固定在一个特定值，达到抑制钢轨波磨的产生和发展。除此之外，提高钢轨本身强度也是一种延缓波磨发展的方法，比如可将 U71Mn 钢轨更换为硬度较大的 U75V 钢轨或轨头全长淬火轨。此方法需同时对车辆轮对强度进行匹配，同样造价较高。目前，处理波磨病害的最有效的手段仍是打磨钢轨。

波磨病害的检查和判断，可通过“听”“看”“测”三步来定性定量。首先可通过添乘机车，听轮轨噪声，如通过地段有刺耳啸叫声，可初步判断此地段钢轨存在波磨；第二步是现场肉眼观察判断，轨面有明暗交错的波浪状纹路，正对灯光方向观望较为明显（图 3.26），通过“看”进一步确认钢轨波磨；第三步是用钢轨波磨测量仪测量波磨的波谷及波长，记录波磨特征。

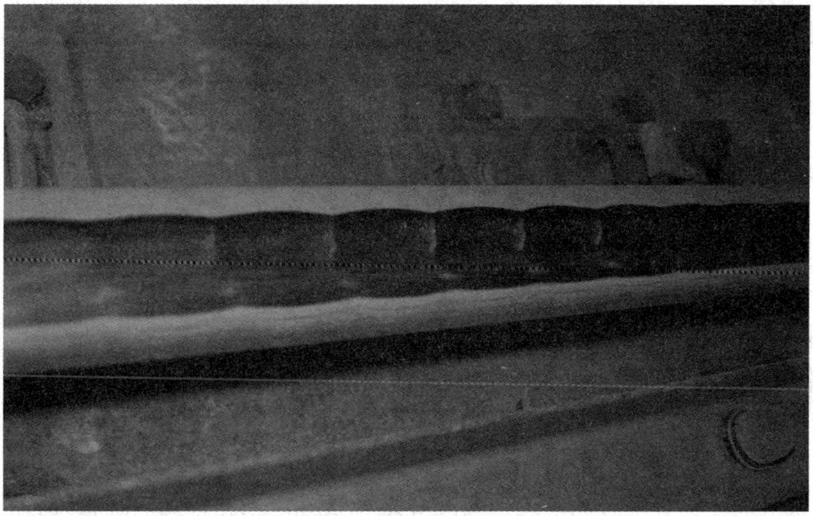

图 3.26 钢轨波磨

钢轨波磨现象成因复杂，难以预防。在日常维修中要保持线路的几何状态稳定，曲线保持圆顺，超高、轨底坡保持正常设置。一旦发现有波磨，要定期观察其发展。波磨谷深达到 0.3 mm，可进行预防性打磨，以阻止其进一步发展；谷深达到 0.5 mm，可进行修复性打磨，以消除其引起的噪声、扣件折断等现象。

为减少波磨发生可采取如下措施：在轨面上涂特制润滑剂，可使轮对出现滑动时，蠕滑力不是降低而是提高，则轮轨之间的黏滑振动就可消除，钢轨波磨就不会形成；增设轮动弯曲振动和扭转振动阻尼。当轮对弯曲和扭转振动阻尼达 100 kN · m · s/rad 时，轮对的黏滑振动很快衰减，波磨难以形成。可增大转向架的一系阻尼来有效地消除轮对的弯曲振动；离散列车速度，保证列车通过曲线时的速度均匀，任何一种列车速度也不占优势，这样可以消除钢轨不均匀磨损的重复和累加效应，可以预防波磨；减少轨道不平顺，铺设无缝线路；钢轨接头附近的 4 根轨枕采用木枕，以提高钢轨接头的弹性；提高曲线圆顺度，消灭空吊板和三角坑；消灭钢轨硬弯和轨头掉块现象；降低外轨超高，降低外轨超高不仅对降低钢轨波磨有利，对降低钢轨侧磨也有利；改善钢轨材质，提高硬度和耐磨性；预防性钢轨打磨，即当钢轨上尚未出现波磨时，对钢轨实行打磨，预防性打磨可消除钢轨表面的原始不平顺，释放钢轨表层在加工过程中形成的残余应力，有助于延缓钢轨波磨的形成。

【案例 3】夹直线晃车

案例经过：

2004 年 10 月，某地铁线上行曲线 K10+658～K10+678 与曲线 K10+718～K10+738 之间的夹直线，添乘时晃车，影响乘客舒适度。经添乘检查，发现上行曲线 K10+678～K10+718 之间夹直线晃车严重。经静态检查：（1）线路轨距、水平超限；（2）水平存在三角坑；（3）线路方向不良、高低超限。通过整治超限的几何尺寸，拨正方向，调整夹直线顺坡。

此处上行线路：有两条反向曲线，半径均为 2 000 m（图 3.27），超高 20 mm，地面线为有砟道床混凝土枕线路，DTⅥ2 型扣件，坡度为 0，U71Mn 钢轨。经现场检查，该地段线路轨距、水平、方向、高低及三角坑等几何尺寸均符合标准，未发现超限处所。经进一步仔细查看现场发现，以上两反向曲线之间的超高顺坡终点交汇于同一点，实际夹直线长度为零（图 3.28）。

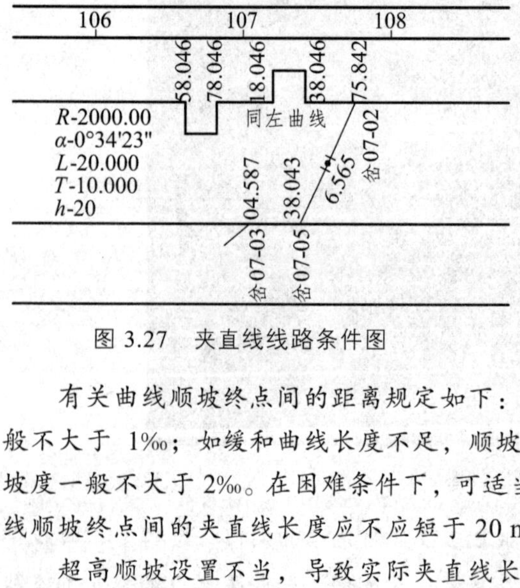

图 3.27　夹直线线路条件图

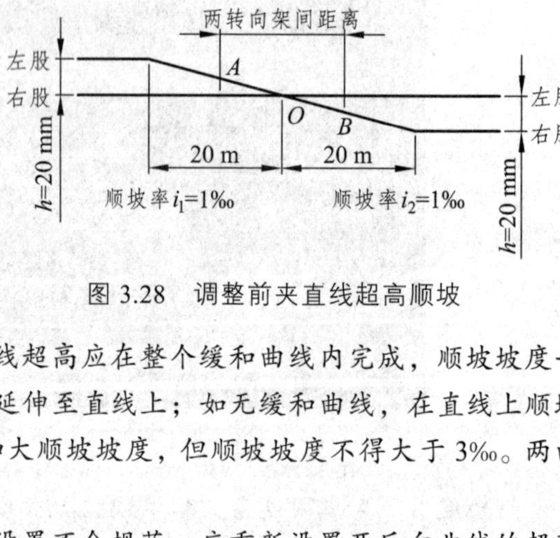

图 3.28　调整前夹直线超高顺坡

有关曲线顺坡终点间的距离规定如下：曲线超高应在整个缓和曲线内完成，顺坡坡度一般不大于 1‰；如缓和曲线长度不足，顺坡可延伸至直线上；如无缓和曲线，在直线上顺坡坡度一般不大于 2‰。在困难条件下，可适当加大顺坡坡度，但顺坡坡度不得大于 3‰。两曲线顺坡终点间的夹直线长度应不应短于 20 m。

超高顺坡设置不当，导致实际夹直线长度设置不合规范。应重新设置两反向曲线的超高顺坡，使实际夹直线长度符合规范。分别将超高顺坡范围内的曲线上股钢轨落道，将两反向曲线超高顺坡率改为 2‰，两曲线超高顺坡长度均变为 10 m，在夹直线上，两顺坡终点之间的距离变为 20 m（图 3.29）。调整后彻底解决了此处因超高顺坡设置不当引起的晃车现象。

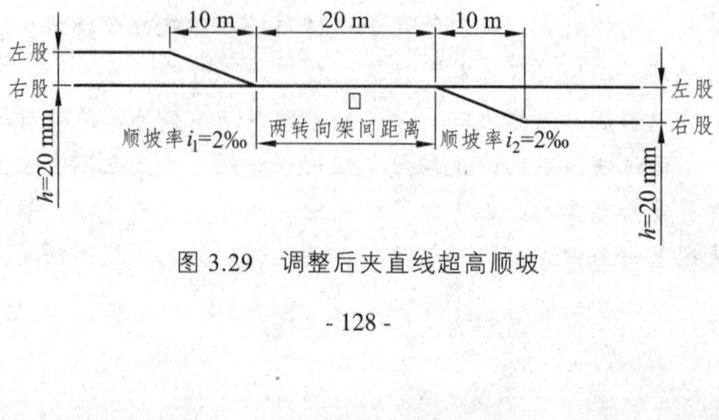

图 3.29　调整后夹直线超高顺坡

案例解析：

以上两曲线为反向曲线，半径均为 2 000 m，超高均为 20 mm，无缓和曲线。两曲线间的夹直线为 40 m。两曲线超高顺坡均在曲线以外直线上，均按照 1‰的顺坡率设置，顺坡长度均为 20 m。两曲线间的夹直线中点成为两超高顺坡终点，其水平为 0；列车经过夹直线时，两转向架将会同时处于两个超高顺坡地段，再加上两曲线是反向曲线，列车经过此夹直线时就会产生比较严重的晃车。由于超高顺坡率设置过小，导致两反向曲线之间没有夹直线。

此案例的具体处理方法为曲线上股落道，如采取曲线下股起道同样可达到目的。两者的不同点在于前者可以保证线路纵坡保持不变；而后者会引起线路纵坡的改变。另一方面，线路落道的实施比线路起道实施的难度大，但如施工时间充足，还是应保持原线路纵坡，采取上股落道来解决。

此案例病害比较隐蔽，不太容易被发现，因为线路几何尺寸完全符合规范。这就要求现场维修人员要有宏观意识，不要只拘泥于线路的几何尺寸的整治，要结合现场实际情况，从病害产生的原因以及相关规定入手去考虑问题，这样才能够及时发现此类病害的根源。接下来就应根据病害原因，确定相应的治理方案，进行整改。在进行一项维修工作的同时，一定要综合考虑问题，要考虑到进行此项维修工作会不会带来其他参数或其他设备的相应变化。要综合辩证地去进行线路维修工作，不能顾此失彼。进行线路维修作业时，要综合考虑问题，考虑对其他项目或指标的影响。

复习思考题

1. 曲线的种类有哪些？它们有何特点和要求？

2. 设置缓和曲线的目的是什么？缓和曲线长度确定应满足哪些条件？

3. 为什么要设置曲线外轨超高？曲线外轨超高的最大限度有何规定？

4. 什么是“欠超高”？什么是“过超高”？容许最大未被平衡的超高度是多少？

5. 已知曲线半径为 500 m，经多次对通过该曲线的列车测速，其中列车最高的速度为 65 km/h，最低为 48 km/h，通过平均速度计算而得的超高度为 80 mm，用未被平衡超高度进行检算。

6. 已知曲线半径为 450 m，外轨超高为 70 mm，问当列车通过时的最高速度为 70 km/h 时，曲线未被平衡的超高度是多少？其是否符合规定？

7. 为什么要对曲线轨距进行加宽？曲线轨距加宽递减有何要求？曲线外轨超高顺坡有何要求？

8. 曲线为什么要设置缩短轨？

9. 已知某曲线圆曲线半径为 500 m，圆曲线长度为 135 m，缓和曲线长为 60 m，第一根钢轨进入曲线的长度为 2.85 m，每个轨缝 10 mm，用 12.50 m 长的标准轨及相应的缩短轨铺设，计算该曲线应采用的缩短轨类型和根数。

10. 在运营线上如何布置缩短轨？说出布置的方法和步骤。

11. 为什么要整正曲线？整正曲线最常用的是哪种方法？

12. 已知曲线半径 400 m，缓和曲线长 80 m，求该曲线上各点的正矢值（弦长为 20 m）。

13. 拨动曲线时，如果某一点的正矢增加或减少 1 mm，前后两点的正矢各增加或减少多少？

14. 整正曲线时，必须遵守哪些原则？

15. 如何整治曲线病害？

16. 已知某曲线圆曲线半径为 500 m，圆曲线长度为 135 m，缓和曲线长为 60 m，第一根钢轨进入曲线的长度为 2.85 m，每个轨缝宽 10 mm，用 12.50 m 长的标准轨及相应的缩短轨铺设，计算该曲线应采用的缩短轨类型和根数，并确定缩短轨的配置位置。

17. 在曲线半径为 600 m 的圆曲线轨道内侧散布和连接 43 kg/m 钢轨，每段轨组长为 100 m，新旧轨的间隔为 300 mm，旧轨头宽 60 mm，43 kg/m 钢轨轨头宽 70 mm，如果预留轨缝为 8 mm 时，求空头和搭头数值。

第四章　道　岔

【学习目标】

1. 了解道岔的作用；
2. 了解道岔的组成；
3. 了解道岔的构造；
4. 会使用量具检查单开道岔。

【知识要求与技能要求】

1. 熟悉普通单开道岔的检查；
2. 道岔的种类；
3. 道岔病害的原因和处理方法；
4. 更换道岔铁垫板及板下弹性垫层的方法。

道岔是引导机车车辆由一条线路转往另一条线路的轨道设备。这些设备包括各种道岔、交叉及道岔和交叉的组合等，我国习惯上把道岔和交叉设备统称为道岔。道岔是地铁轨道的重要组成部分，其构造复杂，是线路的薄弱环节之一。

第一节　道岔的分类与地铁中常用道岔

一、道岔的分类

道岔的基本形式为轨道的连接、轨道的交叉以及轨道连接与交叉的组合。

1. 单式道岔

使一条线路分为两条线路的道岔，叫单式道岔。它包括以下几种类型：

（1）普通单开道岔：这种道岔保持主线为直线，侧线在主线的左侧或右侧岔出。单开道岔是各种道岔中的主要形式（图 4.1）。

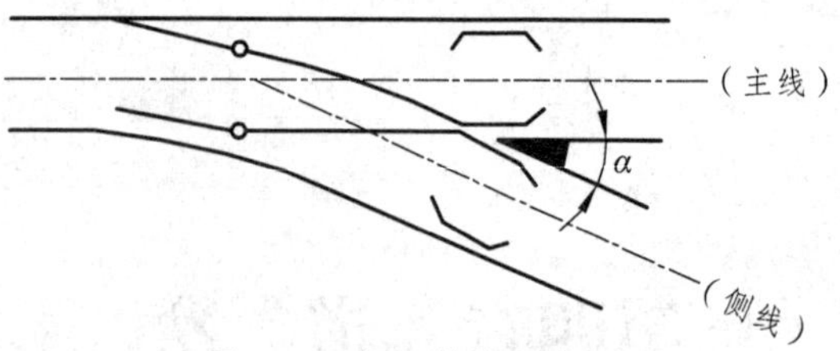

图 4.1　右开道岔示意图

单开道岔左右开的确定方法是：站在道岔前端，面向尖轨，侧线向左分支的道岔称为左开道岔，侧线向右分支的道岔称为右开道岔。

（2）对称道岔（又称双开道岔），如图 4.2：自主线向左右两侧对称岔出两条线路的道岔，其两辙叉角相等，左右侧沿着道岔中心线对称。

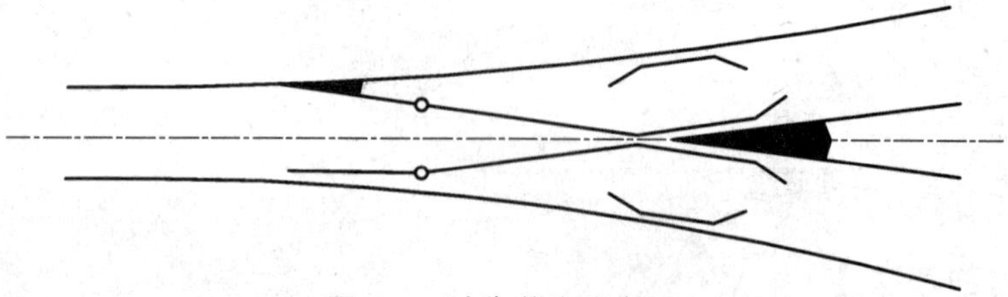

图 4.2　对称道岔示意图

2. 复式道岔（又称三开道岔）

为了节省用地、缩短线路总长，或由于受地形限制，道岔铺设位置不能按照一前一后逐组错开铺设，必须把一组道岔纳入另一组道岔内，便形成复式道岔。复式道岔分为下列几种类型：

（1）三开道岔：主线为直线，用同一部位的两组转辙器，将一条轨道分为三条、两侧对称分支的道岔，所以又称复式对称道岔（图 4.3）。

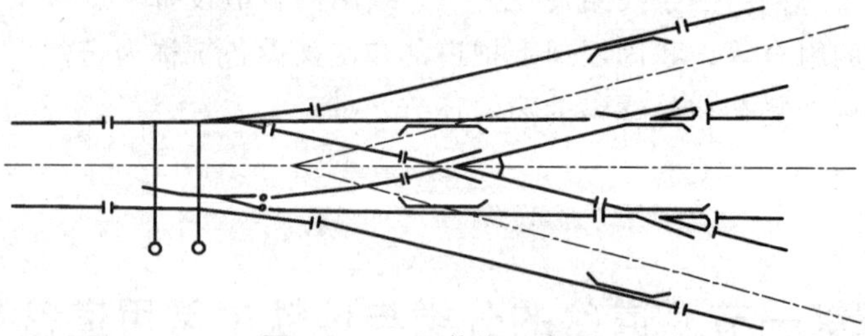

图 4.3　三开道岔示意图

（2）复式异侧不对称道岔：主线为直线，在不同部位用两组转辙器，将一条轨道分为三条，两侧不对称分支的道岔（图 4.4）。

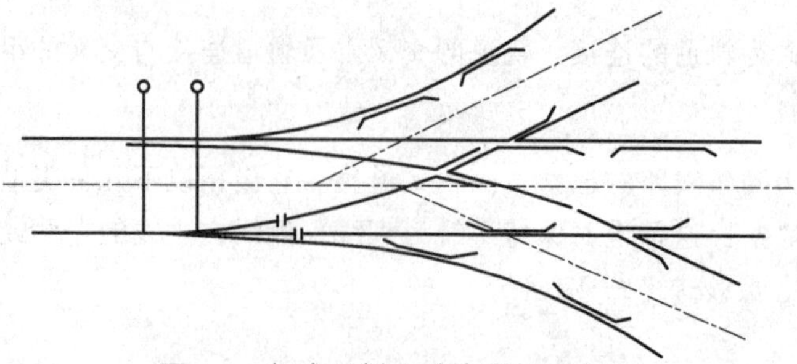

图 4.4　复式异侧不对称道岔示意图

（3）复式同侧不对称道岔：两条侧线从主线的一侧岔出（图 4.5）。

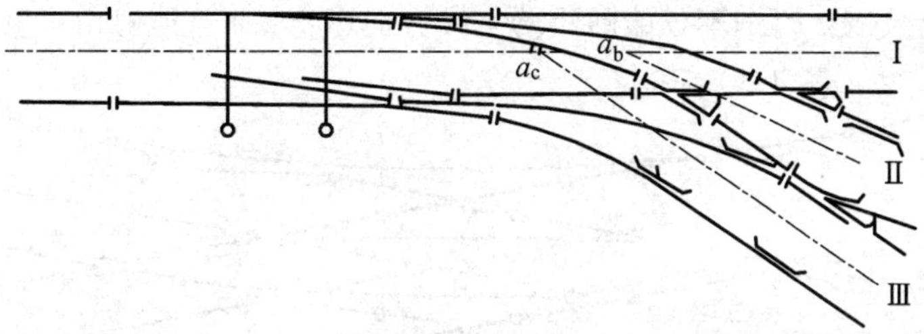

图 4.5 复式同侧不对称道岔示意图

3. 菱形交叉

菱形交叉两直线轨道在同一平面上相交成菱形的交叉（图 4.6）。

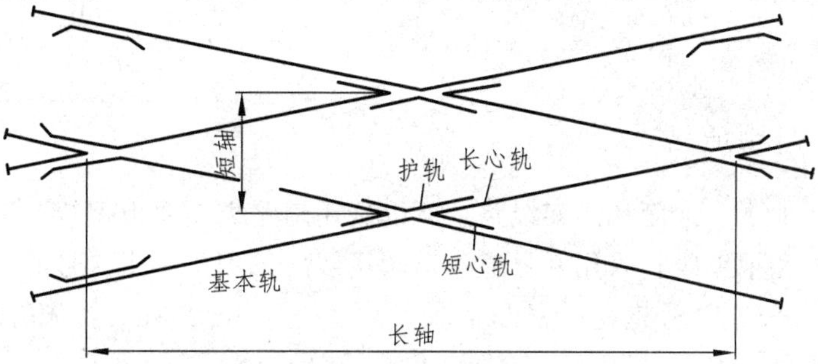

图 4.6 菱形交叉示意图

4. 交叉渡线

（1）单渡线：使列车由一线转入它线的设备，由两组单开道岔及一条连接轨道组成（图 4.7）。

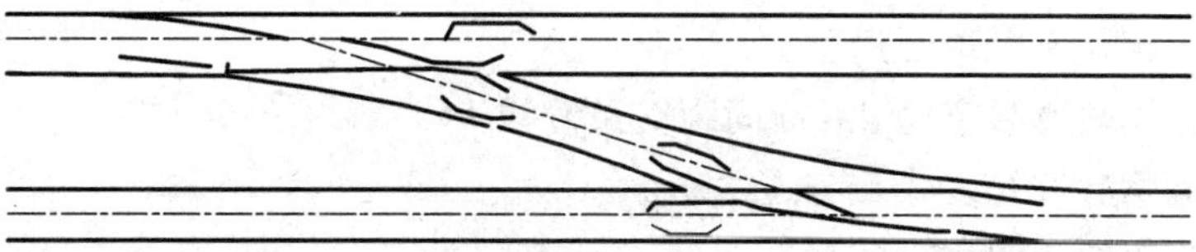

图 4.7 单渡线示意图

（2）交叉渡线：相邻两线路间由两条相交的渡线和一组菱形交叉组成的设备（图 4.8）。

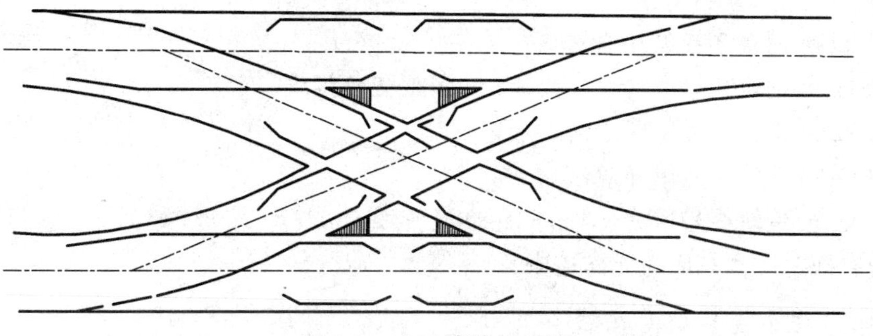

图 4.8 交叉渡线示意图

5. 交分道岔

两条线路相互交叉，列车不仅能够沿着直线方向运行，而且能够由一直线转入另一直线，这种道岔叫交分道岔（图 4.9）。

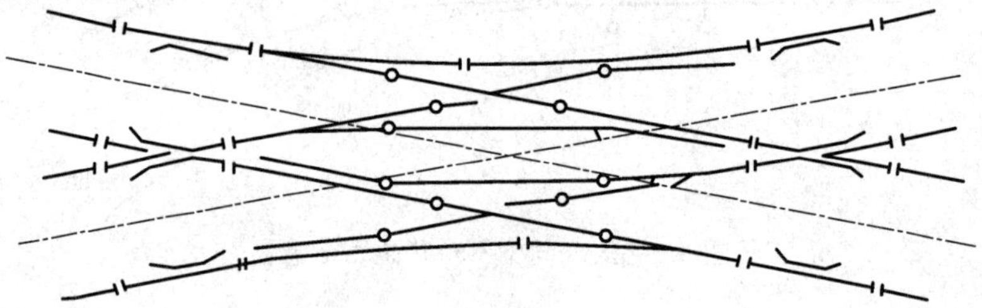

图 4.9 交分道岔示意图

其中，单开道岔是各种道岔中的主要形式，使用最为普遍，其铺设数量占各类道岔铺设总数的 90%以上。

二、地铁中常用道岔

地铁线路分为地下、地面和高架线路，所以选用道岔类型要根据行车组织、地形、地物而确定。一般正线和辅助线宜采用 9 号道岔，车场线应采用不小于 7 号的道岔，地铁与地方铁路连接可采用 9 号或 12 号道岔。根据北京、天津、上海、广州、沈阳等城市地铁或轻轨，选用道岔有下列几种：

1. 正线及辅助线

（1）60 kg/m 钢轨 9 号单开道岔。

（2）60 kg/m 钢轨 9 号道岔 5 m 间距交叉渡线。

（3）60 kg/m 钢轨 9 号复式交分道岔。

（4）50 kg/m 钢轨 9 号单开道岔。

（5）50 kg/m 钢轨 9 号道岔 4.6 m 间距交叉渡线。

（6）50 kg/m 钢轨 9 号复式交分道岔。

（7）60 kg/m 钢轨 12 号单开道岔。

道床为有砟道床或无砟道床。

2. 车场线

（1）50 kg/m 钢轨 7 号单开道岔。

（2）50 kg/m 钢轨 7 号道岔 5 m 或 4.5 m 间距交叉渡线。

（3）43 kg/m 钢轨 6 号单开道岔。

（4）43 kg/m 钢轨 7 号单开道岔。

（5）43 kg/m 钢轨 7 号道岔 4.5 m 间距交叉渡线

车场为有砟道床，车库为无砟道床。

3. 与地方铁路连接的专用线

（1）60 kg/m 钢轨 12 号单开道岔。

（2）60 kg/m 钢轨 9 号单开道岔。

（3）50 kg/m 钢轨 12 号单开道岔。

（4）50 kg/m 钢轨 9 号单开道岔。

道床一般为有砟道床。

第二节 普通单开道岔的构造

普通单开道岔，由转辙部分、连接部分、辙叉及护轨部分组成（图 4.10）。

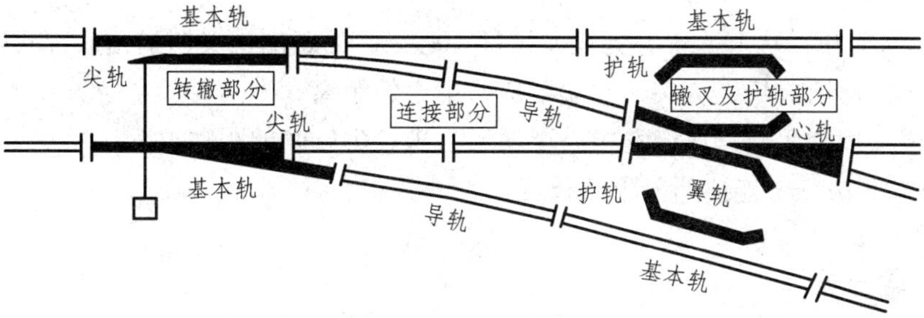

图 4.10 单开道岔结构示意图

在道岔设计、制造、铺设、更换和养护维修工作中，要运用道岔各部分尺寸，这些尺寸测量的准确地点和道岔一般名词术语（图 4.11），必须符合铁道部颁布的标准《铁路道岔和交叉名词术语》（TB/T 1353—79）和地铁有关设计规范，以利更好地检查和维修。

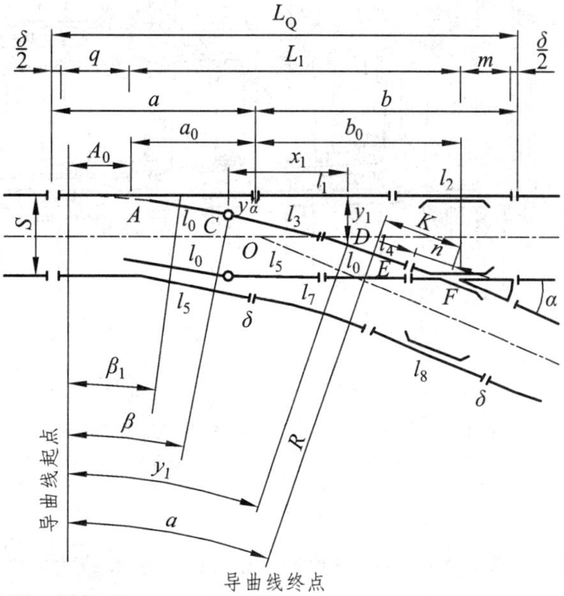

图 4.11 单开道岔各部位示意图

道岔各部分名称如下：

O——道岔中心，即道岔直股中线和侧股辙叉部分中线的交点；

O_1——导曲线中心（图中未标出）；

L_Q——道岔全长，从道岔前后的轨缝中心起算；

L_t——道岔理论全长，尖轨尖端至辙叉理论交点间距离，也叫道岔理论导程（$L_t = a_0+b_0$）；

β——转辙角；α——辙叉角；L_s——基本轨长度；L_0——尖轨长度；

q——尖轨尖端前基本轨伸出长度；

m——辙叉跟距；n——辙叉趾距；R——导曲线半径；S——轨距；

k——导曲线前插直线长度；K——导曲线后插直线长度；

a——道岔前长，从道岔中心到基本轨前端接头轨缝中心线间的距离，又称道岔前部实际长度；

b——道岔后长，从道岔中心到辙叉尾部中心线间的距离，又叫道岔后部实际长度；

a_0——道岔理论前长，从尖轨尖端至道岔中心的距离；

b_0——道岔理论后长，从道岔中心至辙叉心理论尖端间的距离；

δ——轨缝；L——连接部分配轨长度。

一、转辙部分

单开道岔的转辙部分，由两根基本轨、两根尖轨、各种联结零件及转辙机械组成。单开道岔是通过转辙机械（扳道器），使两根尖轨往复摆动，以引导机车、车辆，沿某一定方向运行的导向设备（图 4.12）。

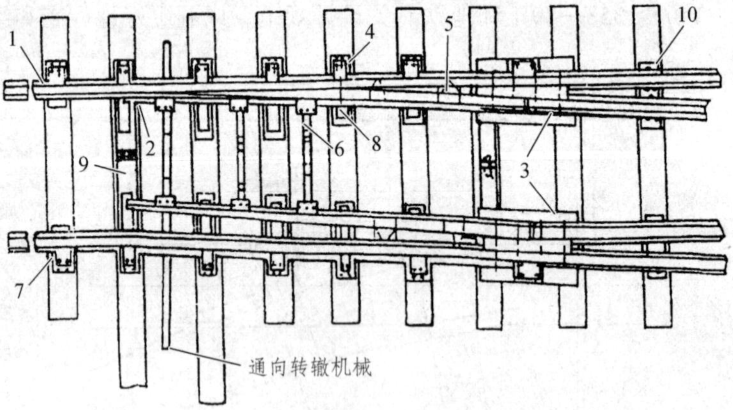

图 4.12　道岔转辙部分结构示意图

1—基本轨；2—尖轨；3—跟部结构；4—轨撑；5—顶铁；6—连接杆；7—辙前垫板；8—滑床板；9—通长垫板；10—辙后顺坡垫板

1. 基本轨

在道岔中，接触尖轨和靠近护轮轨的钢轨叫基本轨，基本轨由标准钢轨断面的钢轨制成，一侧为直基本轨，一侧为曲基本轨。基本轨的主要作用是承受车轮的垂直压力，同时与尖轨共同承受车轮的横向水平推力，并保持尖轨位置的稳定，如图 4.13 所示。

基本轨与尖轨密贴时，尖轨非作用边和基本轨作用边构成一个转辙角，因此在转辙部分需设置加宽，以满足机车固定轴距与车轮转入侧向时轮轨内接的需要。尖轨尖端的轨距加宽，因尖轨的线形与长度不同而异。由于尖轨尖端轨距大于跟端轨距，轨距需均匀递减，以保持转辙部分各处轨距和方向良好，使尖轨竖切部分与基本轨完全密贴，对曲基本轨必须进行弯折。曲基本轨共设两个弯折点，尖轨尖端处一个（第一曲折点），尖轨跟端处一个（第二曲折点）。

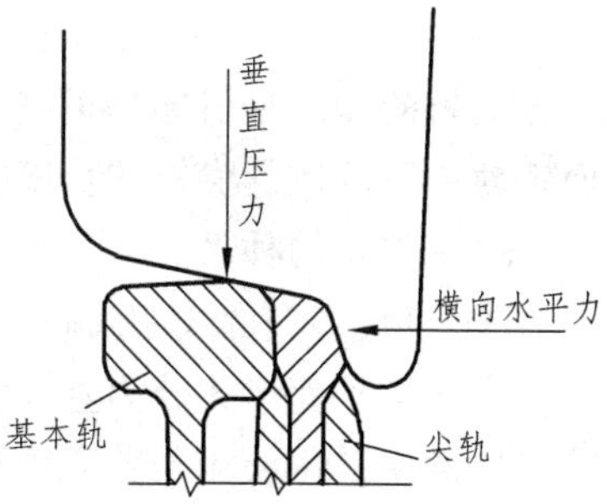

图 4.13　基本轨受力示意图

单开道岔基本轨弯折的尺寸可以根据轨距变化的大小和距离来确定，见表 4.1。

表 4.1　曲基本轨弯折矢距

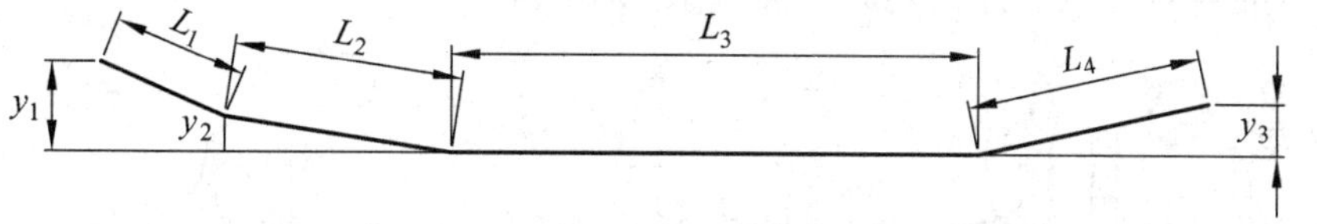

钢轨类型	道岔号数	道岔图号	线段长（mm）				矢距值（mm）		
			L_1	L_2	L_3	L_4	y_1	y_2	y_3
60	12	专线 9737	2541		6 055	6 997	30.6		116
50	9	TB404	420	2 100	6 842	3 138	41	32	55
60	9	DCZ211	420	1 860	7 042	1 638	52	42	13

注：以上图表尺寸仅供参考，实际应用中应参照设计图纸标示尺寸。

曲折点的矢距可以通过计算的方法来确定。如以 2 m 弦线测量时，计算公式如下：

$$\text{第一曲折点矢距}=\frac{\text{尖轨跟距}+\text{尖轨跟轨距}-\text{尖轨尖轨距}}{2\times\text{尖轨长}}-\frac{\text{尖轨尖轨距加宽值}}{2\times\text{尖轨前递减距离}}$$

$$\text{第二弯折点矢距}=\frac{\text{导曲线轨距}-\text{尖轨跟轨距}}{6}+\frac{\text{尖轨尖轨距}-\text{尖轨跟轨距}}{2\times\text{尖轨长}}$$

为了更准确地测量曲折点矢距，可用 4 m 弦线测量。用 4 m 弦线测量曲折点矢距时，只要将上面公式计算结果乘以 2 倍即可。

我们在现场弯折基本轨曲折点时应该注意以下几点：

（1）为保证尖轨尖端与基本轨密贴，在弯折第一曲折点时，弯轨器的顶杆应比理论弯折点向基本轨接头方向超前 100 mm。

（2）为防止夹板、间隔铁与基本轨的不密贴，在弯折第二曲折点时，实际弯折点应向导曲线方向移至尖轨跟夹板末端的外侧。

（3）弯折器的顶紧杆松开后，钢轨的回弹量一般可按弯折量的 60%计，也可以在实际弯折前，用同一类型的短轨进行试弯，找出回弹量的大小。

2. 尖轨

尖轨的作用是引导列车进入道岔的直线或侧线，采用与基本轨同类型标准钢轨或特种断面钢轨刨切制成。尖轨的长度根据道岔号数确定。

（1）尖轨的种类。

① 直线型和曲线型尖轨。

尖轨按平面形式分为直线型和曲线型尖轨。直线型是指尖轨的工作边为直线，左右开道岔可以通用，主要用于普通单开道岔；曲线型尖轨的工作边为曲线，左右开道岔不能通用，侧向通过速度高，适用于大号道岔。

② 普通断面、高型特种断面和矮型特种断面尖轨。

尖轨按断面形式分为普通断面、高型特种断面和矮型特种断面三种尖轨。普通断面尖轨按其构造又分不补强的普通钢轨断面尖轨[图 4.14（a）]、一般补强的普通钢轨断面尖轨[图 4.14（b）]和特殊补强的普通钢轨断面尖轨[图 4.14（c）]。

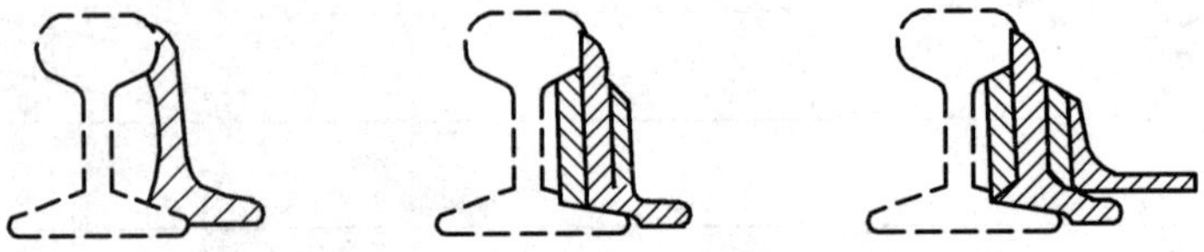
（a）　（b）　（c）

图 4.14　尖轨断面图

高型特种断面尖轨，一般指用与基本轨同型等高的特种断面钢轨制作的尖轨，这种尖轨无论竖向或横向的刚度都很大，宜铺设在列车运行速度较高、轴重较大的线路上。

矮型特种断面尖轨，一般指较同型基车轨低的特种断面钢轨制作的尖轨。

（2）尖轨跟端的构造。

单开道岔的尖轨跟端构造，无论采用何种形式，应能保证灵活扳动尖轨。我国设计的道岔，主要采用间隔铁式和弹性可弯式跟端结构。

① 间隔铁式尖轨跟端结构。

间隔铁式尖轨跟端构造[图 4.15（a）、（b）]由垫板、间隔铁、夹板、轨撑以及用于联结的螺栓等组成。

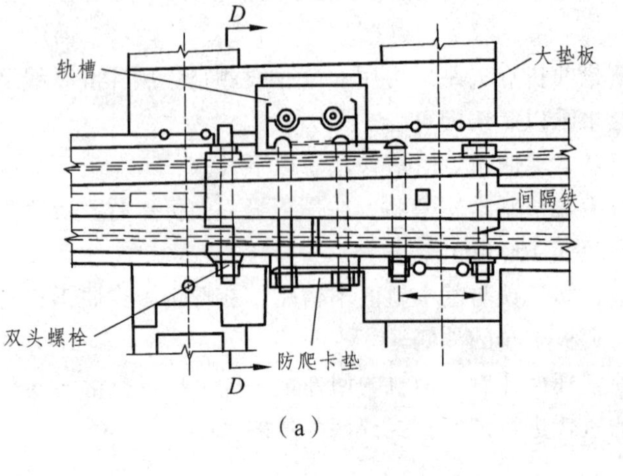

（a）

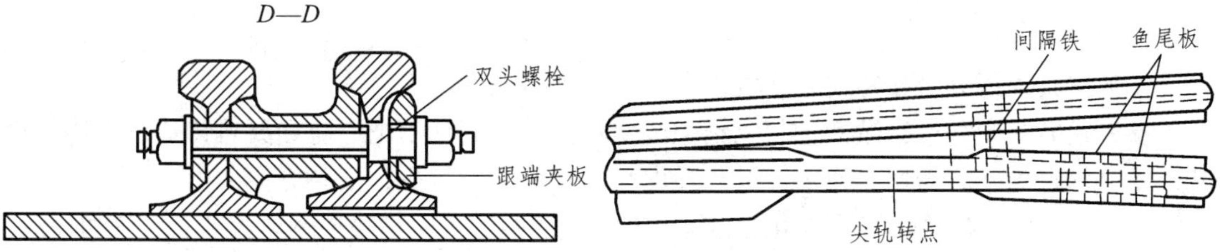

（b）　　　　（c）

图 4.15　间隔铁式及弹性可弯式尖轨跟端构造示意图

② 弹性可弯式尖轨跟端结构。

弹性可弯式尖轨跟端用普通钢轨接头与导曲线的钢轨接头连接，如图 4.15（c）所示。此种构造形式，适于矮型特种断面尖轨，我国在一些行车速度较高的大号码道岔中采用了弹性可弯式尖轨（限位器）的跟部结构。

3. 转辙部分的主要零件

（1）道岔顶铁。

尖轨在其头部刨切长度内，当尖轨与基本轨靠紧密贴时，直接受基本轨的支撑，而在其余部分，尖轨与基本轨离开。为固定这部分的距离，在尖轨外侧腹部安装 2 ~ 3 个顶铁，使列车通过尖轨时，车轮给尖轨施加的横向力，通过顶铁传给基本轨，以防尖轨受力而弯曲，并保证尖轨部分轨距的正确。

（2）道岔拉杆、连接杆。

道岔拉杆是指转辙器中与转辙设备相连接的杆件。它的作用主要是连接两尖轨，并与转辙设备相连，以实现尖轨的摆动。

道岔连接杆是指转辙器中连接两根尖轨的杆件，它的作用主要是增强尖轨间的框架，提高尖轨的稳定性。

（3）轨撑、滑床板。

转辙器的轨撑是防止基本轨的倾覆、扭转和纵横向移动的支撑件，安装在基本轨的外侧，轨撑式样有双墙式轨撑、单墙式轨撑。滑床板有分开式和不分开式两类。不分开式用道钉将轨撑、滑床板直接与岔枕联结；分开式是轨撑由垂直螺栓先与滑床板联结，再用道钉或螺纹道钉将垫板与岔枕联结。

（4）辙跟间隔铁。

间隔铁，是保持尖轨跟端轮缘槽尺寸和连接尖轨与导轨的设备。

（5）辙跟夹板。

辙跟夹板是尖轨跟端的连接零件，它与辙跟间隔铁共同配合，将尖轨、基本轨和连接部分的钢轨连为一体，辙跟夹板前部略向线路中心弯折，最前端离开钢轨腹部约 8 mm，为防止车轮冲击夹板，弯折段的顶部进行了刨切。

二、辙叉和护轨部分

辙叉由心轨、翼轨组成，主要作用是引导车轮由一股钢轨越过另一股钢轨。

1. 辙叉的分类

辙叉按其类型分为整铸式、钢轨组合式、可动心三种。

整铸式辙叉为高锰钢辙叉，是用含锰 10%% ~ 14%的高锰钢把心轨和翼轨铸造成整体的辙叉，主要优点为坚固耐用，稳定性好，强度高，维修工作量少，安装方便。

钢轨组合式（拼装式）辙叉由长心轨和短心轨组成，翼轨用普通钢轨经弯折、刨切而成。心轨和翼轨用不同尺寸的螺栓和间隔铁连成一体。

2. 辙叉的构造

如图 4.16 所示：

辙叉前端为辙叉趾端，后端为辙叉跟端。

两翼轨工作边最小距离为辙叉咽喉。

辙叉心轨两工作边延长线交点为辙叉心轨理论尖端，由于制造工艺关系，实际上的尖端有 6 ~ 8 mm 的宽度，此处为辙叉实际尖端。

辙叉咽喉至辙叉心轨尖端钢轨工作边中断，称为“有害空间”。

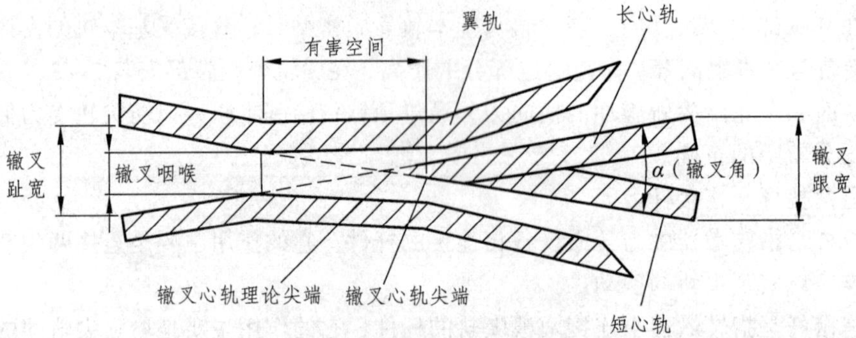

图 4.16　辙叉构造示意图

3. 查照间隔和护背距离

查照间隔是辙叉心作用边至护轨作用边的距离，定能保证列车车轮在最不利的情况下，护轨能制约一侧的车轮，使另一侧的车轮不冲击辙叉心。通过计算，查照间隔不得小于 1 391 mm，应保持在 1 391 ~ 1 394 mm，如图 4.17 所示。

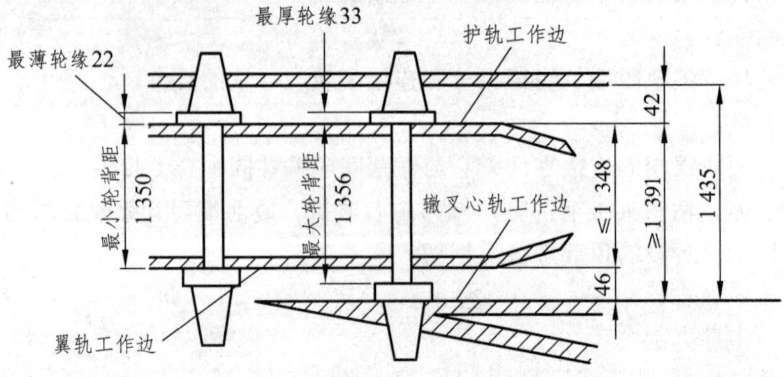

图 4.17　查照间隔和护背距离

护背距离是辙叉翼轨作用边至护轨作用边的距离，它能保证列车车轮在最不利的情况下不被翼轨与护轨卡住。通过计算，护背距离应不大于 1 348 mm，应保持在 1 346 ~ 1 348 mm，如图 4.17 所示。

查照间隔和护背距离的测量位置按设计图纸规定，一般道岔在心轨 20 ~ 50 mm 断面处。

三、连接部分

连接部分是指用不同长度的钢轨，将转辙器部分与辙叉部分连接起来，而组合成整组道岔。它包括转辙器跟端至辙叉前的两直股钢轨和曲股钢轨。在单开道岔中，主线为直股，侧线为曲股，导向侧线的曲股称为导曲线。

1. 导曲线

导曲线有以下两种线型，用支距法设置。

（1）圆曲线型导曲线。

这是一种采用较多的导曲线线型。在单开道岔中，其导曲线起点，原则上应设在辙跟夹板端部（距离接头 300 mm 处），但一般认为，导曲线半径大于 150 m 时，导曲线起点的矢度很小，可以把导曲线起点放在尖轨跟端接头处。目前，我国定型道岔的导曲线与尖轨跟部相连。

导曲线终点设在辙叉理论尖端前 2 ~ 4 m 处，在辙叉前 2 ~ 4 m 范围内设置一段直线。设置这一直线段，是为了防止车轮撞击辙叉，同时，也使辙叉两侧的护轨完全对应在直线上。由于圆曲线型导曲线能与直线型尖轨和曲线型尖轨配合使用，尤其计算简单，养护方便，所以，我国目前 12 号及以下的单开道岔均采用这种圆曲线型导曲线。

（2）缓和曲线型导曲线。

缓和曲线型导曲线采用三次抛物线线形，它能使列车侧向通过时的离心加速度及其增量逐渐加大，以改善列车的运营条件。但它只能与同线形的尖轨配合使用，且计算、铺设、养护维修都比较复杂，所以很少使用。

2. 导曲线的构造

（1）导曲线超高。

在现有道岔的尖轨中，用普通钢轨制造的直线型尖轨，在构造上，尖轨的后部大半部分高于基本轨 6 mm，在导曲线上无超高时，尖轨跟部高出部分必须向导曲线上顺坡，此外，因导曲线上无超高，在离心力的作用下，不可避免地出现里股高于外股的情况，因此，宜在导曲线上设置适量的超高。考虑到尖轨跟部高于基本轨 6 mm 的条件，故规定对导曲线可根据需要设置 6 mm 的超高，即将高度为 6 mm 的顺坡，由导曲线前部转移到导曲线的后部。

导曲线上是否需要设置超高，应根据实际需要决定。设置超高时，可使用调高垫板的办法实现。

对尖轨与基本轨同高的道岔，如实际需要，亦可在导曲线部分设置 6 mm 的超高。

（2）导曲线轨底坡。

导曲线一般不设轨底坡，所以采用平垫板。在导曲线的前面部分，为了顺坡，分别设有

4 mm、5 mm、3 mm、0 mm、1 mm、5 mm 的滑床台的顺坡垫板（也称辙后垫板）。但采用有轨顶横坡的特种尖轨和整铸锰钢辙叉相配合的道岔，轨面应设有 1∶20 的横坡，所以在尖轨跟端后部和辙叉前部设置带有坡度的垫板。

（3）导曲线配轨。

导曲线配轨时，要考虑轨道电路上的绝缘接头的位置及满足对接接头的要求。尽量采用 12.5 m 或 25 m 长的标准钢轨。使用短轨，一般不短于 6.25 m，在不得已的情况下，不短于 4.5 m。部分单开道岔的钢轨长度如图 4.18、表 4.2 所示。

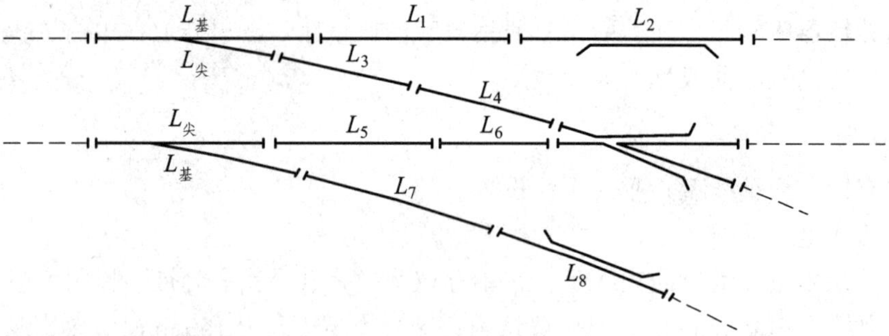

图 4.18　单开道岔导曲线配轨

表 4.2　单开道岔钢轨长度表

道岔号	钢轨类型（kg/m）	道岔图号	道岔全长	$L_{基}$	$L_{尖}$	L_1	L_2	L_3	L_4	L_5	L_6	L_7	L_8
12	60	专线 9737	37 800	15 592	13 000	22 192		8 400	7 831	16 193		8 400	13 704
9	60	DCZ211	29 329	10 960	6 450	18 353		7 966	8 226	16 144		5 735	12 500
9	50	DC112	28 848	12 500	6 250	5 324	11 000	6 894	9 500	6 838	9500	5 216	11 000

注：以上图表尺寸仅供参考，实际应用中应参照设计图纸标示尺寸。

（4）防爬装置。

为了防止道岔爬行，保持轨距和钢轨的外倾，在导曲线上还设置一定数量的轨距杆、轨撑和防爬器及防爬支撑等。

3. 道岔导曲线的整正

道岔导曲线一般采用圆曲线，其半径的大小直接影响列车的侧向通过速度。不同号码的道岔，导曲线的半径也不同，如表 4.3 所列。

表 4.3　导曲线半径

道岔图号	DC112	DCZ211	专线 9737
道岔号码	P50/9	P60/9	P60/12
导曲线半径（m）	180	180	350

注：以上图表尺寸仅供参考，实际应用中应参照设计图纸标示尺寸。

导曲线应保持圆顺和位置正确，以利行车平稳和安全。导曲线的圆顺程度，一般按设置的支距来衡量。导曲线支距是指直股钢轨工作边按垂直方向量到导曲线外股工作边的距离。支距点以导曲线起点在基本轨工作边上的垂直点开始，按每 2 m 一个横距来排列，如图 4.19 所示。常用道岔导曲线支距见表 4.4。

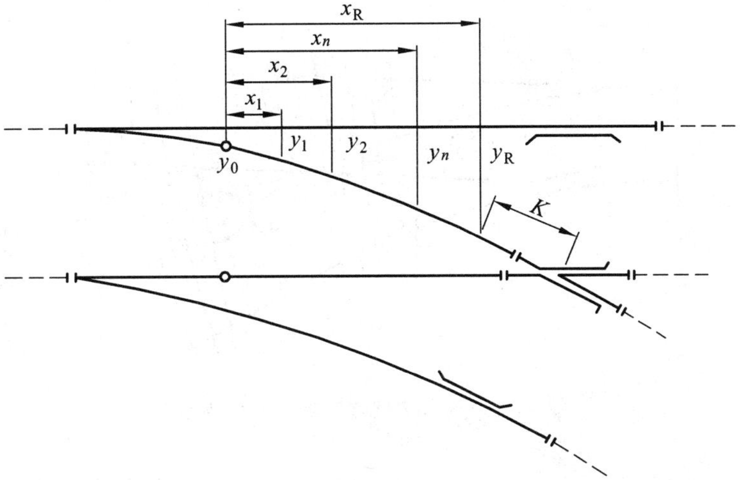

图 4.19　单开道岔导曲线支距示意图

表 4.4　常用道岔导曲线支距表

钢轨类型（kg/m）	道岔号数	道岔图号	导曲线起点支距（mm）	导曲线横距（mm）							导曲线终点支距（mm）
				2	4	6	8	10	12	14	
60	12	专线 9737	269	351	445	551	666	794	934	1085	1223
60	9	DCZ211	154	213	294	397	522	670	840	1032	1208
50	9	DC112	144	201	281	382	506	652	820	1011	1201
50	7	专线 9973	156	261	394	552	738	951			1254

注：以上图表尺寸仅供参考，实际应用中应参照设计图纸标示尺寸。

四、岔枕部分

地铁道岔岔枕有两种类型：一种是混凝土岔枕；另一种是木质岔枕。

混凝土岔枕又分单体式和双块式两种。单体式也称长枕式，可安设在有砟道床上，也可以埋设在无砟道床中；双块式也称为短轨枕，一般与无砟道床联成一体，这种岔枕在增强道岔稳固性、减少道岔的养护维修工作方面有很多优点。

木质岔枕的断面与线路的普通枕木断面相同。长度为 2.6 ~ 4.85 m，共分 16 级，每级长度相差 0.15 m。

岔枕的间距应严格按设计图进行铺设。单开道岔的岔枕方向布置规定是：

（1）在转辙器部分和连接部分，岔枕均垂直于直股方向。

（2）辙叉及叉后部分岔枕均垂直于辙叉角平分线。

（3）叉趾前第二根至第五根岔枕由垂直于辙叉角逐渐扭转至垂直于直股方向。

（4）道岔长岔枕后一般采用三根普通枕木扭转至垂直于线路钢轨方向。

（5）可动心轨辙叉的道岔岔枕，整个道岔布置方向均垂直于直股方向（图 4.20）。

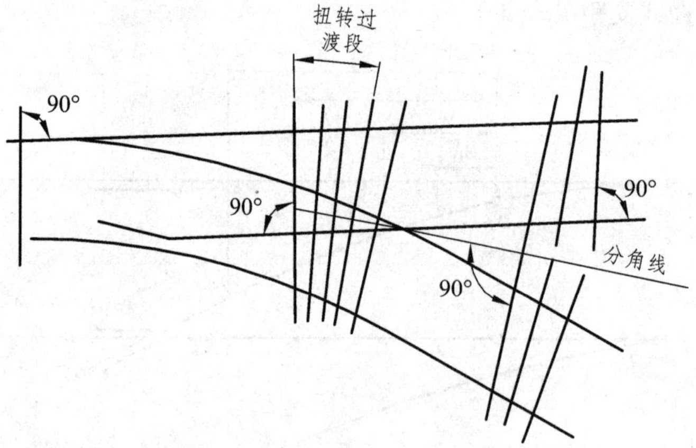

图 4.20　木质岔枕辙叉部扭转示意图

第三节　单开道岔的号码与主要尺寸

一、道岔号码

道岔号码数是以辙叉号数 N 来表示的，辙叉的号数是以辙叉角的大小来衡量的。辙叉号数愈大，辙叉角愈小。

1. 辙叉号数的计算方法（图 4.21）

$$N=\frac{AC}{BC}=\cot\alpha$$

式中　α——辙叉角。

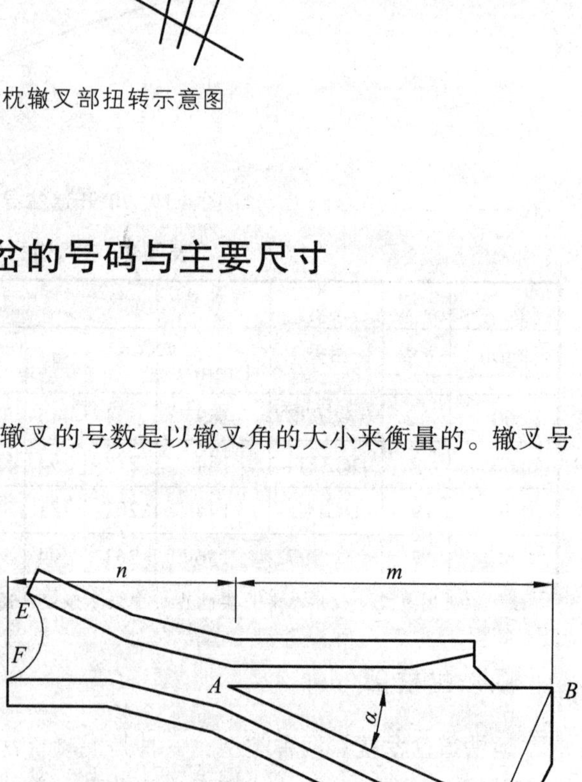

图 4.21　道岔号码标示图

2. 辙叉角的计算方法

$$\alpha=\arctan\frac{1}{N}$$

在单开道岔中，因辙叉角小于 90°，所以一般称之为锐角辙叉。

3. 现场确定道岔号数的方法

（1）用脚测量法：在心轨顶面一脚宽处，用脚量到心轨尖端，是几脚就是几号道岔。

（2）用尺测量法：先在心轨顶面量出 100 mm 宽度和 200 mm 宽度两处，并在此两处划上线，然后再量出两条线之间的垂直距离，是几个 100 mm 就是几号道岔。

（3）用趾宽、跟宽计算法：量辙叉全长（甲）、辙叉趾宽（乙）、辙叉跟宽（丙）（图 4.22）。

辙叉号数 N = 甲 ÷（乙+丙）

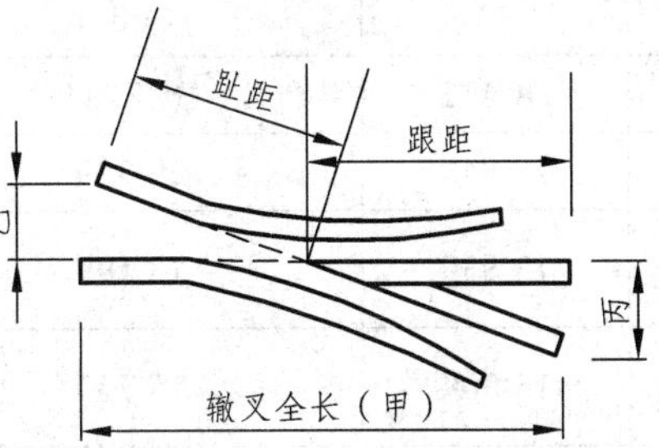

图 4.22 趾宽、跟宽计算辙叉号数示意图

二、单开道岔的主要尺寸

单开道岔的主要尺寸和术语如图 4.23 所示（用钢轨工作边来表示）。

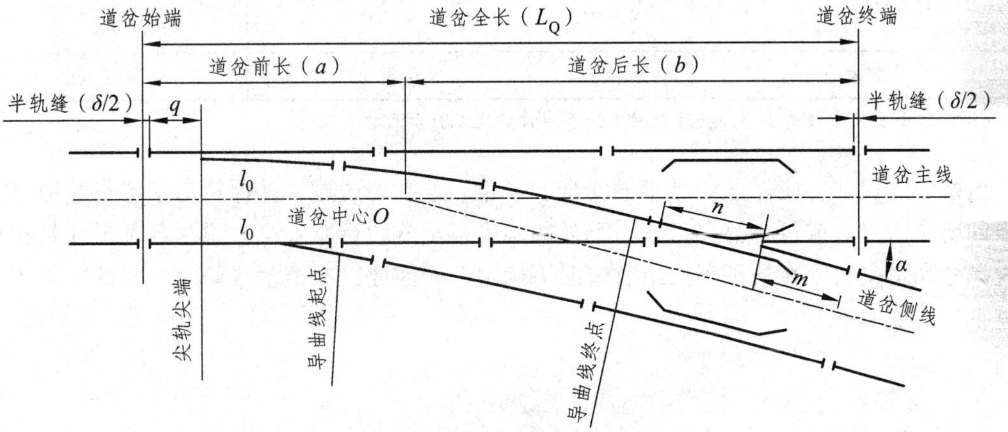

图 4.23 单开道岔主要尺寸和名词术语

普通道岔中，直线线路中心线与侧线线路中心线的交点，称为道岔中心。从道岔中心至基本轨前端的距离，称为道岔前长；从道岔中心至辙叉尾端的距离，称为道岔后长。从基本轨前端至叉尾端的距离，称为道岔全长。一般道岔全长应包括道岔前端及后端两个标准轨缝的半数（共 8 mm），道岔前长和后长，以及尖轨尖前基本轨长度各包括半个轨缝（4 mm）。普通单开道岔主要尺寸见表 4.5。

表 4.5 普通单开道岔各部主要尺寸表（mm）

道岔辙叉号		9	9	12
钢轨类型(kg/m)		50	60	60
图 号		DC112	DCZ211	专线 9737
辙叉角度	α	6°20′25″	6°20′25″	4°45′49″
导曲线半径（股道中心）	R	180 000	180 000	350 000

续表

道岔辙叉号		9	9	12
钢轨类型(kg/m)		50	60	60
图　号		DC112	DCZ211	专线 9737
道岔全长	L_Q	28 848	29 329	37 800
道岔始端(轨缝中心)至道岔中心距离	a	13 839	13 599	15 730
道岔中心至辙叉跟端（轨缝中心）距离	b	15 009	15 730	21 208
尖轨前基本轨长度	q	2 650	2 410	2 595
辙叉趾距	n	1 538	1 538	2 038
辙叉跟距	m	2 050	2 771	3 954
尖轨长度	l_0	6 250	6 450	13 000
道岔跟端（轨缝中心）至末根岔枕中心距离	L'	4 460	4 570	5 100
岔枕类型		混凝土	混凝土	混凝土

注：以上图表尺寸仅供参考，实际应用中应参照设计图纸标示尺寸。

道岔各部尺寸，应保证满足车辆安全、平稳、顺利地通过，并保持道岔本身结构特点和轨距的要求。过大或过小都会带来一系列的病害甚至威胁行车安全。道岔各部尺寸是在车辆轮对尺寸和道岔轨距在最不利的组合情况下确定的。因此，在道岔维修时，对此应给予足够的重视。

三、转辙部分的有关尺寸

1. 尖轨跟距

尖轨跟部轮缘槽必须保证在基本轨上行驶列车的车轮不挤压尖轨跟部轨头，如图 4.24 所示。因此，尖轨跟部轮缘槽宽度应能保证具有最小轮箍内侧距离、最薄轮缘的轮对，当轮对一侧车轮轮缘紧贴一股尖轨作用面时，另一侧车轮缘可以自由地顺利通过而不撞击尖轨跟端，即：

$$t_{跟最小} \geqslant (S_{跟}+a+b)-(T_{最小}-c)-d_{最小}$$

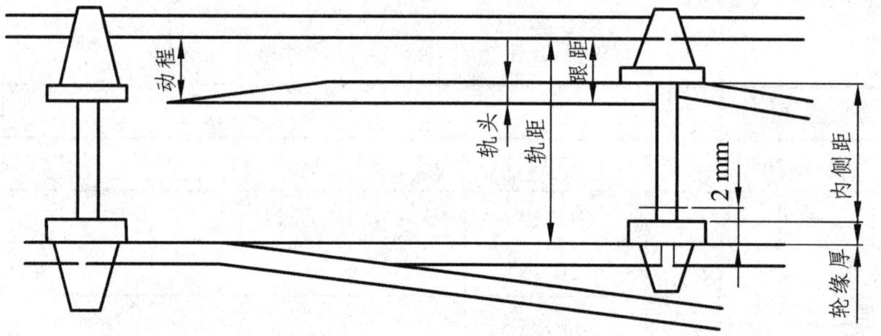

图 4.24　尖轨跟距示意图

式中　$t_{跟最小}$——尖轨跟端最小轮缘槽宽度；

$S_{跟}$——我国标准的 9、12 号单开道岔尖轨跟部轨距一律采用 1 439 mm；

a——在荷载作用下，考虑轨距的弹性挤开量，采用 2 mm；

b——道岔轨距容许最大增大值，采用 3 mm；

c——考虑车辆在荷载作用下，车轴上弯，轮对内侧距减小值，采用 2 mm；

$T_{最小}$——最小轮对内侧距，采用 1 350 mm；

$d_{最小}$——最薄轮缘厚度，采用 22 mm。

将上述数值代入公式 $t_{跟最小} \geqslant (S_{跟}+a+b)-(T_{最小}-c)-d_{最小}$，则尖轨跟端最小轮缘槽宽度 $t_{跟最小} \geqslant (1\,439+2+3)-(1350-2)-22=74$ mm

尖轨最小跟距为：

$$U = t_{跟最小}+b$$

式中　U——尖轨最小跟距；

b——钢轨轨头部宽度，我国 50 kg/m、43 kg/m 钢轨轨头宽度为 70 mm。

因此，尖轨最小跟距为：$U=74+70=144$ mm

2. 尖轨尖端开口宽度

道岔是通过扳动尖轨来开通不同方向线路的，当尖轨扳离基本轨后，尖轨尖端非工作边与基本轨工作边之间的距离称为尖轨开口的宽度。尖轨开口宽度应满足具有最小内侧距和最薄轮缘的轮对在最不利的情况下能顺利通过而不挤压或撞击尖轨尖端，因此，尖轨尖端开口宽度应满足：

$$W_{尖} \geqslant t_{跟}+b+(S_{尖}-S_{跟})$$

式中　$W_{尖}$——尖轨尖端开口宽度；

$S_{尖}$——尖轨尖端处轨距；

$S_{跟}$——尖轨跟端处轨距；

b——钢轨轨头宽度。

如标准型 9 号道岔：$S_{尖}=1\,450$ mm、$S_{跟}=1\,439$ mm、$t_{跟}=74$ mm、$b=70$ mm。

代入上式：$W_{尖} \geqslant 74+70+(1450-1439)=155$ mm

同理，标准型 12 号道岔：$S_{尖}=1\,445$ mm、$S_{跟}=1\,439$ mm、$t_{跟}=74$ mm、$b=70$ mm。

代入上式：$W_{尖} \geqslant 74+70+(1445-1439)=150$ mm

3. 尖轨拉杆处宽度（即动程）

尖轨动程应在道岔第一连接杆中心处测量。第一连接杆距尖轨尖端一般为 380 mm，因此，只将尖轨尖端开口宽度换算为道岔第一连接杆处的宽度即可：

$$W_{拉} = \frac{W_{尖} \times (L-1)}{L}$$

式中　$W_{拉}$——道岔第一连接杆处宽度，即动程；

L——尖轨长度；

l——尖轨尖端至第一连接杆处中心的距离；

$W_{尖}$——尖轨尖端的开口宽度。

如：50 kg/m 钢轨，12 号道岔，其尖轨尖端最小开口宽度为 150 mm，则第一连接杆中心处的宽度即动程为：

$$W_{拉}=\frac{150\times(7\ 700-380)}{7\ 700}\approx 142\ \text{mm}$$

因此，从最不利情况考虑，直尖轨第一连接杆中心处的实际宽度不应小于 142 mm（曲尖轨为 152 mm），为了安全起见，我国标准型道岔，尖轨该处的宽度——动程，一律规定为 152 mm。AT 型弹性可弯式尖轨动程为 180 mm。

4. 曲股基本轨弯折矢度

曲股基本轨与尖轨共同引导轮对通向侧线。由于尖轨尖端轨距大于跟端轨距，因此要求尖轨尖端轨距必须均匀递减到跟端。为了更好地确保轨距和方向，保持尖轨与基本轨的密贴，曲股基本轨必须加以弯折。主要弯折位置有尖轨尖端处及导曲线起点处。由于这两处弯折点的设置，不仅基本保证了轨距的均匀递减、正确的轨距方向和尖轨与基本轨的密贴，而且消除了车轮撞击尖轨尖端和尖轨中部臌曲、直股基本轨向里凸出的病害。

现场铺设和维修时，都必须按标准进行弯折点位置和矢度值的检查，不符合标准的，应进行正确的弯折。

5. 尖轨各个断面与基本轨的相对高度

由于尖轨尖端比较薄弱，不能承受车轮的压力，所以列车通过道岔时，先使车轮由基本轨逐渐过渡到尖轨。在尖轨顶宽 20 mm 之前，车轮完全压在基本轨上，在顶宽 20 ~ 50 mm 处，车轮中心由基本轨逐渐过渡到尖轨，在尖轨顶宽 50 mm 以后，车轮才完全压在尖轨上。因此，尖轨的不同断面处应与基本轨保持一定的高度，以满足上述要求。

在尖轨尖端处，为了防止车轮轮缘轧伤尖轨和逆向进岔时爬上尖轨，尖轨尖端必须低于基本轨顶面一定值。但也不能低于轮缘的高度（25 mm），以防万一尖轨与基本轨不密贴时，轮缘爬上尖轨。因此尖轨尖端应比基本轨顶面低 23 mm。

在尖轨顶宽 20 mm 断面处，是车轮压力的转换点，尖轨开始与基本轨共同承担垂直压力。为了适应车轮锥体踏面的要求，尖轨顶面比基本轨要低 2 mm。

在尖轨顶宽 50 mm 断面处，车轮踏面开始全部压在尖轨上，这时，尖轨顶面与基本轨顶面平齐。这是考虑到当具有最小内侧距和磨得最薄的轮对通过该处时，防止车轮挤推基本轨的要求。

当尖轨顶宽为 50 mm 及以上时，车轮踏面已过渡到尖轨上，尖轨已全部承受了车轮传来的垂直和水平力，如果尖轨顶面比基本轨顶面还低时，车轮外侧面有可能造成车轮挤推基本轨的现象发生。严重时，还有可能将基本轨挤弯或挤翻。这就是在尖轨顶宽 50 mm 及以上的断面处，其顶面比基本轨顶面低 2 mm 及以上时的道岔禁止使用的原因。尖轨顶宽 20 ~ 50 mm 段为均匀顺坡段，以适应车轮由尖轨逐渐转移到基本轨，或由基本轨逐渐转移到尖轨的要求。

在尖轨轨顶垂直刨切终点往后的尖轨顶面，将高出基本轨轨顶 6 mm。基本轨放在滑床板上，尖轨放在同一滑床板的滑床台上，滑床台高 6 mm。这样，尖轨的轨底也比基本轨轨底高出 6 mm。这是因为可以减少尖轨轨底的刨切量，从而增强尖轨的强度和稳定性。

四、辙叉各部分的有关尺寸

辙叉各部分的有关尺寸，是考虑在最不利条件下，能保证机车车辆轮对顺利通过而确定的。

1. 辙叉前后开口

辙叉前后端两钢轨工作边之间的距离，分别称为辙叉的前开口和后开口，如图 4.25。

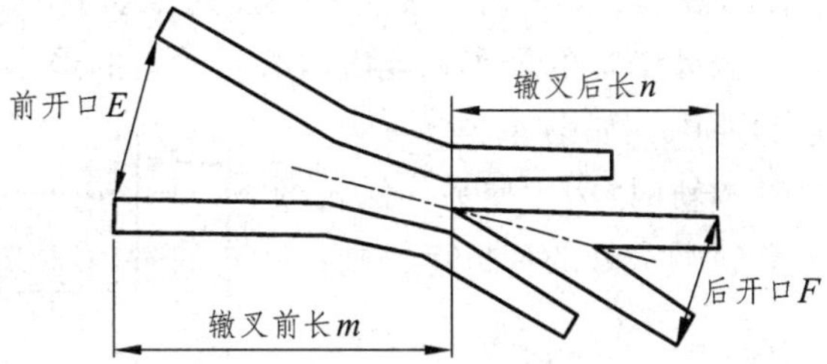

图 4.25　辙叉前后开口示意图

辙叉前后开口的尺寸直接影响辙叉前后端轨距的大小。如果开口尺寸不对，在维修工作中就往往出现辙叉直轨与曲股轨距不能同时满足要求的情况，给维修工作带来难以克服的困难。这种情况大多出现在钢轨组合式辙叉的更换与维修工作中，因此，对钢轨组合式辙叉在换入之前，就应事先检查和调整好前后开口尺寸，然后再调整辙叉处的轨距，在换入之后，发现辙叉直股与曲股轨距不能同时满足要求时，也必须首先检查辙叉的前后开口尺寸是否正确。

根据道岔号码的定义，计算辙叉前后开口的近似公式如下：

$$E=\frac{m}{N} \qquad F=\frac{n}{N}$$

式中　E——辙叉的前开口量；

F——辙叉的后开口量；

N——道岔号码；

m——辙叉的前长；

n——辙叉的后长。

例如：50 kg/m 钢轨，12 号道岔，辙叉前长 = 1 508 mm，辙叉后长 = 2 488 mm。

将以上值分别代入上式得：

辙叉前开口量　$E=\frac{1\,508}{12}=125.6\approx126\ \text{mm}$

辙叉后开口量　$F=\frac{2\,488}{12}=207.3\approx207\ \text{mm}$

常用辙叉的前后开口尺寸列于表 4.6。由于制造过程中存有公差，因此，在实际检查辙叉前后开口尺寸时，与表 4.6 数值有 1 ~ 2 mm 差值应认为是合格的。

表 4.6　常用单开道岔辙叉前后开口尺寸

编号	钢轨类型	道岔图号	道岔号码	辙叉前长（mm）	辙叉后长（mm）	前开口（mm）	后开口（mm）
1	P50	DC112	9	1 538	2 050	170	227
2	P60	DCZ211	9	1 538	2 771	136	301

注：以上图表尺寸仅供参考，实际应用中应参照设计图纸标示尺寸。

2. 辙叉咽喉

辙叉咽喉尺寸的大小，直接关系到列车的过岔速度、动能的消耗和行车的安全。如果咽喉很窄，车轮通过时就会撞击翼轨，降低行车速度和增加列车动能的消耗，加速翼轨的损坏，还有可能威胁行车的安全。因此咽喉的最小宽度应以车轮轮对的最小内侧距，最薄轮缘等最不利情况下能顺利地通过为原则，如图 4.26。

当轮对一侧轮缘紧靠基本轨时，为了使另一侧轮缘能顺利通过咽喉而不撞击翼轨咽喉处的弯折点，则：

$$t_{喉最小}=(S_{叉}+l)-(T_{最小}+h_{最小}-C)$$

式中　$t_{喉最小}$——辙叉咽喉最小轮缘槽宽；

$S_{叉}$——辙叉处轨距，1 435 mm；

l——轮距容许误差，+3、－2 mm；

T——轮对最小内侧距，1 350 mm：

$h_{最小}$——最小轮缘厚，22 mm；

C——车轴上挠后，内侧距减小值，2 mm。

将数字代入上式得：

$$t_{喉最小}=1\,435+3-(1\,350+22-2)=68\ \text{mm}$$

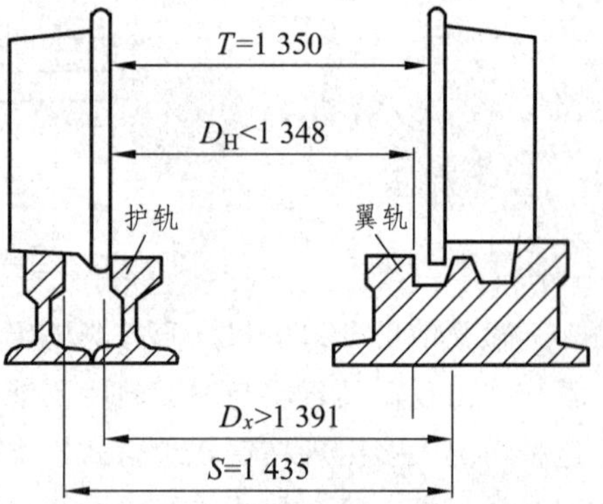

图 4.26　轮对与辙叉咽喉的关系

为了确保行车安全，减少有害空间长度，咽喉宽度也不能太宽。我国标准定型道岔的辙叉咽喉宽度为 68 mm。

3. 护轨与辙叉之间的距离

护轨与辙叉之间的距离应保证最大、最小轮对都能顺利通过而不致发生挤、卡现象。

辙叉翼轨工作边至护轨工作边距离，必须保证车轮轮对最小内侧距能够顺利通过而不致发生被翼轨、护轨卡住的现象，如图 4.27。

从图 4.27 可以看出，它们之间的距离必须小于或等于车轮轮对的最小内侧距 1 350 mm。则翼轨工作边至护轨工作边之距离应小于或等于(1 350－2)，即 1 348 mm，其中 2 mm 是考虑到车轴受力翘曲后使内侧距减少的数值。

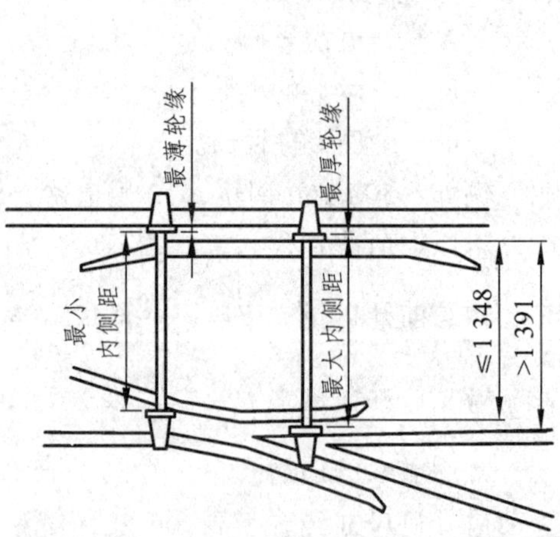

图 4.27　辙叉和护轨的关系示意图

同样，为了使最大车轮轮对顺利地通过辙叉和护轨轮缘槽，防止行驶在辙叉上的车轮轮缘进入异股或撞击辙叉心，护轨工作边与心轨工作边之间的距离必须大于或等于车轮轮对最大内侧距及最大轮缘厚之和，即：1 356+33 = 1 389 mm

考虑到机车车轴受力后的翘曲使内侧距再扩大 2 mm，则护轨工作边与心轨工作边距离大于或等于（1 389+2）= 1 391 mm。

从上述分析可知：翼轨工作边和护轨工作边的距离（护背距离）必须小于 1 348 mm。但也不能太小，如果仅仅是为了减少这个尺寸而把翼轨往轨道中心方向横移，就减少了车轮踏面与翼轨顶面的接触面积，加大有害空间，危及行车安全，加速辙叉磨耗。根据生产实践，这个距离保持在 1 346 ~ 1 348 mm 比较合适，见图 4.28。

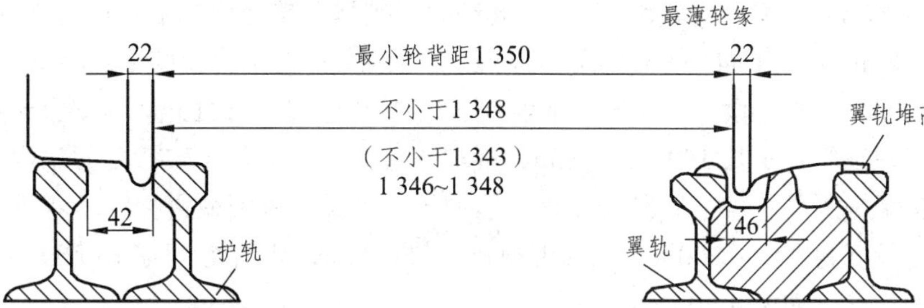

图 4.28　轮对与翼轨、护轨的关系

护轨与心轨两工作边的距离（查照间隔必须大于 1 391 mm，但也不能太大。如果仅仅是为了增加这个距离，把护轨往外移，使护轨轮缘槽宽度减少，则“1348”这个间距就不能满足了。如果把心轨往外移，辙叉的轨距又不能满足。根据生产实践，这个距离保持在 1 391 ~ 1 394 之间是比较合适的。如图 4.29 所示。

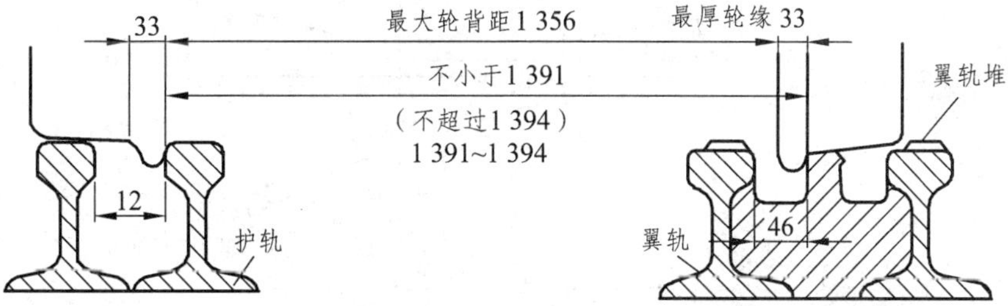

图 4.29　轮对与心轨、护轨的关系

“1391、1348”（现场简称为“91、48”）这两个互相联系又互相制约的尺寸，必须保持适当的数值，这对保证行车安全、延长辙叉使用寿命都有重要意义，也是道岔维修工作中的关键和重要的保证尺寸。

从前面的分析还可以知道：从辙叉理论尖端至心轨顶宽 50 mm 范围内，都应满足“91、48”的要求（心轨顶宽 50 mm 断面以后，翼轨开始弯折）。为了避免由于心轨尖端被轧伤、轧塌出现“脱边”而影响车轮通过，因此在检查“91、48”时，应当在心轨尖端至 50 mm 宽的断面的顶面上多量几处，若仅在 50 mm 断面处检查一处是不够的。

4. 护轨轮缘槽宽度及护轨长度

护轨轮缘槽包括：平直段轮缘槽宽 $t_{平}$、缓冲段末端轮缘槽宽 $t_{缘}$、开口段末端轮缘槽宽 $t_{开}$。

平直段轮缘槽应当确保护轨与心轨两工作边距离大于 1391 mm 的要求，以防止车轮撞击心轨。为此，平直段轮缘槽宽度 $t_{平}$应小于或等于辙叉处轨距 $S_{叉}$与“1391”之差，即：

$$t_{平} \leqslant S_{叉} - (1\,391) - 2 = 42\ (\mathrm{mm})$$

式中“2”是考虑了护轨侧面容许有 2 mm 的磨耗值。如果再容许轨距扩大值为 3 mm，即辙叉轨距为 1 438 mm，则最大轮缘槽 $t_{平}$应为 42+3 = 45 mm。

由于在辙叉处轨距为 1 435 mm 时，与查照间隔限度的差距仅有 1 mm，在轨距为 1346 mm 时，查照间隔即已达到 1 391 mm 的限度。所以为了保持查照间隔“1391”，尽可能地留有一定的余地，护轨平直部分轮缘槽标准宽度为 42 mm，如侧向轨距为 1440 mm 时，则侧向轮缘槽标准宽度为 47 mm，如侧向轨距为 1 445 mm 时，则侧向轮缘槽标准宽度为 52 mm。

如果辙叉轨距 $S_{叉}$ = 1 441 mm，则可以通过上式计算，求得平直段的轮缘槽宽度为 48 mm。

护轨中心部分的平直段，是从辙叉咽喉起至叉心顶宽 50 mm 处止。为安全起见，将这段长度再向两端平直段各延长 100 ~ 300 mm，将护轨弯折一个约等于转辙角的角度，使之顺利地引导车轮轮缘进入平直段。这段长度称为缓冲段。在缓冲段两端再把钢轨弯折或切削轨头做成喇叭口，长度为 150 ~ 200 mm（弯折护轨为 200 mm，切削轨头为 150 mm），我们把这段长度称为开口段，如图 4.30 所示。

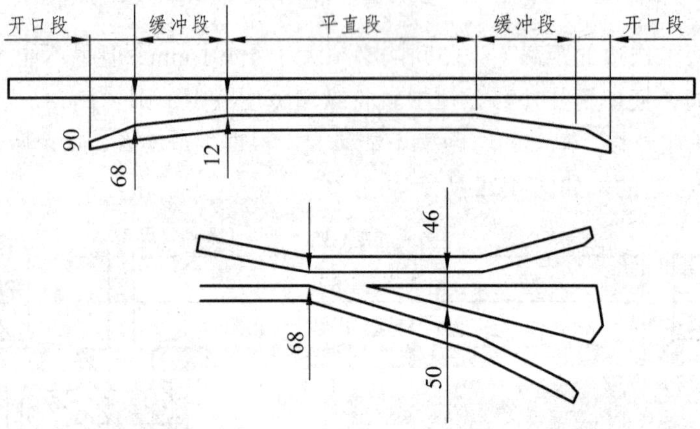

图 4.30　护轨示意图

在检查道岔时，应注意检查护轨是否有爬行现象，爬行严重后会使护轨平直段离开对应于咽喉至心轨顶宽 50 mm 处的位置，从而起不到护轨的作用，就可能危及行车安全。因此，要使护轨恢复到设计规定的位置。

5. 辙叉轮缘槽及翼轨的弯折

从辙叉理论尖端开始，至心轨顶宽 50 mm 的范围内，翼轨的工作边与心轨工作边平行，这部分的轮缘槽称为辙叉轮缘槽 $t_{叉}$，它与护轨平直段轮缘槽宽及“91、48”关系密切，相互制约，直接影响行车的平稳与安全。

在护轨平直段轮缘槽 $t_{平}$已确定的情况下，辙叉轮缘槽 $t_{叉}$应保证能使具有最小内侧距轮对顺利地通过辙叉，并使其满足“1348”的要求。从图 4.31 可知，如果采用护轨平直段轮缘槽 $t_{平}$ = 42 mm，则辙叉轮缘槽 $t_{叉}$的最小值为：

$$t_{叉}=S_{叉}-(1\,348+t_{平})+1=1435-(1\,348+42)+1=46\ (\text{mm})$$

式中“+1”是考虑在辙叉制造时可能出现的公差值 1 mm。

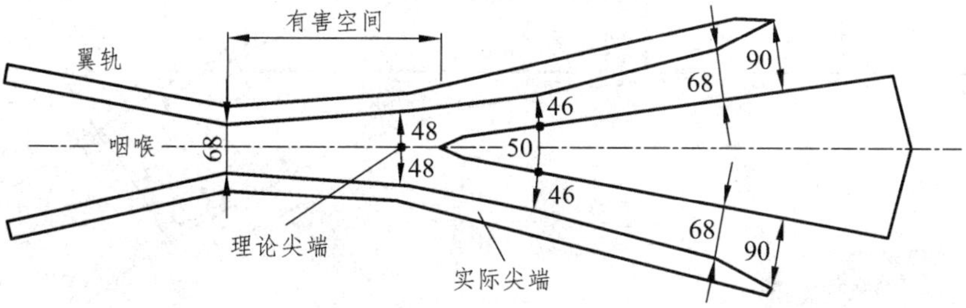

图 4.31　单开道岔辙叉轮缘槽尺寸

我国定型的标准道岔中，辙叉轮缘槽宽度采用 46 mm。

为了防止辙叉及翼轨的加速磨耗，辙叉轮缘槽应采用设计宽度的要求。

为了使车轮轮缘顺利通过辙叉，在心轨顶宽 50 mm 断面处，翼轨开始有一辙叉角的弯折量，使轮缘槽加宽至 68 mm，然后在两翼轨端 150 mm 长度上将翼轨头斜切，使其末端轮缘槽宽度达到 90 mm。

6. 翼轨同心轨的相对高度

车轮踏面是锥体形的，当车轮由翼轨经由咽喉向心轨滚动时，车轮逐渐下降，完全滚到心轨以后，又恢复到原来的高度。因此，产生了垂直不平顺（车轮由心轨向翼轨方向滚动时亦同）。为防止心轨在其前端断面过分削弱部分承受车轮的冲击，延长辙叉的使用寿命，应使翼轨在咽喉区至心轨顶宽 50 mm 距离内堆焊翼轨，使其较心轨前端顶面略高，并在翼轨顶面做成 1∶20 的横坡，这样可以增加行车的平稳，延长辙叉的使用期限。若辙叉翼轨顶面不堆高，车轮踏面在该处心轨轨面的降低值如图 4.32（a）所示。若辙叉翼轨顶面堆高时，翼轨堆高尺寸及心轨降低值如图 4.32（b）所示。整组高锰钢辙叉翼在制造时，其翼轨顶面已作了增高。其增高值和叉心顶面降低值如图 4.32（c）。

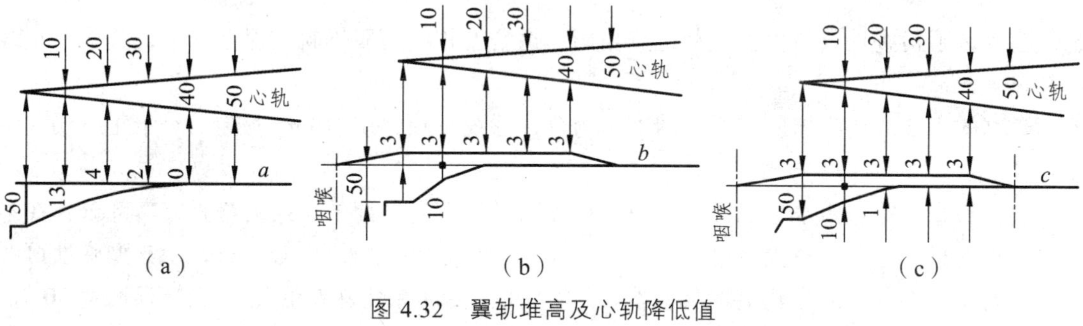

图 4.32　翼轨堆高及心轨降低值

第四节　单开道岔的轨距标准

一、单开道岔各部分几何尺寸的检查

单开道岔上各部分轨距的检查，规定为 17 处，检查地点和名称见图 4.33 和表 4.7。

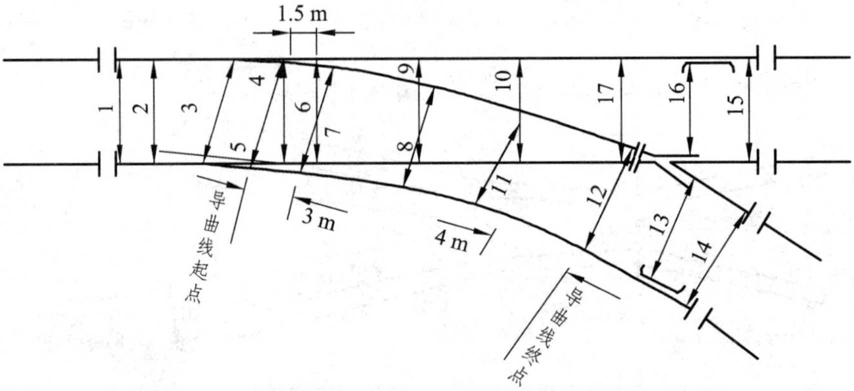

图 4.33　单开道岔（DC112）各部分轨距检查位置

表 4.7　普通单开道岔（DC112）各部分轨距检查地点

编号	检查地点	说明	编号	检查地点	说明
1	尖轨前顺坡终点		10	直股后部	
2	尖轨尖端		11	导曲线后部	轨距加宽终点（普通直尖轨道岔轨距递减距离 4 m）
3	尖轨中部		12	辙叉曲股前	
4	尖轨跟端直股		13	辙叉曲股中	同时量查照间隔和护背距离
5	尖轨跟端曲股	导曲线起点	14	辙叉曲股后	
6	尖轨跟端后直股	轨距递减终点（普通直尖轨道岔递减距离 1.5m）	15	辙叉直股后	
7	导曲线前部	轨距加宽起点（普通直尖轨道岔轨距递减距离 3m）	16	辙叉直股中	同时量查照间隔和护背距离
8	导曲线中部		17	辙叉直股前	
9	直股中部				

道岔水平检查地点与检查轨距地点相同。道岔上相应两股钢轨应保持水平，其误差正线不超过 4 mm。

道岔的直股方向应与所铺线路的方向吻合，远视直顺，用 10 m 弦量，对于正线误差不超过 4 mm。

道岔检查，除轨距水平之外，还应该检查高低和轨向。此外，还需检查转辙部分：在第一拉杆处的最小动程，直尖轨是否小于 142 mm，曲尖轨是否小于 152 mm，AT 型弹性可弯尖轨是否小于 180 mm；尖轨尖端与基本轨是否密贴，尖轨有否旁弯和拱腰；尖轨顶面宽 50 mm 及以上断面处尖轨顶面是否低于基本轨 2 mm 及以上；尖轨工作边是否有损伤，轮缘是否有爬上尖轨的可能；滑床板支距板安装的位置是否正确，是否有磨耗超限；基本轨与尖轨竖切部分是否全部密贴；顶铁和轨撑是否起作用；各部螺栓是否松动、缺损或代用；连接杆是否有挠曲、变形，作用不良。

在检查基本轨时，要根据轨距及轨向，以及尖轨旁弯和耳铁与尖轨之间加垫的情况，判断基本轨弯折点的位置及弯折量是否过大或过小；基本轨垂直磨耗情况，在正线是否超过

6 mm，其他线是否超过 10 mm。

在检查辙叉部位时，要检查辙叉心宽 40 mm 断面处，辙叉心垂直磨耗，在正线上是否超过 4 mm，其他线上是否超过 8 mm。辙叉上面和侧面是否有裂纹，辙叉心、辙叉翼轨面是否剥落掉块，其长度是否超过 15 mm，深度是否超过 3 mm 的限度，道岔护轨螺栓是否齐全，作用良好；查照间隔和护背距离尺寸是否符合标准。

在检查连接部位时，导曲线目视是否圆顺，支距是否超限；设置超高的导曲线是否超限；轨道加强设备，如防爬器、防爬支撑是否齐全、离缝或脱落；设置的绝缘接头轨缝及绝缘装置是否合乎标准。

二、道岔轨距加宽及递减

为使车辆在道岔中能顺利通过和减少摇晃，增加平稳性以及减少车轮轮缘对钢轨的挤推和磨耗，必须正确地设置各部分的轨距。

根据道岔构造上的特点和轮轨关系，道岔的尖轨尖端、尖轨跟部及导曲线的轨距都要适当加宽，其加宽值与道岔号数、导曲线半径、通过道岔的车辆类型有关，表 4.8 为部分道岔轨距值。

表 4.8 单开道岔各部轨距标准（mm）

部位		道岔型号		
		P50/9（DC112）	P60/9（DCZ211）	P60/12（专线 9737）
基本轨接头		1 435	1 435	1 435
尖轨尖端		1 450	1 440	1 435
尖轨跟端		1 439	1 440	1 435
导曲线		1 450	1 440	1 435
辙叉	直股	1 435	1 435	1 435
	侧股	1 435	1 435	1 435

注：以上图表尺寸仅供参考，实际应用中应参照设计图纸标示尺寸。

为了行车平稳，道岔各部分轨距需要按规定标准递减，一般递减率为 4‰左右，不宜大于 6‰。有条件时，应尽可能采用较缓和的递减率。

尖轨尖端轨距按不大于 6‰的递减率向基本轨接头方向递减。原则上应在基本轨接头处递减完成，表 4.9 为部分道岔尖轨尖端轨距值。

表 4.9 单开道岔尖轨尖端轨距

钢轨类型	道岔型号	
	9	12
P50	1 450 mm（DC112）	
P60	1 440 mm（DCZ211）	1 435 mm（专线 9737）

注：以上图表尺寸仅供参考，实际应用中应参照设计图纸标示尺寸。

尖轨相对的同侧两组道岔（对口道岔）原则上应在两相对尖轨间的夹直线上按不大于

6‰的递减率递减。为了行车平顺和减小摇晃，递减后，其中间应有不短于 6 m 的相等轨距的夹直线地段。

对于直线尖轨，尖轨跟部轨距与尖轨尖端轨距的差数，应在尖轨全长范围内均匀递减。

部分道岔尖轨跟端轨距如表 4.10 表示。尖轨跟端轨距到导曲线始点轨距的递减长度为 3 m，从导曲线终点轨距到辙叉前接头处轨距的递减长度为 4 m，即现场所称谓的“前三后四”。若尖轨跟端后有直线段，则该直线段仍保持尖轨跟端的轨距。有曲尖轨时，按设计图办理。

表 4.10　单开道岔尖轨跟端轨距

钢轨类型	道岔型号	
	9	12
P50	1 439 mm（DC112）	
P60	1 440 mm（DCZ211）	1 435 mm（专线 9737）

注：以上图表尺寸仅供参考，实际应用中应参照设计图纸标示尺寸。

尖轨跟端直向加宽部分向辙叉方向的递减距离为 1.5 m；有的旧有道岔为 4 m 的仍可按 4 m 递减。

辙叉侧向轨距有加宽时，其递减距离从辙叉后端起为 2.5 m。

两道岔前后相接铺设时，后接道岔的尖轨尖端轨距按不大于 6‰向外递减，如果不能按 6‰ 递减时，可把前面道岔的辙叉轨距加宽到 1 441 mm。若仍然不能满足要求时，容许旧有道岔按大于 6‰ 递减。

三、单开道岔过岔最高速度

直向过岔最高速度应不超过表 4.11 规定，侧向过岔最高速度应不超过表 4.12 的规定。

表 4.11　直向过岔最高速度（km/h）

钢轨	尖轨类型	道岔号数		
		7	9	12
P50	普通钢轨尖轨	—	80	—
P50	AT 弹性可弯尖轨	80	80	—
P60	AT 弹性可弯尖轨	—	80	80

表 4.12　侧向过岔最高速度（km/h）

钢轨	尖轨类型	道岔号数		
		7	9	12
P50	普通钢轨（直/曲）尖轨	—	30/35	—
P50	AT 弹性可弯尖轨	25	—	—
P60	AT 弹性可弯尖轨	—	30	50

四、修理或更换标准

道岔出现以下不良状态或伤损时，应进行修理或更换：

（1）尖轨尖端与基本轨或可动心轨尖端与翼轨间隙大于 1 mm。

（2）尖轨、可动心轨侧弯，造成轨距不符合要求，或尖轨与基本轨、可动心轨与翼轨间隙超过 2 mm。

（3）尖轨、可动心轨拱腰，造成与滑床台间隙超过 2 mm。

（4）尖轨相对于基本轨降低值、心轨相对于翼轨降低值偏差超过 2 mm，且对行车平稳性有影响。

（5）尖轨与心轨因扭转或磨耗等原因造成光带异常，且对行车平稳性有影响。

（6）尖轨被轧伤，或轮缘有爬上尖轨的危险。

（7）两尖轨相互脱离。

（8）尖轨损坏。

（9）其他伤损达到钢轨轻伤标准。

（10）基本轨有下列伤损或病害，应及时修理或更换：

① 基本轨垂直磨耗，在正线上超过 6 mm，在其他线上超过 10 mm。

② 基本轨损坏。

（11）辙叉心有下列伤损或病害时，应及时修理或更换：

① 查照间隔（辙叉心作用面至护轨头部外侧的距离）不得小于 1 391 mm，护背距离（辙叉翼作用面至护轨头部外侧的距离）不得大于 1 348 mm，测量位置按设计图纸规定。

② 在辙叉心宽 40 mm 的断面处，辙叉心垂直磨耗，在正线上超过 6 mm，在其他线上超过 10 mm。

③ 辙叉（辙叉心、辙叉翼）损坏。

（12）禁止使用危及行车安全的护轮轨螺栓。

（13）道岔各种零件应齐全，作用良好，缺少时应及时补充。

第五节　道岔中的轨道电路

道岔轨道电路主要由钢轨绝缘、轨端接续线、轨道跳线和连接线组成。各部名称的示意图如图 4.34 所示。

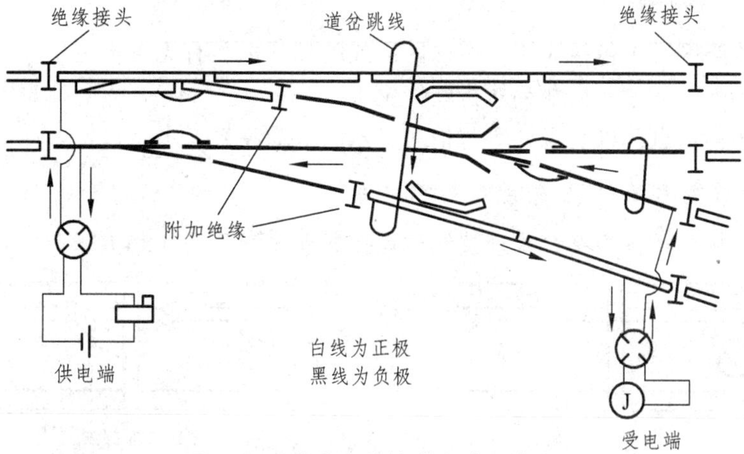

图 4.34　道岔中的轨道电路示意图

一、道岔轨道电路主要部件的作用

（1）钢轨绝缘：在道岔区段上，道岔尖端杆、拉杆、连杆以及支距杆、轨距杆处所安设的钢轨绝缘设备，主要用于防止电源短路。道岔连接部分需增设附加绝缘。

（2）附加绝缘：防止辙岔短路。

（3）道岔轨道跳线：道岔连接部分两外侧钢轨构成回路。

（4）钢轨连接线：保证尖轨跟端以及辙叉趾端、跟端良好的导电性。

轨道电路是电气集中、自动闭塞或半自动闭塞的重要组成部分。这里着重介绍道岔轨道电路的基本知识和工务道岔作业中应注意的事项。

二、轨道电路的基本原理

轨道电路是以钢轨为导体，利用钢轨接头处的绝缘把轨道划分为一定长度的区段，并在每一区段的两端装设送电及受电设备构成回路，如图 4.35。当列车未占用轨道电路区段时，电源电流通过两股钢轨，传送到受电端继电器，继电器衔铁被吸起；当列车进入该区段时，轨道电路的电流被轮轴短路，轨道继电器衔铁由吸起变为释放，表示该区段被列车占用。因此，轨道电路能直接反映列车在轨道上的运行情况，是信号设备的基础。轨道电路的工作好坏，对保证行车安全至为重要。

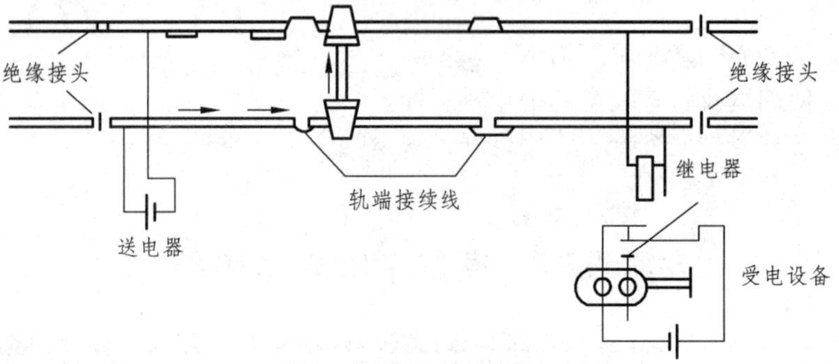

图 4.35　轨道电路的基本原理

1. 轨道电路的用途

（1）检查线路区段（包括股道、道岔区段或闭塞分区）有无车辆占用。

（2）监督钢轨的完整（反映钢轨折断情况）。

（3）传输各种信息，以实现列车与信号显示的自动联系。

2. 与道岔维修有关的轨道电路主要元件

（1）轨端连接线：分为塞钉式连接线和焊接式连接线（图 4.36）。

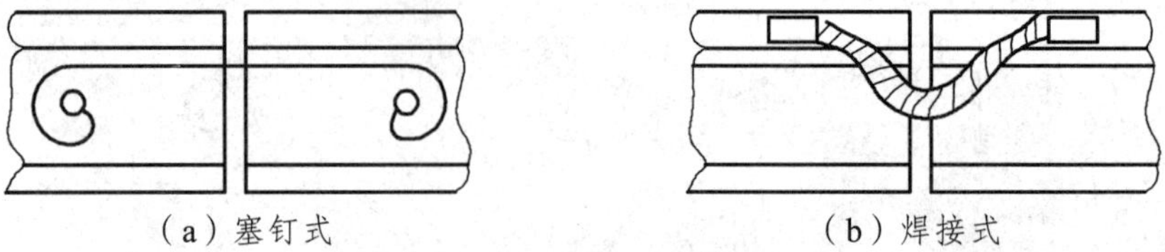

（a）塞钉式　　　　（b）焊接式

图 4.36　钢轨连接线

（2）道岔轨道跳线：道岔分支轨道电路用跳线把直股与曲股钢轨并联起来，达到沟通电路和正确配置极性的目的。

（3）钢轨绝缘：相邻的两个轨道电路以某一钢轨接头为界，在这个接头上安装电气绝缘，叫钢轨绝缘。钢轨绝缘的形式通常为槽形绝缘，采用尼龙制作的槽型绝缘和套管（图 4.37）。

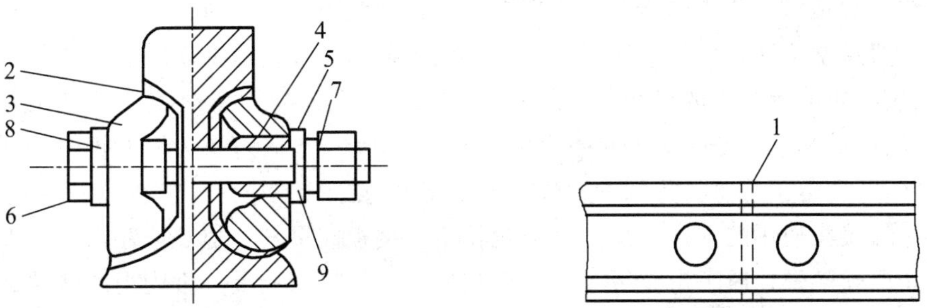

1—断面绝缘板；2—槽形绝缘板；3—夹板；4—绝缘板；5—绝缘垫圈；6—螺栓；
7—螺母；8—垫圈；9—弹簧垫圈

图 4.37 钢轨绝缘

（4）引接线：将电源和轨道继电器与钢轨联结起来的元件。引接线通常用钢丝绳，两端焊有塞钉，将塞钉打进钢轨和轨道变压器的孔里进行联结。

无绝缘的轨道电路设置有短路棒，调谐单元连接线、ATP 环路和 ATO 环路等设备。

三、道岔区段轨道电路

道岔区段轨道电路是一种包含有道岔分支的轨道电路。轨道电路内基本线路与分支线路间一般采用并联方式，并各自设置受电端，构成一送多受线路（图 4.38）。甲、乙两组绝缘是为了防止辙叉短路而设的。这两组绝缘两边的钢轨有不同的电源极性，所以叫作极性绝缘。当道岔信号开放时，防止轨道电路分路顶回信号，造成机外停车事故，甚至会造成险性事故。

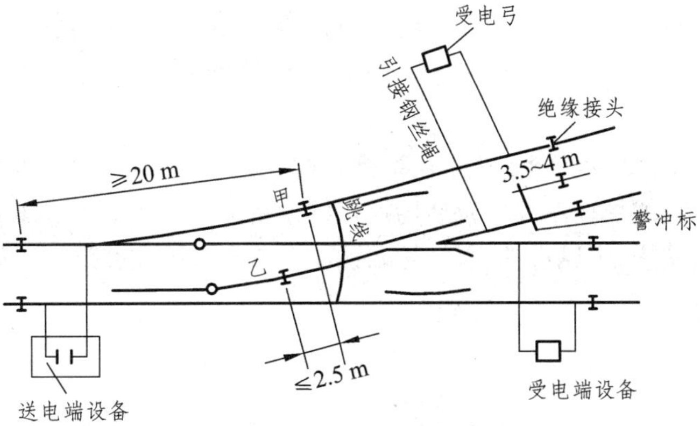

图 4.38 道岔区段轨道电路

四、作业注意事项

在轨道电路道岔上作业时，应注意以下事项：

（1）在钢轨温度最高时，绝缘接头轨缝不应小于 6 mm，最大不得大于构造轨缝。道岔绝缘接头前后 75 m 的线路增加防爬设备，加强锁定。对失效的木撑、防爬器要及时更换或修理。

（2）绝缘接头及其邻近的轨枕要加强捣固，消灭暗坑、吊板。为了防止轨端绝缘脱落，可在绝缘接头处加垫短枕木头，并捣固坚实。捣固时，要特别注意不得损坏轨端连接线及其他信号导线。起道时，压机应避开绝缘接缝。压机在钢轨上滑行时，不得滑过绝缘接头。

（3）一般道岔绝缘接头都有固定位置，但在更换道岔或岔后换轨时应考虑：

① 安装在警冲标内方的绝缘接头距警冲标不得少于 3.5 m，也不得大于 4 m。

② 道岔内的两组绝缘接头相错不得大于 2.5 m（此 2.5 m 范围内两股钢轨为同一极性，称为死区间），两道岔绝缘接头间的距离应不少于 20 m。

（4）绝缘接头使用的零件必须符合钢轨类型，夹板应平直，螺栓应经常保持不松动不缺少。在拧紧两轨端螺栓时，螺丝扳手不要搭在另一节轨端螺栓上，否则当两轨端螺栓都弯曲且与钢轨孔眼接触时，就会在绝缘接头处将轨道电路短路，顶回信号。

（5）在绝缘接头处改道时，道钉应反钉，且钉头不得与夹板接触。增设或更换绝缘轨距杆时，应事先与信号人员联系，检查其绝缘程度是否符合要求。在轨枕盒内有过轨信号导线时，不得安装轨距杆或防爬器。绝缘接头处轨端或钢轨作用边的肥边应及时打磨。

（6）使用轨道小车应有绝缘装置，不要损坏信号导线。

（7）道岔拉杆、连接杆、通长垫板、轨距杆等都装有绝缘装置，维修道岔时应注意不要损坏。

（8）由于安装在两股钢轨上的引接线，一般是从轨枕盒内通过的，所以扒、填道砟时应注意防止耙、叉与两条引接线联电。为了防止轨道漏电，道床要清洁，其顶面低于轨枕面至少 20 mm，并保持道床排水良好。

（9）道岔作业使用的各种工具，如撬棍、支距尺、万能道尺等均应有良好的绝缘装置。

（10）凡进行影响信号的其他道岔作业，如成组更换道岔，抽换附有引接线、跳线的岔枕，更换尖轨、基本轨、辙叉心以及进行拉轨均匀轨缝等工作时，需取得信号部门的配合方能施工。

（11）不要使机具或线上料等压住跳线或引接线，以防发生短路。

（12）在更换高锰钢整铸辙叉时，应检查辙叉趾端及跟端导电销有无脱焊松动现象，如发现不良应在更换前焊好。

（13）安装绝缘接头的两钢轨，应采用标准轨端，因为锯制的轨端不标准，容易损坏绝缘。

（14）在更换夹板或螺栓涂油以及使用液压捣固机作业时，应注意不要损坏轨端连接线。

（15）跳线、引接线要以扒钉固定在枕木侧面，扒钉至少离开轨底 200 mm，防止与道钉连接构成短路。

第六节　其他类型道岔

其他类型道岔的种类比较多，本节只介绍常见的对称道岔、菱形交叉和交分道岔。

一、对称道岔

对称道岔是单开道岔的一种特殊形式，具有以下特点：

（1）道岔的两曲股对称于直股中心线（即辙叉角的平分线）。

（2）当它的尖轨长度、辙叉号数与单开道岔相同时，其尖轨工作边与直股钢轨工作边所夹的转辙角为单开道岔转辙角的一半，辙叉的工作边与直股中心线之间的夹角为单开道岔辙叉角的一半。因此，它的导曲线半径比单开道岔约大一倍。

（3）当它的导曲线半径与单开道岔相同时，对称道岔的长度比单开道岔短。

（4）在保持相同的过岔速度条件下，对称道岔可以比单开道岔采用更小号数的道岔。

因为对称道岔与同号数的单开道岔相比，具有增大导曲线半径和缩短道岔长度的特点，所以，它适用于地形狭窄及三角线地区。

对称道岔的导曲线支距，是以辙叉角平分线为基线（即直股线路中心线），以尖轨跟端为起点支距，每隔 2 m 设一支距点，见图 4.39。

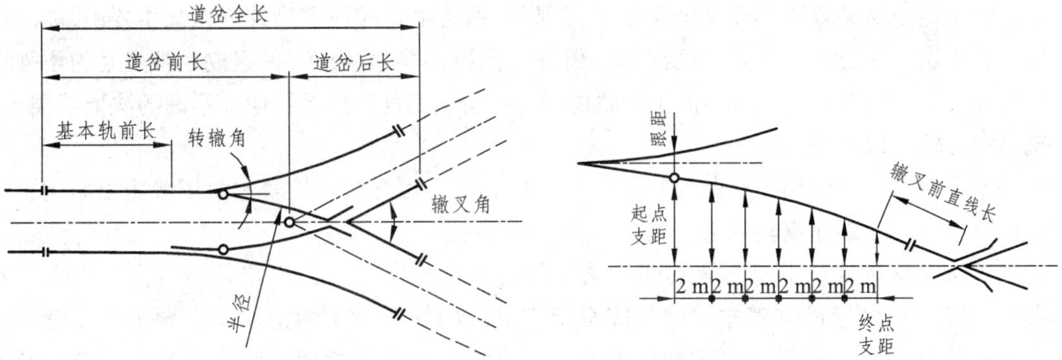

图 4.39　对称道岔支距检查方法

二、菱形交叉

菱形交叉由两组锐角辙叉和两组钝角辙叉组成，如图 4.40 所示。锐角辙叉及护轨的构造与单开道岔相同；钝角辙叉又分为固定型和活动心轨型两种。固定型钝角辙叉由基本轨、帮轨、长心轨、短心轨、护轨及联结零件组成；可动心轨型钝角辙叉由基本轨、帮轨、心轨、扶轨及其他联结零件组成。

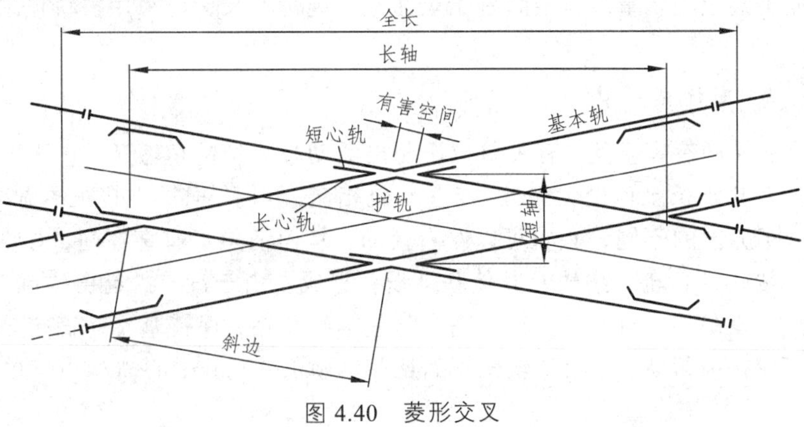

图 4.40　菱形交叉

1. 固定型钝角辙叉

钢轨组合式固定型钝角辙叉如图 4.41 所示。

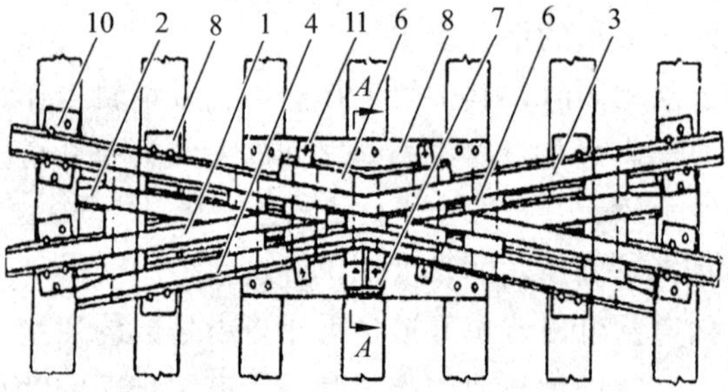

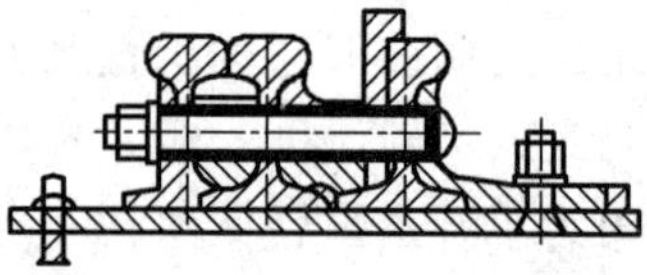

1—长心轨；2—短心轨；3—基本轨；4—护轨；5—帮轨；6—间隔铁；7—轨撑；8—大垫板；9—垫板；10—平垫板；11—扣铁

图 4.41　钝角辙叉

设置帮轨的目的是增强辙叉结构的稳定性，短心轨的作用类似于单开道岔的护轨引导部分。

固定型钝角辙叉是菱形交叉的重要组成部分。钢轨组合式固定型钝角辙叉主要由基本轨、帮轨、长心轨、短心轨、护轨、间隔铁、轨撑、垫板及其他联结零件组成。帮轨是为增强辙叉稳定性而设，短心轨的作用类似于护轨的引导部分。因此，在运行速度不高的次要线路上，帮轨与短心轨可以不设。

基本轨及帮轨一般用普通断面钢轨制成，长心轨、短心轨及护轨一般用普通断面钢轨制造，也可以用特种断面钢轨制造。

钝角辙叉从理论交点至心轨实际尖端（断面宽 $b = 9 \sim 12$ mm）沿轨线方向的距离，称为有害空间。车轮通过有害空间时，完全依靠对侧的钝角辙叉的护轨来引导车轮前进。但是，对于任何一个行车方向，护轨的引导都不是完全的，车轮通过时，容易造成撞击辙叉尖端及脱轨事故。为了防止车轮撞击心轨尖端和脱轨事故，虽然在设计时考虑了尽可能地减少有害空间的长度以及车轮轮缘一端内侧搭在护轨弯折点上，使另一端轮缘搭在心轨实际尖端上，车轮由护轨进入心轨，自行防护。但若维修不当，不能保持菱形轨距和辙叉轮缘槽的宽度，如辙叉轮缘槽太大，就增加了有害空间的长度，减少车轮的自护能力（当然太小了，最小内侧距的轮对就无法顺利通过）；若护轨弯折处出现圆弧，不能及时采取焊补等办法，就会造成减少护轨平直段对车轮的引导长度，相对地增加了有害空间长度。这些都容易造成撞击甚至脱轨事故，要特别给予注意。钝角辙叉，可采用护轨顶顶面不提高的固定型。

2. 活动心轨型钝角辙叉

为了消除辙叉的有害空间，有关单位研制出活动心轨型钝角辙叉。它相当于把固定型钝角辙叉的长心轨延长至理论尖端处，与基本轨相交，同时，把长心轨跟端做成活接头型，这样，随着行车方向的不同，心轨可以左右扳动，从而消除了有害空间，如图 4.42 所示。它由基本轨、帮轨、心轨、扶轨及其他联结设备组成。由于没有“有害空间”，因此，不设护轨。帮轨安装在基本轨外侧，轨头完全与基本轨相贴，保持基本轨稳定。为了防止基本轨磨耗后车轮挤撞帮轨，一般帮轨轨顶面比基本轨低 10 mm；心轨相当于单开道岔中的尖轨。

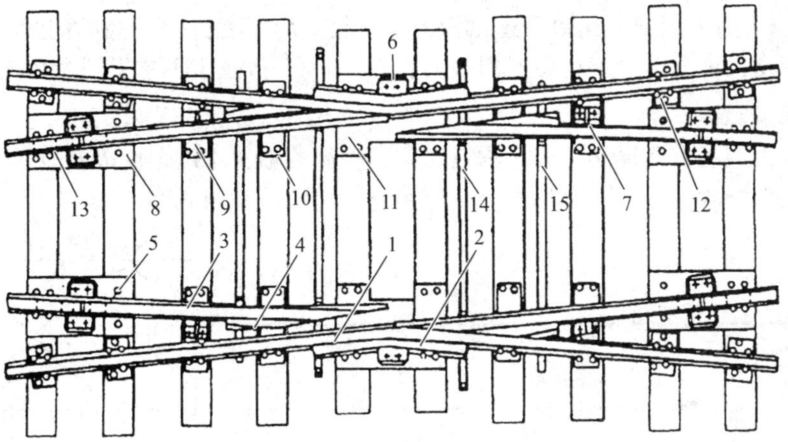

1—基本轨；2—帮轨；3—活动心轨；4—扶轨；5、6—轨撑；7—防跳卡铁；8～12—垫板；
13—辙跟夹板；14—拉杆；15—连接杆

图 4.42 活动心轨式钝角辙叉

3. 菱形交叉的主要几何尺寸

菱形交叉的锐角辙叉号码，就是菱形交叉的号码。菱形交叉的两锐角辙叉的理论尖端之间的距离称为菱形的长轴，两钝角辙叉理论尖端之距离称为菱形短轴；从锐角辙叉理论尖端至钝角辙叉理论尖端的距离叫菱形斜边；菱形交叉的两锐角辙叉跟之间的距离为菱形交叉的全长。

菱形交叉常用于两条线路的平面交叉，也可用于交分道岔和交叉渡线中。

菱形交叉的钝角辙叉轨距，属固定型为 1 440 mm，属活动型为 1 435 mm。

三、交叉渡线

在站场受到地形限制或为缩短站坪长度，或为减短咽喉的长度时，常用两条方向相反的渡线连接两平行线路，且把两条线路重叠起来就形成交叉渡线，如图 4.43 所示。

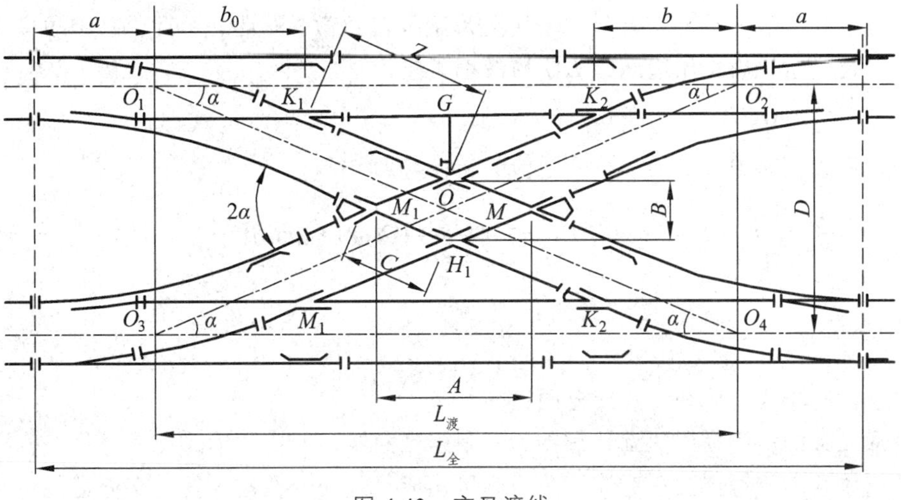

图 4.43 交叉渡线

图中 K_1K_2 为每一股道上两单开道岔辙叉理论交点间距离；Z 为一股道上单开道岔辙叉理论交点至菱形交叉钝角辙叉理论交点间距离；$L_{渡}$ 为每一股道上两单开道岔中心距离；$L_{全}$ 为交叉渡线的长度。

交叉渡线由四组单开道岔（或对称道岔）和一组菱形交叉组合而成。交叉渡线一般有三种布置方法，即对称布置、不对称布置及缩短交叉渡线，如图 4.44 所示。

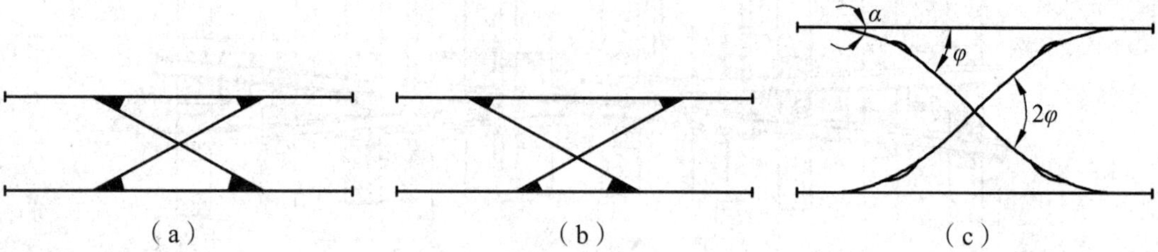

图 4.44　交叉渡线的布置形式

在交叉渡线中，已给选定的值为 $\alpha(N)$，a，b，b_0（道岔中心至辙叉理论交点间距离），D（线间距），S；需要求取的值为菱形长轴 $A=MM_1$，短轴 $B=HH_1$，斜边长 $C=MH_1$，$L_{渡}$，K_1K_2，Z 及 $L_{全}$。

计算公式如下：

菱形交叉中两个锐角辙叉等于单开道岔辙叉角的 2 倍，菱形长轴、短轴及斜边长分别为

$$A=\frac{S}{\sin\alpha};\ B=\frac{S}{\cos\alpha};\ C=\frac{S}{\cos 2\alpha}$$

式中，S 为菱形交叉轨距，等于 1 440 mm。

由图 4.43 中 $\triangle O_2O_3O_4$，$L_{渡}=\dfrac{D}{\tan\alpha}=ND$，$L=L_{渡}+2a$，$K_1K_2=L_{渡}-2b$，$Z=\dfrac{K_1K_2}{2\cos\alpha}$

交叉渡线的最小线间距 $D_{小}$，应能保证单开道岔辙叉尾端和菱形交叉钝角辙叉前端之间不互相重叠，也就是说要使

$$Z\geqslant m+m_1$$

式中：m 为单开道岔锐角辙叉跟距；m_1 为菱形交叉钝角辙叉跟距，由此得，钝角辙叉理论交点至平行股道内股钢轨作用边间距 HG 的最小值应为

$$(HG)_{小}=Z_{小}\sin\alpha=(m+m_1)\sin\alpha$$

这样，设置交叉渡线的最小线间距应为：

$$D_{小}=S+B+2(HG)_{小}=S+\frac{S}{\cos\alpha}+2(m+m_1)\sin\alpha$$

四、交分道岔

交分道岔有单式交分和复式交分两种。

在菱形交叉的一侧增添两副转辙器和一条连接曲线，即成为单式交分道岔。若在菱形交叉两侧各增添两副转辙器及一对连接曲线则可构成复式交分道岔。复式交分道岔相当于两组对口铺设的单开道岔，如图 4.45 所示。

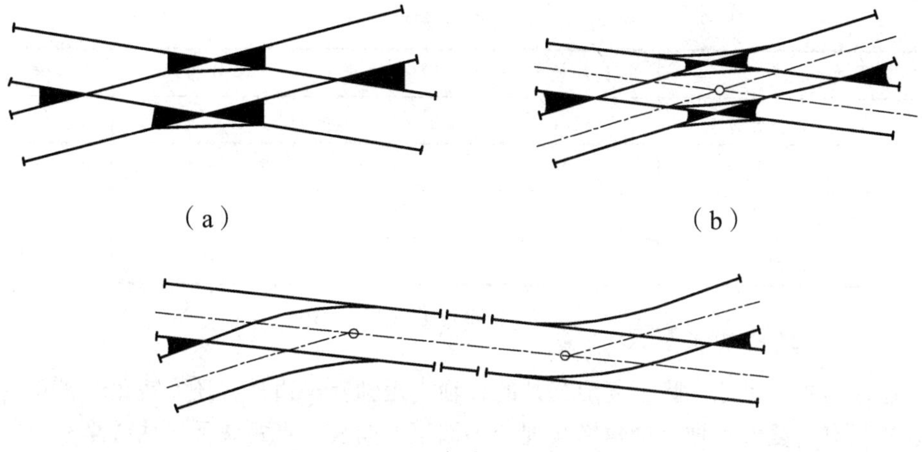

（a）　　（b）

（c）

图 4.45　复式交分道岔示意图

交分道岔具有长度短，开通方向多，两个主要行车方向为直线以及可缩短咽喉长度，提高车站调车能力等优点，在我国被广泛采用。但它对养护维修要求较高，难度较大。本节主要介绍复式交分道岔。

1. 复式交分道岔的构造

图 4.46 为活动心轨型的复式交分道岔。它由两组锐角辙叉及护轨、两组双转辙器、两组钝角辙叉及岔枕等组成。

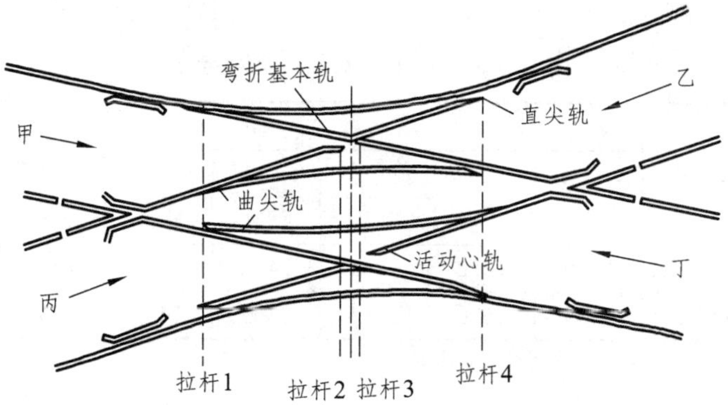

图 4.46　活动心轨复式交分道岔

双转辙器共分为两组，每组由两根直尖轨、两根曲尖轨、四根基本轨组成。直尖轨和曲法轨用连接杆（第 1 号或 4 号拉杆）连接在一起，组成一套转辙结构。钝角辙叉共有两组，每组由两根活动心轨、两根弯折基本轨、两根帮轨、两根扶轨组成。两根活动心轨用连接杆（2 号或 3 号拉杆）连接在一起，可以左右开通。

锐角辙叉也有两组，它的辙叉角号码，就是复式交分道岔的号码。

复式交分道岔能够开通八个方向，在图中，设计拉杆往“↑”方向为“上”，往“↓”方向为“下”，每个方向开通时，拉杆的位置分别见表 4.13。

表 4.13　复式交分道岔拉杆位置

开通线路	1 号拉杆	2 号拉杆	3 号拉杆	4 号拉杆
甲→丁（或丁→甲）	上	下	上	下
甲→乙（或乙→甲）	下	—	—	下
丙→乙（或乙→丙）	下	上	下	上
丙→丁（或丁→丙）	上	—	—	上

2. 复式交分道岔的主要尺寸

交分道岔的主要尺寸，除了菱形交叉的长轴、短轴及斜边外，还有锐角辙叉理论尖端至尖轨尖端的距离、菱形短轴上钝角辙叉理论尖端至导曲线中点距离及导曲线半径。

常用的复式交分道岔主要尺寸如表 4.14 所列。

表 4.14　常用的复式交分道岔主要尺寸（mm）

钢轨类型	道岔号数	道岔图号	道岔全长	导曲线半径	道岔中心至锐角辙叉跟距	菱形				转辙器		锐角辙叉			钝角辙叉	
						轨距	长轴	短轴	斜边	侧向尖轨长	直向尖轨长	辙叉角	前长	后长	前长	后长
50	9	城轨 213	30050	220717.5	15009	1435	25948	1437	12979	5250	5256	6°20′25″	1538	2025	3701	4389
60	9	DC221	31490	220717.5	15730	1435	25948	1437	12979	5310	5310	6°20′25″	1538	2775	3700	4336

注：以上图表尺寸仅供参考，实际应用中应参照设计图纸标示尺寸。

复式交分道岔各部分的轨距如表 4.15。

表 4.15　复式交分道岔各部分的轨距（mm）

道岔号码	钢轨类型	图号	直股					侧股尖轨跟部轨距	菱形短轴	
			尖轨尖端轨距	尖端前		辙跟后				
				距离	轨距	距离	轨距		理论	实际
9	50	城轨 213	1449	1282	1435	2416	1435	1450	1437	1445.4
9	60	DC221	1449	2670	1435	2462	1435	1450	1437	1445.4

注：以上图表尺寸仅供参考，实际应用中应参照设计图纸标示尺寸。

复式交分道岔各轮缘槽的尺寸如表 4.16。

表 4.16　复式交分道岔各轮缘槽的尺寸（mm）

道岔号码	钢轨类型	图号	活动心轨摆渡	尖轨动程	尖轨跟距		对称轴		护轨槽宽	翼轨槽宽	辙叉咽喉宽	执法槽宽
					侧外股跟距	侧内股跟距	侧内股至钝角理论尖距离	侧外股至钝角理论尖距离				
9	50	城轨 213	90	152	139	152	351	338	42～44	45～48	58～68	≥68
9	60	DC221	90	152	141	154	351	338	42～44	45～48	58～68	≥68

注：以上图表尺寸仅供参考，实际应用中应参照设计图纸标示尺寸。

3. 复式交分道岔导曲线

复式交分道岔导曲线应保持圆顺，按支距计算确定。导曲线支距是以菱形长轴为基线，短轴与长轴交点为支距起点向两侧每隔 2 m 设一支距点，支距是从曲导轨的工作边垂直于长对角线的距离，如图 4.47 所示，终点支距位置根据尖轨类型不同而不同，如直线尖轨，支距点在尖轨跟。

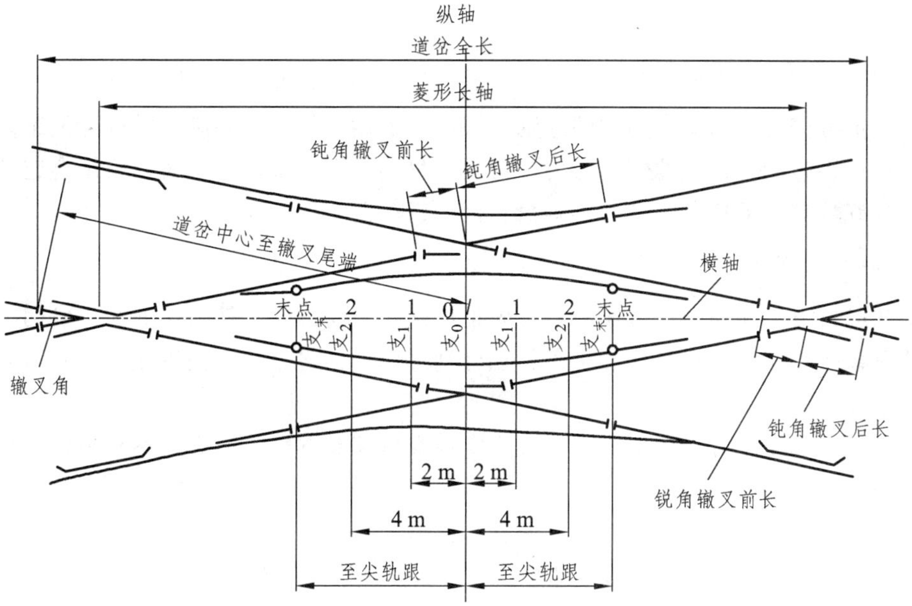

图 4.47　复式交分道岔导曲线

地铁常用复式交分道岔支距见表 4.17。

表 4.17　复式交分道岔支距表（mm）

道岔号码	钢轨类型	图号	导曲线支距（容许误差±2）							
			起点（0 点）		1 点		2 点		抹点（尖轨跟）	
			横距	支距	横距	支距	横距	支距	横距	支距
9	P50	城轨 213	0	380.5	2000	371			4387	337
9	P60	DC221	0	380.5	2000	371			4328	338

注：以上图表尺寸仅供参考，实际应用中应参照设计图纸标示尺寸。

五、减振道岔

目前，国内对于道岔区减振主要采用以下方法：一是保持道岔本身结构不变，利用道床减振，直接将道岔铺设于浮置板道床或减振垫道床之上。该方法虽然具有较好的减振效果，但浮置板道床结构复杂，造价也较高，后期养护维修不便。二是在道岔的铁垫板与岔枕间增加轨道减振器，起到减振作用。但轨道减振器结构复杂，类型也较多，而且要增加轨道高度，不便于轨道技术标准的统一。三是利用三高弹性热塑性弹性体制造道岔区用的板下弹性垫层，将道岔区所用扣件进行低刚度、均匀化处理，实现道岔区减振的目的。

第七节　道岔的养护与维修

一、道岔养护维修

道岔养护维修要贯彻预防为主的原则，根据季节性的特点，妥善安排好计划维修、紧急补修和重点病害整治，合理地使用劳力、机具和材料。综合维修和状态修要结合起来，经常保持道岔良好状态，延长各部件使用寿命，保证行车安全。

1. 预防方向不良

（1）在进行道岔计划维修工作前，首先把道岔大方向拨好，使道岔处在正确的位置上，与前后线路衔接顺直，没有甩弯和折角，在计划维修中，再进行细拨细改，达到方向良好，列车通过平稳。

（2）每年夏季彻底矫直死弯钢轨。按规定标准弯够基本轨曲折点；达到尖轨部分轨距能够均匀递减，方向顺直。

（3）整正道钉、支距垫板、轨撑，使其与钢轨连接牢固密靠，预防钢轨横向移动。

（4）捣固后及时回填夯拍道床，拨道后及时填好轨枕端部石砟，经常保持道床丰满坚实，增强线路阻力，预防横移跑道。

2. 预防前后高低和水平不良

（1）根据道岔直、侧向行车多少，区分不同情况进行起道：直、侧向行车大致相等时，导曲线上股和外直股钢轨适当多起；直向行车多于侧向时，两上股轨多起 4 mm 左右，侧向行车多于直向时，四股钢轨起平；对辙叉心和钢轨接头要适当地多起一点，预防导曲线反超高、钢轨接头和辙叉心低落，造成前后高低和水平不良。

（2）根据起道的情况，除全面加强捣固工作外，对多起的部位，宜加强捣固，特别是对钢轨接头、辙叉心、导曲线中部两股钢轨水平变化大的部位综合维修时必须进行第二遍捣固，增强枕下基础，预防岔枕弯曲。

3. 预防道岔爬行

道岔爬行是引起枕木偏斜、轨缝不均、螺栓拉弯等病害的主要因素之一。因此，及时更换补充失效和缺少的防爬设备，拧紧螺栓，消灭浮离道钉，使各部分连接零件经常处于良好状态。对主要道岔和绝缘接头前后 75 m 加强锁定，预防道岔爬行。

4. 预防道床排水不良

车场或洞内有砟道床地段，若排水不良、道床脏污，容易形成道床翻浆和硬结等病害，使道床失去弹性，加剧列车震动，破坏道岔质量。因此，要清筛道床坡脚土垄及接头五孔石砟，铲平路肩，疏通侧沟，加强排水，要清筛道床。

道岔维修主要是为了保持它的轨距、水平、方向、高低各部分间尺寸等，经常处于良好状态，预防病害的发生，延长设备使用寿命。道岔养护维修作业主要内容是起道、捣固拨道、改道以及一些辅助工作，如钢轨的矫直、捏弯、打磨肥边、更换并整修各种联结零件，枕木的更换、方正、修补、削平及翻转工作，防爬锁定，道床翻浆整治及清筛工作，排水沟的清理。

道岔综合维修的基本内容如下：

（1）根据线路状态适当起道，木枕地段全面捣固；混凝土枕地段，撤除调高垫板，全面捣固或重点捣固；混凝土宽枕地段，垫砟与垫板相结合。

（2）改道、拨道，调整线路、道岔各部尺寸，全面拨正曲线。

（3）清筛枕盒不洁道床和边坡土垄，处理道床翻浆冒泥，补充道砟和整理道床。

（4）更换、方正和修理轨枕。

（5）调整轨缝，整修、更换和补充防爬设备，整治线路爬行，锁定线路、道岔。

（6）矫直钢轨硬弯，焊补、打磨钢轨，综合整治接头病害。

（7）整修、更换和补充联结零件，并有计划地涂油。

（8）整修路肩，疏通排水设备，清除道床杂草和路肩大草。

（9）整修道口及其排水设备，修理、补充和刷新标志，收集旧料。

（10）其他预防和整治病害工作。

道岔经常保养的基本内容是：

（1）根据轨道几何尺寸超过经常保养容许偏差管理值的状态，成段地整修线路。

（2）处理道床翻浆冒泥，均匀道砟和整理道床。

（3）更换和修理轨枕。

（4）调整轨缝，锁定线路。

（5）更换伤损钢轨，焊补、打磨钢轨和整治接头病害。

（6）有计划地成段整修扣件，进行扣件和接头螺栓涂油。

（7）进行无缝线路应力放散和断缝原位焊复或插入短轨焊复。

（8）整修防沙、防雪设备和整治冻害。

（9）整修道口，疏通排水设备，清除道床杂草和路肩大草。

（10）季节性工作、周期短于综合维修的单项工作和其他工作。

道岔临时补修的主要内容有：

（1）整修轨道几何尺寸超过临时补修容许偏差管理值的处所。

（2）更换重伤钢轨和达到更换标准的伤损夹板，更换折断的接头螺栓和护轨螺栓。

（3）调整严重不良轨缝。

（4）进行无缝线路地段钢轨折断、重伤钢轨和重伤焊缝的处理。

（5）疏通严重淤塞的排水设备，处理严重冲刷的路肩和道床。

（6）整修严重不良的道口设备。

（7）垫入或撤出冻害垫板。

（8）其他需要临时补修的工作。

二、单开道岔的养护维修

单开道岔的检查方法和检查项目在第四节中已经介绍，这里不再重复。

单开道岔检查记录簿的填写要求：

道岔检查记录簿（包括单开、交分、菱形等），是对道岔设备进行周期性检查，反映道岔设备技术状态的重要记录。它是工长按道岔设备各种变化的不同程度，组织和安排经常保养和临时补修的重要依据。

道岔维修的主要作业项目是：

（1）起平道岔：对道岔进行全面捣固，特别是对钢轨接头、辙叉心、导曲线上股、尖轨尖端、尖轨跟部进行第二遍捣固，保持前后高低、左右水平处于良好状态。

（2）拨正方向：首先要把道岔大方向拨好，使道岔在正确位置上，与前后线路、道岔衔接顺直，没有甩弯和折角；在道岔前后 75 m 范围，要采取拨、改、弯三结合的方法，改好各处轨距和顺坡递减；整正道钉、支距、垫板、轨撑、间隔铁等零件，使其与钢轨连接牢固，预防钢轨横向移动。

（3）锁定线路，防止爬行，均匀轨缝；对道岔前后 75 m 范围内包括道岔部分要加强防爬锁定，必要时可采用连排锁定，消灭大轨缝和连续瞎缝，拧紧螺栓，消灭浮离道钉，各种配件要经常处于紧、密、靠状态。

（4）加强岔枕修理：认真做好捆扎、腻缝和削平、钉孔防腐工作，预防岔枕劈裂和腐朽，方正枕木间隔，使各种尺寸符合道岔布置图的标准。

（5）整治路基病害：认真执行道床轮筛周期，恢复道床的弹性；有计划地消灭道床脏污板结、翻浆，清筛道床边坡和道心土砂垄，铲平路肩杂草，疏通侧沟，加强排水。

三、复式交分道岔的养护维修

1. 复式交分道岔的检查

（1）检查和校正道尺。轨距尺应符合标准，水平正反方向误差值不得大于 1 mm。

（2）轨距和水平检查点见图 4.48，依“先轨距后水平”的顺序，将与规定标准误差差值记入记录簿中。

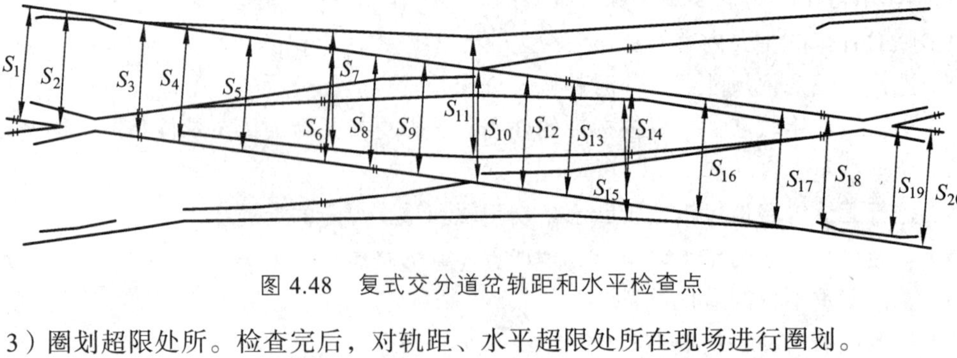

图 4.48　复式交分道岔轨距和水平检查点

（3）圈划超限处所。检查完后，对轨距、水平超限处所在现场进行圈划。

（4）注明消除日期。对不良处所整修后，由作业负责人在检查记录簿中“记事”栏内注明消除日期并签名。

2. 复式交分道岔的维修作业

（1）起道：在站场长平好、起道量小的情况下，一般找一个适当的控制点，先起平钝角辙叉，然后再以此作为控制点，分别向两端起平。在站场长平差，起道量大的情况下，可以从一端起至另一端。

（2）拨道：先将两个主要行车方向的交叉直线与两端衔接的大方向拨顺、拨直，摆正叉心。然后，由两个锐角辙叉的理论尖端拉弦线（长轴），测量改正支距、拨好导曲线。

（3）改道：先改好两个主要行车方向的交叉直线轨距，按菱形长轴改好导曲线支距，再以导曲线上股为标准，改好曲股轨距和各轮缘槽。

（4）整治活接头水平下沉及高低不平。换下承垫活接头拼在一起的两根岔枕，改换悬空式接头，便于捣固，使枕底道砟坚实。

（5）保持导曲线支距的正确位置。钝角辙叉理论尖端至导曲线工作边中点的距离不易保持。要检查整治基本轨弯折量，磨耗的基本轨弯折点要及时焊补，弯折矢度不足时要重新补弯。为保持导曲线的圆度，在导曲线外股岔枕上设轨撑，在导曲线中点外股轨底外侧与基本轨弯折点轨底内侧之间用钢板相互顶撑，以防导曲线上股钢轨外移。

（6）整治尖轨爬行和拱腰。加强防爬和锁定工作，加强捣固，减少尖轨跳动和摆动。

3. 复式交分道岔的养护特点

（1）复式交分道岔尖轨尖至基本轨接头间距离较短，尖轨尖处的轨距加宽（1/9 复交岔按 11.7‰）递减至标准轨距 1 435 mm，难以在此范围内递减完。

（2）以长对角线（长轴）作为横轴，垂直于长轴到导曲线上股（钢轨行车线）的距离即为支距。横距以菱形对称中轴（短对角线）为零点（即横距等于零），分别向两端以横距 2 m 为一个支距点，直到尖轨跟端也是一个支距点。

（3）拨改作业：导曲线支距和道岔方向的整正要拨改结合进行，在测量支距进行拨改作业时，要正确掌握两导曲线上股间的距离（即导曲线支距的两倍）。有的复交道岔两曲股行车密度不一，方向和支距往一侧偏离，可向另一侧拨（改）正，拨（改）成负公差，并在枕木头加足道砟，以稳定方向。

（4）水平特点及捣固作业：复交道岔中间两股（两端曲尖轨间）导曲线上股有 6 mm 超高。但由于超高偏小，仍存在着未被平衡的离心力，中间两股受力较大。因此应特别注意中间两股捣实，并防止岔枕被压弯。扣道时，用两台起道机。由于信号部门转辙杆件阻碍，宜采用单头电镐或用撞镐捣实。

（5）防爬：道岔内无法安装防爬器，复交道岔前后四股 75 mm 范围内需装防爬设备连续锁定（4 组/12.5 m）。

4. 复式交分道岔养护中对各部几何尺寸的控制方法

（1）拨正道岔及前后方向，整正锐角辙叉的位置。再从两锐角辙叉跟的中点拉一弦线，定出道岔的纵轴。

（2）以纵轴为基线，逐点检查两直基本轨的支距，并将支距整正合格。再用框架尺寸控制曲基本轨的位置，调整尖轨密贴。在轨距、支距框架尺寸合格（钢轨相对位置正确到位）

后，即可整修配件，安装加强设备。

（3）钝角部分轨道几何尺寸的整正，应先整正左右两部分三根钢轨的相对位置。用框架尺寸分别检查导曲线上股钢轨、曲折基本轨、另一导曲线下股钢轨等三根钢轨的相对位置，并整正合格；同时整修垫板及安装加强设备，使这三根钢轨形成整体。再以纵轴为基线，用支距将左右两部分整正到位，检查每股轨距，安装加强设备。

四、交叉渡线的养护维修

1. 检查菱形道岔

（1）检查和校正道尺。轨距应符合标准，水平正反两方向误差值不得大于 1 mm。

（2）目测方向和高低。站在菱形道岔外方，先看方向，后看前后高低，必要时用弦线测量。

（3）量轨距和水平。在规定的检查点位（图 4.49）上，依“先轨距后水平”的顺序，将与规定标准的误差数记入记录簿中。

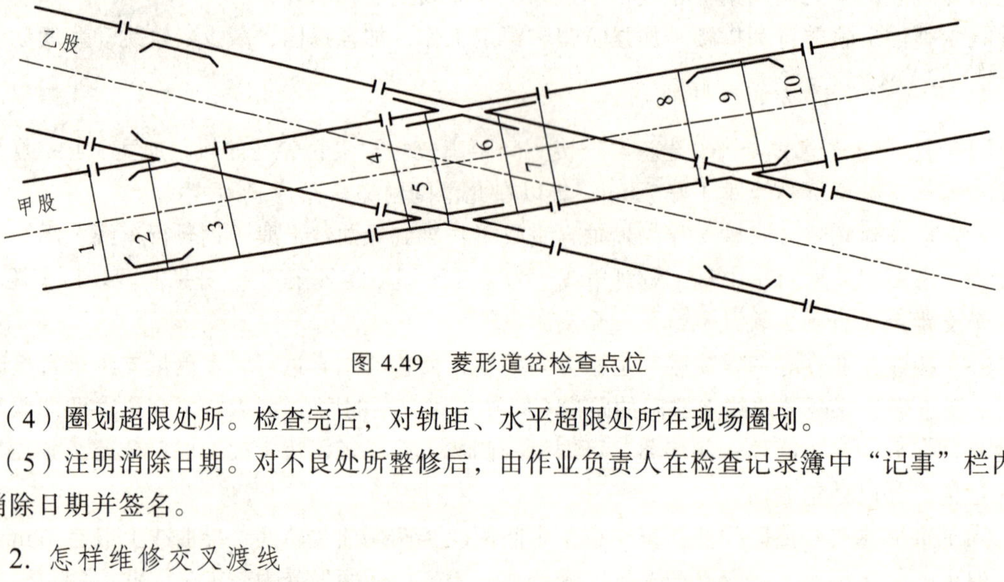

图 4.49　菱形道岔检查点位

（4）圈划超限处所。检查完后，对轨距、水平超限处所在现场圈划。

（5）注明消除日期。对不良处所整修后，由作业负责人在检查记录簿中“记事”栏内注明消除日期并签名。

2. 怎样维修交叉渡线

（1）起道：

① 站场长平较好或道岔处于长平的高处时，一般先起中间，后起四角，这样容易使整组道岔起平。

② 道岔处于站场长平的低处，在起道量大的情况下，可先选择一个角起道，使该角引进站场长平。再按先起中间，后起其他三个角的程序做好起道工作。

（2）拨道：

① 先将一侧的两单开道岔与线路的大方向拨顺，特别应将该侧两道岔的岔尾接头及护轨部分严格按线路大方向拨顺，这是因为中间和后端部分长短岔枕相接，轨距相当，拨一侧要牵动另一侧方向，所以要一次拨好。

② 拨另一侧的两单开道岔时，要先测量一下两端岔尾接头处各股的轨距，计算出本侧外

股岔尾接头是否需要拨道。然后，根据计算值进行拨道。

③ 拨中间部分时，不要看两侧的直股，而要看中间的两股交叉，尽量做到交叉部分改动量小。

（3）改道：

① 先将两端单开道岔与中间交叉衔接部分的各股轨距和四个普通辙叉处的轨距改好，使普通辙叉置于正确位置。

② 改交叉部分的轨距时，应从四个角反复测量，力求使钝角辙叉的位置在两个方向下都合适。

③“62”型交叉渡线单开道岔的侧向菱形交叉相通时，1 440 mm 轨距延伸至导曲线终点，再以 3 m 的距离顺坡至导曲线轨距。

单开道岔的直向与菱形交叉相通时，1 440 mm 的轨距延伸至单开道岔辙叉趾前第一根岔枕处，再以 2 m 的距离顺坡至 1 435 mm 的轨距。

为做好交叉渡线道岔综合维修中的起道作业，应按程序做好调整。

（1）横向水平调查，确定起道初基点。分别量取横向两个道岔（图 4.50），1 号和 5 号、3 号和 7 号下导曲 A 和 B 水平差，再分别横向量取 1 号和 5 号、3 号和 7 号的水平差，在八股钢轨中确定水平差的最高点，该点即为交叉渡线起道初基点。

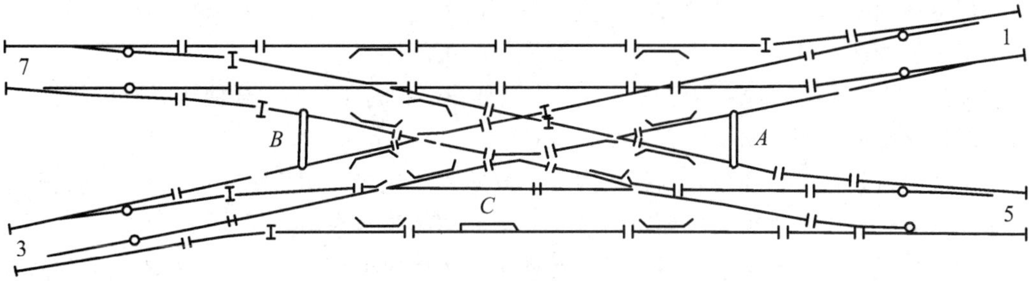

图 4.50　交叉渡线水平调查

（2）纵向水平调查，比较确定起道基点。选择大长平比较好的外直股，在起道初基点相对的外直股，纵向测量轨面水平差 *C*。比较确定交叉渡线起道基点，从而使交叉渡线保持同一平面的起道量。

第八节　道岔常见病害的原因及其防治方法

道岔应经常保持良好状态，有下列缺点之一时，禁止使用：

（1）道岔两尖轨互相脱离时。

（2）尖轨尖端与基本轨在静止状态不密贴时。

（3）夹轨被轧伤，轮缘有爬上尖轨的危险时。

（4）在尖轨顶面宽 50 mm 及其以上的断面处，尖轨顶面较基本轨顶面低至 2 mm 及其以上时。

（5）基要垂直磨损，在正线上超过 6 mm，在其他线上超过 10 mm。

（6）在辙叉心宽 40 mm 的断面处，辙叉心垂直磨损，在正线上超过 6 mm，在其他线上超过 10 mm 时。

（7）辙叉心作用面至护轮轨头部外侧的距离，小于 1 391 mm，或翼轨作用面至护轮轨头部外侧的距离，大于 1 348 mm 时。

（8）尖轨或基本轨损坏时。

（9）辙叉（辙叉心、辙叉翼）损坏时。

（10）护轮轨螺栓折损危及行车安全时。

道岔病害发生的因素较多，也较复杂。一方面固然有道岔本身结构特点的因素，但另一方面，更主要的是列车动力作用和自然界各种因素的侵蚀，加上维修保养不当、不及时所造成的。

道岔本身结构特点所带来的缺陷主要有：

（1）使用直线型尖轨，由于转辙角较大，车轮从基本轨过渡到尖轨时，列车急骤地改变运行方向，从而对轨道产生较大的纵向和横向的冲击力。

（2）由于两尖轨只有连接杆将其连接组成框架后，便直接放置在轨枕上，没有特别的扣件使其保持稳固状态，当车轮通过时，尖轨不可避免地发生跳动，使尖轨不应受力的部分受到列车车轮的冲击，从而增大了尖轨尖端被轧伤的可能性等。

（3）过去导曲线设计时未曾考虑设置超高的要求，造成列车通过导曲线时车轮挤推外轨，受力情况恶化，使轨距、水平、方向难以保持。

（4）从尖轨到辙叉，在较短的距离内，不仅轨距变化多，而且水平递减率（尖轨开始受力到辙后顺坡垫板终了）也大，列车通过时产生横向摇晃和纵向挤推。

（5）列车通过辙叉有害空间时，不仅使列车产生横向摇晃，而且由于车轮由翼轨过渡到心轨产生的高低不平顺，列车车轮对心轨垂直方向的锤击，心轨容易被轧颓或轧伤。

基于上述诸因素，下面将对道岔中常见和容易发生的几种病害作一些分析，并提出一些防治措施供参考。更希望大家在生产实践中总结、充实、提高。

一、转辙部分

1. 转辙部分的主要病害

转辙部分主要病害有：尖轨跳动，尖轨与基本轨在竖切部分不密贴，尖轨爬行，尖轨尖端轧伤和非正常磨耗以及尖轨拱背，旁弯和方向不正等。

2. 转辙部分病害产生的原因

（1）大方向不直顺。

道岔与前后线路的大方向不直顺，或轨距偏大，或是渡线两端岔心的坐标位置不正确，或是曲线股线路的线间距不标准，特别是交叉渡线的四个单开道岔中，由于岔位不正确，引起这类病害比较多。

（2）框架尺寸偏大，递减距离及递减率不准确。

（3）尖轨在静止状态时拱腰旁弯，有肥边及毛刺。

（4）尖轨底靠近基本轨侧的刨槽深度和宽度不足，尖轨爬不上基本轨。

（5）基本轨有高低硬弯和空吊板，作用边有肥边和毛刺。

（6）顶铁过长。

（7）耳铁的主螺栓孔及螺栓经常磨耗后有间隙，两根尖轨不能形成牢固的框架，扳动尖轨时另一根不能完全跟过来，造成不密贴或轮缘槽小。

（8）跟端夹板式的结构限制了尖轨的转动和弹性。双头螺栓太紧了，转辙机拉不动，不易密贴，太松了又易造成尖轨爬行。

（9）曲下股基本轨的弯折点及弯折量不标准，第二、三弯折点之间的直线段不直顺或有反弯。

（10）尖轨尖的直角错差允许 20 mm 太大，如果一根尖轨不动，则另一根就有 40 mm 的串动量。

（11）更换尖轨时，往往不是成对更换，在长度、耳铁孔位置上都有误差。

（12）滑床板长期不涂油，个别的锈蚀严重，增加了尖轨在滑床台上的阻力。

（13）几道连接杆前后位置不对。

（14）由于捣固、岔枕扭曲、长期的碾轧，滑床板或基本轨产生永久性变形，或有垂直磨耗，或使基本轨不落槽或与滑床台间间隙过大。

（15）基本轨垂直磨耗超限、压溃和擦伤，促使基本轨产生肥边，造成尖轨竖切部分假密贴。

（16）绝缘连接杆的衔接螺栓松动，绝缘质损坏，扳动尖轨时其长度可变，也影响密贴。

（17）连接杆上边的扣板与连接板间的间隙大于耳铁的厚度，扣板与连接板的孔中心不在一条直线上，影响尖轨密贴。

3. 部分病害的原因及其防治方法

（1）尖轨跳动的原因及其防治。

由于尖轨跟部各联结零件磨损，套管失效，桥型垫板损坏或尖轨跟端凸台压溃或因列车通过时振动而脱焊，脱落窜出，使尖轨跟端悬空；尖轨拱腰，捣固不实（尤其是尖轨跟端轨枕捣固不实），转辙器拉杆弯曲等等，都能使列车通过时尖轨产生跳动。

针对尖轨跳动原因的预防和整治措施，一般有：

① 更换根部磨损的联结零件，包括凸台磨损的桥型垫板和磨损的异径螺栓或套管。

② 加强转辙部分枕下的捣固，尤其是加强接头及尖轨跟端的捣固。

③ 调直拱腰的尖轨。

④ 采取尖轨防跳措施。如在基本轨轨底增设尖轨防跳器如图 4.51 所示，或将尖轨连接杆两端安设防跳补强板，使其长出部卡在基本轨轨底，以防尖轨跳动，如图 4.52 所示。

尖轨防跳器以支撑板组合，由 4 个道钉钉固在相邻的两根岔枕上，加上尖轨防跳器的自重等外力作用下，可使拱腰消失，使之与滑床板密贴，也就是利用螺母 10 的拧紧力，迫使尖轨拱腰处的滑轮组合 6，与滑道拉杆 1 的接触点为支点下移，从而使尖轨底与滑床板密贴。

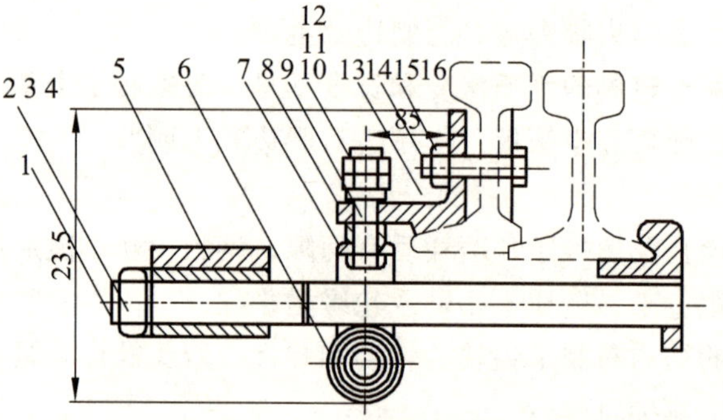

图 4.51　尖轨防跳器

1—拉杆；2—拉杆螺母；3—弹簧垫圈；4—平垫圈；5—支撑板组合；6—滑轮组合；7—滑轮座；8—调整套；9—螺栓；10—螺母；11—弹簧垫圈；12—平垫圈；13—L 形铁；14—螺杆（放在尖轨拱腰最大附近处）；15—螺母；16—弹簧垫圈；17—铁卡

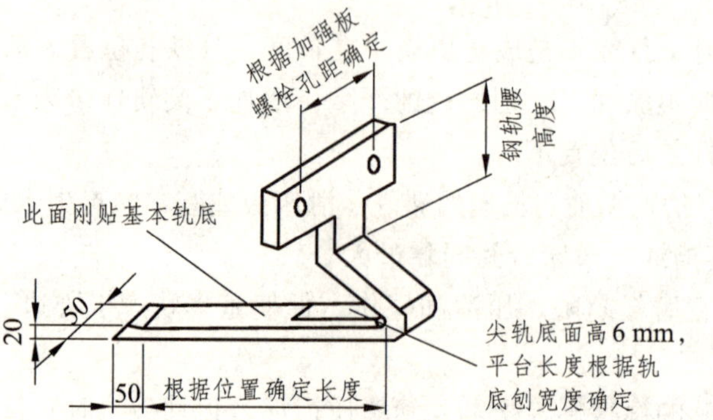

图 4.52　防跳补强板

⑤ 调直弯曲的转辙拉杆和尖轨连接杆。

（2）尖轨不密贴原因及防治。

尖轨竖切部分与基本轨不密贴的主要原因一般是由于：

① 尖轨拉杆尺寸选配或调整不良，两尖轨间规定的间距不符标准要求，造成尖轨扳不严而与基本轨离缝。

② 尖轨尖端被车轮轮缘撞挤、压歪，造成尖轨头部与基本轨离缝。

③ 尖轨顶铁过长、过短都会使车轮挤弯尖轨，造成尖轨竖切部分与基本轨不密贴。

④ 尖轨爬行而使尖轨竖切部分与在基轨间离缝。

⑤ 基本轨工作边及尖轨非工作边有“肥边”而造成假密贴。

⑥ 滑床板弯曲、挠曲，使尖轨不能在滑床台上落平，影响尖轨位置不正或歪斜，造成与基本轨离缝或假密贴。

⑦ 曲股基本轨弯折点位置不对，弯折量不足或过量，也会造成尖轨竖切部分与基本轨不密贴。

⑧ 基本轨横移出现“三道缝”，即基本轨轨底与滑床台槽边有缝；基本轨轨颚与外侧轨撑不密贴；基本轨轨撑与滑床板挡肩不密贴，或因出现“三道缝”使基本轨横移，造成恶性循环。“三道缝”的示意图如图 4.53 所示。

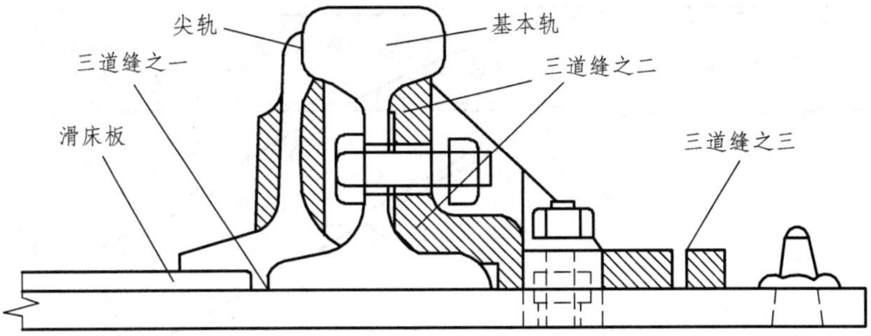

图 4.53 三道缝示意图

⑨ 尖轨或基本轨本身有硬弯，造成尖轨竖切部分与基本轨的不密贴。

⑩ 尖轨非工作边与基本轨工作边间距过小，使尖轨非工作边成为“护轨”从而挤弯尖轨影响尖轨与基本轨的密贴。

尖轨竖切部分与基本轨不密贴的防治，一般可采取以下措施：

① 校正连接杆的长度，或利用连接杆的孔眼调整两尖轨间的距离，使其符合设计标准要求。

② 与信号部门配合，调整连接转辙机上拉杆的调整螺母，达到标准要求。

③ 整修过长或过短的顶铁。

④ 整修辙跟螺栓，更换失效的异径螺栓或套管。

⑤ 焊补或更换磨损挠曲不平的滑床台，轨撑、滑床板挡肩，或用螺旋道钉将轨撑、滑床板与枕木联结成一整体，并用水平螺栓使轨撑与基本轨牢固地联结在一起，以消灭“三道缝”的病害。

⑥ 校正基本轨弯折点的位置与弯折量，使之符合设计要求。

⑦ 整修基本轨或尖轨旁弯。

⑧ 及时剁除基本轨工作边与尖轨非工作边之间的“肥边”。

⑨ 整治尖轨爬行。

⑩ 经常清除尖轨与基本轨之间的冰雪及其他异物。

（3）尖轨轧伤和非正常磨耗的原因及防治。

尖轨跳动、尖轨与基本轨不密贴，是尖轨尖端轧伤及非正常磨耗的主要原因。其次是基本轨垂直磨耗超限，造成尖轨尖端受轮缘的撞击和其余刨切部分受力过大，也是轧伤和非正常磨耗的重要因素。

尖轨轧伤及非正常磨耗的防治，一般可采取以下措施：

① 防止尖轨跳动及确保尖轨竖切部分与基本轨之间的密贴。

② 及时更换磨耗超限的基本轨。

③ 若尖轨尖端与基本轨顶面高差不足 23 mm，或尖轨尖端顶面过宽时，应及时将尖轨尖端进行锉修，防止轮缘撞击尖轨尖端。

④ 严重轧伤的尖轨应及时焊修或更换，以免越伤越轧，越轧越伤，产生严重后果。

⑤ 当因岔前轨向不良列车频繁蛇行，形成尖轨过快磨耗时，除对尖轨进行焊补或更换外，在站线上可考虑在尖轨前铺设防磨护轨，如图 4.54 所示。

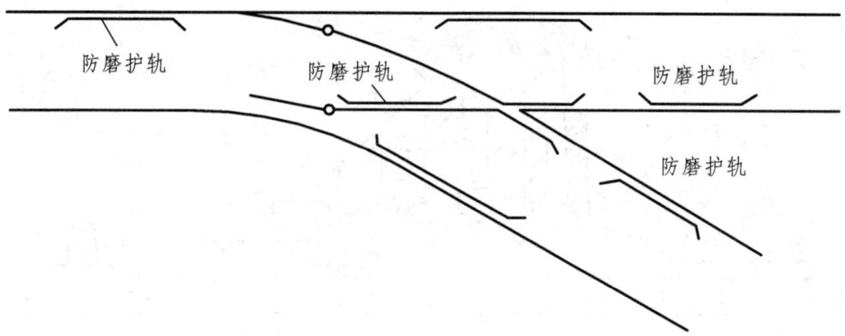

图 4.54　防磨护轨示意图

铺设防磨护轨时，应使防磨护轨平直段的轮缘槽保证最不利情况下（最大轮背距的轮对，最厚轮缘的机车逆向通过），轮缘不与尖轨设计最小冲击断面（一般为宽 10 ~ 20 mm 处）前的尖轨接触。

这种设在内侧的防磨护轨，一般采用不等长的尖轨，在防磨护轨一侧的尖轨要短些，使护轨平直段设在正对另一侧尖轨尖端部分，以提高防磨效果。防磨护轨轮缘槽越窄，对防磨越有利，但太窄了，使机车车辆转向时的内接状态变坏。

近来也有资料介绍，防磨护轨也可采用于等长尖轨的情况。

在站线道岔上，防磨护轨有时也设在直股基本轨的外侧，也可以得到很好的防磨效果。但要注意外侧的防磨护轨轨面要高出直股基本轨的顶面，防止车轮踏面端部爬上护轨而造成脱轨，其作用边与基本轨外侧的距离也要算好，以利收到防磨、防撞的效果。

（4）尖轨产生横弯的原因及防治。

尖轨产生横弯的原因有：尖轨内部残余应力的存在，在外力的作用下造成尖轨横弯；运输、存放不平顺造成尖轨横弯，道岔连接杆尺寸不标准，使得尖轨在列车长期作用下受力不均导致尖轨变形；活接头变为死接头。

防治方法是：检查道岔连接杆尺寸，抽下连接杆与尖轨间的垫片；确定横弯位置，不用拆除尖轨联结零件，使用特制的尖轨横变整治器来整治尖轨横弯；整治活接头。

（5）尖轨扳动不灵。

尖轨扳动不灵活，将造成尖轨与基本轨密贴长度不足。

造成尖轨扳动不灵的原因有：

① 钢轨爬行，将眼端螺栓拉斜或拉弯使螺栓摩擦轨腹螺栓孔壁。

② 尖轨不方正，道岔拉杆或道岔连接杆不正，与滑床板、枕木或基本轨底面发生摩擦。

③ 尖轨跟端双头螺栓或套管磨损，或间隔铁和夹板磨成凹坑，螺栓上紧后夹住尖轨。

④ 基本轨有小反，滑床板不平直，形成里高外低的斜坡。

⑤ 道岔拉杆、道岔连接杆、接头铁螺栓孔壁磨耗扩孔，螺杆磨细，因空隙太大，不能把两根尖轨连成整体框架，减弱了刚性。

二、导曲线部分的病害原因及其防治

道岔因其构造上的限制，导曲线半径比较小，过去设计的道岔外股没有考虑设置超高，列车通过时产生的离心力，使车轮对曲线外股钢轨产生横向挤推力，造成轨距扩大、支距不良、方向不好、外股钢轨磨耗加重及反超高等病害。又由于在导曲线部分的钢轨接头为错接布置，增加了车轮通过时的单股撞击，使列车摇晃加剧，增加了对轨道的破坏。

一般的防治措施有：

（1）加强捣固，尤其是接头处、尖轨跟、辙叉趾的捣固，因为这些地方不仅轨线中断，受车轮撞击加重，而且导曲部分轨枕布有四根钢轨，捣固比较困难，质量不易保证。

（2）按规定，道岔内可根据需要设置 6 mm 的超高，并在导曲线范围内按不大于 2%顺坡。

（3）整治塌腰的岔枕，削平轨底切入过甚的部分，未设铁垫板的应设置铁垫板，必要时，外股钢轨可设置具有 1∶20 轨底坡的铁垫板，但要做好顺坡递减。此外，还应整修“八害”道钉和更换磨损过甚的道钉。

（4）拨直直股基本轨方向，调整好尖轨跟距和辙叉前开口，正确设置支距。

（5）安设通连三股的连接板，或在直股基本轨与导曲线上股之间加设特制的短轨距杆，以便稳固地保持轨距和支距的正确。

（6）根据必要性，可在导曲线各接头处安设桥型垫板和在导曲线外股根据实际情况增设轨撑。

注意：在有绝缘时，在桥型垫板或轨距杆连接板等处加设绝缘垫板或垫片。

1. 导曲线形成反超高的原因及防治

（1）导曲线形成反超高的原因。

① 道岔铺设后，忽视对上导曲股枕下的捣固，虽然不会立即出现导曲线反超高，但枕下道床密实度不足，列车通过时动态沉落多，都为出现反超高创造了条件。加之岔枕埋在道床内，湿度大，暴露面自然干燥弯曲凹性变性，使岔枕中部低洼，形成导曲线反超高。

② 侧向导曲线半径小，无超高。列车通过时，导曲线上股钢轨承受的荷载大，钢轨顶面低于下股钢轨。加之外侧铁垫板切入轨枕，道岔沉陷出现空吊板，钢轨塑性变形，这些综合因素形成了导曲线反超高。

③ 钢轨接头的布置，上导曲股钢轨的接头正对应下导曲股短轨的小腰。由于列车通过时对接头产生冲击，出现低接头和下股短轨空吊板，下股短轨空吊板整修不及时，短轨出现横腰，形成导曲线反超高。

（2）导曲线反超高的整治方法。

① 新铺设的道岔，为防止岔枕中部早期出现低洼，应加强对导曲线上股和内直股两股钢轨的捣固，同时适当减少下导曲线股捣固镐数。

② 对已发生弯曲变形的岔枕处导曲线反超高，可用垫板将反水平处垫高 2 ~ 3 mm，以后再逐根撤下垫板，用撬棍撬起岔枕捣固。

③ 岔枕中部已经现出低洼，不再具备辙板捣固条件的，在岔枕状态良好的情况下，采取抽换翻用岔枕的做法，将岔枕中部低洼置于相反方向，同时加强捣固。

④ 对上导曲股接头反超高，其他处均无反超高的道岔，可加工 22 mm 和 24 mm 厚的铸铁垫板，更换在上导曲股接头处，同时更换变形夹板。

2. 导曲线钢轨被挤动的原因

普通单开道岔，由于导曲线半径小，外轨不设超高，又没有缓和曲线，因此列车通过时钢轨承受横向挤压力较大，造成导曲线轨距扩大、支距不良、方向不圆顺、外股钢轨磨耗加大及反超高等，由于导曲线部分的钢轨接头为错接布置，增加了车轮通过时的单股撞击，使列车摇晃加剧，增加了对钢轨的挤动。铁垫板等也会增大横压力而挤动导曲线外轨。

三、辙叉护轨部分病害的原因及防治

辙叉部分常见的病害有：辙叉下沉，辙叉左右横移方向不良，心轨磨耗折损，轨距变化，查照间隔和护背距离不能保持以及护轨错前错后，护轨“抬高”等。

产生上述病害有构造上的原因，也有养护维修方面的问题。例如：车辆通过辙叉心轨部分的次数是通过两股主轨次数的总和。同时，由于辙叉存在着有害空间，车轮从翼轨过渡到心轨时，不仅横向摇晃增大，竖向锤击也很严重，加上辙叉覆盖面积大，轨枕下道砟不易捣固等，往往造成辙叉部分枕木坍腰，辙叉下沉，水平不良。此外，由于前后连接钢轨方向不良，护轨位置不正确，辙叉扣件作用不良等，都会造成轨距变化，查照间隔和护背距离不能保持，车轮轮缘撞击心轨或加速磨损心轨等。

一般的防治措施有：

（1）采用特制长颈捣固手镐，加强辙叉底部的捣固，必要时，可将坍腰辙叉处的岔枕翻转使用。

（2）在辙叉趾端和跟端与前后引轨接头处安设桥型垫板，加强接头的相互连接。

（3）用扣板和立螺栓把辙叉固定在垫板上，再用螺旋道钉把垫板固定在枕木上，如 AT 型道岔那样，如图 4.55。

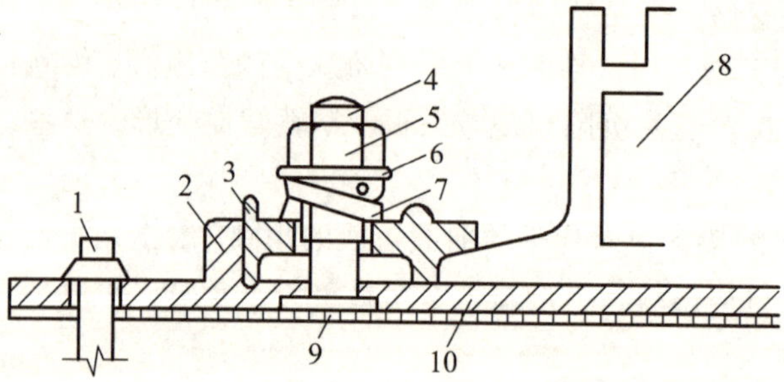

1—螺旋道钉；2—垫板挡肩；3—扣板；4—立螺栓；5—螺帽；6—平垫圈；7—弹簧垫圈；8—整铸造锰钢撤叉；9—橡胶垫板；10—通长铁垫板

图 4.55　辙叉固定

（4）可在辙叉部位的岔枕上安设特制铁座，用弹条 I 型扣件固定辙叉位置。由于弹条扣件扣压力大，既可防止辙叉横移，又可防止纵爬，对稳固辙叉可以取得较好的效果，如图 4.56 所示。

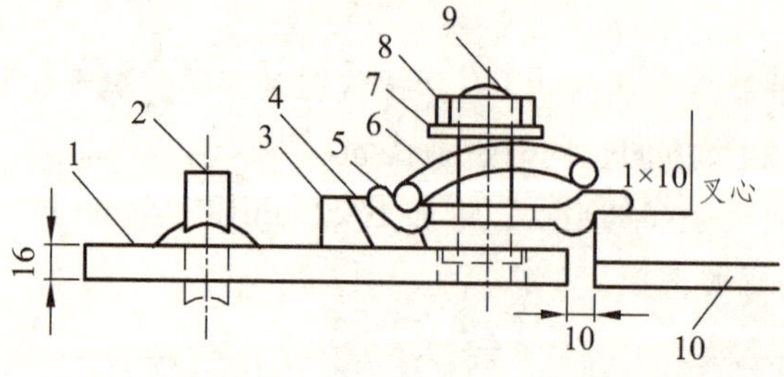

1—支承铁垫板；2—螺旋道钉；3—挡肩撑铁；4—挡板座；5—轨距挡板；6—I 型弹条；7—平垫圈；8—螺母；9—轨枕道钉；10—弹性胶垫

图 4.56　特制铁座

（5）在护轨靠近辙叉侧增设轨撑，前后引轨增设防爬设备，对防止护轨爬行也可收到较好的效果。

四、道岔整体的方向、高低、水平不良的原因及防治

1. 道岔方向不良

道岔是连接线路设备，因此只有把道岔铺到正确位置，才能使道岔与前后线路、道岔与道岔衔接顺直。影响道岔方向不良的主要因素有：

（1）道岔前后衔接不良造成方向不顺。

铺设更换道岔时位置摆不正；维修拨道或拨动道岔时，顾此失彼，只从一端看道，不顾两端；只顾主线，不管侧线等，都可能造成道岔与线路，道岔与道岔衔接不好。

（2）线路爬行，使道岔和道岔前后线路移动改变方向，特别是渡线道岔，如两股线路为单向行车时，会将道岔拉长或挤缩，使方向无法保持。

（3）基本轨横移，造成方向不良。

“三道缝”是造成基本轨横移的主要原因。由于“三道缝”的存在，不能完全固定基本轨，过车时轨撑不能阻止基本轨横移，造成方向不良。

（4）基本轨曲折点未弯好使方向不良。

为了做好尖轨部分和导曲线始点处的轨距顺坡，对尖轨尖端处和导曲线始点处的曲股基本轨进行弯折，有时弯折量不够，两处因钢轨存在弹性复原力，使轨距和方向容易发生变化，特别是尖轨尖处的曲折点未弯好时对道岔的方向影响最大，形成直股基本轨上产生“三道弯”——基本轨前端接头向外支嘴、尖轨尖端处向里弯、对准尖轨竖切点处基本轨向外鼓。

（5）异侧对口道岔，尖轨尖端处的轨距按相关规定顺坡，造成方向不顺。

除此以外，线路排水不良，翻浆冒泥，钢轨有硬弯等都是造成方向不良的原因。

2. 道岔水平不良

一般道岔岔枕上支承着四股钢轨，担负着两个方向的行车。由于两个方向行车密度不同，造成道岔上水平的变化有着不同的规律。归纳起来，影响道岔上水平变化的主要因素有：

（1）由于两个方向的行车密度不同，造成同一根岔枕上机械磨损不一致。

地铁主要行车方向为直向，则直股钢轨下垫板切入岔枕（机械磨损）的深度普遍比行车较少的曲股严重，并且曲股两股钢轨产生吊板，尤其是导曲线上股最为显著。出现这样的现象是因为受荷载的钢轨下岔枕和枕下基础（道床）所产生的变形都比非荷载的钢轨大，而且非荷载的钢轨总是力图“阻止”荷载钢轨的变形，因此非荷载钢轨受力的方向是向上的，当道钉不能把非荷载钢轨和岔枕联结在一起时，就会产生吊板，尤其是导曲线上股受直向两荷载轨的影响，吊板的程度更为明显。

（2）长岔枕中部低洼，造成导曲线反超高、内直股钢轨水平低、辙叉心沉落等。

岔枕长度超过 2 750 mm 时，就可能发生中部低洼。因为从此部位开始，两内股钢轨逐渐移向岔枕中部，两内股钢轨靠得越近，岔枕越长，其中部低洼越显著。因为荷载向岔枕中部集中，道床的变形积累比两端快，犹如两端受到支承的梁。加之岔枕埋于道床内，底部的

湿度比上部的湿度大得多，本身就存在着使岔枕变曲的收缩应力，致使岔枕中部低洼，造成导曲线反超高、内直股钢轨水平低、辙叉心沉落和岔后中间两股水平低等病害。

（3）错开铺设的钢轨接头，造成水平不良。

车轮通过钢轨接头产生附加动力冲击，因而接头处的道床沉陷速度和岔枕的机械磨损比其他部位快得多，多轨本身变形产生“低接头”“高小腰”的病害。道岔的连接部分，钢轨接头为错开布置，一般钢轨的接头正对相应一股的小腰，很难使水平做到要求，也给起道整修造成了许多困难。

（4）钢轨垂直磨耗不均，造成水平不良。

由于道岔直、侧两个方向行车密度相差悬殊，两个方向的钢轨垂直磨耗显著不一，这种情况多和岔枕机械磨损不一致同时存在。

（5）养护作业不当，造成水平不良。

在养护作业中，起道和捣固工作不慎往往造成水平超限；另外在维修道岔时，不是根据道岔两方向行车的密度不同，采取不同的起道、捣固形式，因而不适应列车的运行情况，使水平不能长久保持。

3. 整体不良的防治措施

（1）加强捣固，尤其要注意那些不易捣实、捣匀的处所。

（2）加强道岔及前后各 75 m 范围内的线路锁定工作。

（3）以道岔前后各 50 m 范围左右的直股为基准，拨正道岔的大方向，使道岔铺设位置正确。同时，必须拨正附带曲线或岔后连接曲线的方向。

（4）清筛不洁道床，加强排水，消除翻浆冒泥及路基病害。

（5）补充道砟，使道岔内道床半满，道岔基础稳固。

（6）将曲股基本轨弯折好，保持各部轨距间隔尺寸正确。

第九节　道岔作业

一、几何尺寸检查

1. 作业程序

（1）作业准备。料具准备：轨距尺、支距尺、钢卷尺（30 m）、弦线（40 m）、石笔。

（2）验道尺。上道前，检查人核准轨距尺，正反水平误差不大于±1 mm。

（3）根据不同类型道岔逐项检查轨距、水平及查照间隔、护背距离和各部轮缘槽尺寸，并记录。

（4）目测高低和方向：在检查轨距、水平的同时，应在岔首目测外股高低、方向。用 40 m 弦检查，每隔一根枕木检查、记录一次数据。

（5）用支距尺逐点检查支距，并记录。

（6）检查尖轨尖端密贴状态，尖轨动程位置是否正确。

（7）用 10 m 弦检查岔后连接曲线正矢，并记录。

（8）特种道岔注意检查前后锐角、钝角辙叉的叉前叉后轨距、水平、叉中轨距，查照间隔、护背距离，曲中内外矢距等。

2. 质量标准

（1）检查误差不超过±1 mm。

（2）检查位置准确，项目齐全，不漏项。

二、限位器调整

1. 作业程序

（1）作业准备。料具准备：绝缘调整片、限位器，轨距尺、撬棍、钢卷尺（30 m）、锤子、活口扳手（450 mm、200 mm）。

（2）拆卸限位器螺栓，取出限位器。

（3）将已准备好的限位器换上，拧紧螺栓，如果限位器过短也可增减调整片调整。

（4）限位器更换或调整后，进行检查，会同有关人员共同试验，确认符合技术要求，通知车站，开通道岔，撤除防护，清理现场，转移。

2. 质量标准

（1）限位器 A 块与限位器 B 块之间的间隙应为（7 ± 1）mm。

（2）限位器完好、无损坏。

3. 注意事项

作业需通号人员配合。

三、顶铁调整

1. 作业程序

（1）作业准备。准备料具：绝缘调整片、顶铁、轨距尺、撬棍、钢卷尺（30 m）、锤子、活口扳手（450 mm、200 mm）。

（2）扳动转辙器，使尖轨与基本轨脱离。

（3）拆卸顶铁螺栓，取出顶铁。

（4）将已准备好的顶铁换上，拧紧螺栓。如果顶铁过短也可增减调整片调整。

（5）顶铁更换或调整后，进行检查，会同有关人员共同试验，确认符合技术要求，通知车站，开通道岔，撤除防护，清理现场，转移。

2. 质量标准

（1）顶铁长度合适，尖轨竖切部分与基本轨全部密贴，尖轨全长平直。

（2）联结螺栓齐全，作用良好。

3. 注意事项

作业需通号人员配合。

四、转辙部分联合调整

1. 作业程序

（1）作业准备。料具准备：绝缘调整片、螺栓、连接杆、拉杆、接头铁、间隔铁、轨距尺、撬棍、钢卷尺（30 m）、锤子、活口扳手（450 mm、200 mm）、翻轨器、方尺、丁字扳手、扭力扳手、停车牌。

（2）根据计划，确定方案。如调整量不大，用调整片调整，如调整量较大，更换接头铁。

（3）动程调整后，通号人员调整转辙机构，使尖轨竖切部分与基本轨全部密贴。如不能全部密贴，线路专业人员根据具体情况调整第二、三连接杆。

（4）起拔尖轨跟端和跟端前后两根轨枕上钢轨之间的道钉。

（5）拆卸接头螺栓，将轨撑从侧面取下，然后取下夹板，用锤轻击间隔铁，由跟端向后取出。

（6）清除螺栓、夹板、间隔铁铁锈、污垢，根据需要加垫铁片或打磨间隔铁调正轮缘槽宽度。

（7）安装间隔铁、夹板、轨撑，穿好螺栓上紧螺母。

（8）拆卸螺栓：更换接头铁时，将接头铁与尖轨、拉杆或连接杆的联结螺栓卸下；更换拉杆或连接杆时，只需卸下两端与接头铁联结的螺栓。

（9）将需要更换的接头铁、拉杆或连接杆卸下。

（10）安装新接头铁、拉杆或连接杆，拧紧螺母，插入开口销子。

（11）作业结束后，全面检查和试验，确认符合技术要求，通知车站，开通道岔，注销登记，清理现场。

2. 质量标准

（1）尖轨第一连杆处最小动程达到规定要求。

（2）接头铁及连接杆螺栓齐全、作用良好，尖轨竖切部分与基本轨全部密贴。

（3）尖轨跟端钢轨间隔、尖轨跟端轨距符合标准图或设计图要求。

（4）零配件齐全，作用良好。

3. 注意事项

作业需通号人员现场配合。

五、更换尖轨

1. 作业程序

（1）作业准备。料具准备：尖轨、夹板螺栓、接头夹板、轨距尺、撬棍、钢卷尺（30 m）、锤子、活口扳手（450 mm、200 mm）、翻轨器、方尺、丁字扳手、道钉锤、吊轨车、扭力扳手、停车牌。

（2）到车站办理封锁施工手续，确认作业时间，通知通号人员配合作业。

（3）卸联结杆螺栓并除锈涂油。

（4）拆卸轨撑、防爬卡铁、尖轨跟端接头螺栓和夹板，将卸下的螺栓带上螺母，放在轨枕面上。

（5）移出旧尖轨，清除滑床板污垢。

（6）移入新尖轨，摆正位置。

（7）安好尖轨跟端螺栓，上好夹板。

（8）安装联结杆，拧紧联结螺栓，插上开口销。

（9）检查各部尺寸和零件，整修不良处所。

（10）与有关人员共同检查、试验，确认状态良好，尺寸符合技术要求，通知车站，开通道岔，清理现场。

2. 质量标准

（1）尖轨无拱腰、无旁弯，竖切部分与基本轨全部密贴，补强板螺栓齐全，作用良好。

（2）尖轨轨底与滑床板密贴，顶铁密靠轨腰。

（3）尖轨跟端错牙，正线、到发线道岔不超过 1 mm；其他线道岔不超过 2 mm。

（4）尖轨动程、各部分轨距及递减符合相关规定。

（5）滑床板与尖轨轨底间隔超过 2 mm 者，每侧不超过一块。

3. 注意事项

（1）复核新尖轨的状态、型式尺寸，各螺栓孔位置、孔径，如尺寸不符禁止更换。

（2）检查原有基本轨状态，必要时同步更换。

（3）检查尖轨跟端位置、滑床板变形情况，调查尖轨跟端基本轨前后轨缝，必要时先进行调整。

（4）需通号人员现场配合。

六、更换辙叉

1. 作业程序

（1）作业准备。料具准备：辙叉、夹板螺栓、接头夹板、轨距尺、撬棍、钢卷尺（30 m）、锤子、活口扳手（450 mm、200 mm）、翻轨器、方尺、丁字扳手、道钉锤、吊轨车、扭力扳手、停车牌。

（2）按作业计划，准备材料、工具，对难卸的螺栓先松动、涂油后再上紧，打紧前后防爬设备。

（3）将待换入的新辙叉，放置在侧向线路中心。

（4）拆卸接头螺栓和夹板。

（5）拔出道钉或拆卸扣件，道钉孔插入经防腐处理的木片。

（6）移出旧辙叉。

（7）将轨枕面清除干净，摆正或补充、更换垫板。

（8）移入新辙叉，摆正位置。

（9）安装接头夹板，拧紧螺栓。

（10）量好轨距，钉好道钉或上好扣件，拧紧螺纹道钉。

（11）检查各部尺寸和零配件，整修不良处所，确认符合技术要求，通知车站开通道岔，注销登记，撤除防护。

2. 质量标准

（1）辙叉两端接头垂直，横向错牙，轨距、查照间隔及护背距离符合规定要求。

（2）各部配件齐全，作用良好。轨枕无空吊板。

3. 注意事项

（1）复核新辙叉状态的状态，型式尺寸，各螺栓孔位置、孔径，如尺寸不符禁止更换。

（2）有轨道电路道岔，防止短路或断路，必须有通号人员现场配合。

七、更换滑床板

1. 作业程序

（1）作业准备。料具准备：滑床板、螺纹道钉、扣件螺栓、轨距尺、撬棍、塞尺、道钉锤、板尺、扭力扳手。

（2）将计划修理或需要更换的滑床板的轨撑、螺栓卸掉。

（3）起出需要更换或修理的滑床板的螺纹道钉，松开前后各 2 根岔枕轨撑螺栓。

（4）稍起钢轨，撤下滑床板，木枕插入经防腐处理的道钉孔木片。

（5）修理或更换滑床板。

（6）稍起钢轨，把修理好的滑床板，或新的滑床板放人轨底正确位置。

（7）安装轨撑及螺栓，拧紧螺纹道钉。

（8）作业结束后进行检查，整修不良处所，确认符合技术要求，通知车站，注销登记，清理现场。

2. 质量标准

（1）滑床板平直，与尖轨轨底密贴。

（2）滑床板承台完好，基本轨落槽。

（3）各部零件齐全，作用良好。

（4）尖轨扳动灵活，尖轨竖切部分与基本轨密贴。

3. 注意事项

作业需通号人员配合。

八、融雪道岔辙叉更换

1. 作业程序

（1）作业准备，料具准备，可动心辙叉、夹板螺栓，接头夹板，轨距尺、撬棍、钢卷尺

（30 m）、锤子、活口扳手（450 mm、200 mm）、翻轨器、方尺、丁字扳手、道钉锤、吊轨车、扭力扳手、停车牌。

（2）对难卸的螺栓先松动、涂油后再上紧，打紧前后防爬设备。

（3）到车站办理封锁施工手续，确认作业时间，通知通号人员配合作业。

（4）断开道岔融雪控制柜电源，钢轨上的加热原件应先拆卸冷端卡，然后依次拆除条体卡。

（5）在加热条端将其电缆线从变压器中抽出，抽线时不得过度用力拉拽。

（6）将加热条从钢轨上拿出，并将需要更换的加热原件固定在钢轨上，依次卡上卡具。

（7）电缆线由轨底走出，由原顺序穿入隔离变压器；卡紧防护胶管、卡箍、电缆锁头。

（8）起出需要更换或修理的滑床板的螺纹道钉，松开前后各 2 根岔枕轨撑螺栓。

（9）稍起钢轨，撤下滑床板，木枕插入经防腐处理的道钉孔木片。

（10）修理或更换滑床板。

（11）翘起钢轨，把修理好的滑床板，或新的滑床板放入轨底正确位置。

（12）安装轨撑及螺栓，拧紧螺纹道钉。

（13）作业结束后进行检查，整修不良处所，确认符合技术要求，通知车站，注销登记，清理现场。

（14）恢复加热元件，安装与拆除方式相同，工序对调即可。

2. 质量标准

（1）辙叉两端接头垂直，横向错牙，轨距、查照间隔及护背距离符合规定要求。

（2）各部配件齐全，作用良好。轨枕无空吊板。

（3）加热元件、加热板的固定安装应牢固，各种固定卡具无损伤、失效、缺失，各种安装固定的紧固件齐全、无松动；加热元件及各种固定辅件不得妨碍道岔正常转换。

（4）加热元件把手部位过渡段距尖轨尖端不得小于 100 mm。

3. 注意事项

（1）有轨道电路道岔，防止短路或断路，必须有通号人员现场配合。

（2）复核新辙叉状态的状态，型式尺寸，各螺栓孔位置、孔径，如尺寸不符禁止更换。

九、融雪道岔尖轨更换

1. 作业程序

（1）作业准备。料具准备：尖轨、夹板螺栓、接头夹板、轨距尺、撬棍、钢卷尺（30 m）、锤子、活口扳手（450 mm、200 mm）、翻轨器、方尺、丁字扳手、道钉锤、吊轨车、扭力扳手、停车牌。

（2）到车站办理封锁施工手续，确认作业时间，通知电务人员配合作业，按《铁路工务安全规则》规定设好防护。

（3）断开道岔融雪控制柜电源，钢轨上的加热原件应先拆卸冷端卡，然后依次拆除条体卡。

（4）在加热条端将其电缆线从变压器中抽出，抽线时不得过度用力拉拽。

（5）将加热条从钢轨上拿出，并将需要更换的加热原件固定在钢轨上，依次卡上卡具。

（6）电缆线由轨底走出，由原顺序穿入隔离变压器；卡紧防护胶管、卡箍、电缆锁头。

（7）卸联结杆螺栓并除锈涂油。

（8）拆卸轨撑、防爬卡铁、尖轨跟端接头螺栓和夹板，将卸下的螺栓带上螺母，放在轨枕面上。

（9）移出旧尖轨，清除滑床板污垢。

（10）移入新尖轨，摆正位置。

（11）安好尖轨跟端螺栓，上好夹板。

（12）安装联结杆，拧紧联结螺栓，插上开口销。

（13）检查各部尺寸和零件，整修不良处所。

（14）与有关人员共同检查、试验，确认状态良好，尺寸符合技术要求，通知车站，开通道岔，撤除防护，清理。

（15）恢复加热元件，安装与拆除方式相同，工序对调即可。

2. 质量标准

（1）尖轨无拱腰、无旁弯，竖切部分与基本轨全部密贴，补强板螺栓齐全，作用良好。

（2）尖轨轨底与滑床板密贴，顶铁密靠轨腰。

（3）尖轨跟端错牙，正线、到发线道岔不超过 1 mm，其他线道岔不超过 2 mm。

（4）尖轨动程、各部分轨距及递减符合规定。

（5）滑床板与尖轨轨底间隔超过 2 mm 者，每侧不超过一块。

（6）加热元件、加热板的固定安装应牢固，各种固定卡具无损伤、失效、缺失，各种安装固定的紧固件齐全、无松动；加热元件及各种固定辅件不得妨碍道岔正常转换。

（7）加热元件把手部位过渡段距尖轨尖端不得小于 100 mm。

3. 注意事项

（1）复核新尖轨的状态，型式尺寸，各螺栓孔位置、孔径，如尺寸不符禁止更换。

（2）检查原有基本轨状态，必要时同步更换。

（3）尖轨跟端位置，滑床板变形情况，调查尖轨跟端基本轨前后轨缝，必要时先进行调整。

十、无缝道岔辙叉更换

1. 作业程序

（1）作业准备。料具准备：辙叉、夹板螺栓、接头夹板、轨距尺、撬棍、钢卷尺（30 m）、锤子、活口扳手（450 mm、200 mm）、翻轨器、方尺、丁字扳手、道钉锤、吊轨车、扭力扳手、停车牌。

（2）按作业计划，准备材料、工具，对难卸的螺栓先松动、涂油后再上紧，打紧前后防爬设备。

（3）将待换入的新辙叉，放置在侧向线路中心。

（4）拆卸接头螺栓和夹板。

（5）拔出道钉或拆卸扣件，道钉孔插入经防腐处理的木片。

（6）移出旧辙叉。

（7）将轨枕面清除干净，摆正或补充、更换垫板。

（8）移入新辙叉，摆正位置。

（9）安装接头夹板，拧紧螺栓。

（10）量好轨距，钉好道钉或上好扣件，拧紧螺纹道钉。

（11）检查各部尺寸和零配件，整修不良处所，确认符合技术要求，通知车站开通道岔，注销登记，撤除防护。

2. 质量标准

（1）接头轨顶面及作用边错牙不大于 1 mm。

（2）查照间隔不小于 1 391 mm，护背距离不大于 1 348 mm。护轨平直段轮缘槽宽度 42 mm，允许误差为+3、－1 mm。

（3）接头螺栓使用 10.9 级螺栓，扭矩为 700 ~ 900 N·m。

3. 注意事项

（1）施工计划申报时，与通号专业联系配合事项。

（2）施工中，人员严禁站在吊臂下，做好自身防护。

（3）事先调查辙叉前后轨缝，挑选尺寸适当的新辙叉。

（4）拆卸的螺栓、夹板要按规定除锈、涂油。

十一、无缝道岔更换尖轨

1. 作业程序

（1）作业准备。料具准备：尖轨、夹板螺栓、接头夹板、轨距尺、撬棍、钢卷尺（30 m）、锤子、活口扳手（450 mm、200 mm）、翻轨器、方尺、丁字扳手、道钉锤、吊轨车、扭力扳手、停车牌。

（2）到车站办理封锁施工手续，确认作业时间，通知通号人员配合作业。

（3）卸联结杆螺栓并除锈涂油。

（4）拆卸轨撑，防爬卡铁，尖轨跟端接头螺栓和夹板，将卸下的螺栓带上螺母，放在轨枕面上。

（5）移出旧尖轨，清除滑床板污垢。

（6）移入新尖轨，摆正位置。

（7）安好尖轨跟端螺栓，上好夹板。

（8）安装联结杆，拧紧联结螺栓，插上开口销。

（9）检查各部尺寸和零件，整修不良处所。

（10）与有关人员共同检查、试验，确认状态良好，尺寸符合技术要求，通知车站，开通道岔，清理现场。

2. 质量标准

（1）尖轨无拱腰、无旁弯，竖切部分与基本轨间隙不得大于 1 mm，补强板螺栓齐全，作用良好。

（2）尖轨顶面宽 50 mm 及以下断面处，尖轨顶面不得高于基本轨顶面 2 mm 及以上。尖轨顶面宽 50 mm 及以上断面处，尖轨顶面不得低于基本轨顶面 2 mm 及以上。

（3）尖轨非工作边与基本轨工作边的最小距离为 65 mm，容许误差为 – 2 mm。

（4）尖轨尖端轨距验收容许偏差管理值为±1 mm，其他部位为+3、– 2 mm，尖端接头错牙不大于 1 mm。

（5）尖轨在第一拉杆中心处的最小动程：与相应型号道岔设计动程相符。

（6）尖轨轨底与滑床板密贴，顶铁密靠轨腰。

（7）尖轨跟端错牙，正线、到发线道岔不超过 1 mm，其他线道岔不超过 2 mm。

3. 注意事项

（1）拆开的夹板、螺栓等，应按要求除锈、涂油后再安装。

（2）如基本轨和配件需要更换时应同时更换或整修。

（3）严禁锤击螺纹端安装螺栓。

（4）抬运钢轨统一指挥，动作协调，防止伤人。

（5）作业中严禁手脚放入尖轨与基本轨之间，防止夹伤手脚。

第十节　道岔整修案例

【案例 1】道岔滑床板折断病害

案例经过：

2009 年 4 月，某地铁折返线 1#左开道岔，尖轨和直基本轨部位第四至第九块滑床板易折断。所属设备类型：无砟道床、DTⅥ2 型扣件、60 kg/m 钢轨、9 号单开道岔、尖轨部分。经现场检查，第四至第九块滑床板已断裂，钢压片、穿销可能已经损坏；扣压基本轨的钢压片容易上窜或折断，见图 4.57，需立即更换。通过申请计划，对折断的滑床板进行了更换处理，消除此病害。

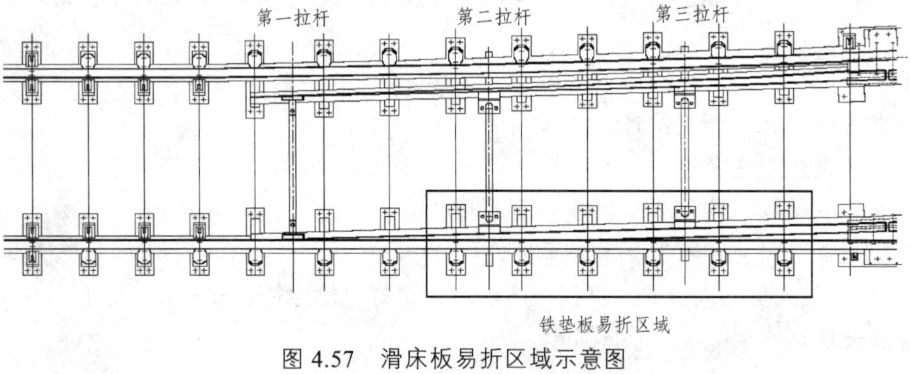

图 4.57　滑床板易折区域示意图

案例解析：

该滑床板位于无砟道床 60 kg/m 钢轨 9 号单开道岔尖轨部分。由于列车经常由此道岔走曲向进行折返。横向水平推力作用使第四至第九块滑床板易折断，见图 4.58；扣压基本轨的钢压片容易上窜或折断，见图 4.59。

图 4.58　滑床板折断

图 4.59　扣压基本轨钢压片

滑床板折断使轨距不易保持，产生假轨距，导致尖轨和基本轨不密贴。钢压片上窜导致尖轨滑动不灵活，影响密贴。钢压片折断后里口没有扣压力，如连续失效，钢轨容易外倾，影响行车安全。

此类型道岔尖轨部分，直曲基本轨下为铁垫板滑床台，基本轨内侧主要靠滑床台下的钢压片的扣压力扣压，外侧主要靠轨距块和弹条扣压钢轨。列车由直线进入道岔转辙部分，在尖轨范围内特别是第二连杆至第三连杆区域，尖轨和基本轨承受巨大的水平冲击力。在横向水平推力的作用下，车轮作用于尖轨并将力传给基本轨，使基本轨轨头外倾，钢压片向上抬，使滑床台槽处产生向上拉力，使尖轨中部的滑床板向上挠曲，导致该部位出现裂纹甚至折断。

为防止此类病害发生，应加强对容易发生断裂部位的检查力度，经常对易发生病害的处所进行维修保养作业，发现病害后及时处理；保证尖轨各部尺寸良好，螺栓及各种连接零件无缺少失效；如因尖轨与基本轨不密贴或滑床板受力不均匀，造成滑床板折断，应及时查找病害原因，调整好尖轨密贴和受力不均匀的滑床板；如果是有砟道床道岔，捣固不均匀，导致岔枕弯曲，出现空吊板，列车通过时使滑床板受力不均匀，还会出现尖轨跳动、尖轨拱腰的病害；如出现空吊板，应及时整治，使滑床板受力均匀，防止病害扩大，出现其他病害。

在日常维修保养和巡检作业时，除直接用目测观察是否有裂纹或折断外，还应注意钢压片的位置，如果向上窜了，就要对此块滑床板进行更细致的检查，有可能滑床板已出现裂纹或断裂。优化局部设计，采用外侧设有轨撑的滑床板，阻止基本轨外倾。

【案例 2】尖轨跟端螺栓折断病害

案例经过：2011 年 5 月，某地铁线道岔尖轨跟端第二条双头螺栓（尖轨跟端共五条螺栓，其中两条为双头螺栓）折断，该道岔为 60 kg/m 钢轨 9 号单开道岔。经调查，该道岔尖轨跟端位置双头螺栓两次折断，均为第二条双头螺栓，且螺栓折断部位相同。由于尖轨跟端双头螺栓共两条，一条折断，另一条螺栓的负荷加大，一旦两条都折断，尖轨移位，将直接危及行车安全。

通过申请临时计划，对折断的双头螺栓进行了更换处理。病害处理完成后，在下一班次及时对该地点进行检查，对大轨缝进行调整，对其他磨损严重的零部件及时更换。

案例解析：

道岔尖轨跟端由两条双头螺栓和三条普通螺栓及鱼尾板、间隔铁共同组成。其中两条双头螺栓直接与尖轨跟端连接，将尖轨固定在规定位置。双头螺栓折断只是表面现象，其原因涉及间隔铁和鱼尾板匹配不良造成间隔铁、鱼尾板磨损情况等复杂因素。

双头螺栓折断原因有：道岔尖轨反复扳动，尖轨跟端各种零部件磨损严重；间隔铁和鱼尾板不匹配，间隔铁及鱼尾板安装不到位，螺栓孔磨耗，导致尖轨跟端双头螺栓不紧或失效造成尖轨错位，对双头螺栓形成剪切力；尖轨跟端接头轨缝过大，车轮经过振动加剧，使双头螺栓折断；靠近双头螺栓的双头一侧，间隔铁、鱼尾板均会与轨头下颚磨耗，造成高低错牙，列车经过时对该点形成冲击力，尖轨将车轮冲击力作用在双头螺栓上，切断双头螺栓；尖轨跟端大垫板不平顺，尖轨轨底与大垫板有缝隙，列车经过时造成尖轨对双头螺栓的剪切作用。

为防止此类病害发生，应及时更换已磨耗的间隔铁和鱼尾板，加强连接零件的养护维修；对于松动和失效的跟端零件，应及时紧固或更换；定期更换跟端双头螺栓；整治尖轨跟端空吊板。有砟道床道岔，应加强尖轨跟部捣固，消除吊板处所，使轨底坚实，强度均衡；加大检查力度，经常对易发生病害处所进行维修保养，发现异常及时处理。

【案例 3】道岔更换尖轨病害案例

案例经过：

2010 年 12 月上旬，地铁某线折返线，该道岔位于地下线无砟道床道岔区，道岔采用 60 kg/m 钢轨 9 号单开道岔，尖轨类型为 AT 弹性可弯尖轨。尖轨及导曲轨磨耗严重，已接近轻伤标准。通过更换尖轨、上导曲钢轨，消除该病害。

案例解析：

该道岔为折返线，采用 60 kg/m 钢轨 9 号单开道岔，道岔全长 29.054 m；尖轨采用 AT 弹性可弯尖轨，道岔导曲线半径为 200 m。

病害现场位于站前折返 1 号道岔区段（图 4.60）。在 1 号道岔与 2 号道岔间有一对反向曲线，曲线参数相同，均为：曲线半径 250 m，曲线长 21.36 m，无缓和曲线、无曲线超高，两曲线间夹直线长 20 m。

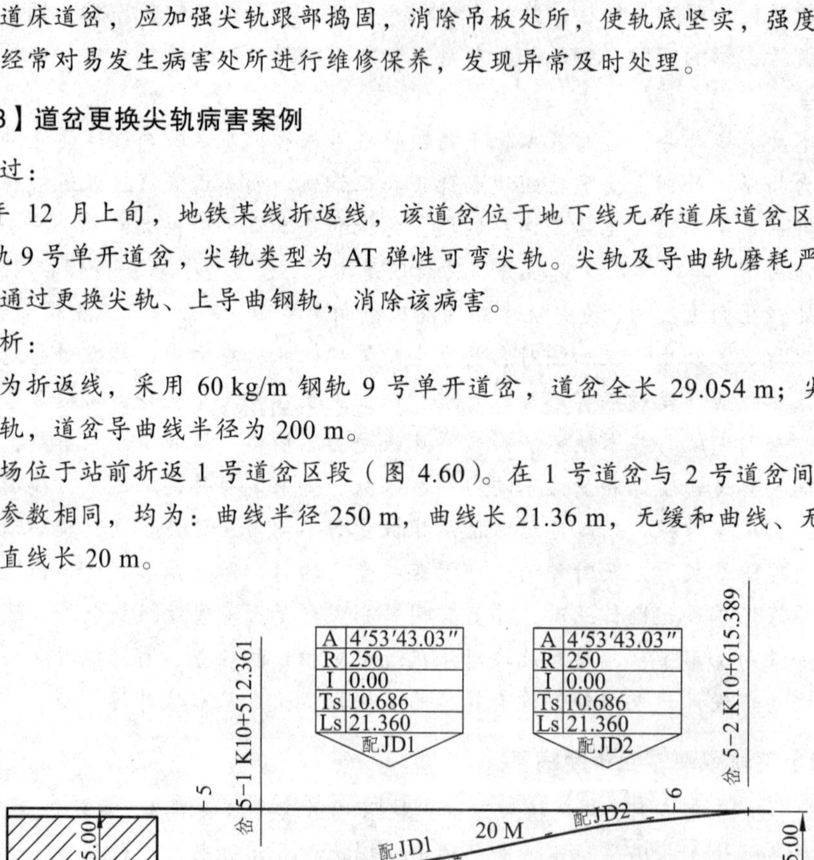

图 4.60　折返线示意图

尖轨及导曲轨磨耗原因有：轮轨参数匹配不好，造成新车与新轨之间在磨合期出现异常磨耗；道岔铺设过程中，道岔各部几何状态未达到标准，产生非正常磨耗；道岔铺设过程中，内部结构尺寸虽然合理、满足要求，但整体框架与岔前线路不顺直，与岔后曲线顺接不良，列车通过时，使列车发生折角运行，增大了车轮对轨道的冲击，造成尖轨和导曲线的异常磨耗。如图 4.60 所示，列车由上行 2 号道岔进入下行 1 号道岔折返，先经过一对半径 250 m 的反向曲线，然后是约 4 m 的直线段，再进入 1 号道岔半径 200 m 的导曲线，经曲尖轨进入车站；沿途曲线半径小、曲线多、间隔密、线路条件复杂，车轮对轨道的冲击较大。这些因素都加速了轮轨的磨耗。曲基本轨弯折点位置不对或弯折点距离存在误差，使尖轨前端递减距离和方向难以保持，尖轨尖端和中部轨距变小，尖轨跟部与导曲线连接方向不顺，直股基本轨、曲尖轨尖端处方向不良等情况，都会出现非正常磨耗；列车在侧向通过时超过规定的速度也会加剧磨耗。

为更好地解决尖轨磨耗，可采取下列措施：沿列车行车方向，在 2 号道岔岔前接头处安装一组涂油器，在 1 号道岔岔后第一条曲线的曲中点安装一组涂油器，利用油脂润滑的原理降低或减缓轮轨磨耗，延长设备的使用寿命；与车辆专业沟通后，要求列车侧向通过速度严格控制在 30 km/h 以内；做好道岔及前后 50 m 线路的整体维修，经常保持轨面平、方向顺。着手防治道岔病害时，先做好两端线路的维修，再进行道岔病害的治理。

复习思考题

1. 什么叫道岔？

2. 道岔的基本形式有几种？

3. 普通单开道岔是由哪几部分所组成的？列出各部分主要构件名称。

4. 辙叉查照间隔及护背距离的意义是什么？有什么规定？

5. 如何识别和判断辙叉号数？

6. 现场确定道岔号数的方法有哪些？

7. 复式交分道岔构造包括哪些部件？

8. 在什么情况下道岔禁止使用？

9. 请把普通单开道岔名词术语在图中标注出来，如图 4.61 所示。

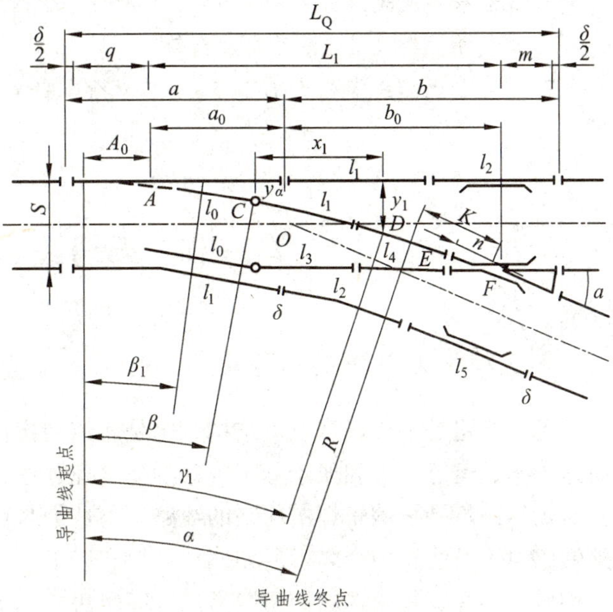

图 4.61　单开道岔

10. 岔枕有哪些类型？岔枕布置有什么规定？

11. 辙叉的组成和分类有哪些？

12. 普通单开道岔检查 17 尺位置是什么？

13. 什么是轨道电路？它的作用是什么？

14. 在轨道电路道岔上进行维修作业应注意什么？

第五章　无缝线路

【学习目标】

1. 掌握无缝线路基本概念和分类；
2. 了解无缝线路基本原理；
3. 了解特殊无缝线路；
4. 掌握无缝线路养护维修；
5. 掌握无缝线路胀轨跑道及钢轨断轨的判断方法。

【知识要求与技能要求】

1. 无缝线路作业轨温；
2. 能进行无缝线路扣件更换涂油；
3. 能清筛、整理无缝线路道床边坡；
4. 能进行无缝线路起拨改作业；
5. 无缝线路胀轨跑道原因及预防；
6. 能判断无缝线路胀轨跑道、断轨；
7. 能判断无缝线路路基沉陷、落实等对行车安全的危害程度。

第一节　无缝线路基本概念

一、铺设无缝线路的意义

无缝线路是一种新型轨道结构，也是轨道结构技术进步的重要标志之一。无缝线路以其高速行车、运行平稳和便于养护维修的显著优越性，正日益取代普通线路而大量使用。

无缝线路是把钢轨焊接起来的线路。与这个名称相对的概念是普通线路或普通轨道。国外铁路对这类线路的命名不尽相同，一般有以下几种叫法：无接缝线路、焊接长钢轨线路、长钢轨线路等。我国在铺设初期沿用苏联叫法——无接缝线路，以后略去“接”字，称“无缝线路”至今。

普通轨道由许多根标准长度的钢轨或标准缩短轨用夹板连接而成，为适应热胀冷缩的需要，钢轨与钢轨之间处要预留一定数量的轨缝。有轨缝的钢轨接头是普通线路结构不可缺少的组成部分，又是普通线路上的薄弱环节之一，它为线路运营和养护维修带来诸多弊端。线路上钢轨接头的数量是由钢轨的长度决定的。而钢轨长度又受制于制造、运输、铺设、养护和轨缝的允许限值等方面的技术。钢轨长度主要是由轨缝的允许限值来控制，在夏天，当轨温升高时，钢轨接头必须为钢轨的膨胀提供条件，以减少钢轨内部的温度力；在冬天，当轨温降低时，钢轨收缩，钢轨接头轨缝不能过大，必须保证列车安全通过线路。钢轨越长接头越少，但钢轨越长，需要预留的轨缝就越大，车轮通过轨缝时产生的振动也越大，所以钢轨不能过长。目前我国钢轨标准轨长度是 12.5 m 和 25 m 两种。

二、造成接头病害的主要原因

（1）钢轨接头受到较大的破坏力，这是由它本身的特点所决定的。因为接头破坏了钢轨的整体性，使列车通过时产生较其他部分更大的挠度。这种情况犹如线路上出现一段很短的轨道不平顺一样，会引起较大的冲击力。引起接头冲击力主要有三个因素：轨缝（接头处两根钢轨之间存在的缝隙）、台阶（接头处两根钢轨的端部不在同一水平面上，驶入端高于驶出端，或驶入端低于驶出端）和折角（因低接头而形成）。我们可以把接头看成是线路上先天性的不平顺，这种不平顺是潜在的，只是当列车通过时才出现，列车通过以后就不存在了。

（2）用在接头上的较大破坏力，导致线路病害的发生，增加了养护维修工作的困难。养护维修不当或质量不好，更增加冲击力对接头的破坏作用。由此造成接头破坏力加大和接头病害扩大的恶性循环。

由于以上原因造成的钢轨接头处主要病害有：

（1）淬火钢轨端部的鞍形磨耗，磨耗深度一般为 2.5 ~ 6 mm，长度一般为 200 ~ 300 mm。

（2）低接头，这种病害一般均发生在捣固不良地段，尤以曲线下股比较多见。

（3）钢轨破损，主要是淬火区钢轨顶面剥落、掉块和螺栓孔裂纹。这类病害多发生在淬火层分界处和轨端，以曲线上股多见。

（4）夹板弯曲或断裂，主要是顶部中央出现细小裂纹，以后逐渐扩大。

（5）混凝土轨枕破裂，主要发生在轨下断面。

（6）道床硬结、溜塌，翻浆冒泥，前者主要发生在铺设混凝土轨枕并有鞍形磨耗的地段。

三、无缝线路的特点

无缝线路与普通线路相比，具有以下特点：

（1）消灭了大部分钢轨接头，具有行车平稳、旅客舒适的特点，并可节省养护劳动力、降低维修费用、延长线路设备和机车车辆的使用寿命。

（2）由于钢轨被焊接成很长的轨条，所以接头的焊接质量对无缝线路的影响很大。

（3）由于无缝线路结构上的原因，无缝线路钢轨内部比普通线路钢轨承受着更大的温度力。

（4）为了保持无缝线路具有足够的强度和稳定性，长轨条要在规定的温度下进行锁定，各项线路作业必须在锁定轨温上下一定变化范围内进行。

综上所述，普通线路钢轨接头，不仅对线路设备和车辆设备的使用寿命、旅客的舒适程度等有一定的影响，而且还直接威胁着地铁的行车安全。因此，对钢轨接头的功能应有两个基本要求：一是温度变化时钢轨能伸缩；二是接头构造要坚固稳定。这两个要求对普通线路来说是相互矛盾的，保证了伸缩就保证不了稳定，否则在构造上将增加难度。过去为解决接头构造，提出了很多设想，但均未解决钢轨接头的稳固问题。实践证明，只有将一根根短轨焊接起来，铺设成无缝线路，才是彻底解决钢轨接头的稳固和平顺的根本出路。

铺设无缝线路的实践经验证明，无缝线路与有缝线路相比，它在技术经济上有明显的优越性。根据统计资料，在节约劳力和延长设备使用寿命方面，无缝线路比有缝线路可节约线路维修费用 35%～75%。此外，无缝线路的平顺性好，行车平稳，旅客舒适，非常适合地铁高速、客运的要求，因而在地铁得到迅速发展，从地下无缝线路，发展到地上无缝线路，从轨长几百米，发展到轨长几千米，使地铁线路轨道结构的进步跨入了一个新阶段。

第二节　无缝线路的分类

一、无缝线路的结构特点

普通线路上钢轨每隔 25 m 或 12.5 m 有一个接头，随温度的变化（夏天轨温升高，冬天轨温降低）钢轨有一定的伸缩量，钢轨里积存的温度力较小。无缝线路则不同，钢轨被焊接成长轨条，理论上讲仅在长轨两端的伸缩区有一些伸缩量，中间区段是不随温度变化而变化的。当温度升高时钢轨不能伸长，钢轨内部将承受压力；当温度降低时钢轨不能缩短，钢轨内部将承受的拉力。所以无缝线路上的钢轨比普通线路上的钢轨承受更大的温度力。

二、钢轨焊接方法

目前，世界各国用于钢轨焊接的主要方法有闪光焊、气压焊、铝热焊、电弧焊 4 种。具体如下：

1. 闪光焊

闪光焊是将钢轨形成对接接头，通电并使其端面逐渐移近，达到局部接触，利用电阻热加热这些接触点（产生闪光），使端面全部熔化，直至端部在一定深度范围内达到预定温度时，迅速施加顶锻力完成焊接。

优点：闪光焊自动化程度高，工艺稳定，焊接质量优良，焊接接头为致密锻造组织，接头韧性好，力学性能接近钢轨母材，生产效率高，主要用于厂焊或基地焊，部分用于单元轨节焊接。缺点：焊机价格昂贵，一次性投资大，设备复杂且需配备大功率电源、柴油发电机组，焊接工艺参数较多，调节烦琐；同时闪光焊焊接过程中钢轨烧损严重，每个接头消耗钢轨 25.1～50 mm。

2. 气压焊

气压焊是利用气体燃料产生的热能将钢轨端部加热到熔化状态或塑性状态，再施加一定的顶锻压力，完成钢轨焊接。

优点：气压焊的一次性投资少，焊接时间短，焊接质量好，焊接接头也为致密锻造组织，主要用于现场联合接头焊接。其钢轨烧损较少，焊接后钢轨缩短约 30 mm。缺点：焊接时对接头断面的处理要求十分严格，焊接工艺受诸多人为因素影响，接头质量波动较大，不易控制。

3. 铝热焊

铝热焊是利用铝和氧化铁（含添加剂），在一定温度下进行氧化还原反应，形成高温液态金属注入特制的铸模内，将两个被焊钢轨端部熔化而实现连接的一种焊接方法。

优点：设备简单、操作方便，生产成本较低，且没有顶锻过程，接头外观平顺性好，占用封锁时间短，尤其适用于断轨修复、跨区间无缝线路道岔联焊和运输任务繁忙的线上联焊。缺点：强度低、质量欠稳定，断头率高，综合性能差，是无缝线路最薄弱环节。

4. 电弧焊

电弧焊是采用焊条或焊丝与钢轨端面产生的电弧热熔化钢轨和填充接头间隙，并利用铜挡块强迫成型，冷却后形成焊接接头，属于熔化焊方法。

优点：采用合适的焊条和焊丝成分，电弧焊接头可以得到性能优异的贝氏体组织，综合性能可达到母材水平，抗拉强度和耐磨性能等有时甚至超过钢轨母材。缺点：目前推广较少，此外对焊接工艺、技术水平要求严格。

几种方式中，闪光焊主要用于厂焊或基地焊；移动闪光焊和移动气压焊用于单元轨节现场焊；铝热焊和电弧焊常用于现场锁定焊、大修换轨和道岔焊接。

三、无缝线路的分类

无缝线路结构可分为两大类：一类是温度应力式无缝线路，一类是放散温度应力式无缝线路。

1. 温度应力式无缝线路

在自然界中，随着气温的变化，钢轨的热胀冷缩是自然规律，其伸缩量同轨温的升降值成正比。无缝线路虽然在相当长的一段距离之内消灭了钢轨接头，但是在钢轨温度发生较大变化时，并不能完全消灭钢轨的伸缩，如果不给这种伸缩留出一定的空间，就会产生相当大的温度力，造成钢轨的变形和破坏，发生胀轨跑道和断轨事故。

为了解决这一问题，在温度变化不太大的地区，可以用强有力的联结零件，包括接头联结零件、中间联结零件和防爬设备，把无缝线路锁定起来，加上轨枕、道床上的加强措施，把钢轨的伸缩限制在一个很小的程度，同时，在长轨条的两端加入标准轨，留出一定的轨缝，使长轨条有一定的伸缩空间。靠长轨条两端的这些轨缝，就足以调节长轨条的限制伸缩量，使无缝线路处于稳定状态。因为在温度变化不大的地区，钢轨的伸缩量本身就不是很大，加入标准轨预留出的轨缝可以满足长轨条在限制范围内的伸缩量。

由于钢轨不能自由伸缩，在轨温不断变化的条件下，长轨条内部经常积蓄一定的温度力，我们把这种无缝线路叫作温度应力式无缝线路。温度应力式无缝线路的钢轨由一根长轨条及两端2～4根标准轨组成，标准轨接头采用夹板式的接头方式，预留轨缝，如图5.1所示（图中1、2分别为长轨条与标准轨之间和标准轨与标准轨之间的轨缝）。

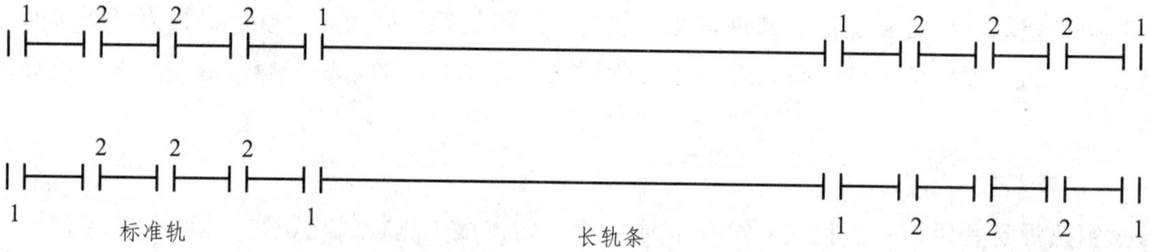

图 5.1　温度应力式无缝线路示意图

长轨条在用扣件锁定后不能自由伸缩，轨温升高到一定程度时，限制伸长量传递至接头1处，由轨缝1来调节，轨缝1调节后仍不能满足时，传递到轨缝2继续进行调节。如锁定不良伸长量太大，可将标准轨换短，以满足伸长量和预留轨缝的需要。相反，限制缩短量也可通过轨缝1、2调节。如锁定不良缩短量太大，可将标准轨换长，以满足缩短量和预留轨缝的需要。一般情况下，如果无缝线路处于稳定状态，又按规定预留了轨缝，仅轨缝1就可以满足钢轨伸缩的需要，而且不会出现瞎缝和超限大轨缝。调节轨之所以要配置2～4对，是为了留有余地和在中间轨缝中设置绝缘接头。因为两长轨条之间的2～4对标准轨具有这一特殊作用，所以我们叫它为“调节轨”，它所在的范围叫作“缓冲区”，而长轨条所在的区段中间不能伸缩的区段叫作“固定区”，长轨条两端大约 100 m 范围内随着轨温的变化还能够伸缩的区段叫作“伸缩区”。

在使用过程中，长轨条随温度的变化产生一定的温度力。为控制钢轨的伸缩量，要求轨道具有较强的纵向阻力。温度应力式无缝线路结构简单，铺设及维修方便，在轨道中广为应用。目前，我们常称的无缝线路，均为温度应力式无缝线路。在我国，根据计算，50 kg/m钢轨，全年轨温变化幅度小于90 °C的地区，均可采用温度应力式无缝线路。

2. 放散温度应力式无缝线路

放散温度应力式无缝线路又分为自动放散温度应力式无缝线路和定期放散温度应力式无缝线路两种。一般在温差较大的地区，为了消除和减少长轨条内的温度力的影响而采用放散温度应力式无缝线路。

（1）自动放散温度应力式无缝线路。

在特大桥和大桥上铺设无缝线路，伴随气候的变化，无缝线路中既有长轨条的伸缩又有桥梁本身的伸缩，两种伸缩加在一起，会产生很大的力。这种力必须随时放散出去，以免对桥梁支座和桥墩产生不良影响。所以，我们在这些桥上设置温度调节器，即钢轨伸缩接头，并使用特殊的中间联结扣件，不设防爬器，使钢轨在垫板上能随温度的变化而自由伸缩，以自动放散长轨条钢轨和桥梁的伸缩力。我们把这种设有钢轨伸缩接头的无缝线路叫作“自动放散温度应力式无缝线路”。

（2）定期放散温度应力式无缝线路。

在年温差较大的地区，由于长轨条的伸缩量很大，单靠调节轨的轨缝在运营中自行调节长轨条的伸缩量是远远不够的，长轨条中存在较大的温度力也使线路难以保持稳定，因而在每年的春季和秋季的适当轨温条件下，松开联结零件，放散温度力，预先使钢轨自由伸缩一个较大的值，使余下的伸缩量能像温度应力式无缝线路那样通过轨缝自行调节。同时调节缓冲区标准轨长度，以保证轨缝不超限。这个过程叫“放散”，这样的无缝线路叫“定期放散温度应力式无缝线路”。

第三节　无缝线路基本原理

一、温度应力与温度力

无缝线路与普通线路在受力方面的根本区别在于钢轨承受着巨大的温度力。因此，研究无缝线路的强度和稳定性问题时，就必须要了解钢轨的温度力及温度应力的变化规律。

钢轨的温度力是在轨温发生变化，而钢轨不能自由伸缩的情况下发生的。由于被锁定的无缝线路长轨条在温度升高或降低时，其长度不能发生变化，在长轨条中就会产生了很大的温度力和温度应力。只有在某一时刻，当钢轨的轨温与锁定轨温相一致时，长轨条中才不存在温度力。当轨温升高时，长轨条中温度力产生的纵向压力也随着加大，如果违反无缝线路的铺设、养护和维修管理规程及标准，就可能发生水平弯曲（胀轨跑道）的危险。当轨温降低时，长轨条中温度力产生的纵向拉力也随着加大，当拉力过大时，可将钢轨拉断，发生断轨事故。

钢轨未能实现的伸缩量，以温度应力的形式积蓄于钢轨内部。很明显，轨温变化幅度越大，钢轨内存在的温度应力也就越大。因此，我们把在无缝线路上，由于轨温变化引起的钢轨伸缩因受到限制而转化到钢轨内部的力叫温度应力。

夏天，轨温上升，钢轨欲伸长时受到的温度应力是压应力。

冬天，轨温下降，钢轨欲缩短时受到的温度应力是拉应力。

如果在轨温为 T_0 时将一段长度为 L 且处于自由状态的钢轨两端完全固定，当轨温相对 T_0 上升或下降 Δt 时，相当于把钢轨压缩或拉长了一个对应的自由伸缩量 ΔL，于是钢轨内产生了纵向温度力为 P_t。由胡克定律得知，钢轨的温度应力 σ_t 为：

$$\sigma_t = E \times \Delta L / L \tag{5.1}$$

代入公式 $\Delta L = \alpha \cdot L \cdot \Delta t$，则得：

$$\sigma_t = E \cdot \alpha \cdot \Delta t \tag{5.2}$$

式中　E ——钢轨钢的弹性模量，E=2.1 × 10^5 MPa；

α ——钢轨的膨胀系数，0.0118 mm/°C；

Δt ——相对零应力轨温的轨温变化幅度（°C），以升高为正，称之为升温,降低为负，称之为降温；

T_0——零应力轨温，即长轨条被固定的钢轨，当温度力为零时的轨温（°C）。

在我国，我们习惯把零应力轨温称为锁定轨温。将 E 和α的数值代入（5.2）式中，则得：

$$\sigma_t = 2.48\Delta t \tag{5.3}$$

由公式（5.3）可得知钢轨温度力 P_t 为：

$$P_t = F \cdot \sigma_t = 248F \cdot \Delta t \tag{5.4}$$

式中　F——钢轨的断面积（cm^2）；

从（5.4）式可以看出，锁定的钢轨，当轨温升降 1 °C 时，每平方厘米钢轨断面上产生的压应力或拉应力是 248 N。钢轨温度力以受压为正，受拉为负。

从钢轨温度力为 P_t 的计算公式可以得出以下结论：

（1）在长度被固定的钢轨内所产生的钢轨温度力，仅与轨温的变化幅度Δt 有关，而与钢轨本身的长度无关。因此，从理论上讲，无缝线路上的长轨条可以焊接成任意长度，它并不影响钢轨内的温度力。这也是发展超长无缝线路的理论依据。

（2）长轨的温度力，即使在一天当中，也是随着昼夜轨温的变化而不断变化着的。而锁定轨温，一般来说是一个常数，是决定钢轨温度力的基准。因此，在无缝线路的管理中，最为重要的并不是要掌握某一时刻的温度力，而是要正确地掌握实际的锁定轨温 T_0，因为只要掌握了实际的锁定轨温（零应力轨温），就可以知道任何轨温时的轨温变化幅度，以及相应的温度力。

（3）所谓轨温，指的是钢轨断面的平均温度。在阳光下测量轨温时，钢轨断面上各点的温度是不均匀的，再加上测温计本身的误差，因此对轨温变化幅度的实际测量精度，控制在 1 °C 即可。

（4）钢轨的膨胀系数α 的物理意义是：轨温每变化 1 °C 所产生的伸缩应变，一般近似地取为常数，所以α 相当于 0.011 8 mm/ °C。

（5）为了保证长轨条的强度要求，需要控制钢轨的温度力。温度应力对轨温的变化率为 $E\alpha$=2.48 MPa/°C，它与钢轨的长度及类型无关。因此，强度计算精度达到 1MPa 即可。

（6）为了保证无缝线路的稳定，需要控制钢轨的温度力。轨温每变化 1 °C，各类钢轨温度力的变化如表 5.1。

表 5.1　各类钢轨的断面积及钢轨温度力变化率

钢轨类型（kg/m）	钢轨断面积（cm^2）	钢轨温度力变化率（kN/ °C）
50	65.80	16.3
60	77.45	19.2
75	95.06	23.6

温度应力只表示每平方厘米钢轨断面上受到的力。50 kg/m 钢轨和 60 kg/m 钢轨的断面分别为 65.8 cm^2 和 77.45 cm^2，当轨温变化 1 °C 时，这两种钢轨全断面上受到的温度力分别是：16.3 kN 和 19.2 kN。

【例 5.1】 某无缝线路铺设 60 kg/m 钢轨，设其钢轨断面在 25 °C 时所受到的温度力为零（此时钢轨不产生伸缩），试求单方向轨温升高到 60 °C 时钢轨断面受到的温度力。

【解】 轨温升高到 60 °C 时升高了 60－25=35 °C，此时钢轨断面受到的温度压力为

$$P_t = 248F \cdot \Delta t = 248 \times 35 \times 77.45 = 672\,266\ (\mathrm{N})$$

二、无缝线路的几种轨温

1. 轨温

轨温是指钢轨的温度。轨温是一个变量，它随气温的变化而变化。无缝线路铺设时，为了适应最不利的轨温变化情况以确定无缝线路可能承受的最大温度力，必须考虑当地的最高气温和最低气温，并计算出最高轨温和最低轨温。一般情况下，钢轨的温度均高于或低于当地的最高气温或最低气温。

但是，在实际工作中，包括最高轨温和最低轨温在内的任何现场轨温，都必须用轨温表准确测量确定，决不能靠气温来推算，以免给施工和维修工作带来不良影响，严重时危及行车安全。

（1）钢轨温度的测量工具。

① 水银温度计。

用一段长 30 ~ 40 cm 的短钢轨，在钢轨表面铣一个槽，将一支量程为－50 ~ 100 °C 的水银计放入，在水银计与钢轨接触的一端，用铁粉添满空隙，使水银计与钢轨接触好，然后加盖封闭。使用时将此温度计放在与现场条件一致的位置，就地观测轨温。

这种轨温测量简便、正确，但很笨重。现场工人为了方便，直接将水银计放在钢轨面上，用沙埋住水银柱，3 ~ 5 min 后读数，这样测量误差较大。

② 半导体点温计。

它以感应元件为传感器测量钢轨温度。测温时它与钢轨表面点接触，测温反应很快。但因传感元件大部分面积与空气接触，测温时受空气影响较大，难以正确反映轨温。据测试比较，高温季节，用水银温度计测量，轨温比气温高 15 °C，而用半导体点温计测量，则高 7 °C，误差较大。

③ 吸附式温度计。

这类温度计利用自身磁体吸附于被测钢轨表面，通过感温元件测量钢轨温度。它与钢轨接触良好，测量结果与水银温度计相符。它本身体型小，质量轻，现场使用方便，但感温时间较长，一般需要 8 ~ 10 min。

（2）正确测量轨温的方法。

正确测量轨温的方法是：在钢轨的全断面上选定多点测量，取其平均值。铺设无缝线路时，确定实际锁定轨温，就应如此测量。

钢轨温度，沿其断面的分布是不一致的，例如阳光直射面与背阴面不同，轨底与轨头不同，钢轨内部与表面不同。根据测试，在夏天上午升温阶段，钢轨表面温度高于内部温度，下午降温时，钢轨内部温度高于表面温度。因此，实际测量时要求在全断面上多点测量。

（3）气温与轨温的关系。

① 钢轨的温度随气温的变化而变化，其基本规律是：

夏天太阳直射时，一般最高轨温高于同一地点的最高气温 10 ~ 20 °C。最高轨温多出现在当天的 13 ~ 14 时，持续 1 h 左右。

② 冬季最低轨温与同一地点的气温基本接近，有时偏低 1 ~ 2 °C。最低轨温常出现在黎明之前。

③ 一年内出现最高、最低轨温的次数是有限的。

④ 气温最高时，不一定出现最高气温和最高轨温差。最高气、轨温差在特定的气候条件下才出现。

⑤ 计算时，一般取最高轨温比最高气温高 20 °C，最低轨温与最低气温取同值。

⑥ 各地最高气温一般都在 40 °C 左右。

2. 锁定轨温

无缝线路钢轨温度力的大小与轨温变化幅度有直接的关系，所以钢轨的温度就成为设计、铺设和养护维修无缝线路的重要资料。所谓“轨温变化幅度”是指计算钢轨温度力时的轨温与无缝线路锁定的轨温差数。无缝线路的锁定是通过拧紧长轨条两端扣件及拧紧按设计安装的防爬设备来实现的。施工时，在没有拧紧长轨条两端扣件及拧紧防爬设备前，理论上讲钢轨是不受力的，所以通常以长轨条两端钢轨落槽拧紧接头螺栓时轨温的平均值作为锁定轨温。如果施工时间较长，此时轨温有变化，可以在长轨条始端落槽时测一次轨温，到长轨条末端合拢，拧紧全部扣件时，再测一次轨温，以两次平均值作为该段无缝线路的锁定轨温。因此，轨温变化幅度为：

$$\Delta t = t - t_{锁}$$

式中：Δt ——轨温变化幅度；

t ——计算钢轨温度力时的轨温；

$t_{锁}$ ——锁定轨温。

如果计算钢轨温度力时的轨温高于锁定轨温，则钢轨内出现压应力，当计算钢轨温度力时的轨温达到当地最高轨温时，钢轨承受的压应力达到最大值；而当计算钢轨温度力时的轨温低于锁定轨温时，则钢轨内出现拉应力，当计算钢轨温度力时的轨温达到当地最低轨温时，钢轨承受的拉应力达到最大值。

从以上分析，我们可以看出锁定轨温有如下特点：

（1）锁定轨温是“零应力轨温”。

前面我们已经提到过，在接头扣件和中间扣件拧紧之前，钢轨处于自由伸缩状态，随着温度的变化，钢轨达到零伸缩状态，这时候钢轨内部的应力为零。我们在一个短暂的时间内（即轨温变化为零）将扣件拧紧，这时无缝线路钢轨断面受到的温度力为零。此时无缝线路与普通线路一样，具备最安全的轨温条件。锁定之后，只要轨温不发生变化，施工时的轨温就等于锁定轨温，无缝线路钢轨断面受到的温度力始终为零。

（2）锁定轨温是轨温变化度数的依据。

计算温度应力和钢轨限制伸缩量时，是以锁定轨温为基数来求轨温变化值的。而轨温变化值就是实际轨温与锁定轨温的差。例如：某无缝线路的锁定轨温是 25 °C，某一时刻实测轨温是 50 °C，此时的轨温变化数就是：

$$50 - 25 = +25\ ^\circ\mathrm{C}$$

某一时刻实测轨温是 – 5 °C，此时的轨温变化度数就是：

$$-5 - 25 = -30\ ^\circ\mathrm{C}$$（“+”“－”分别表示轨温上升或下降）

离开了锁定轨温这个基数，轨温变化值就无从谈起，温度应力和钢轨限制伸缩量也就无从算起。

（3）锁定轨温的变化与钢轨长度的变化成正比。

设计无缝线路时，锁定轨温定下来了，钢轨长度也就随之定下来了。无缝线路铺好锁定后，要保持锁定轨温不变，就必须保持钢轨长度不变。如果钢轨伸长了，就意味着锁定轨温升高了；钢轨缩短了，则意味着锁定轨温降低了。一旦锁定轨温偏离了设计范围，就会给无缝线路的受力状况带来不良影响。

根据测算，每 100 m 长的无缝线路钢轨，每伸长 1.2 mm，相当于锁定轨温升高了 1 °C；每缩短 1.2 mm，相当于锁定轨温降低了 1 °C。

锁定轨温从理论上讲沿钢轨长度方向和钢轨的左右股应均匀一致，但实际上是做不到的。实际的锁定轨温，无论沿钢轨长度方向和左右股均有一定的差异，为保证无缝线路夏季不胀轨，冬季不断轨，对这一差值要有所限制。即沿钢轨长度方向轨条上相邻两处的相对轨温差不得大于 ± 5 °C，左右两股相对轨温差不得大于 ± 5 °C，长轨条上任何一点的锁定轨温值都必须落在设计锁定轨温的范围内。

3. 锁定轨温的确定方法

锁定轨温的高低，直接决定无缝线路承受温度力的大小和无缝线路的稳定性。一个地区只有一个最高轨温和一个最低轨温。在确定无缝线路锁定轨温时，如果锁定轨温定得过高，在夏天最高轨温时无缝线路承受的压力倒是不大，可是到了冬天最低轨温时，无缝线路将承受的温度拉力却很大而影响线路的稳定。如果锁定轨温定得过低，冬天最低轨温时，无缝线路承受的温度拉力不是很大，但是到了夏天最高轨温时，无缝线路将承受较大的温度压力，同样影响线路的稳定。所以，锁定轨温的确定，必须同时兼顾一个地区可能出现的最高与最低轨温，使之到最高与最低轨温时，轨温变化幅度都不是很大，产生的温度力无缝线路能够承受。如图 5.2 所示。

图中最高轨温为 62 °C，最低轨温为 – 6 °C。如果把锁定轨温定为 45 °C，夏天最高轨温时，轨温变化度数为 62 – 45 = 17 °C，钢轨承受的温度压力不是很大，无缝线路相对稳定。但是到了冬天最低轨温时，轨温变化度数为 – 6 – 45 = – 51 °C，钢轨承受的温度拉力将是温度压力的三倍，无缝线路就可能承受不了巨大的温度拉力而发生拉断夹板螺栓或拉裂焊缝等事故。如果把锁定轨温定为 8 °C，到了夏天最高轨温时，轨温变化度数为 62 – 8 = 54 °C，钢轨承受的温度压力将是巨大的，巨大的温度压应力可能造成无缝线路的胀轨跑道事故。但是如果把锁定轨温定为 30 °C，以上两种情况都可避免发生。

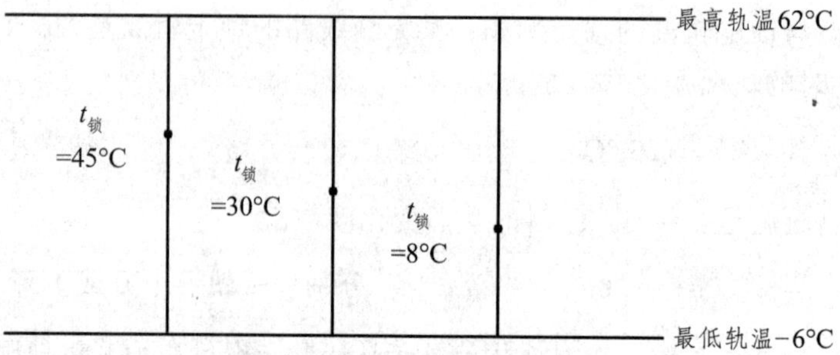

图 5.2　锁定轨温与温度力关系图

所以，锁定轨温的确定方法如下：

（1）根据最高轨温和最低轨温计算出中间轨温。

中间轨温 =（最高轨温+最低轨温）/2

上例中：中间轨温 = [62+(− 6)]/2 = 28 °C

（2）确定锁定轨温范围。

考虑到适合铺设温度应力式无缝线路的地区，冬天最低轨温不是很低，主要的危险不是来自温度拉应力，而是温度压应力。所以，在确定锁定轨温时，我们往往选择比中间轨温略高一点的温度作为锁定轨温，即把中间轨温作为锁定轨温的下限，中间轨温加 10 °C 作为锁定轨温的上限。

上例中：28+10 = 38 °C

该地区的锁定轨温范围为 28 ~ 38 °C。

（3）确定锁定轨温。

如果该地区某一条无缝线路锁定时的轨温在该地区锁定轨温范围之内，都可以视为这条无缝线路的合理锁定轨温。

对于一个地区来说，锁定轨温是一个范围；对于某一条无缝线路来说，锁定轨温是这个范围内的一个单一的特定数值。

【例 5.2】 北京地区最高轨温为 62.6 °C，最低轨温为 − 22.8 °C，求该地区的锁定轨温范围，并为某一条无缝线路选定合适的锁定轨温。

【解】 北京地区的中间轨温为：

中间轨温 = [62.6+（ − 22.8）]/2 = 19.9≈20 °C

锁定轨温范围为：20 +10 = 30 °C

20 ~ 30 °C 即为该地区的锁定轨温范围，可以选择 25 °C 作为该无缝线路合适的锁定轨温。

通过以上方法我们可以确定该地区无缝线路锁定轨温是否合适。但是设计锁定轨温的确定过程并不是这么简单。无缝线路锁定轨温的确定值应以设计文件为准。所以，设计锁定轨温就是合理的锁定轨温。设计锁定轨温是不容许随意改动的，超出设计锁定轨温的锁定轨温都是不合理的。不合理的锁定轨温都必须进行改正。

三、阻止轨道框架移动的阻力

在线路上，用中间扣件把钢轨与轨枕联结起来的架体叫轨道框架。轨道框架的受力特点是钢轨、轨枕和道床群体受力。在温度力的作用下，钢轨要发生伸缩，但密集的扣件把它紧扣在轨枕上，在扣件作用正常的情况下，钢轨的伸缩必然带动轨枕的位移。而轨枕是置埋于道砟层之中的，自身还有相当的重量，要实现位移，就必须克服其底部、侧面和端部与道砟产生的巨大的摩擦阻力，从而反过来抵消了温度力的作用。这样，轨道框架就抵制了温度力导致钢轨纵向移动。

当钢轨的纵向位移受阻时，未被抵消掉的温度力将寻找线路的薄弱环节释放出来，使轨道发生横向的弯曲变形。这时，轨道框架又发挥其群体作用，阻止这种弯曲变形。我们把轨道框架抵抗弯曲变形的能力叫轨道框架刚度。

无缝线路锁定后，当轨温发生变化时，在长轨条的中部因为不能随轨温变化自由伸缩而钢轨中积存巨大的温度力；与此同时，也存在着阻止轨道框架移动的阻力，包括道床阻力及扣件阻力。扣件阻力将轨道温度力传递到道床，使道床阻力起作用。

1. 道床阻力

轨枕是铺在道床上的，道床抵抗轨枕移动的抗力叫道床阻力。道床阻力可分为两种：一种是抵抗轨道横向移动的阻力，叫横向道床阻力；一种是抵抗轨道前后爬行的阻力，叫纵向道床阻力。阻力的大小以每根轨枕的阻力的大小来表示，它和道床、轨枕的种类，道床的密实度、脏污程度、肩宽，枕木盒内道床丰满程度，行车速度和行车量等有关。有砟道床在进行起道、拨道、扒砟、捣固、抽换轨枕等维修作业后，道床阻力将大幅度下降，需要很多天才能恢复。线路上存在空吊板时，道床阻力将大大降低。而道床阻力是抵抗胀轨跑道的主要抗力。

（1）道床纵向阻力。

道床纵向阻力是抵抗钢轨纵向位移、防止线路爬行的重要参数。当钢筋混凝土枕位移小于 2 mm，木枕位移小于 1 mm，道床纵向阻力呈抛物线状增长，此时道床处在弹性工作范围，位移超过该值后，纵向阻力的增长趋缓，如图 5.3 所示。

道床处在弹性工作范围时，一旦撤除推移轨道框架的外力，轨道框架在部分恢复原位的同时，尚保留一定的残余变形。轨道框架的位移超过弹性工作范围时，容易出现不均匀爬行，导致钢轨纵向力分布不均，危及轨道稳定。

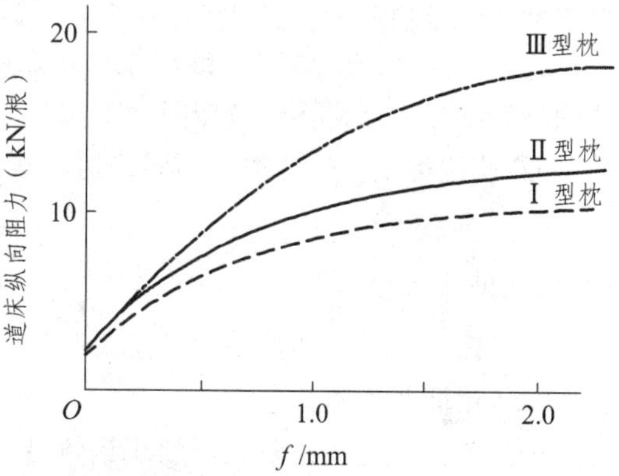

图 5.3　道床纵向阻力与轨枕纵向位移之间的关系曲线图

道床纵向阻力的大小与线路状况有直接关系。道砟材料的优劣、道砟粒径及合理与否、道床断面的大小、道砟的捣实程度、轨道框架的重量、道床的脏污程度等因素，都直接影响道床纵向阻力的大小。不同线路的道床纵向阻力值是不一样的。

道床纵向阻力随轨枕位移的增加而增长，但位移达到一定值时，阻力就不再增加。通常采用轨枕位移 2 mm 时的道床纵向阻力作为计算常量。

只有当扣件阻力大于道床纵向阻力时，钢轨才能带动轨枕纵向移动而产生道床纵向阻力。反之，扣件阻力小于道床纵向阻力，钢轨就不能带动轨枕作纵向位移，道床纵向阻力将不发挥作用。此时，随着轨温的进一步变化，钢轨本身将沿垫板作纵向位移，造成钢轨爬行。所以，无缝线路的中间扣件一定要拧紧，必要时还要安装防爬设备。道床纵向阻力的作用顺序是从轨端向无缝线路中部渐次延伸，到最高、最低轨温，最大温度应力时为止。

影响道床纵向阻力的因素有：道砟材质；道砟级配，粒径尺寸；道床断面形状；道床脏污状况；道床捣实质量等。

（2）道床横向阻力。

道床横向阻力是道床抵抗轨道框架横向移动的阻力。

道床横向阻力是防止胀轨跑道，保持轨道稳定的重要因素。道床横向阻力由轨枕两侧及枕底与道砟接触面之间的摩阻力和枕端砟肩阻止轨枕横移的抗力组合而成。单根轨枕的道床横向阻力与轨道框架整体的道床横向阻力基本接近。道床横向阻力与轨枕位移之间的关系曲线如图 5.4 所示。

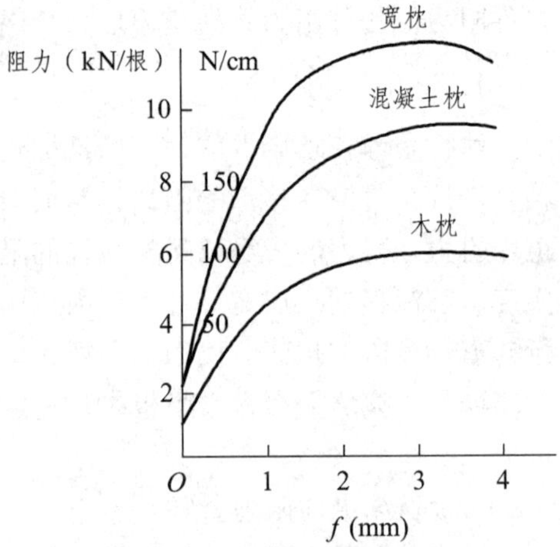

图 5.4　道床横向阻力与轨枕位移之间的关系曲线图

影响道床横向阻力的因素有：

① 道床的饱满程度。道床的饱满程度关系到轨枕与道砟接触面的大小，直接影响道床的阻力。

② 道床肩宽。道床肩部所分担的道床横向阻力约占总阻力的 1/3。

③ 道床肩部堆高。道床肩部堆高有提高道床横向阻力的作用。

④ 道砟种类及粒径大小尺寸。道砟材质不同，道砟间的摩阻力也不同。砾石道床比有砟道床的阻力低 30% ~ 40%。道砟粒径对道床阻力也有影响。道砟粒径由 25 ~ 65 mm 减小到 15 ~ 30 mm 时，道床横向阻力降低 20% ~ 40%。而道砟粒径较大的道床维修作业后，道床阻力恢复较快。

⑤ 线路维修作业影响。线路维修作业中凡扰动道床，影响道砟间的相互咬合和道砟与轨枕的接触状况，都将导致道床阻力下降。

⑥ 轨枕类型。轨枕类型不同，道床横向阻力也不同。

⑦ 行车条件。

2. 扣件阻力

扣件阻力分中间扣件阻力和接头扣件阻力两种。

（1）中间扣件阻力。

中间扣件和防爬设备共同阻止钢轨沿轨枕面伸缩移动的阻力称为扣件阻力。中间扣件除阻止钢轨纵向位移外，还直接影响轨道框架刚度和线路横向阻力。因此要求它能把钢轨牢固地固定在轨枕上，以保证扣件阻力大于道床纵向阻力。所以，扣件阻力必须大于道床纵向阻力，以防止钢轨爬行。中间扣件阻力由钢轨与垫板之间的摩阻力和扣板与轨底扣着面之间的摩阻力组成。摩阻力的大小取决于扣压力和摩擦系数的大小。

扣件的种类在轨道一章中有详细的介绍，这里不再详述。

（2）接头扣件阻力。

接头扣件阻力指的是夹板抵抗钢轨伸缩的能力。

无缝线路钢轨或轨道框架要发生纵向位移，首当其冲的是接头。接头阻力可以看成由钢轨与夹板之间的摩阻力及夹板螺栓的抗弯力和抗剪力组成。

所以，无缝线路两端的接头阻力，由钢轨与夹板之间的摩阻力和螺栓的抗弯或抗剪力提供。为安全起见，无缝线路接头阻力仅考虑钢轨与夹板之间的摩阻力，这样可避免使螺栓横向受力。显然，接头阻力的大小亦即钢轨与夹板之间的摩阻力的大小，与螺栓的个数及拧紧程度有关，在允许范围内，接头螺栓拧得越紧，钢轨与夹板之间的摩阻力就越大。

第四节　特殊地段无缝线路

特殊地段无缝线路包括桥上无缝线路、大坡道地段无缝线路和小半径曲线地段无缝线路。这些地段的无缝线路，因为受各种附加力的影响，其结构和设计同普通地段的无缝线路有所不同，因而在养护维修上也有别于普通无缝线路。

一、桥上无缝线路

桥上铺设无缝线路，可以减小列车动力作用，改善桥梁运营条件，减少轨道维修工作量，延长轨道部件和桥梁的使用寿命。

高架桥分钢筋混凝土梁桥和钢梁桥，目前城铁高架桥全部是钢筋混凝土梁桥。桥上道床又分无砟道床和有砟道床，城铁一般在单体桥上采用有砟道床，其他为无砟道床。

1. 桥上铺设无缝线路的有利因素和不利因素

（1）有利因素。

桥上铺设无缝线路的有利因素之一是桥梁和无缝线路处在悬空的位置，空气流通，轨温变化比地面无缝线路要小，因而作用于钢轨断面上的温度力较小。第二个有利因素是无缝线路的轨道框架安装了防脱护轨。城铁在高架桥上半径 $R \leqslant 400$ m 曲线的缓圆点、缓圆点前后 50 m（圆曲线部分 20 m，缓和曲线部分 30 m）、下股钢轨内侧安装了新型护轮轨装置，如高架桥跨越北京北三环、北四环、八达岭高速路等主要道路地段时，在靠近桥梁中线侧的两股钢轨内侧设置新型护轮轨装置，因而轨道框架刚度较大。

（2）不利因素。

桥上铺设无缝线路的不利因素是：桥上无缝线路的钢轨用扣件联结于桥枕上，而桥枕又通过道床联结于桥梁上，这就形成了一个紧密、牢固的桥面系统，一个相互依赖又相互影响的整体框架。钢轨在轨温变化时要产生伸缩，这同地面上的普通无缝线路一样，与此同时，桥梁也不可避免地要产生伸缩，此外，桥梁在列车荷载的作用下，还要发生挠曲，反过来又要带动钢轨发生挠曲。桥梁的伸缩力叠加于钢轨的温度力上，桥梁的挠曲力叠加于钢轨的动弯应力上，这就使桥上无缝线路的钢轨在承受巨大的温度力之外，还要承受巨大的纵向附加力，从而使其受力状况变得复杂起来。

这个不利因素给桥上铺无缝线路的结构和养护维修带来新的内容。

桥上无缝线路按桥梁跨度的大小，可分为中跨度（60 m 以下）桥上无缝线路和大跨度（60 m 以上）桥上无缝线路两种。

2. 桥上无缝线路的结构特点

（1）有砟桥上无缝线路的结构特点及要求。

有砟桥的桥梁多为钢筋混凝土或预应力钢筋混凝土梁，这两种梁在温度发生变化时要发生伸缩，在承受列车荷载时也要发生挠曲，所以桥上无缝线路同时受伸缩附加力和挠曲附加力的影响。但由于有砟桥的梁和轨之间有一个起缓冲作用的道砟层，加上钢筋混凝土梁刚度较大，实际挠曲度较小，伸缩量也较小，所以给钢轨带来的纵向附加力也相对较小。

① 有砟桥上铺设无缝线路，可按一般无缝线路办理，但线路接头应在桥头两端 10 m 以外，以避免列车对桥梁的冲击力。

② 跨度在 32 m 及以下的有砟桥，桥全长应在无缝线路固定区内，桥头两端 100 m 范围内按伸缩区锁定。

③ 有砟桥上应使用分开式扣件。

④ 有砟桥面较路基面窄，道床宽度受到限制，往往在起道后，挤上道床宽度缩小，势必减小道床横向阻力，对无缝线路的稳定性不利。

（2）无砟桥上无缝线路的结构特点及要求。

① 尽量使固定区位于桥上。

② 尽量使桥上长轨条锁定轨温和桥外长轨条锁定轨温保持一致。

③ 尽量避免在桥上设铝热焊缝。

④ 梁上主轨不设防爬器，是为了钢轨和桥枕不致扣得太紧，减少纵向附加力影响。

⑤ 采用分开式扣件。

⑥ 大跨度桥上设置伸缩调节器。

正线道床厚度标准伸缩调节器设在桥梁活动端对应处的轨道上，每一温度跨度安设一对。伸缩调节器由基本轨、尖轨、大垫板、轨撑、导向卡等组成，如图 5.5 所示。

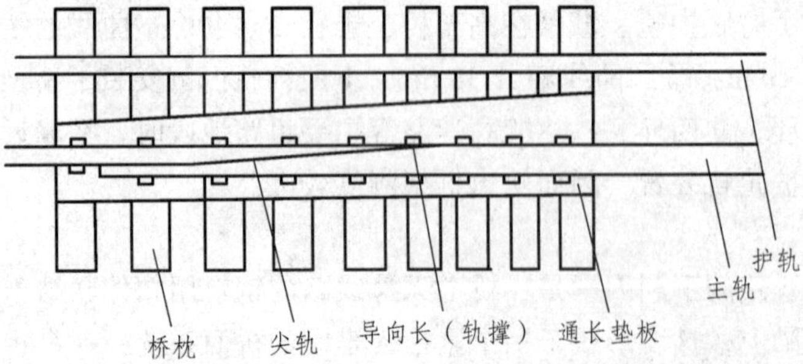

图 5.5　伸缩调节器结构示意图

按构造的平面形式不同，伸缩调节器可分为斜线型（图 5.5）、折线型和曲线型三种。由于前两种线形在尖轨伸缩时会引起轨距变化，且尖轨与基本轨不密贴，影响行车安全，同时其伸缩量也较小，限制了钢轨伸缩，所以已经淘汰，代之以曲线型伸缩调节器。曲线型伸缩调节器的结构形式和工作原理如图 5.6 所示。

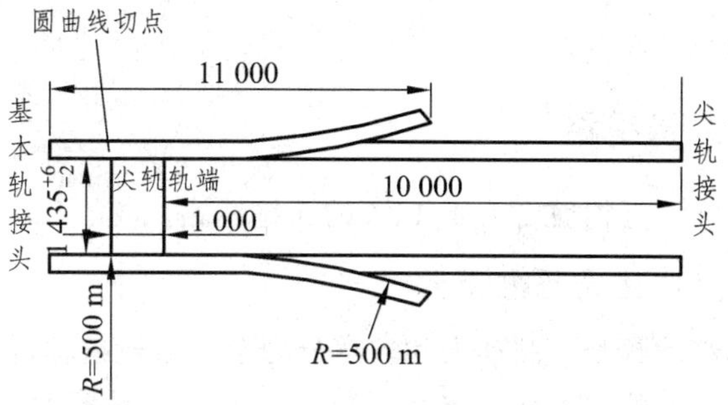

图 5.6　曲线型伸缩调节器工作原理示意图（单位：mm）

曲线型伸缩调节器工作原理是：基本轨伸缩，尖轨固定在垫板上。尖轨轨头外侧刨切成圆曲线，内侧刨切成该圆曲线的切线。基本轨伸长时，进入尖轨刨切线范围的部分，由于尖轨轨头和基本轨轨撑的横向约束，基本轨端部受约束力作用发生弯曲形变成相应半径的圆曲线。当基本轨缩短退出尖轨刨切线范围后，由于桥枕上扣件的约束，又恢复成直线。基本轨就这样往返地自由伸缩，使温度力和纵向附加力得以自动放散。

伸缩调节器主要维修项目是：

① 轨距、水平、方向、高低超限的整修。

② 尖轨断面 50 mm 处低于基本轨 2 mm。

③ 尖轨与基本轨不密贴的整修。

④ 尖轨对基本轨伸缩滑动不灵活的整修。

⑤ 尖轨跟端与基本轨接头处高低、错牙的整修。

⑥ 各种螺栓的拧紧。

3. 桥上无缝线路的养护与维修

桥上无缝线路养护维修的基本内容有：控制扣件扭矩、桥头防爬锁定、道床养护、检查与观测、扣件涂油、整治空吊板、改轨距等。

桥上无缝线路养护维修应注意做好以下几项工作：

（1）按设计要求保持扣件布置方式和拧紧程度。

（2）单根抽换桥枕，在实际锁定轨温+5 ~ －20 °C 范围内进行，允许起道量 60 mm；成段更换、方正桥枕等需要起道作业时，允许在实际锁定轨温+5 ~ －15 °C 范围内进行。

（3）对桥上钢轨焊缝应加强检查，发现伤损应及时处理。

（4）对桥上伸缩调节器的伸缩量应定期检查，发现异常爬行，应及时分析原因并整治。伸缩调节器的尖轨与基本轨出现肥边，应及时打磨。

（5）桥上无缝线路应定期测量长轨条的爬行量，并做好记录。

综上所述，桥上无缝线路除承受温度力外，还要承受桥梁伸缩和挠曲传递给钢轨的伸缩附加力和挠曲附加力。这两种附加力总称纵向附加力。纵向附加力的大小随气温、梁跨、线桥连接状况、桥头线路阻力、行车密度和支座设置方式等因素的变化而变化，但其分布形式却有一定规律，即固定支座附近是附加拉力，活动支座附近是附加压力。纵向附加力使桥上无缝线路受力增大，状况复杂，因而桥上无缝线路应有不同于桥外无缝线路的结构形式和养护方法。

二、大坡道地段无缝线路

大坡道地段无缝线路，是指坡度大于12‰的无缝线路。

1. 大坡道地段无缝线路的不利因素

（1）由于下坡列车制动频繁，制动力和坡道分力会导致轨道爬行较其他地段严重，使钢轨内应力发生变化，对轨道的强度和稳定性不利。

（2）在制动的作用下，钢轨内的纵向力容易发生不均匀分布，影响轨道的强度和稳定性。

（3）下坡制动和上坡加力的瞬间，车轮会造成轨面擦伤、剥离和磨损等较严重的伤损，从而使钢轨寿命和更换周期缩短。

2. 大坡道无缝线路结构特点

大坡道无缝线路在结构上有如下特点，我们在养护维修时应予以充分重视：

（1）除在伸缩区对钢轨进行充分锁定外，固定区也应有足够和均匀的防爬锁定。防爬设备的安设方式可参照普通线路的防爬能力加以考虑。一般只要在普通线路上所设的防爬器数量已能防止钢轨爬行，在无缝线路上，就可布置相同数量的防爬器。

（2）可增加轨枕根数，采用弹条扣件，以加强线路纵向阻力。

（3）在连续坡道上，每个缓冲区的缓冲轨比一般线路地段多留 1－2 根，以增加调节能力。

大坡道无缝线路的轨道爬行较其他地段严重，控制的根本措施是提高线路阻力，如固定区防爬锁定，采用加强线路阻力的设备等。为防止万一轨道过量爬行造成应力集中，在两坡道相交的纵断面处设有缓冲区。

三、跨区间无缝线路

1. 跨区间无缝线路的优点

（1）跨区间无缝线路的长轨条贯穿整个区间，并可与无缝道岔相连，取消了缓冲区，彻底实现了线路的无缝化，充分地发挥了无缝线路的优越性。跨区间无缝线路有力地推动了道岔的无缝化和高强度化，全面地提高了线路的平顺性和整体性。

（2）跨区间无缝线路由于取消了缓冲区，因而使轨件的损耗率和维修工作量得以进一步减少。

（3）跨区间无缝线路彻底消灭了钢轨接头，进一步改善了列车运行条件。

（4）改善了线路的整体情况：

① 跨区间无缝线路基本上没有伸缩区，所以伸缩区的缺点自然不复存在。尤其是伸缩区和固定区交界处产生的温度力峰，以及伸缩区因过量伸缩不能复位时产生的温度力峰，都随伸缩区的消失而消失，有利于轨道的稳定和维修管理。

② 跨区间无缝线路的防爬能力较强，钢轨纵向力的分布比较均匀，锁定轨温容易保持，线路的安全度和可靠性大大提高。

③ 跨区间无缝线路的钢轨温度力，在温度变化过程中平起平落，不会形成温度力峰，可以适当提高锁定轨温。

2. 跨区间无缝线路轨道结构

与普通无缝线路相比，跨区间无缝线路在结构上具有不同的特点。

（1）取消了缓冲区，固定区无限延长。

跨区间无缝线路的轨条可以穿越桥隧，跨过车站，完全消灭了钢轨接头和由短轨组成的缓冲区，其固定区无限延长，提高了轨道的平顺性，不但延长了轨道部件的使用寿命，减少了线路维修工作量，而且有利于行车安全和提高旅客的舒适度，是比较理想的轨道结构。

（2）采用重型轨道结构。

跨区间无缝线路随着轨条的延伸，线路条件、气候环境、运营状况都将发生变化，从而使跨区间无缝线路不但受力复杂，而且工作条件恶化。为保证线路正常运营，铺设的跨区间无缝线路就必须采用重型轨道结构，以增大轨道的刚度和线性阻力，提高无缝线路的强度和稳定性。

（3）采用胶接绝缘接头。

为了使无缝线路轨节长度跨越闭塞分区，目前是把绝缘接头胶接起来，从而把钢轨连接成一个整体，消除轨缝。所以，胶接绝缘接头是跨区间无缝线路的重要组成部分。

（4）采用无缝道岔。

无缝道岔是把长轨节与道岔两端焊接在一起，同时把道岔内的钢轨接头焊接（或胶接）起来，以消除钢轨接头，形成直股或直、侧股无轨缝的道岔。无缝道岔是跨区间无缝线路的基本结构特征，也是跨区间无缝线路设计、施工和养护维修的重点。

（5）长轨节两端的结构。

跨区间无缝线路的长度可达几十甚至几百千米，其两端终结处，一般有三种轨端结构形式可供选择：

① 锚固式。

在站端为尽头线，车站之间距离恰当且温差不大时，可把长钢轨两端用钢筋混凝土锚固在站台内，形成两端固定的长轨结构形式。这是一种比较理想的结构形式。

② 缓冲区式。

在长轨节两端铺设由短轨组成的“缓冲区”，形成与普通线路相同的轨端结构形式。但这种轨端结构形式仍然存在缓冲区内的轨缝，对高速列车不利。因此，要设法把长轨节无缝线路的缓冲区设在列车需要停车或慢行的区断。

③ 伸缩调节器式。

伸缩调节器可以代替短轨组成的“缓冲区”，把钢轨伸缩调节器作为长轨条之间的联结零件。当跨区间无缝线路在大桥和不能焊接的岔区等特殊地段相连时，需设置钢轨伸缩调节器，把长轨节与这些区段连接起来。

第五节　无缝线路的养护维修

无缝线路的养护维修的根本目的同普通线路一样，是使线路设备质量和线路的几何状态经常保持良好，延长设备使用寿命，保证地铁安全、平稳和不间断地运营。

无缝线路的钢轨承受巨大的温度力的作用和线路阻力的反作用，无缝线路设备比普通线路受力更大，更容易发生变形、损坏，线路的几何状态更不容易保持，作业时的轨温限制条件更加严格。所以无缝线路的养护维修与普通线路相比有其特殊性。

一、无缝线路养护维修的基本要求和原则

1. 基本要求

负责无缝线路养护维修的单位和部门，必须建立无缝线路养护维修和管理体系，制订详细的无缝线路养护维修计划。要提高无缝线路养护维修的质量，在无缝线路养护维修时必须遵循以下要求：

（1）无缝线路的长轨条，必须在设计锁定轨温范围内牢固锁定，如特殊作业使设计锁定轨温有所变动，必须适时放散应力，在设计锁定轨温范围内重新锁定。

（2）道床横断面必须按设计标准经常保持完好。缺砟时，应及时按规定标准补足石砟，并夯实、整理外观。

（3）线路纵平面应经常保持平整圆顺，其几何偏差要经常控制在维修标准的限制以内。

（4）根据季节性特点、锁定轨温情况和线路状态，制订维修计划和组织线路维修作业。

（5）当轨温超过锁定轨温的差值，大于规定的容许值时，不得进行削弱线路抵抗力的有关作业。

（6）在无缝线路伸缩区与固定区交界处、道口前后、桥头、曲线头尾、变坡点、制动地点等容易出现温度力峰值的地段，尤其应注意加强线路结构的稳定，对有关作业规定应从严掌握，对线路状态应加强检测。

（7）要注意伸缩区和缓冲区的养护维修工作。

（8）经常保持路基和排水设备处于良好状态。

为满足以上要求，无缝线路养护维修时必须做到：

（1）缓冲区接头螺栓必须使用 10.9 级螺栓，扭力矩要达到 900 N·m，并保持在 700 N·m 以上。

（2）混凝土轨枕扣件要经常保持紧、密、靠、正、润，扭力矩要保持在 80 ~ 150 N·m，扣件不良率不得超过 8%。

（3）道床要经常保持丰满、密实、整齐、排水良好。道床顶面宽度及砟肩堆高要符合规定，曲线半径小的曲线地段外侧要按规定加宽。

（4）线路方向要经常保持顺直。钢轨硬弯或焊缝工作边矢度用 1 m 直尺测量，超过 0.5 mm 时要及时整修。

（5）钢轨水平无超限处所。钢轨踏面擦伤或剥落掉块达到轻伤标准时，要及时修补。

（6）路基翻浆下沉，以及其他影响线路稳定的病害要及时整治。

（7）加强巡道工作，根据季节气候特点，有重点地检查线路，发现异状，应及时采取措施并汇报，确保行车安全。

（8）建立无缝线路技术档案，要及时、准确登记胀轨、断轨、修复、放散、调整、大中修施工等情况，以及线路上进行各种影响无缝线路的施工情况。

（9）严格按作业轨温条件以及各种有关的规章制度作业，严格执行维修作业前、作业中、作业后测量轨温制度，确保线路状态稳定。

（10）按相关要求备齐各种常备材料，保持完好，动用后应及时补充齐全。

2. 作业轨温条件

无缝线路的突出问题是钢轨内存在巨大的温度力，对无缝线路行车安全的最大威胁是胀轨跑道和钢轨及焊缝折断。要消除这两大威胁，就必须确定一个合理的锁定轨温，必须具备设备条件具备的最大阻力。无缝线路的稳定，依靠各种线路阻力的支持，而在无缝线路上进行作业时，会暂时降低线路阻力。因此，为了维修作业后线路状态正常，使无缝线路能在任何情况下都有足够的稳定性和强度，就要求对不同作业内容和范围的作业轨温加以限制。

无缝线路作业必须遵守的作业轨温条件如下：

（1）混凝土枕无缝线路维修作业轨温条件见表 5.2 和表 5.3。

（2）混凝土枕无缝线路，当轨温在实际锁定轨温减 30 °C 以下时，伸缩区与缓冲区禁止进行维修作业。

（3）木枕地段无缝线路维修作业轨温，按表 5.2 和表 5.3 规定减 5 °C。当轨温在实际锁定轨温减 20 °C 以下时，禁止在伸缩区与缓冲区进行维修作业。

表 5.2　混凝土枕无缝线路维修作业轨温条件（一）

线路条件	作业项目及作业量		
	连续扒开道床不超过 25 m，起道高度不超过 30 mm，拨道量不超过 10 mm	连续扒开道床不超过 50 m，起道高度不超过 40 mm，拨道量不超过 20 mm	扒道床、起道、拨道与普通线路相同
直线及 $R \geqslant 2000$ m	+20 °C	+15 °C，－20 °C	±10 °C
800 m $\leqslant R<2000$ m	+15 °C，－20 °C	+10 °C，－15 °C	±5 °C
400 m $\leqslant R<800$ m	+10 °C，－15 °C	+5 °C，－10 °C	

注：作业轨温范围按实际锁定轨温计算。

表 5.3　混凝土枕无缝线路维修作业轨温条件（二）

序号	作业项目	作业条件（按实际锁定轨温计算）				
		－20 °C 以下	－20 °C～－10 °C	－10 °C～+10 °C 以内	+10 °C～+20 °C	+20 °C 以上
1	改道	与普通线路相同	与普通线路相同	与普通线路相同	与普通线路相同	禁止
2	松动防爬设备	同时松动不超过 25 m	同时松动不超过 25 m	与普通线路相同	同时松动不超过 12.5 m	禁止
3	更换扣件或涂油	隔二松一，流水作业	隔二松一，流水作业	隔二松一，流水作业	隔二松一，流水作业	禁止

续表

序号	作业项目	作业条件（按实际锁定轨温计算）				
		－20 °C 以下	－20 °C～－10 °C	－10 °C～+10 °C 以内	+10 °C～+20 °C	+20 °C 以上
4	方正轨枕	当日连续方正不超过 2 根	隔二方一，方后捣固，恢复道床，逐根进行（配合起道除外）	与普通线路相同	隔二方一，方后捣固，恢复道床，逐根进行（配合起道除外）	禁止
5	更换轨枕	当日不连续更换	当日连续更换不超过 2 根（配合起道除外）	与普通线路相同	当日连续更换不超过 2 根（配合起道除外）	禁止
6	更换接头螺栓或涂油	禁止	逐根进行	逐根进行	逐根进行	禁止
7	更换钢轨或夹板	禁止	禁止	与普通线路相同	禁止	禁止
8	不破底清筛道床	逐孔倒筛夯实	逐孔倒筛夯实	逐孔倒筛夯实	逐孔倒筛夯实	禁止
9	破底清筛道床	禁止	禁止	与普通线路相同	禁止	禁止
10	矫直钢轨硬弯	禁止	禁止	禁止	与普通线路相同	同左

表 5.2、表 5.3 说明：

① 作业轨温比实际锁定轨温高 20 °C 以上时，许多作业禁止进行；而在低 20 °C 以下时，一些作业却能够进行。原因是：高 20 °C 以上时，巨大的温度压力将对线路形成威胁，在作业动道使线路阻力削弱的情况下，无缝线路更容易产生钢轨的过量伸长、应力不均匀、方向不良甚至胀轨跑道等现象；而在低 20 °C 以下时，计算温度拉应力虽与相应的温度压应力相等，但钢轨接头和焊缝的抗拉强度却能够适应这种温度拉力而不致变形或折损。也就是说，无缝线路的强度适应降温的能力，本来就大于其适应升温的能力。

② 矫直钢轨硬弯一项，轨温增 20 °C 以上时不但可以进行，而且同普通线路一样对待；轨温减 20 °C 以下时，反而禁止进行。这是因为轨温越高，钢轨越容易矫直，弯轨器各支点对钢轨的作用力越小。相反，轨温越低，钢轨越不容易矫直，弯轨器各支点对钢轨的作用力越大，从而使钢轨断面除在承受巨大的温度拉力外，还要承受相当大的附加拉应力，容易产生拉应力集中或钢轨折断事故。轨温降低 20 °C 以下时，这种后果比较突出。

③ 轨温比实际锁定轨温增减 10 °C 以内时，多数作业都可以像普通线路一样进行，是因为此时温度力较小，对线路阻力的要求本来就不高，即便是作业时使阻力减小了一部分，也不会影响作业安全，不至于使锁定轨温发生明显改变。增减的度数越小，就越可以放心作业。但是，要注意，这项规定仅仅指的是作业当时的轨温条件。也就是说，在增减 10 °C 以内的轨温条件下，我们所进行的维修作业必须完成，而不能跨越或拖延到其他轨温条件下进行。

④ 曲线地段的起、拨作业对线路的扰动，因为有纵向的径向分力叠加，容易造成方向不良甚至引发胀轨、跑道。曲线半径越小，径向分力越大，所以，400 m≤R<800 m 的曲线地段，对轨温条件的限制较为严格。

⑤ 执行表中规定的注意事项：

无缝线路综合维修或成段进行经常保养，如必须在高温或低温季节进行而不能满足作业轨温条件时，应有计划地先放散钢轨温度应力，然后再进行作业，使作业轨温在许可条件下进行。作业完毕后，在设计锁定轨温范围内，重新做好应力放散与锁定工作。

少量的维修作业，如需要在高温或低温季节进行而不能满足作业轨温条件时，可以采用调整作业时间的办法，避开高温或低温时间进行维修作业。

作业中必须测量与掌握轨温，密切注意钢轨位移情况、线路状况。如发现胀轨迹象，应立即停止作业，回填道床，恢复线路，采取防胀措施。

无缝线路养护维修时要做到："一准、二清、三测、四不超、五不走"。一准 ——准确掌握实际锁定轨温；二清 ——综合维修作业半日一清，临时作业和零星作业一撬一清；三测 ——作业前、中、后测量轨温；四不超 ——作业不超温，扒砟不超长，起道不超高，拨道不超量；五不走 ——扒开道床不回填不走，作业后道床不夯实不走，不组织回检不走，质量不达到作业标准不走，发生异常情况不处理不走。

地面无缝线路 5 ~ 8 月原则上不安排起、拨道作业。

伸缩区的防爬设备由于温度变化而成段失效时，必须在实际锁定轨温增减 5 °C 范围内进行整修。

3. 无缝线路养护维修原则和重点

（1）线路养护维修原则。

无缝线路养护维修工作，必须突出无缝线路的特点，按照"预防为主，防治结合，养修并重"的原则，有计划、有重点地进行。作业时必须坚持高标准、严要求，一般应遵守以下规定：

① 根据季节特点、各单元轨条锁定轨温的高低和线路状况，合理安排全年的维修计划。气温较低的季节，安排锁定轨温较低或较薄弱地段进行综合维修；气温较高的季节，安排锁定轨温较高地段进行综合维修；高温季节应不安排综合维修和影响线路稳定性的作业。如不许进行综合维修和成段保养时，应有计划地先进行放散作业，以后要在设计锁定轨温范围内，重新做好放散和锁定线路工作。其他保养和临时补修可采取调整作业时间的办法，以使作业轨温符合规定。

② 安排维修计划时，应以单元轨条为单位做好安排。

③ 无缝线路的维修应着重做好防爬锁定，整治扣件，整治硬弯钢轨，打磨或焊补轨面不平顺，消灭翻浆、整修和夯实道床工作，保持轨向、水平和高低良好，确保运营安全。

④ 无缝线路的锁定轨温要准确、均匀，有以下情况之一者，应有计划地进行应力放散或调整：锁定轨温不清楚或不准确；实际锁定轨温不在设计锁定轨温范围内，或左右股长轨条的实际锁定轨温相差超过 5 °C；跨区间无缝线路和全区间无缝线路的两相邻单元轨条的锁定轨温差超过 5 °C，同一区间内单元轨条的最低、最高锁定轨温相差超过 10 °C；铺设或维修方法不当，使长轨条产生不正常的伸缩；固定区出现严重的不均匀位移；夏季轨向严重不良；通过测试，发现温度力严重分布不均；因处理线路故障或施工改变了原锁定轨温；低温铺设长轨道条时，拉伸不到位或拉伸不均匀。

⑤ 按照无缝线路的特点，做好季节性的养护维修工作。冬季要着重抓好防断和防止缓冲区轨缝拉开的工作，夏季要着重抓好防止胀轨跑道的工作。

⑥ 定期进行位移观测，检验锁定轨温状况，发现异常情况要及时采取措施加以调整。

无缝线路养护维修的特殊性，主要反映在锁定轨温和线路阻力两个方面，对无缝线路的养护维修所提出的要求和原则，也应从这两方面入手。无缝线路的养护维修，无论工作量是大是小，作业性质是难是易，都应以保持合理的锁定轨温、充分提高线路阻力为前提。事实上，有许多线路作业本身就是让锁定轨温由不合理变为合理，更多的作业则是以提高线路质量、加强线路阻力为直接目的的。所以，我们可以把无缝线路养护维修应掌握的原则总结成八句话：

不使合理的锁定轨温发生改变；如铺设时锁定轨温不合理，应尽早使其达到合理；锁定轨温不明或不可靠，应尽早确定一个明确、可靠的锁定轨温；因养护维修不得不改变合理的锁定轨温时，作业后应尽早恢复到合理的锁定轨温；要以实际锁定轨温作为养护维修工作的依据；一切养护维修作业，均应以提高线路阻力、保证安全运营为最终目的；暂时有损线路阻力的作业，必须在规定的轨温条件下进行；要采用特殊的作业方法。

（2）无缝线路养护维修重点。

根据无缝线路养护维修的特点，其养护维修工作的要点可以概括为：两个提高、一个预防和一个延长。

两个提高：提高线路的稳定性，通过严、全、细的养护维修作业，使线路设备状况达到几何尺寸准、线路结构稳、纵向不爬行、横向不位移的要求，保持线路经常处于稳定状态，具有可靠的防胀能力；提高轨道结构的强度，通过采用新设备、新技术、新材料，以及设备的技术改造和加强，提高线路的平顺性和轨道结构的整体强度。

一个预防：根据线路设备的定期检查情况和线路状态的变化规律，分析研究设备状态的变化趋势，采取预防措施，消除隐患，保持设备状态的良性循环。

一个延长：根据轨道结构的特点和运营情况，积极采取必要的措施和合理的整修方法，保持线路设备处于完好状态，延长设备使用寿命，争取更高的经济效益。

抓住两个提高、一个预防和一个延长的养护维修要点，全面做好无缝线路的养护维修工作，使无缝线路满足安全运营的要求。

（3）建立各种制度和技术档案。

① 检查制度。

经常检查：无缝线路的经常检查和监视，主要由工长和巡道工负责。工长和巡道工要熟悉无缝线路的特点，掌握管内每根长轨条的锁定轨温和每一个爬行观测桩的位移情况。巡道工应按巡道工作要求检查线路，工长应结合线路检查，重点检查伤损焊缝的情况。夏天，要注意观察线路方向和轨缝变化情况，特别是线路薄弱环节地段和施工作业地段，更应认真注意检查；冬季，则应重点检查现场焊缝和轨缝变化情况。掌握了轨缝变化情况，就是掌握了长轨条长度变化的情况，即锁定轨温变化的情况；而锁定轨温的变化，则直接反映了线路阻力的大小。所以，缓冲区的轨缝大小是冬夏季都必须密切注意的。

定期检查：每年冬、夏季之前，对管段内无缝线路进行全面检查、分析，作出书面总结。

入冬前，对现场焊接的焊缝进行一次全面检查；对用鱼尾板或急救器加固的伤损钢轨和不良焊缝，应进行全面拆检。

入夏前，要对使用的测温计进行检查。

特别检查：高温季节，应组织技术人员深入现场，检查线路的变化情况；必要时，临时增加巡检人员，加强巡检监视。施工作业地段，在气温变化急剧时，要留人看守。

② 位移观测制度。

位移观测桩是检查钢轨位移量、判断应力是否均匀的重要设施。地面线每月（5～8 月及 12～1 每月检查两次）检查一次，应通过位移观测桩观测、分析一次钢轨位移的情况，并按要求做好记录。发现观测桩处累计位移量大于 10 mm 时（不含长轨条两端观测桩），应查明原因，采取相应措施。

③ 测温制度。

坚持执行作业测温制度，是无缝线路防止超温作业的重要依据。

④ 故障报告分析制度。

钢轨折断或胀轨跑道事故发生后，应立即派人深入现场，分析原因，处理事故，制定改进工作措施。

⑤ 建立技术档案。

应建立管段内无缝线路设备图表，建立技术卡片，及时登记胀轨、跑道断轨、焊接、应力放散及大中修的情况。

为便于查找，每段无缝线路均应在长轨条两端钢轨腹部注明铺设日期、锁定轨温、长度等情况。每处现场焊接的焊缝都应有特殊记录。

二、无缝线路养护维修的基本内容和基础工作

1. 无缝线路养护维修的基本内容

线路维修可分为综合维修、经常保养和临时补修。

（1）综合维修。

综合维修是根据线路变化规律和特点，以全面改善轨道弹性、调整轨道几何尺寸和更换、修整失效零部件为重点，按周期、有计划地对线路进行的综合修理，以恢复线路完好技术状态。综合维修的主要内容有：

① 根据线路状态适当起道，木枕地段全面捣固，混凝土地段全面捣固或重点捣固。

② 改道、拨道、调整线路、道岔各部尺寸，全面拨整曲线。

③ 清筛枕盒不洁道床和边坡，处理道床翻浆冒泥，补充和整理道砟。

④ 更换、方正和修理轨枕。

⑤ 整治线路爬行，锁定线路。

⑥ 矫直钢轨硬弯，焊补、打磨钢轨，整治焊缝病害。

⑦ 整修、更换和补充联结零件，并有计划地涂油。

⑧ 整修路肩，疏通排水设备，清除道床杂草和路肩杂草。

⑨ 整修道口及排水设备，修理、补充和刷新线路标志，收集旧料。

⑩ 其他预防和整治病害工作。

（2）经常保养。

经常保养是根据线路变化情况，在全年度和线路全长范围内进行的有计划、有重点的养护，以保持线路质量经常处于均衡状态。其具体内容是：

① 根据轨道几何尺寸，对超过经常保养容许偏差管理值的状态，成段地整修线路。

② 处理道床翻浆冒泥，均匀道砟和整修道床。

③ 更换和修理轨枕。

④ 整治爬行，锁定线路。

⑤ 更换伤损钢轨，焊补、打磨钢轨和整治焊缝病害。

⑥ 有计划地成段整修扣件，进行扣件和接头涂油。

⑦ 进行无缝线路应力放散和断缝原位焊复和插入短轨焊复。

⑧ 整治冻害。

⑨ 整修道口，疏通排水设备，清除道床杂草和路肩杂草。

⑩ 季节性工作、周期短于综合维修的单项工作和其他工作。

（3）临时补修。

临时补修是及时整修超过临时补修容许偏差管理值及其他不良处所的临时性修理，以保证行车平稳和安全。

2. 无缝线路养护维修的基础工作

（1）分阶段进行养护维修工作。

按照无缝线路质量状态的三个阶段的特点，实行有计划性的养护维修工作。

第一阶段：无缝线路铺设的初期。在此期间，线路变化较大，为不稳定期。应以单项维修为重点，辅以临时补修和经常性保养，加速稳定线路，缩短不稳定期。这一阶段的主要工作有：

① 全面整修扣件。按紧、密、靠、正、润的要求进行作业，同时改好轨距和轨向，尽快锁定线路。

② 全面矫直死弯钢轨。可组织专项作业组，全面调查整直死弯钢轨。

③ 全面整修道床。填平枕盒，堆高砟肩，整修并夯实道床。

④ 全面整修焊缝。应组织专项作业组进行。

⑤ 全面捣固线路。无缝线路铺设后，最好用大型捣固车全面捣固一遍，而后用小型液压捣固机重点加强。

第二阶段：无缝线路稳定期，是充分发挥无缝线路优越性的时期。在此期间，应以经常保养为重点，适当安排综合维修工作。注意加强轨道结构，充分延长稳定期。

第三阶段：无缝线路的后期，线路的总体质量开始下降，是无缝线路的挖潜期。在此期间，应以综合维修为重点，辅以临时补修和保养，挖掘线路的潜力，保持线路的平顺性。

（2）改善检测手段。

① 在做好线路设备静态检查、评定的基础上，应加强线路设备的动态检测。应采用轨检车，通过检查了解和掌握线路局部不平顺和线路区段整体不平顺。线路区段整体不平顺的动态质量用轨道检查车进行检测。对超过管理值的线路有计划地安排综合维修、经常维修和临

时补修，以轨道检测数据指导维修管理工作。

同时，应推广使用轨道动态检查仪和添乘仪检查线路。

② 采用测标法检测无缝线路钢轨零应力，研究改进道床脏污程度的检测仪器和检测标准。

（3）发展养路机械化。

养路机械化是工务维修工作现代化的必由之路，也是从事工务维修工作几代人为之奋斗的目标。轨道重型化，养路必须机械化。尤其是地铁无缝线路铺设了混凝土枕，而混凝土枕线路手工捣固作业实难保证线路质量，必须实行机械捣固。使用机械捣固有不扒道床的优点，对道床阻力影响较小，作业效率高，捣固质量也大大优于手工捣固。所以应大力发展大型养路机械，重视大型机械的管理和检修，提高大型机械的利用率。

在发展大型机械的同时，做好小型捣固机的使用和管理工作，努力提高机械捣固率。

（4）做好位移观测与分析。

无缝线路应建立位移的观测和分析制度。施工单位在施工期间的位移观测记录，应作为竣工资料移交使用单位。为掌握准确的资料，设备使用单位应在施工尚未验交前介入，可会同施工单位进行观测或抽检观测记录。

对无缝线路长轨条位移情况，要按要求定期观测，并填写记录。观测分析应抓住重点，抓住容易出现温度力峰的处所。例如固定区与伸缩区的交界处，尤其是列车前进方向前端固定区与伸缩区的交界处，以及其他容易出现温度力峰的处所。

检查时若发现钢轨零点标记偏离，则说明该观测点发生了位移，其偏离值即为位移量。若零点标记向伸缩区一侧偏离，则表明零点标记向伸缩区一侧的钢轨被压缩，而观测桩另一侧的钢轨被拉伸。根据无缝线路原理，钢轨被拉长则产生拉应力，锁定轨温相应升高；反之，若钢轨被压缩，则产生压力，锁定轨温相应降低。若邻近的观测桩也发生了位移，其结果将相互影响，分析时应考虑这一影响。

例如检查某段无缝线路时，发现固定区中部观测桩处钢轨的零点标记向伸缩区位移 12 mm，伸缩区与固定区交界处的钢轨零点标记向伸缩区方向位移 15 mm。分析可知，由固定区中部至固定区与伸缩区交界处一段钢轨，实际上向伸缩区一侧拉长了 $15-12=3$ mm。根据钢轨伸缩长度可以求出钢轨温度力和锁定轨温的变化量。当这一变化量大于 ±5 °C 时，应考虑应力放散或调整。

三、无缝线路养护维修的工作特点

温度力的特殊存在，使无缝线路的养护维修同普通线路相比有一些明显的不同。普通线路的养护维修基本没有季节特点，在进行全年计划安排时，可不考虑气温对维修工作的影响，而无缝线路养护维修工作必须考虑气温对维修工作的影响，在高温季节不能做全起全捣的综合维修。普通线路在任何时候都可以做几百米长的破底清筛作业，无缝线路却只有在轨温和锁定轨温相接近时才可以进行上述作业。普通线路的养护维修一般不存在“夏防胀，冬防断”的问题，无缝线路却必须把这两项列为夏、冬养护维修的重点。无缝线路的养护维修必然增加许多技术上的特殊要求，这些特殊要求不是人为规定的，而是无缝线路的本质特点所决定的，我们必须严格遵守这些特殊规定，否则，不按规定进行线路作业，将使无缝线路的稳定性降低，严重时会丧失行车条件。

所以，既要对无缝线路进行必不可少的养护维修，又不能对无缝线路的稳定性扰动过大，我们怎样来解决这一矛盾呢？办法就是针对无缝线路的特点，进行无缝线路的养护维修工作。下面，我们就谈一谈无缝线路的养护维修工作与普通线路的区别。

1. 合理安排综合维修和经常维修

综合维修和经常维修的部分作业，因为动道量过大，动道范围较长，所以施工期间线路阻力的损失就较大，施工完毕后阻力恢复所需时间也较长。因此，在安排工作时，要照顾到几个方面：

（1）尽量避开高温季节和低温季节。

在炎热的夏季和寒冷的冬季，无缝线路钢轨断面上承受较大的温度力，正需要加大的线路阻力去适应它。综合维修和经常维修保养的部分作业却不可避免地严重扰动线路，损失线路阻力，使临界温度力降低，给线路带来不安全因素。尤其是一些质量状况欠佳、阻力严重不足的无缝线路，在轨温变化度数较大的冬、夏季盲目进行动道量较大的维修作业，更无异于雪上加霜。所以，无缝线路的综合维修和其他对线路扰动较大的作业，应尽量避开高、低温季节。年初制订维修计划时，应首先考虑到这一点。

（2）与锁定轨温相适应。

有时，一个养路工区不止一段无缝线路，而各段无缝线路的锁定轨温不尽相同，可能有高有低。为使维修作业时的轨温变化值尽量小一些，进行维修作业时，不宜逐段逐段按部就班地做下去，而应根据各段无缝线路锁定轨温的高低，安排施工进度。锁定轨温较高的地段，安排在气温较高的时候进行。锁定轨温较低的地段，安排在气温较低的时候进行维修。维修作业应以每段长轨条或单元轨条为单位一次性完成，不宜一段无缝线路分为几次在几个轨温条件下进行，以免造成锁定轨温不均匀的后果。

（3）与线路状况相适应。

线路状况千差万别，阻力的大小有时相差悬殊，对一些阻力薄弱又没有及时维修的地段、小半径曲线地段、长大坡道、制动地段、长大钢梁上的无缝线路进行维修时，实际锁定轨温与现场轨温的差数更不宜过大，更应避开高温和低温季节作业。

2. 突出巡道工作的特殊性

无缝线路的巡道工作，除了普通线路的作业项目外，还应有一些特殊要求。

（1）巡道工必须掌握管内每一段无缝线路的技术设备状态，如实际锁定轨温、伸缩区长度、缓冲区轨缝、位移观测桩的设置、薄弱地段的位置等，以便及时、准确地发现问题并向上级汇报。

（2）随时坚持小补修“三紧”，即紧螺栓、紧防爬设备和紧扣件。

（3）为了掌握无缝线路轨道状态的变化情况，要坚持好测轨温、测轨缝和测线路爬行的“三测”工作。尤其是高、低温季节，应做到每班有记录。

（4）夏季以观察轨道方向变化为重点，冬季以观察焊缝状态为重点。发现病害，应及时汇报，并采取应急措施，做好工长的耳目。

3. 加强缓冲区养护

缓冲区是无缝线路的薄弱环节。它一方面具有普通线路的缺点，另一方面又要受长轨条伸缩的影响，兼有普通线路结构和无缝线路的功能。缓冲区一般有 5 个接头，具有 3 种组合形式。第一种是长轨条与缓冲区标准轨的联结。此联结既要保证长轨条与标准轨的正常伸缩，又要保证对无缝线路具有重要意义的接头阻力。联结处的轨缝既要保证最低温度时不超过构造轨缝，又要保证最高轨温时不挤成瞎缝。第二种是缓冲区标准轨间的联结。它既要保证其本身的正常伸缩，又要保证有足够的纵向道床阻力，以抵抗长轨条伸缩对它的影响。第三种是普通绝缘接头（或胶接绝缘接头）。它既要保证接头绝缘的可靠，具有足够的纵向阻力，抵抗其他钢轨伸缩对它的影响，又要保证其本身的正常伸缩。总之，接头虽少，情况复杂。当第一种组合不能满足其功能时，长钢轨因接头阻力降低，伸缩区就会延长，伸缩量加大，轨缝就会被挤严或拉大。当第二种组合不能满足其功能时，长钢轨的伸缩将因缓冲区标准轨的接头阻力不足而传递过来，这种伸缩值是预留轨缝所不能适应的，轨缝同样会被挤严或拉大。当第三种组合不能满足其功能时，除产生上述病害外，还会使绝缘材料因挤损而漏电，轨道电路短路，信号显示不良，将对行车造成直接的影响。

缓冲区轨缝的存在，还加大了列车的冲击力，如在接头处使用钢筋混凝土枕，其钢轨端部承受的冲击力比木枕地段大得多，且轨缝越大，冲击力越大。

为了保证行车安全，延长设备使用寿命，使无缝线路伸缩区质量状态良好，缓冲区的设备质量必须满足如下要求：

（1）经常保持足够的线路阻力。

（2）保持接头轨缝尺寸正常。

（3）使接头处具有良好的平顺性。

（4）使接头轨道有足够的弹性。

（5）确保轨端绝缘安全可靠。

为此，无缝线路缓冲区的养护维修，应重点采用如下措施：

（1）定期拧紧扣件螺栓，注意施工前后的拧紧和复拧，切实控制长轨条的不正常伸缩，减轻缓冲区接头的温度力负担。

（2）如已发生不正常伸缩，要及时更换调节轨，把轨缝维持在允许的范围内。

（3）采用扣压力大的扣件，加宽道床断面。

（4）采用胶接绝缘接头。

（5）综合整治钢轨接头处病害。

综上所述，无缝线路养护维修的特殊性，应表现在以下几个方面：

（1）根据季节特点合理安排综合维修。

（2）突出维修作业项目的季节性。

（3）严格遵守作业轨温条件。

（4）采用特殊的单项作业方法。

（5）突出巡道工作的特殊性。

（6）加强薄弱环节缓冲区的养护。

（7）及时整治钢轨病害。

（8）特殊地段无缝线路采取特殊的养护维修措施。

四、无缝线路维修工作主要作业要领

为最大限度地保持线路的稳定，无缝线路的主要单项作业与普通线路的作业方法也有所不同。

1. 起道作业

起道时钢轨和轨枕被抬起，不仅道床阻力减少，还因起道而局部改变长轨条的长度，会使钢轨承受额外的附加力。这一附加力的大小，与钢轨局部改变长度的波及范围有关，若起道量大，波及范围小，则钢轨承受的附加力就大，反之则小。一些计算表明，50 kg/m 钢轨一侧起道 10 mm，产生附加力近 100 kN，影响范围 10 m 左右。如果起道 30 mm，产生附加力近 150 kN 以上，影响范围 15 m 左右。一方面是轨枕浮起，道床阻力大减；另一方面是钢轨被强制变形，附加力大增。两种因素加在一起，对无缝线路的稳定极为不利。所以无缝线路严禁起高道，起道量和起道长度必须严格按照作业轨温条件表上的规定执行，以防止温度力过大，影响运营安全。如有超过规定的起道量，应分次进行。起道机应垂直放置以免引起线路方向的变化，在曲线地段起道，起道机应放在上股外侧或下股内侧，使其横向推力与温度压力的径向力相抗。如同一地段既有起道作业又需要整治方向不良，应先拨（改）后起道，以增加起道的安全度。起道量较大时，应事先备好石砟，及时补砟，使道床丰满，阻力充足。

2. 拨道作业

无缝线路进行拨道时，无论用液压拨道器、简易拨道器，还是撬棍拨道，拨力方向总容易与水平方向形成一定的角度，因而轨排横移的同时难免向上浮起，从而大大降低道床的横向阻力，加上温度应力的影响，对线路的稳定性和强度极为不利。此外，当拨道量产生时，钢轨的长度自然要发生变化，向外拨时伸长，向内拨时缩短，这一效应在普通线路上可以通过轨缝来调节，而在无缝线路上只能通过改变钢轨内力来调整。在拨道轨温高于锁定轨温时，拨道时上挑比较容易，上挑可使钢轨伸长，钢轨温度压力释放。在拨道轨温低于锁定轨温时，拨道时下压比较容易，下压可使钢轨缩短，钢轨温度拉力释放。由此可见，拨道方法不正确，会使锁定轨温改变。钢轨伸缩量的产生，势必造成该范围内锁定轨温的变化，从而在钢轨断面上产生附加拉应力或附加压应力，加上温度力的作用，对线路的稳定性和强度更为不利。因此，无缝线路的拨道作业，除必须严格执行作业轨温条件表的规定外，还应注意以下几点：

（1）拨道机具不得安放在焊缝处，以免损伤焊缝。

（2）先拧紧扣件螺栓再拨道，以加大轨道框架刚度，弥补道床横向阻力的损失。

（3）维修作业时先回填道床再拨道，以避免胀轨（向外拨时）或回弹量过大（向内拨时），拨后再回填和夯实道床。（普通线路拨道时，可以先将拨道方向一侧轨枕头的道砟扒去，以减少阻力，无缝线路不应当这样做。）

（4）正拨量要等于负拨量，即一段线路上产生的正负拨道量之和为零。这样就可以使整个曲线上的伸缩量相互抵消，锁定轨温相对均衡，消除附加拉应力或附加压应力。

3. 清筛道床作业

清筛道床作业，使原有的坚实轨道基础破坏，道床阻力下降，尤其是破底清筛后，阻力降低更大。所以，清筛道床作业要严格按照作业轨温的规定条件进行，必须注意：

（1）破底清筛道床作业时，严禁在实际锁定轨温增减 10 °C 之外的轨温条件下进行，木枕地段则严禁在实际锁定轨温增减 5 °C 之外的轨温条件下进行。

（2）不破底清筛道床作业时，则必须逐孔倒筛，并做到筛一根捣一根，回填夯实一根，保持道床有饱满的道砟。

4. 接头扣件螺栓作业

无缝线路的扣件螺栓是否按规定扭力矩拧紧，将直接影响长轨条长度、缓冲区轨缝大小和锁定轨温的变化。接头阻力是无缝线路纵向阻力的关键。而且，拧紧了的接头螺栓，随着列车的振动和冲击会渐渐松动，如果是大轨缝、低接头，这种松动会更快，而接头螺栓的松动，将直接导致接头阻力的衰减和伸缩区延长。所以：

（1）无缝线路接头扣件螺栓必须采用 10.9 级高强度螺栓，扭力矩应达到 900 N · m。

（2）每年春秋季，在容许的作业条件下，要全面拧紧接头螺栓各一次，在缓冲区作业时，作业前后也要拧紧接头螺栓各一次。这样才能保证接头螺栓经常保持紧固状态。

（3）全面拧紧接头螺栓时，如发现钢轨已有爬行、轨缝不合要求时，应在合适的轨温条件下先松开螺栓，利用轨温变化使钢轨恢复正常，然后再全面拧紧。

5. 中间扣件螺栓作业

随着列车的振动，中间扣件螺栓的扭力矩也要随之减少。因此：

（1）每次综合维修作业前后，应全面拧紧扣件螺栓各一次，以加强轨道框架刚度。

（2）每年春秋季节，应在实际锁定轨温 ± 5 °C 范围内，全面拧紧扣件螺栓各一次。

6. 钢轨病害整治作业

无缝线路的钢轨病害，除焊缝外和普通线路相同。在重伤钢轨更换时，普通线路更换较方便，而无缝线路的伤轨更换方法却比较特殊。无缝线路长轨条的钢轨病害主要有焊缝不良、擦伤或剥落掉块、硬弯等。

对线路上钢轨波型磨耗、侧面磨耗及肥边、鞍形磨耗、焊道凹凸等病害，应使用打磨列车成段进行打磨。打磨后钢轨踏面用 1 m 直尺测量，不平度应小于 0.2 mm。对个别焊道凹凸、鞍形磨耗，应使用小型磨轨机打磨。打磨后用 1 m 直尺测量，不平度应小于 0.5 mm。

（1）焊缝病害整治。

焊缝不良是无缝线路长轨条上最常见的病害。无缝线路钢轨焊缝常见的病害有：高焊缝、低焊缝、焊缝上下或左右错牙等。这些焊缝病害，多数是焊接质量控制不严的产物。另外，有一些焊缝病害如低塌、开裂等，则兼有焊接不良或列车长期碾压冲击两方面的原因。焊缝一旦开裂，就面临折断的危险，其后果不堪设想。而其他病害，则造成了轨面的不平顺，危害也极大。因为列车通过不平顺焊缝，所产生的附加力与正常压力相叠加，可使焊缝及其两侧的热影响区轨面磨耗加重，使焊缝处产生类似于普通线路的“低接头”病害，还可能使轨面数毫米以下产生疲劳裂纹，当附加动压力为负值时，若同时出现较大的横向推力，车轮还有爬上钢轨的危险。因此，及时整治焊缝不平顺病害，是整治无缝线路钢轨病害的重要内容之一。如不及时整治，将会使焊接接头处的线路病害日益加重，形成恶性循环，反而增加了养护维修工作量，使运营条件恶化，存在行车事故的隐患。

① 低塌焊缝的整治方法。

焊缝打磨：对于低塌焊缝，应打磨平顺，打磨越平顺，附加压力越小。根据测算，最不利的临界低塌长度，一般为 30 ~ 40 cm，故顺坡长度应超过 40 cm，越长越好。错牙焊缝也可以用这种方法整治。

现场焊补低塌焊缝：手工电弧焊是一种比较好的焊补方法。

清筛低塌焊缝处的道床并加强捣固，尽量减小附加冲击力。

② 高焊缝的整治方法。

对高焊缝的整治，可用机械打磨，也可用手工处理的方法来解决。手工处理，现场称为手锯条束挫磨高焊缝。手锯条束用 20 条锯条安装在自制的手锯弓上，使锯条紧靠，形成一个锯齿面。作业时，由两个人操作，挫磨的锯条保持水平，锯条束与钢轨成 60°夹角，边挫边检查，直到挫平为止。这种方法简单易行，虽然速度较慢，但成本低，且可收到与机械打磨相同的效果。

③ 焊缝重伤的处理方法。

经检查发现焊缝重伤时，应按有关规定及时处理。

（2）其他钢轨病害整治。

① 钢轨擦伤。

钢轨擦伤是无缝线路轨面不平顺的又一种形式，一般都是发生在制动地段和长大坡道上。由于无缝线路上的擦伤钢轨不能随意更换，多年积累下来有些地方的钢轨顶面伤疤密布，剥落深度为 3 ~ 4 mm，形成轨面凹凸不平，加剧了列车对钢轨的冲击作用。这种冲击振动，造成了扣件松动、翻浆冒泥、线路下沉及混凝土轨枕折断等后果，使线路质量显著下降。因此，补焊擦伤越早越好。

② 波形磨耗。

波形磨耗对轨道的危害和擦伤一样，但它的分布较擦伤更长而且较有规律。无缝线路钢轨发生波形磨耗，换轨依然困难，解决方法是用打磨列车成段打磨。在波形磨耗出现初期，进行一次简单的打磨即可整平，打磨时要全部磨去波峰，波谷也要磨去 0.5 mm，以使钢轨轨面一致，能保持较长时间。如打磨不及时，波谷较深，不但对轨道影响大，而且要打磨数遍才能打磨平。这不但费工费时，而且钢轨磨去较多，缩短了钢轨的使用时间。

提高轨道弹性、加强捣固，消除不平顺，对预防波形磨耗的加深有相当的作用。

③ 硬弯。

硬弯容易和碎弯混淆，鉴别钢轨是否存在硬弯，可采用下列方法：

看：先骑在一股钢轨上，看前方有无陡弯，如有陡弯，再细看。站立位置一般距陡弯顶点 10 ~ 15 m，沿着轨距线，由近到远，再由远到近，采取立、蹲、俯三种姿势，反复查看左右两股钢轨。确定硬弯突出的顶点在什么位置后，再看其弯曲状态。如一股钢轨弯急而短，另一股钢轨有相同方向的较缓的弯曲，则弯急而短的是硬弯。

查：用拨道的方法检查硬弯。这种硬弯应是弯曲缓顺、长度较大的一种，但又难以同小方向不良区分开来。如拨道后全部或大部回弹，则是硬弯。小方向不良拨道后回弹量较小。

对：根据线路检查记录本对照检查弯曲处的轨距、方向变化情况，分析变化规律。如果频繁出现轨距、方向不良的“痼疾”，则是硬弯。

量：用 1 m 直尺测量弯曲矢度。如矢度在 1 mm 以上，则一般都是硬弯。

硬弯矫直后的钢轨应达到：目视无方向不良，无不直，用 1 m 直尺测量，其矢度不超过 0.5 mm。矫直后的钢轨方向和轨距不再有规律性的变形。

第六节　无缝线路胀轨跑道及钢轨折断的预防和处理

无缝线路的胀轨跑道及钢轨折断的研究对象都是钢轨，它们有共同的联系，又相互区别，它们之间的联系是它们所研究的线路都是无缝线路，而区别是防胀希望压力越小越好，而防断则希望拉力越小越好。所以从防胀的角度说，总希望锁定轨温高一些，而锁定轨温过高，又不利于防断；反之，也是一样。无缝线路的防胀与防断工作是同一物体——钢轨在不同季节里的不同防范。因此，防胀时应同时考虑所采取的措施，既有利于防胀，又有利于防断；同理，谈防断时应同时考虑所采取的措施，既有利于防断，又有利于防胀，两者兼顾，辩证地处理好这一矛盾。

一、胀轨跑道的定义

我们知道，当轨温高于锁定轨温时，无缝线路钢轨断面上要承受温度压力。温度压力和轨温的正向变化值成正比，当轨温升到最高值时，温度压力达到最大值。因为有接头阻力和道床横向阻力的存在，温度压力的绝大部分被憋在钢轨断面上，只有一小部分通过限制伸缩在伸缩区被释放掉。那些憋在钢轨断面上的温度压力总要遵循自然规律寻机释放出去，以求彻底平衡。当它到达一定值，在纵向上仍找不到出路时，就会到横向上去谋求出路。而无缝线路的曲线正好给它提供了这种机会，即纵向温度压力合成的径向分力正好指向曲线外侧的方向，使曲线顺势向上股方向臌曲。而直线线路也不可能绝对的直，一旦某处有些弯曲时，纵向温度压力也会顺弯曲的方向合成径向分力，造成直线轨道向弯曲的方向变形。在这种情况下，只要温度压力达到了一定值，无缝线路轨道出现横向变形就不可避免。这一变形的发生与发展过程是有一定规律的，这个过程大致可分为三个阶段：稳定阶段、胀轨阶段和跑道阶段。

1. 稳定阶段

稳定阶段是无缝线路承受温度压力的初始阶段。在这个阶段里，温度压力虽因轨温升高而加大，但轨道并不发生变形，仍保持初始状态，温度力完全以弹性状态存在于钢轨断面上。

钢轨的初始弯曲越小，对应这一状态的温度压力值越高。如果钢轨为理想的几何直线，此状态可能一直保持到温度压力到达一个相当大的值，才会在外力的干扰下发生突然臌曲。

无缝线路的轨道是否稳定，要看温度压力是否达到了一个临界值，也就是轨温是否达到了一个临界轨温。临界温度压力或临界轨温随线路状态的不同而有高有低，就像人的免疫力随身体状况的不同有强有弱一样。对于同一条无缝线路而言，只要温度压力超过了临界值，轨道就由稳定状态进入到胀轨状态。

在稳定阶段，无缝线路是相对安全的。

2. 胀轨阶段

轨温继续升高，温度压力超过稳定阶段的临界值时，胀轨阶段就开始了。在这一阶段里，不断增大的温度压力使轨道产生由小到大、由少到多的横向变形，变形矢度越来越大，轨道方向显著不良。

但是轨温不可能无限制地升高，当它升高到一定程度（在轨道的承受范围之内）后开始下降时，随着温度压力的逐渐解除，轨道的弯曲变形也随之变小，直至恢复到初始状态，就像我们解除了施加在弹簧上的压力，弹簧就恢复原状一样。也就是说，在胀轨阶段，轨道的变形是弹性变形。所以，无缝线路轨道在温度压力作用下产生的弹性变形叫胀轨。

显然，胀轨是一个与温度压力相随的渐变过程。但是在胀轨阶段，温度压力解除之后，能够恢复到初始状态的轨道弹性变形只有 2 mm。从理论上讲，超过 2 mm 的轨道弹性变形，在温度压力解除之后是不能完全恢复的，总要留下一些残余变形。轨温反复变化，这种残余变形将积累起来造成方向严重不良。因此，我们必须及时地对胀轨量加以限制，对矢度达到 2 mm 以上的胀轨，要及时处理，以免留下后患。

3. 跑道阶段

无缝线路承受温度压力的能力是有限的。在胀轨阶段，温度压力没能超过无缝线路的承受能力，但有可能达到能力的极限。此时，无缝线路的相对稳定性已是在勉强维持，跑道现象随时都可能发生。

在这种时候，如果轨温再稍微升高，温度压力继续加大；或轨道稍受外力干扰（如列车制动、施工影响、锤击钢轨等），积聚在钢轨断面上的过量温度压力将使轨道几何状态突然发生恶性变化——胀轨阶段的变形矢度突然显著加大，有时可达数百毫米，轨道在一瞬间发出巨大的声响，并严重臌曲，钢轨与轨枕脱离，行车条件完全丧失。在这时的钢轨变形已不再是弹性变形，而成为塑性变形，钢轨断面上的温度压力已经全部释放出去，钢轨在自然状态下处于零应力状态，温度压力与线路阻力同时消除，因为这时线路已经被严重破坏了。无缝线路轨道在温度压力作用下突然发生的破坏性变形叫跑道。

显然，随着温度压力的升高，稳定阶段、胀轨阶段、跑道阶段的关系是顺次的因果关系，前两个阶段是量变阶段，后一个阶段是质变阶段。它们的关系如图 5.7 所示。

必须注意的是：胀轨和跑道是两个性质完全不同的概念，不能混为一谈。胀轨并未使轨道破坏，只要采取一定措施，是能维持行车安全的；而跑道则使轨道发生严重破坏，完全丧失了行车条件。胀轨和跑道的发生有其客观规律，不能因为它们不经常发生而放松警惕，造成不必要的损失。

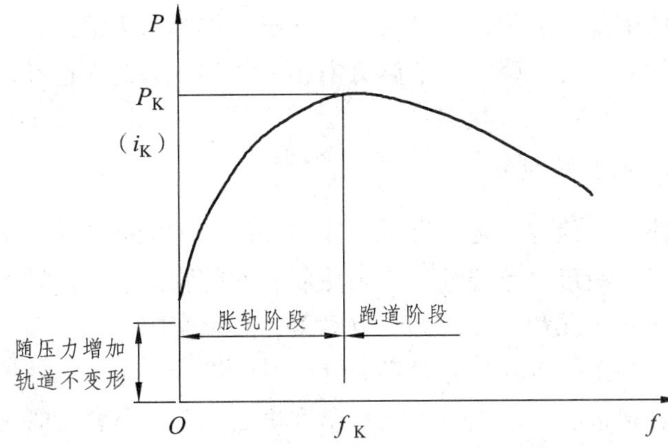

图 5.7　稳定阶段、胀轨阶段和跑道阶段关系示意图

二、无缝线路胀轨跑道的预防和处理

胀轨是因温度压力的增加而迫使轨道发生微小的横移，而跑道则是温度力达到临界值时发生的突然的巨大臌曲。其发生与发展过程是有一定规律的。

无缝线路的轨道在钢轨温度压力作用下，不是一开始就发生轨道横移变形的，在温度力较小的阶段并不发生变形，这一阶段就是前面讲的保持稳定状态阶段；在此阶段终结时，温度压力再升高，则轨道开始发生缓慢的微小位移，当此阶段发展到一定程度，钢轨温度压力的增加接近临近值时，此阶段即告终结，这一阶段就是胀轨阶段；此阶段终结时，钢轨温度压力将达临界值，此时如轨道遇到外界干扰时，将立即发生突然臌曲，其横移量可达几十厘米，这就是跑道。

抵抗胀轨跑道的力量是道床阻力及轨道框架刚度，其中主要的是道床阻力。道床阻力有一个特性，当位移较小时，阻力也较小，位移量增大时，阻力也随着增大，当位移量一旦增加到 2 ~ 3 mm 时，如继续位移，阻力就不再增加。当轨温高于锁定轨温 30 °C 左右时，由于道床阻力还很小，线路上可能出现许多碎弯，当时矢度较小，不易测量。如纵向压力在设计范围内，这些碎弯关系不大，轨温下降，碎弯自然消失。当钢轨如局部有温度力峰，这段线路就会出现各种弯曲，它将随每天温度的升降，变形逐渐积累扩大，矢度增加，如轨温再继续增加，就可能发生跑道。在一般情况下线路跑道，并非一次升温就可能发生，必然有一个矢度积累过程。故矢度不断变化，是胀轨跑道的预兆，经常注意线路方向变化，可以及时发现线路上的超应力区。

在线路作业中，线路方向的变化规律则和上述情况不同，由于起拨道或扒道床作业，道床阻力突然下降，钢轨如有较大纵向压力，线路方向立即发生变化。故进行这些作业时，应密切注意线路方向。

胀轨跑道一般多发生在春季，这是因为：冬季刚过，开始大量地进行线路养护维修作业，道床扰动，阻力急剧下降；冬季有一些地段因钢轨收缩，而使锁定轨温下降，春季轨温上升，温差虽然不大，但某些部位的实际温度压力较高，以至出现胀轨跑道；春季日温差大，轨温变化大，所以 4、5 月容易出现胀轨跑道并不是偶然的。

防治胀轨跑道是无缝线路管理工作的核心问题，它贯穿于无缝线路管理工作的全过程。

因此，必须制定防治的措施。从理论上分析和实践经验得知，无缝线路胀轨跑道的原因，不是温度力过高，就是线路阻力下降，或线路方向偏差超限。为此，必须对这些造成胀轨的要素实行有效的控制，才能保持轨道状态稳定。

1. 预防胀轨跑道的主要措施

（1）预防无缝线路胀轨跑道，是发挥无缝线路优越性，保证行车安全的重要工作，各级组织必须加强对防止胀轨跑道工作的领导，强化职工的防胀意识，实行专业化管理，层层落实防胀责任制，根据实际情况和存在问题制定对策，组织实施。

（2）防胀工作是一个系统工程，并贯穿无缝线路的设计、施工、养护全过程，应做到设计优化、施工优质、养护精心。例如，锁定轨温准确是无缝线路科学管理的基础，要做到这一点，在设计时就要合理选定中和轨温和锁定轨温范围；焊轨时要按照工艺要求准确操作，施工中要准确丈量轨长，准确合拢，按设计规定锁定线路，及时埋设爬行观测桩并做好观测记录，维修部门要在精心养护线路的基础上，定期进行爬行观测和测标的取标测算，分析研究锁定轨温有无改变，对锁定轨温不明、不准、偏高、偏低、不均匀的线路要及时组织应力放散，重新设定锁定轨温。

（3）要经常保持无缝线路设备状态良好，保证线路有足够的抵抗轨道弯曲变形的能力和稳定性。

道床断面的几何尺寸应符合设计标准，并使道床保持丰满、密实、排水良好。道砟一经松动要及时夯拍，尽快恢复道床阻力。

混凝土枕扣件应齐全、拧紧，经常保持良好状态，使其达到紧、密、靠、正、润的要求。

缓冲区接头应采用 10.9 级螺栓，绝缘接头应采用高强度绝缘接头（跨区间和全区间无缝线路应采用胶接绝缘接头），扭力矩均应保持在 700 ~ 900 N · m。

无缝线路的方向应保持顺直，线路方向及各项几何尺寸偏差应保持在保养限值以内，钢轨硬弯应及时矫正，长轨条的焊缝出现凹凸应及时打磨、焊补平直。

（4）无缝线路的维修计划应根据季节特点、线路状况和锁定轨温合理安排，高温季节不要进行影响线路稳定性的作业，冬季作业要注意钢轨长度的变化，引起锁定轨温下降。

（5）无缝线路的养护维修必须严格遵守有关作业轨温条件的规定，并严格执行“一准、二清、三测、四不超、五不走”的制度。

（6）当气温高达 35 °C 及以上时，应加强检查和巡道工作，认真监察线路方向变化，以便及时采取措施。

（7）加强技术管理，建立无缝线路技术档案。要以夏季防胀轨、冬季防断轨为目标做好技术管理和技术分析工作。线路公司、队、工区应分别建立无缝线路设备图表和技术卡片，并依据春秋季设备检查资料及时修改补充。工区要认真做好爬行观测记录。

2. 胀轨跑道的处理

胀轨跑道是钢轨在温度力作用下发生横向弯曲变形的过程。胀轨是轨道横向弯曲变形的初始阶段，而跑道则是轨道横向弯曲变形的最终阶段。因此，对胀轨必须进行定量控制。

（1）高温季节无缝线路上出现了局部的碎弯尚无碍大局，但连续出现时则易诱发列车的蛇行运动与连续碎弯形成水平共振，引起破坏性的后果，在这一情况下要加强巡检，若碎弯继续扩大，应及时汇报，必要时进行限速通过，待停电后进行处理，线路稳定后恢复正常速度。

（2）养护维修作业中，若发现轨向、高低不良，起道、拨道省力，枕端道砟离缝，必须停止作业，及时处理，恢复线路稳定。因为这些现象都是胀轨跑道的预兆，若不停止作业进行处理，则有发生胀轨跑道的可能。

（3）无论作业中或作业后，发现线路轨向不良，用长 10 m 线弦测量两股钢轨的轨向偏差。当平均值达到 10 mm 时，必须设置慢行信号，并采取夯拍道床、填满枕盒道砟和堆高砟肩等措施。当两股钢轨的轨向偏差平均值达到 12 mm 时，在轨温不变的情况下，过车后线路弯曲变形突然扩大，必须立即设置停车信号，及时通知有关部门，并采取紧急措施，消除故障后放行列车。

（4）发生胀轨跑道后，可采取浇水或喷洒液态二氧化碳的办法降低钢轨的温度。轨温降低后方可拨道，恢复线路。曲线地段拨道只能上挑，不宜下压。如降温效果不佳，必须封锁线路进行锯轨处理，待处理完毕后再恢复线路和正常运营。

（5）对胀轨跑道情况做好记录。预防胀轨跑道的关键是正确掌握钢轨的锁定轨温，提高道床的横向阻力，拧紧扣件，加强防爬锁定，提高轨道框架刚度，整治线路不良方向，提高线路设备质量，加强管理，正确养护。

三、钢轨折断的预防与处理

无缝线路钢轨折断多发生在焊缝处或焊缝热影响区附近。由于断轨多在低温时发生，如未及时发现，经列车的振动，钢轨裂缝将被拉开，一般可能拉开 50 mm 左右，严重时可为 100 ~ 200 mm，危及行车安全。因此，应做好钢轨折断的预防工作，及时发现和处理伤轨和断轨。

1. 预防钢轨折断的主要措施

（1）无缝线路钢轨断裂有以下规律：

在行车速度高的地段，焊缝破损率高；铝热焊的折断率高于气压焊和接触焊；木枕线路上焊缝断裂的机会较多；在冬季焊缝断裂的机会较多；锁定轨温偏高的无缝线路，其焊缝断裂机会较高。

（2）钢轨折断的原因很多，我们将主要原因归纳如下：

钢轨母材有先天不足（如白点、暗核、裂纹等），抗拉应力大大降低；焊缝质量差，存在夹渣、夹沙、假焊、裂缝等缺陷，使强度降低，焊缝不平或错位，加大了列车对钢轨的冲击；设计锁定轨温偏高，高温作业时钢轨放散应力；使锁定轨温偏高，冬季温度降低，加大了钢轨的拉应力；由于线路维修质量不良，造成线路坑洼、爬行、轨枕不方，产生残余拉应力，加大动弯应力，导致钢轨折断。

（3）预防钢轨折断的主要措施。

为预防无缝线路钢轨折断，应做好以下工作：

加强焊接工作的管理，加强技术培训，提高操作人员的技术水平；对有缺陷的焊缝要综合整理，对铝热焊焊缝要加强检查监视，发现有伤，在未切掉重焊以前，应用鼓包鱼尾板加强；对焊缝及附近的线路质量要加强，并应严格执行有关焊缝处的作业规定；在做好钢轨探伤工作的同时，还要按规定对焊缝进行全断面探伤；严冬季节，必要时应增加巡道班次，加强钢轨特别是伤轨的检查巡视。

为防止焊缝断裂，加强线路设备维修是十分重要的。应注意消灭线路上的空吊板、暗坑、失效防爬设备，方正焊缝两侧轨枕，以减少列车对焊缝附近的冲击作用，有条件的可以给所有铝热焊缝加上鼓包鱼尾板，以防突然断裂后给运营带来的不利影响。

2. 无缝线路钢轨重伤和折断的处理

（1）钢轨或焊缝重伤的处理。

探伤检查发现钢轨或焊缝有重伤时，在轨温条件许可的条件下，应及早处理，不待钢轨或焊缝折断，即切除重伤部分，实施原位重焊。这一措施与折断后再处理相比，技术经济效果明显，操作工艺简便，锁定轨温可以保持不变。但这一措施只能采用铝热焊法，因此受到铝热焊工艺的制约。因铝热焊焊缝最宽只能达到 50 mm，切除部分的宽度（断口）小于 50 mm 时才能使用铝热焊法。

（2）钢轨或焊缝折断时的处理。

① 紧急处理。当钢轨或焊缝折断时，其断缝小于 50 mm 的，应立即进行紧急处理。

紧急处理时，在断缝处上好夹板或鼓包鱼尾板，用急救器固定，在断缝前后各 50 m 拧紧扣件，并派人看守，限速 5 km/h 放行列车。断缝小于 30 mm 时，放行列车速度为 15～20 km/h。如有条件应尽量原位复焊，否则应在轨端钻孔，上好夹板或鼓包鱼尾板，拧紧接头螺栓，而后可适当提高行车速度。

紧急处理的目的是尽快开通线路。经过紧急处理开通线路后，如果线路条件许可，应在原位焊复。原位焊复跨越了临时处理的过程，只产生一次行车干扰；它只留下一个焊缝，省去了两次锯轨作业。但原位焊复对断缝的大小有较高的要求，断缝太大，采用铝热焊时很难办到，近年来发展的“大轨缝铝热焊”的焊接新工艺，解决了这个问题。

② 临时处理。钢轨折断严重或断缝大于 50 mm，以及紧急处理后不能及时焊接修复时，应立即进行临时处理。

临时处理时应封锁线路，沿断缝两侧对称锯下伤损部分，两锯口间插入 6 m 同型钢轨，轨端钻孔，上接头夹板，用 10.9 级螺栓拧紧。在短轨前后 50 m 范围内拧紧扣件后，按正常速度放行列车。

紧急处理或临时处理时，应在断缝两侧各 3.8 m 处轨头非工作边上做好标记，并准确丈量两标记间的距离和轨头非工作边一侧的断缝值，做好记录，待永久修复时使用。

③ 永久处理。钢轨或焊缝折断经紧急处理或临时处理后，应在适当时机进行永久处理，以恢复无缝线路结构。

永久处理时，应在轨温接近或低于实际锁定轨温的条件下，插入短轨，重新焊接修复，并力求原锁定轨温保持不变。修复时采用小型气压焊或铝热焊法均可。

采用有张拉功能的小型气压焊时，插入短轨长度应等于切除钢轨长度加上 2 倍顶锻量长度。先焊好一端，再焊另一端时，先张拉钢轨，使断缝两侧标记等于原丈量距离减去断缝值加顶锻量后再进行焊接。如此焊法，焊修后的无缝线路锁定轨温将保持不变，或稍有变化，进行局部应力调整后，即可视为已恢复正常。

采用铝热焊时，插入短轨长度等于切除钢轨长度减去 2 倍预留轨缝值。先焊好一端，再焊另一端时，先张拉钢轨（使用专门配合铝热焊的张拉器），使断缝两侧标记等于原丈量距离减去断缝值加顶锻量后再进行焊接。此法同样可以基本保持原锁定轨温不变。

在线路上焊接时的轨温不得低于 0 °C。放行列车时，焊缝处轨温应降至 300 °C 以下。

【例 5.3】 某无缝线路冬季焊缝被拉断，断口宽 40 mm，尚未来得及紧急处理，断缝非工作边一侧已扩大到 60 mm，怎样进行临时处理？

【解】 如图 5.8 所示，先在断缝两侧各 3.8 m 处轨头非工作边上做好标记，丈量两标记间的距离为 7 660 mm，做好记录。然后在断缝两端对称切除 $m = 2\ 970$ mm，则 $2m = 5\ 940$ mm，因 5 940+60 = 6 000 mm，故可直接插入工区备用短轨（同型带孔），上好接头夹板，用螺栓拧紧，在短轨前后各 50 m 范围内拧紧扣件，即可按正常速度放行列车。

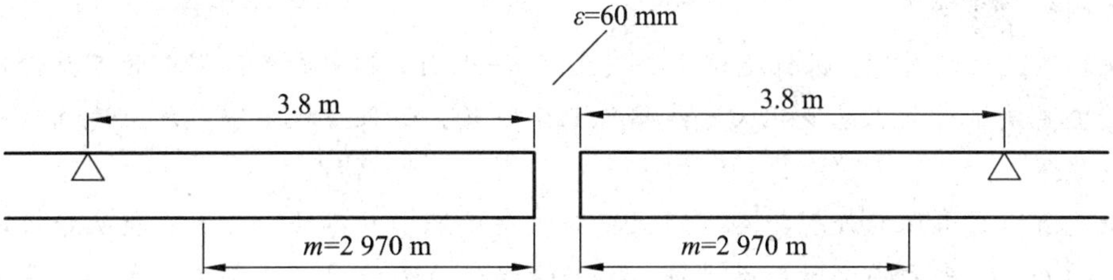

图 5.8　无缝线路折断临时处理

无缝线路发生胀轨、跑道的原因是锁定轨温偏高，温度拉力大，设备状态和几何状态不良，线路阻力小及焊缝强度低。导致断轨的因素虽然错综复杂，但依然有规律可循。预防焊缝断裂的措施是提高焊接质量、设备质量和加强焊缝管理。发生断轨后，可根据具体情况作紧急处理、临时处理和永久处理。

第七节　无缝线路整修案例

【案例 1】胀轨跑道案例

案例经过：

2003 年 6 月 23 日地铁列车司机向行车调度室报，某线上行 K18+260 处，发生胀轨跑道。经现场检查，胀轨长度为 1.5 m，矢度 19 mm。胀轨处轨温为 48 °C，相邻长轨条锁定轨温为 28 °C。线路设备短时不能按照规定速度运行。依据现场情况采取了以下措施：根据现场情况采取胀轨段 1 500 m 范围内，运营电客车限速 5 km/h 通过，当晚停电后进行回填及补充石砟，锯开钢轨，按轨温对轨缝进行调整。

案例解析：

该地段为地面线无缝线路，采用弹性不分开式 DTⅥ3 型无螺栓弹条扣件、DTⅠ型预应力混凝土枕。此次事故是因为维修人员违章养护作业不当、线路局部应力集中。

线路发生胀轨跑道，主要有以下几个方面的原因：作业前、中、后未测量轨温；起道量过高；作业不彻底；气候原因轨温变化较大；线路原始不平顺；存在连续两个及以上瞎缝。

胀轨跑道的一般规律是：胀轨跑道发生的部位，一般多发生在固定区，因为固定区承受的温度力最大，而防爬设备安装得又少，同时，在不熟悉和掌握无缝线路特点时，往往以为固定区最稳定可靠，放松了对固定区的养护维修。此外，在行车方向道口的前方和曲线头尾、木枕和混凝土枕交界处、制动地段以及缺砟地段都易发生胀轨跑道。

胀轨跑道的预兆：（1）作业中的预兆：拨道时，逆向拨动或拨好后马上复原，拨好一处另一处又鼓出；顺向拨道省力，轨道移动距离大、范围长。起道时特别省力，且抬起的轨枕根数多。捣固轻松，不易捣实。（2）方向的预兆：碎弯多，特别是“s”弯增多变大；钢轨原有硬弯处，弯曲范围加长，矢度增大；或出现新的小弯、轨距扩大，道钉扣件失效增多等。（3）高低、水平的预兆：高低、水平不好，空吊板连续增多，木枕地段道钉浮离增多，轨枕地段扣件爬行增多等。

胀轨跑道发生的时间：胀轨跑道主要发生在4—8月，其中进入高温前的5月份发生的概率最高，主要是这时的温差变化大，线路作业又较多，如果重视不够，加上违章作业，极易造成胀轨跑道。

胀轨跑道通常采取的处理措施：降温措施主要是浇水的办法，浇水时要从胀轨地段两端50～100 m 外，由外向内浇淋钢轨，并应轻浇慢淋，有条件时可用草袋浸水临时覆盖。拨道是浇水降温后还不能恢复线路时采取的措施。在地形许可条件下，从跑道故障处两端向中间拨成半径不小于200 m的反向曲线，两曲线间夹直线应尽可能不短于10 m。复线地段要注意两线间限界。必要时两线可同时拨道。拨好曲线后应立即回填夯实道砟，必要时，可加大道床断面，并派人看守，以5 km/h速度放行列车。轨温下降后，要抓紧时机把鼓出部分拨向原位，恢复线路状态，并对胀轨两端线路加强防爬锁定，夯实道床，加宽和堆高砟肩。曲线地段拨道只能上挑，不宜下压。如降温效果不佳，必须封锁线路进行锯轨处理，待处理完毕后再恢复线路和正常运营。

【案例2】断轨案例

案例经过：

2003年1月29日，地铁某无缝线路K28+470上行右股钢轨折断。经现场检查，无缝线路钢轨铝热焊接头被拉断，断缝值35 mm。如不及时处理，势必会影响列车安全运营，必须立即进行处理。依据现场情况采取了以下措施：准备材料和机具，对断轨处进行抢修，取下断轨，在锯口间插入6.25 m短轨1根（测量得插入短轨长度为6 250 mm，插入短轨后测量两端轨缝值，分别为14 mm和12 mm，并做好记录），按临时处理程序及时进行处理并做记录，未影响列车正常开通运营。

案例解析：

此处上行线路为直线，为地面线有砟道床混凝土枕线路，DTⅥ2型扣件，坡度为13‰。钢轨折断时轨温0 °C。由于当夜温度低，钢轨轨温也过低，使无缝线路钢轨产生较大的内部温度拉应力，而铝热焊接头强度较低，能够抵抗的拉应力较小，从而将钢轨拉断。

根据断缝大小可分别采取紧急处理或临时处理。上述病害，由于断缝数值小于50 mm，按照相关规定，可采取紧急处理，安装鱼尾板或鼓包鱼尾板及急救器，限速 5 km/h 放行列车。

断轨正确处理的方式方法及关键步骤：断轨抢修，需根据断缝断开形式、断缝大小以及可利用作业的时间长短等具体情况，来确认采取何种处理方法。如断缝为斜断缝，不可用紧急处理方法，只可采用临时处理方法。如断缝为垂直断缝，也尽可能采取临时处理方法。在接近或低于锁定轨温时，再进行永久处理，插入短轨重新焊接修复。

预防措施：严格控制钢轨焊接质量；对有缺陷的焊缝要综合整治，对铝热焊焊缝要加强检查监视，发现有伤，在未切掉重焊以前，应用鼓包鱼尾板加强；对焊缝及附近的线路质量要加强，并应严格执行有关焊缝处的作业规定；在做好钢轨探伤工作的同时，还要按规定对焊缝进行全断面探伤；严冬季节，应加强对无缝线路铝热焊焊缝的检查巡视；加强桥头、整碎交界、道岔前后、曲线头尾、变坡点等无缝线路薄弱地点的养护维修和检查；严格按无缝线路作业轨温条件作业。

复习思考题

1. 什么叫无缝线路？
2. 无缝线路与普通线路有什么不同？
3. 温度应力式无缝线路的结构特点是什么？
4. 画出温度应力式无缝线路的结构示意图。
5. 什么是钢轨的温度应力？
6. 锁定轨温有何特点？
7. 影响道床纵、横向阻力的因素有哪些？
8. 桥上设无缝线路的有利和不利因素有哪些？
9. 跨区间无缝线路的优点有哪些？
10. 无缝线路养护维修的基本要求是什么？
11. 无缝线路应建立哪些技术管理制度？
12. 无缝线路钢轨折断的规律是什么？
13. 无缝线路对巡道工提出了哪些新要求？
14. 焊缝断裂的原因是什么？
15. 无缝线路发生钢轨折断，怎样根据具体情况进行处理？

第六章　养路机械

【学习目标】

1. 掌握机械的一般知识；
2. 掌握钢轨切割锯及钢轨钻孔机的使用方法；
3. 了解各种小型养路机械。

【知识要求与技能要求】

1. 会使用锯轨机锯轨；
2. 会使用钻孔机钻孔。

第一节　机械的一般知识

一、机械传动

1. 机械传动概述

（1）机械传动的意义和分类。

任何工作机械均需从原动机（如内燃机、电动机等）输入机械能，用来把能量从原动机传给工作机的中间装置，称为传动装置，简称传动。

各种机械都大量应用了传动装置，是由于下列的一些原因：

① 工作机所需的速度一般和原动机的速度不一致。

② 大多数工作机要求能够调节速度，但原动机的速度调节并不是任何情况下都是可能的。

③ 原动机一般都是等速旋转运动，而工作机有时要求往复运动或其他运动形式。

机械传动按原理不同可分为两类：

① 摩擦传动，如皮带传动。

② 啮合传动，如齿轮传动、蜗轮传动和链传动。

（2）机械的传动比计算。

机械传动通常是靠装在轴上的零件，把旋转运动从主动轴传给从动轴。

在传动机械中，主动轴(轮)的转速 n_1 或角速度ω_1 与从动轴（轮）的转速 n_2 或角速度ω_2 的比值称为传动比（也称速度比），即：

$$i_n = \frac{n_1}{n_2} = \frac{\omega_1}{\omega_2}$$

在养路机械或其他机械中，采用的机械传动装置往往是由多种零件组成的多级传动。总传动等于各个部分传动比的连乘，即等于各个从动零件的基本参数连乘与各个主动零件的基本参数连乘之比，即：

$$i = i_1 \cdot i_2 \cdot i_3 \cdots i_n$$

（3）机械传动的力、转矩与功率的计算。

养路机械中传动零件都要根据它工作中所受的力、转矩、功率进行具体计算，现在论述一下机械传动的力、转矩与功率的关系。

转矩：$M = F \cdot \dfrac{D}{2}$（N · mm）

功率：$P = F \cdot v$（N · m/s）

由于：$v = R \cdot \omega$，$R = \dfrac{D}{2}$，$\omega = \dfrac{2\pi N}{60}$

代入上式得：

$$P = F \times V = F \times R \times W = F \times \frac{D}{2} \times \frac{2\pi N}{60 \times 1\,000} = M \times \frac{2\pi N}{60 \times 1\,000} \text{（N · m/s）}$$

式中　F——钢丝绳所受的力（N）;

D——卷筒直径（mm）;

N——卷筒的转速（转/分）;

v——钢丝绳的速度（m/s）。

机械中常用的功率单位是 kW。1 kW = 1 000 N · m/s。

由此导出：

$$P = \frac{M \times 2\pi N}{60 \times 1\,000} \times \frac{1}{1\,000} = \frac{MN}{9\,550\,000} \text{（kW）}$$

如将 M 以 N · cm 代入上式，则得：$P = \dfrac{MN}{955\,000}$（kW）

有时功率的单位常用马力表示：1 kW = 1.36 马力

则
$$P = \frac{MN}{955\,000} \times 1.36 = \frac{MN}{702\,206} \text{ 马力}$$

由此可知，在功率不变的情况下，转矩和转速是成反比的，转速高，转矩小，转速低，转矩大，这就是减速增矩的道理。

（4）机械传动的机械效率。

机器在工作时，通过各种传动方式和支承方式，总存在摩擦。由于有摩擦力等有害阻力存在，必然消耗一部分原动机的功率，故输入功率不能完全得到利用。为了表示对原动机输入功率的有效利用程度，故列入机械效率概念。若机械输入功率为 $N_{入}$，输出功率为 $N_{出}$，而机械效率用“η”符号表示，则：

$$\eta = \frac{N_{出}}{N_{入}}$$

机械效率 η 是衡量机器性能的一个重要指标。机械的机械效率总是小于 1 的，机械的总效率等于各传动部分效率的连乘积。

2. *皮带传动*

（1）皮带传动的类型、特点与工作原理。

皮带传动是靠皮带张紧在皮带轮上所产生的摩擦力来传递运动和力的。皮带传动在养路机械中运用很普遍，如图 6.1。

皮带传动按皮带的断面形状分为：平皮带传动，其断面是矩形的；三角皮带传动，其断面是梯形的；圆皮带传动，其断面是原形的。

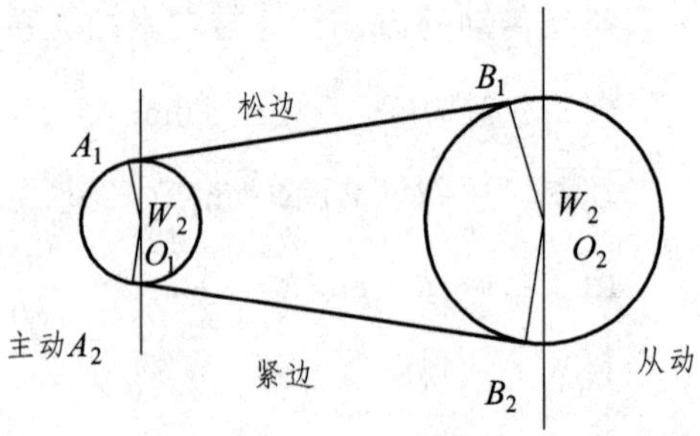

图 6.1　皮带传动示意图

皮带传动是一种摩擦传动，它在工作时，皮带产生弹性变形。因此它具有下列特点：

① 皮带传动结构简单，对制造和安装的要求较低，容易维护，适用于两轴中心距离较大的传动。

② 皮带具有弹性，可缓和冲击和震动，使传动平稳，噪声较小。

③ 工作时，皮带打滑，不能保证准确的传动比；但遇过载时皮带在轮面打滑，保护其他零件免遭破坏。

④ 其效率较低，对于平皮带传动平均效率 $\eta = 0.95$，对于三角皮带传动平均效率 $\eta = 0.92$。

⑤ 使用皮带传动，外廓尺寸比较大，不紧凑，使用寿命较短。

皮带传动适用范围：

① 传递功率小于 73.5 kW（100 马力）。

② 线速度在 5 ~ 25 m/s。

③ 传动比 $i \leqslant 7$（特殊情况可达 20）。

④ 中心距 $A = 0.4 \sim 0.5$ m。

皮带传动是靠摩擦力来传递动力的，而皮带有是一个弹性体，因此在工作时，皮带必将随着拉力的增减而产生长度的伸缩。

（2）皮带传动转速的计算。

设 D_1、D_2 为两皮带轮直径，n_1、n_2 为两皮带轮转速，假定皮带轮表面的滑动不计，则由此可见，皮带传动中，皮带轮的转速和皮带轮的直径成反比，小轮转得快，大轮转得慢。

（3）平皮带传动的主要形式。

平皮带传动在养路机械上应用得较少，在工务段维修工厂中应用较多，如各种机械加工设备等。平皮带传动形式有以下几种：

① 开口式传动：在这种传动中，两轴平行，而且都向同一方向转动，见图 6.2。

② 交叉传动：适用于两轴平行，但回转方向相反的情况。能传递较大的动力，但由于皮带在交叉处互相摩擦容易损坏，因此，应选取较大的中心距和较低的皮带转速，见图 6.3。

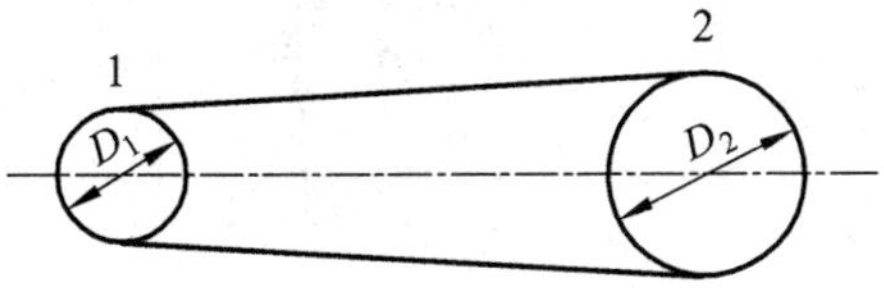

图 6.2　开口式传动示意图

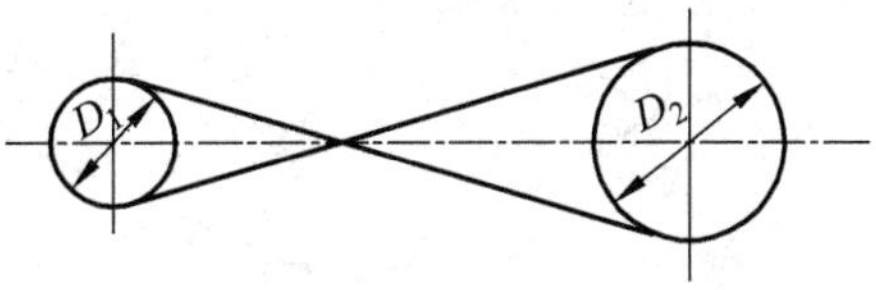

图 6.3　交叉传动示意图

③ 半交叉传动：适用于传递空间两交叉轴的回转运动，通常两轴交叉为 90°。交叉传动只能进行单向传动，见图 6.4。

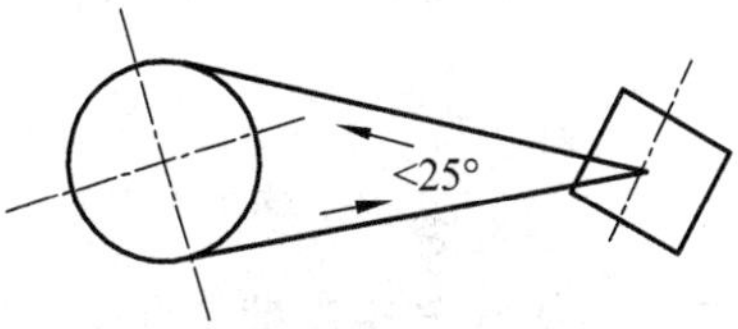

图 6.4　半交叉传动示意图

（4）三角皮带传动。

在养路机械中广泛应用三角皮带传动。三角皮带传动是靠三角皮带的两个侧面与轮槽接触产生的摩擦力来传递动力的。

采用三角皮带传动，传动平稳，不易振动。三角皮带的型号按功率大小可在表 6.1 中选用。在三角皮带根数不多的情况下，应尽量选用厚度 h 小的型号，以增加柔性和减少弯曲应力。

表 6.1　三角皮带型号的选用（GB 1171—2017）

传递功率（kW）	推荐选用的型号
0.4 ~ 0.75	O
0.75 ~ 2.20	O、A
2.20 ~ 3.70	O、A、B
3.70 ~ 7.50	A、B
7.50 ~ 20	B、C
20 ~ 40	C、D
40 ~ 75	D、E
75 ~ 150	D、F
150 以上	F

（5）具有张紧轮的皮带传动。

在三角皮带传动中，也有采用张紧轮的，不过采用的目的并不是增加摩擦力，而是当两轴线在无法调整时才采用的。这时张紧轮一般应放在传动装置松边的两侧（图 6.5），以使三角带只受单向弯曲，同时，张紧轮应尽量靠近被动轮，其直径不小于小带轮。

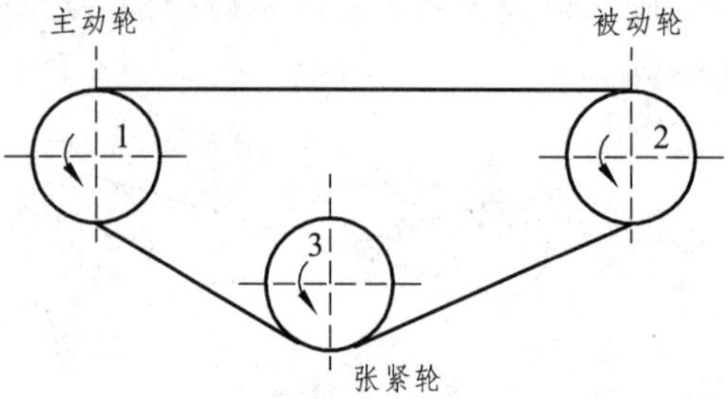

图 6.5　具有张紧轮的皮带传动示意图

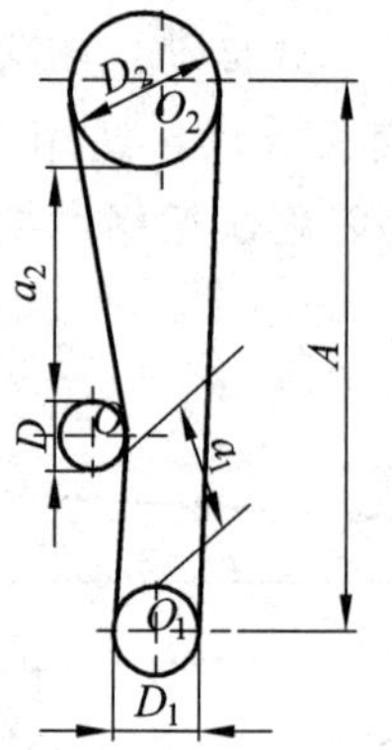

图 6.6　具有张紧轮的皮带传动示意图

其集合参数如下（图 6.6）：

① 张紧轮的直径 D_0。

$$D_0 = (0.8 \sim 1) D_1$$

式中　D_1——小皮带轮直径。

② 张紧轮的宽度 B_0。

$$B_0 = B$$

式中　B——皮带轮的宽度。

③ 张紧轮与小带轮的中心距。

$$A \geqslant D_1 + D_0 \quad 或 \quad a_1 \geqslant D_1 + D_2 / D_2$$

在实际设计也可按 $a_1 \geqslant \dfrac{D_1}{2}$ 来计算。

④ 当上述图纸确定以后，可按一定比例尺画出传动图，然后在图上量得皮带的长度 L、传动中心距 A 及包角 α。

（6）三角皮带传动的安装、维护和调节。

① 不同型号的三角皮带应对应相同号的皮带轮，安装皮带轮时，两轮的中心线必须保持平行。端面与中心线垂直，见图 6.7。

② 三角皮带断面在轮槽中应有正确的位置（图 6.8），应与外缘平齐或略高出一点。

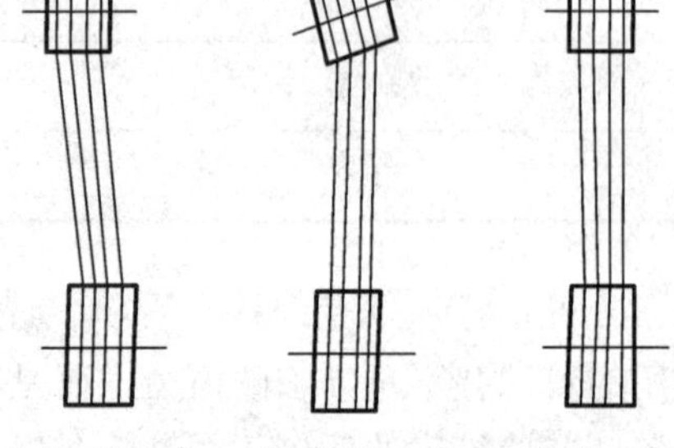

（a）不正确　（b）不正确　（c）正确

图 6.7　皮带轮安装示意图

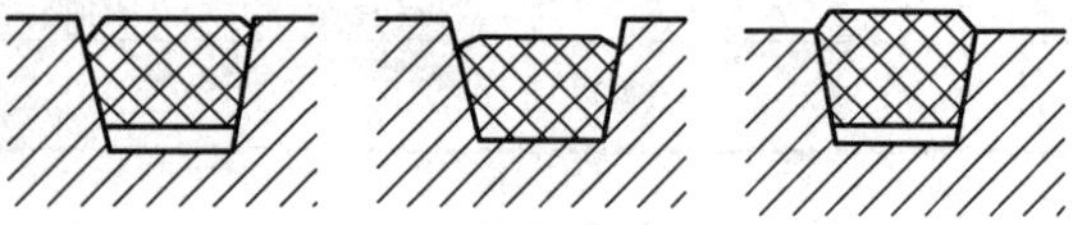

（a）正确　（b）不正确　（c）不正确

图 6.8　皮带安装示意图

③ 成组使用三角皮带，其长短不能相差太大。新旧三角皮带最好不要同组使用，否则将会使受力不均匀。此外安装三角带时，松紧要适中。在中等中心距时，根据经验，通常大拇指能按下 15 mm 左右即可。皮带传动如果松紧程度不合要求可按下述方法进行调整：

调整电机位置，改变中心距；当中心距不能改变时，就采用截短皮带，重换皮带搭扣的方法；应用张紧轮；应用皮带蜡。

④ 三角带在使用中应保持清洁，防止与油类、酸、碱以及对橡胶有腐蚀的物质接触，并避免阳光曝晒。此外还应有防护罩。

3. 齿轮传动

（1）齿轮传动的特点和分类。

① 齿轮传动的特点。

养路机械中应用比较广泛的是齿轮传动。齿轮传动是依靠主动轮上的齿轮依次拨动从动轮上的轮齿来传递运动和动力的，即靠两轮的轮齿互相啮合来传递运动的。

它的优点是：传动比保持不变；效率高，一般$\eta = 0.95 \sim 0.98$，高者可达 0.99；适用荷载与速度的范围很广，传递的功率由很小到几万千瓦，圆周速度由很低到 150 m/s；结构紧凑；工作可靠、寿命长。

② 齿轮传动的分类。

如图 6.9 所示为齿轮传动的类型。

（a）　（b）　（c）　（d）　（e）　（f）　（g）

图 6.9　齿轮传动的类型

a. 用于两轴平行传动的有：直齿圆柱齿轮传动[图 6.9（a）]，这种齿轮传动是轮齿方向与轴平行，制造最简单。其缺点是速度较高时容易引起噪声；斜齿圆柱齿轮传动[图 6.9（b）]，这种齿轮传动是轮齿方向与轴线倾斜成某一角度，传动平稳，没有噪声，运用于圆周速度较高的传动，其缺点是工作中会产生轴向力、制造成本稍高；齿轮齿条传动[图 6.9（c）]，这种传动相当于大齿轮直径为无穷大的外啮合圆柱齿轮传动，此时齿轮作回转运动，齿条作直线运动。

b. 用于两轴相交传动的有：直齿圆锥齿轮传动[图 6.9（d）]，这种齿轮传动是齿轮的轮齿排列在圆锥体表面上的。其方向与圆锥的母线一致，一般用于两轴线相交 90°和圆周速度较小的场合；斜齿圆锥齿轮传动[图 6.9（e）]，这种齿轮传动是齿轮方向与圆锥的母线倾斜成某一角度，一般用于两轴相交成 90°和圆周速度较高的场合。

c. 用于两轴交错传动的有：蜗轮蜗杆传动[图 6.9（f）]，这种传动由于蜗轮的齿向和蜗杆的螺纹方向相对于它们的轴线都是倾斜的，因此传动平稳，噪声少，其缺点是传动效率低；螺旋齿轮传动[图 6.9（g）]，这种传动的轴间角可为任意值（0 ~ 90°），传动时为点啮合，承载能力较小，磨损较快。

齿轮传动分类方式很多，按照齿轮的形状可分为圆柱齿轮和圆锥齿轮；按照齿轮与轴的相对位置可分为直齿、斜齿和人字齿；按照两轮相互啮合位置可分为外啮合和内啮合；按照齿轮的传动方式可分为开式传动和闭合传动。

③ 齿轮传动的两个基本要求：

传动要求平稳：要求齿轮传动过程中传动比稳定不变，以免产生冲击、震动和噪声。

要求承载能力强（抗破坏能力强）：齿轮的尺寸小、重量轻，而承载的力却要大，寿命要长，也就是强度要高，耐磨好，不容易打牙（牙齿折断），齿面不出麻点（点蚀）和过量的磨损。

（2）齿轮传动转速的计算。

如图 6.10 所示，如 Z_1、Z_2 为两齿轮的齿数，n_1、n_2 为两齿轮的转速。当主动轮转过一个齿时，从动轮也随着转过一个齿，则每分钟所转过的总齿数必相等。

即：

$$Z_1 \cdot n_1 = Z_2 \cdot n_2$$

$$I_{12} = n_1/n_2 = Z_2/Z_1$$

由此可见，齿轮转动中的传动比是和齿轮的齿数成反比的。

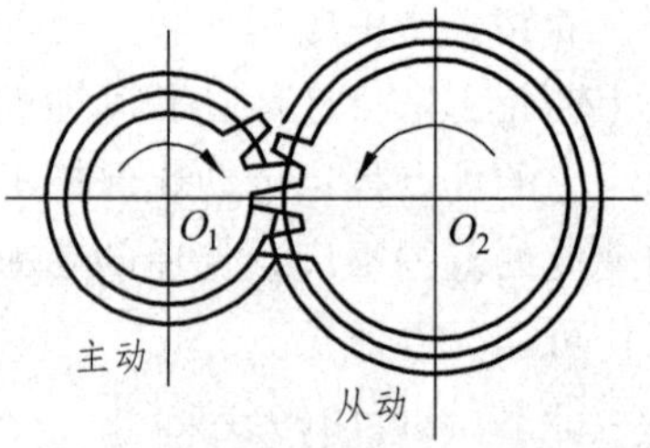

图 6.10　齿轮传动转速的计算示意图

有中间齿轮传动时，主动轮与从动轮的传动比仍为两齿轮数的反比，而与中间齿轮的齿数无关。齿轮的转向和外啮合轮的对数有关，如为奇数时，则转向相反，如为偶数时，则转向相同。

（3）齿轮尺寸计算的基本参数。

模数：模数 m 是齿轮计算中的一个基本参数。在我国，模数已经标准化了，这给齿轮的计算、加工、修理及设计刀具、量具等都带来很多方便。模数在实际生产中的意义是，模数越大，齿轮各部分的尺寸也就越大，齿大了，传递的力量也就大了。

压力角：力的方向与运动方向的夹角叫作压力角。如果压力角越大，推动物体前进就越费劲，要是压力角达到 90°时，就推不动了。我国规定节圆压力角 $\alpha = 20°$。从传动省力的观点看，应该让节圆压力角越小越好。有时为了加强牙的力量，在条件许可的情况下，也采用大压力角（$\alpha = 22.5°$）的齿轮。

（4）齿轮的破坏形式。

① 轮齿折断。当传递动力时，轮齿根部将产生相当大的弯曲应力，并且在齿根的过渡圆角处具有较大的应力集中，因而产生疲劳裂纹，最后扩大而造成轮齿折断。有时由于冲击大或过载，齿轮制造与安装不好及轴产生变形，均可能造成轮齿的折断。

② 齿面磨损。在啮合过程中，由于两轮齿表面参加工作的弧长不等而产生相对滑动是导致齿面磨损的根本原因。另外，齿轮传动时由于灰砂或金属屑末等进入齿轮的齿面，也会造成研磨磨损，使齿轮曲线变形。开式传动时，齿面的磨损较为严重，轮齿经磨损变薄后，也会造成折断，因此宜采用闭式传动。

③ 齿面疲劳点蚀。闭式传动中最常见的破坏形式是齿轮表面的疲劳点蚀。轮齿工作时，其工作表面上任一点所发生的接触应力系由零（该点未进入啮齿时）变到最大值（当该点接

触时），即接触应力是按脉动循环变化的。当这种应力超过了材料的抵抗能力时，齿面节线下部会产生极细微的疲劳裂纹，裂纹逐渐发展，使金属微粒脱落，形成小坑，使啮合恶化，影响传动效果而报废，这种现象称疲劳点蚀。

④ 齿面胶合。齿轮重载转动，齿面压力较大，润滑或散热不良时，互相接触的齿面发生高温而胶结在一起。当齿面继续转动时，软的齿面被扯下小块金属形成沟纹，这种现象称为胶合。

（5）蜗轮蜗杆传动。

蜗轮蜗杆传动用于空间两轴交叉为 90°的情况。蜗轮实际上是一个斜齿轮，而蜗杆是一个梯形螺纹。这种传动中，蜗轮通常为从动件，而蜗杆为主动件。

与齿轮比较，蜗轮蜗杆传动的主要的优点：结构紧凑，又能获得很大的传动比，一般 $i_{12} = 70 \sim 80$；传动平稳无噪声；蜗轮传动可以设计出具有自锁性的传动。

缺点：摩擦损失大，传动效率低一般为 0.7 ~ 0.9；不宜传递大功率，一般不超过 36.7 kW（50 马力）；蜗轮传动工作时，损失甚大，在较高速度下传递动力时，蜗轮常要用贵重的青铜制成。

（6）少齿差行星齿轮减速器。

在养路机械中，少齿差行星齿轮减速器的应用也越来越多，主要是由于这种传动装置传动比大、体积小、重量轻，对于发展轻型养路机械有现实意义。

行星齿轮传动，齿轮的轴线位置并不是固定不变的，它由有自转和公转的行星轮及行星轮啮啮合而有绕固定轴线转动的太阳轮组成。

所谓少齿差就是说两个齿轮，即行星轮与中心轮的齿数相差很少，目前，一般采用齿数差为 1 ~ 4 个齿。

4. 链传动

（1）链传动是一种啮合传动。它由两个链轮及链条组成，以链条作中间挠性件，靠链节与链轮轮齿的连续不断地啮合来传递动力，在养路机械中普遍使用。链轮是具有特殊轮齿的轮子，轮上的齿与链节相啮合，因此链传动不是依靠摩擦力来传动，这一点与皮带传动不同。链传动又属于间接传动，与齿轮的直接接触传动也不相同。

链传动具有下列优点：适用于两轴中心距较大的传动，通常 $A = 5 \sim 6$ m（与齿轮传动比）；两轴平均传动比能保持不变，且较大，通常 $i \leqslant 8$（与皮带传动比较）；传动效率高（$\eta = 0.96 \sim 0.97$）；对轴与轴承的压力比皮带传动小；可以用在高速传动中，通常建议 $v \leqslant 12 \sim 15$ m/s。

缺点：有噪声，速度低于皮带传动；从动轮的运动不均匀（与齿轮传动比较）；链及链轮制造成本高，需要仔细照料和精确安装；链节磨损快，磨损拉长后，容易跳出链轮轮齿之外；只能作平行轴之间的传动。

链传动主要作用在标准传动比而两轴又相距较远、不宜使用齿轮的地方。链传动还可以用在重型工作条件下，如温度变化很大或有灰尘的地方。链传动所传递功率在 1 ~ 100 kW（最高或达 3 500 kW）。

（2）链传动的种类。

套筒滚子链：由许多链组成，链节主要是由内链片、外链片、销子、滚子、衬套组成的。

链条的生产已经标准化，有单列与多列套筒滚子链。

齿形链：齿链链片的工作边成直线形以便与链轮的齿相啮合，链齿两工作边所成的角度一般为 60°。这种链工作时比较平稳无声，故又名无声链。为防止链条由链轮上脱出，链条中装有非齿形的导片。传动速度最高为 25 ~ 30 m/s。

二、液压传动

1. 液压传动机械的工作原理

（1）工作原理。

油液的特点是分子间的内聚力小，容易流动，没有固定状态，而且容积几乎不可压缩。当它被盛于密封容器中时，就可以将压力由一处传递到另一处。液压传动就是利用油液的这些特点来进行的。

如图 6.11 所示，*A* 和 *B* 为两个大小不同的油缸，底都用管道连通，缸内充满油液，假设 *A* 缸的活塞面积 $F_1 = 10\ cm^2$，*B* 缸的活塞面积 $F_2 = 100\ cm^2$ 当我们在小活塞 F_1 上放 10 kg 重的东西时，则在大活塞 F_2 上必须放 100 kg 重的东西，才能使两油缸的活塞保持平衡。

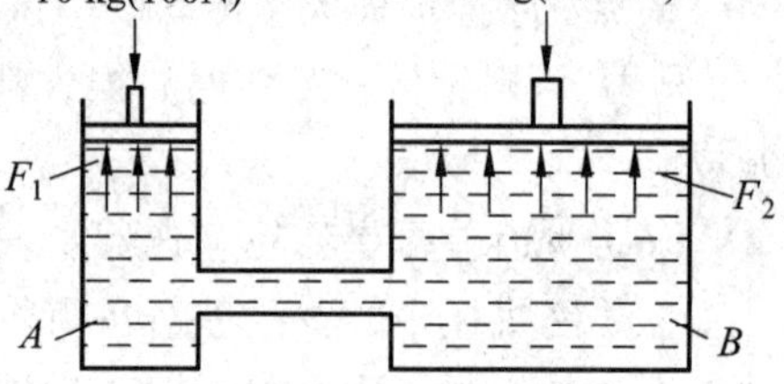

图 6.11　液压传动原理示意图

此时，F_1 对油液单位面积上产生的压强度简称压强，为：$100\ N/10\ cm^2 = 10\ N/cm^2$，$F_2$ 对油液产生的压强为：$1\,000\ N/100\ cm^2 = 10\ N/cm^2$。

由此可以看出，油液传递给大活塞 F_2 的压强和小活塞 F_1 下面的油液的压强大小是相同的。即：在密封的容器中加在静止液体的一部分上的压力，以相等的强度传递给液体的其他部分。这就是巴斯加定律。液压传动机械就是根据这一原理制成的。

（2）液压系统的组成。

如图 6.12 所示为一简单的液压传统系统。

由电机 3 带动油泵 4 旋转，把油箱中油液从滤油器 2 吸入油泵，产生高压油液，经节流阀 5 和 6 进入油缸 7 的右腔，推动活塞杆推动工作机构 9 向左运动。这时，油缸左腔排出的油液经换向阀，转入溢流阀 10 流回油箱。用手柄操纵换向阀，便可改变油箱的作用方向，使工作机构作往复运动。从上述说明可以看出，液压传动系统主要由五个部分组成。

① 液压发生机构：油泵。

② 液压控制调节机构；各种液压控制阀。

③ 液压执行机构：油缸、油电机。

④ 辅助装置：管道、油箱、过滤器及

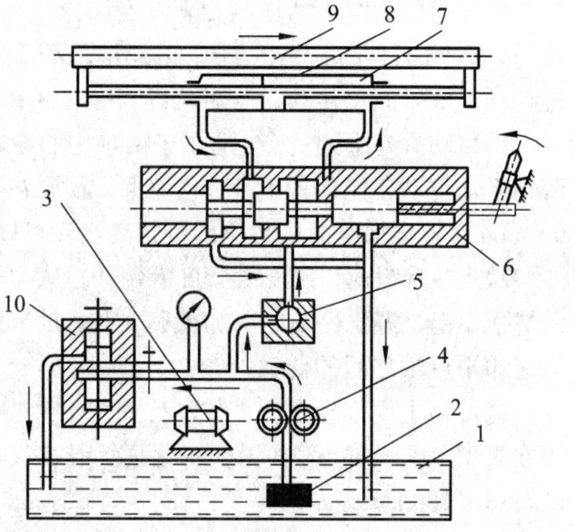

1—油液；2—滤油器；3—电机；4—油泵；5、6—节流阀；7—油缸；8—活塞杆；9—工作机构；10—溢流阀

图 6.12　液压传统系统

控制仪等。

⑤ 工作介质：油液或浮化液。

（3）液压传动的优缺点：

液压传动和机械传动、电气传动相比较，主要优点是：

① 易获得很大的力或力矩。

② 易在较大范围内实现无级变速。

③ 传动平稳，无噪声，便于实现频繁换向和自动防止过载。

④ 便于采用电液联合控制，以实现自动化。

⑤ 液压机件在油中工作，润滑好，寿命长。

⑥ 液压元件易于实现系列化、标准化、自动化。

液压传动的缺点是：

① 由于泄露不可避免，并且油液有一定的可压缩性，因而传动比不是恒定的。液压传动不适于做定比传动，因此传动效率低，一般为 80%～90%。

② 液压系统故障多，产生故障时，不易找到原因。

③ 加工精度要求高，费用较贵。

④ 工时受温度影响较大。

⑤ 液压系统渗入空气后，会产生振动、走走停停（或爬行）、有噪声等现象。

2. 液压传动的基本知识

（1）对液压油的要求与选择。

在一般的液压传动系统中，油液是传递动力工作的介质，因此油液的性能会直接影响到液压传动工作。例如有时压力、速度和温度的变化范围较大，所用的工作油液应当能适应这些变化，以保持稳定的性能。一般油液应满足下列要求：

① 适宜的黏度，且黏度随温度的变化要小。

黏度是选择液压油的一个重要指标。所谓黏度，指的是液体黏性的大小。从物理本质看，黏度表示流动液体分子之间的内摩擦力大小。显然黏度较大的油液流动性就差一些。用 $20^{\#}$、$30^{\#}$机油来比较，$30^{\#}$油的黏度要比 20#的大些，流动性就差些。

一般油液，在温度升高时黏度就要变小。这会影响液压系统的性能和泄漏，同时温度升高还容易使油氧化，其析出物堵塞阀门小孔及管道。所以必须限制油的温升，使系统能正常工作。液压油的正常工作温度是 30～55 °C。在不同的环境温度和工作压力条件下，应选用不同黏度的油。为了减小漏损，在使用温度、压力较高或速度较低时，应采用黏度较大的油。不同规格的油具有不同的黏度和其他成分含量，选用时应参考有关手册资料。

② 具有良好的润滑性能，有很高的油膜强度。

③ 不得含有蒸汽、空气及其他容易气化和产生气体的杂质，使用时泡沫少。

④ 对机件的腐蚀性小，防锈性能优良，不会造成密封材料的膨胀、收缩、硬化以及溶解等不良现象，即不含有水溶性酸类及咸类物质。

⑤ 有高度的化学稳定性，在长期贮存及使用过程中不氧化变质。

⑥ 尽量减少油中的杂质，不允许有沉淀，以免磨损机件、堵塞管道及液压部件，影响系

统正常工作。

⑦ 满足防火、安全的要求，油的闪点要高，挥发性小。在气候寒冷的条件下工作时，凝固点要低。

通常在一般液压传动中，当泵和阀在 10 ~ 50 °C 条件下工作时，常采用 8 号柴油机油及 22#、30#汽轮机油，或变压器油、11#汽缸油。

（2）油泵。

① 油泵的分类：

油泵是液压传动系统中的主要元件之一，它将原动机汽油机或电动机输入的机械能转换为流动液体的压力能。

油泵按传动类型分可为手动泵和机动泵。

机动泵按结构类型可分为齿轮泵、叶片泵、柱塞泵、螺杆泵等。

② 油泵的工作原理：不管是哪一类油泵，其工作原理都是在泵体中形成多个密封容积，在油泵工作时，这种密封容积从小变大从大变小，从小变大吸油，从大变小压油。通过这些密封容积不断地变换就使油泵不断地吸入油液并输出压力油。

③ 各种油泵的优缺点：

a. 齿轮油泵：结构简单、工艺性较好、价格便宜、体积小、自吸性能好、转速范围大、对冲击负荷适应性好。但振动、噪声大，漏油较多，轴承负荷较大，磨损较快，容积效率低。

b. 叶片泵：结构紧凑，运转平稳，流量较均匀，脉动及噪声较小，耐久性好，使用寿命长。但对污物敏感性强，要求加工精度高。

c. 柱塞泵：结构紧凑加工容易，密封性好、寿命长、噪声小、效率最高，能得到高压及大流量。但结构复杂，价格贵。

（3）液压缸和液压电机。

液压缸和液压电机是液压传动系统中的执行元件，它是将液压能转换为机械能的转换装置。动力油缸按作用原理可分为推力油缸和摆动油缸两大类。

推力油缸作往复直线运动，分为单作用式、双作用式及组合式。

摆动油缸可分为单叶片摆动油缸和双叶片摆动油缸。

液压电机，从原理上讲，液压泵和液压电机具有可逆性，任何一种容积式液压泵都可以作容积式液压电机使用。就是说，当电动机带动其转动时，输出压力油即为泵；当向其输入压力油时，输出机械能（扭矩和转速）即为电机。

（4）阀的概述。

在液压系统中，设置阀是为了控制与调节油液的流动方向、压力和流量以满足工作机械的各种要求，如实现机械平稳和协调工作。

按照的功用，阀可分为三大类；

① 压力阀：用来控制液压系抗压力大小或利用压力的大小来控制油路的通断。其作用原理都是利用阀蕊受到压力与弹簧力相平衡为条件来实现的，如安全阀、溢流阀、减压阀、顺序阀等。

② 方向阀：用来控制液压系统油路的换向、顺序动作及卸荷，如单向阀、换向阀、转阀等。

③ 流量阀：通过改变阀的流通截面面积的大小来调节流量的大小，如节流阀、调速阀等。

各种阀的作用：

① 压力阀：安全阀在过载时溢流，主要起安全保护作用。溢流阀常用在定量泵系统中，它的作用是限制该系的最大压力。液压系统中利用减压阀得到比主油路压力低的油压。顺序阀的作用是控制油缸或油电机做先后的顺序动作。

② 方向阀：单向阀的作用是使油液只能向一个方向流动，不能反流。换向阀是改变油液的流动方向，在液压系统中，它是实现油路的换向、顺序动作及卸荷的阀门。

③ 流量阀：靠改变工作开口的大小来调节通过阀口的流量，以改变工作机构的运动速度。

（5）辅助装置。

① 油箱：它的用途主要是储油、散热和分离油液中所含的空气杂质。

对油箱的要求：要求油箱有足够的散热面积，使油温不超过 80 °C；油箱有足够的容量，以保证系统的正常工作循环，油箱的有效容积一般应大于或等于油泵流量 2 ~ 3 倍。

② 油管：在液压系统中，液压元件之间是通过管道和接头联系起来的。

对油管的要求：油管在输油过程中能量损失要小；油管应有足够的强度；油管装配使用方便。

液压传动系统中的油管有硬管和软管两种。对于不动的连接，应尽量采用硬管，以减小油液流动的摩擦阻力。硬管常采用无缝钢管，对于低压系统 $P<250\ \mathrm{N/cm^2}$，允许采用紫铜管。对于活动的连接，则使用软管，通常采用高压钢丝编织的胶管，既能耐压，并可活动弯曲；还有尼龙管和塑料管。

③ 滤油器：在液压系统中保持油液的清洁是十分重要的，油液中的脏物会堵塞卡死管路阀件，磨损划伤运动零件，影响系统工作性能，需用滤油器，对油液进行过滤，来保证系统的正常工作。

对滤油器的一般要求是：有较高的过滤杂质的能力；具有一定的机械强度；在一定的温度下，应保持性能稳定；有良好的抗腐蚀性；清洗维修方便，容易更换过滤材料。

常用简单的细钢丝编制网式过滤器，安装在吸油管或油箱的灌油口上。除了网式滤油器外，还有线隙式、纸蕊、绕结式、磁性式及片式等过滤器。近几年来微孔塑料的过滤器已开始使用。

三、轴及轴毂联结

1. 轴与轴承

（1）轴的概述。

① 轴的类型：轴是组成机械的一个重要零件，一切作旋转运动的机械零件，如皮带、齿轮等，都要靠轴来支承，实现运动或传递运动。支承传动件的零件称为轴。

根据作用，轴可分为：

心轴：心轴支承旋转的机械零件，只承受弯矩。心轴可以与旋转零件一起转，也可以不转。

转轴：承受弯矩又承受扭转的轴，称为转轴。机械中大多属于这一类。

传动轴：主要用来作用中间连接以传递扭矩的轴称为传动轴。只承受扭矩，不承受弯矩。

轴按照形状可分为直轴、曲轴、实心轴、刚性轴、挠性轴（软轴）。

② 轴的结构：所谓轴的结构，就是将轴做成什么形状。轴的结构好坏，在很大程度上影响轴的强度、工艺性和装配工作量。

如图 6.13 所示为轴的结构。

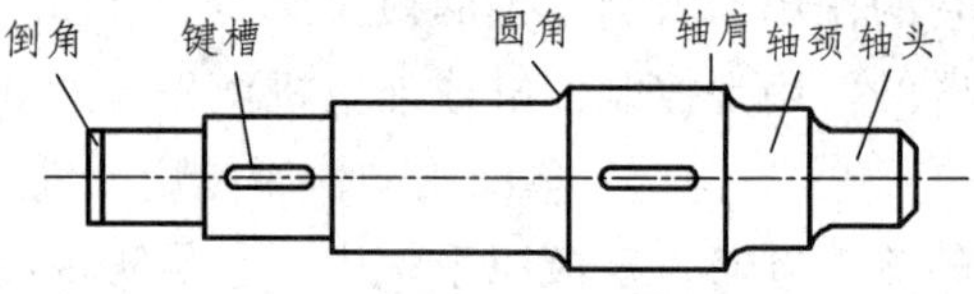

图 6.13　轴的结构

轴颈：轴与轴承接触的部分称轴颈。轴颈有端轴颈与中轴颈之分，还有承受轴向力的推力轴颈。

轴头：轴与轮等零件接触的部分称为轴头。

轴肩：阶梯轴转向处，其作用就是将轮等零件定位，防止轴向转动。

键槽：轴与轴上连接用的。

圆角：轴上不同直径部分的衔接处多系用圆角，以防应力集中，而增加轴的强度。

倒角：轴端一般都做成圆锥台，既便于安装，又保证安全，倒角一般为 45°。

③ 轴的材料：主要选用 35#、40#、45#、碳钢。45#钢广泛应用。也有特殊用途的轴用合金钢和球墨铸铁。

（2）轴承的类型。

支承轴颈的部件叫轴承。任何一种轴都要由轴承支承起来才能工作，因此轴承在养路机械中是重要的部件。机械性能的好坏，寿命的长短，常决定于轴承的选择是否正确。

① 轴承按所承受荷载方向可分为：

向心轴承：承受径向力。

推力轴承：承受轴向力。

② 轴承按摩擦性质可分为：

滑动轴承，支承处相对运动表面为滑动摩擦性质。滑动轴承有整体式及部分式两种。

滚动式轴承：支承处对运动表面为滚动摩擦性质，养路机械中常用。滚动轴承又有向心轴承、向心推力轴承、推力轴承之分。

（3）轴承的润滑与密封。

轴承的润滑是创造良好条件的积极措施。它起降低摩擦阻力，减小磨损，传递摩擦所产生的热量以及提高传动效率，还有吸振防锈、防尘等作用。因此尽可能使润滑剂充满摩擦面间。

润滑剂有润滑油、润滑脂和固体润滑油。常用的润滑油是矿物油：如 10#、20#、30#、40#、50#群机械油。常用的润滑脂是黄油（钙基润滑油），它的黏度大，不易流失。对于高速机械上的固体润滑油的使用要根据具体情况而定。一般来说，轴承荷载越大，工作环境温度越高，采用的润滑黏度应越大；速度高则应采用黏度较小的润滑油。通常在低速、重载、工作环境较差、有冲击荷载以及不便于加油的轴承中使用润滑脂。各种润滑剂的牌号及性能可查阅有关手册。

润滑方法有分散润滑和集中润滑。分散润滑又分为间歇和连续两种。它们都是通过润滑装置来实现的。

手浇润滑：最简单的注油方式，可利用轴承上的油孔，用油壶定期将润滑油注入，常常是在低速和轻载轴承上用。

滴油润滑：利用虹吸作用，借多股毛线编成油蕊将油吸到油颈上，这种装置可用于速度不高而要求润滑量较少处。供油量随油面高度而变化。

油环润滑：利用套轴颈上的油环，因轴颈的回转而将油槽中的油带到油颈上来。这种方法不能控制供油量。

溅油润滑：利用密封壳体中转速较快的零件浸入油池适当深度，使油飞溅到摩擦面上，这种方法适用于中等速度的机械中。

压力润滑：利用油泵将润滑油压到各润滑表面，故适用在重载而震动较大的地方，这种装置能保证油量充分供应，不但可作润滑之用，还有冷却的作用。

轴承的密封，在有条件下都要对轴承进行密封，以防止外界的尘土、水分、杂质等进入轴承内，并阻止润滑剂流失。密封装置的种类很多，主要分为接触式、间隙式及甩油式三种。其常用形式有毡圈式、皮碗式、油沟间隙式、迷宫式等。

2. 联轴器与离合器

联轴器与离合器主要用来联结不同机器（或元件）的两根轴，使它们一起回转，并传递扭矩。还可以用作安全装置，防止机器过载。

用联轴器连接的两根轴，只有在机器停车时用拆卸的方法才能将它们分离。用离合器联结的两轴，在机器运转中就能方便地使用它们分开或接合。

常用的联轴器有刚性、弹性和万向联轴节。

常用的离合器为嵌入式离合器和摩擦式离合器。

（1）常用联轴器的特点：

① 凸缘联轴器（图 6.14）。这是刚性联轴节中应用最广泛的一种，由两个带凸缘的圆盘组成。两个圆盘分别用链联在轴上，并用螺栓联连。这种联轴器结构简单，能传递较大的扭矩，一般应用于传递扭矩较大、轴的刚性较好、速度较低的机器上。它的缺点是没有弹性，不能传递冲击，同时要求两轴安装精确、严格对中，否则两轴间的倾斜或不同心都会严重地影响工作。图 6.15 所示也是一种刚性固定式联轴器。

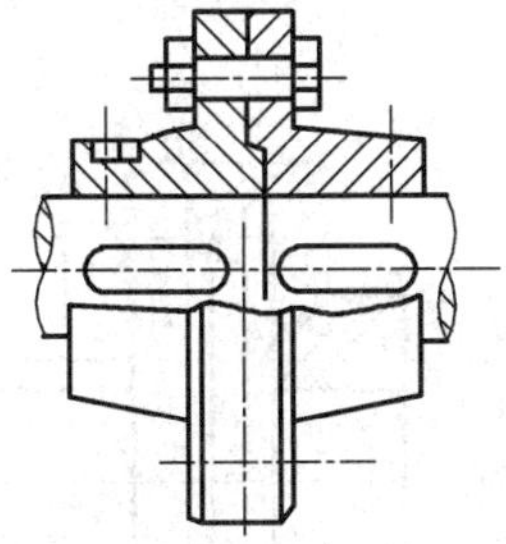

图 6.14　凸缘联轴器

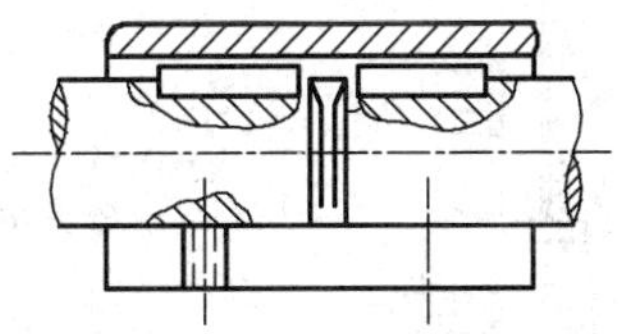

图 6.15　刚性固定式联轴器

② 弹性圆柱销联轴器（图 6.16）：由两个带毂的圆盘用 2 ~ 12 个带有橡胶衬圈式皮带革衬圈的弹性销联结而成。

这种联轴器结构简单，安装方便，由于具有弹性元件，两轴不需要严格对中，传动时具有缓冲和吸振能力，适合用于正反转变化多、起动频繁的高速轴。

图 6.17 所示是一种尼龙柱销联轴器。它和弹性圆柱销联轴器相似，只是用尼龙柱销代替了橡胶圈和钢制柱销。其性能和用途与弹性圆柱销联轴器相同。

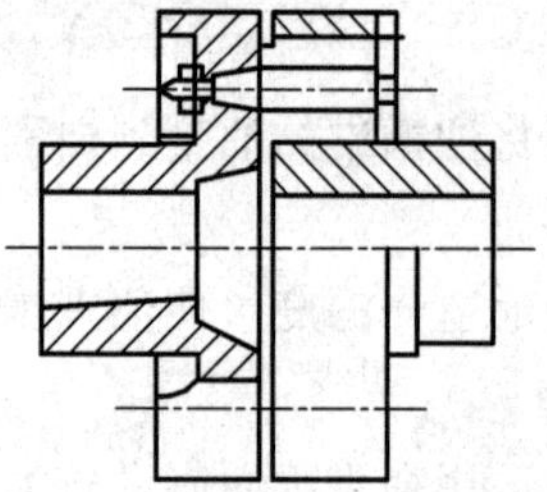

图 6.16　弹性圆柱销联轴器

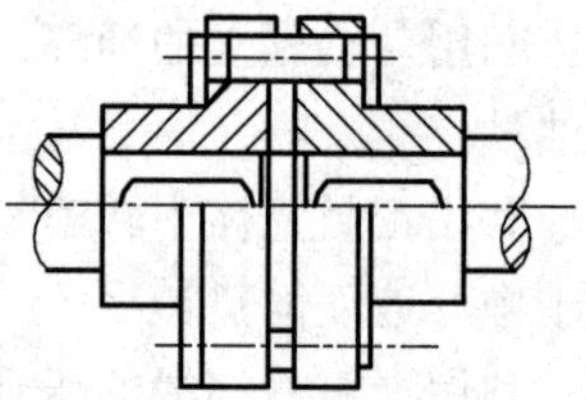

图 6.17　尼龙柱销联结轴器

③ 万向轴联器：由两个固定于轴端的套筒和中间圆盘所组成。当两根轴的轴线相交成一个较大夹角时可以采用。

联轴器的结构形式很多如图 6.18 所示，是一种可移动式刚性齿。

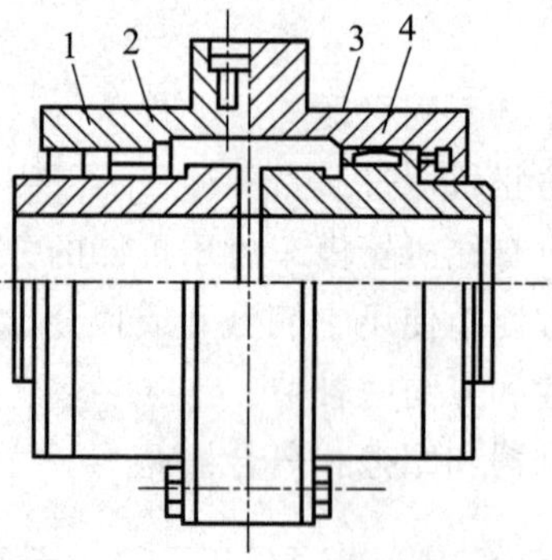

图 6.18　可移动式刚性齿联轴器

（2）常用离合器的特点：

离合器的形式很多，常用的为嵌入式离合器和摩擦式离合器。

① 嵌入式离合器：常用的嵌入式离合器有牙嵌式离合器（图 6.19）和齿轮离合器（图 6.20）。

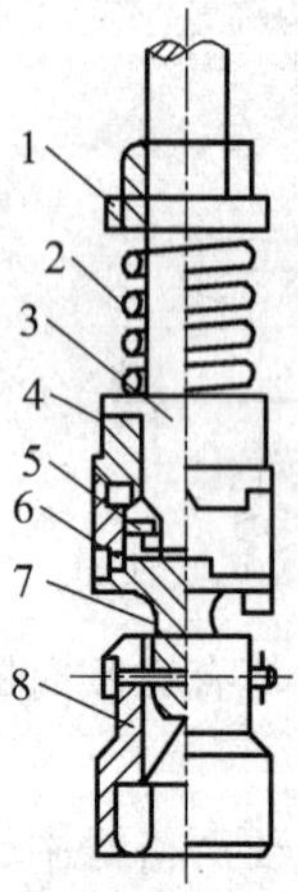

1—调整螺母；
2—弹簧；
3—升降立轴；
4—上结合子；
5—卡环；
6—下结合子；
7—万向接头；
8—套筒

图 6.19　牙嵌式离合器

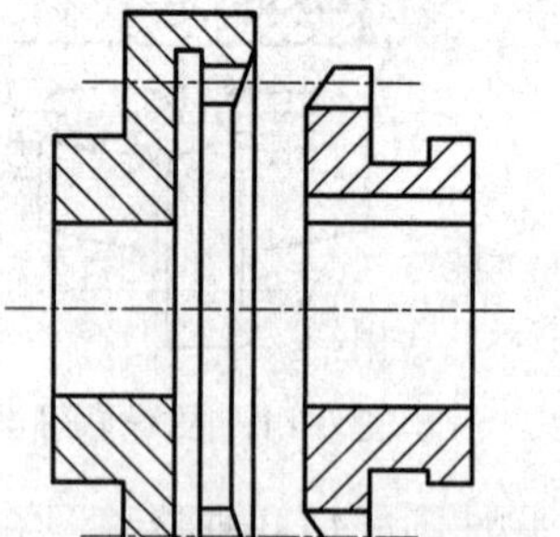

图 6.20　齿轮离合器

牙嵌式离合器：由两个带有齿型的结构组成。它的齿型有矩形、梯形和锯齿形三种，如图 6.21 所示。

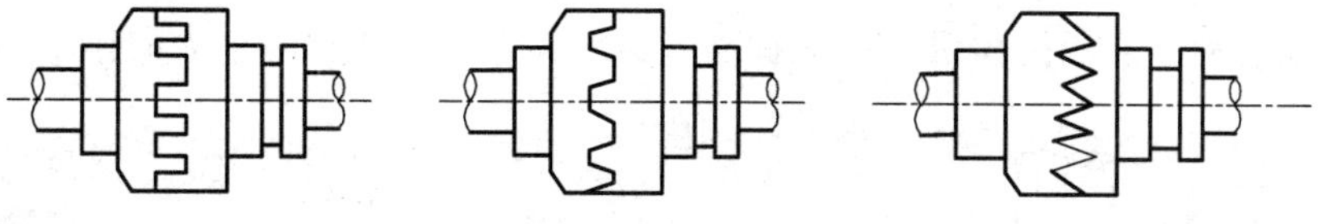

图 6.21　矩形、梯形和锯齿形离合器

牙嵌离合结构简单，制造容易，体积小，两轴联结后无相对运动。在接合时有冲击，因此只能在低速或停车状态下接合，否则容易打坏齿。

齿轮离合器由一个内齿套和一个外齿套所组成。齿轮离合器除具有牙嵌离合器的特点外其传递转矩的能力更大。

② 摩擦式离合器：它是靠摩擦力来传递扭矩的，其优点是能控制接合的快慢，可在任何传动速度下进行联连。可以用增减摩擦面上的压力的方法来调节从动轴的加速时间，保证平稳联结；过载时离合器打滑，起保护作用。但它传递扭矩能力较小，制造复杂，易磨损，容易发热，因此应用受到一定的限制。

摩擦式离合器种类很多，其中片式摩擦式离合器（图 6.22）、多片式离合器（图 6.23）为摩擦离合器的典型结构。根据传递扭矩的大小来增减摩擦片的数量，就可以达到目的。长江 750 式轨道车采用的是双片摩擦离合器。

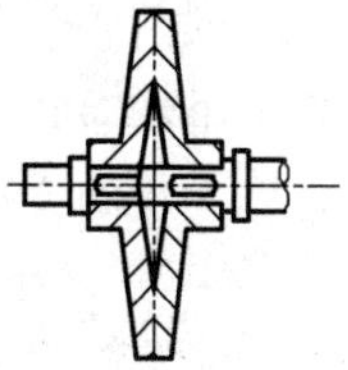

图 6.22　片式摩擦式离合器

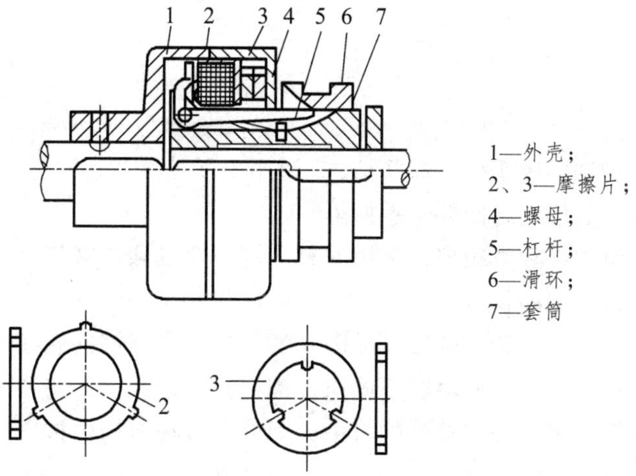

图 6-23　多片式离合器

摩擦式离合器当操纵为电磁力时，即成为电磁摩擦离合器。它广泛用于自动化机械中。

（3）自动离合器。

自动离合器分为三种，即安全离合器、离心离合器和超越离合器。

① 安全离合器：这种离合器当传递的扭矩达到某一定值时就能自动分离，具有防止过载的安全保护作用。图 6.24 所示为牙嵌安全离合器。

② 离心离合器：离心离合器是依靠离心力工作的，当转速达到某一定值时，离合器便自动地接合起来。图 6.25 所示为一种离心离合器。在主动轴 1 上固定着一个圆盘 3，在圆盘 3 的径向孔内装着几个闸门 5，闸块内侧连着拉力弹簧 6，在从动轴 2 上固定一个闸盘 4。当轴 1 转动时，由于离心力 F 的作用，闸块 5 就沿着径向孔外滑动，并压向闸盘的内表面。当轴 1 转速达到一定数值时，依靠闸块和闸盘接触表面间的足够的摩擦力，就使轴 1 和轴 2 自动

接合起来一起传动。液压捣固机上的一种离合器还起保护汽油机不灭火的作用。

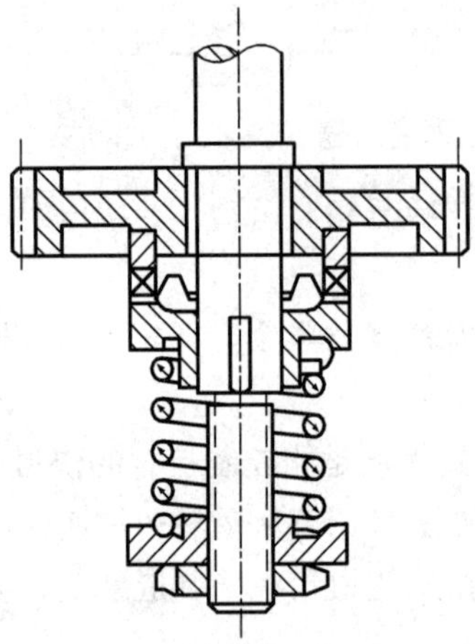

图 6.24　牙嵌安全离合器

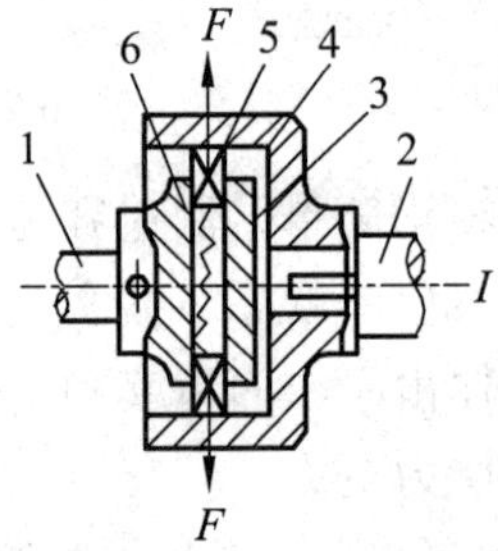

1—主动轴；2—从动轴；3—圆盘；4—闸盘；5—闸块；6—弹簧

图 6-25　离心离合器

③ 超越离合器：也叫弹簧爪式安全离合器，它可以控制过载，起安全保护作用。砂轮锯轨机的发动输出轴就是用的超越式离合器，如图 6.26 所示。

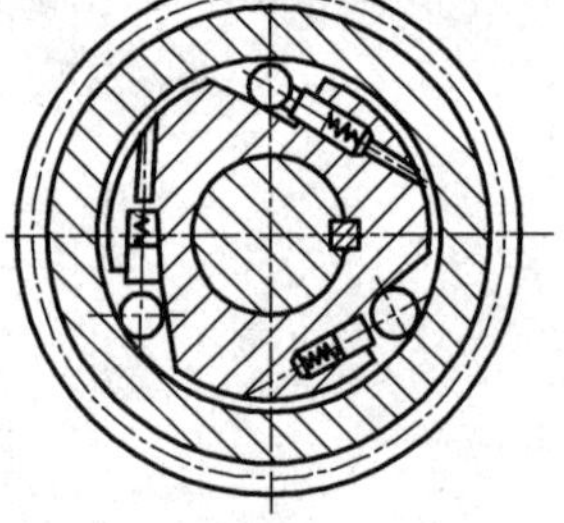

图 6.26　超越离合器

四、键、销联结

1. 键联结

键联结属于可拆卸联结，广泛用于联结件和转动件、摆动件（如皮带轮、齿轮、凸轮、手柄等）。

键联结种类很多，常用的有平键、斜键和花键等。

键联结的特点：

（1）平键和半圆键。见图 6.27，它是依靠键的侧面与键槽侧面的挤压传递扭矩的。装配时键的顶面留有间隙，因此这种键构成松联结。平键和半圆键制造简易，装卸方便，在一般情况下不影响被连接件的对中，因此在机械机构中被广泛利用。

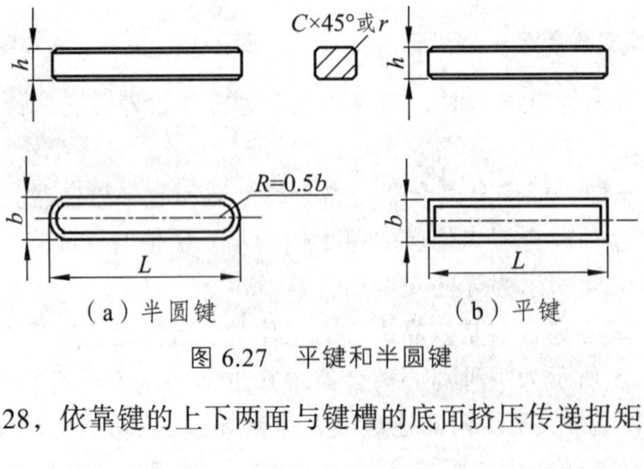

（a）半圆键　　（b）平键

图 6.27　平键和半圆键

（2）斜键见图 6.28，依靠键的上下两面与键槽的底面挤压传递扭矩，侧面是非工作面，留有间隙构成联结。

（3）花键见图 6.29，在一般情况下，利用轴上纵向凸出部分（齿）置于轮毂中相应的凹槽中以传递扭矩的可拆卸联结。其优点是轴上零件对中好；轴与毂的强度削弱程度较小；由于工作面多，受力均匀，故能传递较大的荷载，能更好地引导沿轴移动的零件。其缺点是制造比较复杂，费用高。

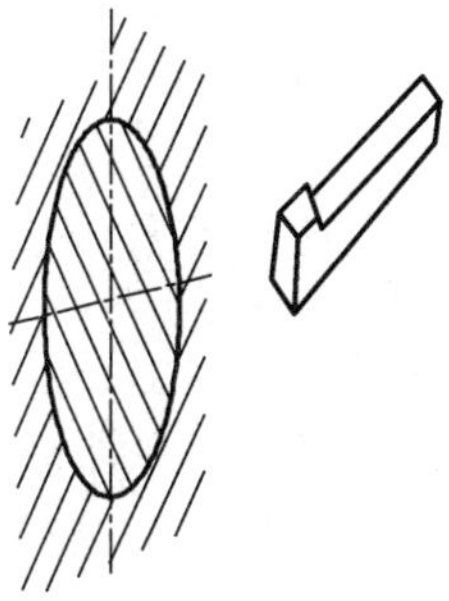

图 6.28　斜键

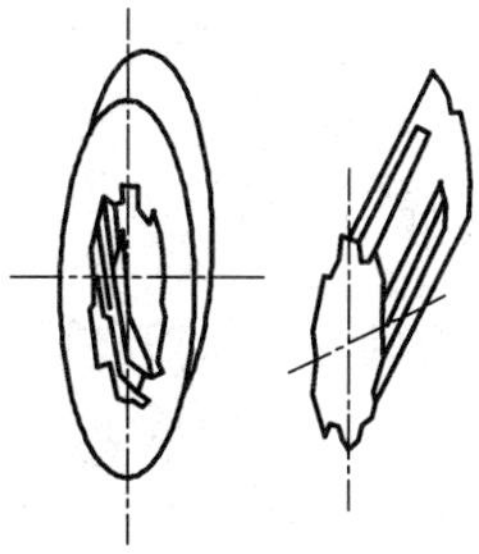

图 6.29　花键

2. 销钉联结

销钉联结主要用来固定销钉的位置，承受剪切荷载。根据构造形式不同，销钉可分为圆柱销[图 6.30（a）]、圆锥销[图 6.30（b）]、轴销[图 6.30（c）]、开口销[图 6.30（d）]及其他特殊形状的销子。销钉用来传递横向力，也可传递扭矩，还能用来保证被连接零件的精确位置。

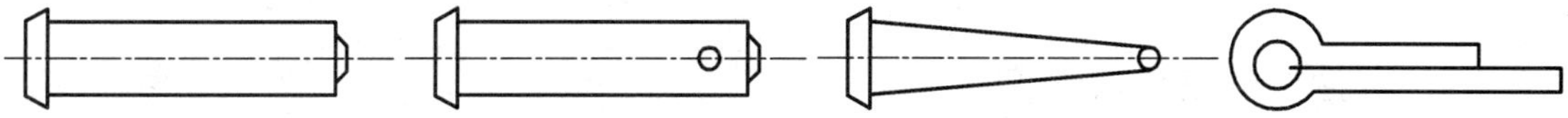

（a）　（b）　（c）　（d）

图 6.30　销钉

圆柱销：一个圆柱形的杆件，靠过盈配合固定在被连接零件上的销钉孔中，两零件上销钉孔是一同钻出并铣光的。

圆锥销：有 1/50 的锥度，靠锥挤作用固定在铣光的锥销孔中，被连接的两零件上的销钉孔也是一同钻出来铣光的。

轴销销轴的形状是圆柱形的，其一端为头部，直径大于柱销，另一端有一个径向通孔。轴销的主要作用与连杆头铰接，轴销装配后，在端部的径向通孔中插入开口销，防止脱落。

开口销：一种防松零件。当开口销插入孔后，要把开口销的端部向两侧弯曲。

第二节　小型养路机械

实现机械化养路，是提高地铁线路维修质量，提高生产率，确保行车安全、正点，减轻工人劳动强度的一项重要措施。

我国的养路机械起步较晚，近年来也在积极发展。小型的养路机械和养路机具的发展，为地铁线路专业提高维修质量提供了必要条件。

一、养路机械的分类

养路机械有轻型和重型之分。轻型机械如小型电镐、捣固机、电动扳手、锯轨机、钻孔机、磨轨机、拉轨器等。

养路机械的动力源有三种：内燃机、电动机、气动机等。

二、养路机械的组成

任何一部分养路机械一般均由以下几部分组成：

（1）动力。产生一定的能量使机械动作，如柴油机、汽油机、电动机、空气压缩机等。

（2）传动装置。将动力传递到一定位置的中间装置，如机械传动（皮带传动、齿轮传动、链传动等）和液压传动等。

（3）工作部件。直接进行工作的部分称工作部件，如捣固机的镐头、锯轨机的锯弓、机动扳手的素螺母扳手等。

（4）走行装置。养路机械的走行装置包括走行轮、转向架等。

（5）支架。支架是整个机械的支承部分。

（6）操纵系统。简单的操纵装置是一些操纵手把，比较复杂的是电气集中、程序控制及全自动系统，包括反映线路状态的各种检测设备、仪表和电视监视设备等。

三、柴油机的使用与保养

1. 柴油机的磨合

新的或大修后的柴油机，在正式使用前，必须经过磨合才能全负荷工作，因为机械零件在制造过程中，在加工表面存在着不同程度的刀痕，比较粗糙。如果不经过磨合就直接投入负荷作业，就会加速零件的磨损，使柴油机发挥不出最大有效功率，并缩短机器使用寿命。

柴油机的磨合按说明书的规定进行，一般分三个阶段：

（1）空运转：先使柴油机低速运转半个小时左右，然后停车检查后再中速运转 1 ~ 2 h，最后在额定转速下运转 20 ~ 30 min。

（2）轻负荷磨合：用 1/3 负荷运转 10 h，在用 1/2 负荷运转 15 ~ 20 h，最后用 2/3 负荷运转 10 h。

（3）全负荷运转 10 h。

整个磨合约为 50 h。磨合开始前后应检查各部分情况，磨合后要更换新油润滑，磨合过程中，应做好记录存档。

2. 柴油机的保养

柴油机工作一段时间后，要进行技术保养，以使之经常处于良好的技术状态下工作。

技术保养分为每班保养和定期保养两种。每班保养内容主要是清洁外部，检查连接件、紧固件等技术状态，给润滑处加油。

定期保养每隔一定时间后进行，主要内容是除每班保养的内容外，增加清洁、润滑、紧固和调整项目。必要时更换使用到期或已磨损的零件。

四、汽油机的使用与保养

1. 汽油机的使用

新的或旧的汽油机停放 5 d 以上之后起动时，为保证发动机的润滑，需向气缸内加入少量的机油，用手转动飞轮 2 ~ 3 转，使气缸得到润滑；单缸二冲程回流扫气式冷油机在满负荷下连续工作不得超过 15 min，也不得在过热和超负荷下工作，汽油机起动后，应维持低速，使机体预热后再进入高速运转，逐渐加上负荷；发动机熄火时应去掉负荷，降低转速，关闭节流阀，按下熄火按钮；熄火后关上油箱开关，关闭进气口盖。

2. 汽油机保养

（1）使用混合油的汽油机，每次加油必须按规定的比例掺合。机油过少润滑不良，过多不易起动或冒黑烟。

（2）经常检查紧固件、运动件是否处于良好的技术状态下工作。

（3）经常清除气缸盖上散热片的尘污和堵塞杂物，紧固导风罩螺钉，使汽油机得到可靠冷却。

（4）按汽油机的保养周期和规定的保养内容逐项进行保养。

五、几种常用养路机械的介绍

1. 液压捣固机概述

我国最早制成的液压捣固机是 YD-IB 型，它以内燃机为原动机，利用偏心块振动，产生一定的振动力，利用液压传动镐头插入道床并夹实道砟，以此完成捣固作业。后来又改进试制了 YD-2 型、3 型单升降油缸的液压捣固机，它具有质量轻、结构简单、维修组装方便等优点，但这些机器的自重都在 450 kg 以上，在线路维修作业时，上下道很不方便。为此试制了小型掖压捣固机，继而生产了 XYD-1、XYD-2 型系列小型捣固机，并在铁路部门广泛使用。

（1）液压捣固机的主要技术性能。

虽然液压捣固机机型较多，但它们的工作原理基本上是相同的。其主要技术性能也相差不大，下面指标可供参考；

① 内燃机功率 4 ~ 7.5 kW。

② 振动频率 67 Hz。

③ 振动力：1 500 ~ 2 000 kg。

④ 工作油压：25 ~ 45 kg/cm^2。

⑤ 捣固深度：轨枕下 80 ~ 100 mm。

⑥ 捣固宽度：钢轨两侧 400 ~ 450 mm。

⑦ 下插力：1 000 ~ 1 500 kg。

⑧ 夹实力：2 × 6.73 ~ 2 × 8.2 kN。

⑨ 生产效率：240 ~ 320 根轨枕/组时。

（2）液压捣固机的优缺点。

① 优点。

a. 液压捣固机振动力大，并能夹实道砟，因此捣固质量高。

b. 液压传动比机械传动结构简单，质量较机械传动轻。

c. 液压传动的部件多数是软管连接，其相对位置可以随意改变，因此结构紧凑。

d. 液压系统设有过载保护装置，能避免机械损坏，运动平稳。

e. 无须扒砟回填，可节省人力，减轻劳动强度，提高劳动生产率。

f. 液压油能传递动力，又能自行润滑，相对运动面磨损少，使一些机械部件能持久耐用。

② 缺点。

a. 液压捣固机的油缸、操纵阀、油泵等制造精度高，使用技术要求高。

b. 管道接头密封要求严，否则在振动作用下易于泄漏，影响工作效率。

c. 机械自重较大，上、下道不方便，搬移困难。

2. 电镐

电镐是振动式捣固机的一种，也是目前最广泛使用的捣固机械。电镐的类型较多，但其构造和工作原理基本上是相同的。

电镐主要由三大部分构成，即镐柄、振动电机及镐板。其中振动电机是电镐的主要工作部分，其构造与一个普通的三相异步电机相同，不同的是在电动机轴上安装有偏心块。当接通电源后，偏心块随转子一起转动，产生了离心力，由于离心力周期性地变化方向，从而产生强烈的振动，该振动通过滚动轴承传给电机的机体，机体又传给镐板和镐头，当镐头插入道床后，振动力又传给了石砟，道砟便紧密地排列起来，达到密实程度的要求。

电镐由一人操作进行捣固作业，操作时灵活性好，下道快，但工人劳动强度大，捣固质量也不易均衡。为了改善劳动条件，提高作业质量和加快作业进度，因此现在使用的捣固机都安装了捣固架，将电镐悬吊在架子上方便操作。

3. 起、拨道机械

用于线路上维修用的起、拨道机械，常因作业场地不断变动面需要经常搬动，因此要求小巧轻便，省力耐用。手提式液压起、拨道器就是一种新型小型机械。

手提式液压起、拨道器的构造，主要由底板、油箱及油泵、油缸、机身等部件组成。

起道时，先将该机平稳地放置在钢轨底下，把齿条上提，使齿条的勾轨部位与钢轨底贴密，然后压动扣杆，使柱塞油泵工作，借助高压油驱动油缸抬起轨道至所需高度；作业完毕，打开回油开关，使油缸内的高压油泄回油箱，即可操作千斤扳手，降下齿条，将机器从轨底取出。同时关闭回抽阀，以便下次使用。

4. 轨缝调整器

铁路钢轨接头的间隙（即轨缝）由于受到车动载及温度的影响，其大小经常发生变化，为保证运营安全，必须使轨缝保持规定的要求，所以常常要求窜轨，用轨缝调整器来完成此项工作。

下面以 SY1 型轨缝调整器为例，简单介绍它的工作原理、使用方法及注意事项：

（1）工作原理。

带有安全装置的 SY-1 型轨缝调整器是按帕斯卡原理工作的，当摇动操作杆时，泵做往复运动，泵内形成负压状态，油箱中液压油吸入泵内，在注射压力作用下，液压油通过单向阀，经油路进入工作缸，将泵中同等压强传递给工作缸，推动活塞位移，联动前后斜铁座及两对斜铁背向推移，两对斜铁分别卡紧在两根钢轨接头处的两侧面，使钢轨串动，下工作缸活塞复位。

（2）使用方法。

手握拨杆横梁将轨缝器置于单根钢轨的顶面上，抬起拨杆，拨动斜铁外移，走行轮随杠杆下降压在钢轨顶面上，轨缝调整器被撑起，这样就可使轨缝调整器沿钢轨走行，运送到需要串动处。

窜轨工作时，压下拨杆，拨动斜铁沿斜槽向内移动，斜铁牙面间距逐渐缩小，安装在走行机构上的杠杆及走行轨，随联动机构上抬，机体下降，斜铁座下槽顶面落在钢轨顶面上，旋紧回油控制阀（右旋），摇动柱塞泵杆，这时柱塞泵作往复运动将油液压入工作缸，工作缸活塞伸出，当伸出到 20 ~ 40 mm 后，压紧斜铁，各对斜铁分别卡住两头的侧面，然后继续压泵，钢轨接头的缝隙便可渐渐加大，轨缝达到要求的尺寸后，停止压泵，左旋回油控制阀半周，工作缸复位，抬起拨杆，放松斜铁，窜轨工作完毕。

（3）使用注意事项。

① 在斜铁尚未卡紧轨头之前，须先将工作缸活塞空载压 20 ~ 40 mm，然后将斜铁卡紧轨头开始工作，以避免工作中受压的斜铁咬死在轨头上，工作缸复位时无伸缩的余地，造成工作缸顶住斜铁，使斜铁难以脱落。

② 轨缝调整器上的安全控制阀，出厂时已调到使用的最高压力，因此不能随意进行调整，使用前须进行校验，以保证安全使用。

③ 使用保管时应防止冲击、碰撞，工作中摇动摇杆不可用力过猛。

④ 使用的液压油要先经过滤后，方可使用。

⑤ 轨缝调整器的安全装置是在紧急情况下才能使用的。

5. 螺栓扳手（机动扳手）

为防止线路爬行，保养好扣件螺栓，在钢轨混凝土轨枕地段根据线路维修作业的要求，松紧螺栓时应采用机械螺栓扳手，并规定螺栓拧紧之后的扭力矩达到 100 N · m。目前使用的机动螺栓扳手有双头螺栓扳手和单头螺栓扳手两种。双头螺栓扳手有 BS-1 型内燃螺栓扳手和 BS-Ⅱ型电动螺栓扳手；单头螺栓扳手有 h-24、30、36 型手提电动扳手。

（1）双头扳手的工作原理是：通过传动装置而使左轴旋转，如果操作手把主轴下降，使套筒套住螺母，并操作牙嵌式离合器，即可将螺母松动或拧紧。牙嵌式离合器有正转、反转、空挡三个位置。由于拧紧螺母后扭力矩要达到 100 N · m，同时拧紧后不再拧，因此安有齿形弹簧离合器。调整螺母的松或紧，即可调整弹簧力，也就是调整扭力矩的大小。在拧紧螺母时上下结合块受弹簧压缩力的作用而结合，拧紧螺母后，扭力矩达到或超过规定值，此时结合块产生的垂直向上的分力压缩弹簧，使上结合块沿斜面滑动上升，上下结合块脱离，套筒也就不转了。

（2）单头螺栓扳手是冲击式的，具有体积小、重量轻、所需功率小等优点。

单头螺栓扳手主要由电机、变速机构及工作头三部分组成。其中变速机采用行星齿轮变速机构。工作头主要要由冲击机构、被动冲击块、套筒组成。

当电机旋转后，以行星齿轮变速机构带动主动轴回转。主动轴上有人字形的凹槽，并通过钢珠与主动冲击块相联，当套筒阻力不大时（即螺母未拧紧）时，从动冲击块与主动冲击块作为一个整体面旋转，当套筒已有螺母拧紧不能继续旋转时，主动冲击块在主轴作用下离开从动冲击块，并在钢珠作用下弹簧受压，在主轴继续转动的很短时间里主动冲击块将冲击能量（弹簧的压缩能量和主动冲击块的回转惯量）传至从动冲击块，冲击几次后，即可把螺母拧紧。转换电机方向，则可松开螺母。

使用螺栓扳手应注意在变换工作方向时，必须先切断电源。遇到锈蚀、变形严重的螺母，应先排除螺母故障后，再使用螺栓扳手。

6. 弯轨器

弯轨器是养护及大修时间调整钢轨的作业机具，按照传力的方式来分，有机械弯轨器和液压弯轨器。机械弯轨器利用螺母、丝杆传动，结构简单，但操作者用力大，机具笨重；液压弯轨器机体轻，操作方便，制造复杂，造价较高。

液压弯轨器有单面和双面之分；液压弯轨器的结构主要由油压传动系统（油箱及油压缸）和调直弯臂两部分组成。油箱内装有两对柱塞式油泵、单向阀及回油阀体。油压缸内装有高压耐油橡皮碗、平垫及压缩弹簧。液压双面直轨器主要由直轨框架、双柱塞手摇油泵、油缸工作头及油缸安装插板等主要部件组成。

液压弯轨器的工作原理是用两对柱塞泵及一个油压缸作推力，缸内装有弹簧。油缸产生推力，紧顶弯臂使钢轨弯曲。回油时松开回油杆，依靠压缩弹簧使活塞杆恢复到起始位置，达到回油目的。

液压双面直轨器，用手泵摇动油泵，以框架前后两个端点为支点，以油缸动力头顶动钢轨来完成直轨工作。

六、几种进口小型养机械简介

1. K1250 钢轨切割锯

（1）机器的结构及附件，如图 6.31 所示。

K1250 型锯轨机以电动机或内燃机为原动机，经联轴器或离合器将动能传给蜗杆减速器，减速器输出轴上装有偏心连杆，它将旋转运动改变为往复运动并带动锯弓进行切割工作。

K1250 型锯轨机具有质量轻、结构简单、效率高、体积小、只需一人操作、劳动强度低等优点，尤其适合地铁或场地狭小的地方使用。

K1250 型锯轨机由动力和机械传动系统、液压控制系统、切割工作部分及夹轨、支架等系统组成。

动力和机械传动系统包括电机或汽油机离心式离合器、减速器及偏心连杆装置。

汽油机采用立式风冷四冲程单缸汽油机，额定功率为 1.1 kW（1.5 马力），额定转速为 3 600 r/min。

离合器是联结汽油机和减速器的部件，它可以使汽油机低速运转时脱离待运系统，并且在重车起动、低速锯割或超载时保证汽油机不受损坏，起到保护作用。

液压控制系统是操作和调节锯弓锯条压力的装置，转动手柄即可完成调节任务。值得注意的是液压油缸内不得进入空气，因此必须保证油面不能低于油箱底部的两个球形阀顶口面。

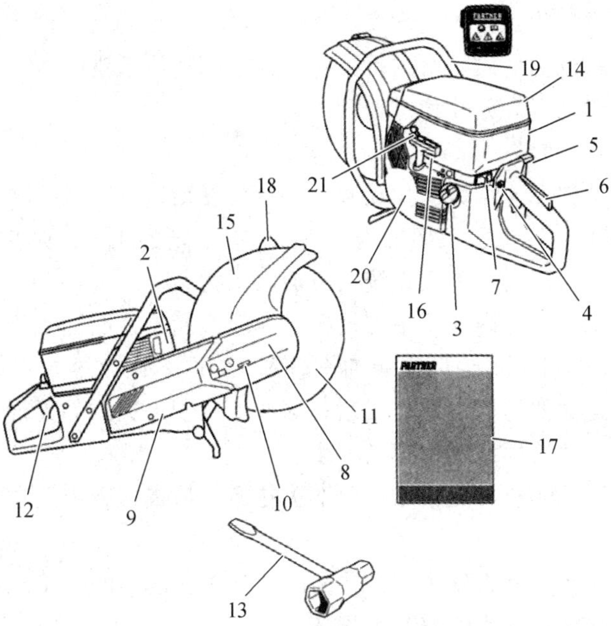

图 6.31　切割锯结构及附件示意图

1—气缸护盖；2—消音器；3—燃油箱；4—起动油门锁；5—阻风门开关；6—油门安全锁；7—停机开关；8—切割头；9—切割臂；10—皮带张紧螺栓；11—切割片；12—油门；13—专用组合扳手；14—空气滤清器盖；15—刀具护挡；16—起动手柄；17—操作手册；18—护挡调节手柄；19—前手柄；20—起动器部分；21—减压阀

切割工作：锯弓架可安装两种高速锯条即 350 mm、400 mm 的锯条。

夹轨装置在锯弓侧面，为了保证机器在稳固情况下工作，在夹紧钢轨时要将后面的支柱调整到机器处在水平位置即和钢轨平行。

（2）K1250 钢轨切割锯重点维护保养项目。

① 日常保养内容。

检查油门控制机构、停机开关的性能是否正常；检查所有的螺栓和螺母是否全部上紧，特别需将主过滤器的滤芯（海绵滤芯）塑料固定盖打开，检查固定纸滤芯的下壳体与缸体固定螺栓是否松动，松动的应拧紧；检查起动器及起动绳的性能，清理进气隔栅上的污物。

② 周保养内容。

检查主过滤器的滤芯和纸滤芯（上面有油的或颜色变黑的应更换），必要时清洁。主过滤器的滤芯用海绵制成，拆下后应先用温和的肥皂水清洗或用阻燃清洗剂清洁，然后干透。沾上干净的机油并挤掉多余的机油，用手攥以不再滴下为止。纸滤芯清洁可在硬平面上拍打敲击滤芯数次或用压缩空气从里向外吹扫。禁止用刷子刷，否则灰尘会进入滤芯。

检查火花塞，清理积炭，调整电极间隙。清理积炭方法：用火烧去或用水砂纸轻磨掉电极积炭，调整电极间隙至 0.7 ~ 0.8 mm。

检查化油器的性能。

③ 月保养内容。

检查离合器上的皮带驱动毂、离合器蹄及弹簧的磨损情况；清理化油器的外部；清理燃油箱。如果长时间不使用机器，应将燃油放净。

汽油在油箱内长时间放置会氧化和变质，变质汽油很难起动，而且会生成胶质物堵塞燃油系统。如化油器里的汽油变质，必须拆下化油器进行解体清洗。

（3）K1250 钢轨切割锯常见故障与处理。

① 故障名称：不起动。

故障现象：按起动程序连续数次拉动起动手柄，发动机不起动。

原因分析和解决方法:汽油机只要缸内有汽油，有一定的压力，火花塞发火，就一定能起动。所以应从油路、缸内压力、点火系统三方面入手检查。

油路：取下火花塞，看缸内活塞顶部情况，如较湿润，说明油汽已经进入缸内，油路没有问题；如果活塞顶部很干燥，说明没有油汽进入，应取下化油器进油管，检看有无油流出。如有油流出，说明是化油器雾化不好，或喷孔堵塞或浮子失灵。如无油流出，说明可能是滤芯堵塞、单向塞堵塞、油管损坏等情况已发生。

缸内压力：检查缸盖螺栓有无松动；取下火花塞，检查缸壁有无拉伤；检查减压阀是否正常，空滤是否堵塞。

点火系统：检查火花塞是否发火，火花塞间隙是否正确（0.5 ~ 1 mm）；检查火花塞是否被淹；检查点火线圈间隙；检查线路有无损坏。

② 故障名称：锯口偏差过大。

故障现象：机器正常起动切割下来的锯口，在纵向或横向偏差过大。

原因分析和解决方法：切割过程中，机器左右晃动；锯片变形或烧锯片；支架变形（情况很少）；发动机功率不足。

2. TM1000P1 型钢轨钻孔机（图 6.32）

（1）TM1000P1 型钢轨钻孔机重点维护保养项目。

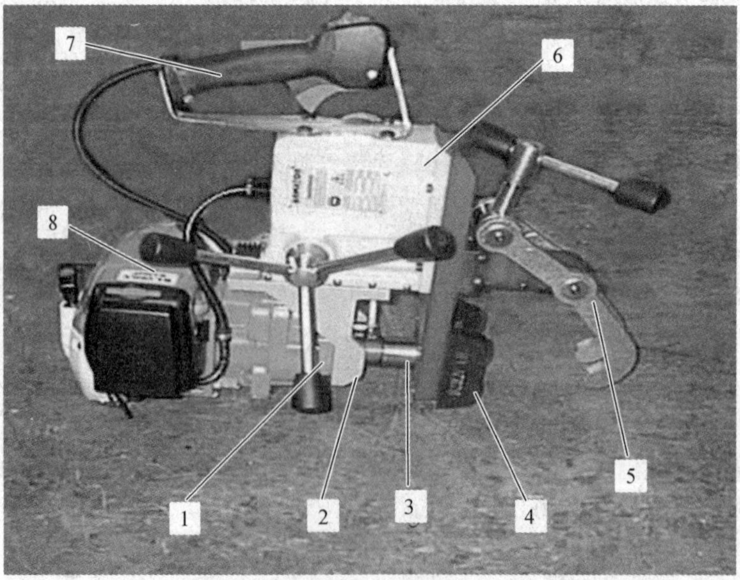

图 6.32　TM1000P1 型钢轨钻孔机结构图

1—进给手柄；2—支架；3—心轴；4—夹紧块；5—夹紧装置；6—机体；7—控制手柄；8—发动机

① 每次使用后应将机器上冷却管路内的冷却液用风压力风吹净。

注意事项：如果长时间不用，应在机器的冷却管道内滴入一些机油，以防止生锈。

② 每次使用后应将钻头及心轴支承处的切屑清理干净。

③ 使用前应检查各连接部位的连接螺栓及螺母是否松动。

④ 每周检查一下空气滤清器，必要时用压力风吹净或更换。

⑤ 使用前检查机器进给部件的滑动是否平稳，有无严重的晃动，如果有较大的晃动，可以通过机器左侧的五个内六角螺钉来调节。

⑥ 冷却罐打气泵的密封圈应每周上一次黄油。

（2）TM1000P1 型钢轨钻孔机常见故障与处理。

① 故障名称：起动困难/不起动。

TM1000P1 型钢轨钻孔机起动困难/不起动的处理与 K1250 钢轨切割机相同。

② 故障名称：钻头齿折断。

故障现象：发动机工作正常，钻孔过程中钻头齿折断。

原因分析和解决方法：可能有四种原因造成钻头崩齿。

a. 钻头有伤，钻头齿本身已经有掉块，在钻头高速旋转的情况下与钢轨接触，掉块部位对钢轨形成不了切削，形成很大的阻力，当阻力超过齿承受的旋转力时将造成崩齿，所以，不能用有伤的钻头进行钻孔作业，应及时更换。

b. 进给力过大，一开始就用很大的进给力钻孔，由于刚钻孔时钻头与钢轨接触面积较小，同时钻头没有吃进钢轨还处于不稳定状态，用力过大将超过钻齿的承受力，所以，在刚开始钻孔时要求缓缓加力，在钻头吃进后，再加大进给力，但也不能施力过大，在这里强调操作人员必须严格按正确的操作方法进行钻孔，不要急于求成，造成损失。

c. 钻轴晃动，由于钻轴松动，钻孔时钻头晃动不能正确定位，强制施压必然造成崩钻头，所以在作业之前应检查钻轴是否松动，松动的及时修理，不能带病作业。

d. 冷却不好，冷却液的作用一个是吸收切削时产生大量的热，另一个是加入的皂化液对切削有很好的润滑作用，有时在钻孔时忘了打开冷却水开关或冷却管接头漏水，对工作钻头冷却和润滑不好，也极易造成崩钻头，所以，在作业之前应检查冷却系统是否正常，禁止不加冷却作业。

3. 钢轨打磨机（MPi2）

MPi2 型钢轨打磨机由动力部分、传动部分、磨轮部分、机架走行部分及操作系统组成。

动力部分由电动机或汽油机来驱动。

汽油机采用立式风冷二冲程单缸汽油机，额定功率为 4.4 kW，额定转速为 4 500 r/min，使用混合燃料即 10W40 汽机油和 85#汽油以 1∶50 的比例配制而成。初次使用本机时，混合燃料的比例按 1∶25 配制。

传动部分由动力输出轴连接的摩擦离合器和一对可调带轮的三角皮带传动组成。可调带轮由两带凸缘的滑轮组成。

砂轮装置直接安装在皮带轮的输出轴头上与进刀手轮轴相连，下部通过一个法兰盘与砂轮相连，砂轮装好后应上好防护罩。砂轮的进刀由手轮操控。

机架和走行部分：机架支承在两个钢轨导轮上，导向轮的宽窄可根据不同轨型来设定。

操作系统设操作扶手，扶手为弓形连在机器上。设有一套链轮和手轮用手专门控制、调整机器的倾斜与水平。

磨轨机有很多种类型，可根据所需打磨钢轨不同部位和要求来设计。其中有专门用来打磨波浪磨耗的，有打磨岔尖的，有打磨轨缝的等等。上述所有打磨机的工作原理基本是相同的，所不同的是砂轮的形状和机器操作部分的变化。

随着地铁运营线路的增长，越来越需要机械化的维修作业手段进行养护维修作业。

第三节　常用小型养路设备作业

一、内燃钢轨锯轨机锯轨

1. 作业程序

（1）检查锯片是否完好，将完好的锯片安装在机器上。

（2）检查油箱内是否有燃油，如果必要加注燃油。

（3）先按下减压阀按钮，拉出阻风门拉杆，将停机钮拨到停机位置。

（4）将油门锁定在半油门位置，缓缓空拉几下起动手柄，然后将停机钮拨到起动位置，将阻风门拉杆推回。

（5）用力拉动起动手柄，机器起动后，扳动一下油门扳机使机器自动处于怠速。

（6）如果机器起动后，又立刻停机了，先将阻风门拉杆推回，再按下减压阀按钮，再次起动。

（7）将夹具固定在钢轨上，让标尺与所要切割位置的划线对齐，对齐后，将标尺拨回。

（8）左（或右）手提机器，右（或左）手握着夹具上的摇把，将机器与夹具连接起来。

（9）切割时应握紧手柄，将油门加到最大，从轨头开始进行切割。

（10）当锯片损耗后不能从一侧一次切下时，可以提起机器，从轨头绕到另一侧进行切割，也可将机器从夹具上卸下旋转180°，将机器另一侧固定在夹具上进行切割。

2. 质量标准

（1）锯后钢轨长度误差不超过2 mm。

（2）锯后断面上下、左右偏斜不超过1 mm。

（3）钢轨端面倒角为60°，顺长1 mm，沿轨顶面两侧向下延伸8 ~ 10 mm。

3. 注意事项

（1）不得使用严重变形或受潮的锯片，否则可能造成锯片破碎伤人，同时造成锯口偏斜，影响接头质量。

（2）安装锯片时不要过于拧紧。

（3）二冲程发动机必须加注混合燃油。用 90#以上的汽油与二冲程汽机油以 25∶1 的比例进行混合。混合应在单独的容器中进行，先放入一半的汽油，然后放入二冲程汽机油（最好用量筒量取）摇匀，再放入另一半的汽油摇匀，按比例完全混合均匀后再加注到燃油箱中。

（4）切割作业中途加油时，必须先停机，待冷却后再加油。加油时严禁烟火。

（5）一定不要在拉出阻风门的情况下，用力拉起动绳超过 8 次。

（6）当起动机器时应先慢慢拉动起动手柄，直到感觉有阻力，然后快速拉动起动手柄，再慢慢放回起动手柄。切忌在起动绳拉出的情况下突然放开起动手柄，让起动手柄弹向起动盘，这样会损坏起动盘内回转弹簧，造成起动盘失效，应慢慢顺着起动盘拉绳的回弹力方向放回。

（7）新夹具在第一次使用前，应先将标尺切割好。

（8）作业前应将机器在怠速状态下预热 2～3 min 后再进行作业。

（9）如只有两个支点的情况，切割位置一定要位于两个支点的外侧，不能在两个支点之间进行切割作业。

（10）切割轨底以上时，应前后来回推动机器，一定不能左右用力，同时不要用力下压机器而强迫机器进给切削，基本通过机器的自重往下走锯，否则，不但锯片损耗快，而且还容易使锯口跑偏，甚至损坏机器。

（11）切轨底时一定要保持机器的上下运动。

（12）应在锯片旋转的情况下进锯及撤锯。

（13）将机器另一侧固定在夹具上进行切割时，为保证锯口重合，注意不能移动夹具。

二、内燃钢轨钻孔机钻孔

1. 作业程序

（1）将坚固螺钉松开，使钻头的杆部平滑地进入轴套内。

（2）将钻头柄的平面部分对准坚固螺钉，拧紧螺钉。

（3）压力喷罐加注冷却液。

（4）压力喷罐加压。

（5）安装钻孔定位板。

（6）先将钻孔机 U 形夹放在定位板的第一个槽内（钻第一孔的位置）。

（7）将钻孔机止推杆顶在底板的球形槽内，转动夹紧手柄，使钻孔机固定在钢轨上。

（8）起动发动机。

（9）钻孔。

（10）钻孔完毕后，缩回心轴。

（11）关闭发动机和冷却液，撤下机器。

2. 质量标准

（1）螺栓孔径误差不超过 1 mm。

（2）钻孔位置正确。螺栓孔与轨底距离、各螺栓孔与轨端距离误差均不超过 1 mm。

3. 注意事项

（1）钻头安装时一定要戴手套，以免刀刃划伤手指。

（2）安装时用力将刀具向轴套推动，使其内部的弹簧压缩，直到刀具的肩部与轴套贴合，拧紧紧固螺钉。

（3）如果紧固螺钉损伤则必须更换。

（4）冷却液需用稀释皂化液，水和皂化液按 1∶100 的比例混合摇匀。

（5）使用手柄泵压 4 ~ 5 次，直至感到泵压时有阻力产生为止。

（6）确保钢轨端部与定位块紧密贴合。

（7）保证钻孔机定位模块与轨腰吻合后，再锁定钻孔机。

（8）转动夹紧手柄固定钻孔机时，不要用力过大，否则损坏螺扣，手柄卡死不能转动。加紧力应以用手晃动钻孔机不动为标准。

（9）刚开始钻时，先以较小的进给力使刀具与轨腰接触，当钻头吃进后，再逐渐加大进给手柄上的压力，但不能使发动机过载。

（10）在钻孔将要结束时禁止晃动和减小手柄上的压力。

（11）在整个钻孔过程中，机器的油门应一直保持在最大位置。

（12）钻孔时机器前不得站人，以免在钻孔结束时被切下的圆铁块飞出击伤。

（13）拆下钻孔机后，应用毛刷将钻孔机和钻头上的切屑清理干净。

（14）钻孔完毕后，应逆时针方向转动冷却罐上的压力释放阀，减小罐中的压力。

第四节　大型养路机械

一、轨道检查车

轨道检查车承担地铁线路轨道几何、接触轨状态的动态检查，是对人工静态检查的补充。通过检查了解和掌握线路的动态质量，能够有针对性地指导线路养护维修工作。

轨道检查车基于惯性基准原理，采用非接触式的测量方法（激光测量）对轨道几何和接触轨进行动态检测，作业速度 40 ~ 50 km/h，主要检测：轨道高低、轨距、水平、三角坑、方向、加速度、接触轨轨距、水平等主要检测参数。

二、钢轨探伤车

钢轨探伤车采用超声波检测方式，能高效检出钢轨内部伤损；钢轨探伤车检测与现有的手工探伤检测相互对照，可以提高钢轨伤损的检出率，提升运营安全的可靠性。

SPENO 钢轨探伤车检测系统为 SYS-1900 系统，采用轮式结构，所有的超声波探头都被封闭在一个充满耦合液的胶轮中，在检测时，探头与钢轨相对静止。在一个胶轮内有 0°探头 1 个、70°探头 3 个、37.5°探头 1 个、侧打探头 1 个。实际检测速度为 40 ~ 50 km/h。

TVEMA 钢轨探伤车采用滑靴式结构，在滑靴上弹性安装探伤模块，并利用四连杆机构与车体连接，保证探伤模块与钢轨表面保持滑动接触（与钢轨保持 2 mm 空隙），两侧滑靴上配有 6 组探伤模块，共计探头 26 个，其中单侧配有 70°探头 2 个、70°（偏转 14°）4 个、58°探头 4 个、45°探头 2 个、0°探头 1 个，共 13 个。

TVEMA 探伤车与 SPENO 探伤车相比，探伤装置结构简单，换件方便，但因四连杆结构设计，车辆在通过道岔时须减速慢行（单开道岔减速、交叉渡线需提升探伤小车）。

三、钢轨打磨车

钢轨打磨车主要工作内容就是对钢轨进行修复性打磨，通过打磨能够有效去除钢轨表面的波浪磨耗、钢轨肥边等，改善轮轨的接触条件，延长钢轨的使用寿命，使列车的运行更加平稳，提高运行质量。

SPENO 钢轨打磨车配有 8 个磨头，打磨速度为 3 ~ 5 km/h，打磨区域为轨内侧 –70°至轨外侧+5°，可以手动设定多种打磨模式，单次打磨作业效率为 0.05 mm/次。

四、钢轨铣磨车

钢轨铣磨车能够整治横向及纵向轨形，消除轨面各种病害，能够恢复钢轨原始廓形，具有高效率、高精度等优点。

钢轨铣磨车采用下压力将铣削单元紧压在钢轨表面，采用仿形杆结构在钢轨轨面下 23 mm 处进行测量，来确认铣磨单元与钢轨相对位置。铣削单元采用铣盘结构，在铣盘上安装直刀粒和曲刀粒完成钢轨廓形的修复。

钢轨铣磨车作业速度约 0.5 km/h，单次铣削量约 0.3 ~ 1 mm，铣削完后钢轨表面粗糙度在 7 μm 以下，相比钢轨打磨车效率和效果大幅提高。

五、综合维修车

综合维修车能够完成碎石道床的起道、拨道、捣固作业。对比人工捣固，能进一步提高碎石道床的密实度和均衡性，作业质量和效率更高，能够更好地维持碎石道床的稳定性。

综合维修车由捣固装置、起拨道装置、测量装置等组成。其中捣固装置利用异步夹持的原理，两侧捣固镐移动可根据道床阻力不同而有所不同；起拨道装置既可配合捣固装置一起进行，也可单独进行起道或拨道作业。

六、移动焊轨列车

移动式焊轨列车可在施工现场进行钢轨焊接，具有移动性、高效性的特点。

移动式焊轨列车的焊轨作业采用闪光焊原理，由电脑控制焊接过程、自动判断焊接质量，控制系统能对焊接过程（低压、高压、加速、顶锻、推凸等系列工作）进行全自动控制，并对全部过程进行记录。

戚墅堰生产的焊机，顶锻力为 55 ~ 65 kN，焊接接头时间为 130 ~ 180 s，以流水作业方式，完成焊接全过程（焊接、推凸、打磨、正火、探伤等），一个天窗时间可焊接接头 6 ~ 8 个。

七、纵向换轨车

纵向换轨车用于在线路上收、卸长钢轨。纵向换轨车由锁定车、运输车、安全车、过渡车、作业车及起吊车组成。

纵向换轨车可完成现场 25 ~ 100 m 长钢轨的收、卸工作，通过预设在车辆端部 4 个钢轨落地口，可将钢轨卸载到线路走行轨间或走行轨外侧 500 mm 范围内的任意位置，并能够将地铁线路上换下的旧钢轨从轨道内侧和外侧收回到列车上。

纵向换轨车可同时装载 12 根 100 m 长钢轨，此时换轨车由锁定车 1 台、运输车 6 台、安全车 1 台、过渡车 1 台（停放起吊车）和作业车 1 台共 10 台车连挂共计长度 140 m，车辆间设置过轨让起吊车走行，同时连放滚道梁来传送钢轨。起吊车夹持钳可拖动 100 m 长钢轨在滚道梁上运行，起吊车空载运行时速度为 0 ~ 10 km/h，在负载状态（夹轨）运行时速度应不超过 3 km/h。

八、隧道清洁车

隧道清洁列车用于清扫、清洁地铁隧道内粉尘、铁屑、垃圾及道床、线缆、箱体等设备设施表层灰尘。隧道清洁车采用高压风将灰尘吹起，通过多组封闭的风道再将灰尘回收，用于地铁隧道的清洁工作。

隧道清洁列车是两台机车与集尘装置连接一起，其中集尘装置由高压吹风装置及高压吸尘装置构成，吹风装置将隧道内尘土、垃圾、铁屑等吹起后，吸风装置再将它们吸入集尘装置。集尘装置内设置的滤网可分为粗大垃圾集尘箱和细尘垃圾箱。

集尘装置的吸尘臂可通过预设的滑道进行延伸，确保吸尘质量；通过安装在车前的红外线激光扫描器对隧道全断面进行测量，扫描中发现可能与吸尘臂冲突的设备时，可自动将吸尘臂回收到指定位置。

九、隧道冲洗车

隧道冲洗车是用于地铁隧道内轨道、道床、排水沟及整个隧道壁面冲洗的特种车辆，采用高低压冲洗系统，完成隧道全断面的清洗工作。

隧道冲洗车采用高低压冲洗系统，完成隧道全断面的清洗工作。其中高压冲水系统为高压喷雾装置，共有喷头数量 17 个，额定压力不小于 10 MPa，高压喷雾主要用于隧道两侧和上方墙体，避免水直冲造成设备设施损坏，高压水罐存水 7 t；低压冲水系统安装在非动力车上，共有喷头数量 21 个，额定压力 1.5 MPa，冲水流量约 450 L/ min，低压冲水装置主要用于地面道床清洗，低压水罐存水 23 t。

第五节　小型机具故障案例

【案例 1】锯轨机无法起动

案例经过：

某单位一台使用一年多的钢轨锯轨机无法起动，经现场检查，风扇工作情况良好，进气口无堵塞，缸体未变色，是机油/汽油比例不好造成的。

案例解析：

锯轨机的空滤芯为全新的海绵滤芯，已清洗过，并已浸油；活塞顶部湿润，火花塞未淹；缸筒有拉伤，取出活塞，活塞环已黏结。更换新的缸筒/活塞组件，试机，机器工作正常。注意机油与汽油的比例，混合好的油不要存放超过半个月，每次加油前都要将油摇均。

【案例 2】钢轨钻孔机钻头频繁损坏

案例经过：

某单位一台新的钢轨钻孔机钻头频繁损坏，经现场检查，当平顺进给时，作业正常，钻头完好，多次钻孔同样正常。故障是因为进给力过大。

案例解析：

新的钻孔机，钻头为全新钻头，钻头各尖部没有损坏，钻轴同轴度良好，冷却良好，是进给力过大造成的损坏。进给时一定不能也不必过度用力推进给手柄。这样做并不能大大加快钻孔速度。正常是 60 s 可钻一个孔，用力进给也要 30 多秒才钻一个孔，但易损钻头，很不经济。同时，对于大型钻头，虽不至损坏钻头，但易引起离合器长时间下磨，造成离合器损坏。

复习思考题

1. 什么叫传动比，什么是机械效率？
2. 简述力、转矩、功率三者的关系。
3. 皮带传动松紧不适如何调整？
4. 齿轮传动有哪些特点？
5. 齿轮损坏有几种形式？
6. 蜗轮蜗杆传动有哪些优缺点？
7. 链传动有哪些优缺点？
8. 液压传动机械的工作原理是什么？
9. 液压传动系统主要由哪五部分组成？
10. 液压传动有哪些优缺点？
11. 对液压油的使用有哪些具体要求？
12. 联轴器有几种？它的特点是什么？
13. 常用离合器有几种？它的特点是什么？
14. 养路机械主要由哪几部分组成？
15. 汽油机如何保养？电镐由几部分组成？
16. 轨缝调整器使用时应注意什么？

第七章　有轨电车线路

【学习目标】

1. 了解有轨电车轨道基本结构；
2. 了解有轨电车道岔的主要参数；
3. 掌握有轨电车轨道几何形位；
4. 学习有轨电车常见病害及损伤标准。

【知识要求与技能要求】

1. 掌握轨道设备基本结构及特点；
2. 掌握常见轨道病害及损伤标准；
3. 掌握主要轨道维修作业内容和要求。

第一节　有轨电车线路基础知识

一、轨道基本结构

有轨电车轨道是其线路的上部结构，包括槽型轨或工字轨等类型钢轨、轨枕、联结零件、道床、防爬设备、伸缩调节器和道岔等设备，用于引导列车行进方向，支承车辆载重及冲击力并将其传递至路基、桥隧等下部结构。

1. 钢轨

（1）槽型轨。

钢轨是轨道的主要组成部件。它用于引导车辆车轮前进，并承受车轮巨大压力。根据有轨电车的特点，目前国内有轨电车使用的钢轨主要有槽型轨（图 7.1）、50 kg/m 工字轨，不同类型的钢轨应采用异型钢轨连接。

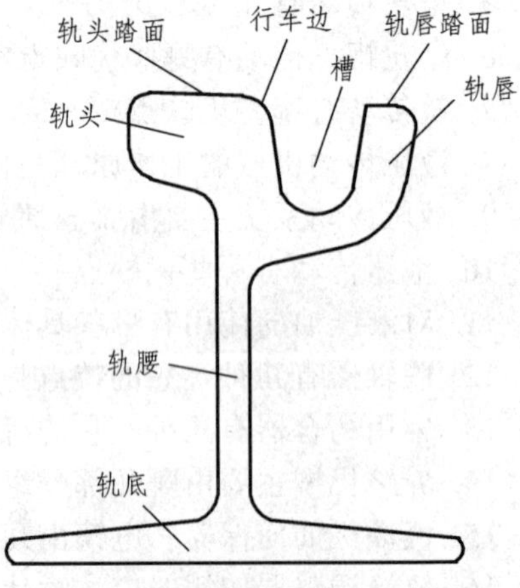

图 7.1　槽型轨横截面各部分名称

由于车场线车速较低，车辆荷载低，对轨道要求低，考虑经济性，推荐采用 50 kg/m 工字轨。工字轨由于在本书介绍地铁轻轨等类型城市轨道交通时已有介绍，故此处省略。

槽型轨是有轨电车专用钢轨，能对有轨电车踏面形成较好的保护作用，确保行车安全。有轨电车是以地面为主的轨道交通系统，受城市道路的影响正线小半径曲线不可避免，并且需要与各种社会车辆公用路权。采用槽型轨能够解决与城市道路衔接处的平顺问题，对其他交通方式影响较小，同时可简化轨道结构，加快施工速度，减小钢轨磨耗。目前国内槽型轨主要分为 46G1、51R1、52R1、53R1、55G1、55G2、56R1、57R1、59R1、59R2、60R1、60R2、60R3、62R1、62R2、63R1、67R1、68G1 等。通过对车辆荷载及轮轨分析，目前国内有轨电车正线大多采用 59R2、60R2（图 7.2）等类型的槽型轨。

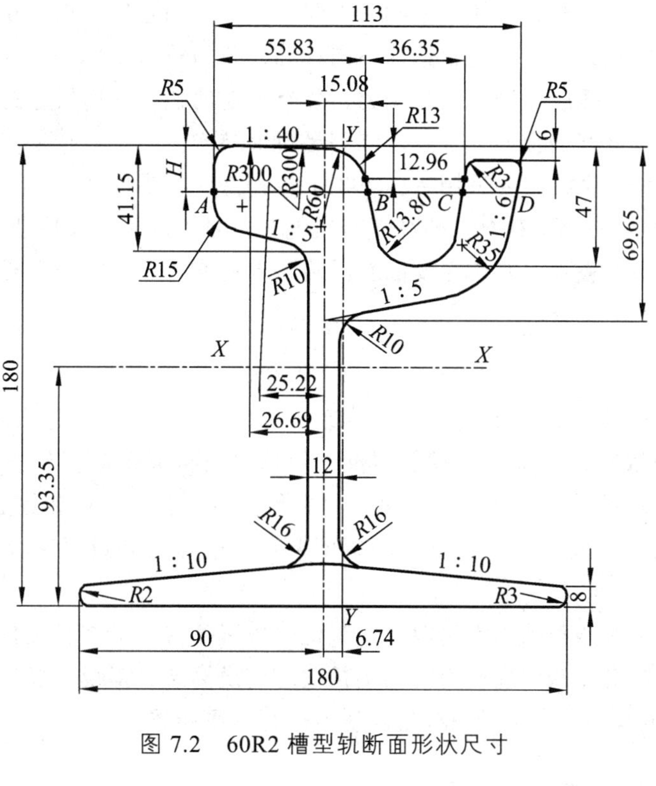

图 7.2　60R2 槽型轨断面形状尺寸

（2）钢轨材质的选择。

钢轨材质的选择应考虑线路条件、年通过总重、行车速度、与轮对的匹配、钢轨受力、磨耗特性、减振降噪的效果、运营养护的成本等诸多因素，我国使用的钢轨材质主要包括 U75V 轨、U71Mn 轨两种。

（3）根据两种材质的实验数据及线路运营实践表明：

① 在小半径曲线上使用 U75V 钢轨时，钢轨耐磨性能提高 60%以上，使用寿命是 U71Mn 钢轨的 1.5 ~ 2 倍。

② U75V 钢轨抗拉强度、屈服强度和拉伸性能均高于 U71Mn。

③ U75V 钢轨硬度高，磨耗低，有利于减振降噪效果。

因此，虽然 U75V 钢轨比 U71Mn 钢轨高 6% ~ 10%，但是考虑现代有轨电车小半径曲线数量较多的特点，U75V 钢轨耐磨性好，使用周期长，可以减少后期的养护维修成本，延长运营周期，故正线、出入段线无砟道床地段宜采用 U75V 钢轨，车辆段和停车库内线路、库外线路宜采用 U71Mn 钢轨。

（4）钢轨联结。

无缝线路地段的钢轨接头采用闪光焊接，槽型轨与 50 kg/m 钢轨采用异型焊接，焊接方式为铝热焊。

有缝线路钢轨接头一般采用相对式，曲线内股采用缩短轨调整钢轨接头。半径不大于 200 m 的曲线地段钢轨接头采用相错式，相错量不应小于 3 m。

2. 扣件

扣件是联结钢轨与轨枕或者轨下基础的重要部件，作用是保持钢轨在轨下基础上的正确位置及钢轨与轨枕的联结，阻止钢轨的纵横向移动，并为轨道结构提供一定的弹性。

扣件要具备足够的强度、刚度、扣压力，并有一定的轨道几何尺寸的调整量，满足轨道尺寸调整。同时应有良好的弹性，绝缘性能满足轨道结构。

有轨电车轨道扣件正线主要采用有：W-Tra m 扣件、无螺栓弹性分开式扣件、有螺栓式分开式扣件、弹片式扣件等。结合苏州高新有轨电车 1 号线的施工及后期运营情况，W-Tra m 扣件构造简单、实用性较强，宜用于地面有铺装要求的线路。车辆段主要采用 50 kg/m 钢轨配套弹条 I 型扣件。

3. 轨枕

轨枕用于扣件的安装，将钢轨作用力传递至道床。常用的轨枕有钢筋混凝土短枕、预应力混凝土长枕、双块式轨枕等。钢筋混凝土短枕内设构造钢筋，预埋尼龙套管，构造简单，运输堆码方便；预应力混凝土长枕轨枕中部预留穿筋孔，与道床穿筋而过，结构稳定，抗压力强；双块式轨枕成本较高，且中部钢桁架在运输和安装过程中容易发生磕碰，引起变形。

有轨电车线路正线推荐采用钢筋混凝土短枕或采用 W-Tra m 扣件无枕式轨道，车场线有砟道床一般采用国铁有砟道床预应力混凝土长枕。铺设标准，正线一般为 1 680 对/k m，车场线一般为 1 440 对/k m，小半径曲线地段适当进行加密布置。

4. 道床

道床主要分为无砟道床和有砟道床。其中无砟道床外观整洁，整体性强，稳定性强，后期维修工作量小，经济效益好；有砟道床结构简单，便于维修，但是轨道几何尺寸容易变形，后期养护工作较大。

结合有轨电车的线路情况，正线一般采用无砟道床结构，车辆段库外线一般采用有砟道床结构。根据地面路权所属情况，正线无砟道床分为绿化铺装无砟道床和硬化铺装无砟道床。绿化铺装无砟道床突出绿化效果，体现有轨电车的环保节能。硬化铺装无砟道床主要针对地面需要混行和平交道口等需要硬化铺装的地面。车辆段库外线采用有砟道床，库内线采用工艺相近的无砟道床。

有砟道床厚度按表 7.1 的规定执行。

表 7.1　道床厚度（mm）标准

五年内年计划通过总重（Mt）		W≥50	50>W≥25	25>W≥15	W<15
无垫层的有砟道床	一般路基	450	450	400	350
	不易风化的岩石、碎石路基	350	350	300	300
有垫层的有砟道床（碎石/垫层）		300/200	300/200	250/200	250/200
有砟桥面上的有砟道床	v_{max}≤120 km/h	250			
	v_{max}>120 km/h	300			

地面线路道床顶面宽度及边坡坡度应符合表 7.2 的规定。

表 7.2　道床顶面宽度及边坡坡度

线路类别			顶面宽度（m）	曲线外侧道床加宽		砟肩堆高（m）	边坡坡度
				半径（m）	加宽（m）		
正线	无缝线路	2 000 km/h≥v_{max}>160 km/h	3.5			0.15	1∶1.75
		v_{max}≤160 km/h	3.4			0.15	1∶1.75
	普通线路	年通过总重不小于 8 Mt	3.1	≤600	0.10		1∶1.75
		年通过总重小于 8 Mt	3.0	≤800	0.10		1∶1.75
站线			2.9	≤600			1∶1.50

道床顶面应低于轨枕顶面 20～30 mm。Ⅱ型和Ⅲ型混凝土枕中部道床可不掏空，但保持疏松。

各种道砟必须有“碎石道砟产品合格证”，作为竣工验收和评定道床质量的依据。碎石道砟粒径级配如表 7.3 的规定。

表 7.3　道砟粒径级配

方孔筛孔边长（mm）	25	35.5	45	56	63
过筛质量百分率（%）	0～5	25～40	55～75	92～97	97～100

有砟道床应经常保持饱满、均匀和整齐，并应根据道床不洁程度，有计划地进行清筛，尽可能保持道床弹性和排水良好。

5. 钢轨伸缩调节器

钢轨伸缩调节器是在铁路的钢轨伸缩时,保持其轨缝变化不致过大,以维持线路通顺的装置，一般安装于桥梁段。由于有轨电车正线一般为无缝线路，连续长度较大，而使其活动端和相邻结构（邻跨或桥台）间的相对变位较大时，为使铺设在桥面的钢轨不妨碍上部结构在温度变化、活载（含双线桥的偏载作用）等作用下所发生的相对变位，同时也不使上部结构变位影响桥面线路的通顺，因此可视情况设置钢轨伸缩调节器。

钢轨伸缩调节器左右股对称，其中单向调节器由基本轨、尖轨、铁垫板总成（零部件包括基本轨和尖轨轨撑、轨撑螺栓、轨距调查整片、铁垫板、弹性垫板及调高垫板、垫板螺栓）、轨枕或轨道板组成；双向调节器由基本轨、双向尖轨、铁垫板总成、轨枕或轨道板组成，长度约是同类型单向调节器长度的 2 倍。

伸缩调节器的养护维修应注意以下几方面：

（1）钢轨伸缩调节器必须保证尖轨锁定、基本轨伸缩。

（2）注重尖轨是否爬行、基本轨伸缩是否超设计伸缩量、尖轨尖端是否藏尖、基本轨尖轨是否密贴、各部螺栓是否松动等问题。

（3）尖轨或基本轨顶面出现压溃肥边现象，应及时铲除并打磨，防止轨头掉块剥落，影响调节器正常工作。

（4）出现尖轨或基本轨轨头擦伤、剥落或低塌可采取焊补处理。

（5）有砟轨道调节器范围道床应丰满、密实。

（6）应及时清扫调节器的灰砂，每年对各部件及能卸下的螺栓作清除污垢处理，并涂油至少一遍，保持不脏不锈。

6. 轨道附属设备

（1）车挡。

车挡设置在线路尽头，是防止列车驶过轨道末端而出轨的设备。有轨电车自重较轻，且运营速度低，正线一般采用液压固定式车挡，车辆段采用框架式固定车挡，库内线采用摩擦式车挡。

（2）标志。

线路标志（图 7.3、图 7.4）采用反光材料，醒目大方，目的是为保证运营安全，提醒行人、社会车辆，便于司机进行瞭望和后期养护维修。

图 7.3　安全警示标牌

图 7.4　线路提示标志

二、道　岔

道岔是引导列车从一股轨道进入另一股轨道的设备，它的设备质量关系到列车运营安全，影响舒适性和运营效率。

1. 道岔号数

道岔号数的选择应根据道岔直、侧向容许通过速度、车辆运行条件、线路折返能力、便于养护维修及节约用地的原则。

道岔岔心所形成的角，称为辙叉角，它的余切值通常用来表示道岔号数。若辙叉角越小，则余切值越大，道岔号数越大，其导曲线半径也越大，列车在侧线通过道岔时就越平稳，允许的过岔速度也就越高，但是也导致道岔越长，造价高，占地变多。因此，在有轨电车线路设计阶段，道岔号数的选取必须根据实际情况确定，不可一概而论。

2. 6 号道岔

考虑到有轨电车运行于既有道路上，线间距受道路宽度限制不能过大，因此正线推荐采用 60R2 槽型轨 6 号道岔，道岔全长 15.650 m，前长 $a = 4.788$ m，后长 $b = 10.862$ m，辙叉角为 9°27′44″，导曲线半径 $R = 50$ m，直向允许通过速度 80 km/h，侧向允许通过速度 20 km/h。

3. 3 号道岔

有轨电车车辆段占地面积小，且段内速度较低，因此车辆段采用 50 kg/m 钢轨 3 号道岔，道岔全长 9.86 m，前长 $a = 5.025$ m，后长 $b = 4.835$ m，辙叉角为 22°19′16″，直向允许通过速度 30 km/h，侧向允许通过速度 10 km/h。

三、小半径曲线

现代有轨电车受到车辆构造允许的最小转弯半径、行车速度以及道路条件的影响，需要设置小半径曲线。

1. 车辆构造允许的最小曲线半径

目前，世界上广泛使用的现代有轨电车，根据其性能参数，车辆构造允许的最小转弯半径为 15 ~ 30 m。

2. 行车速度允许的最小曲线半径

车辆在通过曲线时会产生一定的离心加速度，为了保持车辆平衡，需要给车辆提供相应的向心加速度。在轨道上一般通过设置外轨超高来实现。

根据受力平衡分析可得出公式

$$R_{\min} = \frac{11.8v^2}{h_{\max} + h_{qy}}$$

其中：$R_{\min}$ 为最小曲线半径 m；$h_{\max}$ 为最大超高（mm）；h_{qy} 为允许超高（mm）；v 为行车速度（km/h）。

在实际运营中，我国铁路和地铁根据长期运营实践，分别采用 150 mm 和 120 mm 的最大超高。现代有轨电车速度较低，最大超高与地铁一致，采用 120 mm。我国铁路和地铁一般采用 70 mm 和 60 mm 的欠超高，现在有轨电车一般取 80 mm，困难条件下取 110 mm。

由此可得出现代有轨电车在一般情况下 $R_{\min}=0.059v^2$，困难条件下 $R_{\min}=0.051v^2$。

以设计时速 $v=70$ km/h 计算，一般情况下 $R_{\min}=300$ m，困难条件下 $R_{\min}=250$ m。

以设计时速 $v=50$ km/h 计算，一般情况下 $R_{\min}=150$ m，困难条件下 $R_{\min}=130$ m。

3. 道路条件允许的最小曲线半径

现代有轨电车的最小曲线半径受到城市道路条件的限制，根据《城市道路工程设计规范》(CJJ 37—2012)的要求，城市道路最小曲线半径如表 7.4 所示：

表 7.4　城市道路最小曲线半径

设计速度（km/h）		100	80	60	50	40	30	20
不设超高最小半径（m）		1600	1000	600	400	300	150	70
设超高最小半径（m）	一般值	650	400	300	200	150	85	40
	困难值	400	250	150	100	70	40	20

由表 7.4 可以看出，城市道路的最小曲线半径可以满足同等速度条件下现代有轨电车的运行。

因此现代有轨电车小曲线半径可选择 15 ~ 30 m，以此满足周边城市道路实际设计情况。

四、轨道几何形位

1. 轨距

轨距是轨道两条钢轨之间的距离，根据《铁路技术管理规程》规定，轨距是指钢轨头部踏面下 16 mm 范围内两股钢轨工作边之间的最小距离。

轨距分为标准轨距、宽轨距、窄轨距三种。我国线路直线地段采用 1 435 mm 的标准轨距，在曲线地段按不同半径适当加宽。轨距的变化应当平顺、缓和。轨距变化率一般不得大于 2‰，困难条件下不得大于 3‰。

2. 水平、三角坑

水平是左右两股钢轨顶面的高差。线路上存在两种形式的钢轨水平误差：一种是水平差，就是在较长距离内，一股钢轨顶面始终高于另一股；另一种是三角坑，就是在一段距离内，钢轨顶面连续出现正负不同的水平差。三角坑超限，就有可能造成车轮爬上钢轨顶面，造成脱轨事故。

3. 轨向

轨向是指钢轨头部内侧沿钢轨方向的横向凹凸不平顺。直线上以 10 mm 弦在轨头内侧顶面下 16 mm 处量取正矢。轨道方向对行车平稳有重要意义。

4. 高低

高低是指钢轨顶面沿钢轨方向的竖向凹凸不平。造成轨道高低不平的因素很多，如线路下沉、有砟道床捣固不密实、扣件松动等。

5. 轨底坡

车轮踏面主要部分为 1：20 的斜坡，为使钢轨顶面在有锥形踏面的车轮荷载作用下受力均匀，所以在直线上，钢轨不应竖直铺设，而要适当向内倾斜，这种内倾斜坡度称为轨底坡。

轨底坡是否正确，可以从钢轨顶面上的光带位置判断。如果光带偏向内侧，说明轨底坡不足；如果光带偏向外则，说明轨底坡过大；如果光带居中，说明轨底坡合适。线路养护工作中，可以根据光带位置调整轨底坡。

五、有轨电车轨道常见损伤及病害

1. 钢轨

钢轨伤损分为轻伤、重伤和折断三类。

（1）钢轨轻伤标准：

① 钢轨头部磨耗超过表 7.5 所列限度之一者。

表 7.5　钢轨头部磨耗轻伤标准

钢轨（kg/m）	总磨耗（mm）		垂直磨耗（mm）		侧面磨耗（mm）	
	正线、试车线	车场线	正线、试车线	车场线	正线、试车线	车场线
60	14	16	9	10	14	16
50	12	14	8	9	12	14

注：总磨耗＝垂直磨耗+1/2 侧面磨耗。
垂直磨耗在钢轨顶面宽 1/3 处（距标准工作边）测量。
侧面磨耗在钢轨踏面（按标准断面）下 16 mm 处测量。

② 轨头下颏透锈长度不超过 30 mm。

③ 钢轨低头（包括轨端踏面压伤和磨耗在内）超过 3 mm（用 1 m 直尺测量最低处矢度）。

④ 轨端或轨顶面剥落掉块，其长度超过 15 mm 且深度超过 4 mm。

⑤ 钢轨顶面擦伤深度达到 1 至 2 mm，波浪形磨耗谷深超过 0.5 mm。

⑥ 钢轨探伤人员认为有伤损的钢轨。

（2）钢轨重伤标准：

① 钢轨头部磨耗超过表 7.6 所列限度之一者。

表 7.6　钢轨头部磨耗重伤标准

钢轨（kg/m）	垂直磨耗（mm）	侧面磨耗（mm）
60	11	19
50	10	17

② 钢轨在任何部位有裂纹。

③ 轨头下颏透锈长度超过 30 mm。

④ 轨端或轨顶面剥落掉块，其长度超过 30 mm，深度超过 8 mm。

⑤ 钢轨在任何部位变形（轨头扩大、轨腰扭曲或鼓包等），经判断确认内部有暗裂。

⑥ 钢轨锈蚀，除锈后轨底边缘处厚度不足 5 mm 或轨腰厚度不足 8 mm。

⑦ 钢轨顶面擦伤深度超过 2 mm。

⑧ 钢轨探伤人员或养路工长认为有影响行车安全的其他缺陷（含黑核、白核）。

（3）钢轨折断标准，钢轨折断是指发生下列情况之一者：

① 裂纹贯穿钢轨全截面。

② 裂纹已经贯通整个轨头截面。

③ 裂纹已经贯通整个轨底截面。

④ 钢轨顶面上有长大于 50 mm、深大于 10 mm 的掉块。

应做好钢轨养护维修工作，预防和整治钢轨病害，延长钢轨使用寿命。钢轨伤损养护标准：钢轨硬弯用 1 m 直尺测量，矢度大于 0.5 mm 时应矫直；钢轨接头轨面或内侧错牙不得大于 3 mm；轨面擦伤和剥落掉块接近或达到轻伤标准时应焊补；轨端肥边大于 2 mm 时，应及时处理；波浪形磨耗谷深大于 0.5 mm 时，应进行打磨；有计划地用打磨、焊补、更换道砟、垫砟、垫枕下大胶垫等方法，综合整治钢轨接头病害。

无缝线路钢轨重伤和折断，应按有关规定处理。在正线和试车线上的轻伤钢轨，应有计划地进行更换。

2. 钢轨接头

（1）钢轨接头标准：

① 线路两股钢轨接头，一般应采用相对式。

② 曲线地段外股应使用标准长度钢轨，内股应使用厂制缩短轨调整钢轨接头位置。

③ 剩余少量相错量，应利用钢轨长度误差量在曲线内（有困难时可在直线上）调整。

④ 直线地段应按钢轨长度误差量配对使用。

⑤ 在每节轨上相差量一般应不大于 3 mm，并应前后、左右抵消，在两股钢轨上累计相差量最大不得大于 15 mm。

⑥ 铺设非标准长度钢轨或再用轨，无厂制缩短轨时，钢轨接头可采用相错式，其相错量不得小于 3 m。

⑦ 采用相错式的两曲线之间直线长度短于 300 m 时，该直线段亦可条用相错式。

⑧ 采用相错式时个别插入的短轨，宜铺设在曲线两端的直线上，在困难条件下，可铺设在曲线内股。

⑨ 线路上个别插入的短轨，在正线及试车线上不得短于 6 m，在车场线上不得短于 4.5 m，并不得连续插入两根及以上。

（2）常见病害主要有：鞍形磨耗；低接头；钢轨破损；夹板弯曲或断裂；混凝土枕破裂；道床结硬、翻浆冒泥。

（3）主要整治方法：使用钢轨打磨机对鞍形接头进行打磨；检查轨头高低及左右错牙，及时养护；及时调整轨缝；加强接头地段的道床捣固，保持道床饱满；拧紧轨枕扣件，更换失效钢轨下大胶垫；及时清筛接头范围内的道床，更换接头范围内的道砟。

3. 钢轨联结零件

（1）接头夹板伤损达到下列标准，应及时更换：折断；中央裂纹（中间两螺栓孔范围内）：

正线及辅助线有裂纹；车辆基地内，平直夹板及异型夹板超过 5 mm，双头及鱼尾型夹板超过 15 mm；其他部位裂纹发展到螺栓孔。

（2）螺纹道钉达到下列伤损标准，应有计划地更换：铁垫板折断、变形、严重锈蚀或丧失固定立柱螺栓功能；道钉钉头脱落、严重锈蚀达 3 mm 及以上。

（3）扣件伤损达到下列标准，应有计划地修理或更换：螺旋道钉折断，螺帽或螺杆丝扣损坏，严重锈蚀；垫圈损坏或作用不良；弹条、扣板（弹片）损坏或不能保持应有的扣压力；扣板、轨距挡板严重磨损，与轨底边离缝超过 2 mm；挡板座、铁座损坏或作用不良；橡胶垫板压溃或变形（橡胶垫板需要定期测试其性能，防止列车运营时的噪声与振动加大，缩短轮、轨的使用寿命）。

4. 轨缝

（1）普通线路钢轨接头，应根据钢轨长度与钢轨温度预留轨缝。轨缝的标准尺寸按下列公式计算：

$$a_0 = \alpha L(t_z - t_0)+a_g/2$$

式中　a_0 ——更换钢轨或调整轨缝时的预留轨缝（mm）。

α ——钢轨线膨胀系数，为 0.011 8 mm/（m · °C）。

L ——钢轨长度（m）。

t_z ——更换钢轨或调整轨缝地区的中间轨温（°C）。

$$t_z = 1/2（T_{max}+T_{min}）$$

式中　T_{max}、T_{min} ——当地历史最高和最低轨温（°C）；

t_0 ——更换钢轨或调整轨缝时的轨温（°C）。

a_g ——最大构造轨缝，50、60 kg/m 钢轨 a_g 均采用 18 mm。

最高、最低轨温差不大于 85 °C 地区，可以按上式计算以后，根据具体情况将轨缝值减小 1 ~ 2 mm；25 m 钢轨铺设在当地历史最高、最低轨温差大于 100 °C 的地区应个别设计。

（2）12.5 m 钢轨地段，更换钢轨或调整轨缝时的轨温不受限制。25 m 钢轨地段，更换轨或调整轨缝时的轨温限制范围为（t_z+30 °C）至（t_z − 30 °C）；最高、最低轨温差不大于 85 °C 地区，如将轨缝值减小 1 ~ 2 mm，轨温限制范围相应地降低 3 ~ 7 °C；特殊情况下，在轨温限制范围以外更换的 25 m 钢轨，必须在轨温限制范围以内时调整轨缝。

（3）轨缝应设置均匀，每千米轨缝总误差：25 m 钢轨地段不得大于 ± 80 mm；12.5 m 钢轨地段不得大于 ± 160 mm。绝缘接头轨缝不得小于 6 mm。

5. 小半径曲线

（1）钢轨磨耗与伤损。

相对地铁，有轨电车运量较小，直线段钢轨磨耗速率较慢，但由于转弯半径小，曲线段钢轨磨耗更为明显，主要有下面四类情况。

① 垂直磨耗。电车在通过小半径曲线时，由于外轨相对内轨较长，轮对在曲线上滚动时内外轮滚动距离与两轨长度不等，需要通过轮对在钢轨上滑动来调整，因此摩擦力比直线段

大，使垂直磨损更加严重。

② 侧面磨耗。由于转弯过程中横向力较大，导致导向轮轮缘紧压轨头侧面，产生很大的摩擦力，同时轮对滑动也对钢轨侧面有着一定的摩擦，因此转弯半径越小，侧面磨耗越剧烈，这也使其成为钢轨伤损的主要原因之一。

③ 内股钢轨轨头压溃。车轮踏面磨损使得边缘产生了多个半径很小的反向凸缘，使轮对与钢轨接触面积变小，压应力过大，最终造成内股钢轨轨头压溃。

④ 钢轨波磨。关于波磨的形成机理，目前有：自激振动理论——轮轨系统的固有特性使两者产生自激振动引发波磨；反馈振动理论——重复荷载下不平顺引起的振动导致更剧烈的不平顺；接触疲劳理论——运量持续增长导致轨顶出现裂缝发展为掉块和裂纹引发波磨。由于不同因素和复杂的轮轨关系，仍未有一种广泛认同的理论来解释，但是小半径曲线上的波磨将导致钢轨使用寿命缩短，连接部件损坏率上升，运营安全和质量下降。

（2）轨道几何尺寸超限。由于受力情况复杂多变，小半径曲线上高低、轨距、超高、正矢相对其他位置更易发生变化，特别是轨距扩大的病害相当普遍，并且将随着钢轨侧磨的增加而逐渐加剧；同时轨距扩大又使得列车蛇形运动幅度变大，列车晃动使得横向力变大，加剧钢轨侧磨。

（3）沥青路面破损。有轨电车沿线路口较多，车辆在这些区域频繁制动、转向，使沥青路面结构层的剪应力超过其材料的抗剪强度，导致出现裂缝；同时车辆来回碾压使其产生剪切疲劳，塑性变形不断积累直至结构破坏。除此以外，由于交叉路口超高较小，所以外股轨道超高量只能随之减小，导致轨道所受横向力增大，钢轨边缘处沥青所受水平方向压应力增大，若超过抗压强度则将出现开裂、拥包等情况。在来回车辆碾压的情况下，裂缝由于应力集中、风化等因素将逐渐扩大，形成坑槽，影响沥青路面的美观与实际使用效果。

（4）噪声。有轨电车一般建造于人口密集区域，若在行政文教、居民住宅、医疗卫生等敏感区域产生过大、周期性的噪声将会造成较恶劣的影响。在曲线段由于轮缘紧贴钢轨，时常会产生刺耳的摩擦音，引起周边行人与乘客的不适。

六、轨道维修工作组织

1. 维修管理组织

轨道维修管理组织采用修养分离形式。明确分工：轨道工班负责各自管内的轨道维修养护工作。

2. 维修工作内容

（1）轨道维修一般分为计划修、综合维修、经常保养、临时修、故障修。

计划修是按周期有计划地对线路进行整治养护，包含综合维修和经常保养；综合维修指改善轨道弹性、调整轨道几何尺寸、整修和更换设备零部件，以恢复线路完好的技术状态；经常保养指根据线路变化情况，在全年度和线路全长范围内，有计划有重点的经常性养护，以保持线路质量经常处于均衡状态；临时修主要是及时整修超过临时补修容许误差限度的轨道几何尺寸及其他不良状态，以保证行车平稳和安全；故障修是线路出现故障时，维修专业部门为恢复线路正常运营而组织的紧急抢修，如钢轨折断、道床下沉、道岔故障、线路胀轨跑道等，部门根据分公司应急抢险流程和应急抢险方案组织线路功能恢复工作。

（2）线路计划修的基本内容。

① 线路综合维修基本内容。

地段	序号	主要内容
无砟道床地段	1	根据线路水平要求做好垫道工作，经常保持扣件的正确位置，顶严、压紧、密贴
	2	改道、矫直钢轨硬弯，综合整治接头病害，加固焊接接头
	3	更换失效联结零件
	4	更换失效螺纹套管
	5	联结零件的清扫涂油，经常保持清洁无锈蚀，轨下垫层四周无污物
	6	加强曲线及道岔维修，整修和更换失效部件，有计划地对小半径曲线涂油（指外轨工作边涂油）
	7	全面更换联结部件，成组更换车挡
	8	检查道岔内部几何尺寸及各部件状况，维修、更换钢轨件
	9	无缝线路的监测和整修，及时修补位移观测桩
	10	有计划地采用钢轨打磨车对钢轨进行预防性或修理性打磨
	11	成段更换人造草皮及钢架，全面更换联结零件
	12	整修或补充损坏的线路标志、警示标志
有砟道床地段	1	根据线路平面及水平要求，调整轨道几何尺寸
	2	矫正线路不良状态，进行起道、拨道、改道等作业
	3	清筛不洁道床，补充道砟
	4	整治路基病害，修理排水设备
	5	调整轨缝，更换损伤钢轨，整修、更换和补充防爬设备
	6	更换和修理轨枕，整治轨底坡
	7	整修、更换和补充联结零件
	8	螺栓、扣件和夹板清扫涂油
	9	整修、更换和补充防爬设备和轨距拉杆
	10	检查道岔内部几何尺寸及各部件状况，维修、更换钢轨件
	11	整修道口及线路标志、铲除杂草，收集旧料分类堆放，保持线路外观良好
	12	检查车挡的正常使用功能，发现问题及时整改

② 线路经常保养基本内容。

序号	主要内容
1	根据轨道几何尺寸超过经常保养容许偏差管理值的状态，成段地整修线路
2	处理道床翻浆冒泥，均匀道砟和道床整理
3	更换和修理轨枕
4	调整轨缝，锁定线路
5	更换伤损钢轨，焊补、打磨钢轨和整治接头病害
6	有计划地成段整修扣件，进行扣件和接头螺栓涂油
7	进行无缝线路应力放散和断缝原位焊复或插入短轨焊复
8	整修道口，疏通道床区间排水设施
9	车挡螺栓涂油、刷漆，零星更换零部件
10	零星更换人造草坪联结零件，对翘起草皮钉上钢片加固
11	季节性工作、周期短于综合维修的单项工作和其他工作

③ 线路临时修的主要内容。

序号	主要内容
1	整修轨道几何尺寸超过临时补修容许偏差管理值的部位
2	更换重伤钢轨和达到更换标准的伤损夹板，更换折断的接头螺栓和护轨螺栓
3	调整严重不良轨缝
4	进行钢轨折断、重伤钢轨和重伤焊缝的处理
5	疏通严重淤塞的排水设备，处理严重冲刷的路肩和道床
6	整修严重不良的道口设备
7	垫入或撤出损坏垫板
8	在人造草坪翘起处重新注胶保证黏结牢固
9	其他需要临时补修的工作

④ 线路故障修的基本内容。

序号	主要内容
1	钢轨折断紧急处理
2	道岔故障紧急处理
3	道床下沉紧急处理
4	线路胀轨跑道紧急处理
5	其他影响行车运行安全的故障抢修

第二节　有轨电车线路作业

一、轨道巡检作业

1. 作业程序

（1）准备工作：施工负责人向轨道巡检人员布置巡检任务；施工负责人进行作业前安全讲话，巡检人员检查防护设备与工器具是否齐全、状态良好；检查所携带的材料数量、规格是否正确；施工负责人按规定向控制中心行车调度员请点登记，经允许后方可上道作业。

（2）巡检作业流程：巡检人员两人一组，按照制定的巡回图执行；巡检人员掌控巡道时间，以 2 ~ 3 km/h 左右的速度全面查看钢轨、排水沟、道床、路基及其他附属设施。若遇恶劣天气，施工负责人需提前制订计划做好准备，确保巡检任务准时完成，否则须以书面形式报告工务队长，同意后方可采取其他方式巡道，但不得超过两天；对于巡检中发现的问题，需及时在线路检查记录本中做好记录，巡检作业中能处理的立即处理，不能处理的立即报告施工负责人；巡检完毕后，施工负责人在确认人员工器具出清后，需向控制中心行车调度员销点。

2. 质量标准

（1）平交道口与小半径曲线：巡检时需检查道口石柱是否被外界车辆撞坏或人为移动而侵限，减速带是否松动；巡检时需着重检查小半径曲线钢轨是否伤损，并对其进行涂油养护。

（2）桥梁与下穿隧道：需着重检查桥梁伸缩缝是否正常，假草皮是否粘贴牢固，严禁钢轨间出现假草皮翘起的现象；检查隧道侧墙与顶板出是否有渗水现象，墙砖是否破碎，隧道最低处是否积水等。

（3）钢轨：查看钢轨轨头、轨面有无明显裂纹、严重剥落掉块或折断；查看有伤损标记的钢轨是否发展；检查并清理钢轨槽垃圾杂物；查看有无结构渗漏水滴于钢轨或其他轨道零配件上，或是否有严重积水。

（4）道岔及细部配件：检查尖轨是否有裂纹、掉块、折断；查看尖轨尖端密贴状况，清理道岔区域内垃圾杂物；查看道岔转辙部分的连接杆有无明显伤损和串动，开口销有无缺损等现象；全面查看转辙部分滑床板有无脱焊、裂纹或断裂迹象；查看绝缘接头、连杆绝缘处油脂及铁屑情况；检查辙叉有无明显裂纹及发展、压溃坍塌；查看护轨螺栓、间隔铁螺栓有无松动、缺损；查看其他零配件有无明显松动、缺损现象；重点查看探伤已标注的伤损部位有无发展。

（5）伸缩调节器：查看尖轨尖有无剥落、掉块情况；查看其他零配件有无明显松动、缺损现象。

（6）沿线指示标牌、护栏与其他设备：查看各种线路及行车标牌安装是否牢固；查看沿线护栏是否歪斜或损坏；查看井盖、围墙、接触网杆、树木花草等有无异常或侵限情况。

（7）接头及夹板：查看车辆基地内轨道夹板（含急救器）有无裂纹、无折断；查看车辆基地内轨道接头轨缝大小，夏季注意查看有无连三瞎缝、冬季注意有无大轨缝（18 mm 以上）；查看车辆基地内轨道接头螺栓（含急救器）有无松动或缺损。

（8）扣件：查看车辆基地内轨道扣件有无缺损，螺栓有无成段松动，铁垫板有无明显断裂；若有扣件缺损应进行更换补充；查看车辆基地内重点区域轨下胶垫有无缺损、成段串动。

（9）道床、轨枕与排水沟：雨季时查看道床、路基、排水沟积水情况；查看路基有无坍塌现象；查看排水沟有无堵塞，泄水口有无垃圾淤塞；若发现正线无砟道床有涌水、涌沙情况，及时向工务队长汇报；查看车辆基地内有砟道床有无严重坍砟、翻浆冒泥现象；查看车辆基地内轨枕有无严重开裂、失效。

3. 注意事项

（1）轨槽垃圾、泥土、碎石清出轨槽后，必须将清扫垃圾装袋带出轨行区，严禁将其洒落在钢轨面和道床间，并堆放在指定地点，禁止随便倾倒垃圾。

（2）巡道人员必须通过安全考试且考试合格。

（3）巡道人员须拥有高度的责任感和工作热情，并具备一定的专业和安全防护知识。

二、线路水平、高低作业

1. 作业程序

（1）准备工作：施工负责人组织施工人员列队点名，明确作业分工项目、内容及时间；施工负责人进行班前安全讲话，所有人员检查防护设备与工器具是否齐全、状态是否良好；检查所携带的材料数量、规格是否正确；对工器具进行编号，防止侵限或遗留在线路上；若涉及其他专业设备，与相关专业人员联系，要求配合施工。

（2）联系及防护。作业前 30 min，由施工负责人与调度联系并在施工登记簿上登记。施工作业令下达后进入轨行区开始施工作业。按规定设好防护，并保持通信联络畅通。

（3）检测高低：选定基本股，先俯身目测下颚圆弧的延长线，从纵向上找出线路高低不良的位置，用石笔做出标记；在钢轨顶面垫以同样高度的垫墩，将 10 m 弦绳拉紧后两端紧贴垫墩上表面，量取弦绳至轨顶面的矢度。用垫墩高度减量取的矢度之差，即为该线路的高低偏差值。当偏差值大于 8 mm（车场线）或大于 6 mm（正线）时，需及时进行高低调整，做好位置和数值的标记。

（4）调整高低：在石笔所做标记处，用耙子扒开轨下道砟，扒开的空间能够放入起道机即可；起道机加压抬高钢轨略高于维修目标（一般高于维修目标 1 ~ 2 mm）；在起道处的前三、后三根轨枕间距内进行捣固，每处捣固 5 ~ 6 下即可，直至区段内起道、捣固完毕，恢复道砟。对于偏差过大处，需在轨下增设垫片，使高低平顺。

（5）水平测量：调整完基本股后，以基本股为准进行水平的测量；在轨距偏差超过 8 mm（车场线）或 6 mm（正线）处，用石笔进行标记。

（6）调整水平：与调整高低步骤相同。

（7）恢复轨道设备：上好扣件，拧紧螺栓，恢复轨道设备。

（8）回检：施工负责人对轨道几何尺寸及零配件进行全面检查，确认线路状态是否满足行车条件；施工负责人对作业地段进行全面检查，调整、复拧零配件，做好回检记录。

（9）结束作业并回收旧料。

合格后撤除防护，及时回收换下的夹板及螺栓，确认现场设备设施恢复正常，人员及工器具出清后联系场调销点。

（10）经过 3 ~ 5 d，对轨道几何尺寸及零配件进行复查，确保其满足使用要求。

2. 质量标准

（1）道尺应在检验有效期内，确保精确无误。

（2）线路顺坡率不应大于 2‰。

3. 注意事项

（1）必须熟悉起拨道机、捣固机等机械设备的性能和操作方法，严格执行有关安全规定。

（2）电气集中道岔必须有通号人员配合，通号人员未到场禁止作业。有轨道电路时，注意防止联电。

（3）电气集中道岔作业使用的撬棍、起拨道器杆必须带绝缘装置，起拨道器禁止安放在绝缘接头处，以防联电。

（4）若在无缝线路处进行该项作业，起拨道机工作位置不可在铝热焊缝处。

三、钢轨螺栓更换、涂油作业

1. 作业程序

（1）联系及防护。

作业前 30 min，由施工负责人与调度联系并在施工登记簿上登记。施工作业令下达后进入轨行区开始施工作业。按规定设好防护，并保持通信联络畅通。

（2）拆卸螺栓。卸螺栓时两脚站在被卸螺栓帽的一侧，脚跟相距 300 ~ 400 mm，并成 90°角，两脚趾顶在夹板的边缘，上体前屈。当螺丝把嵌住螺帽后，重心移到旋回方向的前脚，卸螺栓时左手在前，两手用力旋转螺丝把。使用活口螺丝把时前脚踏在轨枕上，后脚踏在另一根轨枕上，距轨底约 50 mm。右手持螺丝把，左手支撑在轨面上，并以手指按住螺丝头部。

使用内燃接头扳手卸螺栓作业前，整备机器处于完好状态，随时能够投入运用。内燃机启动怠速运转 3 ~ 5 min 预热，根据相关规定的要求，标定扭矩，松卸的扭矩要大于紧固的扭矩，用扭矩扳手校定达到规定的范围内。作业中，确认转动方向正确，启动发动机，达到额定转速后，即可进行作业。在松开接头螺栓时，应先使套筒扳头全部套入螺帽后方可进行松开作业，以免磨损螺帽。

（3）除锈检查。用小扁铲及钢丝刷除去螺栓上的积锈油垢等污物；检查螺栓有无伤损，垫圈是否失效。

（4）涂油。螺丝扣部分应全面涂油，螺栓杆也应少量涂油。

（5）安装螺栓。穿上螺栓，套上垫圈，上紧螺母，垫圈口朝下，并达到规定扭矩要求。

（6）结束作业并回收旧料。按验收标准进行检验，合格后撤除防护。将换下的螺栓及时回收，确认现场设备设施恢复正常、人员及工器具出清后联系场调销点。

2. 质量标准

（1）接入的接头夹板应与钢轨类型匹配。

（2）夹板与钢轨的接触部分及螺栓的螺纹部分，必须使用 20#机油进行涂油。

（3）螺栓规格符合设计规定，无松动失效，且扭矩符合表 7.7 规定.。

表 7.7　普通线路接头螺栓扭矩标准

项目	单位	25 m 钢轨				12.5 m 钢轨
		最高、最低轨温差>85 °C		最高、最低轨温差<85 °C		
钢轨	kg/m	60 及以上	50	60 及以上	50	50
螺栓等级		10.9	10.9	10.9	8.8	8.8
扭矩	N · m	700	600	500	400	400
C 值	mm	6		4		2

注：1. *C* 值为接头阻力及道床阻力限制钢轨自由伸缩的数值。
2. 高强度绝缘接头螺栓扭矩不小于 700 N · m。

3. 注意事项

（1）成段接头螺栓更换或涂油作业应在施工作业时间内进行（个别接头螺栓更换或涂油作业除外）。

（2）在无缝线路缓冲区更换接头螺栓或涂油时，应在实际锁定轨温 ± 20 °C 以内逐根进行。在实际锁定轨温 ± 20 °C 以上时禁止进行更换接头螺栓或涂油作业。

（3）在绝缘接头作业时，需由相关专业部门配合，专业人员未到场禁止作业。

四、更换夹板作业

1. 作业程序

（1）联系及防护。作业前 30 min，由施工负责人与场调联系并在施工登记簿上登记。施工作业令下达后，方可进入轨行区开始作业，按规定设好防护，并保持通信联络畅通。

（2）检查轨缝。更换夹板作业时，应先调查轨缝，根据需要适当调整，将前后钢轨锁定。

（3）拆卸或松动扣件。将夹板范围内扣件螺栓螺帽拧松或拆卸，避免影响接头夹板螺栓的拆卸。

（4）拆卸螺栓。50 kg/m 轨道，接头夹板形式为六孔夹板，按图 7.5 所示顺序拆卸螺栓，拆卸的要领可参考见螺栓更换涂油作业。

卸下螺栓和垫圈要放在适当位置，避免丢失。

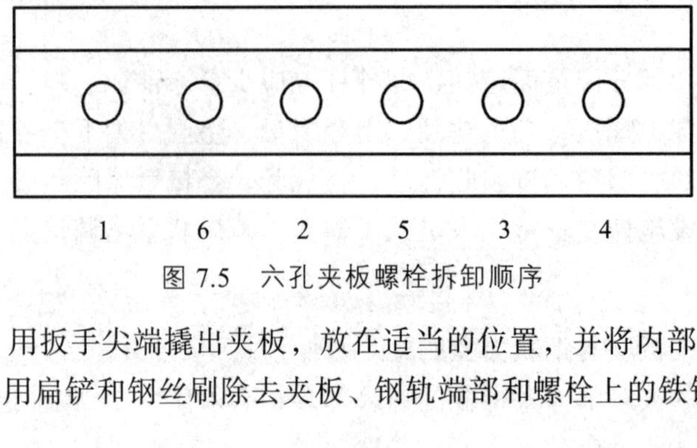

图 7.5　六孔夹板螺栓拆卸顺序

（5）拆卸夹板。用扳手尖端撬出夹板，放在适当的位置，并将内部积土扫净。

（6）除锈检查。用扁铲和钢丝刷除去夹板、钢轨端部和螺栓上的铁锈和油污;除锈后仔细检查钢轨轨腹、轨端和夹板上有无伤损、裂纹。

（7）涂油。在螺栓与夹板、夹板与钢轨两者接触面上均匀涂油。

（8）安装接头夹板及螺栓。用扳手尖端穿入夹板螺孔和钢轨螺孔内使其对齐对正，然后穿入全部螺栓，拧紧；紧固螺栓顺序分直线段与曲线段两种，可参考图 7.6；全部螺栓上紧后应复紧一遍。

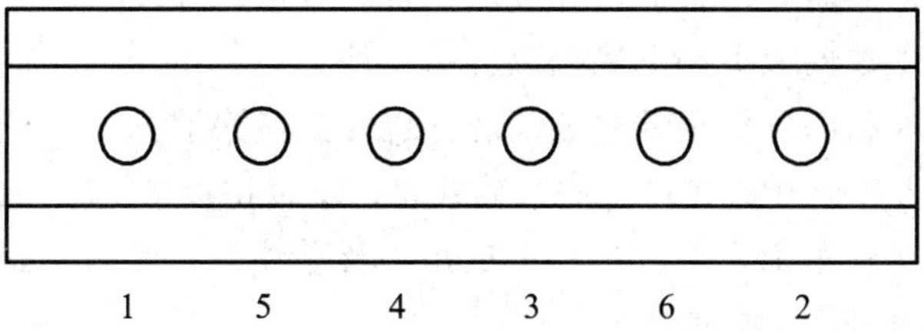

（a）直线

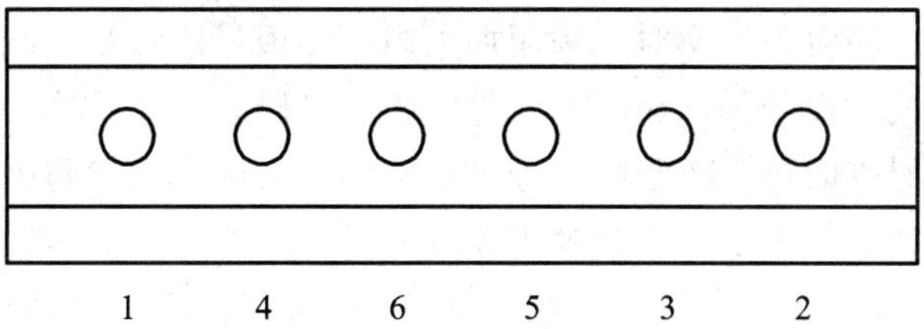

（b）曲线

图 7.6　线路六孔夹板螺栓紧固顺序

（9）安装紧固扣件。按顺序上扣件，上紧螺母或将扣件恢复原位后拧紧，达到扭矩要求。

（10）结束作业并回收旧料。按作业验收标准进行检验，合格后撤除防护。将换下的夹板及螺栓及时回收，确认现场设备设施恢复正常、人员及工器具出清后联系场调销点。

2. 质量标准

（1）换入的接头夹板应与钢轨类型一致，技术状态良好。接头夹板要确认好内外侧。

（2）道岔钢轨接头轨面和内侧错牙不大于 1 mm；正线、到发线钢轨接头轨面和内侧错牙不大于 1 mm，其他站线不大于 2 mm。

（3）接头螺栓应齐全，作用良好，缺损时应及时补齐和更换。夹板联结严密，普通线路接头螺栓扭力矩应达到规定值，并保持均匀。扭矩不足时，不得低于规定值 100N · m 以上。垫圈开口向下。

（4）新换夹板时，夹板与钢轨接触面要除锈涂油。

3. 注意事项

（1）更换夹板作业应在施工登记时间内进行，施工负责人需保证通信畅通。

（2）作业中，专人在作业地点两侧各 50 m 设置防护。按有关规定下道避车，人员、材料、工具不得侵入限界。

（3）根据气温情况注意防止轨缝拉开及线路胀轨跑道。

（4）来车时接头至少上足 4 个螺栓（轨缝每侧 2 个），才能放行列车。

（5）安装夹板和螺栓时，严禁用手指穿入螺栓孔内和轨缝内，以免夹伤手指。

（6）在绝缘接头作业时，必须有通号专业人员配合，通号专业人员未到场禁止作业。

五、更换调整扣件、轨枕螺栓涂油作业

1. 作业程序

（1）检查。检查记录需更换、调整扣件的位置和数量，并划上记号。

（2）拆卸扣件。用螺栓扳手卸下螺帽及各部扣件。

（3）涂油。螺栓丝扣部分要全部涂油，螺杆也要少量涂油。

（4）安装扣件。Ⅰ型分开式扣件顺序：挡板座；安装扣板、轨距挡板、弹条；垫平垫圈；上螺帽，将螺母拧紧达到扭矩要求。更换不良扣件及零件，如遇轨下胶垫缺损、歪斜或小胶垫挤坏窜出，也应同时进行更换或整正。

（5）回检。对几何尺寸及零配件进行全面检查，螺栓要全面复拧，并整修找细；根据轨距需要整正对股扣件；当轨距偏小时，采用加大内侧扣板号码和相应减小外侧号码；轨距偏大时，则采用减小内侧扣板号码和相应加大外侧扣板号码。

（6）结束作业并回收旧料。按验收标准进行检验，合格后撤除防护。及时回收换下的扣件，确认现场设备设施恢复正常、人员及工器具出清。

2. 质量标准

（1）轨距误差不超过作业验收标准：轨距变化率不大于 3‰。

（2）轨距块应做到与轨底顶严、压紧，与挡板座密靠。

（3）扣件应保持齐全，位置正确，作用良好。扣件与轨枕应联结紧密，当钢轨受车轮横向力作用时不得产生相对位移和扭转离缝。轨距块应靠贴轨底边，弹条扣件的弹条中部前端下颚应靠贴轨距挡板（离缝不大于 1 mm）或扭矩应保持在 80 ~ 150 N · m。

（4）弹条、轨距块、扣板、铁座、胶垫板、垫片位置正确。

（5）螺栓锈蚀清除彻底，丝杆涂油均匀。

3. 注意事项

更换调整扣件或轨枕螺栓涂油作业，应逐块倒换进行，来车时要保证配件齐全，作用良好，连续卸下或松开扣件螺栓不得超过 5 个，来车前必须做到隔一紧一。

六、线路改道作业

1. 作业程序

（1）准备工作。施工负责人组织施工人员列队点名，明确作业分工项目、内容及时间；施工负责人进行作业前安全讲话，所有人员检查防护设备与工器具是否齐全、状态良好；检查所携带的材料数量、规格是否正确；对工器具进行编号，防止侵限或遗留在线路上。

（2）检查与准备工作。直线以方向好的一股为基准股，改正对面股；曲线以上股为基准股，改正下股。若基准股方向不良应先拨或改正，基准股确定以后，进行调查，将需改动处所划撬。

（3）调整基准股轨距块。确定基准股，并对需改道地段划好始终点，对需要调整的扣板

画好标记符号；卸掉弹条，拿下轨距块，根据基准股的方向或轨距块离缝情况，采用更换轨距块等方法进行试调；在试调达到轨向直、扣件密靠程度时，如遇有轨底胶垫破损、歪斜轨距块破损、窜出时，应在调整或更换后再上弹条。

（4）整正对面股、调整轨距块。量轨距，根据轨距大小调整对面股的轨距块。同时注意轨距变化率须符合标准；其他作业与基准股相同。

（5）安装零件。上好扣件，拧紧螺栓。

（6）对改道区域进行捣固。

（7）回检。施工负责人对轨道几何尺寸及零配件进行全面检查，确认线路状态是否满足行车条件；施工负责人对作业地段进行全面检查，调整、复拧零配件，做好回检记录。

（8）结束作业并回收旧料。合格后撤除防护。及时回收换下的夹板及螺栓，确认现场设备设施恢复正常、人员及工器具出清。

（9）复查。经过 3 ~ 5 d，工班应对轨道几何尺寸及零配件进行复查，确保其满足使用要求。

2. 质量标准

（1）轨距偏差不得超过 + 4、 − 2 mm。

（2）轨距变化率不得大于 2‰，并不得有碎弯。

（3）轨向偏差不超过 4 mm。

（4）曲线轨距加宽应在整个缓和曲线内递减。如无缓和曲线，则在直线上递减，递减率一般不得大于 1‰。

（5）复曲线应在正矢递减范围内，从较大轨距加宽向较小轨距加宽均匀递减。

（6）两相邻曲线轨距加宽按 1‰递减，其终点间的直线长度应不短于 10 m，不足 10 m 时，如直线部分的两轨距加宽相等，则直线部分保留相等的加宽；如不相等，则直线部分从较大轨距加宽向较小轨距加宽均匀减递。

（7）轨距块与挡座离缝大于 2 mm 的数量，不得超过 8%。

（8）改道时应调整不同号码轨距块，并可用厚度不超过 2 mm 的垫片调整尺寸。同时，应修理和更换不良扣件。

3. 注意事项

（1）机械设备性能良好，作业人员熟悉操作方法，严格执行有关安全规定。

（2）改道人员保持一定距离，防止工器具伤人。

（3）在有轨道电路的线路上改道时，所有的起拨道器杆、撬棍应加装绝缘套管。同时，严禁使起拨道器杆等金属工具放在引入线上，起拨道器不准插在绝缘轨缝和有跳线处所；在钢轨上推行起拨道器遇有绝缘接头时需提起，以防联电。

（4）无缝线路地段改道，起拨道器不得安放在钢轨焊缝处。

七、道岔改道作业

1. 作业程序

（1）准备工作。施工负责人组织施工人员列队点名，明确作业分工项目、内容及时间；

施工负责人进行作业前安全讲话，所有人员检查防护设备与工器具是否齐全、状态良好；检查所携带的材料数量、规格是否正确；对工器具进行编号，防止侵限或遗留在线路上；与信号专业人员联系，要求配合施工。

（2）联系及防护。作业前 30 min，由施工负责人与调度联系并在施工登记簿上登记。施工作业令下达后进入轨行区开始施工作业。按规定设好防护，并保持通信联络畅通。

（3）检查。作业前先确定基准股，每隔 2～3 根岔枕测量一下轨距，将需要改道部分在钢轨底上划出标记；测量各点支距，需要改动部分在钢轨底上划出标记。

（4）固定基准股。拨正基准股方向，固定基准股。对于基准股方向不能拨正的，应采用以下方法：

序号	采用方法
1	根据基准股方向和轨距块或挡板离缝情况，采用更换轨距块等方法进行试调。卸下螺帽、弹条，清扫承轨槽，对锈蚀的螺栓进行除锈、涂油
2	在调试达到轨向、扣件密靠程度满足要求时，如有胶垫、调整片破损、歪斜、突出，应在更换或调整后再上扣件
3	上紧弹条或螺帽，螺栓扭矩达到标准

（5）调整轨距与支距方法如下：

项目	序号	内　容
作业顺序	1	按基准股轨距固定直内股
	2	按支距固定导曲线上股
	3	按导曲线上股轨距固定导曲线下股
作业方法	1	首先量好轨距，根据轨距大小调整对面股的轨距块，同时注意轨距变化率须符合标准
	2	其他作业同调整基准股

（6）开通前检查。作业负责人对轨道几何尺寸及零配件进行全面检查，确认放行列车条件。

（7）开通线路。达到放行列车条件后，作业负责人通知现场防护员撤除停车防护，通知行调或场调消记，开通线路。

（8）回检。收工前，作业负责人对作业地段进行全面检查，并做好回检记录。

（9）结束作业。全部达到作业质量标准后，作业负责人通知行调或场调结束作业，撤除防护。人员及工器具出清。

2. 质量标准

（1）作业后轨道静态几何尺寸容许偏差管理值需满足相关要求。

（2）尖轨尖端处轨距加宽，允许速度不大于 80 km/h 的道岔应按不大于 6‰的递减率递减至基本轨接头。

（3）对于尖轨尖端与尖轨跟端的高差，直尖轨在尖轨全长范围内递减，曲尖轨按标准图或设计图办理。

（4）对于道岔尖轨尖端轨距递减：两尖轨尖端距离小于 6 m，两尖端处轨距相等时不做递减，不相等时应从较大轨距向较小轨距均匀速减；两尖轨尖端距离大于 6 m 时，允许速度不大于 80 km/h 的道岔应按不大于 6‰的递减率递减，但中间应有不短于 6 m 的相等轨距段。

（5）交叉渡线及其他类型道岔的各部分尺寸按标准图或设计图办理。

（6）轨距误差不超过作业验收标准（尖轨尖端不超过 ± 1 mm）。

（7）连接曲线至辙叉的轨距递减率不应大于 2‰，困难条件下不应大于 3‰。

（8）6 号道岔查照间隔（辙叉心作用面至护轨头部外侧的距离）不得小于 1 391 mm，护背距离（辙岔翼作用面至护轨头部外侧的距离）不得大于 1 348 mm；3 号道岔查照间隔不得小于 1 407 mm，护背距离不得大于 1378 mm。

（9）铁垫板的外口挡肩或扣板与轨底间的空隙不超过 2 mm。

3. 注意事项

（1）转辙部分改道作业必须在施工作业令中规定的时间内进行。

（2）在电气集中道岔处作业，或其他部位影响信号设备时，必须有信号专业人员配合，信号专业人员未到场禁止作业。

（3）电气集中道岔作业使用的撬棍、起拨道器杆必须带绝缘装置，起拨道器禁止安放在绝缘接头处，以防联电。

（4）作业人员要保持距离，防止工器具伤人。

八、沥青路面坑槽冷补作业

1. 作业程序

（1）准备工作。施工负责人向各施工人员布置巡检任务；施工负责人进行作业前安全讲话，作业人员检查防护设备与工器具是否齐全、状态良好；检查所携带的材料数量、规格是否正确；在做好相关安全措施的情况下，实行“边运营边抢修”；施工负责人按规定进行请点登记，经允许后方可上道作业。

（2）修补作业流程。

人员配置：施工负责人 1 名，专职防护员 2 名，施工员 6 名。

社会防护：在沥青破损部位外围设置社会防护，专职防护员位于距施工区域 100 m 处，通过手台与施工负责人进行电车运行情况及社会车辆行进情况的实时沟通，以便及时出清轨行区，保证列车正常运营。

施工细节：在专职防护员下达撤离施工区域的命令后，施工人员必须以最快速度同工器具共同撤离，禁止在轨行区及施工区域逗留，人、机、料等不得侵限，确保列车正常运营，每次施工仅限下行线或上行线一侧单条线路，对同时影响上下行线的单独进行，减少单次作业量，尽量压缩单次作业时间，施工地段因沥青黏着、机具无法出清等特殊情况，专职防护员及施工负责人应立即向行车调度员汇报，同时立即拦停接近相关区域的列车；巡检完毕后，施工负责人在确认人员工器具出清后，需向控制中心行车调度员销点。

施工流程说明：施工负责人向行调申请进入轨行区施工，行调批准进入轨行区施工后，该施工区域所有安全保障措施由申请部门负责，直至该区段施工结束，人机料全部出清轨行区后再向行调报告，此次施工全部结束，行调收回该区域管理权。该施工只适用于有轨电车沿线道口沥青破损修补。

2. 质量标准

（1）修补后外观应表面平整密实，无明显轮迹，且无明显离析。

（2）施工人员作业时严格按照工艺、工序要求进行操作，不得偷工减料。热沥青混合料修补时沥青混合料的温度必须按照规范规定控制。施工结束后按要求填写施工记录等质量资料。

3. 注意事项

（1）施工区域可根据实际情况进行适当增大或缩小，在避让电客车时，所有物体不侵入限界，不影响列车正常运营。

（2）所有作业人员需佩戴防护手套、口罩等劳保防护用品。

为保障施工质量、快捷、安全，沥青修复期间，设调在非特殊情况下只进行视频监控，由施工专职防护员和施工负责人进行全面防护。

（3）施工人员在作业时，在施工区域外围做好防护，防止社会车辆误伤。

（4）进行溶剂煤油的配比时，所有人员需站在上风向，避免吸入大量有害物质。

（5）施工完成后，需将现场剩余物料带回，将施工垃圾清理干净，保证轨行区、轨槽和社会道路的清洁、平整。

（6）如遇特殊情况，物料不能及时清理，可能对行车造成影响时，专职防护人员第一时间拦停列车，同时施工负责人立即报调度。

九、胀轨跑道作业

1. 作业程序

（1）准备工作。施工负责人组织施工人员列队点名，明确作业分工项目、内容及时间；施工负责人进行作业前安全讲话，所有人员检查防护设备与工器具是否齐全、状态良好；检查所携带的材料数量、规格是否正确；对工器具进行编号，防止侵限或遗留在线路上；与信号专业人员联系，要求配合施工。

（2）联系及防护。作业前 30 min，由施工负责人与调度联系并在施工登记簿上登记。施工作业令下达后进入轨行区开始施工作业。按规定设好防护，并保持通信联络畅通。

线路确定为胀轨跑道时，必须立即拦停列车，采取浇水降温（在线路发生显著变化地点前后 50 m 范围内以防胀布覆盖，从胀轨地段两端向中间轻浇慢淋）或喷洒液态二氧化碳的办法降低钢轨温度。温度降低后方可拨道。曲线地段拨道只能上挑，不宜下压。整正线路，夯拍道床，按 5 km/h 放行列车。现场派人监视线路，并不间断地采取降温措施。拨道不得影响两线线间距。待轨温降至接近原锁定轨温时，再恢复线路和正常行车速度。

无降温条件或降温无效时，应立即截断钢轨（普通线路应拆开钢轨接头）放散应力，整正线路，夯拍道床，首列放行列车速度不得超过 5 km/h，并派专人看守、整修线路，逐步提高行车速度。在 24 h 内进行临时处理或永久性处理。

（3）做好胀轨跑道登记，无缝线路发生胀轨跑道时，应对胀轨跑道情况按规定内容做好登记。

2. 注意事项

防胀期间，要经常不断地加强巡道人员的主人翁责任感和防胀基本原理的安全教育，做到多查细看，发现险情及时果断处理，并迅速通知相关部门；在电气集中道岔处作业，或其他部位影响信号设备时，必须有信号专业人员配合，信号专业人员未到场禁止作业；电气集中道岔作业使用的撬棍、起拨道器杆必须带绝缘装置，起拨道器禁止安放在绝缘接头处，以防联电；作业人员要保持距离，防止工器具伤人。

十、断轨急救作业

1. 作业程序

（1）紧急处理。当钢轨断缝不大于 50 mm 时，在断缝处上好夹板或鼓包夹板，用钢轨急救器进行固定；焊缝伤损经钻孔加固的要复紧接头螺栓，整治接头错牙；在断缝前后 50 m 拧紧扣件，限速 5 km/h；条件允许，可在断缝内插入短轨头，并在下面垫实短枕木头。

（2）临时处理。钢轨断缝大于 50 mm 以及紧急处理后，不能立即焊接修复的，进行临时处理；封锁线路紧急处理后，限速放行列车；准备工作与基本作业如下：

序号	准备工作
1	涉及电气化地段，要求相关专业人员进行配合
2	正线上插入不短于 6 m、站线不短于 4.5 m 的相同规格钢轨，运送到现场
3	当轨温与无缝线路锁定轨道相差超过 15 °C 时，拧紧断缝前后 100 m 扣件，锁定钢轨
4	准备丈量断缝的距离、轨温，做好记录
5	新轨定位，断缝应尽量处在新轨的中部，遇到焊缝损伤的，距焊缝不小于 0.5 m

序号	基本作业
1	申请施工作业，设置安全防护
2	拆卸钢轨扣件、夹板
3	更换伤轨
4	连接新钢轨，并拧紧扣件
5	作业完毕，出清施工工器具和施工垃圾，撤销请点

（3）永久处理。对插入的短轨及时进行焊接，恢复无缝线路轨道结构。采用铝热焊，插

入短轨长度等于切除钢轨长度减去 2 倍预留轨缝值。先焊接一端，再焊接另一端时，先张拉钢轨，使断缝两侧标记的距离等于原丈量距离减去断缝值后再焊接；在线路上焊接时，气温不应低于 0 °C，通过列车时，焊缝温度应低于 300 °C。

2. 质量标准

（1）插入钢轨与线路上的钢轨接头错牙不超过 1 mm，水平、高低不超过 1 mm。

（2）锯轨时，应全断面垂直锯断。钢轨钻孔后必须倒棱。

（3）焊缝打磨，用 1 m 直尺测量应不小于 0.5 mm。

3. 注意事项

（1）对断轨处所进行紧急处理或临时处理时，必须按要求设置防护。

（2）所有参与断轨处所紧急处理或临时处理的人员严禁侵越邻线。

（3）使用锯轨机、钻孔机时，必须先检查设备状况，确认正常后，方可启动操作。

（4）锯轨作业中，所有人员严禁站在锯轨机砂轮片运转方向，防止砂轮片破碎飞出伤人、火星飞溅灼伤。

（5）断轨地点紧急处理或临时处理时，断轨地点防护员要密切注意邻线有无列车开来。邻线来车时,防护员要及时通知侵越邻线作业人员下道避车。

（6）提前备好防断料具。

第三节　有轨电车线路案例

【案例 1】计算线路轨距变化率

如图 7.7 所示是工务人员测量某段直线轨道线路的轨距情况，试计算该段线路的轨距变化率。

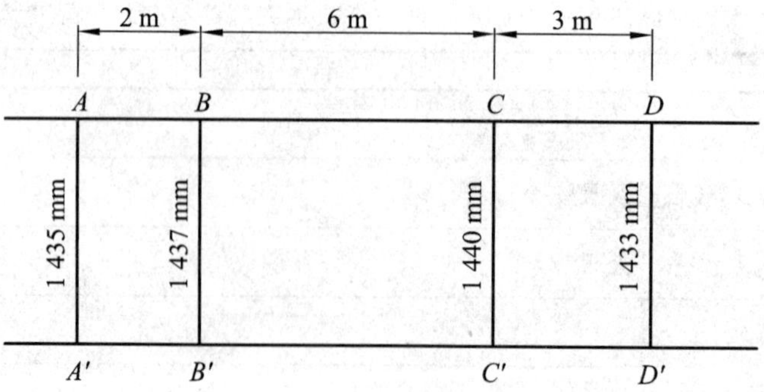

图 7.7　轨距变化率

【解】 $AA' - BB'$轨距变化率 =（1 435 − 1 437）/2000 = 1‰

$BB' - CC'$轨距变化率 =（1 437 − 1 440）/6 000 = 0.5‰

$CC' - DD'$轨距变化率 =（1 440 − 1 433）/3 000 = 2.3‰

【案例 2】计算三角坑数值

如图 7.8 所示为工务人员测量某线路两股钢轨水平检查结果，试计算三角坑值。

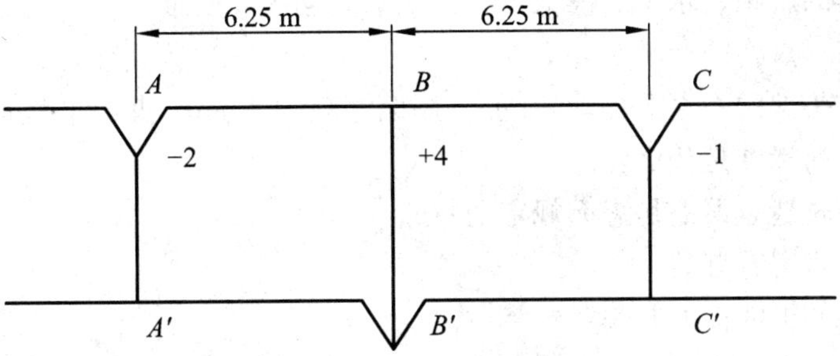

图 7.8　三角坑计算图

【解】 $AA' - BB'$段 $= |-2-(+4)| = 6\ \text{mm}$

$BB' - CC'$段 $= |+4-(-1)| = 5\ \text{mm}$

【案例 3】计算预留轨缝

某地区 $T_{max} = 65\ °C$，$T_{min} = -20\ °C$，在轨温为 20 °C 时调整轨缝，钢轨长度为 25 m，求预留轨缝 a_0。

【解】 $t_z = \frac{1}{2}(T_{max} + T_{min}) = \frac{1}{2}(65-20) = 22.5\ °C$

$$a_0 = aL(t_z - t_0) + \frac{1}{2}a_g = 0.011\ 8 \times 25 \times (22.5-20) + \frac{1}{2} \times 18 = 9.7\ \text{mm}$$

因此预留轨缝为 9.7 mm。

复习思考题

1. 60R2 型槽型轨钢轨高度是多少？
2. 现代有轨电车正线扣件主要有哪几种？
3. 现代有轨电车常见的轨枕主要有哪几种？
4. 现代有轨电车正线一般采用什么类型的道床？
5. 现代有轨电车车辆段库外线一般采用什么类型的道床？
6. 现代有轨电车车辆段库内线一般采用什么类型的道床？
7. 现代有轨电车 6 号道岔全长、前长、后长分别是多少？
8. 现代有轨电车 3 号道岔全长、前长、后长分别是多少？
9. 现代有轨电车 6 号道岔直向允许通过速度是多少？
10. 现代有轨电车 3 号道岔直向允许通过速度是多少？
11. 现代有轨电车 6 号道岔侧向允许通过速度是多少？
12. 现代有轨电车 3 号道岔侧向允许通过速度是多少？
13. 单向钢轨伸缩调节器主要由哪几部分组成？

14. 双向钢轨伸缩调节器主要由哪几部分组成？
15. 现代有轨电车轨道附属设备主要有哪些？
16. 解释轨道的轨距、水平、高低、三角坑、轨向、轨底坡？
17. 钢轨轻伤、重伤的标准是什么？
18. 某处钢轨头部的垂直磨耗为 6 mm，侧面磨耗为 8 mm，其总磨耗是多少？
19. 钢轨折断的标准是什么？
20. 普通线路轨缝总误差是怎么规定的？
21. 钢轨接头病害有哪些？
22. 钢轨扣件伤损的标准有哪些？
23. 钢轨接头病害的整治方法有哪些？
24. 钢轨接头的标准是什么？
25. 轨缝的计算公式什么？
26. 最大构造轨缝是多少？

第八章 跨座式单轨线路

【学习目标】

1. 掌握跨座式单轨线路设施的组成与特点；
2. 掌握跨座式单轨线路设施的结构功能。

【知识要求与技能要求】

1. 跨座式单轨线路基础知识；
2. 跨座式单轨线路的检查项目及方法；
3. 跨座式单轨线路常见病害的处置方法。

第一节 跨座式单轨线路基础知识

一、跨座式单轨线路

跨座式单轨线路就是通过单根轨道来支承、稳定和导向，车体骑跨在轨道梁上运行的交通线路，如图 8.1 所示。

图 8.1 单轨线路

1. 跨座式单轨线路的起源

世界上第一条跨座式单轨线路诞生于 1888 年，由法国人 Charle Larligue 设计,在爱尔兰铺设的,线路长约 15k m,由蒸汽机车牵引,这条线路一直运行到 1924 年。第二次世界大战以后,随着科学技术的进步,跨座式单轨线路技术才受到各方重视,逐渐完善和成熟起来。1952 年,德国工业家 Axellenard Wenner2Gren 在德国科隆附近的菲林根建造了一条单轨线进行实验研究。经过反复试验,于 1958 年得出这样的结论：采用跨座式、混凝土轨道和橡胶充气轮胎能达到最好的效果。后来美国、日本和意大利等许多国家都修建了这种形式的轨道交通。

2. 单轨线路结构形式

跨座式单轨车辆的转向架采用骑跨在轨道梁上的结构,采用走行轮传动,通过设在转向架两侧的导向轮胎和稳定轮胎导向和稳定车体,这一点不同于常规铁路采用的钢轮-钢轨系统,走行轮对同时兼有传动和导向的功能。在轨道梁上行驶的单轨车辆转向架上装有三种轮胎：走行轮、导向轮和稳定轮,它的走行机理与钢轮-钢轨系统完全不同。轨道梁顶面作为列车走行面，梁体上部两侧工作面为导向面，梁体下部两侧为稳定面，列车行驶时其走行轮、导向轮以及稳定轮分别运行在轨道梁的各工作面，如图 8.2 所示。

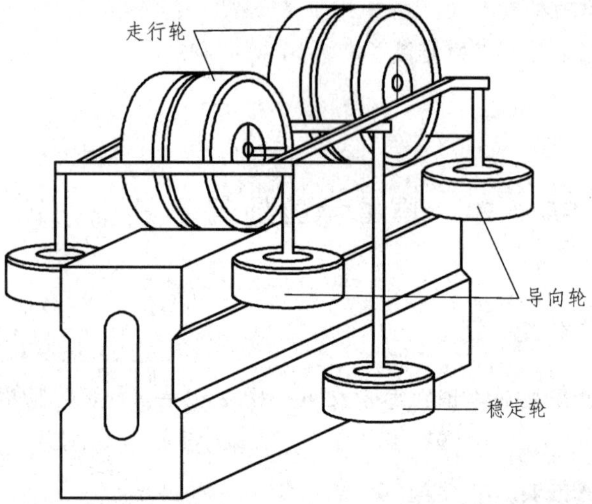

图 8.2　列车转向架示意图

3. 跨座式单轨线路特点

跨座式单轨交通的轨道梁既要满足结构承载要求，又要在制造和架设过程中按照线路设计要求形成轨道线形。轨道梁作为单轨车辆的走行轨道，直接关系到列车运行时的安全及平稳，因此对其设计精度及制造精度要求非常高。轨道梁必须要确保轨道的整体线形要求以及较高的结构强度、刚度、竖向挠度、横向抗扭转变形要求。另外，轨道梁还要满足牵引供变电、接触网、通信信号控制、避雷器、自动监控、综合接地等电气设施装置的要求，同时考虑敷设于轨道梁体上的电缆、内部管道等附属物的接口安装和维护条件，以及支座、伸缩缝等的安装。因而，它是集多种功能于一体的建筑结构，既要有足够的强度，又必须具有足够的精度。因此，跨座式单轨交通线路与铁路及其他类型在钢轨上行走的轨道交通有截然不同的独特特点。

（1）运行安全：在列车运行过程中，走行轮始终与轨道梁顶面接触，轮胎的弹性主要缓冲车辆竖向振动，导向轮和稳定轮则起到缓冲车辆横向导向及稳定的作用，因此充分保证了系统的运营安全。由于系统的运行采用全封闭模式，与其他交通形式不相互干扰，因此单轨列车的运行稳定、安全、正点。

（2）城市空间利用：单轨交通是一种全线高架的轨道交通系统，可以利用普通道路之上的空间，因此不会干扰其他交通。

（3）地形适应力强：列车具有较强爬坡能力（最大坡度可达 60‰），能通过较小弯道（正线曲线半径最小可达 100 m）。它可以很好地适应城市多变的地形、地貌和复杂地理环境。

（4）环境影响小：单轨列车由于采用橡胶轮胎和空气弹簧转向架，减振降噪效果理想，噪声低，振动小，由于采用电力牵引，列车运行中无排气污染，有利于保护城市环境。

（5）速度快，运量适中：单轨交通最高速度可达 80 km/h，平均运行速度约 35 km/h。其运量在公共汽车和地铁系统之间，属于中等运量交通系统。

（6）工程造价低：单轨交通轨道为模块结构，标准轨道梁便于工厂预制，现场拼接，既保证了精度又便于施工，从而可以缩短工期。单轨交通的工程造价比较低，单轨交通的工程造价仅为地铁造价的 1/3 ~ 1/2。

总之，跨座式单轨与地铁、有轨电车是不同层次的系统，是互补而不是替代的关系。《城市轨道交通工程基本术语标准》（GB/T 50833—2012）对单轨的定义为：在全封闭或部分封闭线路上运行的中运量城市轨道交通方式，线路通常设于地面或高架桥上，也可延伸至地下结构内，是一种现代化的公共交通工具。

二、线路标识

1. 设置线路标识的目的

根据行车及线路养护维修的需要，跨座式单轨交通线路上设有相应的标志标识，以便于工作人员了解线路状况，从事线路维修、检查及联系工作，并使列车司机依据各种标志操纵列车，达到安全运行的目的。

2. 线路标识分类

跨座式单轨线路上标识包括公里标、车站中心标、曲线标、坡度标、限速标、停车标等，其分类及设置要求如表 8.1 所示。

表 8.1　标识分类及设置要求

序号	标识标线名称	设置位置
1	公里标	轨道梁内侧下部
2	半公里标	轨道梁内侧下部
3	曲线标	轨道梁内侧下部
4	坡度标	轨道梁内侧下部

续表

序号	标识标线名称	设置位置
5	车站中心标	轨道梁内侧下部
6	车辆接触限界标	道岔端轨面及轨道梁内侧下部
7	车挡标	车挡上方固定
8	车辆停止标	轨面
9	进站警示标	轨面
10	限速标	轨面
11	限速解除标	轨面
12	信号确认标	轨面
13	停车位置目标标	轨面
14	一度停车标	轨面
15	停车位置标	轨面

轨道梁编号设置在轨道梁内侧下部，墩柱编号则设置在墩柱盖梁位置及检修通道上方，便于观察。

跨座式单轨交通线路标识具体示例图片详见图 8.3 ~ 8.12 所示。

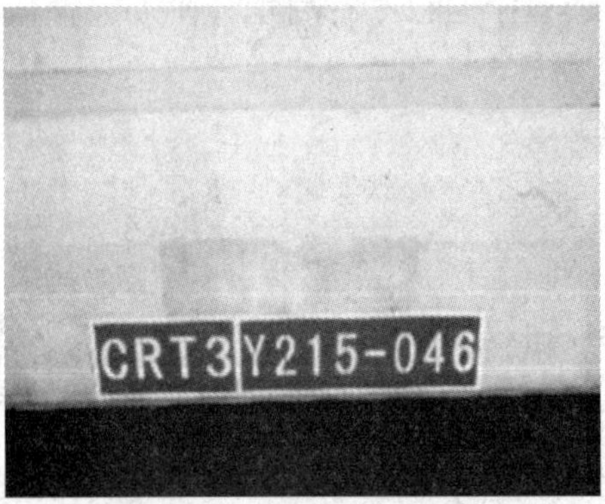

图 8.3　轨道梁编号

图 8.4　墩柱编号

图 8.5　线路曲线标

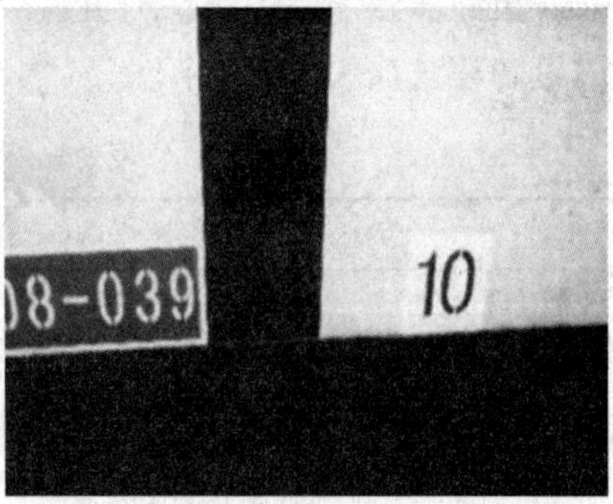

图 8.6　里程标

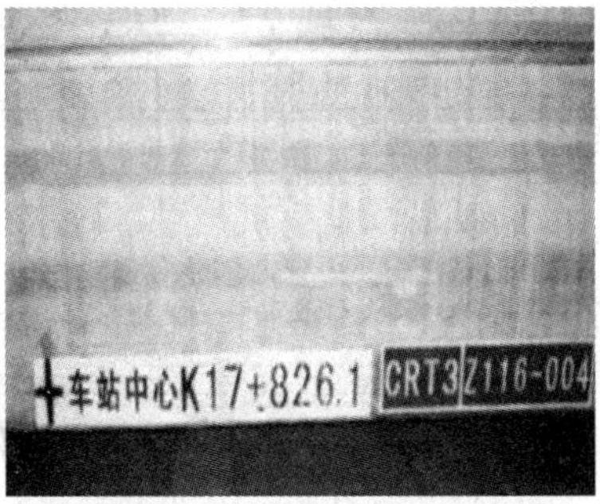

图 8.7　车站中心标

图 8.8　限速解除标

图 8.9　停车位置标

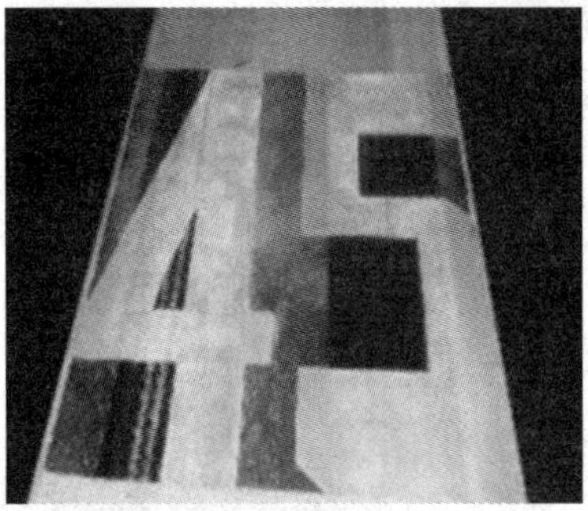

图 8.10　速度限制标

图 8.11　车辆接触限界标

图 8.12　列车进站警示标

三、单轨线路上部结构

1. 轨道梁

单轨线路上部结构主要包括轨道梁、接缝板以及支撑轨道梁的铸钢支座。轨道梁是承载列车荷重和车辆运行导向的结构，以及其他设备设施的载体。

（1）轨道梁种类。

跨座式单轨的轨道梁按轨道梁材料可分为预制混凝土轨道梁和钢制轨道梁两种，轨道梁根据线路条件可分为直线梁和曲线梁。PC 轨道梁即预应力钢筋混凝土预制梁，作为跨座式单轨交通的重要组成部分，大多数跨座式单轨线路都采用标准预制混凝土轨道梁，跨度为 20 ~ 22 m，断面采用工字型中空截面，高度为 1.5 m，宽度为 0.85 m。一般情况下两端及中间共设 5 个横隔板，当跨度变化时，增减跨中可调整区段的长度，中间的横隔板数量依梁长调整，见图 8.13 和 8.14 所示。

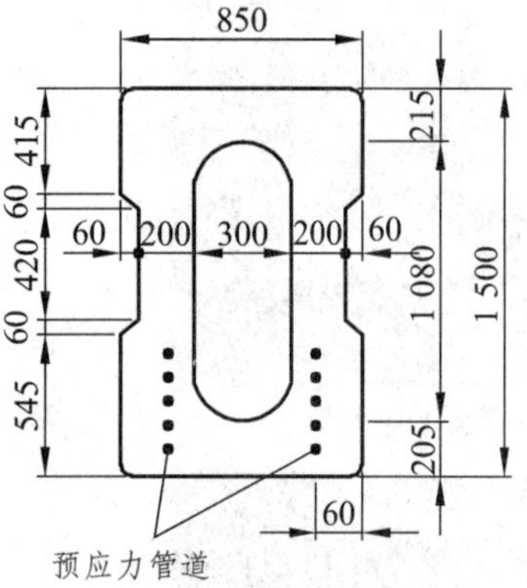

图 8.13　轨道梁截面图

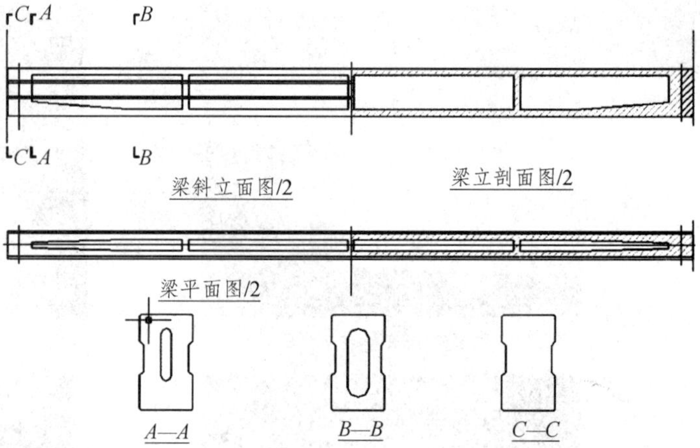

图 8.14　轨道梁结构图

梁腰两侧为供电轨，梁底悬挂电缆桥架，敷设供电、通信、信号等缆线，见图 8.15。

图 8.15　轨道梁供电线路示意图

轨道梁采用预应力混凝土（PC），全部由专用模板制成，具有较高的精度。当跨度大于 22 m 或轨道梁建筑高度很高时，原则上采用钢制轨道梁。钢制轨道梁断面一般采用箱型截面，见图 8.16、图 8.17。

图 8.16　预应力混凝土轨道梁

图 8.17　钢轨道梁

（2）PC 轨道梁材料。

① 混凝土：轨道梁混凝土采用 C60 级。

② 预应力钢筋：预应力钢筋采用 7ϕ5（公称直径 15.24 mm）预应力钢绞线，每束由 4 或 5 根钢绞线组成。预应力钢绞线强度级别为 1 860 MPa，Ⅱ级松弛，技术条件满足《预应力混凝土用钢绞线》GB/T 5224—2014 的要求，弹性模量 $E_y = 1.95 \times 10^5$MPa。

③ 锚具：锚具应符合 GB/T 14370 的规定，并具有良好的耐疲劳性能。

④ 普通钢筋：II 级（20MnSi）钢筋应符合 GB1499 要求，I 级（Q235）圆钢筋其技术条件满足 GB 13013 要求。

（3）预应力体系。

预应力钢筋采用 7ϕ5 mm（公称直径 15.24 mm）预应力钢绞线，每束由 3 根或 4 根钢绞线组成，锚具采用成套 M 15-3 和 M 15-4（锚具型号以 M 示意）夹片式锚具。管道形成采用内径 50 mm 的波纹管，张拉设备采用相应型号的千斤顶。

（4）设计荷载轴重：110kN，见图 8.18 设计荷载图示。

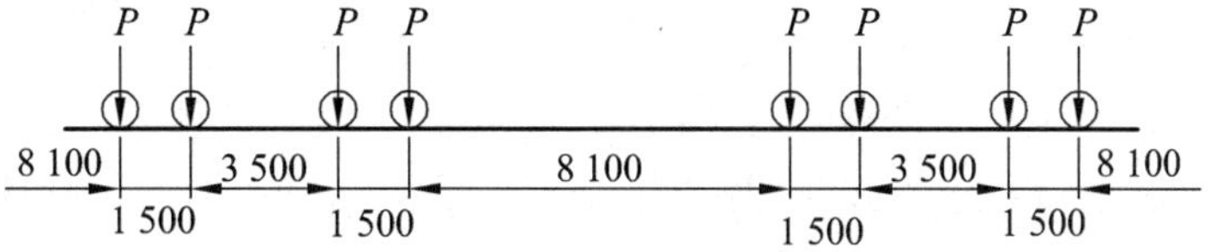

轴重

状态	轴重 P（kN）
满员时	110
定员时	90
空车时	80

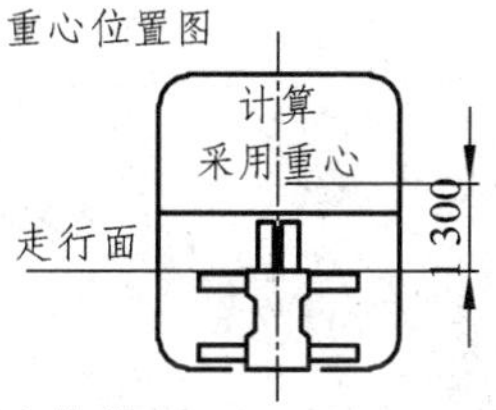

图 8.18　设计荷载图示

（5）单轨线路主要技术要求。

① 行车速度：列车在正线正向通过道岔时，限速为 50 km/h；通过关节可挠型道岔时，限速为 25 km/h，通过关节型道岔时，限速为 15 km/h。在车辆基地内限速为 15 km/h；故障列车运行限速为 15 km/h。列车在曲线上的运行速度应根据曲线半径大小，按下列公式计算确定：

$$v_x = 4.65\sqrt{R}$$

并应根据线路设计的实设超高率核算实设限速。

② 平曲线最小半径：正线 100 m，车站 300 m，车辆段及道岔附带曲线 50 m。

③ 纵断面最大坡度：区间正线的最大坡度不宜大于 60‰。

④ 曲线超高：正线圆曲线上设不大于 12%的超高率，允许欠超高率 5%，允许过超高率 3%，当平面缓和曲线为三次抛物线型时，超高过渡应呈直线变化，并宜在缓和曲线全长范围内完成。

⑤ 双线线间距：直线段 3.7 m，当曲线半径小于 500 m 时，考虑曲线地段引起的线间距加宽，以及由于上、下行线超高率不等时引起的线间距加宽。两线并行地段曲线线间距的加宽应采用加长内侧线缓和曲线长度的方法完成。曲线加宽过渡宜在缓和曲线全长范围内完成。曲线加宽值按下式计算：

$$E = \frac{34\ 500}{R} - 69 + 3\ 700(1 - \cos\alpha) + H \cdot \tan\theta$$

式中 E——线间距加宽值（mm）；

R——曲线半径（m）；

α——曲线轨道梁超高角度，若上、下行线超高不等时取大值（°）；

H——计算点至轨面中心的高度（mm）；

θ——上、下行线轨道梁超高角度差值（°）。

⑥ 梁缝：梁与梁之间必须设置伸缩缝，确保轨道梁热胀冷缩及荷载作用下轨道梁的自由伸缩，其标准梁缝宽为 30 mm，连接道岔、大跨度桥梁等位置时其梁缝按照伸缩量另作要求。

2. 接缝板

（1）设置接缝板的目的。

接缝板是为适应跨座式单轨交通轨道梁自由伸缩的需要，而开发的一种伸缩和连接过渡装置，具有结构简单、外形美观、使用寿命长等特点。

（2）接缝板形状及安装状况。

由于接缝板前端如人的手指形状，也俗称“指形板”，以下简称指形板。指形板由板座和指形板两部分组成，通过指形板螺栓进行连接，为保证列车通过时的平顺性，指形板及板座安装于轨道梁梁体端部走行面、两侧导向面和稳定面，见图 8.19。

导向面和稳定面指形板

走行面指形板

图 8.19 指形板安装位置示意图

（3）指形板、板座等材料。

板座采用铸铁件，制作轨道梁时预埋；指形板采用 Q235 钢板，架梁时用 8.8 级 M16 高强螺栓进行安装，见图 8.20 及图 8.21。在轨道梁设计时，选择与接缝类型匹配的接缝板和板座并确定其安装位置。

图 8.20 指形板板座

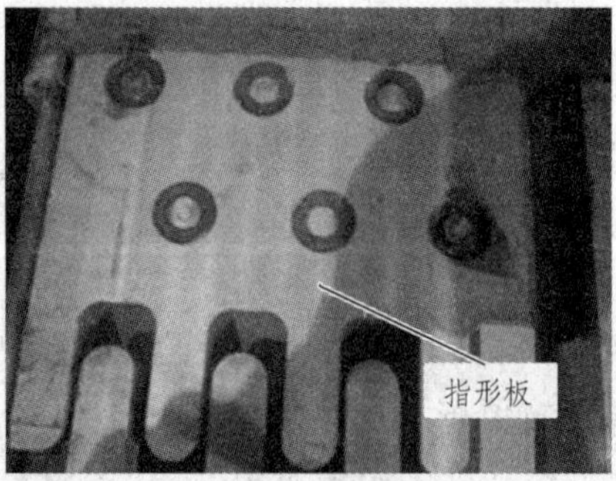

图 8.21 指形板

（4）接缝板类型。

轨道梁接缝板及板座类型选择取决于桥跨布置中的接缝类型及连接位置，分类见表 8.2。

表 8.2　指形板与板座分类表

指形板型号	板座型号	接缝位置	梁缝宽度
ZXB1	BZ1	PC 轨道梁接 PC 轨道梁	30 mm
ZXB2	BZ2	PC 轨道梁接轨道梁桥端部 PC 轨道梁	60 mm
ZXB3	BZ3	PC 轨道梁接轨道梁桥端部 PC 轨道梁	90 mm
ZXB4	BZ4	PC 轨道梁接钢轨道梁	65 mm
ZXB5	BZ5	PC 轨道梁接道岔固定端	30 mm
ZXB6	BZ6	PC 轨道梁接道岔活动端	160 mm

3. 铸钢支座

（1）轨道梁支座种类。

① 简支 PC 轨道梁主要采用跨座式铸钢拉力支座，部分隧道内采用承拉式橡胶支座。

② 按变形约束的不同，简支 PC 轨道梁支座分为固定支座和活动支座两种。

③ 按适用的线路条件，轨道梁支座分为曲线半径 $R=\infty$、$R=500$ m、$R=100$ m 三类。

④ 按材料分类，轨道梁支座又分为铸钢拉力支座和承拉式橡胶支座两种类型。由于单轨线路主要采用铸钢支座，以下主要讲述铸钢拉力支座。

（2）承拉盆式橡胶支座。

与轨道梁、桥墩盖梁的连接构件以及支座的固定构件采用钢材，支座承压部分采用橡胶，受拉部分采用钢承拉锚杆，见图 8.22 盆式支座，该类支座在跨座式单轨线路应用较少，本书不过多说明。

图 8.22　盆式支座

（3）铸钢支座。

① 固定支座。

固定支座指的是使上部结构能转动而不能水平移动的支座。固定铰轴支座其上、下摆通过铰轴（圆柱形铰）连接，用一块定位板安装在铰轴外端部的槽内，定位板与下摆用螺栓联结，来保证铰轴只能转动而不能横向移动，下摆支承在凸轮垫板上，呈线接触，有效降低了下摆与基座的相对滑动，下摆、凸轮、基座用锚杆连接，从而实现 PC 梁与墩台的稳固连接。见图 8.23。

图 8.23 铸钢（固定）支座

② 活动支座。

活动支座指的是使上部结构能转动和水平移动的支座。活动辊轴支座其上、下摆通过辊轴（辊筒）连接，辊轴在上、下摆连接处近似椭圆形空间内通过滚动，来保证 PC 梁的自由变形（转动或水移动），上、下摆最大水平位移量不大于 45 mm，见图 8.24。

图 8.24 铸钢（活动）支座

（4）铸钢支座技术要求。

铸钢支座是非标件，为特种结构的特殊设计，对 PC 轨道梁支座有特殊的技术要求。

① 支座适用于城市交通单轨列车预应力混凝土 PC 梁的支承，满足车辆、轨道梁、建筑限界的要求及其在桥墩盖梁上的布置要求。

② 支座应能承担在最不利荷载下的竖向、水平及扭转力矩，应有良好的转动、活动性能和耐疲劳及耐久性。

③ 轨道梁支座要承受较大的压力、拉力、水平力和扭矩，并且要有一定的变形协调能力。

④ 轨道梁支座应具有足够的横向抗倾覆能力，以确保轨道在列车走行时的横向稳定。

⑤ 轨道梁支座在竖向、横向、纵向具有一定的调整功能，以保证轨道所需线形。

（5）支座结构。

① 铸钢拉力支座结构见图 8.25。

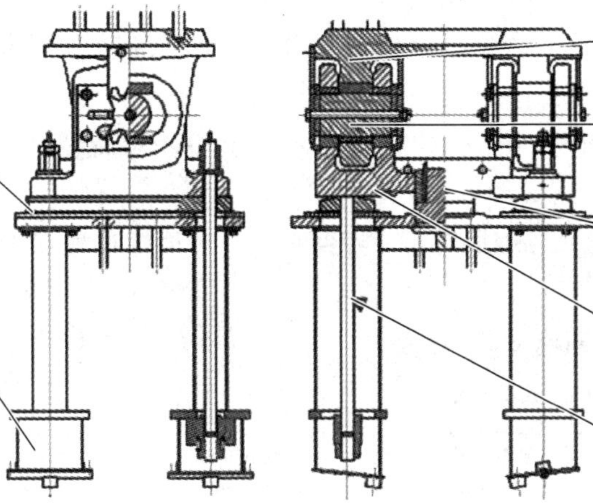

图 8.25　支座结构图

② 铸钢支座主要构成。

铸钢支座主要由支座上摆、连接轴、支座下摆及基座组成，这四大部分被称为支座的“脊椎”。上摆及锚固钢筋预埋在轨道梁端底部，下摆通过锚固螺栓连接在墩柱帽梁上，而支座上下摆通过铰轴或辊轴连接（固定支座用铰轴、活动支座用辊轴），见图 8.26。当线路线形调整后，为增加支座使用的可靠性和安全性，又通过楔紧块将支座下摆与埋设在墩柱帽梁上的抗剪榫楔紧固定。

图 8.26　活动及固定支座图

（6）铸钢支座主要部件材料及技术要求。

铸钢支座一般采用碳素钢或优质钢锻造而成，铸件不允许有缩孔、缩松、冷隔、黏砟等铸造缺陷，铸后需正火处理。

① 上、下摆。上下摆材料均为 ZG275-485H 铸钢件，其未注铸造圆角 $R5\sim10$。上、下摆最大相对位移量不大于 45 mm。

② 辊轴。辊轴材料为 40CrNiMo，热处理方式为低温多元共渗，化合物层深 0.015 ~ 0.020，硬度 HV580 ~ 620，心部硬度 HRC29 ~ 33。

③ 铰轴。铰轴材料为 40Cr，热处理方式为调质，硬度 HRC28 ~ 32。

④ 承压板。承压板材料为 45CrNiMoV，热处理方式为低温多元共渗，化合物层深 0.015 ~ 0.020，硬度 HV580 ~ 620，心部硬度 HRC35 ~ 39。

⑤ 定位板。定位板材料为 45 钢，热处理方式为调质，硬度 HRC28 ~ 32。

⑥ 锚固螺栓。锚固螺栓是连接支座和基座的重要零件，材料为 1Cr17Ni2，热处理方式

为调质，硬度HB256～296，进行磁粉探伤（重庆轨道交通3号线已将设计硬度更改为HRC23～28）。锚固螺栓扁方与底面球面螺母的 2-ϕ18 孔中心线垂直。锚固螺栓安装时，预紧扭矩是800 N·m。

⑦ 锚固钢筋。上摆锚固钢筋焊接后校正，与上摆上平面垂直度全长范围内不大于 2。基座锚固钢筋材料为HRB400，锚固钢筋焊接前应预热到150 °C，焊缝磁粉擦伤，不允许有裂纹。

⑧ 凸轮板。凸轮板材料为45 钢，热处理方式为调质，硬度 HRC30～35。

⑨ 基座系统。基座系统中，基座板和加强筋材料为16Mn。

⑩ 抗剪榫。基座抗剪榫为ZG275-485H 铸钢件，铸件不得有裂纹、疏松、夹渣、气孔等铸造缺陷，铸后需正火处理。

⑪ 螺母及垫圈。防松螺母、球面螺母、球面垫圈、球面螺母座热处理方式为调质，硬度HRC28～32。

（7）铸钢支座适用范围如表 8.3。

表 8.3 铸钢支座适用范围表（m）

L	100≤R<200	200≤R<300	300≤R<500	500≤R<700	700≤R<1 000	1 000≤R<2 000	2 000≤R<4 000	4 000≤R<10 000	10 000≤R
22～20									
20～18									
18～16									
16～14									
14～12									
12～10									
10～9									

注：R＝100 铸钢支座适用范围为深色阴影区域，R＝∞适用范围为浅色阴影区域，R＝500 适用范围为无色区域。

四、单轨线路下部结构

单轨线路的下部结构主要是承受上部结构及列车荷载，起到支撑作用的墩柱，墩柱包括盖梁及桩基础，见图 8.27 及图 8.28。

图 8.27　高架墩柱 1

图 8.28　高架墩柱 2

1. 墩柱形状分类

墩柱共分为 T 形墩、门形墩、倒 L 形、横桥向偏心墩型、T 构、V 撑、连续钢构、道岔桥下部墩等类型；其适用范围根据地质环境、线路线形而设定。一般普通墩柱采用钢筋混凝土 T 形独柱式矩形或方形桥墩，特殊受地形限制地段可采倒 L 形墩和门式刚架墩等形式，地面之上墩柱均进行圆弧形倒角。墩柱结构的强度、刚度、稳定性，以及构造要求、裂缝计算宽度、配筋率等均应满足相关技术要求。

2. 墩柱高度（D_L）分类

DZ1：其高度 D_L 小于 8.6 m；

DZ2：其高度 D_L 大于 8.6 m 且小于或等于 12.6 m；

DZ3：其高度 D_L 大于 12.6 m 且小于或等于 17.6 m；

DZ4：其高度 D_L 大于 17.6 m 且小于或等于 27.1 m。

3. 墩柱材料

为了保证墩柱的耐久性，盖梁、支座垫石采用 C50 混凝土；墩柱采用 C40 混凝土；桩基、承台采用 C30 混凝土。钢筋：Q235、HRB335 钢。钢绞线：f_{pk} = 1 860 MPa，符合《预应力混凝土用钢绞线》（GB/T 5224）的要求。

4. 跨座式单轨交通线中采用的典型墩柱形式

（1）T 形独柱墩。这是跨座式单轨应用最多的墩柱形式。一般墩高小于 1.5 m，位于半径大于等于 1000 m 曲线及直线上的桥墩采用 1.6 m × 1.6 m 方形截面，位于半径小于 1000 m 曲线的桥墩采用 1.7 m × 1.7 m 方形截面，墩高 15 ~ 25 m 时采用 1.8 m × 1.8 m ~ 2.2 m × 2.2 m 方形截面，盖梁高度均采用 1.4 m。见图 8.29。

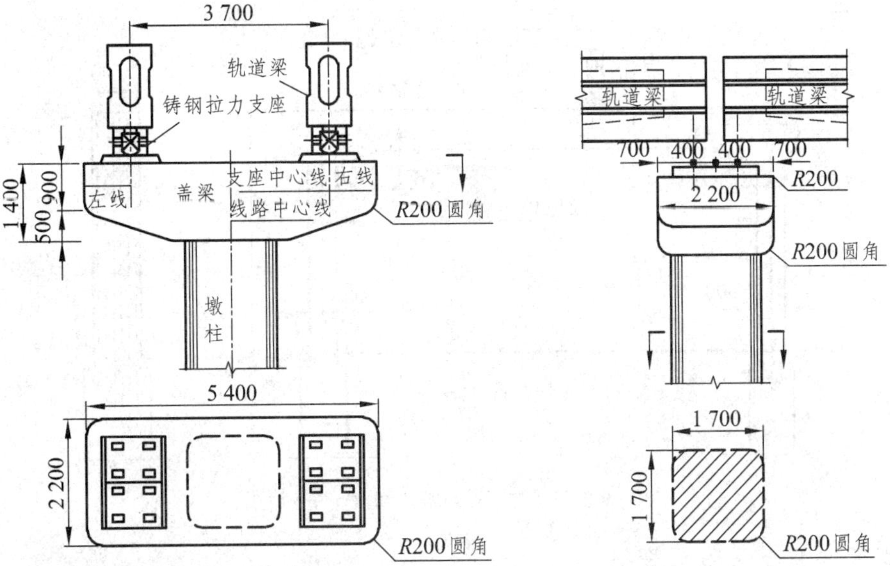

图 8.29　T 形独柱墩（单位：mm）

（2）倒 L 形独柱墩。由于受平面位置限制，当线路中心与墩柱中心有偏距且偏距较小时，设置倒 L 形独柱墩。其墩柱与线路中心线的偏心距离为 0.5 ~ 1.2 m。墩身截面尺寸根据墩高计算确定，盖梁高度一般采用 1.7 m，见图 8.30。

（3）大偏心预应力拉杆式倒 L 形墩。为避免单轨线路在跨越较窄道路时设置门式刚架墩，可在道路两侧采用大偏心预应力拉杆式倒 L 形墩。桥墩最大净偏心距离为 2.75 m。盖梁和拉杆均加设预应力，墩柱采用 2.2 m × 1.5 m 矩形截面，拉杆采用 2.2 m × 0.8 m 矩形截面，盖梁高度采用 2.0 m，见图 8.31。

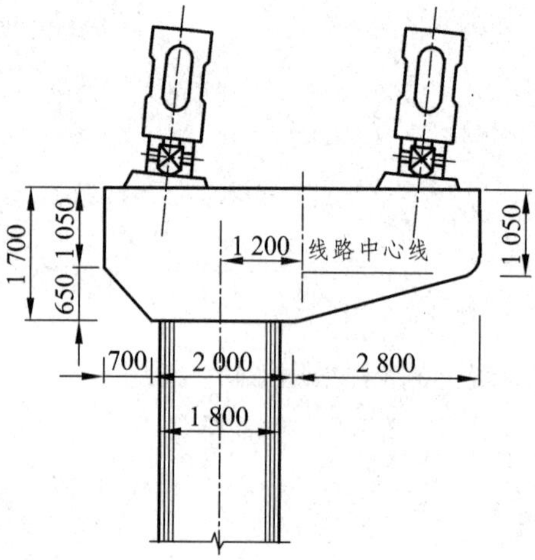

图 8.30　倒 L 形独柱墩（单位：mm）

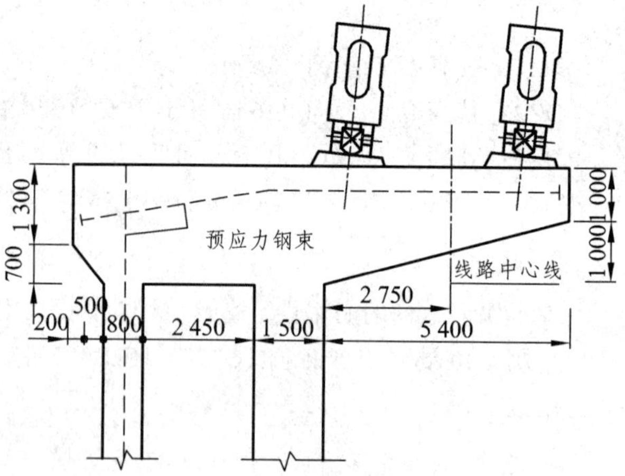

图 8.31　大偏心预应力拉杆式倒 L 形墩（单位：mm）

（4）门式刚架墩。当单轨线路跨越较宽的城市道路又不能在道路中间设置桥墩时，可设置门式刚架墩。刚架跨度在 15 m 以下时可采用钢筋混凝土结构，刚架跨度大于 15 m 时可采用预应力钢筋混凝土结构，见图 8.32。

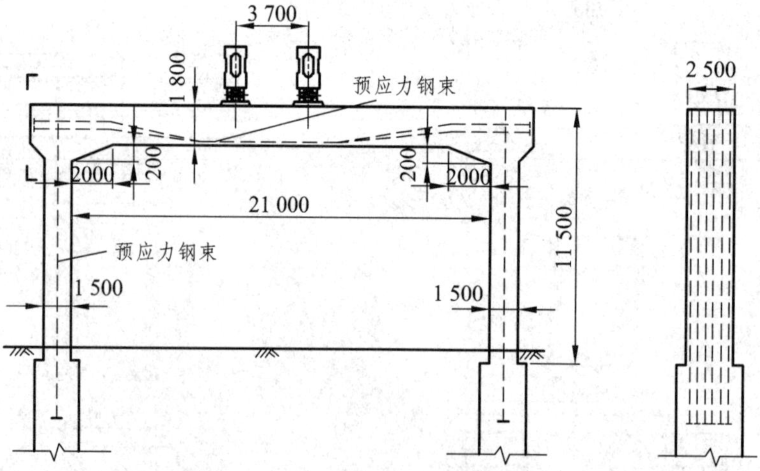

图 8.32　门式刚架墩（单位：mm）

5. 墩柱上的附属结构物

墩柱除了本身的构造外，还有其他附属结构物，如墩柱内避雷器系统预埋管道及信号接地极、PVC 排水管道，广告灯箱电线预埋管、馈线上网装置预埋件等。盖梁内则需要考虑支座锚箱及固定支架的安装、支座锚箱排水管道安装、通信信号系统预埋件、供电环网电缆预埋件、避雷器预埋件等。

五、附属设施

跨座式单轨线路的附属设施主要包括车挡和检修通道两类。

1. 车挡

（1）设置车挡目的。

车挡是安装在轨道线路尽头防止列车脱轨的安全装置。其主要功能是通过车挡上的缓冲减振器吸收来自列车的动能，将列车动能转变为减振器的势能，使列车速度降为零，以此达到防止列车脱轨的目的。

（2）车挡分类。

根据车挡的不同工作条件，把车挡划分成四类：弹性橡胶车挡、简易车挡、试车线车挡（液压车挡）、正线车挡（液压车挡）。

① 试车线车挡。该类车挡适用于车场试车线，见图 8.33。

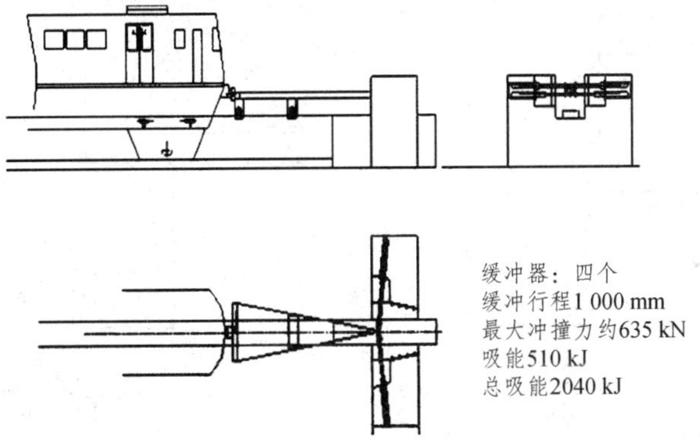

图 8.33　试车线车挡

② PC 梁上弹性橡胶车挡，见图 8.34。PC 梁上弹性橡胶车挡由前挡、胶泥缓冲器体、车挡箱体、预埋件等部分组成。弹性橡胶车挡适用于车场除试车线、工作车库线的其余线路。

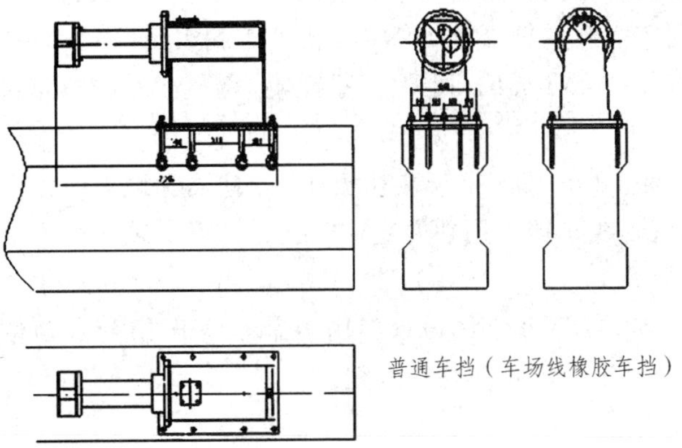

图 8.34　弹性橡胶车挡

③ PC 梁上简易车挡，见图 8.35。

PC 梁上简易车挡由前挡、胶泥缓冲器体、车挡箱体、安装预埋件等部分组成。此类车挡适用于车场工作车库线路。

④ 正线液压车挡，见图 8.36。正线车挡由前挡、前挡支撑架、液压缓冲器体、基板等部分组成。此类车挡适用于正线折返线及故障车停留线。

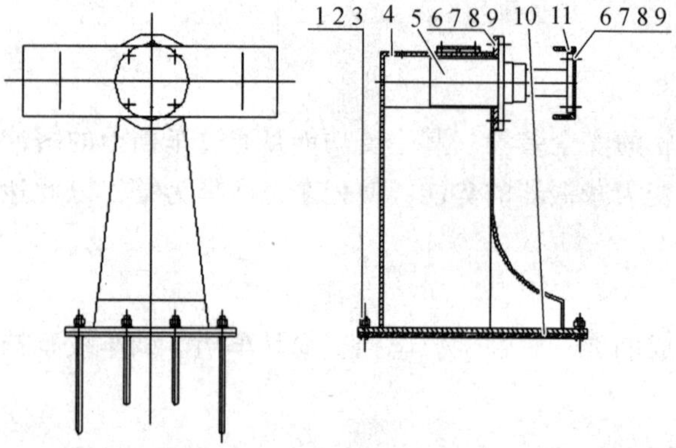

12	停车标志组成	6	螺栓
11	前档	5	缓冲器
10	预埋底板	4	箱体
9	弹簧垫圈	3	弹簧垫圈
8	平垫圈	2	平垫圈
7	螺母	1	螺母

图 8.35　简易车挡

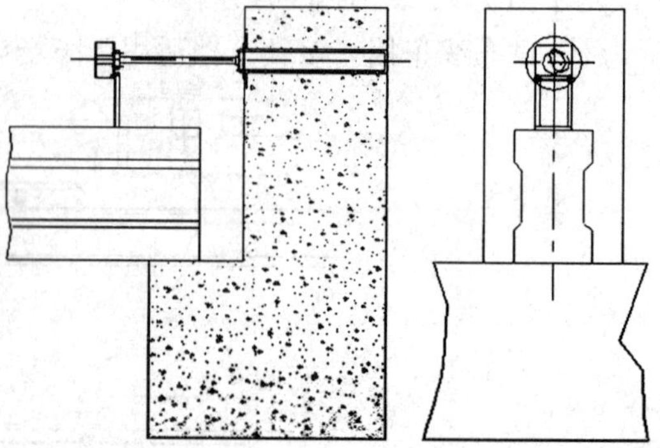

图 8.36　液压车挡

（3）车挡的工作条件。

① 环境条件。气温：–1.8～42.2 °C，最大平均日温差：11.9 °C，相度湿度：15%～100%（平均 79%），二氧化硫日均浓度：0.28 mg/m^3，室外安装抗酸雨腐蚀。

② 线路和限界条件。车挡设备的设计安装必须满足线路和限界要求。

③ 列车条件。列车空载重量 2 200 kN（8 辆列车编组）；列车冲击速度：正线 5 km/h，试车线 15 km/h，车场线 3～5 km/h；司机室端车钩：密接式车钩；车钩中心高度：轨道梁面 760 mm。

④ 安装条件。高架上的正线车挡安装在墩柱上，地面和地下线路上的正线车挡可设置在专用的车挡基础上，试车线车挡采用独立支柱安装，也可安装在轨道梁的支柱上，弹性橡胶车挡可安装在轨道梁上。

⑤ 使用寿命。正常情况下车挡的设计使用寿命不小于 20 年，对使用寿命有要求的零部件，在正常使用维护条件下，保证寿命符合要求。

（5）主要技术要求。

① 遵循安全可靠、结构简单、占用长度短、检修维保方便、经济实用、使用寿命长的设

计原则。

② 选用的材料阻燃、少烟、低毒。弹性橡胶车挡的缓冲装置具有一定的抗压强度，耐热、耐油、耐老化，满足使用功能和环境条件。

③ 所有钢结构（包括连接螺栓等）的内外表面均采取防锈蚀措施，符合寿命要求。表面色彩符合工程的总体要求，并与周围环境相协调。

④ 缓冲器具有足够的压缩长度和耗能能力。

⑤ 车挡上设有明显的停车标志，方便列车司机识别，停车标志选用反光材料。

⑥ 车挡缓冲器前端的撞击引导装置，其位置和形状与列车司机室端的密接式车钩相匹配。

⑦ 车挡安装前，确认车挡及车挡安装基础满足设计需求，安装后按一定的速度等级和冲击负荷检验安装效果。

2. 检修通道

（1）检修通道功能及架设原则。

跨座式单轨检修通道位于高架区间的轨道梁之间或一侧，以检修平台和电缆桥架功能为主，兼有紧急情况下乘客疏散和应急抢险的功能。其设架原则为：不影响线间距及限界，尽量减少对轨道梁和景观的影响，要综合考虑检修通道、紧急疏散以及电缆通道的功能，并全线贯通。

（2）检修通道结构及分类。

标准段的检修通道主体结构由 3 根 H 型钢梁并排组合而成，主体材质为 Q345B，H 型钢梁规格为 550 mm × 250 mm，每根 H 型钢梁标准间距为 875 mm，顺线路方向每隔 800 mm 安装角钢横撑，以便作为区间电缆敷设通道使用，检修通道每跨的长度约 20 m，总质量约 12 t，见图 8.37 及图 8.38。

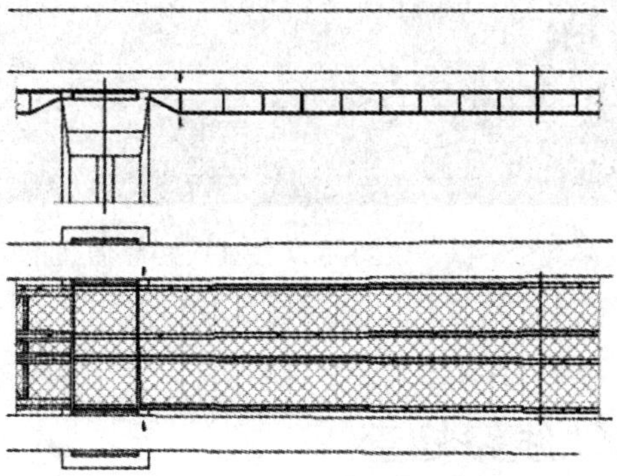

图 8.37　直线段检修通道

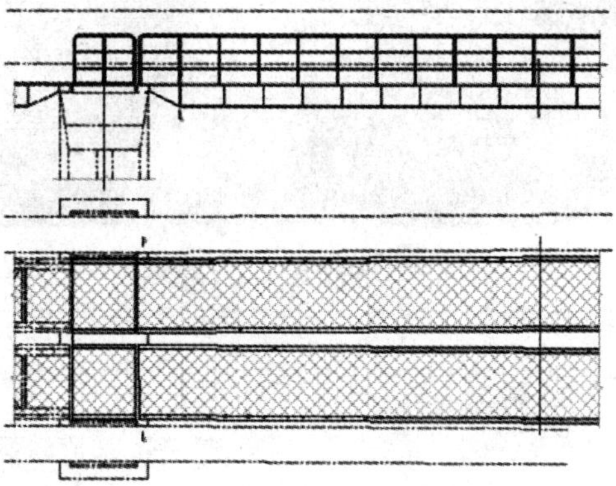

图 8.38　线间距 3.7 ~ 4.2 m 检修通道

① 直线段检修通道。

直线段检修通道根据线间距的不同又分为 3.7 ~ 4.2 m、4.2 ~ 5.2 m 及 5.2 m 以上共 3 种，见图 8.38 ~ 图 8.40。

图 8.39　线间距 4.2 ~ 5.2 m 检修通道

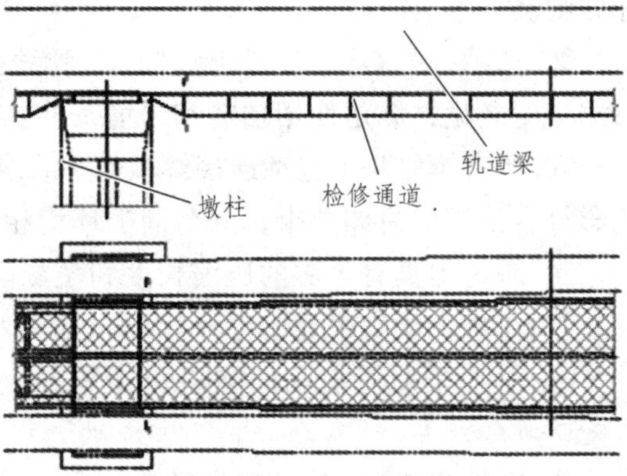

图 8.40　线间距大于 5.2 m 检修通道

② 曲线区段检修通道。

检修通道的线形基本与线路保持一致。当线路半径小于 900 m 时，由线路偏移一定距离即为通道钢梁半径，如图 8.41 及 8.42 所示；当线路半径大于 900 m 时，此时通道钢梁设计成曲线与直线差距不是很大，为了加工的便利性，均按直线设计。每跨通道的宽度是随线间距的变化而变化，H 型钢梁数量由检修通道的宽度决定。正线上轨道梁内侧均设置了疏散检修通道，一般情况下轨道梁与通道之间的水平间隙约为 175 mm，垂直间隙约为 400 mm，此间隙满足了维护人员在通道上对轨道梁的检查空间。

图 8.41　曲线段检修通道

图 8.42　线间距较大曲线检修通道

第二节　跨座式单轨线路检查

一、安全工作要求

（1）为了保证线路设施运行检修作业的安全，须对有关人员实行安全教育培训。凡从事线路设施运行和维修工作的所有人员，必须经过考试合格后，方可准许参加相应的运行和检修工作。对高空作业还应经过相应培训和考证，持证上岗。

（2）对从事线路设施维保工作的人员，要每年进行一次安全考试并合格。此外对属于下列情况的人员，要事先进行安全考试并合格，方可上岗工作。

① 开始参加线路设施维保工作的人员。

② 当职务或工作岗位变更但仍从事线路设施运行和检修工作的人员。

③ 中断工作连续 6 个月以上仍继续担任线路设施维保工作的人员。

（3）线路维修人员要定期进行身体检查，对不适合从事线路设施运行和检修作业的人员要及时调整。

（4）雷电天气时禁止在线路上进行作业，遇有大雨、雪、大雾或风（风力在 5 级及以上）的恶劣天气时，一般不进行线路作业，特殊情况需要进行远离带电作业时，必须有可靠的安全措施。作业过程中遇雷电、强暴雨时，要及时做好维修设施设备的安全防范措施，并到就近车站、隧道避险。

（5）在进行线路作业时，作业组全体成员均须正确戴好安全帽、穿绝缘鞋及反光背心。所有的工具和安全用具，在使用前均须进行检查，符合要求方准使用。

（6）如需工作车，必须线路停电并得到指令后方可在轨道梁上运行。工作车在行驶前，应确认各车门已经关闭，行驶过程中严禁头、手伸出窗外；装运材料、货物时，严禁超出车辆限界。

（7）进场作业凭证是在线路上进场作业的书面依据，签名应手工填写，要求字迹清楚、正确，不得涂改和用铅笔书写。

（8）凡在距地面 2 m 及以上的高空作业，均需设有专人监护，作业人员要正确佩戴安全带、安全帽等劳保用品。

（9）高空作业所需工器具、零部件、材料等，不得抛掷传递。

（10）工作车升降平台在升降过程中，作业人员严禁将工具、材料及身体部位等伸入升降梯之间。升降平台正在升降时，严禁移动工作车。

（11）凡进入轨行区作业必须进行验电、接地，验电、接地人员必须经过培训合格后才能从事验电接地作业。操作过程必须由 2 人进行，1 人操作、1 人监护。

（12）验电、接地设备需经过法定检测单位鉴定其状态是否完好，符合相关标准后方可投入使用，并应按规定周期进行复检，未经检测或检测不合格的禁止使用；对验电器须进行现场测试，确定处于正常状态后方可投入使用。

（13）作业任务完成后，清理现场，人员、机具、材料撤至安全地带。拆除接地线和警示标志，工作车回到规定停放位置。确认具备行车条件后，及时销令。

二、限界检查

1. 限界的定义

限界是为了保证车辆安全运行而对车辆、邻近建筑物和设备所规定的不允许超出的轮廓尺寸线，是确定车辆安全通过所需要的建筑物净空尺寸和设备安装尺寸的依据。

2. 限界类别

跨座式单轨系统的限界：包括车辆限界和建筑限界、设备限界等。

（1）车辆限界。

车辆限界是在车辆几何尺寸的基础上考虑磨耗、挠度、车辆制造公差及安全余量制定的一个和线路中心线垂直的车辆横断面轮廓线，是车辆（包括新造空车或具有最大限度公差及磨耗的重车）停在平直道上横断面的极限位置，沿车身所有部分都应在限界之内，它是由内向外的限制，不得超出。但走行轮、导向轮、稳定轮、集电装置及车体接地装置各有特殊规定。

（2）建筑限界。

建筑限界是在车辆限界以外的一个轮廓线，是由外向内的限制，是在车辆运动包络线的基础上考虑与车辆相互作用的设备以及安全余量后的断面尺寸。建筑物及其他设备均不得侵入，但道岔、站台、安全栅栏、库内信号机各有特殊规定。

（3）设备限界。

设备限界是用于限制设备安装的控制线。

3. 限界检查

限界检查是在单轨车辆上轨道梁运行之前，限界检查单位利用限界检查专用设备，按照规定的方法和程序，检查工程是否满足限界设计要求的过程。施工监理对限界检查工作进行监理，限界检查报告作为判定各承包商是否进行工程缺陷整改的依据。

4. 限界检查目的

检查工程现状的限界，发现限界缺陷，提出整改要求以进行限界整改，使最终限界满足单轨车辆上线运行的安全性、可靠性要求。

5. 检查形式

限界检查主要分为三类，包括限界车检查（主要为区间限界检查）、限界小车站台检查（站台限界检查）、人工限界检查（局部限界临时检查）。

6. 限界检查内容

检查的内容包括：车辆限界、建筑限界（含特殊限界：站台建筑限界、安全栅建筑限界、屏蔽门建筑限界、道岔建筑限界、基地内信号机建筑限界、接触线限界、道岔部接触线限界、接地板限界及综合管线等其他设施限界）、设备限界。

7. 检查方法

（1）利用限界模板车限界检查，限界模板车构造如图 8.43。

① 直线段车站。

根据《×××工程施工图设计限界图》对应直线段高架车站限界图的建筑限界坐标值，通过调节手柄，对模板放样。

限界检查车通过时，模板无翻转，无声、光报警为合格。

检测点的确定：以车门中心位置取检测点，每侧站台共取 18 个点。

② 曲线段车站。

根据《×××工程施工图设计限界图》对应高架车站曲线地段限界图的限界坐标值，通过调节手柄，对模板放样，但站台边和站台高度按设计要求取值。

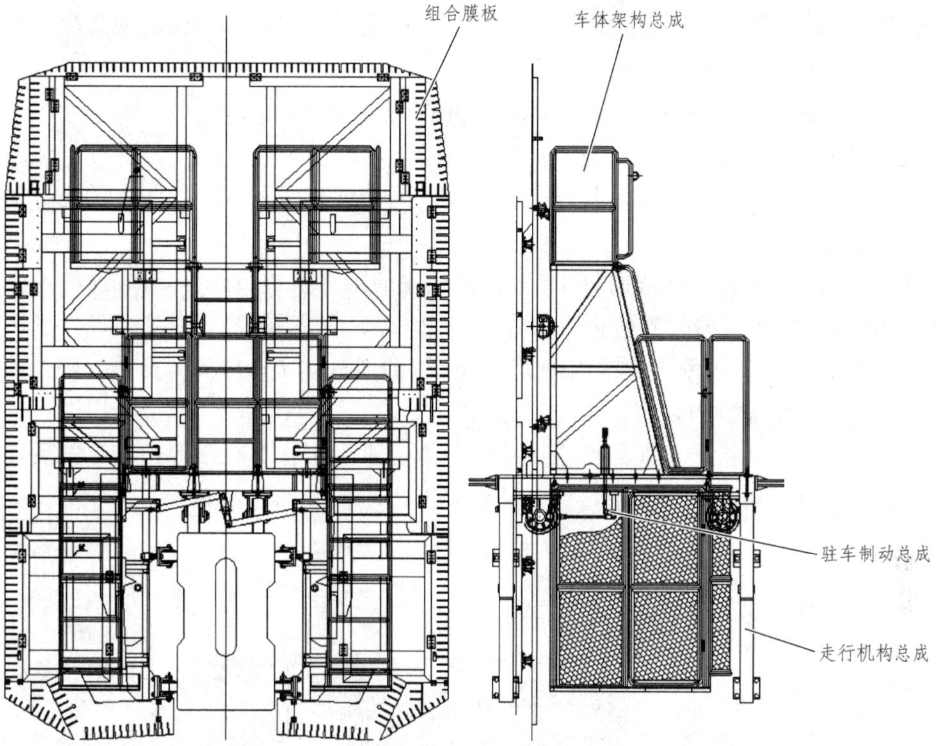

图 8.43　限界模板车构造

检查从曲线直缓点+L 直线段（曲线内侧 $L = 10$ m，曲线外侧 $L = 13$ m）开始，限界检查车通过时，模板无翻转，无声、光报警为合格。

按对应里程在站台上做出标记。

$R = 100 \sim 250$ m 时，线路方向每 2.5 m 取一测量点。$R = 250 \sim 500$ m 时，线路方向每 5 m 取一测量点。

直线段部分取 $L = 10$ m（或 13 m）、5 m（或 6.5）、0（直缓点），共 3 点。

按对应里程在站台上做出标记。

③ 高架区间直线段。

根据《×××工程施工图设计限界图》对应区间直线段高架双线限界图的限界坐标值，通过调节手柄，对模板放样。

限界检查车通过时，模板无翻转，无声、光报警为合格。

④ 高架区间曲线段。

根据《×××工程施工图设计限界图》对应区间曲线高架双线限界图的限界的坐标值，通过调节手柄，对模板放样。

$R = 100 \sim 250$ m 时，线路方向每 2.5 m，按相应的限界值进行放样。$R > 250 \sim 500$ m 时，线路方向每 5 m，按相应的限界值进行放样。

检查从直缓点+L 直线段（曲线内侧 $L = 10$ m，曲线外侧 $L = 13$ m）开始，限界检查车通过时，模板无翻转，无声、光报警为合格。

⑤ 地下区间直线段。

根据《×××工程施工图设计限界图》对应区间直线段双线限界图的限界坐标值，通过调节手柄，对模板放样。

限界检查车通过时，模板无翻转，无声、光报警为合格。

⑥ 地下区间曲线段。

根据《×××工程施工图设计限界图》对应区间曲线双线限界图的限界的坐标值，通过调节手柄，对模板放样。

$R = 100 \sim 250$ m 时，线路方向每 2.5 m，按相应的限界值进行放样。$R > 250 \sim 500$ m 时，线路方向每 5 m，按相应的限界值进行放样。

检查从直缓点+L 直线段（曲线内侧 $L = 10$ m，曲线外侧 $L = 13$ m）开始，限界检查车模板无翻转，无声、光报警为合格。

一般情况下，限界检查车在需检查线路的前方，牵引工作车在限界检查车的后面。

（2）用站台限界测量小车测量站台，站台限界小车构造如图 8.44。

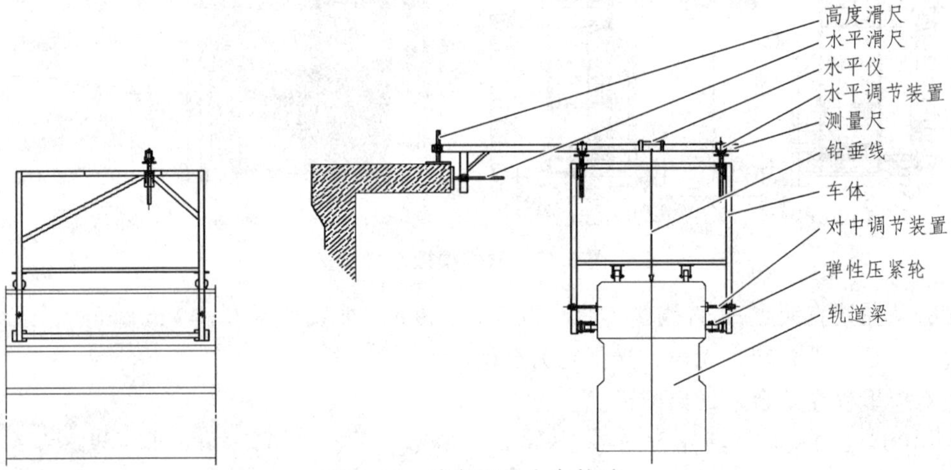

图 8.44　站台限界小车构造

根据《×××工程施工图设计限界图》对应车站直线段限界图的建筑限界坐标值，检测点的确定：以车门中心取一个检测点，每侧站台共取 18 个点。按对应里程在站台上做出标记。

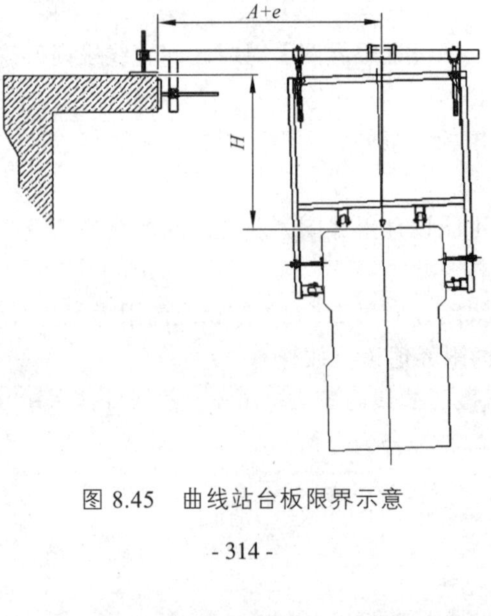

图 8.45　曲线站台板限界示意

采用站台限界检查小车，对轨道梁顶面至站台面高度和轨道梁中心线至站台侧距离进行检查。

① e 表示曲线段不同侧面的加宽量，依据有关设计文件，由限界检查人员提前填写。

② H 表示轨道梁顶面（中心线上）至站台面的高度公差值。

③ A 表示轨道梁中心线至站台侧距离公差值。

（3）人工限界测量。

利用水平靠尺、悬绳、钢直尺等进行人工限界测量，见图 8.46。

① 先在水平面上把水平尺调好，水平尺两头调换平放在平面上时水泡位置应该一致。

② 把水平尺放在梁上，压紧外侧，使用塞尺把水平尺上的水泡居中，再用钢直尺测量内侧的高度、长度（长度为梁与水平尺接触点到塞尺内侧之间的距离，梁与水平尺接触点为零点），算出公式中的 $\tan\alpha$（$\tan\alpha$ = 高度/长度）。

③ 测量梁体宽度，并找到梁的中心位置（办法为在梁上找到两个中心位置，但不能太远，然后用线连接起来），此中心位置应与要测量的物体在垂直线上。

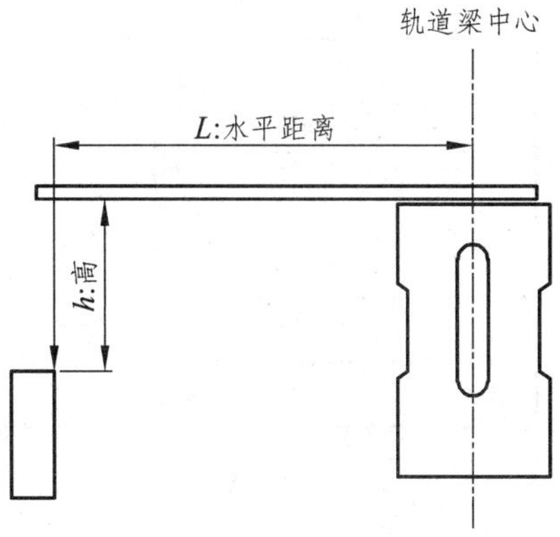

图 8.46　人工限界测量示意

④ 测量物体到轨道梁中心线的长度。方法：用卷尺在被测物体与画的直线上取个最小值，把吊锤垂直吊在被测处，当锤静止不动时，再用卷尺从梁上的最小值处向垂线量值，此时所读的值为梁中心线到被测物体的长度。注意：卷尺不能用头子当零刻度，应多选一截，最好为 10 cm。

⑤ 测量被测物体到梁体中心线的垂直距离（方法：把水平尺的一头放在梁的中心位置上，用塞尺使尺子上水泡居中，再用卷尺读出物体到水平尺的距离，此时的读数为公式中的 H 值。

⑥ 若该轨道梁小于或等于 500 m 曲线半径，则计算该处的加宽值 $X_{内} = 15\ 500/R + H \times \tan\alpha$（$R$ 单位 m，H 单位 mm）。

曲线地段的建筑限界按直线地段的建筑限界进行加宽：

曲线半径 R>500 m 时，建筑限界不加宽；

曲线半径 R≤500 m 时，建筑限界加宽量为：

$$X_{内侧} = 15\ 500/R + H \times \tan\alpha$$

$$X_{外侧} = 19\ 000/R - H \times \tan\alpha$$

式中　R——曲线半径（m）；

H——计算点建筑限界 Y 坐标值（mm）；

α——曲线轨道梁超高角度，左右线超高不等时取大值。

⑦ 算出的加宽值再加上该位置处设计允许的限界值（查阅限界图）。

如果实际测量的长度小于该处应有的距离，那么就可以判断该处物体已侵限；如果大于那么就没侵限。

人工限界测量记录表如表 8.4：

表 8.4　单轨线路限界检查记录表

<table>
<tr><td colspan="7">单轨线路限界检查记录表</td></tr>
<tr><td colspan="2">区段：</td><td colspan="2">班组：</td><td colspan="3">检查日期：　　年　月　日</td></tr>
<tr><td rowspan="2">梁号</td><td rowspan="2">曲线半径（m）</td><td rowspan="2">横坡（%）</td><td colspan="3">测点位置</td><td rowspan="2">备注</td></tr>
<tr><td>水平距离（mm）</td><td>垂直距离（mm）</td><td>曲线内（外）侧</td></tr>
<tr><td></td><td></td><td></td><td></td><td></td><td></td><td></td></tr>
<tr><td></td><td></td><td></td><td></td><td></td><td></td><td></td></tr>
<tr><td></td><td></td><td></td><td></td><td></td><td></td><td></td></tr>
<tr><td></td><td></td><td></td><td></td><td></td><td></td><td></td></tr>
<tr><td colspan="7">附　　图</td></tr>
<tr><td colspan="4">平面图：</td><td colspan="3">断面图：</td></tr>
<tr><td colspan="7">主要计算步骤：</td></tr>
<tr><td>是否侵限</td><td></td><td>侵限量（mm）</td><td></td><td>整改情况</td><td colspan="2"></td></tr>
<tr><td>检查人签字</td><td colspan="6"></td></tr>
</table>

三、线路巡检

1. 线路巡检方式

线路巡检方式分为添乘列车巡检、夜间巡检和地面巡检。

（1）添乘巡检是通过添乘人员的感受发现轨道梁在列车运行状态下是否有异音、振动、晃动等异常现象，通过观察发现线路外环境是否有危及运行安全的施工作业和侵限等隐患。

（2）夜间巡检指列车停运后对轨道线路、线路限界、轨行区施工单位安全监督等项目的巡检作业，是线路维护中必不可少的工作内容之一，是确保列车运行安全的重要手段。

（3）地面巡检是通过地面走行来观察发现墩柱、防撞装置等设施是否受损或异常，观察发现线路外环境是否有危及列车运行安全的施工作业、侵限物等。

2. 线路巡检要求

（1）添乘列车巡检要求。

① 添乘巡检人员必须按要求着装并佩戴工作证、牌，向行车调度申请添乘调度令，并告知申请人员姓名、工牌号等信息，得到行车调度批准，下发添乘调度令后方可上车添乘。

② 添乘巡检作业人员应保持良好工作面貌。进出车站应有礼貌，维护企业形象；上车后主动向司机出示证件和调度令，经司机同意后方可进入列车驾驶室。

③ 添乘巡检时应选乘车况较好的车辆，以便准确判断列车运行时的轨道梁的状况。

④ 添乘作业应乘坐在列车的司机驾驶室，以便准确记录发现异常情况的点位。

⑤ 每次添乘必须保证至少一个折返，以便准确地判定线路发生异常情况的详细的信息。

（2）夜间巡检要求。

① 线路巡检时车辆速度不得超过 20 km/h。

② 巡检作业应由作业负责人负责对工作车前方行驶线路进行瞭望。

③ 巡检作业负责人必须了解当天夜间上线各作业单位所在区间，在通过该区间时控制车速，加强瞭望，避免发生行车事故。

④ 巡检作业需按规定带齐相关工器具，以便对问题点位进行处置。

（3）地面巡检要求。

巡检人员需按要求穿戴反光背心，观察墩柱周边环境情况，做好相关记录。

3. 线路巡检内容

（1）添乘列车巡检内容。

① 观察线路周边有无侵限情况，包括植物侵限、施工侵限等。

② 观察墩柱周围是否有占道施工、挖掘、受破坏等现象。

③ 观察轨道梁梁面有无异物，梁体有无异响、振动、打滑。

④ 观察轨行区有无人员进入，隧道结构有无变化掉块。

（2）夜间巡检内容。

① 线路限界的确认。

② 轨道梁表面无异物。

③ 轨行区施工作业单位安全监督。

④ 周边环境监控。

⑤ 临时交办的其他工作任务。

（3）地面巡检内容。

① 观察墩身有无明显破损、裂纹、开裂、露筋、倾斜。

② 盖梁有无裂纹、裂缝、渗水、破损、露筋。

③ 墩柱周边是否有开挖和建筑施工、爆破，墩柱撞击等情况。

④ 墩柱周边植物树枝、建筑物、施工脚手架及挖掘机机械手臂侵限情况等。

⑤ 墩柱附近有无明显的地表沉降、位移、开裂，周围边坡有无滑坡迹象。

⑥ 检查墩柱上有无新增广告牌、配电箱、下水管等附属设施。检查有无横跨轨道梁的电缆、电线等违章搭接。

⑦ 特殊情况下滑坡、泥石流、五级以上地震。

4. 线路巡检注意事项

（1）线上巡检注意事项。

① 观察植物茂密地段植物生长状况，发现植物侵限隐患点位进行详细记录，以备后期限界处理。

② 对列车运行过程中发现的异响、震动等情况，记录墩号，以备夜间巡检时的复查、处置。

③ 对发现线路周边、墩柱附近的施工进行观察，若出现靠近墩柱施工等情况则需要及时汇报，以便于及时采取措施。

（2）夜间巡检注意事项。

① 对有预警性的树木倒塌和滑坡地段的塌方应加强巡视监控，如有问题及时上报。

② 巡检车回到指定停放位置后，需要按规定及时将线路行车条件向行车调度报告确认。

③ 对白天添乘巡检发现的问题点位，需进行复查处理，如不能及时处置的需进行上报。

（3）地面巡检注意事项：

① 由于墩柱多数设置在城市道路中间，故在进行该作业时必须加强安全意识，避让车辆。

② 发现有墩身倾斜，墩柱附近有地表沉降、位移、开裂、滑坡迹象的点位，必须立即上报，严密监控。

四、轨道梁检查

1. 轨道梁检查的目的

检查轨道梁（PC 轨道梁）梁体及附件的工作状态，为轨道线路的稳定性、安全性提供依据，确保线路行车安全。

2. 轨道梁检查项目

（1）梁体部分：走行面、导向面、稳定面、底面、上肋、下肋、腹部。

（2）指形板部分：指形板、板座和指形板螺栓。

3. 轨道梁检查内容

梁体部分检查内容：梁体各工作面的破损、裂纹、露筋、骨材分离、梁面起层、清洁、标识标牌（线路坡度标、曲线标、梁牌及墩牌）、生产厂商、梁缝，梁体端面是否有水泥浆溢出，是否有异物。

4. 指行板检查的内容

指形板型号、锈蚀、错台、异音、板座松动、异音、锈蚀、是否密贴；指形板螺栓折断、突出、缺损、松动锈蚀、无垫圈。

5. 轨道梁裂纹检查要求

（1）对轨道梁各类裂纹宽度应使用刻度放大镜进行测量，同一裂纹宽度不均时，取最大值，如图 8.47。

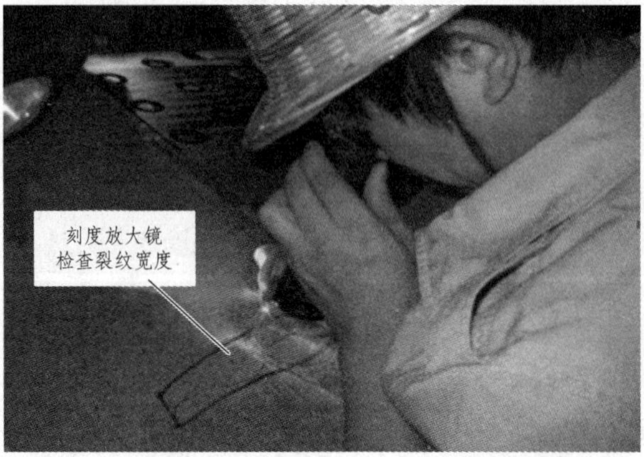

图 8.47　刻度放大静检查

（2）为避免误判、漏检或测量不准确，雨天原则上不进行裂纹的检查。

（3）对裂纹进行检查测量之前，应使用干棉纱对梁体表面裂纹处的灰尘、水迹、油污等进行清洁。

（4）裂纹处有锈水渗出时，要对钢筋保护层厚度进行检测。

6. 轨道梁裂纹处理要求

（1）凡宽度达到 0.2 mm 及以上，位置在轨道梁底部受拉区、跨中、支座中心上方处 45°方向等部位的贯穿性裂纹，必须测量其宽度、深度，并拍照记录、上报。

（2）对于重大裂纹，需联系轨道梁生产厂家、设计单位监理单位现场确认，召开专门会议进行责任判定，由责任方委托有资质的第三方进行检测，并拟订处置方案，报请业主、监理、设计和施工单位讨论后，进行处置。

（3）对宽度大于 0.2 mm 但其位置不在轨道梁底部受拉区、跨中、支座中心上方处 45°方向等位置的裂纹，选一部分典型的裂纹进行定期监控，如裂纹发生异常变化时，委托有资质单位进行检测，并根据检测情况和评估报告集中进行封闭处理。

7. 轨道梁破损、露筋的检查要求

（1）采用卷尺、深度游标卡尺测量破损的大小、深度等数据，如图 8.48 所示。

图 8.48　裂纹检查

（2）采用卷尺测量露筋大小数据。

（3）对所有的检查数据进行详细记录，包括位置、大小、深度等。

8. 轨道梁破损、露筋的处理要求

（1）对于较大的破损和露筋，需详细测量数据登记上报。根据病害严重程度，确定是否需要立即修补或跟踪监控。

（2）若该病害需要立即修补，则需将病害情况告知相关生产单位，并由相关生产单位安排技术人员进行现场勘查。根据病害实际情况，进行病害原因分析及对结构安全有无影响做出评估，并提交正式书面评估报告。根据评估结果应提交原设计单位、监理单位进行审核，在此基础上编制处置方案。

9. 指形板检查要求

（1）用扭力扳手紧固每一颗螺栓扭力值是否在规定范围值内。

（2）用深度游标卡尺测量指形板与指形板之间（轨道梁大里程端 1～6 号指形板与相邻梁片指形板之间）的错台值是否在规定范围值内，如图 8.49 所示。

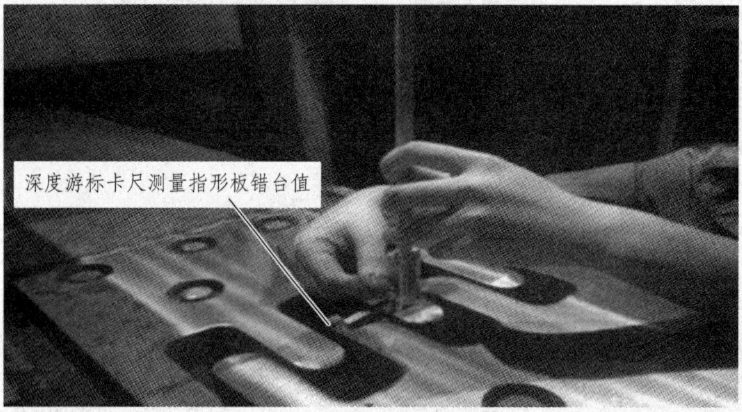

图 8.49　指形板错台检查

（3）通过深度游标卡尺检查其指形板螺栓顶面与指形板面的高差是否在规定范围值内。

（4）在指形板螺栓完全紧固的情况下敲击、撬动指形板的方式检查指形板板座有无异音、松动情况。

10. 指形板病害处理要求

（1）针对指形板错台超标的点位，需根据错台量进行处理或线形调整，确保错台值在规定范围内。

（2）指形板螺栓缺失、断裂 2 颗及以上必须当即进行处理。

（3）凡发现有板座松动情况时，需及时进行处理，未处理前需严密监控。

五、支座检查

1. 支座检查项目

（1）固定支座的锚杆、止脱板状态、铰轴状态、支座状态等部件。

（2）活动支座的锚杆、辊轴状态、压板状态、定位板状态、支座状态等部件。

2. 固定支座检查内容

（1）先以目测为主，对固定支座各组成部件进行检查。检查中应当符合《跨座式单轨交通施工及验收规范》（GB 50614—2010）和有关标准、规范的要求。

（2）检查支座上、下摆与轨道梁、铰轴及锚杆连接是否牢靠，上、下摆摆体有无裂纹、破损、锈蚀。

（3）检查铰轴有无损伤、松动及锈蚀，并检查铰轴润滑情况，如图 8.50。

图 8.50　铰轴检查

（4）检查止脱板是否在铰轴外端圆弧槽内，止脱板有无裂纹，螺栓有无锈蚀、折断、松动、脱落、止脱板是否安装反等现象。

（5）检查抗剪榫与各楔紧块、楔紧块与楔紧块间焊接是否牢固，楔紧块有无松动、脱焊及脱落等现象。楔紧块装配及支座下摆与楔紧块间隙是否符合装配要求。抗剪榫有无异常情况。

（6）检查支座锚杆是否断裂、异音、紧固螺母、防松螺母、固定块等情况。

3. 活动支座检查内容

（1）首先以目测为主，对活动支座各组成部件进行检查。检查中应当符合《跨座式单轨交通施工及验收规范》（GB 50614—2010）和有关标准、规范的要求。

（2）检查支座上、下摆与轨道梁、辊轴及锚杆连接是否牢靠，上、下摆有无裂纹、破损、锈蚀。

（3）检查辊轴有无损伤、松动、锈蚀，辊轴润滑情况，孔里有无异物，并测量辊轴两边间隙值，如图 8.51 所示。

图 8.51　辊轴间隙检查

（4）检查辊轴内连接螺杆与支座连接情况，同时确认连接螺杆应无受力状况。检查穿销有无断裂，开口销是否完好。

（5）检查压板有无损伤、锈蚀，压板螺栓有无锈蚀、松动、脱落。

（6）检查导向条形孔和观察条形孔有无压痕、变形。

（7）检查齿形定位板有无裂纹、破损、锈蚀、变形。

（8）检查齿形摆针有无锈蚀、变形，检查齿部啮合情况。

（9）检查上定位板螺栓有无锈蚀、松动、脱落。

（10）检查下定位板焊接部位有无裂纹、锈蚀。

（11）检查辊轴内上下部位的承压板安装是否到位，有无缺失情况。

（12）检查抗剪榫与各楔紧块、楔紧块与楔紧块间焊接是否牢固，楔紧块有无松动、脱焊及脱落等现象，楔紧块装配及支座下摆与楔紧块间隙是否符合装配要求，抗剪榫有无异常情况，如图 8.52 所示。

（13）检查支座锚杆是否断裂、异音、紧固螺母、防松螺母、固定块等情况如图 8.53 所示。

图 8.52　支座楔紧块检查

图 8.53　锚杆检查

4. 支座检查要求

（1）如发现固定端铰轴松动，应用塞尺测量出铰轴与孔的最大间隙值。

（2）如发现止脱板装反，应用直尺测量铰轴圆弧槽宽度，同时拆除止脱板，并用游标卡尺测量其厚度，如止脱板厚度小于铰轴圆弧槽宽度，将止脱板旋转 180°后装入铰轴圆弧槽内，如止脱板厚度大于铰轴圆弧槽宽度，做好测量记录，待准备相应工具后再进行处理。

（3）如发现支座楔紧块松动、脱焊及脱落，先暂时敲紧处置，待更换楔紧块后，再用焊机焊接楔紧块焊接。

（4）如发现支座组件螺栓锈蚀严重、断裂、缺失应立即处理。

（5）如发现摆针偏移过大，则需检查辊轴间隙是否存在过小或者抵触现象，如有则需进行线形调整处理。

（6）如发现同一支座锚杆断裂 1 根须及时更换，如 2 根及以上则需立即更换处理。

六、墩柱检查

1. 墩柱检查目的

对墩柱、周边环境情况及是否有构成影响列车运行的限界隐患进行检查处理，确保线路行车安全。

2. 墩柱检查项目

墩柱检查项目包括：墩身、盖梁、墩柱周边情况及有无新增附属设施。

3. 墩柱检查内容

（1）墩身有无明显的倾斜、开裂、裂纹、破损、露筋。

（2）盖梁有无裂纹裂缝、渗水、破损、露筋。

（3）墩柱附近明显的地表沉降、开裂，周围边坡有滑坡迹象应查明地表沉降开裂原因。

（4）墩柱上有无新增广告牌、配电箱、下水管等附属设施，有无横跨轨道梁的电缆、电线等违章搭接，如图 8.54 所示。

图 8.54　墩柱周边情况

（5）墩柱周边植物树枝、建筑物、施工脚手架及挖掘机机械手臂有无侵限等情况。

（6）观察墩柱有无因交通事故等产生的物体撞击、周边开挖、爆破情况。

（7）特殊情况下的滑坡、泥石流、五级以上地震情况。

4. 墩柱检查要求

（1）由于墩柱绝大部分地处城市道路中间，检查人员必须穿戴好反光背心，做好安全防护措施，确保自身安全。

（2）观查植物茂密地段植物生长状况，发现植物侵限隐患点位进行详细记录，及时处置，若因客观原因无法立即处置的，交由夜班或下个班次继续处理。

（3）墩柱周边施工开挖爆破、树木倒塌、施工脚手架及挖掘机等对行车构成影响的，需立即进行制止、处理，并上报相关部门。

（4）如发现墩身有倾斜现象，应检查墩柱周边是否有开挖和建筑施工，并将现场情况立即上报相关部门。

（5）如发现盖梁渗水，需详细检查渗水面积及深度，是否影响盖梁结构。渗水现象严重的，应通知相关权威检测部门对其详细检测，根据检测结果进行相应处理。

（6）如是自然灾害引起周边滑坡、泥石流或地壳变形而造成地表沉降开裂，需立即上报相关部门及领导，由权威部门检测沉降开裂现象是否影响墩柱性能及运营安全。

（7）墩柱因交通事故等产生的物体撞击，如有必要应委托有专业资质的检测单位进行检测并出具安全性评估报告，再根据报告制定处置措施。

七、附属设施检查

1. 检修通道检查

（1）检修通道用途。

检修通道架设于高架区间，起到人员应急疏散和方便检修线路设施的作用。

（2）检修通道检查项目。

检修通道检查项目包括：钢格板、腹板、翼缘板、肋板、锁扣、铰链、钢构焊缝、防护架（防滚落架）、通道桥体及通道外部涂装情况，如图 8.55 所示。

图 8.55　检修通到检查

（3）检修通道检查内容。

① 检查钢格板、腹板、翼缘板、肋板等钢结构有无间隙、错台、变形、锈蚀、断裂等病害。

② 检查锁扣、铰链有无锁扣缺失、开口销缺失，螺栓螺母缺失、松动、变形、锈蚀等病害。

③ 检查钢构焊缝有无漏焊、脱焊、锈蚀等病害。

④ 检查护栏有无锈蚀掉漆。

⑤ 观察防护架（防滚落架）钢丝绳有无明显下垂、松弛、断裂情况；连接螺栓是否失效。观察防护支架锈蚀情况，连接螺栓是否失效。

⑥ 检查检修通道桥体安装是否稳固牢靠、出现晃动，桥体安放点墩柱有无破损等情况。

⑦ 检查所有检修桥及过渡平台的钢格板、腹板、翼缘板、肋板等外部涂装情况。

（4）检修通道检查要求。

① 铰链、锁扣、固定配电箱螺栓及 S 形卡子安装位置准确，焊接牢固，数量符合要求。

② 栏杆底座的安装位置准确，焊接牢固；栏杆安装后稳定可靠，规格型号及数量符合要

求，不得晃动。

③ 钢结构的表面应整洁，油漆无损伤、流挂、皱痕。

④ 对检修通道各部件有局部锈蚀的点位，如栏杆、钢构焊缝、钢格板/钢、铰链等部位需自行进行打磨除锈涂装处理。

⑤ 检查发现各活动部位如铰链、锁扣等有明显松动现象的需进行紧固处理。

⑥ 检查发现检修桥及过渡平台各部位外部涂层有大面积出现锈蚀、空鼓、起壳、掉漆等病害现象，累计涂装质量病害面积达到总体面积的25%左右时，应组织进行大修。如是局部情况需自行进行涂装修补。

2. 车挡检查

（1）车挡检查项目。

车挡检查项目包括：车挡前挡、车挡缓冲器、车挡支撑、车挡联结筒、车挡停车标志、外部涂装，如图 8.56。

图 8.56　车挡检查部位

（2）检查内容。

① 检查车挡前挡所有联结螺栓，是否有缺失和锈蚀。

② 检查车挡缓冲器，弹性阻尼材料有无泄露、液压车挡的液压密封元件有无漏油、涂装是否完好。

③ 检查车挡支撑，涂装是否完好，地脚螺栓有无松动。

④ 检查车挡联结筒、联结螺栓是否松动，涂装是否完好。

⑤ 检查车挡停车标志、标板的各种颜色漆是否脱漆、完好，立杆螺栓是否松动。

（3）车挡检查要求。

① 每年的检修工作中需对车挡暴露表面锈蚀部位进行局部除锈、喷漆工作。

② 车挡缓冲器为事故安全装置，车挡缓冲器正常状态应为最长态，缓冲器工作时被压缩，当外力消失时车挡缓冲器应自动复位。如果承受撞击后，车挡缓冲器最终不能恢复原有安装尺寸，应进行手动复位。

③ 车挡缓冲器承受撞击后，缓冲器不走行程，车挡缓冲器应判定为故障状态，而液压车

挡内部形成高压，此时应立即联系生产厂家进行维护处置。

④ 车挡缓冲器表面发生严重锈蚀，锈蚀深度大于 3 mm，车挡缓冲器应由专业人员进行维护检测，以判定车挡缓冲器是否可正常使用。

⑤ 车挡缓冲器出现弹性阻尼材料泄漏和液压车挡的液压密封元件漏油，液压密封元件老化时，应该及时处理、更换、维修。

⑥ 检查到车挡各联结部位的螺母有松动的情况时，若有预紧力的要求，则维修时必须用扭力扳手进行处理，其余均人力紧固即可。

第三节　跨座式单轨线路应急处置

为做好运营应急处置工作，确保应急处置工作能及时、有序、快速、高效地进行，应急处置工作应树立“安全第一”的思想，坚持“高度集中、统一指挥、快速处理”的原则。

一、侵限应急处置

1. 侵限应急处置

侵限应急处置的对象是在运营过程中由于施工、自然因素或人为因素造成的侵限情况，妨碍了正常安全运营的突发事件。

2. 侵限应急处置种类

（1）运营沿线构筑物侵限。

（2）运营沿线施工脚手架或挖掘机机械手臂侵限。

（3）运营沿线植物树枝侵限，未造成停运。

（4）运营沿线植物树木倾倒侵限，致使列车停运。

3. 侵限应急处置要求

（1）行车调度员在接到施工、树木侵限影响运营的报告时，应详细了解现场情况，立即安排相关人员前往事发地点，同时按规定上报。

（2）单轨线路专业人员到现场后，根据现场具体情况，对阻碍物作应急处理或对施工单位提出整治。如侵限物体对列车运行可构成直接的安全隐患，需在安全区域内快速清除侵限物。如侵限物体对列车运行暂不构成直接影响，可安排专人对现场进行监控，并在当日运营结束后予以处理。如在运营期间处理过程中，可能发生侵限物体与接触网接触的隐患，可申请停电作业。

4. 侵限应急处置方式

（1）运营沿线构筑物侵限。

该种侵限情况在已开通载客运营的线路中基本上不会发生，因在运营沿线的轨道控制区保护范围内修建构筑物均需进行报备（非法建筑除外），完善相关手续审批。

① 运营沿线施工脚手架或挖掘机机械手臂侵限。

a. 在运营过程中，列车司机发现有施工脚手架或挖掘机机械手臂侵限的情况，需立即报告行车调度员，并详细告知具体位置情况。

b. 行车调度员需立即将情况通报单轨线路专业人员前往现场进行查看。

c. 单轨线路专业人员到达现场后，需立即联系施工负责人，要求立即停止施工作业，并将该情况上报相关职能部门。职能部门进行协调要求施工单位进行整改，确保在整个施工过程中不会再有任何因施工原因造成侵限的情况。

② 运营沿线植物树枝侵限，未造成停运。

a. 在运营过程中，列车司机发现有植物树枝侵限，存在安全隐患，但暂不影响正常运营。这时需及时报告行车调度员，并详细告知具体位置情况。

b. 行车调度员需立即将情况通报单轨线路专业人员前往现场进行处置。

单轨线路专业人员在接到应急指令后，携带植物侵限处置所需工器具立即赶往现场。

c. 单轨线路专业人员到达现场后，需立即仔细查看植物树枝侵限情况，确定处置方案，确保在整个过程中不会因处置工作而造成影响列车正常运营。

d. 在确定处置方案后，需在安全区域内快速清除侵限物，待处理完侵限物后及时上报行车调度。

（2）运营沿线植物树木倾倒侵限，致使列车停运。

① 在运营过程中，列车司机发现有植物树木倾倒至轨道梁或接触网上，严重影响列车运行时，需立即停车，并立即报告行车调度员（报告时需详细叙述清楚事发区段、具体位置，侵限物的形态及侵限影响运营程度等详细情况）。

② 行车调度员接到报告后，立即启动应急预案，逐级上报。然后根据应急救援指挥部负责人的指示发布应急命令。同时需随时了解现场情况，及时向上级领导汇报。

③ 行车调度员需立即调整列车运行，防止列车进入事发地点，通告运营受阻，做好乘客广播。受阻车站做好乘客疏导解释工作，同时按要求通知电力调度员停止相应区段接触网供电。

④ 单轨线路专业人员及各相关专业人员接到行车调度指令后，需立即组织人员携带所需工器具到达现场。

⑤ 到达现场人员查看现场后，立即将现场情况上报行车调度及上级领导，以便应急救援指挥部作出应急决策，并且根据现场情况判断是否需要增援。

⑥ 现场负责人对现场进行仔细查看后，将初步处置方案上报上级领导，在得到已停电指令并得到应急救援指挥部应急处置指令后，立即开展侵限物的处置工作。

⑦ 侵限物得到妥善处置后，各相关专业对所属设施设备进行检查确认，如所属设施设备有所损坏，则需立即上报行车调度及上级领导，并组织人员进行抢修。

⑧ 待相关专业人员确认设施设备完好，具备行车通电条件，人员已撤离至安全区域后，向现场负责人汇报，再由现场负责人统一向行车调度报告应急处置工作完成情况及是否具备行车通电条件，并且同时上报上级领导。

二、梁上异物应急处置

1. 梁上异物应急处置目的

梁上异物应急处置是为了确保快速有效地处置轨道梁遇异物的突发事件，保证正常运营。

2. 梁上异物应急处置方式

在运营过程中，如发生轨道梁上有异物，影响列车安全运行时，一般情况下按“就近处置”的原则进行前期处置。即由最早发现情况的列车司机或车站工作人员进行处置。如列车司机或车站工作人员无法自行处置，则需通知单轨线路专业人员进行处置。

3. 梁上异物应急处置方法

在运行过程中，司机或车站工作人员发现轨道梁上有异物，影响列车安全运行时，需立即报告行车调度，详细告知异物情况，及能否当即进行处理与是否需要停电处理。

（1）当异物在车站站台区域轨道梁梁面上时：车站工作人员将异物详细情况上报行车调度，确认异物可以在不用停电的情况下在安全门外侧通过加长绝缘棒直接撬离梁面，得到行车调度同意后可以前期进行处置。在处置时需充分利用列车进出站间隔时间，同时行车调度需组织调整列车尽可能地为处置争取时间。

（2）当异物出现在车站轨道梁左右侧或者区间时：车站工作人员或司机将异物详细情况上报行车调度及判断是否影响行车安全。如影响行车安全，则需当即进行处置。得到行车调度同意指令后，列车司机采取紧急停车措施（在此期间行车调度需及时通知后续列车并扣停），将主手柄置于紧急位，施加停放制动。把放于司机室内的绝缘棒（拾物钳）和绝缘手套拿出并检查绝缘棒表面绝缘漆是否有脱落和绝缘手套是否有破损、漏气现象（如绝缘棒或拾物钳有问题则启用另一司机室的绝缘棒或拾物钳），确认状态良好后系好安全带并固定于列车上（不允许使用加长安全绳），打开前端疏散门。

（3）列车司机戴好绝缘手套伸出绝缘棒对异物进行挑、勾、推方式处理，直至异物离开轨道梁（接触网）。若遇特殊区段，需将异物拾起时必须使用拾物钳将异物拾回司机室。（注意：列车司机在排除异物时，尽量不将物品掉落在轨道下方，以免影响地面行人和车辆安全。）

（4）处理完毕后收起绝缘棒（拾物钳），关闭前端疏散门。列车司机向行车调度报告清障完毕，根据调令恢复运行。

（5）若列车头车已越过异物时，列车司机向行车调度报告说明情况，根据行车调度命令进行清障处理。

（6）若需接触网停电后进行清障，需待接触网已停电的命令下达后，列车司机才能下到轨道梁进行清除。下轨道梁需使用加长安全绳。

（7）列车停车后，列车司机需及时使用紧急广播词进行客室播报，做好乘客安抚工作，并且整个处置过程一定在安全的前提下快速有效地完成，尽量缩短临停时间。

（8）当列车司机无法自行处理时，需通知单轨线路专业人员到场处理。

三、低温天气轨面结冰应急处置

1. 低温天气轨面结冰应急处置目的

低温天气轨面结冰应急处置是为及时、有效处理低温天气下轨道梁梁面结冰事件，减小低温天气下轨道梁梁面结冰对列车运营影响，保障乘客的人身安全。

2. 低温天气轨面结冰应急处置前期工作

（1）在低温天气期间，行车调度人员通过上网、电话等多种方式查询主城区气温情况。

（2）接到有关低温下雪的预告后，行车调度值班员要及时上报各级领导，同时提醒司机注意观察梁面控制车速，防止打滑。

（3）各相关部门接到行车调度发出的通报后，及时启动相关应急预案，提前准备好除冰器具物资，安排人员待令。

3. 低温天气轨面结冰应急处置方法

（1）各相关专业接到行车调度通知后，准备扫帚及工业盐等除雪物资，并迅速采购补充其他必要物资，安排人员待令。

（2）加强设施设备的维修与保养工作，确保正常运行。增派安全人员进行检查，发现结冰雪立即处理并报告行车调度。

（3）及时调整夜间作业计划，减少夜间作业工作量，利用夜间巡线的工作车用扫帚清除轨道梁上的冰、雪杂物。用工业盐撒放在轨道梁上，融化轨道梁上的积冰。

（4）列车司机注意车速，防止列车在运行过程中（尤其是坡道、弯道、钢梁等地段）打滑。

（5）运营时段则安排备用列车在轨道梁上撒放工业用盐，融化轨道梁上的积冰。

（6）若发生轨道梁梁面结冰，根据列车打滑情况减速或停止运行；若轨道梁积冰在某区间，则封锁该区间，其他区段实行短交路运行，并通知所有当值司机和车站，并向全线通告。

（7）为乘客作好解释，因冰雪天气的影响导致列车运行晚点等方面的信息，争取乘客理解，安排人员维持乘客的次序。

（8）安排救援汽车随时运送有关人员、物资。

第四节　跨座式单轨线路故障处置案例

【案例 1】限界处置

案例经过：

2012 年 3 月，单轨线路专业在夜间巡检过程中，发现 XXX 区间 XX 梁外侧在安装市政灯饰，目测该灯饰与轨道梁之间距离较近，为判断该灯饰是否侵限，需安排人员现场进行测量计算判定。

现场测量计算判定：安装的灯饰位于线路曲线位置，与之对应轨道梁属于曲线轨道梁，因此需计算加宽值。根据轨道梁参数资料及现场测量，轨道梁曲线半径为 $R=431$ mm，横坡值 0.055 22，现场测量灯饰与轨道梁水平距离 3 455 mm，垂直距离 2 700 mm。灯饰外边缘对应点与轨道梁中心线实际距离为 3 455 mm。由于灯饰位于轨道梁外侧，因此加宽值按照 $X_{外}=19\,000/R-H\times\tan\alpha$ 的公式进行计算。

$$X_{外}=19\,000/431-2\,700\times0.055\,22=-105.094\ \text{mm}$$

该灯饰的计算限界值为：-105.011+规定限界值

根据计算所得，实际测量水平距离 L 大于加宽值 X+规定限界值，因此判定该灯饰未侵限。

案例解析：

限界是为了保证车辆安全运行而对车辆、邻近建筑物和设备所规定的不允许超出的轮廓尺寸线，是确定车辆安全通过所需要的建筑物净空尺寸和设备安装尺寸的依据。限界控制不到位直接影响到列车的安全运行。因此需对线路周边构筑物、植物等净空的大小进行确认处理，确保线路行车安全。

本次限界处置在于及时发现并分析构筑物是否侵限，如该处轨道梁曲线半径小于或等于 500 m 则需计算加宽值，计算该处的加宽值公式为 $X_{内}=15\,500/R+H\times\tan\alpha$，$X_{外}=19\,000/R-H\times\tan\alpha$。判断是否侵限，算出的加宽值加上规定限界值，即 X+规定限界值。如果 L 小于该值，可判断该处物体已侵限，如果大于该值，可判定未侵限。

若运营过程中发现区间植物树枝的生长、车站广告牌安装、沿线施工中脚手架及挖掘机机械手臂等，首先需对限界进行测量分析是否侵限，对计算判定已侵限的需立即进行处置。如是植物树枝侵限，则需进行修枝或者移栽；如是由于施工过程中产生的侵限，则需联系施工单位停止施工，整改侵限点，满足限界要求后才可继续施工。

【案例 2】螺栓断裂处置

案例经过：

2012 年 8 月，单轨线路专业人员在进行日常维护中发现 XXX 区间 XXX 梁大里程端走行面 2 号指形板螺栓断裂 1 颗，×××区间×××梁小里程端 9 号指形板螺栓断裂 1 颗，需进行断裂螺栓处置。

经现场查看分析，及时组织制定了整治方案计划，×××区间×××梁大里程端走行面 2 号指形板螺栓断裂 1 颗，其断裂螺栓形态为折断螺栓高于板座，将该处指形板取下，用錾子和榔头沿折断螺栓的切线方向反时针剔出，用丝锥对丝孔进行清理，用相同规格螺栓涂抹润滑脂后将指形板恢复。×××区间×××梁小里程端 9 号指形板螺栓断裂 1 颗，其断裂螺栓形态为折断螺栓平于板座，用錾推法无法取出，采用电钻、定位工装及硬质合金钻头、取丝器等工具，对折断螺栓进行钻孔然后用取丝器将折断螺栓取出；折断螺栓取出后用丝锥对丝孔进行清理，清除螺纹里的杂物，最后换上新螺栓（新螺栓须抹润滑脂），如图 8.57 所示。

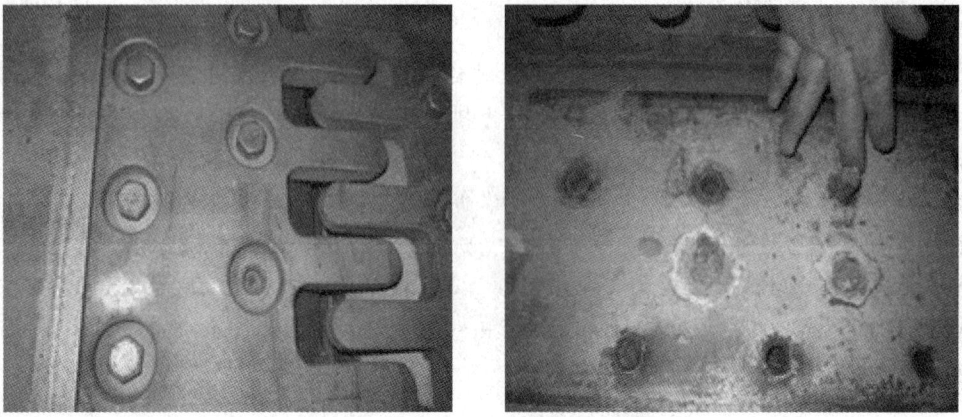

图 8.57 螺栓断裂处置

案例解析：

造成指形板螺栓断裂主要有几个方面的原因：① 未安装螺栓弹簧垫圈；② 指形板螺栓未拧紧到位；③ 螺栓材料达不到使用要求等。

本次螺栓断裂，从现场检查发现，有弹簧垫圈，而对断裂螺栓进行材料分析，其材料也符合要求，由于一块指形板上共安装 6 颗螺栓，除断裂螺栓外，其余指形板螺栓的扭矩检查则未达到规定扭矩要求，因此造成 6 颗螺栓受力不均，导致在列车长期振动荷载下，因螺栓扭矩不合格个别螺栓受力较大发生螺栓剪切断裂。

断裂螺栓处置方法：按断裂螺栓的断裂部位主要分为断裂螺栓本体高于基面、断裂螺栓本体略高于基面或与基面齐平、螺栓低于基面这 3 种情况，基于这三种情况，一般可采用以下几种方法用于取出断裂螺栓。

（1）挫平振动。

对于断裂螺栓本体露出基面尺寸较多的情况可用锉刀对露出断裂螺栓本体两侧进行锉平，同时用榔头朝着断螺栓轴心线的方向敲打，以达到振松为目的，然后用活动扳手或开口扳手插入已锉平折断螺栓中，沿着螺栓旋进的相反方向施加作用力，产生扭矩，借助扳手所加的扭矩和冲击力将断螺栓旋出。

（2）錾推法。

对于断裂螺栓本体略高于基面的情况，用錾子从螺栓折断处沿着螺栓旋进的相反方向小心錾削，借助錾削时产生的扭矩和冲击力将断螺栓旋出。

（3）焊接法。

对于断裂螺栓本体略高于基面或基本齐平的情况，用与断裂螺栓相同的螺母平放于断裂螺栓，将螺母与断裂螺栓焊接，通过活动扳手或开口扳手施加沿着螺栓旋进的相反方向作用力，产生力矩，将断裂螺栓取出。

（4）钻孔法。

对于断裂螺栓齐平基面或略低于基面情况，上述方法均不能有效时则利用钻削破坏螺柱，从而将残余部分取出的钻孔法。为保证现场操作不伤及丝孔，应先根据断裂螺栓的相对位置，制作专门用于定位配钻的工装，该工装用于配钻的孔径应小于断裂螺栓底径。然后对断裂螺栓中心进行打孔用于钻屑时的中心定位，钻好孔后，选用合适的取丝器伸入孔中，用活络扳手夹住取丝器头部反向拧转，即可旋出断裂螺栓。

安装要求，恢复所用的螺栓应保证其强度、规格、表面防腐处理达到规定要求，螺栓恢复安装必须达到规定的扭矩值。

【案例 3】破损修补处置

案例经过：

2010 年 8 月作业人员在检查中发现×××区间×××梁大里程端稳定面指形板附近位置有破损情况，需进行破损修补处置。

作业人员首先清除破损部位松动混凝土，用压缩气体对破损部位进行表面清洁，用固化剂和黏结剂（比例 2∶1）倒入器皿中搅拌均匀，并用毛刷取混合剂涂抹于修补面打底，使用修补材料填满缺损部分并补平，为防止修补材料在稀释状态下坠，将事先准备好的模板安装在修补位置下方，并将修补料抚平。待修补材料初步凝固后取出模板，如图 8.58 所示。

图 8.58　破损修补

案例解析：

通过现场检查分析，发现轨道梁稳定面出现的破损位置为对应的指形板处，出现破损应为轨道梁架设安装过程中，受外力而造成破损。由于跨座式轨道交通 PC 轨道梁及墩柱均为钢筋混凝土形式，在施工或运营期间因外力等原因造成表面破损情况，若因雨水渗透将对混凝土内部钢筋造成不利影响，同时若轨道梁表面出现破损且位于轮迹区情况还会影响列车运行舒适度，为此破损修补是为确保设施使用耐久性与行车舒适性。

破损修补要求：对所有要处理的破损部位进行清理，剔除该破损表面的松散杂物，并确保区域内的混凝土基面坚实、清洁干净、无油污、浮尘和松散物等污渍。修补或填充的材料应与本体混凝土紧密结合，养护干燥后，所有填充材料应坚固，无收缩开裂或产生鼓形区。表面平整且与相邻表面平齐，达到相关规范、标准等要求。修补后的混凝土的耐久性应不低于本体混凝土。考虑到轨道梁修补后要保证白天的运营，因此材料的选取应从其凝固时间、凝固后的强度、黏结性能、收缩比、抗渗性能等进行综合考虑。

处置方法步骤：

（1）使用砂轮切割机沿轨道梁破损或裂纹方向进行切割，深度不得小于 5 mm，防止出现薄边，切割时注意对信号 TD 环线以及接触网设施的保护。

（2）使用小型扁头錾子（规格：$200\times\phi15$，$150\times\phi18$）和榔头或其他机械方法清除松动部分。

（3）使用电动毛刷和压缩空气清除表面灰尘。

（4）取固化剂和黏结剂（比例 2∶1），体积根据修补面积而定。倒入器皿中搅拌均匀，并用毛刷取混合剂涂抹于修补面打底，不能过多而流溢，并使用修补材料填满缺损部分并补平，然后使用细石英砂均匀散布在表面。

（5）严格按轨道梁生产要求将修补料抚平；对于大面积的修补，必须使用模板固定在轨道梁两侧，防止修补材料在稀释状态时因自身重量下坠而变形。

（6）修补面平整度应与轨道梁各工作面保持一致，高低差不大于 1 mm；如不能达到平整度要求的，在凝固后可使用扁錾和砂轮机进行剃平和打磨。

（7）对修补好点位等待 10～30 min 后，再用毛刷将混合剂对其表面轻轻地均匀刷一层。特别要对修补点位周围一圈的结合进行严格检查，不能留有缝隙、气孔、缺角等；修补填充物必须和轨道梁可靠粘贴，并保证足够强度。

破损修补均为日常维护工作中发现轨道设施表面较小破损情况下的修补，若因其他原因造成的较大破损或影响结构的情况均需要专业机构评估后实行专项修补。

复习思考题

1. 如何判断确认锚杆断裂？
2. 轨道梁晃动产生的原因有哪些？
3. 指形板错台包括哪些？
4. 指形板螺栓缺损后如何处理？
5. 简述铸钢支座锚杆病害的大致分类。
6. 轨道梁梁体裂缝有哪些危害？
7. 什么是跨座式单轨交通？
8. 什么是轨道梁？
9. 晃动整治如何确认支座调整垫片添加位置？
10. 断裂锚杆的更换方法是什么？
11. 锚杆更换一般情况下分哪几个阶段？

复习思考题答案

第一章　城市轨道交通基础知识

1.（1）地铁在现代化城市中，是解决城市交通问题较为合理的方案。

（2）在世界上，人口较为集中的大城市，以地下铁道作为城市交通主体，已成为发展的趋势。

（3）地下铁道有专用的轨道，不和地面交通交叉，能高速运行。比起地面公共汽车、出租汽车和电车来说，具有能够保持大量的、不断的输送能力，安全、快速、正点，运价低廉并且舒适的优势。

2. 地铁车站是乘客购票、候车及乘车的场所。车站按建筑结构的不同可分为 5 种：一是矩形双跨车站；二是矩形三跨车站；三是矩形四跨车站；四是拱形三跨车站，亦称三拱二柱双层岛式车站；五是为满足个别情况设计的特殊结构车站。车站按站台形式不同，又可分为岛式站台车站、侧式站台车站及一岛二侧式车站等形式。

3. 路基由路基顶面、路基边坡和基床组成。路基承受轨道及由轨道传来的列车动荷载的作用，是轨道的基础。路基作为组成线路的重要部分，其状态如何及完整与否，关系到整个线路质量的好坏，影响到行车速度及安全。

4. 垂直于线路中心线的截面，称为路基的横断面，或简称路基断面。它由路基顶面、路基边坡和基床组成。路基断面按路基的填挖不同，分为路堤、路堑、半路堤、半路堑、半路堤半路堑和不填不挖路基六种。

5.（1）石砟陷槽：路基顶面在长期运营中，常常发生石砟压入路基内的现象，形成石砟陷槽。石砟陷槽的主要整治方法有：削去石砟槽，换填砂砾或炉渣；换填不透水土；水泥固结法；封闭层法。石砟箱的整治方法与石砟槽相同，但由于坑洼较大，还可设置横向盲沟，排除石砟箱中的积水加以整治。对石砟囊及石砟袋的整治，可采用自边坡打入管子的方法，使水疏干。

（2）路肩剪切挤起：在路堑地段，当路基顶面为不良土质或软质岩层时，可能先形成石砟陷槽，进而出现路肩剪切挤起或侧沟被剪裂。路肩剪切挤起的整治措施与石砟陷槽的整治相同，但其中以换填砂垫层效果较好。

（3）路基翻浆冒泥：路基顶面为黏土质土，饱和后成稀释状态的泥浆，在列车动压力作用下，泥浆受挤压沿石砟孔向上涌出的现象称为路基翻浆冒泥。整治翻浆冒泥的主要措施有：铺设砂垫层；设置封闭层；换土。

6. 地面水渗入路基土体中会降低土的抗剪强度；地面水渗入地下可能成为危及路基稳定的地下水的补给源；地面水对边坡坡面的洗蚀可能破坏边坡坡面的完整；地表径流往往造成路基的冲刷；某些含有易溶盐的土如黄土常因地面水渗入的溶蚀作用产生陷穴；由于气温的

变化，地面水也常常是寒冷地区产生冻害的一项重要原因。凡此种种都说明了地面水对路基稳定性的严重危害。除此之外，地面水还给施工及运营造成许多困难和危害。所以虽然排除地面水工程一般说来比较简单且费用不大，但其意义却十分重要。因为地面水排除工程处理不当，会引起一系列问题，甚至招致严重后果，特别是在土质不良及地质不良地区，这一问题显得格外突出和重要。

为了保证路基经常处于干燥、坚固和稳定状态，应切实做好地面水的排除设施，即应将对路基稳定有害的地面水迅速地排引至路基范围之外，防止地面水停滞下渗和流动冲刷，影响路基的稳定。

7. 路基范围内的地下水及其活动，往往给路基带来极大的危害。例如：一般黏性土及泥质岩石路基，由于地下水的活动，浸湿路基部分土体，降低其强度；在列车荷载作用及其他外力作用下，会发生路基病害或严重变形；地下水浸湿基床，将引起翻浆、冒泥、冰胀与鼓起等基床病害；地下水浸湿边坡，可能引起表土滑动、溜坍等边坡变形；地下水浸湿路堤下部及基底，将引起路堤溃爬甚至沿倾斜基底滑动；路基旁侧山体中地下水活动，是促使滑坡、崩塌等山坡变形的重要原因之一。因此，对于危害路基的地下水，应给予足够的重视，并采取相应的防护措施。为拦截地下水、降低地下水位，或汇集、排泄地下水，须设置地下排水设备。

8. 常用的坡面防护措施有：植物防护；抹面、喷浆、勾缝、灌浆；砌石护坡。

9. 地铁限界是根据车辆的轮廓尺寸和性能、线路特性、设备安装及施工方法等因素，经技术经济比较综合分析而确定的。

地铁限界分车辆轮廓线、车辆限界、设备限界、建筑限界、接触轨限界和车站地段限界等。

一切建筑物、机械设备，在任何情况下均不得侵入地铁的设备限界，车辆任何部位均不得超出车辆限界。在设计建筑结构和布置设备时，距钢轨顶面的尺寸应附加钢轨顶面标高可能的变动量，如路基下沉、道床加厚、更换重轨等。

10. 地铁标志分为线路标志和信号标志两大类。在各种标志中，除警冲标设置在两会合线间距 4.0 m 处的中部外，其余标志均设在行车方向右侧（终点停车标除外）：无砟道床设在行车方向右侧边墙上，有砟道床设在行车方向右侧的路肩上。百米标、限速标、停车标设在距轨面 2 000 mm 处，其他标志均设在距轨面 1 500 mm 的高度上。

线路标志是用来表明铁路建筑物及设备的状态或位置的标志。信号标志是对机车、车辆操作人员起指示作用的标志。

11. 见图 1。

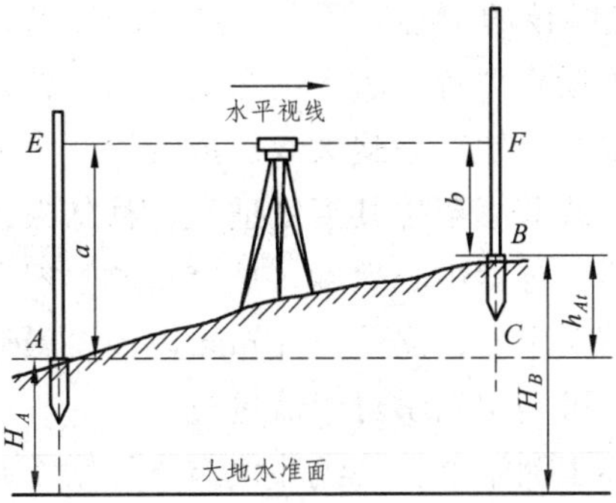

（a）

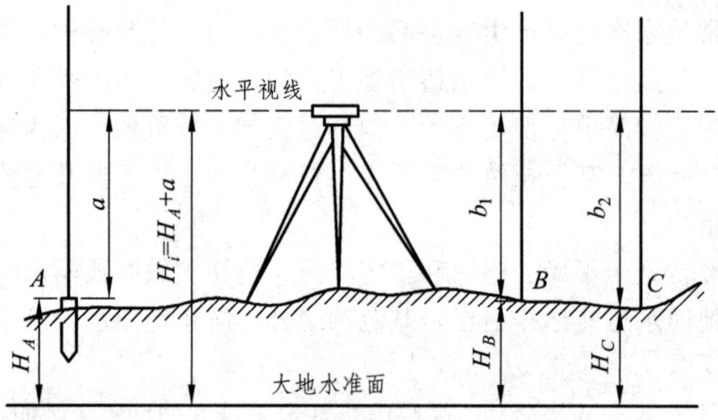

（b）

图 1　水准测量

图 1（a）中，A 为已知高程的点，如果要求出 B 点的高程，可先求出 A、B 两点间的高差 h_{AB}，则 B 点的高程为：

$$H_B = H_A + h_{AB}$$

为求高差 h_{AB}，在 A、B 两点上竖立带有刻度的标尺（水准尺），在 A、B 两点之间安置可提供水平视线的仪器（水准仪）。当视线水平时，在 A、B 两点的标尺上分别读得读数 a 和 b，则高差为：

$$h_{AB} = a - b$$

读数 a 因为在测量前进方向的后方，故称为后视读数，而读数 b 在前方，故称为前视读数。有时 A、B 两点可能同时位于仪器的一方，因此更确切地讲，凡在已知高程点上的读数称后视读数，在待求高程点上的读数称前视读数。

高差 h_{AB} 的值可能为正也可能为负，正值表示待求点 B 高于已知点 A，负值表示 B 低于 A。此外，高差的正负又与测量前进方向有关，例如在图 1（b）中，测量由 A 向 B 进行，h_{AB} 为正；反之由 B 向 A 进行，则 h_{AB} 为负。

12. 地面上一点到两个目标的方向线在水平面上的投影所夹的角度称为水平角，一般用 β 表示。为了测量水平角 β 的大小，可设想在通过角顶点 O 的铅垂线上的 O'处，设置一个刻有角度分划的水平圆盘，圆盘的中心在 O 点的铅垂线上，OA 与 OB 方向线的投影在水平度盘上的读数为 a 与 b，则 OA、OB 两方向间的水平角值为：$\beta = b - a$。这就是水平角的测量原理。

13. 对中的目的，是把经纬仪的中心安置在通过角的顶点，即测站点的铅垂线上；整平的目的，是使仪器的竖轴处于铅直位置，水平度盘处于水平位置。

垂球对中：先将三脚架张开，使三条腿大致放成等边三角形或者放在两条腿在一侧，一条腿在另一侧的等腰三角形。调节脚架使其高度适宜，目估架顶水平，并使架头中心初步对准测站点的标志，安装上仪器，拧紧中心螺旋，挂上垂球。然后松开中心螺旋，在架上移动仪器，使垂球尖精确对准测站点中心，误差在 1 mm 以内，最后拧紧中心螺旋。垂球对中只能是初对中，如需精确对中，可利用光学对中器进行。

光学对中器对中时置脚架于测站上，将经纬仪与脚架联结并移动脚架，目估仪器中心大致和地面测站点相接近。安好仪器后，先转动对中器目镜上的调光环，使光路清晰。松开架腿的联结螺旋，升降架腿，使圆水准器的气泡居中，并使长水准管的气泡大致水平，然后拧紧架腿联结螺旋。松开仪器中心螺旋，移动仪器基座，使测站点进入圆圈正中间，处于精确对中位置。然后拧紧中心螺旋。用定平螺旋，使长水准管的气泡精确居中。按上述步骤反复1～2次，即可达到对中整平的目的。光学对中器对中一般是对中和整平联合进行，可以精确对中。

第二章 轨 道

1. 轨道是由钢轨、轨枕、道床、联结零件、道岔及防爬设备等组成的。

（1）钢轨的功用：支承和引导车辆车轮的运行，直接承受车轮的巨大压力并经垫板传给轨枕，以及为车轮的滚动提供阻力最小的踏面。地铁自动化闭塞运行线上，钢轨还兼作轨道电路。

（2）轨枕的作用：承受钢轨传来的竖向垂直力及横向和纵向水平力，并将其分布于道床上，同时保持钢轨的方向、位置和轨距。

（3）道床的主要功用：

① 均匀传布轨枕荷载于较大的路基面上。

② 阻止轨排在列车作用下发生纵、横向位移，保持轨道的稳定性。

③ 排除线路上的地面水，使路基面和轨枕保持干燥。

④ 使线路具有弹性，缓和列车对线路的冲击作用。

⑤ 便于调整线路的平、纵断面。

（4）钢轨联结分中间联结和接头联结两类，作用分别是：

① 中间联结为钢轨与轨枕之间的联结（通称扣件），它应具有足够的强度、耐久性和一定的弹性，使其能长期地保证钢轨与轨枕的可靠连接，阻止钢轨作相对轨枕的纵、横向移动，持久地保持其稳固位置，并在动力作用下充分发挥其缓冲及减振性能，以减缓线路残余变形积累的速度。

② 接头联结为钢轨与钢轨之间的联结，它是通过螺栓将夹板在钢轨腰部夹紧，从而连接两根轨条端部，使之协同工作。

（5）道岔的作用：引导机车车辆由一条线路转往另一条线路。

（6）防爬设备的功用：提高轨道抵抗纵向移动的阻力，把爬行力传递到轨枕上，加大线路纵向阻力，防止线路爬行。

2. 钢轨在使用中失效的原因可能是钢轨的伤损、磨耗和腐蚀。

延长钢轨使用期限，可以从以下措施考虑：

（1）改进钢轨材质，采用合金钢轨以提高抗磨性和强度。

（2）改善钢轨断面，采用重型钢轨。

（3）对小半径曲线上钢轨进行涂油，以减少磨耗。

（4）加强和改进线路结构，改善钢轨工作条件。线路和车辆的良好维修，对延长钢轨使用期限有显著效果。

（5）对更换下来的钢轨，及时进行焊补和修理，改铺到次要线路上使用。

3. 木枕失效原因主要是腐朽、机械磨损和裂缝，三种原因互相影响。腐朽使机械磨损和裂缝加剧，反之，机械磨损、裂缝又加速了木枕腐朽。为延长木枕使用寿命，对此应作综合考虑。

木枕的防腐处理是延长其使用寿命的主要措施。另外，在维修中可采用如下综合措施：

（1）减轻机械磨损。

① 扩大垫板面积，减少枕木表面的单位压力。

② 在木枕上预钻道钉孔，孔径应比道钉杆略小，钻孔四周作防腐处理。螺纹道钉应拧入木枕，以防割切木质纤维。

③ 垫板与木枕之间应有单独的联结零件，尽量减少垫板的振动。

（2）防止木枕开裂。

严格控制素枕防腐处理前的含水量，对防止木枕开裂有很大的作用。如果已经形成开裂，小裂缝可先灌入防腐膏，夹紧后钉以 C 钉、S 钉或用铁丝捆扎，将缝紧合。也可用 2 mm 厚的铁板，用冲床冲出许多长孔和钉孔，制成组钉板，钉入枕木，防止木枕开裂。

4. 每千米配置的轨枕根数，应根据运量、运行速度及线路的设备条件等决定，并综合考虑钢轨及道床等，合理配套，以求在最经济的条件下，保证轨道具有足够的强度和稳定性。轨枕密一些，道床、路基面、钢轨以及轨枕本身受力都可以小一些，同时，使轨距、方向易于保持，这对行车速度高的地段尤其重要。但是也不能过密，过密则不经济，而且净距过小，影响捣固。

在普通轨道上，由于钢轨接头是线路的薄弱环节，故接头处轨枕间距 C 应比钢轨中间部分轨枕间距 a 小，并且两者之间应有一个过渡的轨枕间距 b，一般应 $a>b>C$。其值根据螺栓孔位置、轨枕配置根数及夹板类型而定。对于无缝线路，轨枕间距应按设计轨条长度计算布置。但在均匀布置时，必须保持铝热焊缝距枕边缘 30 mm 以上。

5. 中间联结为钢轨与轨枕之间的联结（通称扣件），它应具有足够的强度、耐久性和一定的弹性，使其能长期地保证钢轨与轨枕的可靠连接，阻止钢轨作相对轨枕的纵、横向移动，持久地保持其稳固位置，并在动力作用下充分发挥其缓冲及减震性能，以减缓线路残余变形积累的速度。

接头联结为钢轨与钢轨之间的联结，它是通过螺栓将夹板在钢轨腰部夹紧，从而连接两根轨条端部，使之协同工作。

中间联结扣紧方式有分开式、不分开式和混合式三种。

分开式扣紧是将垫板分别与轨枕和钢轨单独扣紧；

不分开式扣紧是将钢轨直接与轨枕扣紧；

混合式扣紧是除将钢轨和垫板与轨枕一起扣紧外，另将垫板单独与轨枕扣紧。

6. 钢轨接头联结零件包括夹板（鱼尾板）、螺栓、螺母和弹簧垫圈等。

夹板的作用是夹紧钢轨。夹板的上下两面均有斜坡，使之能楔入轨腰空间，但不贴住轨腰。这样，当夹板稍有磨耗，以致联结松弛时，仍可重新旋紧螺栓，保持接头联结的牢固。每块夹板上有螺栓孔 6 个，圆形孔与长圆形孔相间。

螺栓（含螺母）的作用是将钢轨夹紧。螺栓需要有一定的直径，螺栓的直径愈大，紧固力愈强。但加大螺栓直径势必加大钢轨及夹板上的螺栓孔，这将削弱轨端与夹板的强度。因此，螺栓宜用高碳钢制造，并加以热处理，则既可以加强螺栓的紧固力，又可防止螺纹的磨蚀以及螺栓头和螺帽与夹板之间接触面的磨耗。

弹簧垫圈的作用是为防止螺帽因列车的振动作用而松动。

7. 接头病害有：塑性变形、鞍形磨耗、高低错牙、钢轨硬弯、低接头、空吊板、道床坍塌、路基翻浆冒泥等。

预防措施如下：

（1）锁定线路，防止爬行，不使轨缝拉大。

（2）经常上紧螺栓，保持接头紧固。

（3）加强接头捣固，保持道床丰满，并加以夯实。

（4）及时清筛接头范围有脏污道床，防止结成硬壳及翻浆冒泥。

（5）做好路基排水，防止路基发生永久变形。

预防措施归纳起来是：一匀（轨缝均匀），二紧（接头紧固），三捣固（加强捣固），四筛（及时清筛），五排（路基排水）。

8. 道床病害主要由道床的脏污所引起，而道床脏污的主要原因是：

（1）道床本身的机械磨损。由于捣固时的打击和列车的动力作用，使道砟被粉碎成粉末；

（2）由于外界松散物质和尘土等侵入，造成道床的脏污和堵塞。

预防道床病害措施：定期地清筛、补充和夯实道床，使道床经常保持饱满、均匀、清洁，以保证道床良好的弹性及排水性能。

9. 无砟道床具有以下特点：

（1）它是用混凝土浇筑成型的，线路位置完全固定，因而线路稳定、平顺，有利于铺设无缝线路及高速行车。

（2）无砟道床取代了道砟层，大大减少了线路养护维修工作量，改善了劳动条件，尤其在隧道内更为突出。

（3）坚固耐久，外观整洁美观，使用年限长。但道床一旦破坏，整修工作较困难。

（4）在地下铁道内修建无砟道床可增加地铁隧道的净空高度，节省土石方开挖量。

（5）无砟道床属刚性基础，因此要求扣件具有较好的弹性。

钢筋混凝土支承块式无砟道床主要是由混凝土道床、钢筋混凝土支承块，排水沟，人行道及其他附属设备等组成。道床混凝土强度等级为 C30，在现场就地浇筑，道床内未布设钢筋。厚度一般不小于 300 mm，轨枕下道床厚度不小于 160 mm。轨道建筑高度（两轨顶连线与线路中心线的交点至隧道底的最小厚度）一般为 550 mm 左右。道床表面向水沟横向坡度不小于 3%。道床面低于短轨枕承轨面 30 ~ 40 mm。预制短轨枕为 C50 级钢筋混凝土，每千米一般铺设 1 760 对。道床曲线超高，采取外轨抬高超高的半数和内轨降低超高的半数的方法，以减小隧道开挖高度。无砟道床设中心排水沟，沟底纵向坡度与线路坡度一致，且不小于 3‰。

10. 无砟道床与有砟道床弹性不同，衔接处需设置使道床弹性逐渐变化的过渡段，用以缓冲列车的冲击作用，延长无砟道床和扣件的使用寿命，保证列车平稳、安全运行。

11. 钢筋混凝土支承块式无砟道床的施工方法是用钢轨支承架将钢轨架起固定在设计位置上，然后将支承块按照设计间距用扣件悬挂在钢轨上，依据控制基标，经过细致、反复的调整，使线路中线、轨距、水平处于正确的位置后，再灌注道床混凝土。为使基底与道床混凝土牢固结合；确保混凝土道床施工质量，在灌筑混凝土前，应做好基底清理和排水工作，封底混凝土面应凿毛处理，并用高压水或高压风冲洗干净，且不留积水。

无砟道床轨道的养护维修工作有如下的特点：由于无砟道床没有清筛道砟、捣固及更换木枕作业，因此轨道的维修养护工作量大为减少；无砟道床轨道是依靠扣件将钢轨与道床连接成为一整体的，因此要注意对扣件的经常养护维修工作；无砟道床轨道受到破坏后，修复困难，所以应重视巡守检查和养护维修工作，发现病害及时处理，以免影响行车安全。

12. 钢弹簧浮置板道床是由支撑在基础结构上弹簧阻尼隔振器（钢弹簧，阻尼剂，外筒）和钢筋混凝土道床板组成。

钢弹簧浮置板道床是将轨道固定在道床板上，再在道床板与基础结构之间放置主要由柔性钢弹簧组成的隔振器，使道床板与基础结构隔离，即道床板浮置于结构之中。弹簧隔振器通过压缩变形来缓冲和减轻列车经过时产生的竖向、横向动能，及轮与轨撞击产生的震动。道床板可以提供足够的惯性质量来抵消车辆产生的动荷载，只有静载和少量的残余动荷载会通过钢弹簧传到基础结构上，在道床的质量惯性与弹簧的共同作用下达到隔振目的。

13. 轨道爬行：列车运行时，车轮作用于钢轨上的纵向水平力，引起钢轨纵向位移，有时还带动轨枕一起移动，造成轨道爬行。

引起轨道爬行的原因一般有：钢轨在动荷载下的挠曲；列车运行的纵向力；钢轨温度变化；车轮在接头处撞击钢轨以及列车的制动等。一般认为钢轨挠曲是轨道爬行最基本的因素，其他原因只影响爬行量的大小。

14. 轨道爬行的危害，能引起轨枕位置歪斜，间隔不正和轨缝不均；钢轨爬行时，往往带动一部分轨枕和接头轨枕一起移动。在这种情况下，将因夹板带动道钉而把枕木拉裂，或使轨枕离开捣固坚实的道床面而位移，造成线路沉陷，产生低接头。道岔上发生爬行，会影响尖轨的正确位置或使转辙器失去灵活性。

防止轨道爬行的措施，提高轨道抵抗纵向移动的阻力，加强接头夹板的夹紧力和中间扣件的扣压力及道床的阻力等。在维修工作中，拧紧螺栓，打紧浮起道钉，加强对道床的捣固，对防止轨道爬行是非常必要的。设置防爬器是阻止爬行的有效措施。

15. 扣件减振种类有：Ⅰ型轨道减振器扣件、Ⅲ型轨道减振器扣件、Ⅳ型轨道减振器扣件、先锋扣件、Lord 扣件。

第三章　曲　线

1. 曲线按其半径的数目分有单曲线和复心曲线。

单曲线是常用的曲线，只有一个半径；复心曲线是两个或两个以上不同半径，转向角方向相同的圆曲线直接连接或用缓和曲线连接成的曲线。应尽量采用单曲线，仅在困难条件下才采用复心曲线。

按相邻两曲线的转向角方向分，曲线有同向曲线和反向曲线。

同向曲线的两相邻曲线转向角方向相同；反向曲线的两相邻曲线的转向角方向相反，通常说的“S 形曲线”，是指反向曲线。为保证列车运行平稳，防止车辆由于突然转向而造成震动，在相邻曲线间，需设置一段直线，这段直线称为夹直线，地铁最小夹直线长度为 15 m。

2. 设置缓和曲线的目的是为避免离心力的突然发生或突然消失，增加旅客的舒适感，避免车辆和轨道破坏及列车脱轨和倾覆的危险，必须铺设一段半径逐渐变化的曲线把直线和圆曲线连接起来，使离心力逐渐地增加或减少。

缓和曲线长度必须保证行车安全和行车平稳，其长度确定条件是：

① 缓和曲线上外轨超高递减坡度不致使车轮出轨。

② 车辆外轮的升高（或降低）速度不致使乘客感到不舒适。

③ 未被平衡的离心加速度的增大率不致影响乘客的舒适感。

④ 车轮由直线进入曲线时，由于撞击钢轨所产生的动能损失不应超过一定值。

⑤ 测设及养护维修便利。

⑥ 缓和曲线长度应取 10 m 的整数，且不应短于 20 m。

3. 为了平衡离心力的作用，在曲线部分设置外轨超高，使外轨轨顶略高于内轨，车体内倾产生向心力与离心力抵消。

曲线设置外轨超高的目的是：

① 防止车辆通过曲线时向曲线外侧倾倒。

② 使内外股钢轨荷载平衡，减少钢轨磨耗。

③ 使列车安全平稳地通过曲线，旅客无不舒适感觉。

曲线外轨超高的最大限度规定有：

① 为确保行车安全，曲线地段超高的最大限度不得超过 120 mm。

② 地铁允许最大未被平衡的超高度为 61 mm。

③ 外轨超高应在整个缓和曲线内顺完，顺坡坡度不大于 1‰，因受地形限制，不能设置缓和曲线时，则在直线上顺坡，顺坡坡度不大于 2‰，在困难地段，可适当加大顺坡坡度，但不得大于 3‰。

4. 当行驶速度 v 和平均速度 $v_{平}$ 不一致的列车通过时，实际需要的外轨超高和实际设置的外轨超高就不可能完全适应，如果实际需要的外轨超高大于实际设置的外轨超高（速度：$v>v_{平}$），我们说曲线上外轨有“欠超高”。

如果实际需要的外轨超高小于实际设置的外轨超高（速度：$v<v_{平}$），我们说曲线上外轨有”过超高”。

地铁允许最大未被平衡的超高度为 61 mm。

5. 已知 $R = 500$ m，$v_{max} = 65$ km/h，$v_{min} = 48$ km/h，$H = 80$ mm

$H_{高} = 11.8 \times 652/500 = 99.71$ mm

$\Delta h_{欠} = H_{高} - H = 99.71 - 80 = 19.71$ mm < 60 mm

$H_{低} = 11.8 \times 482/500 = 54.374\,4$ mm

$\Delta h_{过} = H - H_{低} = 80 - 54.374\,4 = 25.625\,6$ mm < 60 mm

因此，该曲线可按 80 mm 设置外轨超高，此时未被平衡的超高值没有超过允许值。

6. 已知 $R = 450$ m　H = 70 mm　$v_{max} = 70$ km/h

$H_{高} = 11.8 \times 702/450 = 128.5$ mm

$\Delta h_{欠} = H_{高} - H = 128.5 - 70 = 58.5$ mm

得曲线米被平衡的超高度是 58.5 mm < 60 mm

此时未被平衡的超高值没有超过允许值，符合规定。

7. 在小半径曲线地段，为使地铁车辆能顺利通过，并减少钢轨的侧面磨耗，轨距需要加宽。

曲线轨距加宽度应在缓和曲线全长范围内递减，没有缓和曲线时，应在直线上递减，递减率不得大于 2‰，复心曲线的两曲线轨距加宽不相等时，应在正矢递减范围内，由较大轨距加宽向较小轨距加宽递减，两相邻曲线轨距加宽按 2‰递减，其递减终点间的直线长度应不短于 10m。不足 10m 时，如直线部分的两轨距加宽相等，则直线部分保留相等的加宽，如不相等，则直线部分从较大轨距加宽向较小轨距加宽均匀递减，在困难条件下，其他线上的轨距加宽允许按 3‰递减。

外轨超高应在整个缓和曲线内顺完，顺坡坡度不大于 1‰，因受地形限制，不能设置缓和曲线时，则在直线上顺坡，顺坡坡度不大于 2‰，在困难地段，可适当加大顺坡坡度，但不得大于 3‰。

8. 在曲线上，外股轨线比内股轨线长，如果曲线内外轨均用同样长度的钢轨铺设，则内股钢轨接头必将超前于外股钢轨接头，不能保证钢轨接头的对接要求。因此，为了保持内外股钢轨接头成对接式，必须在内股轨线上铺设必要数量的缩短轨。

9. 已知 $R = 500$ m，$L = 135$ m，$l = 60$ m，$l_1 = 2.85$ m，$z = 10$ mm，$L_{标} = 12.5$ m，$S_1 = 1\,500$

由 $\Delta l = \dfrac{S_1 L}{R}$，$\Delta l = 1\,500 \times 135/500 = 405$ mm

由 $\Delta l_{\rm h} = \dfrac{1\,500 l_0}{2R}$，$\Delta l_{\rm h} = \dfrac{1\,500 \times 60}{2 \times 500} = 90$ mm

总缩短量　缩总 = 405+90 × 2 = 585 mm

因该曲线半径为 500 m，且采用 12.5m 标准轨铺设，所以应选取缩短量为 40 mm 的缩短轨进行铺设，即 $K = 40$ mm。

缩短轨所需根数 $N = 585/40 = 15$ 根

10. 在运营线上配置曲线缩短轨的方法有计算法和丈量法两种。

（1）计算法。

选择曲线缩短轨后，由曲线始点开始，计算每个接头相对应的内轨总缩短量，总缩短量超过实际布置缩短轨的总缩短量的一半时，即应在该处布置一根缩短轨。

（2）丈量法。

丈量前将曲线及其两端直线部分的轨缝调整均匀，曲线整修圆顺，然后进行丈量。其步骤如下：

从曲线头附近的钢轨接头开始，用钢尺在外股钢轨量一根标准长度加一个轨缝值，内股钢轨也量同样的长度，再用方尺把外股丈量的终点，方到内股，则内股丈量终点一定超前。

若内股超前量小于缩短轨缩短量的一半，按上述方法继续丈量；若内股超前量大于缩短轨缩短量一半，应在该处内轨上划出布置缩短轨的标记，并把丈量起点退回一个缩短量的距离，继续丈量。

按上述方法丈量到曲线终点，定出曲线内股应布置缩短轨的位置。

11. 曲线轨道所受的力较直线复杂。列车在曲线上行驶时，由于列车离心力的影响，也由于钢轨引导车轮前进方向而产生作用于钢轨上的附加力的影响及车轮进入或驶离缓和曲线时，产生对钢轨横向和竖向冲击，使得曲线方向和位置经常变化；反过来，不良的曲线方向，也影响列车平稳运行，加剧列车对轨道的破坏，形成恶性循环，危及行车安全。为保持曲线的圆顺性和正确位置，必须及时整正曲线。

整正曲线方向的方法很多，现场最常用的是绳正法。

12. 已知 $R = 400$ m，$l_0 = 80$ m，$l_1 = 20$ m

因用 20 m 弦长，缓和曲线分段数 $n = l_0 \div (l_1/2) = 80/10 = 8$

$f_c = l_1^2/8R = 20 \times 1\,000/(8 \times 400) = 50\,000/400 = 125$ mm

$f_1 = f_c/n = 125/8 = 15.6 \approx 16$ mm

$f_0 = f_1/6 = 15.6/6 = 2.6 \approx 3$ mm

$f_2 = 2f_1 = 2 \times 15.6 = 31.2 \approx 31$ mm

$f_3 = 3f_1 = 3 \times 15.6 = 46.8 \approx 47$ mm

$f_4 = 4f_1 = 4 \times 15.6 = 62.4 \approx 62$ mm

$f_5 = 5f_1 = 5 \times 15.6 = 78$ mm

$f_6 = 6f_1 = 6 \times 15.6 = 93.6 \approx 94$ mm

$f_7 = 7f_1 = 7 \times 15.6 = 109.2 \approx 109$ mm

HY（YH）点正矢 $f_s = f_c - f_0 = 125 - 3 = 122$ mm

13. 如果某一点的正矢增加或减少 1 mm，前后两点的正矢各增加或减少 0.5 mm。

14. 整正曲线时，必须遵守下列两个原则：

① 曲线两端直线方向应保持不变。

为了避免拨动曲线时造成曲线外的直线轨道的大量移动，要求曲线在拨前与拨后，其两端直线方向（即切线方向）应保持不变，也就是直线（切线）转角应保持不变。

② 曲线两端直线位置应保持不变。

为使曲线两端直线位置不变，也就是要保证曲线两端直线（切线）不发生平移，曲线始点和终点位置不变，必须使曲线始点和终点的拨量为零。即使各测点正矢差累计数的合计数为零。

15.（1）曲线方向不良的整治。

曲线方向不良，说明曲线不是由一个半径组成的圆弧，半径变化大，列车通过时未被平衡的离心力就大，破坏线路的方向，引起撞道和轨距水平超限等病害，促使钢轨不均匀磨耗加重。预防和整治措施主要有：

① 保持正矢不超限——用绳正法认真做好曲线整正的计算及拨道工作，保持正确的曲线标桩位置，定期拨道，加强日常养护，夯实道床，增加道床阻力，必要时可加宽外股钢轨肩部道床。

② 保持正确的轨距和水平——正矢不良给保持轨距、水平增加困难，但轨距、水平超限也会影响到正矢的变化。因此，必须按规定设置和保持超高和轨距加宽，彻底锁定线路。防止爬行，矫直硬弯钢轨，整修和更换不良道钉、扣件，上紧轨距杆，保持有砟道床清洁，加强捣固，及时消灭坑洼，消灭钢轨接头“支嘴”，在改道作业时要兼顾正矢不超限，做到“改道不离绳”。

③ 保持曲线头尾的圆顺——如果曲线两端的直线方向不是曲线的切线方向，或者曲线标桩不正确，把直线拨成曲线或把曲线拨成直线，或者经常盲目局部调整正矢，把正矢赶到一起，或者为了拨道省劲，长期上挑，都容易产生曲线“鹅头”，出现曲线头尾的不圆顺。因此。在曲线整正时，测量现场正矢前，必须拨好两端直线方向，消灭“鹅头”，然后用绳正法确定各曲线标桩的正确位置，正确设置计划正矢和计算拨道量，在实施拨道作业时，可从曲线两端往中间赶。

（2）曲线钢轨非正常磨耗的整治。

曲线钢轨非正常磨耗的原因很多，除曲线设备条件差外，从曲线综合养护维修的角度看，有：超高设置不当、方向不良、轨距超限、轨底坡不适合、缓和曲线超高递减距离不够、缺乏涂油措施等。为此，必须认真拨正曲线方向；根据偏磨情况，及时调整超高：及时修理轨底坡；经常进行钢轨涂油。

16. 已知 $R = 500$ m，$l_y = 135$ m，$l = 60$ m，$l_1 = 2.85$ m，$z = 10$ mm，$L_{标} = 12.5$ m

由 $\Delta l_y = 1\,500 l_y/R = 1\,500 \times 135/500 = 405$ mm

$$\Delta l_h = \frac{1\,500 l^2}{2Rl_0} = \frac{1\,500 l_0}{2R} = \frac{1\,500 \times 60}{2 \times 500} = 90 \text{ mm}$$

总缩短量 $405 + 90 \times 2 = 585$ mm

因该曲线半径为 500 m，且采用 12.5m 标准轨铺设，所以应选取缩短量 40 mm 的缩短轨进行铺设，即 $K = 40$ mm。

缩短轨所需根数 $N = 585/40 = 15$ 根

缩短轨布置计算如表 1：

表 1　缩短轨布置和计算

接头号	由直缓点或缓圆点到接头的距离（m）	应有的缩短量（mm）		采用钢轨类型	实际缩短量	段头错开量	附　注
1	2.85	$1500 \times 2.85^2/(2 \times 500 \times 60) = 0.025 \times 2.85^2 =$	0	○	0	0	进入缓和曲线 2.85 m
2	2.85+12.51 = 15.36	$0.025 \times 15.36^2 =$	6	○	0	−6	
3	15.36+12.51 = 27.87	$0.025 \times 27.87^2 =$	19	○	0	−19	
4	27.87+12.51 = 40.38	$0.025 \times 40.38^2 =$	41	×	40	−1	
5	40.38+12.51 = 52.89	$0.025 \times 52.89^2 =$	70	×	80	10	
6	60 − 52.89 = 7.11 12.51 − 7.11 = 5.4	$90+1500 \times 5.4/500 =$ $90+3 \times 5.4 =$	106	×	120	14	
7	5.4+12.51 = 17.91	$90+3 \times 17.91 =$	144	×	160	16	
8	17.91+12.51 = 30.42	$90+3 \times 30.42 =$	181	×	200	19	
9	30.42+12.51 = 42.93	$90+3 \times 42.93 =$	219	○	200	−19	
10	42.93+12.51 = 55.44	$90+3 \times 55.44 =$	256	×	240	−16	
11	55.44+12.51 = 67.95	$90+3 \times 67.95 =$	294	×	280	−14	

续表

接头号	由直缓点或缓圆点到接头的距离（m）	应有的缩短量（mm）		采用钢轨类型	实际缩短量	段头错开量	附　注
12	67.95+12.51 = 80.46	90+3×80.46 =	331	×	320	－11	
13	80.46+12.51 = 92.97	90+3×92.97 =	369	×	360	－9	
14	92.97+12.51 = 105.48	90+3×105.48 =	406	×	400	－6	
15	105.48+12.51 = 117.99	90+3×117.99 =	444	×	440	－4	
16	117.99+12.51 = 133.5	90+3×133.5 =	491	×	480	－11	
17	135－133.5 = 1.5 60－（12.51－1.5）= 48.99	$585-0.025\times48.99^2=$	525	×	520	－5	
18	48.99－12.51 = 36.48	$585-0.025\times36.48^2=$	552	×	560	8	
19	36.48－12.51 = 23.97	$585-0.025\times23.97^2=$	571	○	560	－11	
20	23.97－12.51 = 11.46	$585-0.025\times11.46^2=$	582	×	600	18	

注：表中“○”代表标准轨，“×”代表缩短轨。

17. 已知 $R = 600$ m，$L = 100$ m，$d_1 = 300$ mm，$d_{新} = 70$ mm，$d_{旧} = 60$ mm，$\delta = 8$ mm

由 $\Delta = d\alpha = d\times\dfrac{L}{R}$；$d = d_1 + d_{新}/2 + d_{旧}/2 = 300+35+30 = 365$ mm

得 $\Delta = 365\times100/600 = 60.8\approx61$ mm

空头 $\Delta_{空} = \Delta+\delta = 61+8 = 69$ mm

搭头 $\Delta_{搭} = \Delta-\delta = 61-8 = 53$ mm

空头预留 69 mm，搭头预留 53 mm。

第四章　道　岔

1. 道岔是引导机车车辆由一条线路转往另一条线路的轨道设备。这些设备包括各种道岔、交叉及道岔和交叉的组合等。我国习惯上把道岔和交叉设备统称为道岔。

2. 根据其用途和平面形状，道岔可分为连接设备、交叉设备、连接与交叉的组合三种基本形式。

3. 普通单开道岔，是由转辙部分、连接部分、辙叉及护轨部分组成的。

4. 辙叉心作用面至护轨头部外侧的距离，一般在任何情况下均不得小于 1 391 mm；辙叉翼轨作用面至护轨头部外侧的距离，在任何情况下均不得大于 1 348 mm。以上两距离被称为查照间隔和护背距离，习惯上称为“91、48”。

5. 我国道岔号数是以辙岔号数 N 来表示的。辙叉的号数是以辙叉角的大小来衡量的。辙叉号数愈大，辙叉角愈小。

6.（1）用脚测量法：在心轨顶面一脚宽处，用脚量到心轨尖端，是几脚就是几号道岔。

（2）用尺测量法：先在心轨顶面量出 100 mm 宽度和 200 mm 宽度两处，并在此两处划上线，然后再量出两条线之间的垂直距离，是几个 100 mm 就是几号道岔。

（3）用趾宽、跟宽计算法：量辙叉全长（甲）、辙叉趾宽（乙）、辙叉跟宽（丙），辙叉号数 $N=\frac{甲}{乙+丙}$。

7. 复式交分道岔由两组普通锐角辙叉及四根护轨、两组钝角辙叉及四根活动心轨、八根尖轨（其中在棱形框架以内的为四根曲尖轨，靠外曲导轨的为四根直尖轨）、四根曲导轨及连接钢轨和附属零件等组成。

8. 根据相关规定，道岔应经常保持良好状态，有下列缺点之一时，禁止使用：

（1）道岔两尖轨互相脱离时。

（2）尖轨尖端与基本轨在静止状态不密贴时。

（3）夹轨被轧伤，轮缘有爬上尖轨的危险时。

（4）在尖轨顶面宽 50 mm 及其以上的断面处，尖轨顶面较基本轨顶面低至 2 mm 及其以上时。

（5）基本轨垂直磨损，在正线上超过 6 mm，在其他线上超过 10 mm。

（6）在辙叉心宽 40 mm 的断面处，辙叉心垂直磨损，在正线上超过 6 mm，在其他线上超过 10 mm 时。

（7）辙叉心作用面至护轮轨头部外侧的距离，小于 1 391 mm，或翼轨作用面至护轮轨头部外侧的距离，大于 1 348 mm 时。

（8）尖轨或基本轨损坏时。

（9）辙叉（辙叉心、辙叉翼）损坏时。

（10）护轮轨螺栓折损危及行车安全时。

9. 道岔各部分名称如下：

O——道岔中心，即道岔直股中线和侧股辙叉部分中线的交点；

O_1——导曲线中心（图中未标出）；

L_q——道岔全长（从道岔前后的轨缝中心起算）；

L_t——道岔理论全长（尖轨尖端至辙叉理论交点间距离），也叫道岔理论导程（$L_t=a_0+b_0$）；

β——转辙角；α——辙叉角；L_s——基本轨长度；L_0——尖轨长度；

q——尖轨尖端前基本轨伸出长度；

m——辙叉跟距；n——辙叉趾距；R——导曲线半径；S——轨距；

k——导曲线前插直线长度；K——导曲线后插直线长度；

a——道岔前长（从道岔中心到基本轨前端接头轨缝中心线间的距离），又称道岔前部实际长度；

b——道岔后长（从道岔中心到辙叉尾部中心线间的距离），又叫道岔后部实际长度；

a_0——道岔理论前长（从尖轨尖端至道岔中心的距离）；

b_0——道岔理论后长（从道岔中心至辙叉心理论尖端间的距离）；

δ——轨缝；L——连接部分配轨长度。

10. 地铁道岔岔枕，目前有两种类型，一种是混凝土岔枕，另一种是木质岔枕。

混凝土岔枕又分单体式的和双块式两种。单体式也称长枕式，可安设在有砟道床，也可以埋设在无砟道床中；双块式也称为短轨枕，一般与无砟道床联成一体，这种岔枕在增强道岔稳固性、减少道岔的养护维修工作方面有很多优点。

11. 辙叉由心轨、翼轨组成，主要作用是车轮由一股钢轨越过另一股钢轨。

辙叉按其类型分为整铸式、钢轨组合式、可动心三种。

整铸式辙叉为高锰钢辙叉，是用含锰 10%～14%的高锰钢把心轨和翼轨铸造成整体的辙叉，主要优点为坚固耐用，稳定性好，强度高，维修工作量少，安装方便。

钢轨组合式（拼装式）辙叉由长心轨和短心轨组成，翼轨用普通钢轨经弯折、刨切而成。心轨和翼轨用不同尺寸的螺栓和间隔铁连成一体。

12. 见表 2。

表 2　普通单开道岔检查 17 尺的位置

编号	检查地点	说明	编号	检查地点	说明
1	尖轨前顺坡终点		10	直股后部	
2	尖轨尖端		11	导曲线后部	轨距加宽终点（普通直尖轨道岔轨距递减距离 4 m）
3	尖轨中部		12	辙叉曲股前	
4	尖轨跟端直股		13	辙叉曲股中	同时量查照间隔和护背距离
5	尖轨跟端曲股	导曲线起点	14	辙叉曲股后	
6	尖轨跟端后直股	轨距递减终点（普通直尖轨道岔递减距离 1.5 m）	15	辙叉直股后	
7	导曲线前部	轨距加宽起点（普通直尖轨道岔轨距递减距离 3 m）	16	辙叉直股中	同时量查照间隔和护背距离
8	导曲线中部		17	辙叉直股前	
9	直股中部				

13. 轨道电路是以钢轨为导体，利用钢轨接头处的绝缘把轨道划分为一定长度的区段，并在每一区段的两端装设送电及受电设备构成回路。当列车未占用轨道电路区段时，电源电流通过两股钢轨，传送到受电端继电器，继电器衔铁被吸起；当列车进入该区段时，轨道电路的电流被轮轴短路，轨道继电器衔铁由吸起变为释放，表示该区段被列车占用。因此，轨道电路能直接反映列车在轨道上的运行情况，是信号设备的基础。轨道电路的工作好坏，对保证行车安全至为重要。轨道电路的作用如下：

（1）检查线路区段（包括股道、道岔区段或闭塞分区）有无车辆占用。

（2）监督钢轨的完整（反映钢轨折断情况）。

（3）传输各种信息，以实现列车与信号显示的自动联系。

14.（1）在钢轨温度最高时，绝缘接头轨缝不应小于 6 mm，最大不得大于构造轨缝。在道岔绝缘接头前后 75 m 线路增加防爬设备，加强锁定。对失效的木撑、防爬器要及时更换或修理。

（2）绝缘接头及其邻近的轨枕要加强捣固，消灭暗坑、吊板。为了防止轨端绝缘脱落，可在绝缘接头处加垫短枕木头，并捣固坚实。捣固时，要特别注意不得损坏轨端连接线及其他信号导线。起道时，压机应避开绝缘接缝。压机在钢轨上滑行时，不得滑过绝缘接头。

（3）一般道岔绝缘接头都有固定位置，但在更换道岔或岔后换轨时应考虑：

安装在警冲标内方的绝缘接头距警冲标不得少于 3.5 m，也不得大于 4 m；道岔内的两组绝缘接头相错不得大于 2.5 m（此 2.5 m 范围内两股钢轨为同一极性，称为死区间），两道岔绝缘接头间的距离应不少于 20 m。

（4）绝缘接头使用的零件必须符合钢轨类型，夹板应平直，螺栓应经常保持不松动不缺少。在拧紧两轨端螺栓时，螺丝扳手不要搭在另一节轨端螺栓上，否则当两轨端螺栓都弯曲且与钢轨孔眼接触时，就会在绝缘接头处将轨道电路短路，顶回信号。

（5）在绝缘接头处改道时，道钉应反钉，且钉头不得与夹板接触。增设或更换绝缘轨距杆时，应事先与信号人员联系，检查其绝缘程度是否符合要求。在轨枕盒内有过轨信号导线时，不得安装轨距杆或防爬器。绝缘接头处轨端或钢轨作用边的肥边应及时打磨。

（6）使用轨道小车应有绝缘装置；不要损坏信号导线。

（7）道岔拉杆、连接杆、通长垫板、轨距杆等都装有绝缘装置，维修道岔时应注意不要损坏。

（8）由于安装在两股钢轨上的引接线，一般是在轨枕盒内通过，所以扒、填道砟时应注意防止耙、叉与两条引接线联电。为了防止轨道漏电，道床要清洁，其顶面低于轨枕面至少 20 mm，并保持道床排水良好。

（9）道岔作业使用的各种工具，如撬棍、支距尺、万能道尺等均应有良好的绝缘装置。

（10）凡进行影响信号的其他道岔作业，如成组更换道岔，抽换附有引接线、跳线的岔枕，更换尖轨、基本轨、辙叉心以及进行拉轨均匀轨缝等工作时，需取得信号部门的配合方能施工。

（11）不要使机具或线上料等压住跳线或引接线，以防发生短路。

（12）在更换高锰钢整铸辙叉时，应检查辙叉趾端及跟端导电销有无脱焊松动现象，如发现不良应在更换前焊好。

（13）安装绝缘接头的两钢轨，应采用标准轨端，因为锯制的轨端不标准，容易损坏绝缘。

（14）在更换夹板或螺栓涂油以及使用液压捣固机作业时，应注意不要损坏轨端连接线。

（15）跳线、引接线要以扒钉固定在枕木侧面，扒钉至少离开轨底 200 mm，防止与道钉连接构成短路。

第五章　无缝线路

1. 无缝线路是把钢轨焊接起来的线路。

2. 普通线路上钢轨每隔 12.5 m 或 25 m 有一个接头，随温度的变化（夏天轨温升高，冬天轨温降低）钢轨能伸缩，钢轨里积存的温度力较小。无缝线路则不同，钢轨被焊接成长轨条，仅在长轨两端的伸缩区有一些伸缩量，中间区段是不能热胀冷缩的。

3. 温度应力式无缝线路的钢轨由一根长轨条及两端 2～4 根标准轨组成，标准轨接头采用夹板式的接头方式预留轨缝。

4. 见图 2。

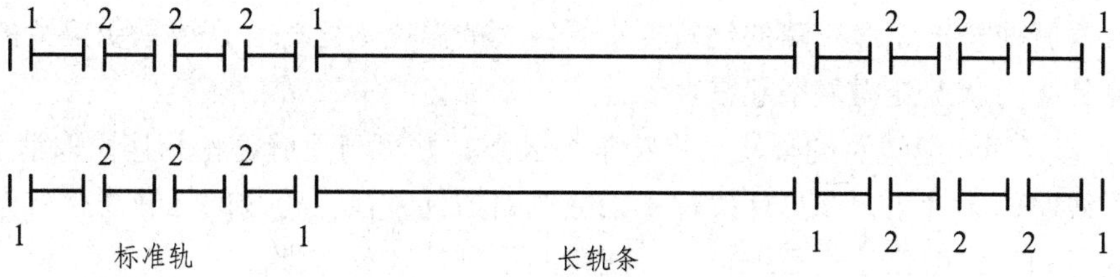

图 2　温度应力式无缝线路结构示意图

5. 由于轨温变化引起的钢轨伸缩因受到限制而转化到钢轨内部的力叫温度应力。

6.（1）锁定轨温是“零应力轨温”。

（2）锁定轨温是轨温变化值的依据。

（3）锁定轨温的变化与钢轨长度的变化成正比。

7. 影响道床纵向阻力的因素有：

（1）道砟材质。

（2）道砟级配，粒径尺寸。

（3）道床断面形状。

（4）道床脏污状况。

（5）道床捣实质量等。

影响道床横向阻力的因素有：

（1）道床的饱满程度。

（2）道床肩宽。

（3）道床肩部堆高。

（4）道砟种类及粒径大小尺寸。

（5）线路维修作业影响。

（6）轨枕类型。

（7）行车条件。

8.（1）有利因素。

桥上铺设无缝线路的有利因素之一是桥梁和无缝线路处在悬空的位置，空气流通，轨温变化比地面无缝线路要小，因而作用于钢轨断面上的温度力较小。第二个有利因素是无缝线路的轨道框架安装了防脱护轨。城铁在高架桥上半径 $R \leqslant 400$ m 曲线的缓圆点、缓圆点前后 50 m（圆曲线部分 20 m，缓和曲线部分 30 m）、下股钢轨内侧安装了新型护轮轨装置，如高架桥跨越北京北三环、北四环、八达岭高速路等主要道路地段，在靠近桥梁中线侧的两股钢轨内侧设置新型护轮轨装置，因而轨道框架刚度较大。

（2）不利因素。

桥上铺设无缝线路的不利因素是：桥上无缝线路的钢轨用扣件联结于桥枕上，而桥枕又通过道床联结于桥梁上，这就形成了一个紧密、牢固的桥面系统，一个相互依赖又相互影响的整体框架。钢轨在轨温变化时要产生伸缩，这同地面上的普通无缝线路一样，与此同时，桥梁也不可避免地要产生伸缩，此外，桥梁在列车荷载的作用下，还要发生挠曲，反过来又要带动钢轨发生挠曲。桥梁的伸缩力叠加于钢轨的温度力上，桥梁的挠曲力叠加于钢轨的动弯应力上，这就使桥上无缝线路的钢轨在承受巨大的温度力之外，还要承受巨大的纵向附加力，从而使其受力状况变得复杂起来。

9.（1）跨区间无缝线路的长轨条贯穿整个区间，并可与无缝道岔相连，取消了缓冲区，彻底实现了线路的无缝化，充分地发挥了无缝线路的优越性。跨区间无缝线路有力地推动了道岔的无缝化和高强度化，全面地提高了线路的平顺性和整体性。

（2）跨区间无缝线路由于取消了缓冲区，因而使轨件的损耗率和维修工作量得以进一步减少。

（3）跨区间无缝线路彻底消灭了钢轨接头，进一步改善了列车运行条件。

（4）改善了线路的整体情况。

① 跨区间无缝线路基本上没有伸缩区，所以伸缩区的缺点自然不复存在。尤其是伸缩区和固定区交界处产生的温度力峰，以及伸缩区因过量伸缩不能复位时产生的温度力峰，都随伸缩区的消失而消失，有利于轨道的稳定和维修管理。

② 跨区间无缝线路的防爬能力较强，钢轨纵向力的分布比较均匀，锁定轨温容易保持，线路的安全度和可靠性大大提高。

③ 跨区间无缝线路的钢轨温度力，在温度变化过程中平起平落，不会形成温度力峰，可以适当提高锁定轨温。

10.（1）无缝线路的长轨条，必须在设计锁定轨温范围内牢固锁定，如特殊作业使设计锁定轨温有所变动，必须适时放散应力，在设计锁定轨温范围内重新锁定。

（2）道床横断面必须按设计标准经常保持完好。缺砟时，应及时按规定标准补足石砟，并夯实、整理外观。

（3）线路纵平面应经常保持平整圆顺，其几何偏差要经常控制在维修标准的限制以内。

（4）根据季节性特点、锁定轨温情况和线路状态，制订维修计划和组织线路维修作业。

（5）当轨温超过锁定轨温的差值，大于规定的容许值时，不得进行削弱线路抵抗力的有关作业。

（6）在无缝线路伸缩区与固定区交界处、道口前后、桥头、曲线头尾、变坡点、制动地点等容易出现温度力峰值的地段，尤其应注意加强线路结构的稳定，对有关作业规定应从严掌握，对线路状态应加强检测。

（7）要注意伸缩区和缓冲区的养护维修工作。

（8）经常保持路基和排水设备处于良好状态。

11.（1）检查制度：经常检查；定期检查；特别检查。

（2）位移观测制度。

（3）测温制度。

（4）故障报告分析制度。

（5）建立技术档案制度。

12.（1）在行车速度高的地段，焊缝破损率高。

（2）铝热焊的折断率高于气压焊和接触焊。

（3）木枕线路上焊缝断裂的机会较多。

（4）在冬季焊缝断裂的机会较多。

（5）锁定轨温偏高的无缝线路，其焊缝断裂机会较高。

13.（1）巡检人员必须掌握管内每一段无缝线路的技术设备状态，如实际锁定轨温、伸缩区长度、缓冲区轨缝、位移观测桩的设置、薄弱地段的位置等，以便及时、准确地发现问题并向上级汇报。

（2）随时坚持小补修“三紧”，即紧螺栓、紧防爬设备和紧扣件。

（3）为了掌握无缝线路轨道状态的变化情况，要坚持好测轨温、测轨缝和测线路爬行的“三测”工作。尤其是高、低温季节，应做到每班有记录。

（4）夏季以观察轨道方向变化为重点，冬季以观察焊缝状态为重点。发现病害，应及时汇报，并采取有效的应急措施。

14.（1）焊缝质量差，存在夹渣、夹沙、假焊、裂缝等缺陷，使强度降低，焊缝不平或错位，加大了列车对焊缝的冲击。

（2）设计锁定轨温偏高，高温作业时钢轨放散应力；使锁定轨温偏高，冬季温度降低，加大了钢轨的拉应力。

（3）由于线路维修质量不良，造成线路坑洼、爬行、轨枕不方，产生残余拉应力，加大动弯应力，导致焊缝折断。

15.（1）紧急处理。当钢轨或焊缝折断时，其断缝小于 50 mm 的，应立即进行紧急处理。

紧急处理时，在断缝处上好夹板或鼓包鱼尾板，用急救器固定，在断缝前后各 50 m 拧紧扣件，并派人看守，限速 5 km/h 放行列车。断缝小于 30 mm 时，放行列车速度为 15 ~ 20 km/h。如有条件应尽量原位复焊，否则应在轨端钻孔，上好夹板或鼓包鱼尾板，拧紧接头螺栓，而后可适当提高行车速度。

紧急处理的目的是尽快开通线路。经过紧急处理开通线路后，如果线路条件许可，应在原位焊复。原位焊复钢轨跨越了临时处理的过程，只产生一次行车干扰；它只留下一个焊缝，省去了两次锯轨作业。但原位焊复对断缝的大小有较高的要求，断缝太大，采用铝热焊时很难办到，近年来发展的“大轨缝铝热焊”的焊接新工艺，解决了这个问题。

（2）临时处理。钢轨折断严重或断缝大于 50 mm，以及紧急处理后不能及时焊接修复时，应立即进行临时处理。

临时处理时应封锁线路，沿断缝两侧对称锯下伤损部分，两锯口间插入 6 m 同型钢轨，轨端钻孔，上接头夹板，用 10.9 级螺栓拧紧。在短轨前后 50 m 范围内拧紧扣件后，按正常速度放行列车。

紧急处理或临时处理时，应在断缝两侧各 3.8 m 处轨头非工作边上做好标记，并准确丈量两标记间的距离和轨头非工作边一侧的断缝值，做好记录，待永久修复时使用。

（3）永久处理。钢轨或焊缝折断经紧急处理或临时处理后，应在适当时机进行永久处理，以恢复无缝线路结构。

永久处理时，应在轨温接近或低于实际锁定轨温的条件下，插入短轨，重新焊接修复，并力求原锁定轨温保持不变。修复时采用小型气压焊或铝热焊法均可。

采用有张拉功能的小型气压焊时，插入短轨长度应等于切除钢轨长度加上 2 倍顶锻量长度。先焊好一端，再焊另一端时，先张拉钢轨，使断缝两侧标记等于原丈量距离减去断缝值加顶锻量后再进行焊接。如此焊法，焊修后的无缝线路锁定轨温将保持不变，或稍有变化，进行局部应力调整后，即可视为已恢复正常。

采用铝热焊时，插入短轨长度等于切除钢轨长度减去 2 倍预留轨缝值。先焊好一端，再焊另一端时，先张拉钢轨（使用专门配合铝热焊的张拉器），使断缝两侧标记等于原丈量距离减去断缝值加顶锻量后再进行焊接。此法同样可以基本保持原锁定轨温不变。

第六章　养路机械

1. 在传动机械中，主动轴（轮）的转速 n_1 或角速度 ω_1 与从动轴（轮）的转速 n_2 或角速度 ω_2 的比值称为传动比（也称速度比）

即：$i_n = \dfrac{n_1}{n_2} = \dfrac{\omega_1}{\omega_2}$

机械效率 η 是衡量机器性能的一个重要指标。机械的机械效率总是小于 1 的，机械的总效率等于各传动部分效率的连乘积。机械输入功率为 $N_{入}$，输出功率为 $N_{出}$，而机器效率用“η”符号表示，则：

$$\eta = \frac{N_{出}}{N_{入}}$$

2. 在功率不变的情况下，转矩和转速是成反比的，转速高，转矩小，转速低，转矩大，这就是减速增矩的道理。

3. 皮带传动如果松紧程度不合要求可按下述方法进行调整：

① 调整电机位置，改变中心距。

② 当中心距不能改变时，就采用截短皮带，重换皮带搭扣的方法。

③ 应用张紧轮。

④ 应用皮带蜡。

4. 齿轮传动的特点：齿轮传动是依靠主动轮上的齿轮依次拨动从动轮上的轮齿来传递运动和动力的，即靠两轮的轮齿互相啮合来传递运动的。其特点为：

① 传动比保持不变。

② 效率高，一般 $\eta = 0.95 \sim 0.98$，高者可达 0.99。

③ 适用荷载与速度的范围很广，传递的功率由很小到几万千瓦，圆周速度由很低到 150 m/s。

④ 结构紧凑。

⑤ 工作可靠、寿命长。

5. 具体形式有：

（1）轮齿折断：当传递动力时，轮齿根部将产生相当大的弯曲应力，并且在齿根的过渡圆角处具有较大的应力集中，因而产生疲劳裂纹，最后扩大而造成轮齿折断。有时由于冲击大或过载，齿轮制造与安装不好及轴产生变形，均可能造成轮齿的折断。

（2）齿面磨损：在啮合过程中，由于两轮齿表面参加工作的弧长不等而产生相对滑动是导致齿面磨损的根本原因。另外，齿轮传动时由于灰砂或金属屑末等进入齿轮的齿面，也会造成研磨磨损，使齿轮曲线变形。开式传动时，齿面的磨损较为严重，轮齿经磨损变薄后，也会造成折断，因此宜采用闭式传动。

（3）齿面疲劳点蚀：闭式传动中最常见的破坏形式是齿轮表面的疲劳点蚀。轮齿工作时，其工作表面上任一点所发生的接触应力系由零（该点未进入啮齿时）变到最大值（当该点接触时），即接触应力是按脉动循环变化的。当这种应力超过了材料的抵抗能力时，齿面节线下部会产生极细微的疲劳裂纹，裂纹逐渐发展，使金属微粒脱落，形成小坑，使啮合恶化，影响传动效果而报废，这种现象称疲劳点蚀。

（4）齿面胶合：齿轮重载转动，齿面压力较大，润滑或散热不良时，互相接触的齿面发生高温而胶结在一起。当齿面继续转动时，软的齿面被扯下小块金属形成沟纹，这种现象称为胶合。

6. 与齿轮比较，蜗轮蜗杆传动的主要的优点：

（1）结构紧凑，又能获得很大的传动比，一般 $i_{12}=70\sim80$。

（2）传动平稳无噪声。

（3）蜗轮传动可以设计出具有自锁性的传动。

缺点：

（1）摩擦损失大，传动效率低一般为 0.7 ~ 0.9。

（2）不宜传递大功率，一般不超过 36.7 kW（50 马力）。

（3）蜗轮传动工作时，损失甚大，在较高速度下传递动力时，蜗轮常要用贵重的青铜制成。

7. 链传动具有下列优点：

（1）适用于两轴中心距较大的传动，通常 $A=5\sim6$ m（与齿轮传动比）。

（2）两轴平均传动比能保持不变，且较大，通常 $i\leqslant8$（与皮带传动比较）。

（3）传动效率高（$\eta=0.96\sim0.97$）。

（4）对轴与轴承的压力比皮带传动小。

（5）可以用在高速传动中，通常建议 $v\leqslant12\sim15$ m/s。

缺点：

（1）有噪声，速度低于皮带传动。

（2）从动轮的运动不均匀（与齿轮传动比较）。

（3）链及链轮制造成本高，需要仔细照料和精确安装。

（4）链节磨损快，磨损拉长后，容易跳出链轮轮齿之外。

（5）只能作平行轴之间的传动。

8. 油液的特点是分子间的内聚力小，容易流动，没有固定状态，而且容积几乎不可压缩。当油液被盛于密封容器中时，就可以将压力由一处传递到另一处。液压传动就是利用油液的这些特点来进行的。

9. 液压传动系统主要由五个部分组成，包括：

（1）液压发生机构：油泵。

（2）液压控制调节机构；各种液压控制阀。

（3）液压执行机构：油缸、油电机。

（4）辅助装置：管道、油箱、过滤器及控制仪等。

（5）工作介质：油液或浮化液。

10. 液压传动和机械传动、电气传动相比较，主要优点是：

（1）易获得很大的力或力矩。

（2）易在较大范围内实现无级变速。

（3）传动平稳，无噪声，便于实现频繁换向和自动防止过载。

（4）便于采用电液联合控制，以实现自动化。

（5）液压机件在油中工作，润滑好，寿命长。

（6）液压元件易于实现系列化、标准化、自动化。

液压传动的缺点是：

（1）由于泄露不可避免，并且油液有一定的可压缩性，因而传动比不是恒定的。液压传动不适于做定比传动，因此传动效率低，一般为 80%～90%。

（2）液压系统故障多，产生故障时，不易找到原因。

（3）加工精度要求高，费用较贵。

（4）工时受温度影响较大。

（5）液压系统渗入空气后，会产生振动、走走停停（或爬行）有噪声等现象。

11. 在一般的液压传动系统中，油液是传递动力工作的介质，因此油液的性能会直接影响到液压传动工作。一般油液应满足下列要求：

（1）适宜的黏度，且黏度随温度的变化要小。

（2）具有良好的润滑性能，有很高的油膜强度。

（3）不得含有蒸汽、空气及其他容易气化和产生气体的杂质，使用时泡沫少。

（4）对机件的腐蚀性小，防锈性能优良，不会造成密封材料的膨胀、收缩、硬化以及溶解等不良现象，即不含有水溶性酸类及咸类物质。

（5）有高度的化学稳定性，在长期贮存及使用过程中不氧化变质。

（6）尽量减少油中的杂质，不允许有沉淀，以免磨损机件、堵塞管道及液压部件，影响系统正常工作。

（7）满足防火、安全的要求，油的闪点要高，挥发性小。在气候寒冷的条件下工作时，凝固点要低。

通常在一般液压传动中，当泵和阀在 10～50 °C 条件下工作时，常采用 8#柴油机油及 22#、30#汽轮机油，或变压器油、11#汽缸油。

12. 常用联轴器的种类和特点：

（1）凸缘联轴器：刚性联轴节中应用最广泛的一种，由两个带凸缘的圆盘组成。两个圆盘分别用链联在轴上，并用螺栓联连。这种联轴器结构简单，能传递较大的扭矩，一般应用于传递扭矩较大、轴的刚性较好、速度较低的机器上。它的缺点是没有弹性，不能传递冲击，同时要求两轴安装精确、严格对中，否则两轴间的倾斜或不同心都会严重地影响工作。

（2）弹性圆柱销联轴器：由两个带毂的圆盘用 2～12 个带有橡胶衬圈式皮带革衬圈的弹性销联结而成。这种联轴器结构简单，安装方便，由于具有弹性元件，两轴不需要严格对中，传动时具有缓冲和吸振能力，适合用于正反转变化多、起动频繁的高速轴。

（3）尼龙柱销联轴器：它和弹性圆柱销联轴器相似，只是用尼龙柱销代替了橡胶圈和钢制柱销。其性能和用途与弹性圆柱销联轴器相同。

（4）万向轴联器：由两个固定于轴端的套筒和中间圆盘所组成。当两根轴的轴线相交成一个较大夹角时可以采用。

13. 离合器的形式很多，常用的有嵌入式离合器和摩擦式离合器。

（1）嵌入式离合器：常用的嵌入式离合器有牙嵌式离合器和齿轮离合器。

牙嵌式离合器，由两个带有齿型的结构合子组成。它的齿型有矩形、梯形和锯齿形三种。

牙嵌离合结构简单，制造容易，体积小，两轴联结后无相对运动。在接合时有冲击，因此只能在低速或停车状态下接合，否则容易打坏齿。

齿轮离合器由一个内齿套和一个外齿套所组成。齿轮离合器除具有牙嵌离合器的特点外其传递转矩的能力更大。

（2）摩擦式离合器：它是靠摩擦力来传递扭矩的，其优点是能控制接合的快慢，可在任何传动速度下进行联连。可以用增减摩擦面上的压力的方法来调节从动轴的加速时间，保证平稳联结；过载时离合器打滑，起保护作用。但它传递扭矩能力较小，制造复杂，易磨损，容易发热，因此应用受到一定的限制。

摩擦式离合器种类很多，其中片式摩擦式离合器、多片式离合器为摩擦离合器的典型结构。根据传递扭矩的大小来增减摩擦片的数量，就可以达到目的。

摩擦式离合器当操纵为电磁力时，即成为电磁摩擦离合器。它广泛用于自动化机械中。

14. 养路机械一般均由以下几部分组成：

（1）动力：产生一定的能量使机械动作，如柴油机、汽油机、电动机、空气压缩机等。

（2）传动装置：将动力传递到一定位置的中间装置，如机械传动（皮带传动、齿轮传动、链传动等）和液压传动等。

（3）工作部件：直接进行工作的部分称工作部件，如捣固机的镐头、锯轨机的锯弓、机动扳手的素螺母扳手等。

（4）走行装置：养路机械的走行装置包括走行轮、转向架等。

（5）支架：支架是整个机械的支承部分。

（6）操纵系统：简单的操纵装置是一些操纵手把，比较复杂的是电气集中、程序控制及全自动系统，包括反映线路状态的各种检测设备、仪表和电视监视设备等。

15. 汽油机保养：

（1）使用混合油的汽油机，每次加油必须按规定的比例掺合。机油过少润滑不良，过多不易起动或冒黑烟。

（2）经常检查紧固件、运动件是否处于良好的技术状态下工作。

（3）经常清除气缸盖上散热片的尘污和堵塞杂物，紧固导风罩螺钉，使汽油机得到可靠冷却。

（4）按汽油机的保养周期和规定的保养内容逐项进行保养。

电镐主要由三大部分构成，即镐柄、振动电机及镐板。其中振动电机是电镐的主要工作部分，其构造与一个普通的三相异步电机相同，不同的是在电动机轴上安装有偏心块。当接通电源后，偏心块随转子一起转动，产生了离心力，由于离心力周期性地变化方向，从而产生强烈的振动，该振动通过滚动轴承传给电机的机体，机体又传给镐板和镐头，当镐头插入道床后，振动力又传给了石砟，道砟便紧密地排列起来，达到密实程度的要求。

16. 使用注意事项：

（1）在斜铁尚未卡紧轨头之前，须先将工作缸活塞空载压 20 ~ 40 mm，然后将斜铁卡紧轨头开始工作，以避免工作中受压的斜铁咬死在轨头上，工作缸复位时无伸缩的余地，造成工作缸顶住斜铁，使斜铁难以脱落。

（2）轨缝调整器上的安全控制阀，出厂时已调到使用的最高压力，因此不能随意进行调整，使用前须进行校验，以保证安全使用。

（3）使用保管时应防止冲击、碰撞，工作中摇动摇杆不可用力过猛。

（4）使用的液压油要先经过滤后，方可使用。

（5）轨缝调整器的安全装置是在紧急情况下才能使用的。

第七章　有轨电车线路

1. 180 mm。

2. 正线主要有：W-Tra m 扣件、无螺栓弹性分开式扣件、有螺栓式分开式扣件、弹片式扣件等。

3. 常用的轨枕有钢筋混凝土短枕、预应力混凝土长枕、双块式轨枕等。

4. 混凝土整体道床。

5. 碎石道床。

6. 整体道床。

7. 前长 $a = 4.788$ m，后长 $b = 10.862$ m，全长 15.650 m。

8. 前长 $a = 5.025$ m，后长 $b = 4.835$ m，全长 9.86 m。

9. 直向允许通过速度 80 km/h。

10. 直向允许通过速度 30 km/h。

11. 侧向允许通过速度 20 km/h。

12. 侧向允许通过速度 10 km/h。

13. 单向调节器由基本轨、尖轨、铁垫板总成（零部件包括基本轨和尖轨轨撑、轨撑螺栓、轨距调查整片、铁垫板、弹性垫板及调高垫板、垫板螺栓）、轨枕或轨道板组成。

14. 双向调节器由基本轨、双向尖轨、铁垫板总成、轨枕或轨道板组成，长度约是同类型单向调节器长度的 2 倍。

15. 车挡、标志。

16. 轨距是轨道两条钢轨之间的距离，根据《铁路技术管理规程》规定，轨距是指钢轨头部踏面下 16 mm 范围内两股钢轨工作边之间的最小距离。

水平是左右两股钢轨顶面的高差。线路上存在两种形式的钢轨水平误差：一种是水平差，就是在较长距离内，一股钢轨顶面始终高于另一股；另一种是三角坑，就是在一段距离内，钢轨顶面连续出现正负不同的水平差。三角坑超限，就有可能造成车轮爬上钢轨顶面，造成脱轨事故。

轨向是指钢轨头部内侧沿钢轨方向的横向凹凸不平顺。直线上以 10 mm 弦在轨头内侧顶面下 16 mm 处量取正矢。

高低是指钢轨顶面沿钢轨方向的竖向凹凸不平。造成轨道高低不平的因素很多，如线路下沉、碎石道床捣固不密实、扣件松动等。

车轮踏面主要部分为 1 : 20 的斜坡，为使钢轨顶面在有锥形踏面的车轮荷载作用下受力均匀，所以在直线上，钢轨不应竖直铺设，而要适当向内倾斜，这种内倾斜坡度称为轨底坡。

17. 钢轨轻伤标准：

（1）钢轨头部磨耗超过表 3 中限度之一者。

表 3　钢轨头部磨耗轻伤标准

钢轨（kg/m）	总磨耗（mm）		垂直磨耗（mm）		侧面磨耗（mm）	
	正线、试车线	车场线	正线、试车线	车场线	正线、试车线	车场线
60	14	16	9	10	14	16
50	12	14	8	9	12	14

注：总磨耗＝垂直磨耗+1/2 侧面磨耗。
垂直磨耗在钢轨顶面宽 1/3 处（距标准工作边）测量。
侧面磨耗在钢轨踏面（按标准断面）下 16 mm 处测量。

（2）轨头下颏透锈长度不超过 30 mm。

（3）钢轨低头（包括轨端踏面压伤和磨耗在内）超过 3 mm（用 1 m 直尺测量最低处矢度）。

（4）轨端或轨顶面剥落掉块，其长度超过 15 mm 且深度超过 4 mm。

（5）钢轨顶面擦伤深度达到 1 至 2 mm，波浪形磨耗谷深超过 0.5 mm。

（6）钢轨探伤人员认为有伤损的钢轨。

钢轨重伤标准：

（1）钢轨头部磨耗超过表 4 中限度之一者。

表 4　钢轨头部磨耗重伤标准

钢轨（kg/m）	垂直磨耗（mm）	侧面磨耗（mm）
60	11	19
50	10	17

（2）钢轨在任何部位有裂纹。

（3）轨头下颏透锈长度超过 30 mm。

（4）轨端或轨顶面剥落掉块，其长度超过 30 mm，深度超过 8 mm。

（5）钢轨在任何部位变形（轨头扩大、轨腰扭曲或鼓包等），经判断确认内部有暗裂。

（6）钢轨锈蚀，除锈后轨底边缘处厚度不足 5 mm 或轨腰厚度不足 8 mm。

（7）钢轨顶面擦伤深度超过 2 mm。

（8）钢轨探伤人员或养路工长认为有影响行车安全的其他缺陷（含黑核、白核）。

18. 10 mm。

19. 钢轨折断标准，钢轨折断是指发生下列情况之一者：

（1）裂纹贯穿钢轨全截面。

（2）裂纹已经贯通整个轨头截面。

（3）裂纹已经贯通整个轨底截面。

（4）钢轨顶面上有长大于 50 mm，深大于 10 mm 的掉块。

20. 每千米轨缝总误差：25 m 钢轨地段不得大于 ± 80 mm；12.5 m 钢轨地段不得大于 ± 160 mm。绝缘接头轨缝不得小于 6 mm。

21. 鞍形磨耗、低接头、钢轨破损、夹板弯曲或断裂、混凝土枕破裂、道床结硬、翻浆冒泥。

22.（1）螺旋道钉折断，螺帽或螺杆丝扣损坏，严重锈蚀。

（2）垫圈损坏或作用不良。

（3）弹条、扣板（弹片）损坏或不能保持应有的扣压力。

（4）扣板、轨距挡板严重磨损，与轨底边离缝超过 2 mm。

（5）挡板座、铁座损坏或作用不良。

（6）橡胶垫板压溃或变形（橡胶垫板需要定期测试其性能，防止列车运营时的噪声与振动加大，缩短轮、轨的使用寿命）。

23.（1）使用钢轨打磨机对鞍行接头进行打磨。

（2）检查轨头高低及左右错牙，及时养护。

（3）及时调整轨缝。

（4）加强接头地段的道床捣固，保持道床饱满。

（5）拧紧轨枕扣件，更换失效钢轨下大胶垫。

（6）及时清筛接头范围内的道床，更换接头范围内的道砟。

24.（1）线路两股钢轨接头，一般应采用相对式。

（2）曲线地段外股应使用标准长度钢轨，内股应使用厂制缩短轨调整钢轨接头位置。

（3）剩余少量相错量，应利用钢轨长度误差量在曲线内（有困难时可在直线上）调整。

（4）直线地段应按钢轨长度误差量配对使用。

（5）在每节轨上相差量一般应不大于 3 mm，并应前后、左右抵消，在两股钢轨上累计相差量最大不得大于 15 mm。

（6）铺设非标准长度钢轨或再用轨，无厂制缩短轨时，钢轨接头可采用相错式，其相错量不得小于 3 m。

（7）采用相错式的两曲线之间直线长度短于 300 m 时，该直线段亦可条用相错式。

（8）采用相错式时个别插入的短轨，宜铺设在曲线两端的直线上，在困难条件下，可铺设在曲线内股。

（9）线路上个别插入的短轨，在正线及试车线上不得短于 6 m，在车场线上不得短于 4.5 m，并不得连续插入两根及以上。

25. $a_0 = \alpha L(t_z - t_0) + a_g/2$

26. 18 mm。

第八章　跨座式单轨线路

1. 将锚杆防松螺母去掉，然后将紧固螺母松开 20 mm，然后将锚杆按正确方向重新安装到位（即固定块垂直于轨道梁纵向方向后，锚杆不能拔出），安装好紧固螺母，若螺栓向下紧固 20 mm 左右后，锚杆扭力值已达到 800 N · m，且锚杆无异音、无转动，则可判定未断裂。若螺栓一直可以紧固，直至锚杆丝扣紧完，仍然达不到扭力值；或者用固定块扳手套在锚杆固定块上扳动，如果锚杆随着固定块扳手转动，则握住锚杆往上提，若能将锚杆提起且能转动，则可初步判定锚杆基本断裂。

2. 产生晃动的主要原因有：

（1）支座安装过程中，支座下摆、凸轮板以及锚箱盖板之间有砂砾、渣滓等，经列车重压后粉碎，形成三点受力现象。

（2）铸钢支座孔、轴之间加工精度控制不当，造成间隙配合超标，故产生晃动。

3. 指形板错台包括：指形板间错台，指形板与板座错台，指形板与梁面错台，指形板板座与梁面错台。

4. 首先确定指形板螺孔与板座螺孔是否相错位，如果错位须将其他螺栓全部松动，然后调整指形板，用丝锥抹黄油对螺孔进行清理，再用深度卡尺测量螺孔深度，深度不够须将新螺栓进行加工，然后将新螺栓抹黄油进行安装，最后用扭力扳手将指形板螺栓进行紧固，达到规定扭力值。

5. 铸钢支座锚杆病害分为七类,即：防松螺母松动、防松螺母平、紧固螺母松动、锚杆异音、固定块偏移、固定块断裂、锚杆断裂。

6. 裂缝是混凝土结构中普遍存在的一种现象，其危害主要有：

（1）降低建筑物的抗渗能力，影响建筑物的使用功能。

（2）引起钢筋锈蚀，混凝土碳化，降低材料的耐久性，影响建筑物的承载能力。

7. 跨座式单轨交通为单轨交通的一种形式，车辆采用橡胶车轮跨行于梁轨合一的轨道梁上。车辆除走行轮外，在转向架的两侧尚有导向轮和稳定轮，夹行于轨道梁的两侧，保证车辆沿轨道安全平稳地行驶。

8. 轨道梁是承载列车荷重和车辆运行导向的结构，也可以作为供电、信号、通信等缆线的载体。跨座式单轨交通的轨道梁，通常采用预应力混凝土制成，常称 PC 梁，在一些特殊区段也有采用钢梁或几种材料组成的复合梁。

9. 一看：看铰轴（或辊轴）位置是否有锈水痕迹，若有锈水痕迹则该位置存在间隙，需要在该位置凸轮板下添加支座调整片。

二拨：锚杆紧固螺母未松开时，用小撬棍拨铰轴、辊轴（检查绞轴要先拆止脱板），如果某个铰轴或辊轴松动，说明该处存在间隙，需要在该位置凸轮板下添加支座调整片。

三敲：当锚杆紧固螺母全部松开后，用榔头左右敲击凸轮板两端，若出现来回走动，说明该处存在间隙，需要在该位置凸轮板下添加支座调整片。

10.（1）直线轨道梁或曲线半径大于 1 000 m 的轨道梁进行锚杆更换时采用的方法如下：

① 当断裂锚杆所在支座为活动支座，梁缝大于 20 mm，固定端梁缝大于 10 mm，按单边顶升法进行更换。

② 当断裂锚杆所在支座为固定支座，两端梁缝大于 20 mm 时，在将活动支座压板拆除并在辊轴处塞入合适的 U 形卡块后，按单边顶升法进行更换。

③ 当断裂锚杆所在支座类型为固定支座或活动支座，但轨道梁两端轨缝大于 10 mm 但小于 20 mm，可事先对轨道梁进行纵向调整，使顶升端轨缝大于 20 mm 后，再按单边顶升法进行顶升。

④ 当断裂锚杆所在支座类型为固定支座或活动支座，但轨道梁两端轨缝均小于 20 mm 时，可按双面顶升法进行顶升。(这种情况极少)

(2)曲线半径小于 500 m 的轨道梁进行锚杆更换时，必须安装防倾卡固工装后方可进行。

11. 锚杆更换一般情况下分三个阶段实施：第一阶段为预处理阶段；第二阶段为锚杆正式更换阶段；第三阶段为线形调整、楔紧块焊接及收尾阶段。

参考文献

[1] 铁路职工岗位培训教材编审委员会. 铁路线路工. 北京：中国铁道出版社.

[2] 杨荣山. 城市轨道交通运营管理与维护. 北京：科学出版社.

[3] 王风云. 现代有轨电车主要线路技术条件. 北京:北京市轨道交通设计研究院有限公司.

[4] 重庆市建设委员会. GB 50614—2010 跨座式单轨交通施工及验收规范. 北京：中国建筑工业出版社，2010.

附录　专业术语表

附表　专业术语表

序号	专业术语	解　释
1	正线	正线是指载客列车运营的贯通线路
2	辅助线	辅助线是指为保证正线运营而设置的不载客列车运行的线路
3	联络线	联络线是指连接两条独立运行正线之间的线路
4	试车线	试车线是指对车辆进行动态性能试验的线路，其线路标准通常应与正线一致
5	线间距	区间及站内两相邻线路中心线的距离为线间距
6	限界	为了保证行车安全，而对机车、车辆、线路、邻近建筑物及设备所规定的不许超越的轮廓尺寸线
7	地铁限界	根据车辆轮廓线和车辆有关技术参数，结合轨道和接触网或接触轨的相关条件，并计及设备和安装误差，按规定的计算方法确定的轮廓尺寸线
8	车辆限界	车辆在正常运行状态下形成的最大动态包络线
9	设备限界	为了确保行车安全，不与车辆直接相互作用的建筑物及设备不得侵入一定的轮廓尺寸线，我们把这种轮廓尺寸线称为设备限界，用以限制设备安装
10	建筑限界	建筑限界是在设备限界基础上，考虑了设备和管线安装尺寸后的最小有效断面。在宽度方向上设备和设备限界之间应留出 20～50 mm 的安全间隙。当建筑限界侧面和顶面没有设备或管线时，建筑限界和设备限界之间的间隙不宜小于 200 mm；困难条件下不得小于 100 mm
11	轨道几何尺寸	轨道几何尺寸是指轨道各个部件的几何形状、相对位置和基本尺寸
12	轨道结构	轨道结构指路基面或结构面以上的线路部分，包括钢轨、轨枕、扣件和道床等

续表

序号	专业术语	解　释
13	中间联结	中间联结是指钢轨与轨枕之间的联结（通称扣件）
14	接头联结	接头联结是指钢轨与钢轨之间的联结，它是通过螺栓将夹板在钢轨腰部夹紧，从而连接两根轨条端部，使之协同工作
15	伸缩调节器	伸缩调节器是指调节钢轨伸缩量大于构造轨缝的装置
16	轨温	轨温是指钢轨的温度。轨温是一个变量，它随气温的变化而变化